国家社科基金“一带一路”建设研究重大专项(19VDL001)和重大项目(18ZD
国家自然科学基金(71971157，72162026，72161021，71971161，71901113，
72061025，72101175，72001067，72071133)
同济大学文科重大培育项目(22120220296)



# 牛津重大项目管理指南

## OXFORD HANDBOOK OF MEGAPROJECT MANAGEMENT

[丹] Bent Flyvbjerg—— **编著**
李永奎 欧阳鹭霞 等—— **译**

同济大学出版社
TONGJI UNIVERSITY PRESS
·上海·

**图书在版编目(CIP)数据**

牛津重大项目管理指南 / (丹) 傅以斌(Bent Flyvbjerg)编著;李永奎,欧阳鹭霞译. —上海:同济大学出版社,2023.6
(国际经典工程管理译丛 / 李永奎,何清华主编)
书名原文:The Oxford Handbook of Megaproject Management
ISBN 978-7-5765-0866-6

Ⅰ.①牛… Ⅱ.①傅… ②李… ③欧… Ⅲ.①基础设施建设—项目管理—指南 Ⅳ.①F284-62

中国国家版本馆 CIP 数据核字(2023)第 120167 号



**牛津重大项目管理指南**
[丹]傅以斌 **编著** 李永奎 欧阳鹭霞 等 **译**
**责任编辑** 姚烨铭 姜 黎 **责任校对** 徐春莲 **封面设计** 王 翔

出版发行 同济大学出版社 www.tongjipress.com.cn
(地址:上海市四平路 1239 号 邮编:200092 电话:021-65985622)
经 销 全国各地新华书店
排 版 南京文脉图文设计制作有限公司
印 刷 上海安枫印务有限公司
开 本 889mm×1194mm 1/16
印 张 29.25
字 数 936 000
版 次 2023 年 6 月第 1 版
印 次 2023 年 6 月第 1 次印刷
书 号 ISBN 978-7-5765-0866-6

定 价 298.00 元

# Acknowledgments for the Chinese Edition

As editor of *The Oxford Handbook of Megaproject Management* I wish to express my gratitude to Professor Yongkui Li and his team at the Research Institute of Complex Engineering and Management at Tongji University for making this Chinese version of the *Handbook* possible. Professor Li and his team previously expertly translated my book, *Megaprojects and Risk* (with Nils Bruzelius and Werner Rothengatter), into Chinese. Now they have done it again, resulting in the present book. Professor Li assembled a team of translators who are scholars in their own right in megaproject management. Furthermore, several of the translators are collaborators with the primary authors, ensuring a more accurate understanding of the original text and thus a more precise Chinese translation, which will benefit readers. Without the translators the book would not have been possible. Thank you. Like we did for the Chinese edition of *Megaprojects and Risk*, we have added new chapters specifically written for Chinese readers (about governance, in Chapter 26, and about forecasting, in Chapter 27), again to make the translation as relevant to the Chinese context as possible. Special thanks are due for those chapters, just as the authors of the original chapters must be thanked once again for their outstanding work.

— Bent Flyvbjerg, Oxford, December 2022

# 中文版致谢(译)

作为《牛津重大项目管理指南》的主编,我想对李永奎教授和同济大学复杂工程管理研究院的团队表达感谢,他们使得这本指南的中文版成为可能。李教授和他的团队之前将我的著作,《巨型项目:雄心与风险》(与尼尔斯·布鲁塞柳斯和维尔纳·罗森加特合著),非常专业地译成了中文版。现在,他们再次做到了这一点,形成了目前这本中文版著作。李教授组建了一个由重大项目管理领域学者组成的翻译团队。并且,一些参与翻译的学者是这本著作主要作者的合作者,这确保了能更准确理解原文以及更精确地进行中文翻译,这将有益于读者。没有这些译者,这本书不可能完成。感谢你们。和《巨型项目:雄心与风险》中文版做法一样,我们为中国读者特意增加了两个新的章节(有关治理,26 章,以及有关预测,27 章),也使得中文版尽量和中国情境有关。要特别感谢这些章节以及原有章节的作者,他们做了同样出色的工作。

**Bent Flyvbjerg(傅以斌)**
2022 年 12 月
英国牛津

# 译者序

2016 年，在国家自然科学基金重大项目“我国重大基础设施工程管理的理论、方法与应用”（71390523）所获资助的支持下，我们引进并翻译了牛津大学傅以斌教授等人的经典著作《巨型项目：雄心与风险》（*Megaprojects and Risk: An Anatomy of Ambition*），作为重大项目的系列成果于 2018 年 6 月出版。该书的主要价值是：阐明“如何避免巨型项目失败及反过来如何确保巨型项目按期按预算完成并实现既定承诺的效益，并且采用安全和环境方面可靠的方式实施，以提升而不是破坏参与者的声誉”。该书原著是目前重大项目管理领域引用率最高的出版物，截至 2022 年 12 月，Google Scholar 引用次数超过 4 380 次。

过去五年，全球范围重大项目管理理论发展迅速，涌现出了一批优秀成果。但是，正如傅以斌教授在本书第 1 章中所言，重大项目管理是一门非常年轻且相对松散的学科，因此需要更多时间发展这一领域。根据库恩（Kuhn）观点，经典文本对于发展和壮大一个学术领域至关重要。因此，傅以斌教授曾试图寻找这一领域的经典文本。2017 年他在国际项目管理杂志 IJPM 上发起专栏“Do classics exist in megaproject management（重大项目管理领域存在经典吗?）”，以推动该领域理论体系的构建。但是，重大项目管理当前研究的跨学科和碎片化现状，致使人们最终无法就经典文本达成共识。为了解决这一问题，傅以斌教授决定编写《牛津重大项目管理手册》（*Oxford Handbook of Megaproject Management*），以使之成为这一新兴领域中前沿学术知识的基础性来源，并希望该书中的某篇或多篇文章有朝一日可以成为经典理论。

和之前《巨型项目：雄心与风险》不同的是，《牛津重大项目管理指南》并非个人著作，而是手册或指南，并且是牛津手册系列中的一本。傅以斌教授本人是这本指南的主编，各个章节的具体撰写工作由重大项目领域全球著名学者完成。牛津手册是牛津学术出版中最具威望和最成功的系列之一，指南中收录了相关领域顶尖学者的有深度、高质量的研究成果。因此，这本书为重大项目管理研究提供了逻辑严谨、导向明确、与时俱进的学术观点。

和《巨型项目：雄心与风险》中文版一样，原作者在《牛津重大项目管理指南》中文版中也增加了新的章节。一章是“制度情境的适应性：中国重大项目治理经验”（第 26 章），由李永奎、胡毅和韩一龙所写，该章通过大范围、长周期和多案例的系统研究，对中国重大项目制度情境 70 余年的变迁过程进行了考察，总结了中国重大项目治理模式形成和演化的外部制度情境影响机理以及“政府—市场”二元作用下中国重大项目的多层治理框架，然后从全生命周期视角分析了中国重大项目治理所面临的挑战，以及各治理要素的适应性演化应对机制，最后剖析了中国重大项目治理面临的新变化和新挑战。另一章是“参考组别预测法在香港重大道路工程中的应用”（第 27 章），本章由傅以斌、韩志强（Chi-keung Hon）和霍颖壎（Wing Huen Fok）所写，该章介绍了参考组别预测法的应用，将香港 25 个重大道路项目的预测成本和工期与它们的实际情况进行了对比；通过对比分析建立并验证了项目开发各阶段预测准确性的统计分布，并用 863 个类似项目样本进行了基准评估；研究有助于理解如何通过减少早期估算偏差、准确考量决策者风险偏好来改进预测，并通过平衡和控制项目预算超支和使用不足，来监管公共资金分配。

从翻译角度看，和《巨型项目：雄心与风险》相比，《牛津重大项目管理指南》挑战更大。一是工作量上，前者原书正文只有 120 页左右，而后者近 600 页，因此可谓“大部头”，给翻译和校对工作都带来了极大挑战，每一轮校对都要花很长时间，对耐心考验很大；二是准确理解上，指南的每一章都是当前重大项目管理领域最著名学者的核心成果精华，理论性强，新概念多，准确理解要求高，翻译难度大；三是学术定位上，我们希望中文版能为中国重大项目管理领域的学者，尤其是年轻学者，提供一本经典的学术指引。因此，翻译团队希望《牛津重大项目管理指南》中文版能真正实现“信、达、雅”的翻译要求。

例如，我们对书名中“megaproject”如何翻译进行了推敲。在《巨型项目：雄心与风险》中，我们将其译为“巨型项目”，主要是体现原书所要表达的思想，并与“雄心”与“风险”进行对应。但在这本书中，我们将其译为“重大项目”，因为这本指南覆盖的项目类型更广，探讨的领域更广泛，因此“重大项目”更能体现原著思想，也和中文语境下的常用概念更一致。另外，本译著中所发表的观点均来自作者们相应的研究成果，目的是为丰富这一新兴学科进行的学术探讨，难免有局限性，希望给阅读本书的读者带来启发或思考。

美国教育家 Gilbert Highet 认为，“书写得不好只是犯错，而好书译得糟糕则是一种犯罪(A badly written book is only a blunder. A bad translation of a good book is a crime)”。为了做好这件事，我们决定把翻译工作变成重大项目领域中的一项重要活动。我们遴选了来自国内外 10 余个高校的一批有兴趣、有能力做好这件事的专家、学者，他们都是专注于重大项目管理研究的学者或者实践专家，有的和原作者具有紧密的合作关系，例如曾经是原作者的学生，对相应章节原文中的基本概念和学术思想具有准确的把握。

本指南的翻译工作可谓是一个“重大项目”，从 2019 年年底开始启动，经过几轮翻译校、研讨，到 2022 年 8 月份才最终完成并移交给出版社，整个工作历时近 3 年，其间也经历了 2020 年初和 2022 年初、年末的三次疫情爆发。“工期”拖延的关键与其说是量上的“厚度”，不如说是我们对学术质量的自我“品质”要求。虽然在大多数高校，译著并不会被认定为重要“学术成果”，但所有译者还是倾注了大量心血，一遍又一遍地修改和完善。在此，十分感谢参与翻译的各位同事。正是这样的工作态度，使我们有信心让每位读者能从这本书中读到原著的思想精髓，并和阅读原著具有同样的阅读体验。同时，也十分感谢同济大学出版社和傅以斌教授在原书版权引进和翻译过程中给予的大力支持。

本书由同济大学复杂工程管理研究院李永奎、欧阳鹭霞和韩一龙等组织翻译，得到了国家社科基金“一带一路”建设研究重大专项(19VDL001)和重大项目(18ZDA043)的支持，也得到了国家自然科学基金(71971157，72162026，72161021，71971161，71901113，72061025，72101175，72001067，72071133)，以及同济大学文科重大培育项目(22120220296)的支持。

各章节具体分工为：第 1 章，崇丹(上海大学)；第 2 章，曾大林、张学文(山东建筑大学)；第 3 章，李永奎、欧阳鹭霞(同济大学)；第 4 章，曾大林、李圣飞(山东建筑大学)；第 5 章，马亮、朱榴莹、孙梅梅(上海大学)；第 6 章，刘琰(南京大学)；第 7 章，胡毅(南京大学)、王沁岳(同济大学)；第 8 章，谢洪涛、郑俊巍、张云华(昆明理工大学)；第 9 章，台双良(哈尔滨工业大学)；第 10 章，何清华、李洋(同济大学)；第 11 章，罗岚(南昌大学)；第 12 章，傅永程(天津大学)、张丽晗(河北工业大学)；第 13 章，马亮、朱榴莹、胡阳阳(上海大学）；第 14 章，何清华、李洋（同济大学）；第 15 章，翟罂（长沙理工大学）；第 16 章，台双良（哈尔滨工业大学）；第 17 章，牛衍亮、王珊（石家庄铁道大学）；第 18 章，王东奇（哥伦比亚大学）；第 19 章，张艳、潘曦宇、李永奎（同济大学）；第 20 章，郑俊巍（昆明理工大学）；第 21 章，刘琰（南京大学）；第 22 章，方建（同济大学浙江学院）；第 23 章，张樵民（郑州大学）；第 24 章，陈少春（AECOM）、翟罂（长沙理工大学）；第 25 章，牛衍亮、李慧敏（石家庄铁道大学）；第 26 章，李永奎（同济大学）、胡毅（南京大学）、韩一龙（同济大学）；第 27 章，贺帅帅（牛津大学）。特别感谢以上翻译人员。全书校对由同济大学李永奎总负责，同济大学韩一龙、欧阳鹭霞、王梦琪、王沁岳、阮丹宁、潘曦宇、曹玲燕等在校对和翻译组织工作中，也承担了大量工作，同济大学复杂工程管理研究院的乐云教授、何清华教授以及南京大学胡毅副教授也给予了大力支持，在此一并感谢。最后，对同济大学出版社领导、编辑及其他给予各方面帮助与支持的同志，致以诚挚谢意。

书中不足之处，敬请广大读者批评指正。

李永奎 等

2022.12

# 目录

## 第四篇 案 例

CHAPTER 27

# 1 绪论：重大项目管理的“铁律”

傅以斌

## 1.1 重大项目管理的经典著作

《牛津重大项目管理指南》编写的雄心是成为重大项目管理这一新兴领域中前沿学术知识的根本来源。这本书基于高质量数据和深厚理论基础为该学科提供了逻辑严谨、研究导向、与时俱进的学术观点。直到现在，这一新兴领域的相关文献还散见于大量的出版物和学科之中，因此难以从中提炼出重大项目管理的历史渊源、关键问题和核心内容。《重大项目计划与管理：基本读物》(Flyvbjerg，2014a)一书汇编了重大项目领域重要的昔日文献，而《牛津重大项目管理指南》一书则汇编了该领域最重要的当代文献。因此，这两本书一同成为重大项目管理领域昔日和当今的最佳读物。

傅以斌(Flyvbjerg)教授邀请了 114 位专家识别重大项目管理的经典著作(Flyvbjerg，2014b：xxx-xxxi)。这项调查研究结果表明，如果遵循“经典著作”的传统定义，即该领域的大多数专家普遍认可的权威之作，那么重大项目管理领域就没有经典著作。值得注意的是，在该项调查中多数提名的经典著作仅有 5 名专家认可，这一数字远远不及传统意义上经典著作普遍认可的最小数量。另外，超过 79%的提名经典著作仅有 1 位专家认可，这表明人们对重大项目管理经典著作的看法大相径庭。

人们对于重大项目管理领域的经典著作缺乏共识，存在以下解释。重大项目管理是一门非常年轻且相对松散的学科，因此发展这一领域并就可能的经典达成共识，需要更多时间。此外，该领域是跨学科且碎片化的，这令达成共识变得举步维艰。无论采用何种解释，库恩(Kuhn，2012)及其他科学专家都坚持认为，经典著作对于发展和壮大一个学术领域是必不可少的，因为经典著作是典范和参考，范式研究在此发展，创新研究也以此为据。继库恩等学者之后，我们认为，倘若重大项目管理想在学术研究领域和专业实践领域取得长足进步，就迫切需要经典著作。因此，我们编写《牛津重大项目管理指南》一书及其他相关专著，就是为了促进此类经典著作的发展，希望本书中的某篇或多篇文章有朝一日可以成为经典。

为广泛推广《牛津重大项目管理指南》，除了纸质印刷版外，我们还计划推出该书的电子版，以便出现新的研究成果时对本书进行更新。[1] 本书的目标读者主要涵盖学术研究团体、专业人士，以及管理、战略、计划、重大项目管理、项目管理、项目群管理专业的硕士生、博士生和高级教育项目的学生。本书希望通过提供重大项目管理领域与时俱进的前沿读物来促进该学科在学术和专业方面取得长足进步。同时还希望对重大项目感兴趣且受其影响的公民和社区能够从本书中获悉有用的见解。

## 1.2 什么是重大项目

重大项目是大型复杂的风险投资，通常耗资数十亿美元、耗时数年开发和建设，涉及多个公共和私人利益相关者，重大项目具有变革性，并影响数百万人。[2] 赫希曼(Hirschman, 1995: vii, xi)将重大项目称为“开发过程中享有特权的项目”，并指出重大项目是“创造特征(trait making)”，换而言之，重大项目旨在雄心勃勃地改变社会结构；与此相反，规模较小、更常规的项目则是“隐藏特征(trait taking)”，它们适应并遵循原有的社会结构，且从未试图改变。因此，重大项目并非是小型项目的放大版本。在期望水平、利益相关者参与、交付时间、复杂性和影响力等方面而言，重大项目与传统项目有着天壤之别。此外，重大项目和传统项目的管理方式迥然不同，传统项目的项目经理无法胜任管理重大项目。

重大项目需要反思型的实践者，他们都是在这一特定领域拥有丰富经验的领导者(Schon, 1983)。

诸多商业和部门领域的商品和服务逐渐将重大项目作为其首选的交付模式，例如基础设施、水和能源、信息技术、工业加工厂、采矿、供应链、企业系统、战略性企业计划和变革计划、企业并购、政府行政系统、银行、国防、情报、航空航天探索、大型科学、城市复兴、重大活动等(参见第 2 章，Len et al.；第 3 章，Siemiatycki)。重大项目包括高铁、机场、海港、高速公路、脱贫计划、医院、国家医疗或养老信息与通信技术(Information and Communications technology, ICT)系统、国家边境控制、国家宽带、奥运会、大型标志性建筑、大坝、风能农场、服务农场、海上油气开采、铝冶炼厂、新飞机开发、大型集装箱和游轮、高能粒子加速器、大型供应链型公司(例如苹果、亚马逊和马士基公司)的物流系统。

重大项目究竟有多大规模？如图 1.1 所示，一些重大项目的投资额甚至和不少国家的 GDP 不相上下(以美元计)。以中国持有的美国国债为例，超过 1 万亿美元，是公开经济活动的极大数额，如果不谨慎管理，它可能会破坏世界经济的稳定。如果将中国持有的美国国债作为超级测量标杆，美国联合攻击战斗机项目和中国高铁项目这两个全球最大的重大项目，它们的总投资超过了这笔债务的一半。仅仅数个世界上瞩目的重大项目投资就几乎会使任何其他经济数据(当然也包括任何投资数据)相形见绌。此

单位：10亿美元，2015年

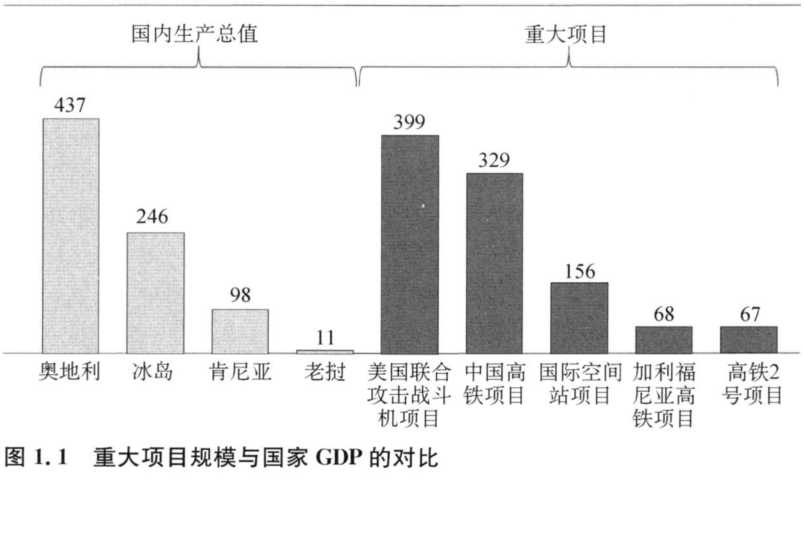


**图 1.1 重大项目规模与国家 GDP 的对比**

外，考虑到在交付重大项目时，人们需要在相对较短的时间内组建、经营和解散一个临时性组织，该组织的规模通常相当于市值 10 亿美元的公司。无论如何比较，重大项目的规模之大令人惊叹，这与它在管理方面面临的挑战相匹配。

然而，重大项目不仅规模巨大，它们在漫长的历史长河中持续增长、不断壮大。高达 319 米的纽约克莱斯勒大楼于 1930 年开业，它是当时世界上最高的建筑。此后该记录被打破 7 次，自 1998 年起，世界上越来越多的最高建筑坐落于新兴经济体国家，828 米的迪拜哈利法塔目前保持最高纪录。自 1930 年至 2010 年，80 年来建筑物的高度增加了 160%。同样，最长的桥梁跨度增速更快，同一时期大约增长了 260%。如果按照价值衡量，在过去一个世纪里，基础设施项目的投资规模平均每年增长 1.5%～2.5%，这相当于每经历一个世纪，基础设施项目的投资规模就要增加 2～3 倍（该数据源于本书作者构建的重大项目数据库）。ICT 项目作为新兴事物，其规模增长得更快，例如从 1993 年到 2009 年，微软操作系统的代码从 500 万行增加到 8 000 万行，增加了 16 倍。其他类型的重大项目（例如奥运会、工业项目等）也经历了类似的发展。因此，正如安萨尔（Ansar）等学者强调，如何应对不断扩张的规模是重大项目管理所面临的持续而紧迫的问题（参见第 4 章）。随着重大项目规模扩张而产生的是与此相关的全球化发展和一系列制度性问题（参见第 5 章，Levitt et al.）。

“mega”一词源自希腊语“megas”，意为“伟大的、庞大的、巨大的、大的、高的、高大的、强大的、重要的”。“mega”是百万级的科技计量单位。如果我们从经济视角使用该计量单位，重大项目将是严格意义上的耗资数百万美元（或者欧元、英镑或其他货币）的项目，一百多年以来世界上一些重大项目也的确耗资数百万美元。随着第二次世界大战、冷战和太空竞赛的开始，重大项目投资已经高达数十亿美元，例如研发了第一枚原子弹的曼哈顿计划（1939—1946 年）和随后的阿波罗登月计划（1961—1972 年）（Morris，1994；Flyvbjerg，2014b）。根据韦氏词典（Merriam-Webster）的说法，从 1968 年开始，“mega”用在“megacity（巨型城市）”一词中，1976 年首次使用“megaproject（重大项目）”一词，直到 1982 年，“mega”才作为一个独立的形容词表示“非常大”。

因此，准确来说“大型项目（largest projects）”已经不能用来指“重大项目（megaprojects）”了，于是“重大项目”一词开始使用。“gigaproject”一词中的“giga”是十亿级的计量单位。然而，“gigaproject”一词并没有流行起来。谷歌搜索引擎显示，“megaproject”一词在网络上的使用频率高于“gigaproject”。[3] 重大项目普遍成本高昂，美国加利福尼亚和英国高铁项目成本为 500 亿～1 000 亿美元，国际空间站和联合攻击战斗机计划成本超过 1 000 亿美元。如果将这些重大项目视为国家，以 GDP 衡量，那么这些重大项目比肯尼亚或者危地马拉这些国家的经济规模还大。如此大规模的项目一旦出现差池，会波及整个公司甚至该国国民经济。

下一个计量单位是“tera”，即以万亿度量。“tera”究竟是多大数量级呢？试想以现在作为时间点，100 万秒是 12 天之前，10 亿秒是 32 年之前，1 万亿秒是 31 710 年之前，相当于几个大冰期。最近大型项目和项目群规模大增，这表明目前我们可能正在步入大型项目管理的“万亿时代”。由于联合攻击战斗机计划成本超支巨大，如果按照生命周期成本核算，该项目似乎成为人类历史上第一个“teraproject（万亿项目）”（GAO，2012）。同样，为挽救 2008 年金融危机，美国、欧洲和中国相继推出经济刺激计划，倘若我们将其视为项目，那么这些也是“teraproject”。此外，如果我们将美国国防部的重大收购计划投资组合也视为大型项目，2013 年该项目估值 1.6 亿美元，也是一个“teraproject”（GAO，2013：2）。如果将如此规模的项目排在 GDP 排名前 20 的国家中,它的位置将与澳大利亚或加拿大等国家接近。目前尚无迹象表明重大项目的持续扩张在减速,恰恰相反,重大项目似乎正在加速扩张。换而言之,重大项目的规模正在大幅扩张。

## 1.3 全球重大项目业务有多大

重大项目规模庞大且持续增长,日益增多和日趋增值的重大项目拔地而起。麦肯锡全球研究院(McKinsey Global Institut, 2013)估计,到2013—2030年,主要以大型项目交付的全球基础设施每年支出3.4万亿美元,约占全球GDP的4%。同样《经济学人》(2008年6月7日:80)也估计,新兴经济体国家在2009—2018年间每年基础设施项目支出2.2万亿美元。

中国在2011—2013年这三年间消耗的水泥比美国整个20世纪的还多,这说明重大项目投资在极速增长。中国在2010—2014年基础设施建设支出超过了整个20世纪(Flyvbjerg, 2014b),这相当于增加了20倍。纵观人类历史长河,基础设施投资支出在全球GDP中所占份额从未如此之高,《经济学人》将其称为“史上最大规模的投资热潮”,而这仅仅涉及基础设施项目。

如果统计口径涵盖以重大项目作为主要交付模式的其他领域,例如石油和天然气、采矿、航空航天、国防、ICT、供应链、大型活动等,那么全球重大项目市场保守估计每年投入6万亿~9万亿美元,约占全球GDP的8%。这相当于美国每年对中国累积债务的5~8倍。无论使用何种术语定义,重大项目都是投资规模巨大的项目。此外,重大项目已被证明不受经济衰退影响。事实上,2008年以来经济低迷,从交通基础设施到ICT等各个领域投入的大量刺激性支出,帮助重大项目业务进一步增长。从前,尽管重大项目规模壮观,但也只是一项边缘活动,主要为富裕的发达国家拥有。然而,最近重大项目已经转变为一项全球数万亿美元的业务,它正在影响着我们的生活,从电费账单到互联网,从工作、购物到通勤。

由于规模大、数量多的重大项目占据了大量资源,因此,对于此类项目的管理从未显得如此重要。以正确的方式建造正确的项目所带来的潜在利益是巨大的,反之,建造错误的项目或者错误地建造项目所导致的潜在浪费也是巨大的。选择最合适的项目,并正确处理其在财务、经济、社会和环境方面的影响,这一点至关重要。因此,对政府和企业而言,重大项目代价高昂,为政策、实践和公开辩论提供有关重大项目系统而有效的知识,就显得尤为重要。《牛津重大项目管理指南》正是致力于提供此类知识的专著。

## 1.4 关于重大项目你必须知道的十件事

是什么推动了重大项目的迅猛发展?为什么重大项目对决策者有如此吸引力?这些问题的答案都能从重大项目管理的所谓“四项崇高”中找到(表1.1)。第一个是“技术崇高”,这是由米拉尔(Miller, 1965)和马克思(Marx, 1967)提出的术语,用来描述19世纪和20世纪初美国文化中对技术的积极采纳。弗里克(Frick, 2008)在重大项目的研究中引入这一术语,将其描述为欣喜若狂的工程师和技术人员不断突破技术极限来建造大型创新项目,例如建造最高的楼宇、最长的桥梁、最快的飞机、最大的风力涡轮机或者其他任何首创性事物(参见第10章,Miller et al.;第20章,Holzmann et al.)。弗里克(Frick, 2008)在研究耗资数十亿美元的新旧金山-奥克兰湾大桥的案例时也使用了该概念,并得出“技术崇高极大地影响了该项目的设计、成果和公开辩论,并导致该项目成本过度超支而缺乏责任主体”的结论(239)。

表 1.1 推动重大项目发展的“四项崇高”

| 卓越类型 | 特　征 |
| --- | --- |
| 技术崇高 | 欣喜若狂的工程师和技术人员竭尽全力建造“最长的桥梁、最高的建筑、最快的飞机” |
| 政治崇高 | 兴致勃勃的政客为自己和事业建造纪念碑，以此从公众和媒体获得知名度 |
| 经济崇高 | 商人和工会从重大项目赚取金钱并获得工作岗位，重大项目为建筑业和交通运输业的承包商、工人、顾问、银行家、投资者、土地所有者、律师和开发商带来巨额收入并提供充足的就业机会，从而使得商人和工会感到高兴 |
| 审美崇高 | 设计师和热爱美好设计的人们会从建筑本身及使用具有标志性和美感的超大型建筑(例如金门大桥)中获得愉悦 |

傅以斌(Flyvbjerg, 2012, 2014b)提出了其他三项“崇高”，首先是“政治崇高”，这里被理解为兴致勃勃的政客为自己及他们的事业建造纪念碑(参见第 13 章，Baade et al.；第 24 章，van der Westhuizen)。显而易见，重大项目万众瞩目，为其发起人带来积极主动的氛围。此外，重大项目是媒体关注的焦点，对政客而言，重大项目极具吸引力，似乎没有什么比启动重大项目获得曝光更享受的事情了。由于此类项目具有独特纪念性和历史重要性，政客会陪同皇室成员或总统出席重大项目剪彩。如果政客想继续连任，重大项目可以帮助他们增加公开曝光机会，因此，他们积极寻求这些机会。

接下来是“经济崇高”，这是指金融家、商人和工会从重大项目中赚取金钱并获得工作岗位所获得的喜悦。考虑到重大项目的巨额预算，因此需要足够的资金供所有人使用，包括承包商、工程师、建筑师、顾问、建筑业工人、交通运输业工人、银行家、投资者、土地所有者、律师和开发商。最后，“审美崇高”是指设计师和欣赏优秀设计的人们从建造、使用和瞻礼这些标志性的重大项目(例如美国旧金山的金门大桥、澳大利亚悉尼歌剧院)中获得的愉悦。

上述四项“崇高”推动了重大项目的巨额投资和频繁建造。它们共同确保了利益相关者的强大联盟，这些利益相关者从重大项目中受益，从而为实现更多此类项目而努力。

对于政策制定者而言，投资基础设施重大项目似乎特别令人垂涎，因为如果投资得当，将带来诸多好处，例如：(i)创造并维持就业机会；(ii)与进口相比，包含大量的国内投入；(iii)通过降低生产成本来提高生产力和竞争力；(iv)通过更好的服务使消费者受益；(v)对环境无害的基础设施取代对环境有害的基础设施，从而改善自然环境(参见 Helm, 2008: 1；第 11 章，Clegg, et al.)。

但是以上这些好处存在诸多“如果”的假设，这表明上述重大项目投资获益的前提是“如果做得对”。重大项目的发起者和决策者经常忽略这一前提，以至于他们认为重大项目是交付基础设施的有效方式。然而实际上，传统的重大项目交付(例如基础设施和其他类型项目)都存在很大问题，它们在实际成本和收益方面表现欠佳，我们将在本书的后面章节看到这一点。当“四项崇高”发挥作用并且人们选择重大项目交付模式时，重大项目的以下特征通常被忽略或掩盖。

(1) 由于规划期漫长且交互复杂，重大项目具有固有风险(Flyvbjerg, 2006；参见第 21 章，Davies)。

(2) 通常情况下，重大项目的规划者和项目经理没有丰富经验，并且他们在重大项目漫长的生命周期中不断被更换，从而导致领导能力薄弱。

(3) 重大项目的决策、计划和管理通常涉及诸多参与者，包括利益冲突的多个利益相关方、公共部门和私人部门(参见第 6 章，van Wee et al.；第 15 章，Winch；Aaltonen et al.，2010)。

(4) 重大项目的技术和设计通常是非标准的，从而导致计划者和管理者呈现“独特性偏差”，即他们倾向于将该项目视为独一无二，这阻碍了向其他项目学习的机会。

(5) 在重大项目早期阶段，对某个项目概念的过度承诺常常会导致这一方案“锁定”或“捕获”，使备选方案分析丧失说服力甚至缺失，并导致后期阶段的承诺升级。因此重大项目并非是“快速地失败”，而是“缓慢地失败”(参见第 9 章，Drummond；Cantarelli et al.，2010；Ross et al.，1993)。

(6) 重大项目由于涉及大量资金，因此委托代理问题、寻租行为和乐观偏见屡见不鲜(Eisenhardt，1989；Stiglitz，1989；Flyvbjerg et al.，2009)。

(7) 重大项目的范围或追求的目标通常会随着时间的推移而发生重大变化。

(8) 由于重大项目涉及“黑天鹅”事件(即带来严重负面后果的极端事件)，因此重大项目交付是风险极高的随机活动(Taleb，2010)。然而管理者往往忽视这一点，将项目视为存在于因果相应、可控并确定的牛顿世界中。

(9) 统计证据表明，通常难以计算重大项目中复杂性和计划外的意外事件，因此重大项目意外事件的应急费用和时间预算不足。

(10) 因此关于成本、进度、收益和风险的错误信息成为整个重大项目开发和决策过程中的常态。其结果是重大项目成本超支、工期延误、收益不足，在项目的交付期和运营期内损害了项目的可行性。

在 1.5 节，我们将看到重大项目成本超支、工期延误和收益不足的严重程度和频繁程度。

## 1.5 重大项目的“铁律”

重大项目的绩效数据拥有一套自己的语言。根据项目类型的不同，70%～90%的重大项目都会成本超支。对于奥运会这类型的项目 100%都会成本超支。按照实值计算，成本超支通常会高达 50%，甚至超过 50%也屡见不鲜。伦敦地铁银禧线(Jubilee Line)延伸段工程的实际成本超支 80%，丹佛国际机场实际成本超支 200%，波士顿中央动脉隧道项目(民间称之为“大开掘”项目)实际成本超支 220%，加拿大枪支注册项目实际成本超支 590%，悉尼歌剧院项目实际成本超支 1 400%。无论是在私人项目还是公共项目中，成本超支都是一个问题，且此情况并未改善。在有可比数据的 90 年期间，重大项目成本超支一直居高不下(参见第 8 章，Flyvbjerg；第 16 章，Hodge et al.；第 23 章，Chung)。现有数据显示，世界上六大洲 104 个国家的重大项目都面临着成本超支，这说明地理位置似乎并非成本超支的原因。同样，重大项目普遍收益严重不足，而且随着时间的推移和地理位置的变化，也没有任何改善的迹象(Flyvbjerg et al.，2002，2005)。

将巨大的成本超支、收益不足与商业案例、成本效益分析、社会和环境影响评估等分析方法相结合，这通常是重大项目规划和决策的核心，但我们认为这些分析通常是不可信的。例如，大坝项目平均成本超支 96%，而平均需求不足 11%；铁路项目平均成本超支 40%，而平均需求不足 34%。重大项目的商业案例分析、成本效益分析、社会和环境影响评估却建立在巨大的预测误差和偏差的基础上，因此这些分析当然在很大程度上具有误导性。这就是俗话说的“垃圾进、垃圾出(Garbage in，garbage out)”(Flyvbjerg，2009；有关大坝的深入研究，参见第 19 章，Scudder；第 25 章，Ahlers et al.)。

欧洲隧道就是一个很好的例子，它是欧洲最长的海底铁路隧道，连接了英国和法国。该项目最初被宣传为具有良好的经济和财务效益。该隧道的私人所有者欧洲隧道公司（Eurotunnel）在首次公开募股时为吸引投资者，告诉他们10%“将是对不可预见情况对建设成本可能产生影响的合理考虑”。实际上，资本成本超出预算80%，融资成本超出预算140%。营收最初占预期的比例仅为可怜的10%，最终增长至预期的一半。因而该项目被证明在财务上是不可行的，其内部投资回报率为−14.5%，英国共损失178亿美元。可见欧洲隧道项目不仅未能给英国经济带来好处，反而削弱了英国经济。与其他可替代的出行方式相比，很难相信使用欧洲隧道出行会更快捷、更方便且更具有竞争力。但实际上，英法海底隧道的乘客都从私人投资者处获得高额补贴，而其他重大项目的补贴则由纳税人支付，这些私人投资者在英法海底隧道申请破产和财务重组时损失了数十亿美元。这说明即使重大项目在技术上可以取得成功，但在财务上却容易失败，很多项目都是如此。一项对英法海底隧道进行经济和财务事后评估的研究系统比较了该项目的实际和预测的成本与收益，得出的结论是“如果未建造该隧道，英国的经济会更好”（Anguera，2006：291）。在财务上不可行的其他重大项目包括悉尼莱恩科夫隧道、斯德哥尔摩和奥斯陆机场的高速铁路连接、哥本哈根地铁、丹麦的大贝尔特海峡隧道（该项目是欧洲第二长的海底铁路隧道，仅次于英法海底隧道）以及安萨尔等人（2016）描述的中国项目（参见第17章，Vickerman）（表1.2）。

**表1.2　大型项目成本超支举例**

| 项　　目 | 成本超支 |
| --- | --- |
| 苏伊士运河（埃及） | 1 900% |
| 苏格兰议会大厦（苏格兰） | 1 600% |
| 悉尼歌剧院（澳大利亚） | 1 400% |
| 康科的超声速飞机（英国、法国） | 1 100% |
| 特洛伊和格林菲尔德铁路（美国） | 900% |
| 蒙特利尔夏季奥运会（加拿大） | 720% |
| “神剑”智能炮弹（Excalibur Smart Projectile）（美国、瑞典） | 650% |
| 加拿大枪支注册处（加拿大） | 590% |
| 美国联邦医疗保险交易系统（美国） | 560% |
| 国家卫生服务IC系统（英国） | 550% |
| 挪威银行总部（挪威） | 440% |
| 普莱西德湖冬季奥运会（美国） | 320% |
| 富尔卡基础隧道（瑞士） | 300% |
| 韦拉扎诺窄桥（美国） | 280% |
| 波士顿大挖掘干道/隧道项目（美国） | 220% |
| 丹佛国际机场（美国） | 200% |
| 巴拿马运河（巴拿马） | 200% |
| 明尼阿波利斯爱华沙轻轨线（美国） | 190% |
| 亨伯桥（英国） | 180% |
| 都柏林港口隧道（爱尔兰） | 160% |

（续表）

| 项　目 | 成本超支 |
|---|---|
| 蒙特利尔地铁拉瓦尔延伸段（加拿大） | 160% |
| 哥本哈根地铁（丹麦） | 150% |
| 波士顿-纽约-华盛顿铁路（美国） | 130% |
| 大皮带铁路隧道（丹麦） | 120% |
| 伦敦莱姆豪斯公路隧道（英国） | 110% |
| 布鲁克林大桥（美国） | 100% |
| 新干线九州高速铁路（日本） | 100% |
| 海底隧道（英国、法国） | 80% |
| 卡尔斯鲁厄-布雷顿轻轨（德国） | 80% |
| 伦敦银禧线延伸段（英国） | 80% |
| 曼谷地铁（泰国） | 70% |
| 墨西哥城都会线（墨西哥） | 60% |
| 高铁线南段（荷兰） | 60% |
| 大皮带东桥（丹麦） | 50% |

大型 ICT 项目的风险更大。此类项目中有六分之一都会成为成本超支统计中的异常值，实际平均超支 200%，与正常值相比，异常值高发率为 2 000%。大型建设项目也受到成本超支异常值的困扰，其成本超支异常值的高发率为 200%（Flyvbjerg et al.，2011）。鉴于大型 ICT 项目在政府和商业的许多转型组织中发挥核心作用，因此此类项目普遍存在的成本异常值在这种转型下仿佛一颗定时炸弹，随时一触即发。据斯坦迪什集团（Standish Group）（2009）估计，仅在美国，失败和表现不佳的 ICT 项目造成的成本浪费总额每年高达 550 亿美元。

对于重大项目而言，工期延误又是另外一个问题。工期延误既会导致成本超支，又会导致收益不足。例如，牛津大学基于重大项目最大的数据库所进行的一项研究结果表明，大坝项目工期平均延误 45%（Ansar et al.，2014）。也就是说，如果一座大坝从决定建造到投入使用，计划执行时间为 10 年，那么实际上平均需要 14.5 年。傅以斌等（2004）基于重大建设项目的大型数据集，对成本超支数额和项目延期长短之间的关系进行建模。他们发现，工期每延误 1 年或实施阶段其他原因导致延期 1 年，会导致成本平均增加 4.64%。举例来说，像伦敦耗资 260 亿美元的横贯铁路（Crossrail）这样规模的项目，工期延误 1 年将额外花费 12 亿美元，即每延误 1 天将额外花费 330 万美元。由此汲取的宝贵教训是，若想降低成本，应缩短项目实施工期并减少延误。这并不应被视为快速推进项目（fast-tracking projects）的借口，即通过决策敦促其尽早开工。对重大项目而言，你只能破釜沉舟。在决定是否为项目开绿灯或者停止它之前，需要周全的前端计划（Williams et al.，2010）。只有在项目准备期间放慢速度，才能在项目交付期间加快速度。但是通常情况恰恰相反，前端计划仓促且不足，糟糕的项目未能终结，后续该项目在实施阶段工期拖延、成本飙升，未来将会降低项目利润和收入。对于债务融资项目而言，这是灾难的根源，因为项目的债务不断增加，却没有可用于支付利息的收入，这部分又成为新的债务，循环往复。最终，许多项目陷入所谓的“债务陷阱”，项目的建造成本上涨、工期延误、需支付的利息增加，因此项目收入无法支付成本。这就是发生在英法海底隧道、悉尼莱恩科夫隧道以及其他许多重大项目的不争事实。

当然，并不是说不存在成本控制在预算内、按时完成并实现预期收益的重大项目（参见第 12 章，Gil；第 14 章，Davies et al.）。毕尔巴鄂古根海姆博物馆（Guggenheim Museum Bilbao）就是这类罕见的项目（参见第 22 章，del Cerro Santamaria）。同样，西班牙马德里地铁延伸段工程也是按时、按预算建造的典范（Flyvbjerg，2005）。除此之外还有一些工业类重大项目亦是如此（Merrow，2011）。研究此类项目了解其成功原因，并检验该项目的成功是否能复制到其他项目，这点尤为重要。然而，编制一长串成本超支和收益不足的失败项目清单，远远比制作成功项目清单容易得多。为此，本书作者及其他同事们正在开展一项有关重大项目管理成功的科研，我们尝试建立重大项目成功案例库，希望该案例库中的样本数足够大，以便提供具有统计学意义的有效答案。但是到目前为止，我们尚未成功。这是因为在重大项目管理中成功的案例凤毛麟角，所以目前只能使用小样本研究，而重大项目管理的失败案例则可以使用大量的、可靠的样本来研究。

成功的重大项目管理通常指项目按预算、按时交付预期收益。如果每 10 个重大项目中有 1～2 个项目符合预算，每 10 个项目中有 1～2 个项目符合工期，每 10 个项目中有 1～2 个符合收益目标，那么 1 000 个项目中大约只有 1～8 个项目能成功地同时实现成本、工期和盈利三个目标。即使这些数字是错误的，遗憾的是大范围的成功率仍然很低。这就是所谓的“重大项目的铁律”，即重大项目一次又一次成本超支、工期延误、收益不足（Flyvbjerg，2011）。在重大项目这个有趣且代价高昂的管理领域，最佳实践只是一个例外，而普通实践则是一场又一场的灾难。

## 1.6 重大项目悖论

上述分析呈现一个真正的悖论，即所谓的重大项目悖论，这是最初由傅以斌等人提出的（2003：1-10）。一方面，重大项目作为公私合营的交付模式，从未像现在受到如此欢迎，并且其规模尺度和上马频率也从未达到如此高的水平。另一方面，按照成本超支、进度延迟和收益不足来衡量，重大项目的管理绩效又是如此糟糕，甚至在有可比数据的 90 年里也尚未改善。

如今，重大项目的计划者和管理者都陷入了这一悖论，因为重大项目的主要交付方式是所谓的重大项目管理的“中断—修复模式”。通常情况下，重大项目经理及其组织机构并不知道如何成功交付重大项目，或者说他们并没有这样做的动力。因此大型项目往往会“中断”，例如，当遇上过于乐观或任人摆布的进度、成本和收益的预估值时，工期延误、成本超支等问题也随之而来。项目通常会被暂停和重组（有时也经历重新融资），人们试图“修复”问题，并交付取得某种形式成功的最初计划项目。通常情况下，由于重大项目消息禁闭和规模扩大，不可能完全终止所有项目，这就是为什么重大项目被称为“易于启动，却难以终止且代价高昂”（White，2012；Cantarelli et al.，2010；Ross et al.，1993；Drummond，1998）。“修复”往往需要付出巨大且出乎意料的代价，从而使那些不了解现况也缺乏远见卓识的利益相关者在项目中断前退出。[7]

“中断—修复模式”浪费资源，并导致组织和社会的资源分配不当。原因很简单，因为在这种模式下进行的项目决策是基于错误信息的，错误的信息是由一开始不务实造成的。错误信息的错误程度因项目而异，正如傅以斌等人记录的重大项目的成本超支和收益不足存在巨大的标准差（2002，2005）。因此我们可能不会像通常那样假设，平均而言所有的项目都受到了大致相同程度的歪曲了。因此，我们仍然坚持建造最佳项目，即使它们并不像纸上计划表现得那么好。可是我们不知道，事实上这些项目往往给鼎力推广的政府或公司带来的是净损失而非收益。解决"中断—修复模式"的根本方法是通过适当的前端管理，确保该项目从一开始就不会中断，然后让有能力的团队交付切合实际的前端（参见第 18 章，Volden et al.；Williams et al.，2010）。但是重大项目经理还必须了解一旦项目中断如何修复。原因很简单，因为很多项目都会中断。本书涉及这两种情况：(i)从一开始就正确执行的项目；(ii)可能中断并需要修复的项目。

## 1.7 挑战、原因、对策

本书各章节给读者在如下方面提供透彻并基于研究的理解：(i)重大项目管理的挑战；(ii)产生这些挑战的根本原因；(iii)可能有助于应对这些挑战的对策。因此，本书将系统地集中于重大项目管理的内容、原因和方式。此外，它还包含一系列案例研究，用于举例说明一般要点。

第一，关于重大项目管理所面临的挑战。伦弗尔（Lenfle）、洛克（Loch）（参见第 2 章）和西米蒂奇（Siemiatycki）（参见第 3 章）对重大项目管理面临的挑战进行了历史性概述。安萨尔等人关注重大项目规模的基本挑战，并尝试根据脆弱性理论对重大项目规模进行理论分析（参见第 4 章）。莱维特（Levitt）和斯科特（Scott）研究全球重大项目面临的制度挑战，因为越来越多的重大项目是跨国/跨区域项目（参见第 5 章）。范韦（van Wee）和普利莫斯（Priemus）阐述了重大项目管理中一个重要但常被忽略的方面，即重大项目涉及的伦理和政治问题，他们设问"什么是重大项目伦理"（参见第 6 章）。最后，任（Ren）针对中国当前以债务融资的重大项目投资提出了一个严肃问题："这是人类历史上最大的基础设施投资泡沫吗?"（参见第 7 章）

第二，有关重大项目管理的原因。傅以斌探讨了哈佛大学卡斯·桑斯坦（Cass Sunstein）教授最近提出的"行为经济学是早期大型项目研究的先驱"，这项研究很好地解释了重大项目规划者和管理者的行为（参见第 8 章）。德拉蒙德（Drummond）更新并评估了关于承诺升级和锁定的关键理论，因为这些理论与重大项目有关（参见第 9 章）。米拉尔等人从创新博弈的角度解释了重大项目管理，并阐述了博弈的最佳策略（参见第 10 章）。克莱格（Clegg）等人概述了学者和实践者是如何理解重大项目和重大项目管理，并解释权力与这种理解之间的关系（参见第 11 章）。吉尔（Gil）介绍了有关重大项目规划的一种新型集体行动视角，该视角着眼于争议解决，这对任何重大项目而言都至关重要（参见第 12 章）。巴德（Baade）和马蒂森（Matheson）阐述了新兴经济体中重大活动的驱动因素，由于大型活动和其他类型的重大项目已经越来越多地从发达国家转移到新兴经济体，而目前重大项目的投资主要在新兴经济体市场，因此这一问题变得日趋重要（参见第 13 章）。

第三，有关如何管理重大项目，即对策。戴维斯（Davies）等人描述了一种重大项目的新型交付模式，旨在确保项目的创新性和灵活性，并说明了该模式如何适用于三项英国重大项目（参见第 14 章）。温奇（Winch）借鉴战略管理研究的发展，拓宽了利益相关者管理的概念，以便更好地考虑有关子孙后代和自然环境的紧迫问题（参见第 15 章）。霍奇（Hodge）和格雷夫（Greve）提出并回答了私有化如何有效解决重大项目交付挑战的问题（参见第 16 章）。维克曼（Vickerman）认为，"即使没有直接利益，重大项目的利益也是巨大的"这一普遍认可的说法是可疑的（参见第 17 章）。沃尔登（Volden）和萨姆塞特（Samset）描述了挪威如何实施重大项目的质量保证计划，以及该计划是如何改善成果的(参见第 18 章)。斯卡德(Scudder)以毕生研究的成果概括性地提出和回答了针对巨型大坝(或许这是最后一种类型的重大项目)的问题,即:“如果考虑所有因素,还存在好的巨型大坝吗?”(参见第 19 章)

第四,也是最后一点,关于案例。霍尔兹曼(Holzmann)等人通过深入研究波音 787 团队如何破译重大项目交付的创新密码来进行案例研究,无论类型如何,这是大多数重大项目的重要议题(参见第 20 章)。戴维斯阐明了 2012 年伦敦奥运会在系统集成方面的经验教训,这也是大多数重大项目普遍关注的问题(参见第 21 章)。塞罗・桑塔玛利亚(del Cerro Santamaria)介绍了耗资 15 亿美元的毕尔巴鄂都市复兴战略计划,该计划由建筑教父菲利普・约翰逊(Philip Johnson)率先提出,将弗兰克・盖里的毕尔巴鄂古根海姆博物馆称为“我们这个时代最伟大的建筑”,这刷新了过去几十年中最具标志性的城市重大项目记录(参见第 22 章)。钟(Chung)讲述了澳大利亚在高速公路项目的政府和社会资本合作(Public-Private Partnership,简称 PPP)中的曲折经历,并指出未来的挑战和机遇(参见第 23 章)。范德・韦斯特伊森(van der Westhuizen)讲述了重大项目作为神秘的政治象征的故事,重点讲述了非洲第一条豪登高铁(Gautrain)的故事,该铁路最初作为南非申办 2010 年世界杯足球赛的配套设施,这是首次在非洲举办的世界杯(参见第 24 章)。最后,阿勒斯(Ahlers)等人研究了尼罗河上的阿斯旺大坝和湄公河上的南屯 2 号大坝,他们阐述了大坝开发如何陷入政治权利更分散、基本透明度和公民权利更难以保障的局面,因此作者建议将“大坝民主”作为解决这些问题的组织原则(参见第 25 章)。

总而言之,本书遴选的文章都具有较强的理论性并包含高质量的数据,这是针对重大项目管理研究呈现出来的理论薄弱和数据特异的学术特点所做的纠正(Flyvbjerg, 2011)。在此,强有力的理论被理解为对重大项目管理中的现象具有高度解释力的观点。高质量的数据是有效并可靠的信息,可以系统比较不同项目、研究、地理位置和时间的重要变量,或者促使高质量的深入案例研究成为可能。专注于强有力的理论和高质量的数据旨在帮助推动该领域的学术和专业发展。本书的案例不仅与发达国家有关,还与新兴经济体国家有关,这是因为目前重大项目投资主要在新兴经济体国家。最后,本书还囊括了该领域的历史性概述和案例研究的章节。编者的目的是编写一本有关重大项目管理内容全面的书,对于任何从事重大项目管理学习、科研、实践的人,以及受重大项目影响并试图更好地了解重大项目的人而言,这本书都是必备读物。

## 致谢

我要感谢《牛津重大项目管理指南》的撰稿人,感谢他们的卓越贡献,感谢他们在本书编辑过程中对我提出的修改要求所给予的耐心。特别感谢牛津大学出版社前商务和管理编辑大卫・穆森(David Musson)先生。大卫七年之前“怂恿”我写这本书。我之所以推迟,是因为当时我认为在重大项目管理领域尚没有足够高质量的学术成就,更不用说要找到大量高质量研究来填满这样一本书了。而今天,这种情况已经发生了可喜的变化。重大项目管理作为一个新兴的学术领域,正在迅速壮大。我要感谢牛津大学和赛德商学院,感谢它们开创性的远见卓识,在这个崭新的学术领域设立世界上第一个终身讲席教授职位和第一个学位项目,并让我有幸成为该项目的首任讲席教授和学术主任。这为我编写本书提供了沃土。最后,我要感谢牛津大学出版社商务与管理的委任编辑助理克莱尔・肯尼迪(Clare Kennedy),感谢她出色地参与了这本书的制作和印刷过程,使之成为您现在握在手中或在屏幕上阅读的图书。

## 注释

1. 关于更多信息,请参见<http://www.oxfordhandbooks.com>。
2. "重大项目(megaprojects)"的成本通常以数十亿美元计算;"大型项目(major projects)"的成本以亿美元计算;而"项目"的成本则以数百万或数千万美元计算。"megaprojects"有时也称为"major projects"。
3. 谷歌搜索,2017 年 1 月 17 日。
4. "独特性偏见"在此定义为重大项目的规划者和管理者认为该项目是独一无二的。这种特殊的偏见来自新项目经常使用非标准的技术和设计,导致管理者认为他们的项目与其他项目之间的差异比实际情况更大。这种独特性偏见阻碍了管理者的学习机会,因为他们认为自己的项目是独一无二的,所以他们无需从其他项目中学习。这种缺乏学习能力的现象可能解释了为什么那些认为自己的项目是独一无二的管理者要比其他管理者的表现得更差(Budzier et al., 2013)。因此,认为自己的项目是独一无二的管理者对他们的项目和组织负有责任。对于重大项目而言,这将是巨大的责任。
5. 引自《经济学人》杂志《隐藏的成本超支》,1989 年 10 月 7 日,第 37—38 页。
6. 作者将"中断—修复模式"这一术语归功于牛津大学赛德商学院 BT 重大计划管理中心前执业主任帕特里克·奥康奈尔(Patrick O'Connell)博士。
7. 若想了解一个"中断—修复"项目背后的罕见情况,请参阅傅以斌等(2014 年)有关中国香港通往中国内地的广深港(XRL)高铁研究,该项目在 2014 年施工时中断,这项研究为您展示了该项目是如何中断以及如何尝试修复的。

## 参考文献


Aaltonen, K. and Kujala, J. (2010). "A project lifecycle perspective on stakeholder influence strategies in global projects," *Scandinavian Journal of Management*, 26: 381-97.

Anguera, R. (2006). "The Channel Tunnel: An ex post economic evaluation," Transportation Research Part A, 40: 291-315.

Ansar, A., Flyvbjerg, B., Budzier, A., and Lunn, D. (2014). "Should we build more large dams? The actual costs of hydropower megaproject development," *Energy Policy*, March: 43-56.

Ansar, A., Flyvbjerg, B., Budzier, A., and Lunn, D. (2016). "Does infrastructure investment lead to economic growth or economic fragility? Evidence from China," *Oxford Review of Economic Policy*, 32(3): 360-90.

Budzier, A. and Flyvbjerg, B. (2013). "Making sense of the impact and importance of outliers in project management through the use of power laws," *Proceedings of IRNOP (International Research Network on Organizing by Projects)*, vol. 11(June), pp. 1-28.

Cantarelli, C. C., Flyvbjerg, B., van Wee, B., and Molin, E. J. E. (2010). "Lock-in and its influence on the project performance of large-scale transportation infrastructure projects: Investigating the way in which lock-in can emerge and affect cost overruns," *Environment and Planning B: Planning and Design*, 37: 792-807.

Drummond, H. (1998). "Is escalation always irrational?" Organization Studies, 19 (6): 911-29.

Economist, *The*. (2008). "Building BRICs of growth," 7 June: 80.

Eisenhardt, K. M. (1989). "Agency theory: An assessment and review," *Academy of Manage Review*, 14(1): 57-74.

Flyvbjerg, B. (2005). "Design by deception: The politics of megaproject approval," *Harvard Design*

*Magazine*, no. 22, Spring/Summer: 50-9.

Flyvbjerg, B. (2006). "From Nobel Prize to project management: Getting risks right," *Project Management Journal*, 37(3): 5-15.

Flyvbjerg, B. (2009). "Survival of the unfittest: Why the worst infrastructure gets built, and what we can do about it," *Oxford Review of Economic Policy*, 25(3): 344-67.

Flyvbjerg, B. (2011). "Over budget, over time, over and over again: Managing major projects:" in P. W. G Morris, J. K. Pinto, and J. Soderlund (eds.), *The Oxford Handbook of Project Management*. Oxford: Oxford University Press, pp. 321-44.

Flyvbjerg, B. (2012). "Why mass media matter, and how to work with them: Phronesis and megaprojects," in B. Flyvbjerg, T. Landman, and S. Schram (eds.), *Real Social Science: Applied Phronesis*. Cambridge: Cambridge University Press, pp. 95-121.

Flyvbjerg, B. (ed.) (2014a). *Megaproject Planning and Management: Essential Readings*, vols. 1-2. Cheltenham, UK, and Northampton, MA: Edward Elgar.

Flyvbjerg, B. (2014b). "Introduction," in B. Flyvbjerg (ed.), *Megaproject Planning and Management: Essential Readings*, vols. 1-2. Cheltenham, UK, and Northampton, MA: Edward Elgar, pp. xiii-xxxiv.

Flyvbjerg, B., Bruzelius, N., and Rothengatter, W. (2003). *Megaprojects and Risk: An Anatomy of Ambition*. Cambridge: Cambridge University Press.

Flyvbjerg, B. and Budzier, A. (2011). "Why your IT project might be riskier than you think," *Harvard Business Review*, 89(9): 24-7.

Flyvbjerg, B., Garbuio, B., and Lovallo, D. (2009). "Delusion and deception in large infra-structure projects: Two models for explaining and preventing executive disaster," *California Management Review*, 51(2): 170-93.

Flyvbjerg, B., Holm, M. K. S., and Buhl, S. L. (2002). "Underestimating costs in public eorks projects: Error or lie?" *Journal of the American Planning Association*, 68(3): 279-95.

Flyvbjerg, B., Holm, M. K. S., and Buhl, S. L. (2004). "What causes cost overrun in transport infrastructure projects?" *Transport Reviews*, 24(1): 3-18.

Flyvbjerg, B., Holm, M. K. S., and Buhl, S. L. (2005). "How (in)accurate are demand forecasts in public works projects? The case of transportation," *Journal of the American Planning Association*, 71(2): 131-46.

Flyvbjerg, B. Kao, T.-C., and Budzier, A. (2014). "Report to the Independent Board Committee on the Express Rail Link Project," in *MTR Independent Board Committee: Second Report e Independent Board Committee on the Express Rail Link Project*. Hong Kong: MTR, pp. A1-122.

Frick, K. T. (2008). "The cost of the technological sublime: Daring ingenuity and the new San Francisco-Oakland Bay Bridge," in H. Priemus, B. Flyvbjerg, B. van Wee (eds.), *Decision-Making on Mega-Projects: Cost-Benefit Analysis, Planning, and Innovation*. Cheltenham, UK, and Northampton, MA: Edward Elgar, pp. 239-62.

Helm, D. (2008). "Time to invest: Infrastructure, the credit crunch and the recession," *Monthly Commentary*, 18 December, <http://www.dieterhelm.co.uk>.

Hirschman, A. Q. (1995). *Development Projects Observed*. Washington, DC: Brookings Institution. First published 1967.

Kuhn, T. S. (2012). *The Structure of Scientific Revolutions*, 4th edn. Chicago, IL: University Chicago Press. First published in 1962.

Marx, L. (1967). *The Machine in the Garden: Technology and the Pastoral Ideal in America*. Oxford and New York: Oxford University Press.

McKinsey Global Institute. (2013). *Infrastructure Productivity: How to Save $1 Trillion a Year*.

New York: McKinsey and Company.

Merrow, E. W (2011). *Industrial Megaprojects: Concepts, Strategies, and Practices for Success*. Hoboken, NJ: Wiley.

Miller, P. (1965). *The Life of the Mind in America: From the Revolution to the Civil War*. New York: Harvest Books.

Morris, P. W. G. (1994). "The 1960s: Apollo and the decade of management systems," in *The Management of Projects*. Reston, VA: American Society of Civil Engineers, pp. 38-88.

Ross, J. and Staw, B. M. (1993). "Organizational escalation and exit: Lessons from the Shoreham nuclear power plant," *The Academy of Management Journal*, 36(4): 701-32.

Schön, D. A. (1991). *The Reflective Practitioner: How Professionals Think in Action*. New York: Basic Books. First published 1983.

Standish Group. (2009). *CHAOS Report*. West Yarmouth, MA.

Stiglitz, J. (1989). "Principal and agent," in J. Eatwell, M. Milgate, and P. Newman (eds.), *The New Palgrave: Allocation, Information and Markets*. New York: Norton, pp. 241-53.

Taleb, N. N. (2010). *The Black Swan: The Impact of the Highly Improbable*, 2nd edn. London and New York; Penguin.

United States Government Accountability Office (GAO). (2012). *Joint Strike Fighter: DOD Actions Needed to Further Enhance Restructuring and Address Affordability Risks*, Report GAO-12-437. Washington, DC: Government Accountability Office.

United States Government Accountability Office (GAO). (2013). *Defense Acquisitions: Assessments of Selected Weapon Programs*, Report GAO-13-294SP. Washington, DC: Government Accountability Office.

White, R. (2012). "A waste of money, for years to come," *The New York Times*, 27 January, <http://www. nytimes. comiroomfordebatei2012/01/26/does-california-need-high-speed-rail/high-speed-rail-is-a-waste-of-money-for-decades-to-come>.

Williams, T. and Samset, K. (2010). "Issues in front-end decision making on projects," *Project Management Journal*, 41(2): 38-49.

# 第一篇　挑　战

# 2 重大项目管理何以迷失方向：以史为鉴

西尔文·伦弗尔　克里斯塔乌夫·洛克

重大项目绩效的历史记录令人沮丧，尽管人们对大型项目管理成功的基本要素并不陌生。简言之，关键在于如何统筹解决不确定性和利益相关者复杂性问题；前者源于周期长和非标准化技术，后者体现在众多利益相关方的参与（Flyvbjerg et al.，2004）。20 世纪 40 年代，原子弹的成功研制曾完成上述挑战。但 70 年过去了，曼哈顿计划的一些经验教训仍未受重视，重大项目实践表现也因此而更糟。

以核反应堆工业为例，它是工期拖延和预算超支的典型。当前一代的 EPR[①] 核反应堆技术在 2003 年被视为行业未来，首个项目 2005 年在芬兰开工建设，计划 2009 年投运。根据 2015 年 8 月的情形判断，该项目 2018 年前无法运行，成本也从 33 亿欧元上升至 85 亿欧元（World Nuclear Association，2015）。而在法国弗拉芒维尔的 EPR 项目，预计工期增加一倍以上，成本也从最初的 33 亿欧元增加至 90 亿欧元（*Le Monde*，2015 年 4 月 21 日）。英国欣克利角 C 核电项目建设，因尚在早期阶段还未发生大规模超支问题，但为了防范风险，其建造合同中设置了高额价格保证（Taylor，2016，第 12 章）。

核电项目并非个例。研究表明，90％的重大项目都存在预算超支现象，超支 50％的情况很常见（Flyvbjerg，2011）。一项基于德国 170 项重大项目的研究发现，平均预算超支达到 73％（Kostka，2015）。有研究将巨额成本超支称为"重大项目的铁律"（Flyvbjerg，2014）。

本章首先阐明，造成上述系统性失败的一些核心管理缺陷是可识别的。其次，解决这些管理缺陷的知识是存在的，并且部分早在第二次世界大战期间就应用过。最后，通过总结历史经验，提出可以提升重大项目管理绩效的一些措施与建议。

## 2.1 重大项目失败的三个常见原因

梳理过去数十年间令人惊讶感叹的大型项目失败现象，三大原因显现在我们面前。

### 2.1.1 低估或拒绝承认不确定性

重大项目实施往往基于这样的假设：只要有充足的准备，设计和计划从一开始就能确定。但在一个较长时间段内，由于非标准化技术和众多利益相关方的影响，计划不可能安排好一切。于是，相关利益方很容易陷入糟糕的控制权之争，导致大量设计返工和

① EPR，全称 Evolutionary Power Reactors，先进压水反应堆，欧洲提出的第三代原子能反应堆。

成本增加。

一个恰当的例子是Circored项目，其内容是在特立尼达建设一座生产纯铁块的新型铁矿石还原工厂（Loch et al.，2002）。该项目于1995年开工，计划在1999年建成投产，工厂由克利夫兰克里夫斯钢铁公司拥有和运营。该项目采用了鲁奇冶金公司研发的新技术，这一技术已完成小型原型系统的测试。一项深入的风险分析认为，该项目所有问题是可以预见和管理的；但是，建设过程中仍发生了许多不可预见的问题，导致该项目延期两年。尽管在技术上取得了成功，工期拖延使该项目受到2002年物价暴跌的影响而损失了利润。最终，克利夫兰克里夫斯放弃了这家工厂，并以极低的价格卖给了米塔尔钢铁公司。

项目失败的关键原因是，工厂所有者拒绝长期测试，他们认为合理的计划与分析可以控制风险，即使鲁奇冶金公司一方深知项目技术尚不成熟且存在风险。所以，事后被动解决问题与一开始就处理妥当相比，将花费更多时间和金钱。

### 2.1.2 对利益相关者忽视或管理不善

通常情况下，重大项目既需要与积极合伙人联合，也需要间接外部利益相关者的支持，或至少外部利益相关者不反对。当利益相关者被忽视或被虚假协议掩盖时，冲突就会恶化，模糊条款背后隐含的危险就不可避免地产生了。

一个著名的案例是欧洲隧道项目（Bensen et al.，1989 a and b），该项目建设期为自1987年至1994年，建设者在英吉利海峡下挖了一条长50公里的双隧道，连通了从法国加莱到英国多佛的客运和货运火车。项目最初计划工期7年，预算48亿欧元（1987）；最终进度拖延29%（起初计划1993年6月开始运行，实际情况是货运于1994年5月开通，直到1994年10月才实现全面运行），预算超支65%，总造价达80亿欧元。此外，一些初始规格未能实现，隧道内车速仅达到80千米/时而不是最初设计的160千米/时，通行时间延长致使运力下降。最重要的是，运营方欧洲隧道公司（Eurotunnel plc）因此负债累累、无法营利，股东损失是投资的两倍（Garg et al.，2008）。最后，银行不得不于2013年免除其大部分债务。

欧洲隧道项目的问题并非源于不确定性：由于使用了一些新型隧道机械，相关问题很快得到了解决，最初预计的收入和运营利润与实际情况相当接近。

相反，欧洲隧道项目的困境来自利益相关者之间紧张而令人担忧的关系：建设联合体和后来的欧洲隧道运营商之间冲突不断，并陷入法律诉讼；银行想方设法将包括通胀在内的所有风险转移到欧洲隧道项目，结果导致了停工3个月和债务负担增长。

利益相关者冲突是项目问题的一个主要来源，对重大项目来说尤其危险，因为这些项目本身就涉及有影响力的多方主体。当协议忽视了某一方，或者强制某一方参与，或者表面上掩盖了观点或利益分歧时，新变化就打破现有平衡，各方不再合作而是对抗，协议就可能解体（Loch et al.，2015）。

### 2.1.3 僵化的承包商管理（特别是实行最低价中标）

重大项目因其规模庞大和所需专业知识的多样性，必然要求多方共同合作才能完成。常见的“低价中标、高价索赔”现象，起因于项目业主选择最低价中标。这种模式迫使承包商努力压价，僵化地执行合同，并对项目实施过程中的每一次变化都进行索赔。

这一30年前就被观察到的现象（McDonald et al.，1998）至今依然盛行，受到德国一家检查大型公共工程项目的政府委员会的批评（Kammholz，2015）。耗资52.5亿美元的巴拿马运河扩建是一项全球瞩目的重大项目案例。该项目2009年邀请招标，计划于2014年启用；由西班牙企业牵头组建的建筑联合体以32亿美元的价格，竞得了50英里(1英里约等于1.61千米)运河水道的闸门修建权，比一家美国企业牵头的建筑联合体的报价低了10亿美元。但在2014年，该联合体要求项目所有者巴拿马运河管理局(PCA)赔偿16亿美元，并列举了其“违约行为”(例如，联合体声称在地质条件方面被业主误导)。争议使该项目延迟到了2015年中期。然而，项目一开始就有人指出报价太低，后期某个时刻终会出现成本增加的情况(Kriel et al.，2014)。尽管运河管理局认为最初报价是合理的，专家们对这一激进的低报价策略进行了公开讨论(*The Economist*，2014)。

### 2.1.4 三者之间的相互作用

上述三个重大项目失败的根本原因之间有强烈的相互作用，所以更加难以处理。例如，欧洲隧道项目的利益相关者就有不同的利益诉求，建造商的短期视角和运营商的长期视角。在相互不信任的氛围中，即使是适度的不确定性也很难应对，从而导致纠纷(如成本超支方面)，甚至是更加不信任。结果，合作变得更加困难。

尽管这些挑战很难解决，然而，仍有一些潜在的解决方案被忽略了。相关知识已经存在70年了，但其中大部分知识被忽视了，或者在项目中未被有效使用。

## 2.2 20世纪40年代的项目管理研究进展

让人感到讽刺的是，历史上有一些项目实际上克服了上述三个问题。这一点在第二次世界大战及战后美国大型军事和太空项目中尤为明显；有趣的是，这也正是当代项目管理的起源。事实上，一些最著名的重大项目，如曼哈顿、阿特拉斯、北极星和阿波罗，都管理得非常成功并且按时完成。因此，从这些案例中吸取经验教训是非常有意思的事。从理念上，这些项目做对了两方面关键事情。

第一，在组织层面上，几乎从一开始就创建了一个专门的组织，来克服困扰重大研发项目的传统官僚斗争问题。美国空军和美国海军联合开发洲际弹道导弹(Intercontinental Ballistic Missles，ICBM)就是这种策略的典型代表。再分析下北极星计划的案例(Sapolsky，2003)，问题在于协调和整合不同分工的参与部门以及数十家参与公司。作为一种新技术，弹道导弹融入现有武器采购结构并不容易：它既不是轰炸机，也不是炸弹，更不是制导导弹。为了克服这一问题，美国海军创建了特别项目办公室(Special Project Office，SPO)——一个拥有完全自主权力的管理北极星项目的新机构。它由一位才华横溢、能力出众的项目经理——海军少将威廉·雷伯恩(William F. Raborn)领导，他在整个团队中建立了一种奉献精神和紧迫感。他说：“我们的信仰是建造北极星。”(Spinardi，1994：35)这个组织结构的创建无疑是北极星项目成功的关键因素之一(Sapolsky，1972)。在前述所有项目中发现了类似的逻辑：由一位杰出的项目经理领导的专门组织，如格罗夫斯(L. Groves)指挥的曼哈顿工程特区，施里夫(B. Schriever)领导的美国空军西部发展部(WDD)，菲利普斯(S. Phillips)指挥的载人航天办公室。因此，这些项目的成功在于：基于达成目标而采取正确行动所赋予的高度自治，在近乎无限项目管理权限下“尽其所能”。

第二，关于不确定性的管理，这些项目管理实践给出了非凡洞见。管理者们从一开始就深知，一个人不知道他不知道的东西。对此，格罗夫斯将军说得最明白了。他说，鉴于原子弹设计不可预见的巨大不确定性，大家的工作如同“暗夜前行”(Groves，1962：40)，并因此“不得不完全放弃一切正常有序的程序”(Groves，1962：72)。

有趣的是，他们得出了正确的管理结论：他们将试验（例如，以试验项目的方式）、平行寻找替代方案以及专项（可能成本很高）信息收集行动结合起来，作为核心项目活动的组成部分。曼哈顿项目有力地证明了这一方法的重要性：从一开始就承认无法确定原子弹的正确设计方案，格罗夫斯和指导委员会决定针对裂变材料的生产和炸弹的设计，平行探讨多种不同的技术解决方案。这就解释了，为什么投在日本的两颗原子弹有着完全不同的设计，以及它们如何在如此短的时间内成功地克服了重大的科学问题和工程技术难题（Lenfle，2011）。这一策略通过格罗夫斯、奥本海默和美国空军西部发展部主任施里夫之间的讨论，直接转移应用于洲际弹道导弹阿特拉斯项目（以及其他项目）（Hughes，1998）。

这些经验教训是如何在项目管理学科建制化过程中丢失的，令人深思、发人深省。事实上，20 世纪 50 年代，不确定性管理原则从理论上已得到很好的理解，尤其是对试验和调整的必要性以及子项目上开展多种平行试验的优势（Alchian and Kessel，1954；Arrow，1955；Klein et al.，1958）。然而，这些原则已经从项目管理教科书中完全消失，直到最近才被重新发现（从多学科角度来看，例如，Leonard-Barton，1995；Loch et al.，2006）。伦弗尔（Lenfle）和洛克（Loch）（2010）分析了项目管理如何因倾向于控制导向，而放弃对不确定性的灵活处理方法；控制导向的项目管理，通过"门径管理"逻辑实现确定性目标。

这一变化过程可从以下三方面来阐述（Lenfle et al.，2010）：

（1）在政治方面，弹道导弹的部署完全改变了当时的背景。"导弹差距"的恐惧消失了，大型军事项目的紧迫感也消失了，导致 1958 年美国国防部重组法案的出台。国防部重组大大强化了国防部长对军队的权力。新法案赋予国防部长"转让、重新分配、废除或合并"的服务职能，以及对预算的控制权。这为"麦克纳马拉革命（McNamara Revolution）"铺平了道路。来自福特汽车公司的罗伯特·麦克纳马拉，在 1961 年被任命为国防部长，开始对国防部计划流程的全面改革重组。他的目标是合并一直以来各自独立的规划和预算流程，通过建立著名的"项目规划和预算体系"（PPBS）来实现目标。这一管理过程与早期导弹项目的逻辑背道而驰，使项目管理模式彻底转向。的确，它强调在项目开发之前对项目进行完整定义，以限制不确定性并建立分阶段实施路径。这实际上是排除了平行试验和并发性。由此，分阶段规划方法（即现在的门径管理）成为国防部和新组建的美国国家航空航天局（National Aeronautics and Space Administration，NASA）（Johnson，2000）的项目管理模式。计划评审技术（Program Evalution and Review Technique，PERT）等管理工具的广泛应用又强化了这一情形。特别是，1962 年美国国家航空航天局和国防部联合发布了一版"计划评审技术/成本指南"，作为两部门项目招投标过程管理的一部分，从而将这些工具转化为项目管理事实标准。这限制了随后几十年项目管理的工作范围。自此以后，战略是国防部的事，项目管理的定位就是执行指定任务。

（2）这种转变在理论上也有对照。事实上，麦克纳马拉革命理论上源于兰德（RAND）思想及其对理性决策的信赖。查尔斯·希奇（Charles Hitch）清楚地表达了这一看法，他曾是兰德公司的杰出成员，后来成为麦克纳马拉领导下的国防部监察官。他在 1960 年发表了《核时代的国防经济学》，该书向广大读者提供了一种新观点，即将国防作为经济学上为实现预期目标而引发的资源配置问题。这种观点对项目管理产生了重大影响：焦点逐渐从第一批导弹项目的"不惜代价实现性能"转变为对成本效益比的优化。这种新的逻辑在项目管理的早期文献中清晰可见。例如，克利兰（Cleland）和金（King）的《系统分析和项目管理》（1968）已成为经典之作。这本书是分阶段规划逻辑的典型代表,它由两部分组成,分别对应于两个关键的项目阶段。第一部分倡导利用系统分析的力量来分解复杂战略问题和定义项目任务。第二部分涉及项目执行,强调需要创建一个特定项目组织以整合利益相关者贡献,并同时使用形式化方法进行项目规划和控制。所有这些事件的共同结果是,到 20 世纪 70 年代初,阶段规划方法已变得"自然而然"。

(3) 在这一标准化过程的最后阶段,1969 年诞生了一家专业组织:即美国项目管理协会(US Project Management Institute, PMI)。事实上,在北极星项目成功之后的几年里,大量出版物问世,许多咨询公司对计划评审技术/关键路径法(Critical Path Method, CPM)方法大力推广(Vaszonyi, 1970)。规划方法被认为是重大项目管理成功的同义词。在此背景下,关系密切的 PERT 和 CPM 用户群体内(R. Archibald, E. Benett, J. Snyder, N. Engman, J. Gordon Davis, and S. Gallagher)产生了成立专业组织的想法。由于它的创建者们都是项目控制专家,PMI 自然就将关注点放在 PERT、CPM 等控制工具上。所以,接下来的 20 年里,在北极星项目和麦克纳马拉革命之后,"现代项目管理"被等同于 PERT/CPM(Snyder, 1987)。

正如读者所见,从这一转变过程中产生了当今项目管理主流模式的基本原理:门径管理。问题在于,这种理性的项目管理观点过度简化了关键过程,尤其是对于具有内在不可预见性的创新型项目和重大项目(因为时间周期长和利益相关者复杂性)。此外,正如伦弗尔和洛克所说,这导致了对此类项目成功要素的误解。例如,相关文献在分析阿波罗计划时,主要关注其围绕分阶段规划方法组织建立了一个复杂的项目管理系统(Seamans, 2005; Johnson, 2002)。虽然这确实有助于从 1962 年至 1963 年的项目危机期回到正轨,但这种狭隘的观点忽略了上游探索性工作,以及分阶段规划方法用于项目实施晚期的事实。然而,事实是这种以控制为导向的项目管理方法至今仍然占主导地位。

## 2.3 20 世纪 50 年代突破式项目管理风格的局限性

基于前面的讨论,可能会有这样的疑问,即能不能"恢复一些 20 世纪四五十年代的能力"。这一想法也许过于简单了。事实上,这些项目是在非常特殊的背景下展开的,因而并没有遇到今天重大项目所面临的所有问题。必须牢记,所有这些项目的背景都是国家进入高度紧急状态,无论是因为第二次世界大战(如曼哈顿项目),还是因为与苏联的冷战(阿特拉斯项目、北极星项目和阿波罗项目)。这产生了两个主要结果。

首先,这类项目的目标反映了任务的军事性质,那么在某种意义上就是"简单的"(尽管技术上令人印象深刻):如制造一枚核弹,制造一枚可以远距离击中小目标的导弹,从潜艇上发射导弹,或者登月。这并没有反映出项目目标的复杂性,比如在今天,项目不可避免地会受到社会因素影响。

其次,冷战以及与苏联的竞争抑制了任何围绕项目的争论。在这里,我们有必要回顾一下约翰·肯尼迪(John F. Kennedys)在国会上发表的正式启动登月计划的演讲:

> 最近几周在太空领域取得的巨大成就,如同 1957 年人造卫星升空一样,使我们清楚地看到,这次冒险对世界各地正在决定何去何从的人们所产生的思想冲击。我相信国家将致力于在这个十年结束前完成月球登陆和安全返回这一目标。在此期间,再没有一个太空项目能对人类产生如此重大影响,对宇宙远程空间探索产生如此重大作用,也没有一个太空项目的难度如此之高、耗费如此之大。(致国会的

关于国家紧急需要的特别信息，1961 年 5 月 25 日）

事实上，如果借鉴当代思想观念，利益相关者分歧在当时是不存在或很小的。没有政党停止支持，没有抗议者因为不再同意改变结果而阻止工作，更没有外部团体要求透明度和问责制。

供应商管理也是如此。这些项目团队对供应商拥有巨大的权力——同样，这些都是军事项目，供应商在得到丰厚报酬的同时，必须无条件地执行订单。事实上，整个组织都是为了避免政治因素而设计的。正如休斯（Hughes，1998）对阿特拉斯（Atlas）项目和萨波尔斯基（Sapolsky，1972）对北极星（Polaris）项目的证明，创建西部发展部（WDD）和特别项目办公室的主要目的，就是明确地避免一直以来困扰大型研发项目的官僚斗争和政治活动。在某种意义上，上述项目是"封闭式"项目（Edwards，1996；Hughes，1998）。政治被简化为军队和政府。可能会有辩论，但外界抗议活动不大可能停止项目（Beard，1976）。雷伯恩上将确有可能"筑起一个使其他海军远离的围墙"（Sapolsky，1972：124），也确有可能"设计好政治程序以便不受干扰地提供资源"（Spinardi，1994：35-6）。因此，利益相关者管理的问题确实超出了考虑范围。

随着冷战的结束和网络世界的出现，这种特殊的环境消失了——今天重大项目所处的环境情况已然发生了改变。现在的挑战是，如何在"开放"的环境下管理重大项目，因为再没有项目团队能指望将外界影响挡在围墙后。从这一角度来讲，休斯（Hughes，1998）有力地证明了为军事项目开发的"系统工程"方法，在面对大型民用项目时是失效的，比如著名的波士顿中央干道（Boston Central Artery Tunnel）。该项目面对的挑战是，处理棘手的多元利益主体产生的复杂性，每类利益主体都有不同的目标诉求和约束条件。作为波士顿中央干道项目的关键人物，萨尔瓦奇（F Salvucci）不得不耐心地在波士顿地区的迷宫中穿行，与工程师、社区团体以及波士顿市、马萨诸塞州等讨论需要定义的标准，如关于桥梁的设计。因此，正如伦丁（Lundin）等人（2015：201-2）提出的，"'项目客户'作为项目单一焦点对话者的传统观点消失了，取而代之的是一个由各种参与者组成的复杂模糊系统，必须用新的高级治理和沟通方式进行'管理'"。他们认为这个问题至关重要，因为对公共和私人重大项目问责的要求越来越高。格罗夫斯将军从来没有处理过这种情况。

换句话说，不能简单地参照 20 世纪 50 年代项目管理的全盛时期——那时非常成功的做法可能并不完全适用于现在的情况。然而，重温 20 世纪 50 年代关于不确定性管理的经验，仍然是值得的。因为，最近一些失败的重大项目，正是在不确定性管理方面犯了不该犯的错。此外，关于重大项目失败的所有三个关键因素的知识，在过去的 50 年里慢慢积累起来，不仅涉及不确定性管理，还涉及项目利益相关者和承包商的管理。第 2.4 节将总结这一知识历史的经验教训。

## 2.4 经验和建议

### 2.4.1 管理的不确定性

基于 20 世纪 40 年代取得的进展，从门径管理成为主流开始，项目管理理论已经能够清楚地说明，许多项目具有共同特点：一是变化（许多小的影响造成了某个特定活动一定的延期和超支），可以通过缓冲措施处理；二是可预见的不确定性或风险（可识别和理解的影响因素，项目团队无法确定其将发生，因此可能会出现不同结果），可以通过基于计划和“程序化”的风险管理来解决，即根据具体发生的风险“启动”相应措施（De Meyer et al.，2002）。然而，重大项目也遭受着不可预见的不确定性之苦，这些不确定性在项目规划过程中无法识别。团队要么不知道事件的可能性，要么不能制订相应对策。产生不可预见的不确定性的原因，可能是大型“不可思议”事件，或者交错复杂的众多影响因素（包括利益相关者行动）。与较低水平的不确定性相比（以及与门径管理所允许的相比），不可预见的不确定性需要更加灵活和“应急”的方法。

但是，不可预见的不确定性是否存在仍可被诊断出来。例如，发现导向规划法（McGrath et al.，1995，2000）建议，要明确承认未知的存在，并通过如假设检查表之类的分析方法揭示它们。与之类似，洛克（Loch et al.，2008）以一个刚开始的创业项目为例，说明了如何通过系统探索项目中的知识缺口，建立对未知事件可能出现领域的直觉。对于这种不可预见的不确定性，存在两种基本的应对方法：试错学习法和选择法（Leonard-Barton，1995；Pich et al.，2002；Loch et al.，2006）。

在试错学习法下，团队开始朝着一个目标（所能识别的最佳结果）前进。但是，随着新信息的出现，团队也准备好了不断地从根本上改变目标和行动方案。探索性试验是这种方法的重要组成部分，它旨在获取信息而不强求取得“进展”。这种试验的失败是学习源泉而非错误源头。因此，重要的是跟踪知识缺口的学习和减小，而不是只跟踪目标实现的进展。众所周知的例子是药物开发项目，临床研究令人鼓舞的迹象，往往出现在大规模试验过程中，并通过意想不到的（积极的）副作用体现。

或者，团队可能会选择“止损”而采取选择法，即同时采用多种方法来观察什么有效、什么无效（不必有完整的解释），并在试验后择优而取。采用这种方法的例子大量存在，包括微软在 20 世纪 80 年代推出多个操作系统（Beinhocker，1999），以及日本消费电子企业在 20 世纪 90 年代初采用的“产品搅拌”开发策略（Stalk et al.，1993）。

萨默等人（Sommer et al.，2009）基于 65 个新风险投资项目的大规模实证研究表明，从对项目成功的影响来看，试错学习法和选择法的最佳结合，取决于项目中不可预见的不确定性水平和项目本身的复杂性（图 2.1）。当不确定性和复杂性都很低时（左下象限），规划管理和标准风险管理能够胜任工作，并且是最有效的。当不可预见的不确定性变大时，应灵活应对并采用试错学习法。当复杂性很高时，应使用平行试验并尽快缩小范围找到最佳方法。最困难的情况是在右上象限，这是重大项目通常所处的情景，不可预见的不确定性和项目复杂性都很高。研究结论是，如果能够持续进行平行试验，直到不确定性降低至所有重要风险都已知的程度，那么就能实现项目的最高成功率。否则，试错学习法适用性更好。当然，在任何重大项目中，试错学习法和选择法可以在子项目中以不同的方式组合应用。

| | | 复杂性：低 | 复杂性：高 |
|---|---|---|---|
| 不可预见的不确定性 | 高 | 学习<br>从根本上重新定义商业计划和风险模式的灵活性 | 选择法<br>选择法是最有效的，当最佳试验的选择可以推迟到未知的未知知识明确后（知道真实的市场反应后） |
| | 低 | 规划<br>• 朝着目标执行计划<br>• 风险识别与风险管理<br>• 学习和更新 | 选择法<br>• 尝试多种解决方案，并尽快选择最佳方案<br>• 尝试其他解决方案，并尽快选择最佳方案 |

**图 2.1　何时选择试错学习法或选择法**

（引自 Sommer et al.，2009）

最大的挑战在于大公司的管理结构和控制刚性，如前所述，这在一定程度上是由20世纪60年代的门径管理造成的。这使得大型组织中的管理者很难承担风险。例如，一项关于大公司“突破性创新”的研究表明，大公司在选择和执行大型创新时，采用了类似于门径管理的方法，这促使管理者采取保守主义态度并提前终止高风险项目（He，2015）。同样，瑟希提和伊克巴尔（Sehti and Iqbal，2008）证明了门径管理导致项目缺乏灵活性，这对创新项目来说就是失败的同义词。更加根本性的问题是，门径管理通过严格的预先计划和控制，形成了一种消除不确定性和试验的“审美”。例如，一项关于初创公司和投资者之间关系的研究发现，投资者会对平行试验和试错迭代（较平行试验稍微弱些）的证据做出“惩罚”（即强制进行业务评估）（Loch et al.，2011）。原则上，管理者完全有能力明智地应对不可预见的不确定性，正如研发管理和许多有经验的项目管理组织所表现的那样。然而，为了使许多（特别是公共）组织、投资者具备应对不确定性的灵活性，需要对其进行大量的教育，这对公共组织来说更是重要。

### 2.4.2　利益相关者管理和项目治理

普遍认可的“国家议程”是20世纪50年代杰出项目成功实施的基础，但现今已不再存在，因为重大项目涉及太多利益和议程，中央意愿再也不能推动这些项目了。强势利益相关者的协商和参与已成为必然。另外，政治妥协并不会为决策提供良好的基础，不稳定协议带来的混乱目标和前后矛盾决策，破坏了项目。如何调和这两个重要方面？这是项目治理的问题。

项目团队只是执行，但项目范围和战略定位是在项目治理的层面上设定的，通常是由“指导委员会（Steering Committee，SC）”完成的。洛克等人（Loch et al.，2015）研究了十七个复杂的、不确定性项目（创新项目以及组织变革项目）的有效和无效SC实践，发现SC需将利益表达（包括协商）与共同项目愿景产生、愿景转化为操作计划结合起来，以便在变化的项目环境中有效地识别冲突和解决方案。

这项研究提出了几项具体的原则：

- 利益相关者识别。SC需代表重大项目中有利益关系的最重要、最有影响力的各方（如政府、供应商或客户）。与此同时，SC的规模不能过大（允许“任何有兴趣的人参与”会导致如此），因为大型群体系统的管理和维系太难了。
- 目标一致。SC的关键职责是阐明至少一个所有各方可接受的项目愿景，然后将其转化为可操作的、用以揭示关键冲突的目标。在后来的运行操作阶段，当冲突不可避免地发生时，“十全十美”的目标常常被抛弃。只有在一开始就对冲突进行谈判（采用维护共同项目愿景的方式），才能通过协商对目标进行演变，从而维护共同愿景。
- 保持信息畅通，危机发生时重新协商。SC必须投入足够的时间和精力来理解项目的关键问题（坚持将技术语言和问题转化成维护项目战略定位所需的战略政策或商务语言）。SC还必须投入时间和精力保持信息畅通，以便在变化和危机发生时（在重大项目实施期内，这两者都是不可避免的），能以多种方式重新商谈项目修改问题，从而维护各方的一致性和支持力度。如果一方感到被排斥或被利用，项目就会失败。但是，如果SC能够成功地组织大家共同处理好一个危机，它就会在处理下一个危机过程中变得更加强大。
- 保持项目团队凝聚力。SC必须保持控制地位，这意味着要理解关键问题而不是维护和强化（“不管发生什么”）一份最初的项目计划。项目团队需要建立信任，合理处理坏消息和变化，需要的是解决方案和责任落实，而不是寻找受罚的替罪羊——没有信任，便永远得不到项目真实状态的信息。必须建立信任，因为重大项目总会有变化，SC

需要塑造自己和项目团队，以便能以某种方式来应对变化，避免发生重大项目灾难的典型症状——例如，使命偏离、政治运作造成的晚期任务变化、累积的未解决问题，或者与某重要利益相关者失和。

上述原则很难实现，因为存在几方面关键的挑战。项目周期内，利益相关者间存在的利益冲突和思维方式差异，使得真正的团结一致需要经历漫长过程(导致需要更长的规划时间)，并耗费大量的管理投入。要么不全力以赴，要么利用权力不平衡的政治环境为自己谋利益，这些倾向总是存在。

这也是大范围出现“早期低价进入(在成本方面)、后期形成既成事实”(Flyvbjerg，2007)倾向的原因。虽然在某些情况下确实如此，但未必一定是这样。洛克等人(2015)的研究表明，如果SC识别项目利益相关者并寻求与他们的对话，如果项目团队密切参与从而能够跟踪和评估进展，对成功可能性的高估是可以避免的。当然，这也忽略了一些情况，即持怀疑态度的公众(或政治阶层)在某种现实情况下始终不愿意接受某个项目，因而项目获批的唯一方法就是“撒谎”。但是，不管是谁为启动项目而进行虚假陈述(“他们以后会吸取教训并改变主意”)，一方面会给他们自己的职业生涯带来严重风险，项目后来会陷入因不切实际的初步估计而产生的困境；另一方面会给公众带来严重风险，公众对项目实现能力的信心遭到破坏。的确，事后来看，(例如)欧洲隧道是宏观经济的重大成功，以前人不可想象的方式连接了英国和法国。但是在此过程中，许多股东蒙受了损失，一些参与者的职业生涯也受到了损害。因此，起初过多的承诺是危险且不明智的，即使从长远角度看有说得过去的理由。

### 2.4.3 承包商管理

合同是连接合作伙伴和项目众多分包商的核心枢纽工具，它在重大项目中形成了复杂的关系网络。但是合同只能处理有限的复杂性问题(一份合同可以很快地写成数千页，这也意味着合同对复杂性问题失效了)。而且，在需要灵活性来处理重大项目中不可避免的变化时，合同却是一成不变的。

> 合同是一种危险的工具，应当始终抱有忧虑和谨慎。从理论上讲，书面合同的目的是为了确定各方当事人的义务，避免含糊不清，以及明确的理解以避免最终争议。在实践中，工程合同的订立一般不是为了明确界定义务，而是为了规避义务(McDonald et al.，1998：1-2)。

具体来说，合同引发一种倾向，即寻找交易对手在理解上的差距，制造可以为己所用的义务——这是一种虚妄的期望，因为另一方通常早晚会找到解决办法或者进行报复(von Branconi et al.，2004)。在此背景下，众所周知的“低报价高索赔”出现了，它常会导致旷日持久的商业和法律纠纷，使项目成为牺牲品。

大量证据表明，合同需要柔性设计，且需要用关系加以补充。著名的伦敦希思罗机场5号航站楼项目是很好的例证，它采用了一种集成方法慎重地将战略治理纳入其中。英国机场管理局(British Airports Authority，BAA)作为项目业主“改变了游戏规则”，根据两项基本原则制定了一种新型协议：委托人承担风险并与承包商在集成项目团队中通力合作。BAA必须为风险和不确定性承担责任，同时创造一种供应商可以找到解决方案的环境。基于成本透明的“公开账目”，供应商的投入成本得到了保障；如果节约了目标成本或者提前完工，会得到奖金，这也激励了供应商提升绩效和积极创新。如果项目实际费用小于原定目标成本，利润由团队成员们分享。这种合同方法的基础是揭示和管理风险，而不是转移或掩盖风险，从而激励了创新和问题解决(Davies et al.，

2009a：24-5)。

伦敦希思罗机场5号航站楼项目解决了合同的一个基本问题：在重大项目复杂而不确定的环境中，合同无法事先确定所有期望的结果。当承包商不能交付或只能以不可预料的方式交付时，固定任何结果(无论有多少“偶发事件”)都会引发激励冲突。带有“创新奖金”的成本补偿合同，提供了摆脱这一困境的途径。但是，在将合同从固定结果描述转化为协同式问题解决机制方面，仍有很大改进空间。这方面的一个例子是奥林奇(Orange)公司(法国电信移动电话部门)在管理漫游方面与其合作伙伴之间的开放式服务架构(Open Service Architecture，OSA)联盟。这一复杂协议允许地方电信运营商为其他地区的客户提供服务，并由与客户签订合同、收取漫游费的电信公司进行费用补偿(Van Der Heyden et al.，2006)。联盟中的合作伙伴运营商签订的“合同”并没有具体说明任何合作程序或结果，只是说明了协同问题解决程序：在建立技术系统、客户协议或出现收入分成时，团队如何做出决策。决策的确是通过投票做出的，保障措施是：无论是大型运营商(占收入额的多数)，还是许多的小型运营商(占投票量的多数)，都不能强行通过协议。每个具体的协议本身(通常被视为合同)变成了纯粹的技术描述。这种协议结构使合作伙伴能够在技术和监管制度不断变化的环境中保持灵活、可靠的合作(监管机构收紧了对漫游业务的管制，因为漫游业务已经变得利润丰厚)。然而，当我们与项目经理讨论这种协作结构时，他们通常会感到非常不舒服，因为感觉像是“失去控制权”。这是门径管理法占主导地位后，在项目管理中所产生的另一个控制“审美”的例子。

然而，这些解决困扰重大项目系统性问题的新方法，在应用中仍面临巨大挑战。利用“市场力量”向承包商压价，即利用不平衡权力达到目的(哪怕只是在短期内)，这一倾向始终存在。举个典型例子，希思罗机场5号航站楼的所有者(英国机场管理局)于2006年被收购后，“采取了完全逆转的战略(令许多英国建筑业人士感到意外)，决定重新回归到传统的委托人角色——采购方，而不是项目经理，依靠‘风险转移合同’、复杂的前期规格说明和僵化的程序”(Davies et al.，2016)。

与之类似，作者与许多公司的经理讨论了OSA“框架合同”方法，直接见证了这种方法对管理者的威胁有多深——这对他们来说就像放弃了对自己命运的控制。然而，另一种文化和“审美”上的影响与门径管理有关，它为前面提到的短期倾向增加了“专业标准”的具体定义，使这些重大项目管理新方法很难进入主流。

## 2.5　结论

系统工程和技术复杂性都已得到很好理解，但是项目不确定性和利益相关者复杂性仍然是重大项目面临的巨大挑战。处理这些挑战的途径已经找到，这些途径需要行为上的改变：包括拒绝向承包商施压的倾向；接受一定程度预测力和控制力的损失；耐心地将重大项目中涉及的多方带到桌前；维护共同方向的纪律，允许前进导向的决策而不是避免冲突的妥协。其中许多技术将要求公司学习新的和可能令人生畏的行为；但事实上，这些管理机制中有许多都是经过实践检验的真实技术，它们在几代人之前就为重大项目创造了奇迹，将有助于为未来的重大项目指出一条更加光明的未来之路。

## 注释

1. 麦克纳马拉的想法根植于“冷战理性”，并对其产生了重大影响。“冷战理性”是指人们相信可以事先找到最优解决方案。对此，读者可以参考埃里克森等人的研究(Erickson et al.，2013)。

2. 阿波罗计划是一个模棱两可的案例，因为它曾是民用项目，1963 年以后主要由军方管理。
3. 关于曼哈顿计划，没有争论，因为它是一个“黑色的”、完全保密的计划。就连罗斯福的副总统哈里·杜鲁门在 1945 年 4 月就任总统之前，也对该项目的存在一无所知。

## 参考文献


Arrow, K. (1955). *Economic Aspects of Military Research and Development*. Rand Corporation Document D-3142.

Alchian, A. A. and Kessel, R. A. (1954). *A Proper Role of Systems Analysis*. Rand Corporation Document D-2057: 16.

Beard, E. (1976). *Developing the ICBM. A Study in Bureaucratic Politics*. New York: Columbia University Press.

Beinhocker, E. (1999). "Robust adaptive strategies," *Sloan Management Review*, 40(3): 95-106.

Bensen, D., Thomas, H., Smith, R. C., and Walter, I. (1989a). *Eurotunnel-Background*. INSEAD-New York Stern School of Business, Case Study 08/95-2492.

Bensen, D., Thomas, H., Smith, R. C., and Walter, I. (1989b). *Eurotunnel-Equity*. INSEAD-New York Stern School of Business, Case Study 07/95-4528.

Davies, A., Dodgson, M., and Gann, D. (2009a). "From iconic design to lost luggage: Inno vation at Heathrow Terminal 5," paper presented at the DRUID Summer Conference 2009, Copenhagen Business School.

Davies, A., Gann, D., and Douglas, T. (2009b). "Innovation in megaprojects: Systems integration at London Heathrow Terminal 5,"*California Management Review*, 51(2): 101-25.

Davies, A., Dodgson, M., and Gann, D. (2016). "Dynamic capabilities for a complex project: The case of London Heathrow Terminal 5,"*Project Management Journal*, 47(2): 26-46.

De Meyer, A., Loch, C. H., and Pich, M. T. (2002). "Managing project uncertainty: From variation to chaos," *MIT Sloan Management Review*, Winter: 60-7.

*Economist*, *The* (2014). "Your money or your locks," 3 January 2014.

Edwards, P. (1996). *The Closed World: Computers and the Politics of Discourse in Cold War America*. Cambridge, MA: MIT Press.

Erickson, P., Klein, J., Daston, L., Lemov, R., Sturm, T., and Gordin, M. (2013). *How Reason Almost Lostits Mind. The Strange Careerof Cold War Rationality*. Chicago: University of Chicago Press.

Flyvbjerg, Bent and Cowi. (2004). *Procedures for Dealing with Optimism Bias in Transport Planning: Guidance Document*. London: Department for Transport.

Flyvbjerg, B. (2007). "Policy and planning for large infrastructure projects: Problems, causes and cures," *Environment and Planning B: Planning and Design*, 34: 578-97.

Flyvbjerg, B. (2011). "Over budget, over time, over and over again: Managing major projects," in P. W. G. Morris, J. K. Pinto, and J. Söderlund, *The Oxford Handbook of Project Management*. Oxford: Oxford University Press, pp. 321-44.

Flyvbjerg, B. (2014). "What you should know about megaprojects and why: An overview," *Project Management Journal*, 45(2): 6-19.

Garg, S., Loch, C. H., and De Meyer, A. (2008). *Eurotunnel: Eyes Wide Shut*. INSEAD Case Study 04/2008-5288.

Groves, L. (1962). *Now It Can Be Told: The Story of the Manhattan Project*. New York: Da Capo Press.

He, X. (2016). *Breakthrough Innovation in Large Companies*. PhD dissertation, Cambridge

University Department of Engineering.

Hughes, T. (1998). *Rescuing Prometheus*. New York: Vintage Books.

Johnson, S. (2000). "From concurrency to phased planning: An episode in the history of systems management," in A. Hughes and T. Hughes, *Systems, Experts and Computers: The Systems Approach to Management and Engineering, World War II and After*. Cam bridge, MA: MIT Press, pp. 93-112.

Johnson, S. (2002). *The Secret of Apollo: Systems Management in American and European Space Programs*. Baltimore, MD: John Hopkins University Press.

Kammholz, K. (2015). "Bericht rügt Deutschlands Vresagen als Bauherr," *Die Welt*, 29(6): Section *Politik*.

Klein, B. and Meckling, W. (1958). "Application of operations research to development decisions," *Operations Research*, 6(3): 352-63.

Kostka, G. (2015). *Grossprojekte in Deutschland-zwischen Ambition und Realität*. Study of the Hertie School of Governance.

Kriel, L. and Dowsett, S. (2014). "Insight: Lowball bid comes back to haunt Panama Canal expansion," *Reuters World*, 20 January.

Lenfle, S. (2011). "The strategy of parallel approaches in projects with unforeseeable uncertainty: The Manhattan case in retrospect," *International Journal of Project Management*, 29(4): 359-73.

Lenfle, S. and Loch, C. H. (2010). "Lost roots: How project management came to emphaize control over flexibility and novelty," *California Management Review*, 53(1): 32-55.

Leonard-Barton, D. (1995). *Wellsprings of Knowledge*. Cambridge, MA: HBS Press.

Loch, C. H., Pich, M. T., and De Meyer, A. (2006). *Managing the Unknown: A New Approach to Managing Projects Under High Uncertainty*. Hoboken, NJ: Wiley.

Loch, C. H., Solt, M. E., and Bailey, E. (2008). "Diagnosing unforeseeable uncertainty in a new venture," *Journal of Product Innovation Management*, 25(1): 28-46.

Loch, C. H., Sommer, S. C., Dong, J., Jokela, P., and Pich, M. T. (2011). "Managing risk and responding to uncertainty: How entrepreneurs and VCs can improve their effectiveness; a comparison of three countries," INSEAD Working Paper.

Loch, C. H., Sommer, S., and Mähring, M. (2015). "What project steering committees actually do: A framework for effective project governance," Working Paper, Cambridge Judge Business School/HEC Paris/Stockholm School of Economics.

Loch, C. H. and Terwiesch, C. (2002). *The Circored Project A, B and C*. INSEAD Case Study.

Lundin, R., Arvidsson, N., Brady, T., Ekstedt, E., Midler, C., and Sydow, J. (2015). *Managing and Working in Project Society: Institutional Challenges of Temporary Organizations*. Cambridge: Cambridge University Press.

McGrath, R. C. and MacMillan, I. (2000). *The Entrepreneurial Mindset: Strategies for Continuously Creating Opportunity in the Age of Uncertainty*. Cambridge, MA: Harvard Business Publishing.

McDonald, D. F. and Evans III, J. O. (1998). "Construction contracts: Shifting risk or generating a claim?" *AACE International Transactions*, LEG. 01: 1-8.

McGrath, R. and McMillan, I. (1995). "Discovery-driven planning," *Harvard Business Review*, (July-August): 44-54.

Pich, M. T., Loch, C. H., and De Meyer, A. (2002). "On uncertainty, ambiguity and com plexity in project management," *Management Science*, 48(8): 1008-23.

Sapolsky, H. (1972). *The Polaris System Development*. Cambridge, MA: Harvard University Press.

Sapolsky, H. (2003). "Inventing systems integration," in A. Prencipe, A. Davies, and M.

Hobday, *The Business of Systems Integration*. Oxford: Oxford University Press, pp. 15-34.

Seamans, R. (2005). "Project Apollo: The tough decisions," *Monographs in Aerospace History Number 37*. Washington DC: NASA History Division.

Sehti, R. and Iqbal, Z. (2008). "Stage-gate controls, learning failure, and adverse effects on novel new products," *Journal of Marketing*, 72(1): 118-34.

Sommer, S. C., Loch, C. H., and Dong, J. (2009). "Managing complexity and unforeseeable uncertainty in startup companies: An empirical study," *Organization Science*, 20(1): 118-33.

Snyder, J. (1987). "Modern project management: How did we get there-Where do we go?" *Project Management Journal*, 18(1): 28-9.

Spinardi, G. (1994). *From Polaris to Trident: The Development of US Fleet Ballistic Missile Technology*. Cambridge: Cambridge University Press.

Stalk, G. and Webber, A. M. (1993). "Japan's dark side of time," *Harvard Business Review*, 71(4): 93-102.

Taylor, S. (2016). *The Fall and Rise of Nuclear Power in Britain*. Cambridge: UIT Cambridge.

Van Der Heyden, L., Doz, Y., and Vankatraman, V. (2006). *Orange Group's Open Seamless Alliance (OSA)*. INSEAD Case Study.

Vazsonyi, A. (1970). "L'histoire de Grandeur et de la Décadence de la Methode PERT," *Management Science*, 16(8): B449-55.

von Branconi, C. and Loch, C. H. (2004). "Contracting for major projects: Eight business levers for top management," *International Journal of Project Management*, 22(2): 119-30.

World Nuclear Association. (2015). "Nuclear power in Finland: Country profiles," 13 August, <http://www.world-nuclear.org/info/Country-Profiles/Countries-A-F/Finland/>.

# 3 重大项目开发的周期性

马蒂·西米蒂奇



## 3.1 引言

重大基础设施项目是人类长久文明的一个特征。纵观世界，从埃及金字塔到罗马沟渠、大道、竞技场，以及希腊帕特农神庙，这些景观都是人类大规模建设工程的历史见证。大型公共工程随着工业发展而崛起，它作为生产资本的一种战略投资和意识形态仍然在历史上具有重要意义(Lehrer et al.，2008)。当今，重大项目类型众多，包括规模巨大的交通工程、能源、医疗、办公大楼、司法、远程通信、文化以及维护现代社会运作的信息技术基础设施。

以成本规模定义，重大项目根据其开发背景，范围从 1 亿美元到 10 亿美元。重大项目一般由公共部门或私营机构或两者合作进行投资、建设和运营。另外，以项目初始规模和复杂性定义，重大项目是指政府和公众高度关注、对工程周边经济、社会、自然环境具有深远影响的项目。事实上，重大项目作为一个特定社会进行的最大规模基础设施开发项目，它最大程度地考虑公众利益，并对其周边社区具有最显著的影响和外部效应。

重大项目有个令人困惑的现象是：它们往往遵循独特的创新周期或热潮。某个地方开发的一项新技术或重大基础设施类型通常会引发其他地方争相效仿，直到在同类项目或不同基础设施中出现新技术将其取代。换言之，新技术或重大项目出现跨空间扩散，从某地兴起的一种创新思潮，通过在多地区涌现而发展繁荣，后因流行度下降而衰退。新技术或某类重大项目的衰退要么因为项目类型功能未达预期，没有实现预期目标，要么因为出现一种更有效益的新技术将其取代。迄今为止，这些创新模式常被认为是满足某一特定时期经济需求或文化思潮而形成的一次性时尚。例如，“毕尔巴鄂效应”，作为一个流行术语，被用来解释 20 世纪 90 年代末在西班牙北部城市因建造一座具有标志性的建筑——新古根海姆博物馆而如何引发全球博物馆和文化机构的开发热潮。学者们发现全球的城市电车或有轨电车系统数量最近出现戏剧性的上升。有轨电车在 20 世纪初期被广泛使用，但随后因过时和低效，大多数被拆除了。然而，通过扩大基础设施类型和时间范围进行更深入的研究，发现在相对短周期内，这种波浪模式的开发周期在特定的基础设施类型中具有一致性。重大基础设施技术创新通常是在之前技术革新基础上崛起的，随后不断发展直到被下个新技术取代，使得其流行度下降。

重大项目这些开发周期或热潮有多普遍？如何解释重大项目理念和开发从此处到

彼处的扩散？以及这个洞察如何为基础设施项目规划者、政策制定者和投资者提供决策信息？这些问题都是本章的重点。但首先，有必要简单思考一下新创意从何而来，以及如何随时间扩散。

## 3.2 乘浪前行

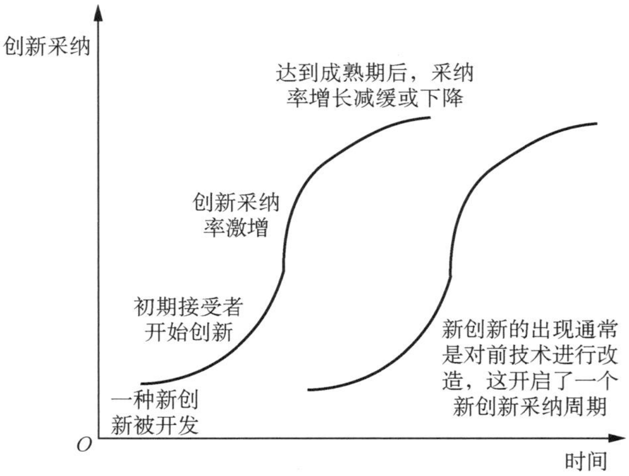


**图 3.1 创新采纳的 S 形曲线**

创新开发和扩散的周期性是学者、政策制定者、企业领导和公众都非常感兴趣的话题。多年来，人们关注新时尚风格、音乐、科技、公共政策、经营管理战略和营养的兴起和扩散，并记录其周期。通过识别创新思潮或产品开发周期的不同阶段，人们得到一个重大发现：它们都遵循着一致的“自然史”——贝斯特(Best，2006：21)用最简洁的语言描述为“兴起—激增—衰退”。这种自然史的特征是标准的“S”形创新曲线，它通常以“波浪式”来描述，表示新创意建立于之前产品或想法的基础上，而之前的产品或想法正在经历同样的过程或正在改进中(图 3.1)。

迄今为止，对于创新扩散周期性是否是重大项目开发过程中一个可持续部分，学术界的研究有限。但是纵观全球重大项目开发模式的历史，可以明显发现创新的动态性不仅存在，而且是决定在何时何地建设何种项目的驱动力。表 3.1 概述了 7 种类型的重大项目，这些项目可追溯到 19 世纪，在开发、广泛采用，以及采用率下降的开发过程中都表现出类似“兴起—激增—衰退”模式。下一节将以不同类型的重大项目为例来说明基础设施开发周期的驱动力。

**表 3.1 1890—2007 年城市开发的创新热潮选择**

| 时期 | 描述 | 前身 | 潮流 | 激增 | 衰退 |
|---|---|---|---|---|---|
| 1890—1920 年 | 有轨电车 | 纽约和新奥尔良的有轨马车 | 1881 年柏林出现电力牵引的有轨电车 | 到 20 世纪初，电气化有轨电车在六大洲各城市中普及 | 公交车和汽车技术的进步以及城市的扩张使有轨电车的效率降低，到 20 世纪 60 年代大多数城市都不再使用有轨电车 |
| 1900—1910 年 | 美国城市美化运动(运用纪念性设计改造城市中心和公园) | 豪斯曼男爵在 19 世纪对巴黎的重建 | 1893 年芝加哥“白城”博览会；华盛顿购物中心重建计划 | 城市美化运动方案在丹佛、纽约、西雅图、巴尔的摩、哈里斯堡、费城和芝加哥实施 | 反对巨额投资的城市美化运动，增强对城市功能性的投资 |
| 1910—1935 年 | 运用城市美化技术建造大英帝国首都 | 美国城市美化运动 | 1912 年，埃德温·鲁迪恩斯(Edwin Lutyens)和赫伯特·贝克(Herbert Baker)设计的新德里 | 卢萨卡、索尔兹伯里(哈拉雷)、内罗毕和坎帕拉的帝国首都倡议 | 大英帝国开始衰败导致紧接着第二次世界战争后各殖民地纷纷独立 |

（续表）

| 时期 | 描述 | 前身 | 潮流 | 激增 | 衰退 |
| --- | --- | --- | --- | --- | --- |
| 1935—1960 年 | 高楼，单一用途的大型公共住房项目 | 勒·柯布西耶(Le Corbusier)开启欧洲现代主义运动；花园城市 | 纽约市第一家园；芝加哥的卡利尼格林；伦敦的边界房产；斯德哥尔摩展览 | 圣路易斯、芝加哥、波士顿、多伦多、伯明翰、巴黎、斯德哥尔摩、新英格兰、格拉斯哥、谢菲尔德、亚特兰大、底特律、墨尔本和悉尼 | 圣路易斯屡获殊荣的普鲁伊特·艾格社区在开业后16年被拆除标志着大型住宅项目的失败；随后许多城市都拆除这类项目 |
| 1955—1970 年 | 区域交通规划和城市高速公路建设 | 城市美化运动，第二次世界大战后的城市郊区化 | 1955 年芝加哥区域交通研究：使用强调区域交通和经济模型强调新高速公路发展 | 华盛顿、巴尔的摩、匹兹堡、哈特福特、费城、旧金山、多伦多和温哥华 | 城市规划专家简·雅各布斯(Jane Jacobs)在纽约高调抗议高速公路的活动，使得多伦多、旧金山和温哥华等其他城市爆发类似抗议活动 |
| 1980—至今年 | 轻轨线（有轨电车改造，或在街道上运行，或在专用道上运行） | 19 世纪有轨电车；新城市主义强调以交通为导向的发展 | 20 世纪 70 年代末，在哥德堡、旧金山、埃德蒙顿和波特兰，旧式有轨电车重新设计改造为现代轻轨 | 1980 年至 2000 年，全球城市新建了 65 条轻轨线，而且轻轨线路的建设一直持续到现在 | / |
| 1997—至今年 | 标志性博物馆和文化主导的城市更新 | 城市美化运动；1959 年弗兰克·劳埃德·芮特(Frank Lloyd Wright)设计的纽约古根汉姆博物馆 | 由弗兰克·盖里(Frank Gehry)设计的毕尔巴鄂的古根海姆博物馆 | 纽约、伦敦、华盛顿、柏林、密尔沃基、休斯顿、谢菲尔德和赫尔 | / |

（资料来源：Siemiatycki，2013）

### 3.2.1　一次又一次乘浪前行

北美棒球场长达百年的开发历程，凸显了重大项目创新的“波浪形”模式。长期以来棒球场一直是美国风景中的一大特色。可是，一名创新者的出现突然改变了这些体育馆的设计风格。如图 3.2 所示，棒球场从一开始流行在市中心用砖、混凝土、钢筋和天然草坪建造的古典设计风格，转变为在市郊用人造草坪建造多用途运动场馆的现代设计风格。再到最近一波“复古”球场热潮，这些位于市中心的复古球场重塑了体育场的古典设计美学。

1992 年，巴尔的摩市复古风的卡姆登体育中心开幕后，掀起了最新一波建造复古棒球场的创新热潮。至此之后，30 支球队中就有 23 支采用复古设计风格建造新体育场，这意味着当时复古热潮已接近市场饱和。当时多数复古球场项目由于增加许多复杂工艺如可伸缩屋顶而导致成本高达数亿美元甚至超过 10 亿美元，但它们能获得民主党政府或共和党政府的公共补贴。多数情况下，试图效仿卡姆登球场经验的项目均出现严重成本超支，投入使用后在推动经济发展、城市更新或球迷上座率的长期增长方面都没有达到预期效果。尽管如此，图 3.2 表明历史上对创新热潮的一种认知：一旦一种球场新设计风格成为流行，那么紧接着 20 年里后续建造的球场都将采

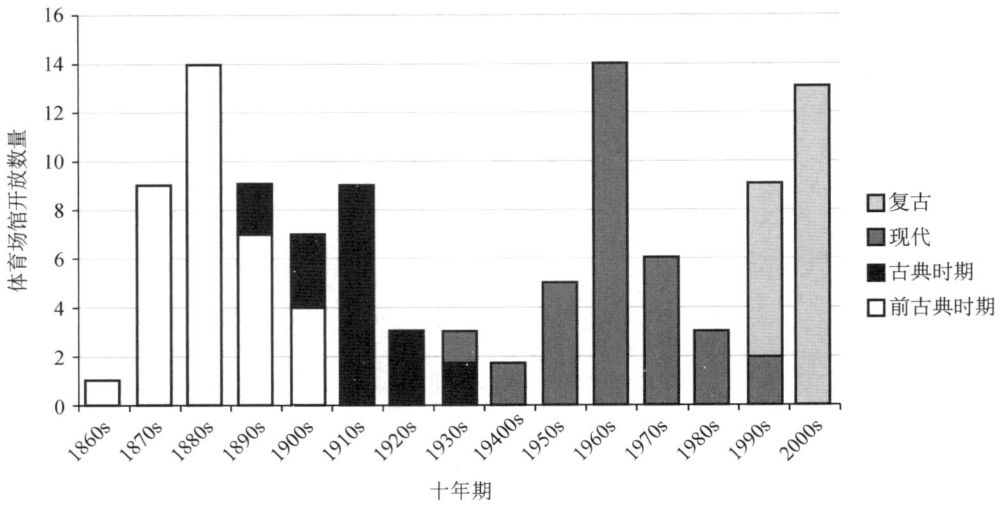


**图 3.2　1860—2010 年期间大型职业棒球场建设类型及其数量**
（资料来源：http://www.ballparksofbaseball.com）

用这种设计风格。

有趣的是，在 21 世纪之初，这种复古风格的体育场设计热潮并没有蔓延到北美以外。放眼全球，即使是曾设计过北美复古棒球公园的全球建筑设计公司，在设计新体育场时仍然普遍采用最符合大众审美的现代风格。这说明推动复古体育场热潮的诸多因素是北美棒球场所特有的（可能更准确地说是在美国的棒球场）。这些因素与国家经济、文化背景有关，不一定能转移到其他地方或其他体育项目上。

### 3.2.2　创新周期打破政治体系

城市有轨电车或电车系统为技术创新在世界范围内扩散到各司法管辖区提供了示范案例，这些地区在政治制度、治理结构和城市形态方面差异巨大。该案例展示了单一技术如何应对全球共同的挑战：同一技术如何满足差异巨大的不同地方对大规模城市交通的需求。它同时也说明了象征意义的重要性。在 20 世纪初的 20 年期间，五大洲的各城市纷纷修建城市有轨电车，包括纽约和芝加哥（强市长制，联邦民主制）、多伦多（弱市长制，联邦民主制）、伦敦（单一民主制，国家政府大力参与城市政策）、布达佩斯和萨拉热窝（奥匈帝国）、加尔各答和亚历山大（分别由英国统治的印度和埃及）、里约热内卢（葡萄牙殖民统治的巴西）。随后有轨电车迅速发展，直到 20 世纪中期人们才普遍放弃这项技术。而且由于有轨电车逐渐变得毫无利润，被认为是城市旧秩序的一部分，阻碍了私人汽车的自由驾驶，全世界各城市纷纷拆除有轨电车。在美国，国家城市运输公司（Nation City Lines Corporation）联合其出资人通用汽车公司、标准石油公司和凡士通轮胎公司谋划在城市交通领域建立公交车的垄断地位，而城市公交车在行业内的竞争加速了有轨电车的衰落（Mees，2010）。

然而，过去 25 年间，有轨电车重命名为轻轨，又重新兴起，全球数十个城市耗资数亿或数十亿美元建设有轨电车系统。这些有轨电车系统被推广为一种战略，即提供可持续的城市交通替代私人汽车，不仅促进城市更新和理性增长，还能吸引创新产业和人员。大多数新的有轨电车系统都面临巨大挑战，包括建造成本超支、工期延误、载客率低，以及需要提供这些系统是真正带动发展、促进环境效益的综合证据（Flyvbjerg，2007；Pickrell，1992）。尽管轻轨系统批评声不断，但建设的热潮并未停止。轻轨线被赋予一系列有影响力的象征意义，这些意义超越其实际效益，蕴含着可持续发展、有远见的领导力和地方自豪感等信息。这些象征意义的成功传播提高了轻轨技术的采用率，延长了这波轻轨投资热潮周期。

### 3.2.3 新技术满足全球市场需求

随着技术进步，全球掀起一股“摩天大楼”建造热潮。截至 2015 年，世界上共有 92 座摩天大楼(Council on Tall Buildings and Urban Habitat, 2015)。如图 3.3 所示，摩天大楼正处于建造热潮中期。2010 年至 2015 年的 5 年间，全球摩天大楼的数量超过了自第一座摩天大楼落成之后的 80 年内建造所有数量。而且，目前建造的摩天大楼比以往任何时候都要高：从 1930 年到 2000 年，世界上最高建筑的高度从 133 米升高到 452 米；2000 年以来，世界最高建筑的高度又从 377 米提升至 828 米。对摩天大楼的进一步研究表明，技术、地理和经济因素是共同支撑它们蓬勃发展的基础。

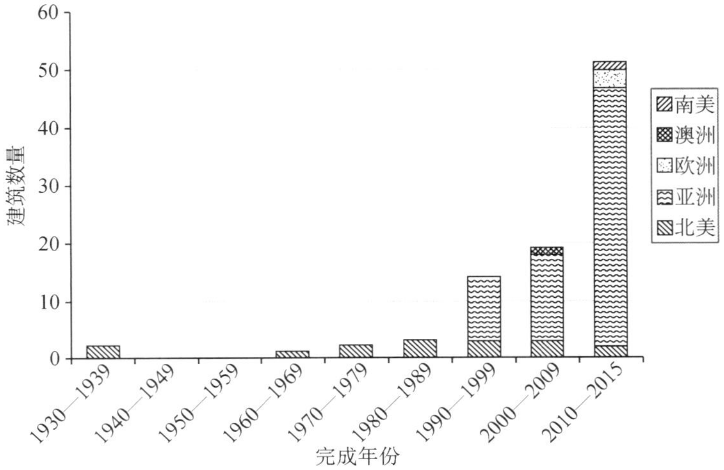


**图 3.3 超高摩天楼的全球发展**
(来源：Council on Tall Buildings and Urban Habitat, 2015)

起初，摩天大楼只是美国独有的风景，1930 年至 1989 年间最早建造的 8 栋超过 300 米的摩天大楼全部位于美国。到 20 世纪 80 年代，钢材成为主要结构材料，摩天大楼作为办公楼使用。纽约的克莱斯勒大厦、帝国大厦、芝加哥的西尔斯大厦(现在的威利斯大厦)和约翰·汉考克中心等经典建筑成为它们城市天际线的标志性建筑，也是美国工程和商业实力的重要象征。

摩天大楼的热潮始于 20 世纪 80 年代，到 21 世纪初真正开始兴起，这符合“兴起—激增—衰退”三阶段的趋势。首先，新施工技术已经发展到使用混凝土或复合结构材料来建造超高层建筑。这些材料能使建筑建造的更高，同时使用细长基座的设计在经济上更加可行，而且这类摩天大楼也没有难以出租的大裙楼。电梯的创新设计将人更快地送到更高的楼层。其次，目前摩天大楼广泛应用于豪宅或酒店，这开创了一个办公楼之外的全新市场。再者，摩天大楼已成为一种全球潮流，在美国以外的东亚、东南亚和中东的一些国家数量增长最快，尤其是中国和阿联酋。这两个国家的摩天大楼数量规模最大，分别占全球的 37% 和 23%。标志性摩天大楼被看作提升全球竞争力的重要标志，是以豪宅地产为主导的经济发展模式的一部分，同时也是城市营销和品牌塑造的一种形式。因此，21 世纪全球摩天大楼的蓬勃发展反映了对之前美国摩天大楼的延续，这种延续是基于建筑新技术和新兴市场当地敏感象征意义的构建。

### 3.2.4 推广失败

当然，并不是所有的新技术都能兴起并流行。但一个有趣的问题是当新的重大项目技术或设计与开发周期背道而驰时会发生什么？如果这类针对当地使用者的基础设施项目仍然能够带来效益，它将继续运营。例如，单轨铁路，一项19世纪首创的交通技术，20世纪初在德国获得了一定程度的普及，至此之后推广者将其宣传为解决城市交通问题的一种方式。然而，相比于其他大型交通项目技术，除了少数人短暂的兴趣以及应用于游乐园和机场外，很少城市交通系统采用单轨铁路。虽然这些已建的单轨铁路一般都会继续运营并为当地居民提供有效的交通服务。但在全球范围，地铁和轻轨的受欢迎程度远远超过单轨技术，而且轻轨是城市轨道技术的首选。

在其他情况下，项目业主可能会因为错过一波创新热潮而付出更大的代价。从标志性体育场、建筑上具有重要意义的文化设施、大型会议中心、高端海滨重建这些项目中可以发现，重大项目的成功取决于在竞争激烈的市场上为本地和国际用户提供服务。对于这类重大项目，若与全球创新热潮背道而驰将会没有竞争力，可能降低其所有者和客户的价值。因此，需要斥巨资翻新甚至在远没有到其技术寿命前就彻底更换。北美棒球体育场的经验证明了这点，因为在复古风卡姆登球场开放之前建成的最后一个现代体育场在卡姆登球场开放后也很快过时。在多伦多和坦帕湾，大型且昂贵的现代圆顶体育场分别在20世纪80年代末和90年代初首次亮相时被视为技术奇迹，也使这两个地区成为专业体育赛事的热门地区。但由于缺少草地球场的舒适性和复古球场设计的氛围感，这些缺点成为球场吸引最优秀球员到此参赛和球迷观赛的阻碍因素。对每个城市而言，过时体育场会面临球队在赛场上的表现质量和组织财政可行性方面的挑战。目前这两支球队不管是选择翻新还是建造新体育场以取代仅使用了25年但功能齐全的旧棒球场，成本都是巨大的。

### 3.2.5 从南到北的创新热潮

迄今为止，之前的案例主要展示了从北半球向南半球扩散的重大项目技术。这是过去2个世纪以来重大项目新技术扩散的主流方向。在19世纪以及20世纪早期，欧洲的殖民体系为新技术从北半球到南半球的扩散提供了关键渠道。例如，在20世纪初，欧洲各大帝国在非洲的多个殖民地内陆续建设铁路。这项基础设施投资旨在通过更好地开发自然资源和提高全球贸易流动的连通性来加强对殖民地的统治(Jedwab et al.，2012)。近期，重大项目技术和项目资金向南半球传播的一个重要方式是通过国际金融援助，它们一般是由世界银行或国家发展机构等跨国组织提供。新技术从北半球向南半球扩散的历史经验表明，在南半球建设新的重大基础设施项目类型并非总是自发的。一些情况下，殖民地宗主国会强制要求当地采用特定技术；最近，一些双边援助或发展机构的资助也以建设特定重大项目作为援助条件。这些强制实施的重大项目大多结果表现不佳，抑或加剧当地社会不平等。

虽然南半球的重大项目创新相对较少，但也有一些在全球获得瞩目并得到了快速扩散。最突出的大概是快速公交系统(bus rapid transit systems, BRT)热潮。巴西的库里蒂巴是第一个大规模开发BRT系统的城市。1974年，库里蒂巴在高品质车站的固有专线上建立了大容量公交线路网。与其他城市轨道交通技术相比，BRT的成本更低，建设速度更快且灵活度更高。由于客流量高且具有成本相对较低的优点，在巴西、拉丁美洲的部分地区以及渥太华和匹兹堡等北半球的城市都建设实施了库里蒂巴快速公交系统。这些项目的规模不断扩大，如果把路权、车站和车辆成本计入在内，这些重大项目的最终成本将达数亿美元。可是，考虑公交车运输系统的容量限制和在许多国家公交车通常是最后的出行选择，这项技术在当时并没有引起全球性的热潮。

2000 年，波哥大“千禧年”BRT 系统（TransMilenio）正式投入运营，该系统改变了 BRT 的全球范式。“千禧年”BRT 系统一期工程全长 41 千米，造价 2.4 亿美元，每千米造价约 590 万美元，比当时考虑用的地铁系统造价低很多。波哥大 BRT 系统设有快线和车站快车服务——这些创新改变了人们对 BRT 通行能力的看法。同时，醒目的红色铰接式公交车和现代车站空间设计也引起广泛关注（UNDP，2012）。第一条“千禧年”BRT 线路成功开通后，其他许多城市接二连三地效仿波哥大建设类似的 BRT 系统。21 世纪，雅加达、德里、广州、约翰内斯堡、德黑兰、伊斯坦布尔和墨西哥城等数十个主要城市都建设了快速公交服务系统。波哥大的经验在北美和欧洲一些城市引发了建设 BRT 项目的热潮。

除创新的基础设施建造技术在南半球兴起并扩散至更远地方外，在发展中国家，南—南投资①的新模式也掀起了一波特定重大项目的建设热潮。特别是，中国已成为非洲重大基础设施工程的主要投资和建设国。对于基础设施远落后于全球标准的非洲国家而言，外国对本国基础设施的投资为扩大本国经济基础提供了契机。同时，对中国而言，在非洲投资基础设施是国家发展战略的一部分，旨在发展更紧密的政治关系以及获取自然资源。这使得在非洲各国掀起了一股由中国公司或国有企业出资建设大型公路、铁路、港口和能源项目的热潮。到目前为止，中国在非洲基础设施的投资超过 35 个国家，其中投资额最多的 4 个国家是尼日利亚、安哥拉、苏丹和埃塞俄比亚。继中国之后，巴西、印度和一些海湾国家也将投资目光转向发展中国家的基础设施，特别是本国所在区域，从而进一步推动了发展中国家建设重大项目的热潮（Foster et al.，2008）。因此，南—南投资模式与其说是一种新技术的扩散，不如说是通过提供资金、建设经验和契机，促使缺乏基础设施的地区加快项目建设。

### 3.2.6 一个周期的结束

核电站建设的案例表明了一波创新热潮当面对技术有效性看法转变和公众对安全的担忧时是如何戛然而止。20 世纪 70 年代和 80 年代，全球掀起了一波建设造价高达数十亿美元的核电站热潮，东西方国家都建设了许多核电站项目（图 3.4）。这些项目满足了全球日益增长的电力需求。然而，在 20 世纪 90 年代和 21 世纪，一系列因素的综合作用导致新核电站建设数量急剧下降，发达国家几乎没有新核电站开工，中国成为反应堆小规模繁荣的主要市场。三里岛、切尔诺贝利以及后来福岛相继发生的事故，引发全球对核电站安全的担忧，特别是对核电生产和放射性废物处理过程风险的担忧。众所周知，核电站项目存在严重成本超支和工期延误的问题。而扩大可再生能源规模的策略为寻找替代能源提供了可能性。

尽管核电站新建数量有所下降，但这没有引发对现有设施进行大规模拆除或停用。在繁荣期建造的核电站大多数仍在运行，是提供电力的重要来源。核电约占全球发电量的 12%，在 13 个国家有 1/3 的电力来自核电（Nuclear Energy Institute，2015）。尽管如此，自 20 世纪 90 年代开始，德国、意大利和瑞士等一些发达国家都提出逐步淘汰现有核电站的计划。2012 年福岛核事故后，中国宣布暂停核电站建设，但在完成对核电站安全检查后又重新启动了开发新反应堆的计划，以寻找替代煤炭发电的方案。在这样的环境下，大型核电工程的未来仍然充满不确定性。

① 译者注：南—南投资是指发展中国家间的投资（发展中国家的地理位置大多位于南半球和北半球的南部）。

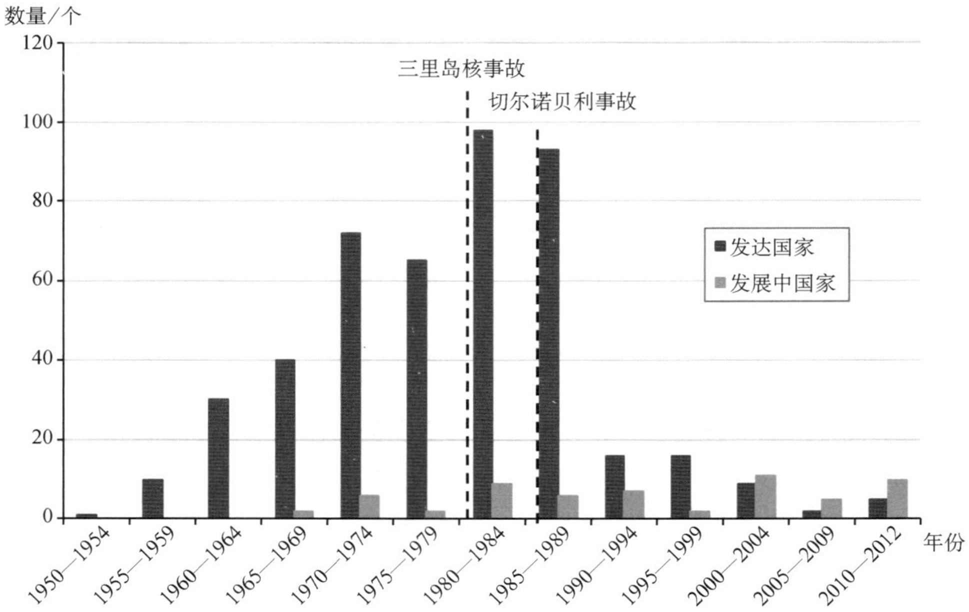


**图 3.4　繁荣与萧条：全世界范围内开启的新核反应堆**
(International Atomic Energy Commission, 2016)

### 3.2.7　基础设施发展的一个持续性特征

上述案例表明创新热潮如何成为各类重大项目的共同特征，以及新技术如何经历从地方兴起到在全国、地区乃至全球扩散的开发周期。至少从 20 世纪开始，重大项目创新发展的“兴起—激增—衰退（或者至少是衰落）”模式一直维持着强劲且持续的趋势。随着新重大项目技术的扩散，不同国家由崇尚自由或保守意识形态、持民族主义或分裂主义观点的政府管辖统治，因此，新技术项目开发周期可以说超越了政治意识形态、经济体系和治理结构。每个周期大概至少持续 20 年，这反映了重大项目规划和建设周期长，也反映了察觉重大项目开发模式中的缺陷需要更长或比较长的时间，这些缺陷将导致其开发模式的人气下降。即使是一些像地铁、城市轨道交通系统这样持续 1 个多世纪的成功重大项目技术，仍然出现了一波又一波的开发热潮，建设放缓或发展时更多集中在世界某些特定地区。

迄今为止，大多数重大项目开发周期都是在北半球兴起，随后扩散到南半球，但有迹象表明，随着南半球国家针对特定问题想出的创新解决方案在其他地方也广泛适用，之前创新技术扩散轨迹可能发生变化。重大项目创新热潮的灵感可能来自伦敦、纽约或巴黎等世界领先地区。但一项成功的创新也可能来自世界一个不起眼的地方，比如 BRT 案例中的库里蒂巴和波哥大，建设卡姆登棒球场的巴尔的摩，或博物馆建设热潮案例中的毕尔巴鄂古根海姆博物馆。

重大项目“兴起—激增—衰退”开发模式的持续时间和频率表明这种模式不仅具有促使企业全球化、扩大现代大众传播技术或提高国际旅行便利中的某项功能，也可能以上都具备。重大基础设施项目通过融入当地和全球政治经济推广建设的方式具有一定可持续性。下一节将对基础设施开发的这些周期模式进行阐释。

## 3.3　重大项目开发为何有周期



重大项目开发的周期不管是短暂兴起还是长期趋势，其原因是多样且相关的。它们是由技术创新、经济、社会网络、意识形态和利益团体等一系列复杂因素共同驱动的，这些因素在特定时刻推动了重大项目新方法的扩散。此外，还有其他因素促进重大项目创新在全球范围内扩散，如以获得实质性利益的政治和政策为诱饵，以及特定重大项目技术提升国家实力的象征意义。

为充分解释重大项目开发周期的原因，需要综合考虑三个不同学科对创新、政策流动和技术扩散的观点。经济学家认为，创新热潮和新技术扩散都是破坏性创新[①]过程的结果，这些新技术以更低的价格更好地满足需求，并淘汰原有技术。政治学家观察到，政策流动性源于某一特定时期支持特定技术或政策扩散的制度、意识形态和个体共同作用的结果（Dolowitz et al.，2000）。地理和规划学者则强调了本地文化的重要性和政策转移网络中不平等权力的动态性，这解释了新理念或新技术在地域空间扩散过程中是如何被重新定义的（Mccann et al.，2012）。接下来通过观察重大项目“兴起—激增—衰退”创新扩散周期的每个阶段，阐明特定行动者、政治经济利益和意识形态是如何占据主导地位，进而影响到重大项目开发在国内或国际的扩散。

### 3.3.1　创新者

基础设施开发周期始于“创新者”创造的新项目、新产品或新活动。在研究重大项目创新者及其创造的新颖想法时，有必要明确该项创新的新颖程度、开发地区、开发重大项目新方案的动机以及来自私营或公共部门不同利益相关者参与项目的方式。这些因素均解释了已开发的创新类型以及这些创新如何扩散到其他辖区。

基础设施领域创新热潮的起源可能来自知名的全球发达地区，也可能来自不那么显眼的地区。重要的是，公共部门和私营部门都是重大项目创新的来源。大规模开发和实施新技术会给私营部门带来其可能不愿或无法独自承担的巨大风险。因此，那些最大胆、最冒险、最具创新性的重大项目通常是由政府和私人部门共同讨论、开发、融资、拥有和运营。

一项创新引发一轮开发周期的关键在于这种创新方法能否解决各地区面临的共同挑战。诸如汽车、铁路、飞机、计算机和互联网之类罕见具有革命性的创新，因为它们设想了一种以往从未尝试过的技术、完整产品类别或想法。这些技术能够完全取代之前的基础设施技术，同时引发空间的重新布局和对社会、政治关系的重新定位。更多情况下，创新本质上是演化的，是对已有技术或思想的重塑或改造。像无人驾驶火车或新型摩天大楼这类延续性创新，都是在现有技术上的逐步改进，这可能会提升其效用，降低成本，减少风险或将外部效应最小化。

在特定时期，开发和实施创新基础设施技术的动机是多元的。新颖的重大项目投资通过与跨境流动空间紧密联系来提升特定管辖区的竞争力和缓解当地问题，因此具有获得巨大收益的潜力。根据重大项目属性，它可以使一个地区变得更加便利、安全、健康、高效、多产、博学、宜居、美丽、可持续或者更具弹性，从而推动当地经济增长与繁荣。因此，那些成功建设新颖重大项目的先行者具有极大优势。这也给先行者带来了巨大的政治效益：库里巴蒂和波哥大的市长因成功开创 BRT 项目而展现出的高效领导

---

① 译者注：破坏性创新是指不以成熟技术能力为基础，与之前的技术能力截然不同的创新。

力，成为开启他们州级和国家政治生涯的跳板。

创新的另外一种方式是为重大项目构建新颖的象征意义。不论是面向当地还是全球公众，重大基础设施项目被赋予一系列超越其既定目标的极强象征意义。项目规划者和宣传者在撰写官方报告时往往侧重于以下主题：本地优势，展现其现代化和进步性的形象，对大规模项目交付过程中集体行动能力持乐观态度，以及保障大规模项目计划执行和解决紧迫问题应具备的远见领导力。

以德里地铁为例。在该项目的宣传材料和公开言论中，规划者们将新型电力机车系统描述成一个能够在应对交通拥堵和改善空气污染方面提供切实效益的重大项目。同时，他们将地铁精心塑造成德里现代化进程中一个时尚、整洁、管理良好的进步形象，该地铁也使德里能够与世界上那些拥有大规模地铁系统的首都城市相媲美。在德里地铁开通当日，有超过 100 万德里市民排队乘坐，德里地铁已然成为这座城市的骄傲（见 Siemiatycki，2006）。

除了官方营造的正面舆论之外，重大项目同时也传递出更多负面信息，包括浪费支出、公然寻租、项目管理不力，以及权威、权力和管控不受约束。在这种背景下，为重大项目塑造一个持久的象征意义往往开始会受到争议，但公众对项目的看法会随时间推移而改变。在波士顿，虽然中央隧道项目起初因成本超支而受到非常负面的评价，但数年后，因该项目在城市建设上带来的巨大效益，开始出现对该项目较为积极的言论。

### 3.3.2 兴起

开发处于建设热潮中的重大项目能产生实质效益且具有象征意义，所以有模仿者争相建设也不足为奇。可关键的问题是，为何一些重大项目创新能大受欢迎，并引发全球性热潮或成为长期开发趋势，而其他创新却没能流行起来和被进一步采纳。换句话说，目前全球都在开发和尝试许多重大项目创新技术——有些是变革性的，有些是延续性的。那如何解释哪种技术会成为全球开发热潮中的一部分？这个问题的答案是多方面的，且受多个因素影响，包括新技术类型及其所能产生的效益，创新者及其推动者的地位、信誉和影响力，重大项目新类型的政治和经济受益人。

事实上，重大项目创新能够被大众认可，是因为相比于其他备选方案，它更能带来多元效益，包括成本更低，经济、环境或社会效益更大，更易实施或实施风险更低以及面对多变的物理和治理环境的适应性更强。从地方创新开发成全球热潮的重大项目，在一定时期内满足了许多社会共同面临的迫切需求，如改善流动性、缓解拥堵、完善卫生设施、解决清洁饮水、发展可靠能源、保障安全、推动贸易和旅游业发展、提升宜居性，等等。

重大项目的类型及所能满足的需求影响其流行和实施的程度。提供公共交通、城市隧道、水利、污水处理、公租房等硬件基础设施服务的重大项目侧重于满足本地用户的基本需求，这会产生连锁反应，使该地区更具外部竞争力。而且，采纳不同方案的其他地区并不会影响这些项目成功。波哥大实施新型 BRT 系统对布鲁塞尔地铁系统的成功没有直接影响。因此，在任何特定时期，对于面向当地的硬件基础设施，它的采纳率在很大程度上取决于新技术的有效性、治理能力、调动必要资源的能力、优先次序的转变和解决集体难题方案的思想以及与各种技术相关的象征意义。

与当地硬件基础设施相比，其他类型设施的成功更多依赖于其互通性，以及为保持竞争力而与全国或全球商业或人员网络的整合程度。对这类重大项目而言，如果一种创新技术或设计取代之前的方法，并要求其他项目采用类似的技术或设计以保持竞争力，那么这种技术就会迅速引发新的开发热潮。比如，港口就是一种这样的硬件基础设施，必须不断更新以保证其深水通道、装卸设备，以及附近地面运输通道与国际技术标准一致，否则该港口将无法为当前类型的船只提供服务，或因不如其他港口高效而最终在竞争中丧失市场份额。另外，会议中心等社会性基础设施也面临激烈的全球竞争。全球仅有一些会议需要占用承接数千人的大型会议场所。为开拓这个利润丰厚的市场，各城市纷纷建造出更精致的会议中心，目的在于为该地区吸引全球范围内的自由商业活动，然而老旧的会议场地也面临客流量下降的压力。

除创新的使用价值重要之外，基础设施开发周期中的上升期也是社会、经济和政治进程中的一部分。重大项目新技术或方法通过一系列互联网络或渠道的扩散，从而引起更广泛的关注和采用。在重大基础设施工程方面，由杰出建筑师、设计师、规划师、咨询师和政治家组成的国际联盟团队在开发新技术或项目类型上发挥着核心作用，并让更多政治和经济决策者了解这些基础设施的优势。新的重大项目理念通过各种论坛进行传播，包括媒体对知名项目、政治会议、世界博览会和国际体育赛事以及国际旅行团的报道。

通过网络传播新理念的重要性不应被低估；最近一些由有声望且有良好社会关系的全球性组织发起或资助的重大项目激起了一波国际开发热潮，即使这些项目位于不太知名的地区。位于毕尔巴鄂的古根海姆博物馆掀起了博物馆建造热潮，它由一位极负盛名的世界建筑师设计，并由一家拥有丰富经验的全球博物馆特许经营机构经营，通过机构的网络关系使该博物馆受到大量国际关注。与之类似，波哥大快速公交系统(BRT)作为替代轻轨的一种更低成本方案，得到了世界银行的青睐。随后，世界银行向其他潜在市场宣传 BRT 项目的成功，提高公众对该项目的认知度，并在其他发达国家赋予该技术合法性。而巴尔的摩的卡姆登场体育场是由著名国际建筑公司 HOK 设计，该公司在那之后 20 年间设计了 16 个新的美国棒球场。该公司对复古设计创新在世界范围内的扩散发挥了重要作用，同时也从中获得巨大收益。正如以上案例所述，新技术发起人和新理念传播网络之间的关系影响着项目是否能广泛传播。

最后，重大项目能广泛扩散具有明显政治和经济上的因素。成功扩散的重大项目创新通常是那些能够吸引有身份地位、财富和声望的人，并加入当地发展联盟的创新。大多数采用率高的重大项目技术或方法都为提高辖区经济竞争力奠定了基础，为当地重要利益集团(如地产商、开发商和实业家)创造巨额收益提供可能性，以及折射出地区优越感的项目关键信息，这些信息吸引重要的民间支持者和主流媒体。总之，广受欢迎的重大项目尽管会加入有地方象征性的特色元素，但一般都与主流意识形态保持一致。

### 3.3.3 周期结束

一个创新和重大项目发展到衰落期具有多种原因，包括已达到饱和点，出现替代的新技术，初始发展模式出现缺陷等。

第一，可能是市场达到饱和点，因为当某一特定类型的技术是可行选择时大多数市场会采用这种技术，并从初始创新中获益。这种情况最直接地适用于面向全球的重大项目，这些重大项目使不同辖区的基础设施面临直接竞争。一旦每个潜在市场都采用了当前最先进的技术——例如，新的体育场馆或会议中心——在没有新的重大创新打破现状之前，不再需要持续开发。相反，我们可能会看到更多对现有设施小规模的改造和扩建。

第二，当一种新技术出现并能产生更多有形价值或象征意义时，那它之前重大项目技术的开发周期可能就走到了终点。这是典型的破坏性创新。纵观重大项目发展历史，这种现象比比皆是：19 世纪，铁路取代运河的内陆货运；20 世纪中期，汽车和公交车取代大部分城市的有轨电车;21 世纪初,市中心复古棒球场取代现代郊区球场。

第三,在重大项目新方法快速发展时期,人们看的是其象征或政治意义,而忽视对其有形价值和成本或优缺点的详细分析,而这往往使新方法中的缺陷更加凸显。在某种情境下为原始创新者带来巨大效益的重大项目,换到其他地方可能不能带来同样的效益。尽管重大项目技术在兴起时表现不佳往往归咎于当地政治环境或执行过程不力,但随时间发展,专家和当地社区的反对意见凸显该项重大项目的缺陷,并最终阻止其发展热潮。

越来越多的证据表明,轻轨、标志性博物馆或水电站等重大项目存在系统性的成本超支和收益不足,这可能导致现有项目后续阶段被取消,或者阻碍了其他辖区建设这类重大项目。规划阶段缺乏透明度和问责制一直是这类重大项目遭到社会反对的原因。政府或政权的更迭可能导致优先项目类型的转变,从而阻碍某些类型重大项目的发展热潮。而且,如果某项技术与其支持者的利益相悖时,不断变化的经济环境或公众对该项基础设施技术的看法也可能导致项目主要支持者(如曾经支持项目建设的地产开发商和民间支持者)改变立场。事实上,反对组织对重大项目的负面评价对分析各种技术衰落十分重要,尤其是对 20 世纪中期的现代运输、公租房和能源这些重大项目。重点在于,不同类型的重大项目会在不同程度上受到技术创新以及外界对该技术态度的影响,最终以不同的方式走向衰退。重大项目属于固定资产,旨在世代相传。然而,一些创新对之前的基础设施进行了破坏性创造,使得过时技术被淘汰。以 20 世纪中期的有轨电车和 21 世纪初的棒球场为例,在其发展热潮末期,由于不再创造利益、象征着旧秩序,以及阻碍新替代技术发展,城市建设者主动淘汰了这些工程项目。

相反,在其他情况下,虽然重大项目建设热潮已过,但该技术仍然可能会在未来几十年里继续使用,并斥资进行维护和升级。核能反应堆就是一个例子,虽然自 20 世纪 90 年代以来发达国家很少建造新核电站,但大多数核电站仍在运行,提供必要的能源。值得深思的是,20 世纪五六十年代流行的高速公路,使用数十年至今仍饱受争议。虽然在 20 世纪 70 年代开发浪热潮结束后,这些高速公路仍在继续运行,但当时城市比以往任何时候都更关注可持续性、步行性、宜居性,许多城市的政客和社区团体都在争论这些高速公路的持续效用和象征意义。事实上,越来越多的城市,包括波士顿、西雅图、首尔、旧金山等,已经开始建设新的重大项目来取代这些旧时代遗留下的老化设施。正如高速公路的开发经验表明的:一种重大项目效用和看法的转变会引发反馈循环,使得意见领袖再次寻找和实施下一个大型项目。

## 3.4 结论

无论何时何地何种基础设施类型,重大项目开发周期性是一个共同特征。在过去的两个世纪中,重大项目的新创意在世界各地涌现,这些创新被广泛采用,随后由于预期目标的实现,或在大多数地方实施后未达到预期效益,或出现新的创新技术开发热潮,这些技术的采用率逐渐下降。对重大项目开发周期性的观察,以及对推动这些项目开发过程的解析,为公共和私营部门决策者决策提供了有力支撑。实际上,决策者可以通过在项目开发评估阶段考虑 3 个相互关联的问题,了解所审查的拟议项目成功概率和所涉及的风险。

第一,考虑拟采用的基础设施类型正处于其开发周期中的哪个阶段,以及它将如何影响这类重大项目。对于诸如面向全球的文化设施、会议中心或海港这些项目类型,创新者会有显著的先发优势,这种优势胜过开发新技术所产生的高成本和风险。在其他情况下，如投资位置优越的城市快速公交、电信技术或绿色能源项目，一旦该技术趋于完善或引发一轮新开发热潮，那么该技术的初始创造者将从后续的使用者中持续获得巨大收益。当某项重大项目技术随着广泛应用而趋于成熟时，项目规划者应该考虑若出现新技术替代时对其项目可能造成的影响。

第二，一个重大项目创意的诞生地和其扩散地区有多大可比性。令人惊讶的发现是：像耗资数亿美元建设的BRT或高科技自行车共享系统等这些重大项目技术，若用来解决类似有形和象征意义问题，那它们能在不同政治制度、治理结构或意识形态的辖区间成功复制。然而，像新轻轨线这种能给当地创造巨大效益的重大项目，如果位置选择不合适，没有支持工程项目的辅助政策，没有充分考虑当地的文化或经济条件，或不受周围社区的欢迎，那么在其他地方建设同类项目很有可能失败。

第三，考虑拟建重大项目的主要功能是什么。该项目旨在通过建设硬件基础设施改善当地条件，还是建立该地区与全球在交通、资本、贸易、旅游、国际形象和关注度等方面的联系。面向国际的重大项目往往对其他地方创新特别敏感，而面向当地的基础设施即便全球已采用最新开发的先进技术，它仍然可以为当地发挥其效益。在项目评估阶段回答以上3个问题需要决策者对重大项目开发周期有深刻的理解。决策者能够避免出现代价高昂的决策失误，即建设中的重大项目在建成不久后就过时了，或者在其他辖区建成后发现不适合。

## 参考文献


Best, J. (2006). Flavor of the Month. Berkeley: University of California Press.

Council on Tall Buildings and Urban Habitat. (2015). "100 tallest completed buildings in the world by height to architectural top," http://skyscrapercenter.com/buildings.

Dolowitz, D. P., and Marsh, D. (2000). "Learning from abroad: The role of policy transfer in contemporary policy-making." *Governance*, 13(1): 5-23.

Flyvbjerg, B. (2007). "Cost overruns and demand shortfalls in urban rail and other infrastructure." *Transportation Planning and Technology*, 30(1): 9-30.

Foster, V., Butterfield, W., Chen, C., and Pushak, N. (2008). "Building bridges: China's growing role as infrastructure financier for Sub-Saharan Africa," World Bank.

International Atomic Energy Commission. (2016). *Nuclear Power Reactors in the World*. Vienna: IAEC.

Jedwab, R., and Moradi, A. (2012). "Colonial investments and long-term development in Africa: Evidence from Ghanaian railroads." *CEPR Discussion Papers*.

Lehrer, U., and Laidley, J. (2008). "Old mega-projects newly packaged? Waterfront redevelopment in Toronto." *International Journal of Urban and Regional Research*, 32(4): 786-803.

Mccann, E., and Ward, K. (2012). "Policy Assemblages, Mobilities and Mutations: Toward a Multidisciplinary Conversation." *Political Studies Review*, 10: 325-32.

Mees, P. (2010). Transport for Suburbia. London: Earthscan.

Nuclear Energy Institute. (2015). "World statistics," <http://www.nei.org/Knowledge-Center/Nuclear-Statistics/World-Statistics>.

Pickrell, D. H. (1992). "A desire named streetcar fantasy and fact in rail transit planning." *Journal of the American Planning Association*, 58(2): 158-76.

Siemiatycki, M. (2006). "Message in a Metro: Building urban rail infrastructure and image in Delhi, India." *International Journal of Urban and Regional Research*, 30(2): 277-92.

UNDP. (2012). "Bogota, Colombia bus rapid transit project: Transmilenos."

# 4 大即是脆弱吗：基于规模理论的探析

阿蒂夫·安萨尔　傅以斌　亚历山大·布德泽尔　丹尼尔·卢恩

没有什么比一个显而易见的事实更具有迷惑性的了。

——夏洛克·福尔摩斯写于《博斯科姆比溪谷秘案》，亚瑟爵士柯南·道尔

## 4.1 引言

19世纪中叶以来，“大”理论一直主张“越大越好”，特别是基于规模经济（economies of scale）与范围经济（economies of scope）（Stigler，1958；Silberston，1972；Chandler，1990）、自然垄断（natural monopoly）（Mill，1848；Mosca，2008）及先发制人能力建设（preemptive capacity building）（Porter，1980）等概念的解释。传统观点认为，有必要达到一定建设规模，以确保有效的规模经济并将未来的竞争对手排除在外（Ghemawat，1991；Ghemawat et al.，1998；Hayes et al.，1982：78；Penrose，[1959] 2009：89-92；Wernerfelt et al.，1987）。例如，电力生产领域的规模经济假设平均成本曲线会随着产量增加而下降（Ansar et al.，2014：Fig. 1）。

“大”理论对管理实践有着持久而深刻的影响。规模在很多行业被作为确保生存和竞争优势的必要条件，如钢铁（Crompton et al.，2008）、航运（Cullinane et al.，2000）、银行（Cavallo et al.，2001）、电信（Majumdar et al.，1998；Foreman et al.，1999）、供水和电力设施（Kowka，2002；Pollitt et al.，2012）等领域。当企业推出新产品或开拓新地域市场时，就会进行大规模资本投资。例如，摩托罗拉为铱星计划的技术推广花费60亿美元（Bhidé，2008）；德国蒂森克虏伯钢铁公司为进入美国和巴西市场，投资超过110亿美元（Ansar，2012）。在经济发展背景下，萨克斯（Sachs，2006）提出了一种观点：“大挑战”，如扶贫、能源与水资源短缺、城市化等，只能通过“大推动”来解决。

当然，“大”理论并没有被普遍接受。舒马赫（Schumacher，1973）倡导“小即是美”。伊斯特利（Easterly，2002，2006）反对萨克斯提出的“大推动”带来的“大变革”。也许对“大”理论攻击时间最长的是林德布洛姆（Lindblom），他提出“渐进决策（muddling through）”（1959）和“离散渐进主义（disjointed incrementalism）”（1979）的概念来替代“越大越好”。在学术争论中，出现了基于渐进主义的学术流派，提出了逻辑渐进主义（Quinn，1978）、模块化（Baldwin et al.，2000）、实际选择权（Copeland et al.，2004）和适应性变革（Heifetz et al.，2009）等概念。渐进主义的关键原理基础是，不确定型决策中的理性确实有局限性（Atkinson，2011：9）。

然而，“大”理论一直盛行于政商两界主流实践中：基于“大”理论的重大项目，比以

往任何时候都更普遍、更大（Flyvbjerg，2014）。由于现实中大规模资本投资决策经常性失败，对“大”理论有效性重新探究已变得十分紧迫。摩托罗拉的铱星计划发起后三年内破产，损失近 100 亿美元的股本价值(Kerzner，2009：351)。蒂森克虏伯 2005 年在美国启动的重大项目结局更惨。截至 2012 年 6 月，蒂森克虏伯能否存活还是未知，公司股价只有 2008 年 5 月高点的 1/4。该公司被迫筹集新的资金，其中包括将时运不佳的美国钢铁工厂大幅折价后，出售给自己的竞争对手安赛乐・米塔尔（Arcelor Mittal）和新日铁住金（Nippon-Sumitomo）。蒂森克虏伯的高管团队被解雇，其中包括发起该项目的董事长格哈德・克罗默(Gerhard Cromme)。其他豪赌失败的案例比比皆是。波士顿“大开挖”或花旗集团的“大赌注”带来高达数十亿美元的损失（Dash et al.，2008）。日本福岛核电站工程成本无法收回，其事故处理费用已深深影响到经济发展。

过去 15 年里的大数据表明，无论是在公共部门还是私人部门，大规模资本投资在金融、社会和环境方面的表现都极其糟糕（例如，Nutt，1999，2002；Flyvbjerg et al.，2002，2003，2005，2009；Titman et al.，2004；Flyvbjerg et al.，2011；Van Oorschot et al.，2013；Ansar et al.，2014）。

本章中，对于大规模资本投资会系统地带来不良结果这一倾向，采用塔利布（Taleb，2012）提出的“脆弱性”概念来描述。容易受随机性因素伤害的事物或系统，是脆弱的。与外表看起来相反，大规模资本投资很容易破产——也就是说，由于大规模资本投资在长期酝酿、实施和运作过程中受到各种不确定性因素的影响，会导致净现值为负。本章并不否认规模经济和范围经济的存在。相反，本章认为大规模资本投资面临着不相称的（非线性的）不确定性，在规模经济和范围经济效益以外，这些不确定性会产生糟糕的或负面的回报。本章进一步认为，为了取得成功，资本项目的领导者需要仔细考虑规模在哪些方面有效益，在哪些方面没有效益。一开始就自动假设“越大越好”，这在重大项目管理中很常见，也正是失败的原因。

本章首先建立和描述了 3 个理论概念之间的联系：“大”，脆弱，规模与可扩展性。在相关文献研究的基础上，提出 12 个关于脆弱性来源和后果的命题，并将其应用于大规模资本投资分析。具体来说，提出“投资脆弱性”的概念——即累计损失超过累计收益时的投资“阈值”。其次，利用 245 座大坝的数据证明了大规模资本投资脆弱性的这一命题。本章的理论命题和来自大型水坝的证据表明，大规模资本投资未能达到一开始设定的可扩展性和效率方面的期望。这些投资一旦中断，就会搁浅，给承担这些投资的公司和国家带来长期损害。

## 4.2 理论和概念

### 4.2.1 “大”是什么

事物是否“大”，似乎显而易见。然而，当仔细审视“大”与“大(large)”“大型(large-scale)”“较大(major)”“巨大(mega)”“庞大(huge)”等相关概念时，又让人难以分清。通过对有关“大”及其相关概念的文献研究梳理，可列出以下对“大”的并非详尽的多维度描述清单：

- 物理比例，用高度、长度、质量、重量、面积或体积等测量。
- 事物建造和运行的投入，以所需土地、人力和设备的数量和质量测度。
- 财务支出，以预先资本支出（Flyvbjerg，2014）、经常性运营支出或报废成本

(Clark et al.，1997)测度。

· 供给，以事物可能的产出量(Samuelson，1948)或产出的多样性(Chandler，1990)测度。

· 需求服务，以需求服务的数量、质量、速度和功能来衡量(Weinstock et al.，2006)。

· 时间性，以事物建造所花费的时间或其寿命周期(Gomez-Ibanez，2003)测度。

· 空间固定性或不变性，以及资产移动成本——“大”易导致空间固定性(Ansar，2012)。

· 复杂性，例如，从资产本身或其交付过程的技术方面(Simon，1962)测度，或者从社会的和政治的复杂性来测度(Liu et al.，2007)。

· 影响力，衡量标准包括可能受益或受损的人数，启用或禁用功能的数量，以及该事物影响其所处环境变化的大小和速度。

上述维度间的关系——甚至每个维度中指标间的关系——很少是简单明确的。举例来说，我们经常会理所当然地认为，应减少商业项目完成所需时间，例如软件行业的一个 IT 项目，项目经理会调用更多的程序员，这样会同时增加项目成本支出(更多讨论，请参见 Atkinson，1999；Williams，2005)。然而资深经理们会说，这类明显的关系在实践中并不适用。相比之下，弗雷德 · 布鲁克斯——20 世纪 60 年代负责 IBM System/360 系列计算机(现今使用的计算机由其发展而来)的开发者，制定了著名的“布鲁克斯法则”：为一个延误的 IT 项目增加人员，将导致更多的延误(Brooks，1995：25)。

“大”意味着上述列出的维度中存在着多种不可预测的相互作用，这是目前有关“大”的理论(如规模经济)未真正涉及到的。“大”的风险反映在这些相互作用中，也正是下面将要讨论的内容。

### 4.2.2 什么是“脆弱性”

塔利布(2012)提出的“脆弱性”及其反义词“反脆弱性”，用于刻画本章讨论的随机性和风险类型。塔利布的概念灵感来自观察发现——任何随机事件都不可能使桌子上的瓷杯受益，却有很多不确定的事件——如地震或人类的笨拙——可以对其造成伤害(Taleb，2012：268)。像瓷杯这样易碎的东西，在面对“无序家族”的成员来说是很脆弱的，例如，随机性、不确定性、波动性、可变性、扰动或熵——下文将交替使用这些术语来探索大规模资本投资的脆弱性。

脆弱性概念的应用领域日益多样化，例如，工程建设(Shinozuka et al.，2000；Choi et al.，2004)；人类骨头(Seref-Ferlengez et al.，2015)；全球金融和银行危机(Davis，1995；Taleb et al.，2012；Klemkosky，2013；Calomiris et al.，2014)；数学(Taleb et al.，2013)；生态学和生态系统(Nilsson et al.，1995；Sole et al.，2001)；相互依存网络(Callaway et al，2000；Buldyrev et al.，2010；Vespignani，2010；Parshani et al.，2011；Gao et al.，2012；Morris et al.，2013)；材料科学，如评价液态玻璃性能方面(Scopigno et al.，2003；Mauro et al.，2014；Martinez-Garcia et al.，2015)；冲突易发国家(USAID，2005；Ziaja，2012)；民主政治制度(Mitchell，1995；Issacharoff，2007)；甚至个人道德(Nussbaum，2001)。尽管用途多种多样，但*脆弱性*在不同领域中有某些共性。鉴于塔利布的研究工作最为全面，本章以其研究为基础并补充考虑其他因素。首先，提炼出“脆弱性”的一般定义。其次，本章利用这一基本定义形成更加具体的概念——“投资脆弱性”，以应用于大规模资本投资。

*脆弱性*描述了遇到混乱时，系统是如何承受这一混乱的(Taleb et al.，2013：1677，

原文中的斜体字)。脆弱性结果通常是不可逆的功能损失。在此提出一个初步命题并在后续完善,具体如下:

**命题 1** 脆弱性通常是不可逆的。一旦破坏,脆弱的事物无法恢复到初始功能。

脆弱性作为一种材料属性时,用材料断裂点来表示(Scopigno et al., 2003; Martinez-Garcia et al., 2015)。莫罗(Mauro)等人(2014)称这种独特的内在脆弱性阈值为"结构化签名(structural signature)"。卜迪列夫(Buldyrev)等人(2010)对电网等网络进行了类似的结构化分析(参见 Vespignani 2010),发现网络的内在结构特征——如节点数、网络是孤立的还是相互依存的、与其他网络的相互连接数——可以帮助确定各种网络崩溃的"临界阈值(critical threshold)"。由此,提出一个更一般化的命题:

**命题 2** 事物(材料、系统、过程或网络)存在一个独特的"脆弱性阈值",仔细的结构分析和实验能够发现这一阈值;在这个阈值处,事物会在外部压力影响下崩溃。其他条件相同情况下,预设阈值越低,脆弱性越大。

"大"本身假设的一个好处是,脆弱性阈值随着规模的增大而提高。然而,塔利布(2012: 278-80)认为,例如大象这样的大型生物相对于小型生物,其脆弱性阈值与体型规模的比例往往更低。因此,对于一只猫而言,两倍于其体重的石头才能让它致命。但是,一块只有大象一半重量的巨石就足以达到它的脆弱极限了。较大系统可以用诺贝尔奖得主、物理学家安德森(R W Anderson, 1972)提出的"多则异(More is different)"来解释。由此,提出一个更一般化的命题:

**命题 3** 随着一个系统变得越来越大,破坏它所需要的相对压力大小将不成比例地下降。

如前所述,脆弱性的另一个来源是系统之间的相互联系。换句话说,就是"传导脆弱性"。传导脆弱性有助于描绘出在一个包括多个系统的大系统里,当局部变得脆弱时,损害是如何传导扩散的。由此,提出一个可归纳的命题:

**命题 4** 在无冗余的相互依存系统中,整个系统的脆弱性阈值等同于系统最弱部分的阈值。

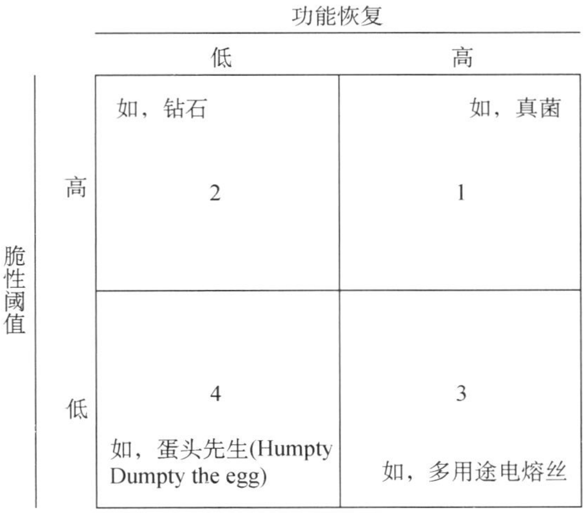


**图 4.1 脆弱性地图**

图 4.1 提出了一种综合方法,将不同事物按其脆弱性阈值大小绘制成图。这里包含了两种维度。首先,纵轴表示事物的脆弱性程度,即预设脆弱性阈值的高低。其次,横轴表示一旦脆弱性阈值被超过,损坏物恢复到其先前功能状态的难易程度,即其"功能恢复能力"的高低。汉普蒂·邓普蒂(Humpty Dumpty,又称"矮胖子"),即英文童谣中的"蛋头先生",遭受了脆弱性的双重打击(图 4.1 中的象限 4):它很容易破碎,即它在抵抗脆弱性方面的阈值很低;一旦发生,再难复原。

然而,并不是所有的事情都像蛋头先生(Humpty Dumpty the egg)那么倒霉。多用途电熔丝虽然容易熔断,但也很容易恢复正常,继续执行保险功能(象限 3)。相比之下,钻石的脆弱性阈值很高,一旦破碎损失是不可挽回(象限 2)。再比如真菌——以及自然界中许多系统(Taleb, 2012)——不易损坏且损坏后也易恢复(象限 1)。顺便说一下,下一节中讨论的可扩展性显示,象限 1 中的系统有许多与高度可扩展性系统一样的特性。[3]

**命题 5** 具有低脆弱性阈值和低功能恢复性(象限 4)的系统需要大量缓冲措施以避免崩溃。

在区分“内在的”和“传导的”脆弱性时，与之密切相关的是对“显性”和“隐性”脆弱性的区分。鸡蛋易碎是显而易见的。于是，在杂货店购买早餐所需鸡蛋时，人们会轻拿轻放。当鸡蛋打破时，人们也不会表现出惊讶。与之类似，电熔丝的脆弱性是显而易见的，事实上也是有意为之。相反，隐性脆弱性是隐蔽的，会带来惊奇。维斯皮纳尼(Vespignani，2010：985)发现，在高度互联网络中，崩溃通常是在一个相对较低的临界阈值上“突然”发生，这也带来了一点出人意料的发现：“与孤立的系统相比，该类系统的完全崩溃更加难以预测和控制。”

隐性脆弱性与传导性脆弱性之间存在相互影响效应：一个小的隐性弱点传导到一个强大的系统时，就会导致整个系统的坍塌，阿喀琉斯之踵就是对这一现象的警示。[4]

**命题 6** 保持一个系统真正稳健，需要非常强大的信息条件，因为一些隐性脆弱性的次要来源可能依然存于系统之中。在隐藏且传导的脆弱性情况下，看似稳健的系统会在较低的临界阈值突然崩溃。对隐藏且传导的脆弱性缺乏足够准备，将加重随之而来的损害。

尽管塔利布(2012：270-1，例如)低估了累积过程在造成脆弱性方面的作用，但累积过程的确经常产生或加剧隐性脆弱性。塔利布主要关注的是由一次打击造成的脆弱性。相比之下，“累积脆弱性”是慢慢折磨而导致的死亡。凯尔(Keil)和蒙特亚莱格尔(Montealegre)(2000)将这种不幸的投资比作温水煮青蛙(参见 Keil，1995；Royer，2003)。

知之甚少的动态变化常会毫无征兆地降低脆弱性阈值。在这种情况下，即使是很小的压力，也会导致意想不到的破坏。例如，塞雷夫·费伦格兹(Seref-Ferlengez)等人(2015)发现，人类骨骼不断受到日常压力带来的微损伤。随着人们年龄的增长，这种微损伤从日常磨损开始积累，造成“叠加性的断裂韧性降低”，即降低了骨折发生的阈值(Seref-Ferlengez et al.，2015：1)。在技术系统中，人为灾难的背后经常有小错累积的身影(Turner et al.，1997)。

**命题 7** 随着时间的推移，隐藏过程不断累积将增加系统的脆弱性倾向。

隐性脆弱性还具有社会学和心理学特征。研究权力关系的学者认为，组织会选择忽视显而易见的事实，并对此心照不宣(Flyvbjerg，1998)，或者组织中的人们“知道我们不愿知道的”(Ansar，2015)。由于存在“专家心理(即专家自认为知道的要比实际知道的多得多)”，像过度自信这样的心理偏见也会“带来脆弱性”(Taleb，2012：215)。根据心理学理论，专家设计的系统中存在隐性脆弱性是一种常态，而非例外(Kahneman，2011)。1999 年 9 月，美国国家航空航天局(National Aeronautics and Space Administration，NASA)在一次太空飞行演习中，损失了价值 1.25 亿美元的火星气候轨道探测器，原因是一个工程团队使用公制单位而另一个团队使用英制单位(Reichhardt，1999；可另见 Hodgkinson et al.，2012：2-5，根据组织决策理论对 NASA 航天飞机灾难的讨论)。据美国有线电视新闻网(1999 年 9 月 30 日)报道，负责监督此次任务的美国宇航局喷气推进实验室(JPL)主任爱德华·斯通(Edward Stone)说：“我们未能识别并改正这一简单错误，已经造成了重大影响。”对此，也可参见关于修正隐性脆弱性信息条件的命题 6。

**命题 8** 行为和心理上的偏差会增加发现隐藏脆弱性的难度。专家设计的系统中存在隐性脆弱性是一种常态，而非例外。

**命题 9** 在社会环境和组织环境中，隐性脆弱性将隐藏在显而易见的地方。

塔利布倾向于关注引起混乱的外部原因，而研究脆弱性的生态学家关注引起脆弱性的内部变化(Nilsson et al.，1995)。“对称破缺(broken symmetry)”的理论家们也指出:随着内部复杂性的增加,来自内部扰动的威胁(通常由纯随机过程引发)——呈非线性增长,使得较大系统没有明显原因就引发崩溃(Anderson, 2011)。从结果角度来看,外部压力和内部压力之间的区别并不重要:重要的是随之而来的负面结果的大小。塔利布(2012:136)认为:

> 你比你想象中更能控制脆弱……识别(抗)脆弱性——或者,实实在在地感受到它[……]——比预测和理解事情的动力机制要容易很多;整个任务就简化为到底应该做些什么,才能减少预测失误带来的损失(或增大其带来的收益);也就是说,我们犯了错误,如何避免崩溃,甚至如何从中受益……未预料到海啸和经济事件的发生是可以原谅的,而造就了事物本身的脆弱性则不可宽恕。

从结果角度提出一个概括性命题如下:

**命题 10** 如果系统或过程有规律地产生了不良结果,这就表明了其脆弱性,需要抛弃或重新设计该系统。

**命题 11** 与预测或控制压力来源相比,抵御脆弱性可能带来的巨大损害会更容易。



### 4.2.3 "投资脆弱性"的特殊情况

我们已经分析了脆弱性的一般特征。现在谈谈"投资脆弱性"的这一特例,本章将其定义为:金融投资变得无法实现的脆弱性,即金融投资失去了创造经济净价值的能力。在道路、炼油厂、桥梁、工厂、房地产等实物资产领域,投资脆弱性会使它们成为"搁浅资产(stranded asset)";即发生"资产遭受意外或过早冲销、低价重估,或转化为负债"的情况(Ansar et al., 2013a: 2)。破产资产或搁浅资产只能是经济拖累;也就是说,它无效地消耗了本可他用的资源。一个经济体如果拥有太多易出现脆弱性的资产,那么整个系统崩溃的风险就会加剧。这是因为,传导性脆弱性的多米诺骨牌效应会从系统的某个角落蔓延到整个系统。

效益成本比(Benefit-to-Cost Ratio, BCR):检测投资脆弱性阈值的经验法则。

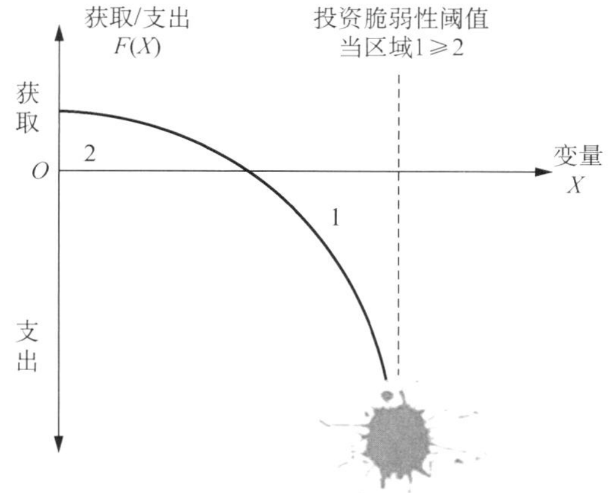


**图 4.2 "投资脆弱性"图示**
(改编自 Taleb, 2012:273)

通过对投资回报结构进行建模,可以确定投资脆弱性阈值,图 4.2 展示了这种回报结构:将假设投资的收益折现流和支出折现流按降序排列,绘制成图。由于投资通常跨越较长的期限,因此必须通过引入适当的贴现率,将资金的时间价值纳入回报结构(参见 Souder et al., 2010)。图 4.2 中脆弱性阈值点位置是,累计支出区域"1"刚好超过了累积受益区域"2"。也就是说,当一项投资的累积收益与累积支出之比降至 1 以下时,分子上的收益小于分母上的支出时,这项投资就会失败。收益-支出比,通常被认为是资本预算文献中的效益成本比(BCR),可以作为一个有用的经验法则来检测投资的脆弱性阈值。

像脆弱性更普遍的情况一样,当导致资产崩溃的扰动绝对阈值很低时,例如低水平的事前效益成本比,该资产会遭受更大的内在投资脆弱性。此时,压力因素很容易将效益成本比降至 1 以下。例如,压力因素可能只是资产六十年寿命期中的一个天气事件,它造成了如此多的混乱以至于处理成本大幅上升。与许多脆弱的东西一样,投资脆弱性中也有令人惊奇的因素——看似不可能的、往往是微小的压力因素可以造成很大的伤害。

当一项投资一旦破坏就很难或几乎不可能重新恢复时,即通过替代措施无法使恢复成为可能时，就会更加脆弱。专用性较差的资产——例如，可以改变用途的建筑物——与专用性高的资产相比，不易发生不可逆的破坏（关于投资脆弱性和交易成本经济学"套牢"问题讨论之间的相互联系，参见 Gomez-Ibanez，2003）。

同样，当收益（预期收益和意外收益）受限，而支出（预期成本和任何不可预见费）没有限制时，资产的内在投资脆弱性会更高。这种趋势如图 4.2 所示。其中，曲线的左上部分（收益）是有界限的；而曲线右下部分（支出）是无界限的，且可能是一个无限深坑。基于这一观察，塔利布（2012：158，原文中的斜体字）提出："脆弱性更多地意味着失去而不是获得，等同于下降而不是上升，等同于（不利的）不对称！"

### 4.2.4 可扩展性是什么

《牛津英语词典》对"可扩展的（scalable）"和"可扩展性（scalability）"的定义如下：

**可扩展的（scalable），形容词**。

规模上可被改变。少见使用。

*1977 Jrnl. Royal Soc. Arts* 125 770/1。因可一起大容量发射，这些激光器规模是可扩展的。

**可扩展性（scalability），名词，指可扩展的特性**。

*1978 Sci. Amer.* Nov. 44/2。它演示了该技术的可扩展性并测试了改进光束的聚焦……这获得了美国原子能委员会的支持。

本章特别注意到，"可扩展的"一词定义并不令人满意。在规模上被改变的能力（或在没有外力的情况下同样改变）意味着什么？在实践中，可扩展性是计算机科学、系统架构和软件编程领域最常讨论的问题（Hill，1990；Gunther，2007）。这对本章研究目的来说是不够的。

在学术文献中，数学的进步，特别是分形几何领域的进步，使人们深刻地理解了一个问题，即"在什么条件下，是否存在某类事物，具有规模变化的能力"。曼德尔布罗特（Mandelbrot）的研究确定了有关规模的两个主要尺度：空间和时间。一粒沙子、一块鹅卵石、一块岩石、一座悬崖或者说英国的海岸线，都代表着空间规模上由细到粗的连续等级（参见 Mandelbrot，1967）。与之类似，股票价格在 5 秒到 5 年之间的波动代表了时间规模上从细到粗的等级。细和粗的规模等级也可以用缩小（微规模）和放大（宏观）的角度来考虑。对于马德布罗特（Madelbrot）的空间和时间规模，本章引入第三个尺度："关系尺度。"关系尺度不仅指最终用户的数量（例如，少量或许多），还指最终用户的异质性和他们的定制需求（为更广泛地讨论空间、时间和关系多标量框架，参见 Ansar，2010；Ansar，2012）。

基于对规模的这种理解，本章将可扩展性定义为一事物（例如，一个系统，多系统的系统，流程或网络）具有的，在空间、时间和关系规模方面，可从非常微观到非常宏观之间毫不费力地来回转换的能力。毫不费力意味着建立或消除容量时，在时间、成本等方面具有最小程度的摩擦。在较长时间范围内，毫不费力意味着能够在不丢失兼容性的情况下快速升级。然而，如果可扩展性被理解和实践为主要用于扩大规模的能力，而很少关注缩小规模——这是当今学术领域和实践领域的主流方式（Sutton et al.，2014）——那么这本身就增加了脆弱性。所以，这里将可扩展性理解为双向变化的能力，既有上又有下。

通过对比"大"和"规模"的概念，可以得出一个重要观点。"大"通常具有一定程度的富余，温斯塔乌克和谷德诺（Weinstock and Goodenough，2006）将其称为"处理增加工作量的能力（不向系统增加资源）"。例如，大型发电厂很少满负荷运转。如果一天中某时段到另一时段过程中需求增加，发电厂可以开足马力满足部分或全部增加的需求。然而，这种有限的富余与可扩展性是不同的。因此，尽管大型发电厂能够在一个相对狭窄的空间、时间和关系领域满足一些增量需求，它却不可能毫不费力地扩大（或缩小）规模，以解决国家或全球能源危机。结合大、可扩展性和脆弱性，在此提出以下命题：

**命题 12**　当"大"被迫去做那些最好留给"可扩展性"去做的事情时，脆弱性就会出现。

## 4.3　行动中的脆弱性：来自大型水坝的证据

上述 12 项关于脆弱性的命题是基于文献研究基础上提出的。现在根据 245 座大型水坝的资本投资证据来检验这些命题。对大型水坝的研究始于对以下尚缺乏充足研究问题的归纳性调查：从中国到巴西蓬勃发展的水电大坝建设热潮会带来积极的回报吗？之前研究成果（Ansar et al.，2014）强有力的表明，大多数大型水坝造价过高，建造时间过长，无法提供经风险调整后的正向回报。实证结果促使理论发展，将有助于回答为什么大型水坝投资可能特别容易出现所谓"投资脆弱性"，即效益成本比低于 1。

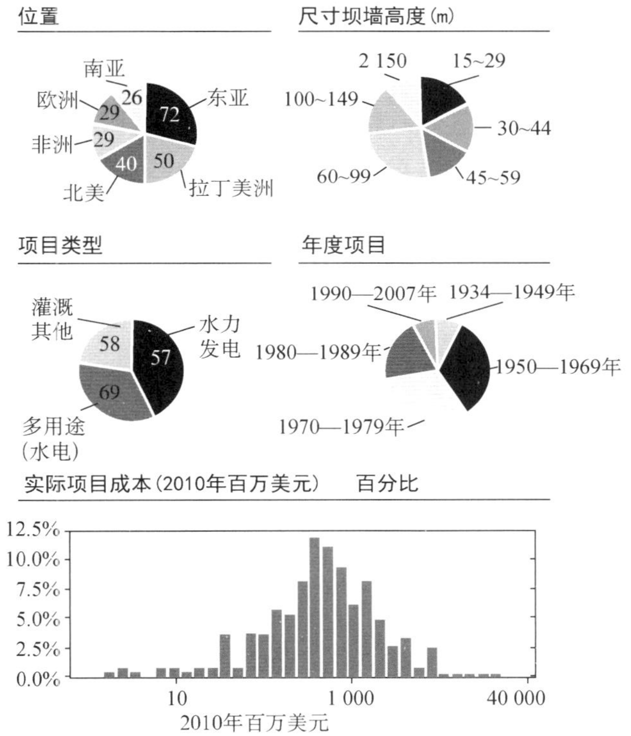


**图 4.3　五大洲 245 座大型水坝样本分布（1934—2007），价值 3 530 亿美元（2010 年价格）**
（引自 Ansar et al.，2014.）

图 4.3 是对大坝区域位置、墙高、项目类型、年份和实际项目成本的数据集统计概况。数据集涵盖了 1934 年至 2007 年间，五大洲 65 个不同国家建造的大型水坝，总投资额为 3 530 亿美元（2010 年的价格），是有关大型水坝数据集中最大的。所有能找到有效和可靠成本、进度数据的大坝都包括在该数据集中。安萨尔（Ansar）等（2014）对数据和归纳研究进行了描述。

### 4.3.1　为什么要研究大坝

基于以下原因，大型水坝为发展投资脆弱性理论提供了一个特别有用的实证背景。

**首先，大坝是典型的大型项目**。水坝是专项定制的、场域特定的建筑物，规模巨大，需要调动大量资源投入（材料，土地，劳动力或实体设备），需要巨大的前期财务支出，产生大量的输出，且建造周期长、使用周期长、空间上固定；不仅组成部分高度复杂，组成部分之间的高度相互依赖关系也极为复杂。大型水坝在建造、运营和最终拆除过程中，通常也会对大量居民及建设环境造成影响。

**其次，大坝是不可分割和独立的资产**。一个完成了 90%的大坝和一个根本没有建造的大坝一样没有价值。因此，从方法上讲大坝的实际范围和成本可以被很好地界定，所以非常适合进行预期结果和实际结果的同类项目比较。

**再次，大坝全生命周期成本的主要部分是在建设阶段预先支付的**。与火力发电厂不同的是，大坝不会在后续使用阶段因原料投入而产生大量可变成本。与大坝相关的现金流（或成本和收益流）有一定程度的透明度，而其它大规模资本投资项目却很难如此。

**最后，大型水坝的研究成果也可普遍适用于其他重大项目**。大型水坝是一个被广泛研究的工程问题，也是传统理论认为的“标准化生产技术问题”（Sidak et al., 1997）——大型水坝提供电力或水等基本服务，对这些服务的需求趋势也看似比较稳定。直觉告诉我们，比起基于革命性新技术的大规模资本投资项目，大型水坝整体规划的不确定性更为有限。如果在建造大坝时都发现系统性错误，则表明低标准化资本投资的脆弱性问题将更加严重。

### 4.3.2 大坝会怎样

命题 10 指出，如果系统或过程有规律地产生了不良结果，这就表明了其脆弱性。具体来说，本章感兴趣的是测试效益成本比是否降至 1 以下。

（1）成本绩效

关于成本超支，有以下现象：

- 以本币计算，每 4 座大坝中就有 3 座存在成本超支。
- 实际成本平均比预估成本高 96%（中位数为 27%；四分位距为 0.86）。有关数据充分表明，成本有被低估和超支的倾向（曼-惠特尼 U 检验 $U=29\ 646$，$p<0.01$），且成本低估的幅度大于成本高估的误差（$p<0.01$）。由此导致了偏差倾向于负面结果（即超出预算）。
- 将大坝的成本超支情况绘制成图表，可以看到一条长尾巴，如图 4.4 所示；每 10 座大坝中有 2 座的实际成本是预估成本的两倍多，有 1 座的实际成本是预估成本的三倍多。图中的长尾巴暗示计划者很难确定遥远未来发生事件的概率（Taleb, [2007] 2010: 284）。

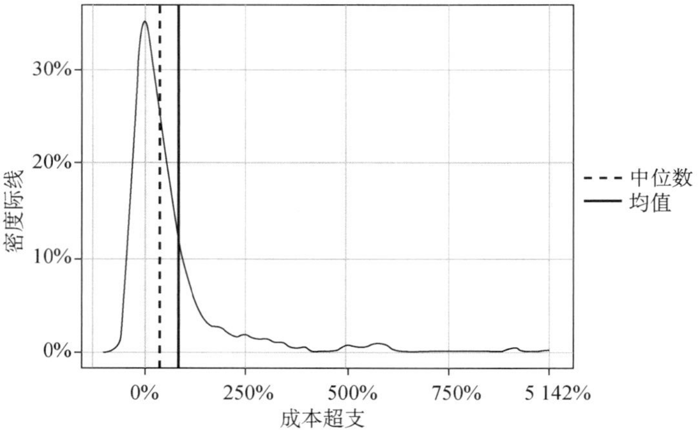


**图 4.4 按当地货币计算的实际与预估成本（超支成本）比例的中位数和平均数密度曲线（$N=245$）**

（引自 Ansar et al., 2014.）

（2）进度绩效

大型水坝不仅造价高、容易出现系统性的预算严重超支，而且建造时间长[8]。大型水坝建造平均耗时 8.6 年。关于进度绩效的偏差，有以下情况：

- 每 10 座大型水坝就有 8 座超出计划工期。
- 如图 4.5 所示，实际建造进度平均比预估进度（中位数 27%或 1.7 年）高出 44%

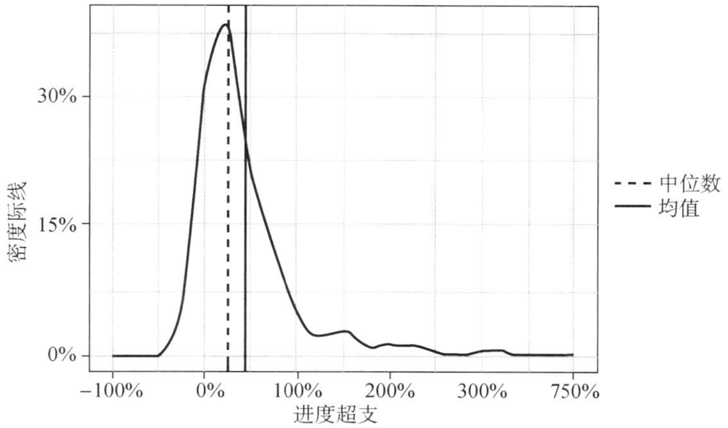


**图 4.5 进度偏差的中位数和平均值密度曲线($N=239$)**
(引自 Ansar et al.，2014.)



(或 2.3 年)。进度延期对效益成本比是不利的，因为它延迟了收益出现的时间点，继而减少了未来收益的净现值。即使没有成本超支，进度延期本身也会导致投资的脆弱性。由于大坝的大部分成本都是预先产生的，所以它们不会像收益对折现率那么敏感；折现率对收益的影响是在未来更长时间内显现的。

• 与成本超支一样，有充分的证据表明实际建造进度系统性地被低估(曼-惠特尼 U 检验 $U=29\ 161$，$p<0.01$)，且进度低估(即进度滑移)的幅度大于进度高估的误差($p<0.01$)。

• 将大坝的进度延误情况绘制成图表，也可以看到一条“长尾巴”，尽管没有成本超支的尾巴那么长，如图 4.5 所示。相对于进度，成本的失控风险更大。

(3) 大坝投资的脆弱性阈值

命题 2 提出不同的系统具有不同的脆弱性阈值。对于大型水坝，典型的预期效益成本比(BCR)为 1.4。换句话说，计划者预计净收益将超过净成本约 40%。如果未来收益、运营和管理成本没有变化，成本超支率将达到 1.4 或更高，由此导致项目将突破其脆弱性阈值——其效益成本比将降至 1 以下，前期沉没成本也将无法收回。

• 大坝的 1.4 的绝对阈值，与许多其他实体基础设施资产的阈值基本一致，如公路、铁路、桥梁或隧道等。这些资产通常也会产生约 1.4 的效益成本比(NAO，2014)。

• 以 1.4 的效益成本比作为脆弱性阈值，本章发现大坝的投资脆弱性比道路、桥梁或隧道项目的投资更加大。然而，大型铁路项目的投资脆弱性比大坝的投资更加强烈。通过将 245 座大坝的数据与另外 353 座公路、铁路和固定线路(桥梁和隧道)项目的数据进行比较，得出了上述这一结论(参见 Flyvbjerg et al.，2002，2003，2005；Ansar et al.，2013b)。

• 将近一半(47%)的大坝投资突破了脆弱性阈值，即成本超支率达到了 1.4 或更高；而道路超支率为 14%($n=239$，$M_{成本超支}=1.22$)，固定线路超支率为 25%($n=39$，$M_{成本超支}=1.37$)。对于铁路项目($n=79$，$M_{成本超支}=1.44$)，超过 50%的样本成本超支率大于 1.4。

• 然而，在成本超支失控方面，大坝项目的投资表现比铁路项目差。对于大坝来说，第 80 百分位的成本超支率几乎是最初估计的两倍($P80_{成本超支}=1.99$)，而第 90 百分位的成本超支率超过了 3 倍($P90_{成本超支}=3.07$)。这些数字表明大坝的成本超支密度曲线是一条又长又肥的尾巴。铁路的成本超支则没有那么显著($P80_{成本超支}=1.75$，

$P90_{成本超支}=1.90$），表明与大坝相比，铁路成本超支密度曲线的尾巴缩短了；但相比正态分布，其尾巴仍然又长又肥。

• 本章对大坝脆弱性阈值的估计是保守的。假设大坝的收益不会低于目标，尽管现有文献中有强有力的证据表明确实如此（WCD，2000a；McCully，2001；Scudder，2005）。做出这样的假设，是因为目前还没有一个全面的数据集来反映大坝的计划收益和实际收益，就像本章为大坝的成本和进度所做的假设那样。样本中的 84 个大型水电站项目的数据表明，它们的平均收益缺口至少为 11％。

需要注意的是，大坝项目承受着根本上不利的脆弱性系统不对称性：大坝的潜在收益是有限的，但潜在成本却是无限的（见图 4.2）。例如，在极度干旱年份里，一座大型水电大坝可能几乎不发电；但在洪水年份里，大坝发电能力又受到设计本身的限制。所以水坝可以产生的最大收益是有上限的，但就最大损失而言，不管是前期成本超支还是后续运维成本，都是无限的。考虑到收益缺口和运维成本超支，大坝项目投资中断的比例可能比本文保守估计的更高。

总之，本章保守估计的数据表明，有近一半的大型水坝投资在项目投入运营之前就中断了。这是由于前期资本支出大大超出了预估成本。投资生命周期早期阶段就出现脆弱性，投资无异于胎死腹中。下文讨论将表明，由于存在“累积脆弱性”，持久固定的大型资产在其生命周期内，投资脆弱性风险也会逐步增加。

### 4.3.3 为什么对大坝的投资会中断

对大坝投资中断的解释可以在大坝建设的构思过程中找到。笔者查阅了之前世界银行的保密性商业论证文件（称为员工评估报告或项目评估文件），这些文件需要在世行董事会做出大型水坝建设决策之前提交。其中的一个典型商业论证提出了如下论述来证明大坝融资的合理性：

• 第一，该商业论证列出某一国家面临巨大的电力或水的短缺情况；

• 第二，该商业论证认为该国拥有大量尚未开发的水电资源；

• 第三，该商业论证建议大坝应该建在专家认为特别有利的地方。该商业论证继而辩称拟建的大坝将是解决该国电力或水资源短缺问题的一大进步；

• 第四，该商业论证引用了技术研究结果，这些研究结果表明拟建大坝将能够迅速填补当前市场需求和供应之间的缺口，而且有富余产能可以满足未来需求的激增；

• 第五，该商业论证还引用了经济学家的研究，这些研究表明由于“规模经济”的存在（美国能源部 2009 年），拟建大坝将是“成本最低的可以满足预期需求的扩张路径”，通常只考虑一到两个其他的替代方案，比如大型水坝与大型燃煤电厂；

• 第六，其详细的计算表明——有时跨越几个附录——从决定建造之日起，拟建大坝的收益现值将超过成本的现值，即效益成本比将超过 1。通常，很少列出竞争替代方案的成本与收益数据。

这一构思过程更像是对预定解决方案（一座大坝）的合理化，而不是对解决给定问题（供水和供电）备选方案的理性评估。这一过程是看似理性的合理化（Flyvbjerg，1998）。本章发现以下几个严重缺陷。

第一，尽管该典型商业案例恰当地将挑战确定为一种“可扩展性”——即可毫不费力地在任何地方（空间上）、任何时间（时间上）以及为了任何人（关系上）开启或停止电力和水的供应——而不是提出一个可扩展的解决方案，该商业论证仍然继续提出一个一次性解决问题的大方案。回想一下命题 12：当“大”被迫去做那些最好留给“可扩展性”去做的事情时，脆弱性就会出现。

第二，针对首选解决方案，可供考虑的备选方案如果有也很少。备选方案诸如分散发电或提高能源生产率被忽视。正如普里默斯(Priemus，2008：105)所阐述的那样，计划者通常会早早地选定一项大规模资产作为首选解决方案，于是其他备选方案“最终化为乌有”。这留给决策者的选项就很少了。

第三，通过引用所谓的规模经济逻辑(通过最低成本的扩张路径)，该商业论证建议建造一个大得惊人的大坝。因为大坝越大，从纸面上看大坝就越具有可扩展性并且更有效率。尽管作为典型的商业论证已经考虑了规模庞大可能带来的效率问题，但它在应对持久性固定资产的重大承诺可能带来的非线性风险方面是失败的。

大坝投资脆弱性的多方面分析

到目前为止，已经在经验上证实了本章的基本论点，即：“大规模资本投资容易产生脆弱性，”尤其是当“大”被生搬硬套地用来替代“可扩展性”时。在特别关注了命题2、命题10和命题12的论据后，本章将转而为理论部分提出的其他命题寻找经验支持。

命题1提出脆弱性通常是不可逆转的。在大坝投资的经验背景下，这一命题有两个方面。

第一，一旦投资失败——通常是由于前期成本超支——重新配置资产以产生正向回报几乎是不可能的。也就是说，通过增加收入来偿还不断上升的前期成本及其融资债务是难以实现的。亚西雷塔(Yacyretá)水电站项目是一个最好的例子，它是由阿根廷和巴拉圭根据1973年巴拉那河的亚西雷塔条约所共同投资的项目，于38年后的2011年才全面完成。从1998年起，该大坝的发电量为计划容量的60%。2001年6月，世界银行(项目投资方之一)发布了该项目的执行完成报告(Implementation Completion Report，ICR)，报告对项目成果给出了如下结论(原文第6段强调)：

> 很明显该项目没有达到预定目标，因为没有办法终止该项目，也没有办法满负荷运行。就像前面所解释的，该项目长期处于运营效率不足状态(低于预计运营效率)。此外，该项目经济收益率(Economic Rate of Return，ERR)较低，由ICR重新计算的净现值(Net Present Value，NPV)为负，项目可持续性也不稳定。因此，3520-AR贷款的评级结果为不满意；亚西雷塔水电站方案整体的评级结果为不满意，主要是由于其严重的负净现值。

该项目发电量低于预期，而电价也低于预期，真是雪上加霜。世界银行(2001)的报告继续解释说，亚西雷塔大坝出现“严重的负净现值”，因为“(电力销售的)现货价格一直(估计2001年后仍将如此)低于30美元每兆瓦(1973年签订的四十年协议中确定的)”。因为项目已投入了巨额资金，ICR并不认为大坝会恢复到正的净现值。

第二，投资的中断——不像本章开头的瓷杯——是慢慢发生的。然而，决策者似乎无法实现扭转败局的承诺。世界银行独立评估部门编写的《世界银行项目绩效审计报告》是这样描述亚西雷塔大坝项目的：

> (世界)银行的绩效不能令人满意。项目评估忽视了需求增长放缓的下行风险，而需求增长放缓无疑是至关重要的。后来在1985年，及时组织了一次高质量的公共投资审查(Public Investment Review，PIR)并提出了建议，但重新评价该项目的机会仍被错过。世界银行还存在违反金融契约的情况。(1996b：14)

《亚西雷塔大坝项目绩效审计报告》(世界银行1996b：16)巧妙地总结了大规模资本投资的潜在且不可逆转的脆弱性：“主要的土木工程动工前，世界银行好几次都有充分的理由停止该项目。”但实际上并没有这么做。这是一种聪明人和聪明组织无法停止把钱投在糟糕项目上的现象。这种现象在学术文献中有很多名字，如承诺升级或套牢(McNamara et al.，2002)。一家大企业的财务规模是如此之大，以至于一旦开始，承诺就会变成一种有约束力的、毁灭性的、相互依赖的关系。

命题 3 建议，在考虑脆弱性的影响时，比例很重要。就水坝项目而言，在贫穷国家投资建造一座大型水坝，与在富裕国家投资建造一座类似的大型水坝相比，结果截然不同。这一看法如此明显以至于微不足道，但是现实生活中的影响是惊人的。

北美建造的大型水坝($n=40$)成本超支率($M=11\%$)远低于其他地方建造的大型水坝($M=104\%$)，如图 4.6 所示。然而，请注意，本章引用案例中有 3/4 的水坝项目聘请了一家北美公司对工程和经济预测提供咨询。参照心理学中的锚定效应，本章将这一观察结果解释为过度依赖北美大型水坝经验，这种经验似乎使世界其他地区的项目成本估算有所下降。专家们可能将他们的预测“锚定”在熟悉的北美案例中，并进行了不充分的调整(Flyvbjerg et al.，2009；Tversky et al.，1974)。例如，没有充分反映当地货币贬值或当地项目管理团队质量等方面的风险。支持者经常以 1936 年建成的美国胡佛水坝为例去证明为什么类似的大型水坝应该建在发展中国家。然而，证据表明胡佛大坝这类工程是错误的类比对象。其实，发展中国家的决策者应该考虑大坝的全部情况；就大坝而言，其投资脆弱性最可能在发展中国家产生。

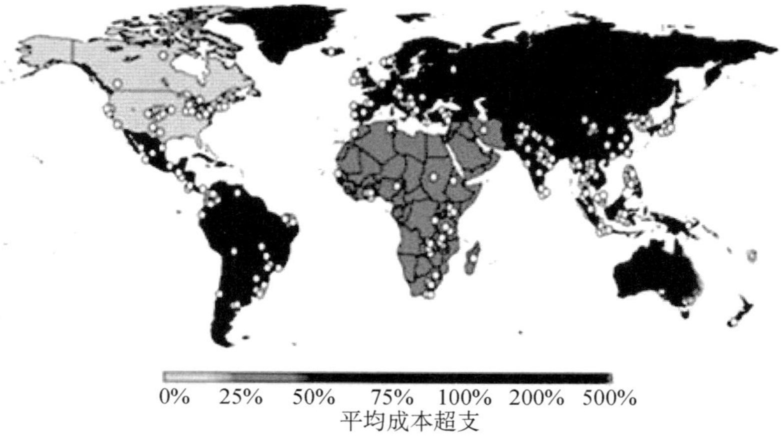


**图 4.6　样本大型水坝的位置和成本超支的区域分布**
(引自 Ansar et al.，2014.)

第三，在工程进度方面，本章发现与人均收入较低的国家相比，人均收入较高的国家进度延期往往较低。本章同意培根和贝桑特·琼斯(Bacon and Besant-Jones，1998：325)的观点：“对大多数国家来说，最好的衡量标准是国家人均收入……(因为)这是一个国家为建造大型复杂设施所能提供的普遍的经济支持。”这一结论再次证明了以下观点：即特别是发展中国家，尽管似乎最需要大型大坝等复杂设施，但是更应该量力而行。

第四，当一个贫穷国家的大坝投资崩溃时，整个国家的经济更容易通过债务累积的方式传导这种脆弱性。巴西的伊泰普大坝(Itaipu Dam)建于 20 世纪 70 年代，花费近 200 亿美元，实际成本比预算成本高出 240%，对巴西公共财政的影响长达三十年。同样，如表 4.1 所示，巴基斯坦塔贝拉水坝(Tarbela Dam)的大部分实际成本是从外部贷款所得，约占国家外部公共债务自 1968 年至 1984 年增加总量的 23%。另外，哥伦比亚的奇沃尔大坝(Chivor Dam)约占国家外部公共债务自 1970 年到 1977 年增加总量的 12%。如果公司、国家的资产负债表无法有效消除巨额贷款的负面影响，它们就会面临着财务破产。

**表 4.1　公共净外债总额(美元现价，百万)**

| 年份 | 哥伦比亚 | 巴基斯坦 |
|---|---|---|
| 1968 年 | | 3 252.4 |
| 1970 年 | 1 296.6 | |
| 1977 年 | 2 699.6 | |
| 1984 年 | | 9 692.8 |
| 在执行时间表上增加债务 | 1 403.0 | 6 440.5 |
| 相应时期内的大坝成本(现价美元) | 奇沃尔水坝 | 塔贝拉尔大坝 |
| | 168.7 | 1 497.90 |
| 大坝成本占债务增加的百分比 | 12.0% | 23.0% |

数据来源：安萨等(2014)

正如命题 5 和命题 6 的讨论所示，人们通常都渴望让一个看似脆弱的系统变得更加稳健。投资脆弱性意味着要建立应急成本作为缓冲，以防成本超支。这也就是传统的逻辑：如果一个项目效益成本比 BCR 大于 1，那么这个投资即使在考虑应急成本的情况下也是可以接受的；也就是说，投资项目不会轻易突破投资脆弱性阈值。然而，有关证据表明应急成本标准太低了。例如本章的大坝项目样本，在提供应急成本应对通货膨胀中，专家预测的年度通胀率是 2.5%，但实际却是 18.9%(整个样本的平均值)。如果项目配备了足够的应急资金，效益成本率就会比较低，投资也就不会轻易通过最后的批准。

敏感性分析是另一种机制，这种机制可以使大规模资本投资商业论证的稳健性得以保证。但就像应急成本一样，这种做法在大规模资本投资的商业论证中通常是不实用的。典型的事前敏感性分析压力测试，通常是针对参考案例的狭窄的变化范围；而实际的事后证据表明，应该测试的范围其实非常大。困难在于，当敏感性分析范围从最狭窄的范围扩大到反映现实生活的变化时，商业论证就会呈现失败结果。哥伦比亚瓜维奥水电工程(Guavio hydroelectric project)的前后对比图就很好地说明了这点。

在此基础上，投资回报率约为 15.0%，与哥伦比亚约为 11%的资本机会成本相比更有利。

对成本和收入变化如何影响财务内部收益率进行了敏感性分析。具体情况如下：

| 投资回报率 | | | |
|---|---|---|---|
| | 收益 | | |
| 成本 | 85% | 100% | 11% |
| 100% | 11 | 15 | 17 |
| 115% | 10 | 12 | 15 |

如果成本增加 15%，则回报率约为 12%。如果成本没有增加但收益降低 15%，则回报率约为 11%。如果成本增加 15%而收益降低 15%，则投回报率约为 10%。由于电力销售收入并未完全反映出对所有社会效益，分析所得的均衡利率低估了 EEEB 投资方案的实际经济回报率。

**图 4.7　瓜维奥水电站项目投资稳健的渴望**

(引自世界银行 1981:42.)

图 4.7 所示为 1981 年世界银行的《哥伦比亚瓜维奥水电项目工作人员评价报告》中关于效益-成本分析的代表性章节的摹本，该报告做出建造大坝的最后决定。正如此摹本所示，瓜维奥的计划者首先构建基本方案情景，显示大坝的经济回报率(15%)大于资本的机会成本(11%)。计划者随后对基本方案的收益和成本进行了敏感性分析，但只进行了±15%的压力测试。尽管计划者们承认其估算存在不确定性，但计划者们似乎不愿进行极端事件的测试，即使这类极端事件是大型水坝的特征，就像从长而肥的尾巴中看到的一样。

结果，拥有瓜维奥大坝的哥伦比亚公共事业部门破产了(世界银行，1996a：iii)。大坝的实际建造成本(以当地货币不变价格计算)螺旋上升至其估计值的六倍。与事前敏感性分析允许的＋15%的成本超支相比，＋500%的成本压力测试更合适。所以，瓜维奥的投资不仅仅是中断了，而且是垮掉了。

世界银行的执行完成报告，报告了瓜维奥大坝项目的事后结果，承认瓜维奥的投资甚至在水电项目开始运行之前就已经失败了。“总体而言，不得不承认这个项目结果令人非常不满意……付出了很高的代价，特别是项目完成时，(金融经济方面)仍不可行。”(世界银行，1996 年：第四期)

命题 7 认为，通常具有隐藏性的累积过程，会随时间推移增加系统的脆弱性。迄今为止，本章关注的大坝投资脆弱性，是在大坝投用之初，因超出预期收益的成本超支而产生的。现在来分析伴随大坝老化而产生的“投资累积脆弱性”。当维修、大修或拆除日益老化的大坝时发生了高额费用，就会产生投资累积脆弱性。这些晚期成本可能会将一座老化的大坝变为永久负债。下面从材料和投资的角度回顾两个案例以说明投资累积脆弱性。

小的压力源、糟糕的维护，以及对基础设施的新需求所造成的累积性材料疲劳，可能会毫无征兆地导致实体坍塌。1985 年 7 月 19 日，意大利阿尔卑斯山脉东部的斯塔瓦大坝(Stava Dams)突然发生结构坍塌，造成 268 人死亡，这是多年疏忽所造成的实体脆弱性的悲剧。斯塔瓦大坝尽管明显处于衰退状态，但仍继续发挥其预期功能。由于修复成本很高，大坝所有者——意大利贝加莫(Bergamo)的普雷阿尔皮矿业公司，觉得没有采取行动的迫切需要。于是，大坝在没有明显原因的情况下垮塌，这是累积脆弱性的特点(Luino et al.，2012：1042)。大坝本身的脆弱性以及其造成的人员伤亡也导致了投资脆弱性：清理工作产生的金融债务超过 1.3 亿欧元，许多大坝运营人员都被判刑。

然而，剧烈的实体坍塌并非造成累积投资脆弱性的必要条件。位于津巴布韦和赞比亚边境的卡里巴大坝(Kariba Dam)正是这一情况的显著案例。[10] 卡里巴水电项目分两期建设。一期工程是大坝墙体的建造，有 128 米高，围合了卡里巴湖——当时世界上最大的人工湖。与通常大坝建设不同的是，卡里巴大坝一期工程建设速度惊人。从 1955 年到 1959 年，土建工程仅仅四年就完成了。首次发电是在 1960 年 1 月份(WCD，2000b：9)。一期工程安装的所有六台发电机于 1962 年开始运行，666 兆瓦的总发电量超过了 500 兆瓦的原定目标。卡里巴一期工程也是少有的实现预算目标的大坝项目，其建造费用控制在 8 080 万英镑的预算范围内(世界银行，1956；WCD，2000b)。

这样看来，卡里巴大坝一期工程似乎克服了困难，成为一个健康项目。但是累积过程终将卡里巴大坝推向了投资脆弱性。随着时间推移，大坝水闸流出的水侵蚀了下方的跌水池。水池最初 10 米深，现在已逐渐冲刷至 80 多米深，不断向坝墙基础方向侵蚀，如图 4.8 所示。卡里巴大坝的结构完整性正受到紧迫威胁。

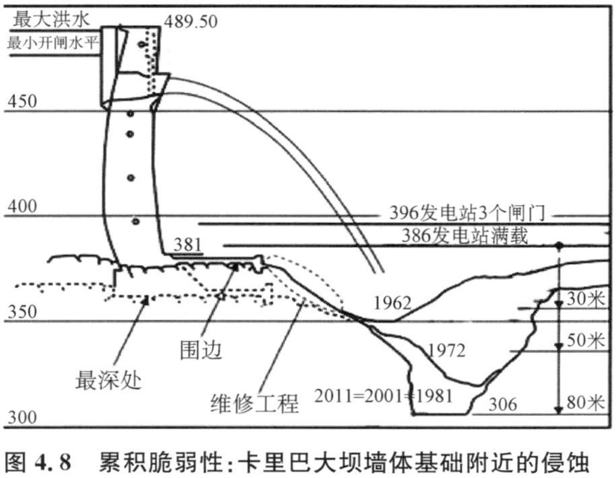


**图 4.8　累积脆弱性：卡里巴大坝墙体基础附近的侵蚀**
(引自世界银行 2014：Fig. 2.)

卡里巴大坝结构的累积疲劳已使决策者们陷入两难"困境":要么让大坝坍塌,承受难以想象的人员伤亡、环境破坏和经济损失,要么承担巨额费用永久维护大坝。现在,欧盟、瑞典政府、非洲开发银行和世界银行四家机构已经迅速采取行动,提供 2.95 亿美元贷款用于大坝修复,修复工作预计至少耗时十年(世界银行, 2014 年)。尽管瀑布池的冲刷是卡里巴大坝面临的最紧迫问题,一系列其他麻烦也开始出现,比如混凝土膨胀和防洪闸故障。卡里巴的维修费账单,总金额难以估算,到期日不知何时。投资者能否找到用以维护大坝的永久资金来源,还是悬而未决的问题。

卡里巴大坝的材料疲劳提醒人们,大坝的使用寿命是有限的。即使不是在未来 10 年或 20 年内,也在可预见的人类历史时期内;像卡里巴这样的大坝必须拆除(即使要重建),以免它意外坍塌。对于卡里巴这样的大坝寿命结束时到底需要花费多少资金,人们一无所知。卡里巴大坝的前期 BCR 分析没有考虑修复和终止成本。世界上 95% 的大型水坝建于 20 世纪,许多大坝的正常使用寿命期即将结束(Lavigne, 2005)。那些没有卡里巴大坝名气大的大坝,能否找到支撑永续维修的资金来源?难道只有像斯塔瓦大坝一样因累积疲劳而坍塌时,这些被遗忘的大坝才会被记起?世界上有 45 000 多座大坝,谁将为它们的停运或重建买单?

命题 8 指出,因为认知偏差,外行和专家都很难察觉到脆弱性。意大利的瓦伊昂大坝(Vajont Dam)也许是一个特别不幸的案例,这个案例说明了心理和社会层面的脆弱性。瓦伊昂大坝位于威尼斯以北 100 千米处,是世界上最高的薄拱坝。1960 年完工时,它的高度超过 260 米,相当于 60 层楼高的摩天大楼。大坝横跨整个维昂特山谷,又深又窄的峡谷内到处是巨大的、近乎垂直的悬崖。1963 年 10 月 9 日,巨大的山体滑坡以意想不到的速度冲入水库,造成了 250 米高的洪峰,淹没了大坝,摧毁了下游村庄,近 2 000 人死亡。除严重的人员伤亡外,大坝也失去了其经济功能。

虽然造成瓦伊昂大坝脆弱性的直接原因似乎是一场意外的自然灾害,但根源在于人类在不确定性下的判断偏见(Tversky et al., 1974; Kahneman et al., 1993; Lovallo et al., 2003; Kahneman, 2011)。心理学文献研究显示,专家(如统计学家、工程师或经济学家)和外行在不确定的情况下做出判断时,容易犯系统的、可预见的错误。各种偏见,如过度自信或过度依赖直觉(经验法则),是这些错误产生的原因,也继而导致了对风险的低估。

负责建造瓦伊昂大坝的专家行为就很符合这种认知偏见。至 1960 年 11 月,情况已经很明确,向大坝背后水库倾斜的岩体发生了严重断裂。专家得出的结论是,完全阻止滑坡是不可能的;尽管如此,却仍然"认为通过谨慎地抬高水库水位……(崩滑山体的)移动速度是可以控制的"(Petley, 2008; see also Semenza et al., 2000; Kilburn et al., 2003)。专家心理上对他们能够控制山体滑坡的信心,就是一种"控制错觉"——人们倾向于高估自己控制结果的能力(Kahneman et al., 1998)。

专家们系统性地低估了所遇到的潜在风险因素,于是产生了更严重的控制错觉。专家们建立了几个比例模型用以模拟崩滑山体进入瓦伊昂大坝背后水库的潜在后果。然而,这些模型都没有考虑到,大质量物体高速滑动可能产生的累积效应,正是累积效应产生了最终结果(Marco, 2012: 145-6)。

根据命题 9,本章发现在组织层面上这种心理偏见似乎不容易减弱。例如,可以设想,即使项目早期阶段出现错误是由于心理原因,但随着时间推移,组织因素会干预进来,从而削弱心理偏见的影响。基于这一想法,本章统计分析了大坝的成本估算是否会随时间推移而更加准确。与设想不同,统计分析表明,无论大坝建成一年还是十年,预测误差都没有显著差异($F=0.57$, $p=0.78$)。同样,也没有观察到预测误差改善或恶化的趋势（$F=0.54$，$p=0.46$），这可以从图 4.9 中看出。组织似乎没有从过去的错误中吸取教训。为什么组织因素未能削弱心理偏见的负面影响？这仍是未来研究的一个热门话题（见 Durand，2003；Makadok，2011）。

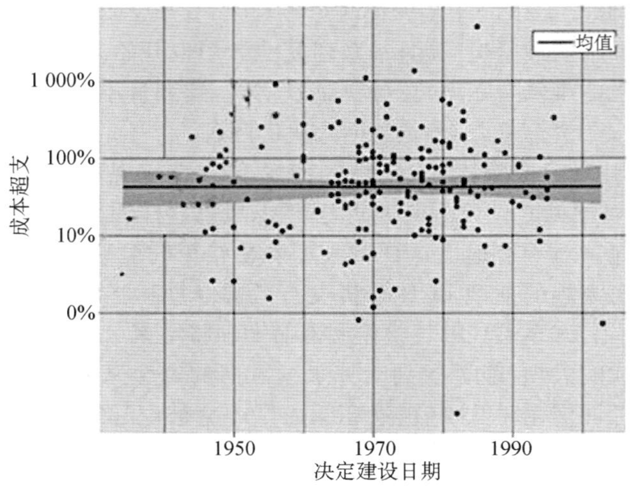


**图 4.9 大型水坝成本估算（当地货币和不变价格）的不准确性（1934—2007 年）（$N=245$）**
（引自 Ansar et al.，2014.）

## 4.4 总结

无论是在私人部门还是公共部门，重大项目比以往任何时候都更加普遍，规模也更大。这些大规模资本投资的理论基础是“大”理论，并由此产生两大愿景：一个是追求所谓规模经济与范围经济带来的效率；另一个是追求规模扩张，即先于需求的能力建设。本章发现大规模资本投资在实现这两个愿景方面的记录都很糟糕。与“越大越好”的传统命题相反，大规模资本投资具有脆弱性倾向，即由于一个或多个随机事件的影响，使投资变得不可恢复。以前的商业与管理理论，并未纳入脆弱性这一概念。本章建议，把脆弱性概念作为相关的一个基本边界条件，纳入进“大”理论体系。

本章的理论观点可以总结如下：“大”理论强调效率和先于需求的能力建设，这是在鼓励管理者对大规模风险投资进行“一劳永逸”的押注（Klingebiel et al.，2015：222）。“大”理论的逻辑缺陷在于：系统规模过大，其内部子部件就会更多，子部件间就会产生更多的相互作用，所形成的排列组合数量更为巨大，因而系统复杂性会大幅增加，并导致脆弱性。系统规模上升后，相互作用中产生的小错就会放大。所有这些都会造成财务损失：施工成本容易超支，修复因系统老化而显现的新问题所产生的意外大额账单，系统报废或崩溃时需要付出的巨大清理成本。尽管大型资本投资看起来像巨人，但在面临干扰时，它们很容易失败——也就是说，它们产生的净现值为负。

本章进一步认为，传统理论将“大”与“可扩展性”混为一谈：“大”意味着定制化和复杂化，带有多种属性如前期巨额财务支出、持久的时间跨度、空间的固定性以及大规模产量。相比之下，“可扩展性”具有独立性，不受空间、时间的约束。例如，精装印刷的《大英百科全书》仅在规定的地点（空间的）、规定的时间（时间的），针对有限的读者（关系的）可提供全文。任何人都可以随时随地阅读维基百科，而且与印刷业竞争对手不同，维基百科是可扩展的。当“大”被迫去做那些最好留给“可扩展性”去做的事情时，脆弱性就会出现。

本章使用了245座大坝的数据来证明研究观点，这些大坝总价值为3 530亿美元（2010年的价格），建于1934年到2007年间，位于五大洲65个不同国家。本章主要的发现包括：

· 本章所研究的大坝中，有近一半项目出现了成本超支，以至于项目在运行前就失败了。即前期投资无法收回。投资生命周期早期阶段就出现脆弱性，投资无异于胎死腹中。

· 大坝的成本风险存在“大尾巴”理论现象；20%的大坝实际成本增加一倍多，10%的大坝实际成本增加两倍多。

· 管理者们似乎没有吸取教训。今天的预测很可能与1934年至2007年间的预测一样错误。

· 撇开成本不谈，建造大坝需要很长时间——平均8.6年，这对解决紧迫的能源和用水需求而言，有点姗姗来迟。

· 随着大坝使用期不断延长，投资脆弱性风险也不断增加，这是因为诸如材料疲劳、灾难性故障危险等累积过程，需要不断投入资金进行修复，且代价高昂。

· 大坝超过预期使用寿命后的维护或拆除成本，是一项日益临近的金融负债。

公司或国家承担大规模资本投资的同时，也承担了其投资脆弱性。例如，大型水坝和类似大型项目的巨大成本，导致发展中国家债务的爆炸式增长，削弱了国家经济增长潜力。尽管发展中国家似乎最需要大坝这样的复杂设施，但对于超出国民经济实力的大项目，仍应避而远之。

决策者应该放弃所有大项目吗？当然不是。但他们必须仔细评估什么时候才是“越大越好”，而非不假思索地认为就该如此。有证据表明，在风险调整的基础上，大项目不产生良好价值的可能性，比预想的要大得多。最高决策者们在最终审批大规模资本投资时，应对提交的评估数字持怀疑态度。他们还应进行反映各种现象差异的极端压力测试，以消除对任务完成时间、成本和收益估计的偏差，从而确定即将进行的投资的脆弱性阈值。本章还建议不要在微利情况下做出大规模资本投资决策。“大”投资为避免脆弱性所需的缓冲措施，要比当前管理实践中通常所考虑的多得多。

如果“大”是脆弱的，那么还有什么替代选择呢？本章没有足够的篇幅来回答这一问题。笔者也研究了一些管理者，他们沿着“如果大是脆弱的，那么就把它分解”这一启发式思路，成功地完成了项目。笔者还研究支持这种方法的理论，如模块化（Baldwin et al.，2000；Schilling et al.，2001；Garud et al.，2003；Levinson，2006），产品创新中的实物期权（Klingebiel et al.，2015），以及大规模消费者生产者共同开发（Grabher et al.，2008；Ansar，2012）。笔者希望以后报告这项研究工作。目前本文的结论是，在进行大规模投资项目前，管理者应该严格地考虑可能的替代方案。学者们同样应该仔细地重新评估“大”理论。本章数据表明：接受“大”理论的表面价值，在资本项目决策早期就锁定一个大的“最喜欢的解决方案”，往往会铸成大错；这一行为倾向会导致脆弱性，继而会产生失败的高风险性。

## 注释

1. 未来研究需要针对无序家族成员之间的细致区分多做一些工作（关于波动性的研究，请参见Goldstein et al.，2007）。

2. 卜迪列夫等（2010：1025）报告说：“对于孤立的单一网络来说，必须随机删除大量网络节点以避免网络崩溃。然而，如果考虑到网络间的相互关联，只删除一小部分节点就能导致整个系统的完全分裂。”

3. 并非所有事物都能很好地适用于图 4.1 中提出的 2×2 矩阵。尽管可以将破碎的古董瓷杯粘在一起来恢复喝茶的功能，但从美学上讲是令人不快的。同样，那门名为蛋头先生的加农炮，是有可能恢复防御功能的。但是，尽管有“国王的兵和马”，事实证明在可利用的时间里这是无法实现的。然而，加农炮的暂时脆弱性却不可逆转地蔓延到了保皇党军队。因此，即使在一个损坏系统具有高度可恢复性的环境里，依然有三个相关问题：(i)恢复将花费什么(例如，成本或时间)？(ii)在用于恢复的停工期间，其他事物可能会受到什么危害(例如传导脆弱性)？(iii)复原会导致功能下降吗？这表明，要使系统既具有较高的脆弱性阈值，又能很容易地恢复其原始功能，是极其困难的。
4. 在希腊神话中，当阿喀琉斯还是个婴儿时，就有人预言他将英年早逝。为了防止他的死亡，母亲忒蒂斯带他到据说能提供无坚不摧力量的冥河边，把他的身体浸入水中。但由于忒蒂斯抓住了阿喀琉斯的脚后跟，他的脚后跟并没有被神奇的河水浸入。
5. 地理学和生态学等其他学术领域也对规模产生了浓厚的兴趣，通常使用与曼德尔布罗特(Wiens, 1989; Wu et al., 2002)类似的语言，例如，“更细或更粗/更广泛的规模”。也许值得注意的区别是，几何学倾向于将规模作为一个连续体来处理，而地理学或生态学的学者更倾向于将规模概念化为一个嵌套的层次结构，如俄罗斯套娃。例如，街道、街区、邻里、行政区、城市、省、国家、地区、大陆、地球、太阳系等，都是嵌套的空间结构。虽然嵌套的层次结构概念化是一种生硬的近似，但只要嵌套结构中放大的规模不与更大的规模混为一谈，本章并不反对用这种近似的方法来帮助理解。
6. 本文对可扩展性的定义不同于比较流行的概念化，例如温斯塔乌克和谷德诺(2006)的研究所表达的。不同之处在于，温斯塔乌克和谷德诺主要聚焦的是：第一，关系型规模的关注点，如用户数量或用户驱动的性能指标，然而空间和时间是不能忽略的；第二，他们几乎完全关注扩大规模的能力。不费吹灰之力的缩减同样重要，尤其是当以前的容量变得过时而需要移除时。因此，满足不断增加的增量需求和知道如果需求消失了该怎么办，是同样重要的。
7. 实际产出成本(又称实际资本支出)是指在项目完成时确定的实际的、核算的建筑成本。估计成本的定义是在决定建造时预算或预测的建筑成本。实际产出成本包括以下内容：路权的获得和重新安置；工程设计和项目管理服务；与完成水坝项目有关的所有土木工程和设施的建设；设备采购。

   费用不足或超支是以估计费用与实际最终费用的比率表示的。决定建造项目之日的那一年是价格的基准年，在这一年里所有估计的和实际的不变成本都以项目所在国的本地实际(即去除通货膨胀的影响)货币计算。费用超支也可以用实际到货费用减去估计费用后占估计费用的百分比来表示。
8. 项目的实际执行进度，单位为月。实施开始日(又称最终决定建设日)是指主要出资人和主要决策者批准项目的日期。实施完成日是指全面商业化运营的日期。进度下滑或进度低于或高于预期是指实际执行月数与估计实施进度的比率。
9. 根据《纽约时报》(1985 年 7 月 22 日)的报道，蒙特卡蒂尼公司在 20 世纪 60 年代初建造了矿山和斯塔瓦大坝综合体。上述项目于 1979 年被意大利国家能源公司 Enil 接管，于 1981 年出售给 Prealpi。灾难发生于 1985 年。
10. 此处对卡里巴大坝案例的讨论得益于与杰奎斯·莱斯利(Jacques Leslie)的个人交流。
11. 作为其累积脆弱性的一部分，卡里巴大坝对社会和环境造成的巨大的和持续的负面影响值得关注，这些影响没有得到很好的缓解。塞耶·斯卡德(Thayer Scudder, 2005: 1)写道：“根据成本效益分析，即使受影响的人最初也认为这是一个成功的项目，但卡里巴大坝造成了不可接受的环境和社会影响。在水库流域内和大坝下游被迫重新安置了 57 000 人，造成了严重的环境退化，这是使大多数被安置者陷入贫困的因素之一。”此外，作为一个重要的题外话，1970—1977 年建造的卡里巴二期工程构成了一个 600 兆瓦的发电站，其成本超支是其估计成本的 2.5 倍，严重损害了整个方案的 BCR(参见世界银行 1983 年；世界大坝委员会 2000b: 12-14)。

## 参考文献

Anderson, P. W. (1972). “More is different,” *Science*, 177(4047): 393-6.

Anderson, P. W. (2011). *More And Different: Notes from a Thoughtful Curmudgeon*. Hackensack, NJ: World Scientific Publishing Company.

Ansar, A. (2010). *"New Departures" in Infrastructure Provision: An Ongoing Evolution away from Physical Assets to User Needs*. DPhil dissertation, Oxford University.

Ansar, A. (2012). "Location decisions of large firms: Analyzing the procurement of infrastructure services," *Journal of Economic Geography*, 13: 823 - 44, <http://doi. org/10. 1093/jeg/lbso42>.

Ansar, A. (2015). *Transformational Leadership in the Public Sector: Lecture Delivered at the Major Projects Leadership Academy (MPLA)*. University of Oxford.

Ansar, A., Caldecott, B., and Tillbury, J. (2013a). *Stranded Assets and the Fossil Fuel Divestment Campaign: What Does Divestment Mean for the Valuation of Stranded Assets*. Oxford: University of Oxford.

Ansar, A., Flyvbjerg, B., and Budzier, A. (2013b). *The Time Bomb: Why Even the Best Companies Bet the Shop Without Knowing It*. Unpublished Working Paper, University of Oxford.

Ansar, A., Flyvbjerg, B., Budzier, A., and Lunn, D. (2014). "Should we build more dams?: The actual costs of mega-dam development," *Energy Policy*, 69: 43-56.

Ansar, A. and Pohlers, M. (2014). "Fluid populations, immobile assets: Synchronizing infrastructure investments with shifting demography," *International Area Studies Review*, 17(2): 222-48.

Atkinson, M. M. (2011). "Lindblom's lament: Incrementalism and the persistent pull of the status quo," *Policy and Society*, 30(1): 9-18, <http://doi. org/10. 1016/j. polsoc. 2010. 12. 002>.

Atkinson, R. (1999). "Project management: Cost, time and quality, two best guesses and a phenomenon, its time to accept other success criteria," *International Journal of Project Management*, 17(6): 337-42.

Bacon, R. W. and Besant-Jones, J. E. (1998). "Estimating construction costs and schedules: experience with power generation projects in developing countries," *Energy Policy*, 26(4): 317-33, <https://doi. org/10. 1016/So301-4215(97)00164-X>.

Baldwin, C. and Clark, K. (2000). *Design Rules: The Power of Modularity*. Cambridge. MA: MIT Press.

Bhidé, A. (2008). *The Venturesome Economy: How Innovation Sustains Prosperity in a More Connected World*. Princeton, NJ: Princeton University Press.

Brooks, F. P. (1995). *The Mythical Man-Month: Essays on Software Engineering*, 2nd edn. Reading, MA: Addison Wesley.

Buldyre, S. V, Parshani, R., Paul, G., Stanley, H. E., and Havlin, S. (2010). "Catastrophic cascade of failures in interdependent networks," *Nature*, 464(7291): 1025-8, <http://doi. org/10. 1038/nature08932>.

Callaway D. S., Newman, M. E., Strogatz, S. H., and Watts, D. J. (2000). "Network robustness and fragility: Percolation on random graphs," *Physical Review Letters*, 85(25): 5468-71.

Calomiris, C. W. and Haber, S. H. (2014). *Fragile by Design: The Political Origins of Banking Crises and Scarce Credit*. Princeton, NJ: Princeton University Press.

Cavallo, L. and Rossi, S. P. (2001). "Scale and scope economies in the European banking systems," *Journal of Multinational Financial Management*, 11(4): 515-31.

Chandler, A. D. (1990). *Scale and Scope: Dynamics of Industrial Capitalism*, new edn. Cambridge, MA: Harvard University Press.

Choi, E., Des Roches, R., and Nielson, B, (2004). "Seismic fragility of typical bridges in moderate seismic zones," *Engineering Structures*, 26(2): 187-99.

4 大即是脆弱吗:基于规模理论的探析

Clark, G. L. and Wrigley, N. (1995). "Sunk costs: A framework for economic geography," *Transactions of the Institute of British Geographers*, 20(2): 204-23.

Clark, G. L. and Wrigley, N. (1997a). "Exit, the firm and sunk costs: Reconceptualizing the corporate geography of disinvestment and plant closure," *Progress in Human Geography*, 21 (3): 338-58.

Clark, G. L. and Wrigley, N. (1997b). "The spatial configuration of the firm and the management of sunk costs," *Economic Geography*, 73(3): 285-304.

CNN. (1999). "NASA'S metric confusion caused Mars Orbiter loss," 30 September, <http://edition. cnn. com/TECH/space/9909/30/mars. metric/>.

Copeland, T. and Tufano, P. (2004). "A real-world way to manage real options," *Harvard Business Review*, 82(3): 90-9.

Crompton, P. and Lesourd, J. -B. (2008). "Economies of scale in global iron-making," *Resources Policy*, 33(2): 74-82, <http://doi. org/10. 1016/j. resourpol. 2007. 10. 005>.

Cullinane, K. and Khanna, M. (2000). "Economies of scale in large containerships: Optimal size and geographical implications," *Journal of Transport Geography*, 8(3): 181-95, <http: //doi. org/10. 1016/So966-6923(00)00010-7>.

Dash, E. and Creswell, J. (2008). "Citigroup saw no red flags even as it made bolder bets," *The New York Times*, 23: A1.

Davis, E. P. (1995). *Debt, Financial Fragility, and Systemic Risk*, new edn. Oxford: Clarendon Press.

Durand, R. (2003). "Predicting a firm's forecasting ability: The roles of organizational illusion of control and organizational attention," *Strategic Management Journal*, 24(9): 821-38.

Easterly, W. R. (2002). *The Elusive Quest for Growth: Economists'Adventures and Misadventures in the Tropics*. Cambridge, MA: MIT Press.

Easterly, W. R. (2006). "The big push déjà vu: A review of Jeffrey Sachs's *The End of Poverty: Economic Possibilities for Our Time*," *Journal of Economic Literature*, 44(1): 96-105.

Flyvbjerg, B. (1998). *Rationality and Power: Democracy in Practice*. Chicago: University of Chicago Press.

Flyvbjerg, B. (2009). "Survival of the unfittest: Why the worst infrastructure gets built, and what we can do about it," *Oxford Review ofEconomic Policy*, 25(3): 344-67.

Flyvbjerg, B. (2014). "What you should know about megaprojects and why: An overview," *Project Management Journal*, 45(2): 6-19, <http://doi. org/10. 1002/pmj. 21409>.

Flyvbjerg, B., Bruzelius, N., and Rothengatter, W. (2003). *Megaprojects and Risk: An Anatomy of Ambition*. Cambridge: Cambridge University Press.

Flyvbjerg, B. and Budzier, A. (2011). "Why your IT project may be riskier than you think," *Harvard Business Review*, September, <http://hbr. org/2011/09/why-your-it-project-may-be-riskier-than-you-think/ar>.

Flyvbjerg, B., Garbuio, M., and Lovallo, D. (2009). "Delusion and deception in large infrastructure projects," *California Management Review*, 51(2): 170-93.

Flyvbjerg, B., Holm, M., and Buhl, S. (2002). "Underestimating costs in public works projects: Error or lie?" *Journal of the American Planning Association*, 68(3): 279-95.

Flyvbjerg, B., Holm, M., and Buhl, S. (2005). "How (in)accurate are demand forecasts in public works projects? The case of transportation," *Journal of the American Planning Association*, 71(2): 131-46.

Flyvbjerg, B., Landman, T., and Schram, S. (eds.) (2012). *Real Social Science: Applied Phronesis*. Cambridge: Cambridge University Press.

Foreman, R. D. and Beauvais, E. (1999). "Scale economies in cellular telephony: Size matters,"

*Journal of Regulatory Economics*, 16(3): 297-306.

Gao, J., Buldyrev, S. V., Stanley, H. E., and Havlin, S. (2012). "Networks formed from interdependent networks," *Nature Physics*, 8(1): 40-8.

Garud, R., Kumaraswamy, A., and Langlois, R. N. (2003). *Managing in the Modular Age: Architectures, Networks, and Organizations*. Oxford: Blackwell.

Ghemawat, P. (1991). *Commitment: Dynamic of Strategy*, 2nd edn. New York: The Free Press.

Ghemawat, P. and Del Sol, P. (1998). "Commitment Versus Flexibility?" *California Management Review*, 40(4): 26-42.

Goldstein, D. and Taleb, N. (2007). "We don't quite know what we are talking about when we talk about volatility," *Journal of Portfolio Management*, 33(4): 84-6, <http://papers. ssrn. com/sol3/Papers. cfm? abstract_id=970480>.

Gómez-Ibáñez, J. A. (2003). *Regulating infrastructure: monopoly, contracts, and discretion*. Cambridge, MA: Harvard University Press.

Grabber, G., Ibert, O., and Flohr, S. (2008). "The neglected king: The customer in the new knowledge ecology of innovation," *Economic Geography*, 84(3): 253-80.

Gunther, N. (2007). *Guerrilla Capacity Planning: A Tactical Approach to Planning for Highly Scalable Applications and Services*. Berlin: Springer, <http://link. springer. com/10. 1007/978-3-540-31010-5>.

Hayes, R. H. and Garvin, D. A. (1982). "Managing as if tomorrow mattered," *Harvard Business Review*, 60(3): 70-9.

Heifetz, R., Grashow, A., and Linsky, M. (2009). *The Practice of Adaptive Leadership*. Boston, MA: Harvard Business Press, <http://www. leadersthatlast. org/pdfs/the_practice_of_adaptive_leadership_review. pdf>.

Hill, M. D. (1990). What Is Scalability? *ACM SIGARCH Computer Architecture News*, 18(4): 18-21.

Hodgkinson, G. P., and Starbuck, W. H. (2012). *The Oxford Handbook of Organizational Decision Making* (Reprint edition). Oxford: Oxford University Press.

Issacharoff, S. (2007). Fragile Democracies. *Harvard Law Review*, 120(6): 1405-67.

Kahneman, D. and Lovallo, D. (1993). "Timid choices and bold forecasts: a cognitive perspective on risk taking," *Management Science*, 9(1): 17-31.

Kahneman, D. (2011). *Thinking, Fast and Slow*. New York: Farrar, Straus and Giroux.

Kahneman, D. and Riepe, M. W. (1998). "Aspects of investor psychology," *Journal af Portfolio Management*, 24(4): 52-65, <http://doi. org/10. 3905/jpm. 1998. 409643>.

Keil, M. (1995). "Pulling the plug: software project management and the problem of project escalation," *MIS Quarterly*, 19(4): 421-47.

Keil, M. and Montealegre, R. (2000). "Cutting your losses: Extricating your organization when a big project goes awry," *Sloan Management Review*, 41(3), <http://sloanreview. mit. edu/article/cutting-your-losses-extricating-your-organization-when-a-big-project-goes-awry/>.

Kerzner, H. (2009). *Project Management Case Studies*. New York: Wiley.

Kilburn, C. R. and Petley, D. N. (2003). "Forecasting giant, catastrophic slope collapse: Lessons from Vajont, Northern Italy," *Geomorphology*, 54(1): 21-32.

Klemkosk, R. C. (2013). "Financial system fragility," *Business Horizons*, 56(6): 675-83, <http://doi. org/10. 1016/j. bushor. 2013. 07. 005>.

Klingebiel, R. and Adner, R. (2015). "Real options logic revisited: The performance effects of alternative resource allocation regimes," *Academy of Management Journal*, 58(1): 221-41, <http://doi. org/10. 5465/amj. 2012. 0703>.

Kwoka, J. E. (2002). "Vertical economies in electric power: Evidence on integration and its alternatives," *International Journal of Industrial Organization*, 20(5): 653-71.

Lavigne, P. M. (2005). "Dam(n) how times have changed...," *William and Mary Environmental Law and Policy Review*, 29:451.

Levinson, M. (2006). *The Box: How the Shipping Container Made the World Smaller and the World Economy Bigger*. Princeton, NJ: Princeton University Press.

Lindblom, C. E. (1959). "The science of 'muddling through,'" *Public Administration Review*, 19: 79-88.

Lindblom, C. E. (1979). "Still muddling, not yet through," *Public Administration Review*, 39(6): 517-26, <http://doi. org/10. 2307/976178>.

Liu, J., Dietz, T., Carpenter, S. R., et al. (2007). "Complexity of coupled human and natural systems," *Science*, 317(5844): 1513-16.

Lovallo, D. and Kahneman, D. (2003). "Delusions of success," *Harvard Business Review*, 81(7): 56-63.

Luino, F. and De Graff, J. V. (2012). "The Stava mudflow of 19 July 1985 (northern Italy): A disaster that effective regulation might have prevented," *Natural Hazards and Earth System Sciences*, 12(4): 1029-44, <http://doi. org/10. 5194/nhess-12-1029-2012>.

Majumdar, S. K. and Venkataraman, S. (1998). "Network effects and the adoption of new technology: Evidence from the U. S. telecommunications industry," *Strategic Management Journal*, 19(11): 1045-62.

Makadok, R. (2011). "Invited editorial: The four theories of profit and their joint effects,"*Journal of Management*, 37(5): 1316-34, <http://doi. org/10. 1177/0149206310385697>.

Mandelbrot, B. B. (1967). "How long is the coast of Britain," *Science*, 156(3775): 636-8.

Mandelbrot, B. B. and Hudson, R. L. (2008). *The (Mis)Behaviour of Markets: A Fractal View of Risk, Ruin and Reward*. London: Profile Books.

Marco, D. R. (2012). "Decision making errors and socio-political disputes over the Wjont Dam disaster," *Disaster Advances*, 5(3): 144-52.

Martinez-Garcia, J. C., Rzoska, S. J., Drozd-Rzoska, A., Starzonek, S., and Mauro, J. C. (2015). "Fragility and basic process energies in vitrifying systems," *Scientific Reports*, 5 (8314), <http://doi. org/10. 1038/srepo8314>.

Mauro, N. A., Blodgett, M., Johnson, M. L., Vogt, A. J., and Kelton, K. F. (2014). "A structural signature of liquid fragility," *Nature Communications*, 5(4616), <http://doi. org/10. 1038/ncomms5616>.

McCully, P. (2001). *Silenced Rivers: The Ecology and Politics of Large Dams*. London: Zed Books.

McNamara, G., Moon, H., and Bromiley P. (2002). "Banking on commitment: Intended and unintended consequences of an organization's attempt to attenuate escalation of commitment," *Academy of Management Journal*, 45(2): 443-52, <http://doi. org/10. 2307/3069358>.

Mill, J. S. (1848). *The Principles of Political Economy: With Some of Their Applications to Social Philosophy*. London: John W Parker.

Mitchell, J. (1995). *The Fragility of Freedom: Tocqueville on Religion, Democracy, and the American Future*. Chicago: University of Chicago Press.

Morris, R. G. and Barthelemy, M. (2013). "Interdependent networks: The fragility of control," *Scientific Reports*, 3(2764), <http://doi. org/10. 1038/srep02764>.

Mosca, M. (2008). "On the origins of the concept of natural monopoly: Economies of scale and competition," *European Journal of the History of Economic Thought*, 15(2): 317-53.

National Audit Office. (2014). *Lessons from Major Rail Infrastructure Programmes* (No. HC: 267, 14-15, p. 40). London: National Audit Office, <http://naodigitalchannels. polldaddy. com/s/

4 大即是脆弱吗:基于规模理论的探析

site-feedback? st=1&iframe=1>.

Nilsson, C. and Grelsson, G. (1995). "The fragility of ecosystems: A review," *Journal of Applied Ecology*, 32(4), 677-92, <http://doi.org/10.2307/2404808>.

Nussbaum, Martha C. (2001). *The Fragility of Goodness: Luck and Ethics in Greek Tragedy and Philosophy*. Cambridge: Cambridge University Press.

Nutt, P. C. (1999). "Surprising but true: Half the decisions in organizations fail,"*The Academy of Management Executive (1993-2005)*, 13(4): 75-90, <http://doi.org/10.2307/4165588>.

Nutt, P. C. (2002). *Why Decisions Fail: Avoiding the Blunders and Traps That Lead to Debacles*. Oakland, CA: Berrett-Koehler.

Parshani, R., Buldyrev, S. V., and Havlin, S. (2011). "Critical effect of dependency groups on the function of networks," *Proceedings of the National Academy of Sciences*, 108(3): 1007-10, <http://doi.org/10.1073/pnas.1008404108>.

Penrose, E. (2009). *The Theory of the Growth of the Firm*, 4th edn. Oxford: Oxford University Press.

Petley, D. N. (2008). "The Vaiont (Vajont) landslide of 1963," <http://www.landslideblog.org/2008/12/vaiont-vajont-landslide-of-1963.html>.

Pollitt, M. G. and Steer, S. J. (2012). "Economies of scale and scope in network industries: lessons for the UK water and sewerage sectors," *Utilities Policy*, 21: 17-31.

Porter, M. E. (1980). *Competitive Strategy: Techniques for Analyzing Industries and Competitors*. New York: Free Press.

Priemus, H., Flyvbjerg, B., and van Wee, B. (eds.) (2008). *Decision-Making on MegaProjects: Cost-Benefit Analysis, Planning and Innovation*. Cheltenham, UK: Edward Elgar.

Qiu, J. (2011). "China admits problems with Three Gorges Dam," *Nature News*, <http://doi.org/10.1038/news.2011.315>.

Quinn, J. B. (1978). "Strategic change: 'Logical Incrementalism,'" *Sloan Management Review*, 20(1): 7-19.

Reichhardt, T. (1999). "NASA reworks its sums after Mars fiasco," *Nature*. 401(6753), 517, <http://doi.org/10.1038/43974>.

Royer, I. (2003). "Why bad projects are so hard to kill," *Harvard Business Review*, 81(2): 48-56.

Sachs, J. D. (2006). *The End of Poverty: Economic Possibilities for Our Time*. New York: Penguin.

Samuelson, P. A. (1948). *Economics*. New York: McGraw-Hill.

Schilling, M. A. and Steensma, H. K. (2001). "The use of modular organizational forms: an industry-level analysis," *The Academy of Management Journal*, 44(6): 1149-68, <https://doi.org/10.2307/3069394>.

Schumacher, E. F. (1973). *Small Is Beautiful: A Study of Economics as if People Mattered*, new edn. London: Vintage.

Scopigno, T., Ruocco, G., Sette, F., and Monaco, G. (2003). "Is the fragility of a liquid embedded in the properties of its glass?" *Science*, 302(5646): 849-52, <http://doi.org/10.1126/science.1089446>.

Scudder, T. (2005). *The future of large dams: dealing with social, environmental, institutional andpolitical costs*. London: Earthscan.

Semenza, E. and Ghirotti, M. (2000). "History of the 1963 Vaiont slide: The importance of geological factors," *Bulletin of Engineering Geology and the Environment*, 59(2): 87-97, <http://doi.org/10.1007/s100640000067>.

Seref-Ferlengez, Z., Kennedy, O. D., and Schaffler, M. B. (2015). "Bone microdamage, remodeling and bone fragility: How much damage is too much damage? *BoneKEy Reports*, 4,

<http://doi.org/10.1038/bonekey.2015.11>.

Shinozuka, M., Feng, M. Q., Lee, J., and Naganuma, T. (2000). "Statistical analysis of fragility curves," *Journal of Engineering Mechanics*, 126(12): 1224-31.

Sidak, J. G. and Spulber, D. F. (1997). *Deregulatory Takings and the Regulatory Contract: The Competitive Transformation of Network Industries in the United States*. Cambridge: Cambridge University Press.

Silberston, A. (1972). "Economies of scale in theory and practice," *The Economic Journal*, 82 (325): 369-91, <http://doi.org/10.2307/222994>.

Simon, H. A. (1962). "The architecture of complexity," *Proceedings of the American Philosophical Society*, 106(6): 467-82.

Sole, R. V. and Montoya, M. (2001). "Complexity and fragility in ecological networks," *Proceedings of the Royal Society of London B: Biological Sciences*, 268(1480): 2039-45.

Souder, D. and Shaver, J. M. (2010). "Constraints and incentives for making long horizon corporate investments," *Strategic Management Journal*, 31(12): 1316-36, <http://doi.org/10.1002/smj.862>.

Stigler, G. J. (1958). "The economies of scale," *Journal of Law and Economics*, 1:54.

Stone, R. (2008). "Three Gorges Dam: Into the unknown," *Science*, 321(5889): 628-32, <http://doi.org/10.1126/science.321.5889.628>.

Stone, R. (2011). "The legacy of the Three Gorges Dam," *Science*, 333(6044): 817, <http://doi.org/10.1126/science.333.6044.817>.

Sutton, Robert I. and Huggy Rao (2014). *Scaling Up Excellence: Getting to More Without Settling far Less*. New York and London: Random House.

Taleb, N. N. (2010). *The Black Swan: The Impact of the Highly Improbable, with a New Section: "On Robustness and Fragility"* 2nd edn. New York: Random House.

Taleb, N. N. (2012). *Antifragile: Things That Gainfrom Disorder*. London: Allen Lane.

Taleb, N. N., Canetti, E. R., Kinda, T., Loukoianova, E., and Schmieder, C. (2012). *A New Heuristic Measure of Fragility and Tail Risks: Application to Stress Testing* (No. WP/12/216). Washington, DC: International Monetary Fund, <http://papers.ssrn.com/sol3/papers.cfm?abstract_id=2156095>.

Taleb, N. N. and Douay, R. (2012). "A map and simple heuristic to detect fragility, antifragility, and model error,"*Quantitative Finance*, 1-21.

Taleb, N. N. and Douady, R. (2013). "Mathematical definition, mapping, and detection of (anti)fragility; *Quantitative Finance*, 13(11): 1677-89, <http://doi.org/10.1080/14697688.2013.800219>.

Titman, S., Wei, K. C. J., and Xie, E (2004). "Capital investments and stock returns,"*Journal of Financial and Quantitative Analysis*, 39(4): 677-700, <http://doi.org/10.2307/30031881>.

Turner, B. A. and Pidgeon, N. F. (1997). *Man-made Disasters*. Oxford: Butterworth-Heinemann.

Tversky, A. and Kahneman, D. (1974). "Judgment under uncertainty: heuristics and biases," *Science*, 185(4157): 1124-31.

USAID. (2005). "Measuring fragility: Indicators and methods for rating state perfbimance."

US Department of Energy. (2009). *Center for Energy, Environmental, and Economic Systems Analysis (CEEESA)*, <http://www.dis.anl.gov/projects/PowerAnalysisTools.html>.

Van Oorschot, K. E., Akkermans, H., Sengupta, K., and Van Wassenhove, L. N. (2013). "Anatomy of a decision trap in complex new product development projects," *Academy of Management Journal*, 56(1): 285-307, <http://doi.org/10.5465/amj.2010.0742>.

Vespignani, A. (2010). "Complex networks: The fragility of interdependencey," *Nature*, 464(7291): 984-5.

Weinstock, C. B. and Goodenough, J. B. (2006). *On System Scalability*. DTIC Document, <http://oai. dtic. mil/oai/oai? verb=getRecord&metadataPrefix=html&identifier=ADA457003>.

Wernerfielt, B. and Karnani, A. (1987). "Competitive strategy under uncertainty," *Strategic Management Journal*, 8(2): 187-94, <http://doi. org/10. 1002/smj. 4250080209>.

Wiens, J. A. (1989). "Spatial scaling in ecology,"*Functional Ecology*, 3(4), 385-97, <http://doi. org/10. 2307/2389612>.

Williams, T. (2005). "Assessing and moving on from the dominant project management discourse in the light of project overruns," *IEEE Transactions on Engineering Management*. 52(4): 497-508, <http://doi. org/10. 1109/TEM. 2005. 856572>.

World Bank. (1956). *Appraisal of the Kariba Hydroelectric Project in the Federation of Rhodesia and Nyasaland* (No. T. O. 116-a). Washington, DC: World Bank.

World Bank. (1981). *Staff Appraisal Report: Colombia Guavio Hydro Power Project* (No. 3408-CO). Washington, DC: World Bank.

World Bank. (1983). *Project Performance Audit Report. Zambia: Kariba North Hydroelectric Project* (*Loan* 701-*ZA*) (No. 4661). Washington, DC: World Bank.

World Bank. (1996a). *Implementation Completion Report: Colombia Guavio Hydro Power Report* (*Loan* 2008-*CO*) (No. 15691). Washington, DC: World Bank.

World Bank. (1996b). *Performance Audit Report Argentina Yacyretá Hydroelectric Project* (*Loan 1761-AR*) *Electric Power Sector Project* (*Loan 2998-AR*) (No. 15801). Washington, DC: World Bank.

World Bank. (2001). *Implementation Completion Report* (*CPL - 35200*; *SCL - 3520A*; *SCPD - 3520S*) *on a Loan in the Amount of* 300 *US $ Million to the Republic of Argentina far the Yacyretá Hydroelectric Project II* (No. 22489). Washington, DC: World Bank.

World Bank. (2014). *Environmental and Social Impact Assessment*: *Terms of Reference* (No. E4648) (pp. 1 - 29). World Bank, <http://documents. worldbank. org/curated/en/2014/09/20248277/zambia-kariba-dam-rehabilitation-project-environmental-assessment-environmental-social-impact-assessment-terms-reference>.

World Commission on Dams. (WCD). (2000a). *Cross-Check Survey: Final Report*. Cape Town, South Africa, <www. dams. org>.

World Commission on Dams. (WCD). (2000b). *Kariba Dam Zambia and Zimbabwe. WCD Case Study*.

Wu, J. and David, J. (2002). "A spatially explicit hierarchical approach to modeling complex ecological systems: Theory and applications," *Ecological Modelling*, 153(1-2): 7-26.

Ziaja, S. (2012). "What do fragility indices measure?" *Zeitschrift für Vergleichende Politikwissenschaft*, 6(1): 39-64, <http://doi. org/10. 1007/s12286-012-0123-8>.


4 大即是脆弱吗：基于规模理论的探析

# 5 全球重大项目的制度挑战和解决方案

雷蒙德·莱维特 理查德·斯科特

## 5.1 引言

重大项目是极其庞大而复杂的项目，其成功实施往往需要用到未经检验的新型管理技能和技术。近十年来，数十亿美元的项目已经成为全球许多基础设施和资源开发设施的常态。然而，就协调难度而言，扩大规模和范围并不一定会使大型项目变为“重大项目”。莱萨德(Lessard, 2014)等根据项目的“难度、结果可变性和非线性、(非)治理性”定义项目复杂性，并提出了“项目复杂性结构(House of Project Complexity)”——一个基于结构—过程的组合理论框架，以理解造成复杂性的因素。我们同意他们对复杂性驱动因素的描述，并根据管理者通过将项目划分为或多或少的自治子项，可以在多大程度上降低处理整个项目复杂性的总项目协调成本，以把“重大项目”与其他大型项目区分开。此外，“全球重大项目”还涉及相当程度的跨制度复杂性，因为它们涉及来自不同语言和制度的多个国家的参与者和外部团体。

### 5.1.1 空间/技术配置复杂性

从协调的角度来看，子项目间相互依赖关系的数量和重要性是区分大型项目和重大项目的首要关键，这些相互依赖关系还存在于可构思和执行的、最易分解的子项目集之间。大型线性“水平”的项目，如互连子系统相对较少的公路、铁路和管道，往往相对容易被分解为几乎独立的地理子项目，这些子项目主要面临局部不确定性，如地质和气候条件。此类项目可以作为子项目集相对自主地进行协调，因此它们只需要适度的中心协调。20 世纪 70 年代，耗资 80 亿美元的阿拉斯加输油管项目就是以这种方式建成的，它由五个独立的管道子项目、若干泵站和其他辅助设施组成，每个子项都很小，足以让施工团队进行竞标，并作为独立的子项进行管理。大型公路、铁路、电力和输水工程通常以这种方式进行采购和管理。

相较而言，具有许多互连子系统的大型、空间集中的“垂直”项目是重大项目，如核电站或大型海水淡化设施，因为出于管理的目的，它不易被划分为“几乎可分解子项目”的任何可行配置(Simon, 1962)。此类项目在子项目中表现出复杂性和紧密耦合性(Perrow, 1984)，且这些子项目具有两种高度协调密集的相互依赖关系(Levitt, 2015)。

(1) 兼容式相互依赖关系(Compatible Interdependencies)，要求相互依赖的各方之间进行密集和持续的信息共享，以确保组件的空间和功能接口相互对齐。

(2) 争议式相互依赖关系(Contentious Interdependencies)，相互依赖的各方存在一个或多个相互冲突的子目标，即影响冲突子目标参数的某些值对A方有利但对B方不利，反之亦然。例如，计算机屏幕的设计者更喜欢消耗额外电力的高亮度和高分辨率，而电池设计者更倾向于限制总的电力需求，使电源尽可能轻，并延长计算机电池的寿命。争议式相互依赖关系需要双方进行协商，就参数的选择达成一致(Levitt et al.，1999)。相持不下时，通常会引发时间消耗的升级，需要向更高级别的工程和项目管理人员寻求解决方案。因此，它们难以管理且成本高昂。

詹姆斯·汤普森(James Thompson，1967)的经典著作《行动中的组织》(Organizations in Action)将这两种相互依赖关系定义为“互惠式相互依赖关系”(Reciprocal Interdependencies)——需要“相互调整”来协调的相互依赖关系。然而，他并没有区分这两种“互惠式”相互依赖关系。对于“兼容式相互依赖关系”的子任务，依赖方之间的相互调整只需要各方之间的信息共享和更新即可实现协调。相比之下，“争议式相互依赖关系”更可能在相互调整的过程中引发分歧和冲突，寻求高级别管理人员解决僵局的情况也更频繁。

### 5.1.2 相关技术成熟度

项目的关键技术成熟度也会影响项目能否分解为几乎可分解的子项。随着复杂技术的成熟，构成该技术的子系统的开发人员通过对剩余的相互依赖关系进行系统分析，并对协调失败进行试错调整，从而开发出解决子系统接口相互依赖关系的标准解决方案。由此产生的子系统标准和接口规范定义了该技术不断发展的“系统架构”。

成熟的系统架构允许产品的多个子系统几乎自主地开发。此外，它不可避免地导致供应链的碎片化，因为子系统的专业供应商能够遵循交易成本经济学的原则，比中央供应商更快、更有效地生产和增强其子系统(Williamson，1979)。例如，IBM在20世纪80年代初，决定标准化并发布其个人计算机的系统架构，这催生了一个庞大的组件供应商行业，如希捷(Seagate)的磁盘驱动器、罗技(Logitech)的鼠标和键盘等。系统架构把一种新的个人计算机的开发变成了一个相对简单的项目进行管理，最终使整个PC行业商品化。

所涉及技术已经成熟到一定程度的复杂项目，形成了标准化和制度化的正式或非正式系统架构，因此可以更容易地将其划分为围绕其目前模块化子系统组织的自治子项目。相较而言，一个包含多种新型技术的大型项目，其子系统性能和接口规范尚未标准化，且未被合并到系统架构中，因此需要解决大量新的兼容和争议的相互依赖关系。这为系统集成商的管理增加了大量的增量协调复杂性，并且可以将大型项目转变为重大项目。因此，从协调的角度来看，重大项目是范围、技术和系统架构还没有很好地标准化和制度化的复杂项目，不能在不产生大量额外中心协调成本的情况下将其分解为自治子项目，必须作为一个整体进行集中管理。

除了项目技术/空间配置和技术成熟度之外，大型项目的其他两个复杂性维度会使它们比同等规模但不太复杂的项目更难管理。

### 5.1.3 项目区域经济和政治影响规模

在环境、社会关注和保障水平较低的国家，位于或穿过无人居住地区的大型项目，可以在没有激发或产生试图重塑项目或完全阻止项目的社会运动的情况下进行。当一个项目对宝贵的自然环境或人口有足够大的影响时，就开始激发或催生试图重塑或阻止它的社会运动。随后，项目管理就达到一定程度的政治复杂性，这需要一套完全不同的政治和公共关系技术来管理，有明确或隐含的社会许可证或不需要社会许可证就可以管理的复杂技术项目(McAdam et al. , 2010)。通过这种方式,像之前描述的阿拉斯加输油管项目,因其对区域经济和环境的影响以及管理外部利益相关者带来的复杂性,就变成了一个“重大项目”,尽管就其空间和技术配置而言,它可以巧妙地划分为自治子项目。

### 5.1.4 跨制度复杂性:“全球重大项目”

将大型项目转变为重大项目的第四个复杂性维度是其制度复杂性,由于不同国家制度框架的关键项目交付伙伴的参与,他们必须找到解决分歧的方法,以便能够有效地共同解决具有挑战性的技术、合同和政治问题。我们将具有这种复杂性维度的大型项目定义为“全球重大项目”。

本章着重于定义全球重大项目的独特复杂性,评估跨制度差异的影响,并确定发起人、管理者以及其他利益相关者应对这些挑战的方式。我们采用奥尔(Orr)等人(2011:17)的阐述作为我们对“全球重大项目”的定义:

> 全球项目被定义为一种临时性的努力,多个参与者通过结合合同、层级和基于网络的组织模式,将来自多个地点、组织、文化和地理位置的资源整合起来,以寻求优化结果。

总之,我们从全球重大项目的定义中,抽象出包含重要制度成分的要素。我们接受“制度”的广泛概念,包括为各种行为模式提供指导和解释的符号框架、规则和规范框架。这些符号要素往往是误解、分歧和冲突的根源。因为当行动者试图执行复杂的重大项目时,会跨文化、公司、专业和国家进行互动。这些要素也是行动者创建共同身份认同、首要目标、关系合同、共同治理安排、需完成的工作以及如何对其进行治理和协调等共同概念时制定解决方案的土壤。

本章分为三个主要部分。首先,分析制度的概念,以研究概念框架中涉及的各种要素和机制。其次,探讨全球重大项目带来的独特制度挑战。最后,考虑众多的项目交付参与者和其他利益相关者如何将制度要素构建成各种合同、关系和心理治理机制,以塑造和影响项目过程和结果。

## 5.2 制度的多重性质

基于一个多世纪以来的学术研究所产生的思想(请参阅 Scott, 2014:第 1 章),我们接受了广泛的、包容性的制度概念:

> 制度包括规制性、规范性和文化-认知性要素,这些要素与相关的活动和资源一起,为社会生活提供稳定性和意义。(Scott, 2014: 56)

这一定义强调了符号要素在社会生活中的中心地位,并坚持认为这些要素与行动者的社会行为和资源有关:我们关注的是由行动者居住并与权力发挥交织在一起的生活制度。虽然该阐述赋予了制度指导和控制行为的能力,但制度同样支持并授权活动和行动者。此外,我们承认吉登斯(Giddens, 1979)提出的反身二元论(Reflexive Dualism),认识到各种力量的持续相互作用,在这种相互作用中,现有的制度结构为行动者和行为提供了约束性的环境,同时,行动者正忙于利用其地位和资源来复制、修改和(或)挑战这些结构。

我们对大量文献的回顾至少可以追溯到 19 世纪中叶,相信制度理论家已经设计并探索了至少三种制度基础要素和维持制度机制的概念。不出意外，这些概念与研究者之间的学科差异有着广泛的联系。我们将简要回顾每一种要素。

### 5.2.1　各种制度要素

（1）法律—行政（“规制性”）框架

自20世纪初对行政系统进行比较研究的“历史制度主义者”，到目前研究规则体系如何产生以规范市场的理性选择学者，政治学家强调规制性要素是制度的主要基础（例如Burgess，1902；Moe，1984）。与此相关的是，经济学家在研究国家监管商业的方式或管理公司内外部交易的治理体系类型时，也强调这些相同的要素（例如North，1990；Williamson，1979）。他们最喜欢的研究对象是为管理政治和经济行为而建立的正式行政结构和法律体系，部分原因是这类体系为了控制陌生人和（或）反对者的运作目的，它们严重依赖强制性机制，即建立监视机制，实施制裁以鼓励遵守。假设服从体系的人是理性的个体，他们会计算遵守或违抗的成本和利益而行事。

全球重大项目面临着多种形式的规制性框架，包括母国和东道国的法律、与金融公司的法律协议、区域和地方实体的监管以及公司等级制度。就“解决方案”而言，项目管理部门制定规则和制裁措施，以支持合同协议，并在项目与客户实体之间形成协议框架。

（2）规范性框架

在社会学的学科伊始，社会学家就接受了更广泛和分散的制度概念。因为社会学家关注诸如社会分层制度、民族关系、宗教、家庭、社区、志愿协会等领域，所以他们强调社会义务和约束性期望对社会秩序的重要性。社会学家将社会制度视为为社会生活提供道德秩序的规范性框架（例如Durkheim，1912/1961；Selznick，1992）。

规范体系由价值观和规范组成，价值观提供了偏好或期望的目标，规范规定了如何追求有价值的状态。社会的不同方面，如政治、经济、家庭、宗教，在其所服务的价值观和实现这些价值观的适当手段方面有所不同，从而产生了指导各自领域行为的不同制度逻辑（Davis，1949；Friedland et al.，1991）。与其假定人是理性的个体，不如认为受到适当性的引导，与其问：“我的兴趣是什么？”人们会问：“我在这个系统中扮演什么角色？在这种情况下，我应该如何表现？”（March et al.，1989）。确保遵守的机制是共同的标准和内部化的期望，一旦违反就会受到严重的社会制裁。

重大项目在巨大的规范压力中运营，从支撑全球建设实践的专业标准，到监督环境福利和当地社区权利的非政府组织所倡导的道德标准。规范性框架在关系契约和使用“软”自愿标准的机制中也很重要，例如银行使用“赤道原则”（Equator Principles）表明他们要求其资助的项目遵守环境和社会保障。

（3）文化-认知性框架

几十年来，人类学家一直致力于研究和解释不同部落和民族之间在时间和空间上的巨大差异。主要的解释是，这些群体对他们的社会世界有一个共同的概念，实际上是社会现实本身的共同概念（Kroeber et al.，1952；Geertz，1973）。尽管出现得较晚，但认知心理学家已经提出了一个密切相关的概念，他们强调认知框架、心理模型和相关脚本对个体行为解释的重要性（例如Lewin，1951；Shank et al.，1977）。霍夫斯泰德（Hofstede，1984）将这两种观点联系起来，提出来自不同文化的个体拥有不同的思维“软件”。

制度的文化-认知概念强调社会秩序在多大程度上依赖于对形势的共同理解，这种共同理解建立在根深蒂固的、被认为是理所当然的假设之上，且这些假设往往在有意识的情况下运作。文化-认知概念一方面强调了主观感知和解释之间的桥梁，另一方面强调了更广泛的共享意义符号系统。

全球重大项目的特征之一是它们面临着广泛的文化差异，从不同的经济和宗教意识形态到不同的种族和语言。文化系统也为解决方案提供支持，因为思想可以被构建或重构任务概念，共同身份认同可以支持参与者之间的合作行为(Swidler，1986)。

总之，几个世纪以来，学者们根据他们对社会秩序的不同部分或类型的兴趣，确定并经常有选择地强调一种或另一种制度要素，这从整体上强调了制度体系的多面性。我们认为，这也表明了构建一个包容性框架的智慧，该框架可能包含构成丰富且健全的制度体系的所有要素。

### 5.2.2 制度要素组合

一种要素在某些社会秩序中占据主导地位，提供了一种独特的"支柱"来支撑结构，但更常见的是观察这些要素的组合，即多个"支柱"的相互作用。任何健全的制度安排都是由规制性、规范性和文化-认知性要素构成的，分析任何制度的部分工作就是分析这几个要素之间的相互作用。在某些情况下，它们是相互支持的，例如，非正式工作组规范的出现与正式规则或更广泛的意识形态相一致；在其他情况下，规则可能会被制定，但随着时间的推移，它将被持续的工作惯例和信仰体系重新定义或改变。在另一些情况下，这些要素的不一致会导致不稳定、冲突和改变。

维持和改变制度的机制在可塑性上也各不相同。正式规则和法律框架更容易制定或改变：它们是"快速移动"的制度，而不是"缓慢移动"的规范和文化体系，后者往往是因个人长期无意识的、相互依赖的行为而演变(Roland，2004；Scott，2013：114)。

如果我们将分析制度视为在限定的社会领域内发挥作用，那么分析制度所带来的挑战将变得更加透明和易于理解。"组织场域(organization field)"的概念为定义这些边界提供了有前景的途径。

## 5.3 组织场域和项目

全球重大项目被视为一种独特的组织场域，不仅包含了所有相关的关系要素(利益相关者)，还包括了告知和激励参与者行为的显著符号要素。

### 5.3.1 组织场域

迪马吉奥和鲍威尔(DiMaggio and Powell，1983：148)认为：

> 所谓组织场域，是指那些总体上构成制度生活中公认领域的组织：主要供应商、资源和产品消费者、监管机构以及提供类似服务或产品的其他组织。

与经济学家对行业的概念一样，组织场域通常强调一类类似的组织，例如基础设施建设项目，但也会关注提供关键支持或监督的其他组织，它使我们可以将在同一个"小世界"中运作的不同复杂组织作为分析重点，而这些组织具有相同或相关的制度惯例。"场域的概念意味着存在一个社区或组织，这些社区或组织具有共同的意义系统，其参与者之间的互动比场域外的参与者更频繁、更具决定性"(Scott，1994：207-8)。

作为制度体系，所有组织场域都包含个体和集体的参与者，他们通过不同数量和类型的资本，如土地、金融、社会和文化，具有不同的制度逻辑，并受到不同类型的治理结构的监督(Scott et al.，2000)。全球重大项目是一种独特的组织场域，其特点是参与者或利益相关者之间的互动极其多样且不断变化。

### 5.3.2 多层次分析

全球重大项目的审查可以在不同的分析层次上进行。例如,在国际层面,卡格拉姆(Khagram, 2004)记录了大坝建设的兴衰,从 20 世纪初在美国的起源,到在发展中国家的扩散和最终衰落。在他丰富的制度研究生涯中,他分析了利益相关者、制度逻辑和监管制度随时间的变化。在较低层次上,许多研究考察了在特定国家或地区内从事类似工作的项目组织。例如,裘斯德(Jooste et al., 2011)及其同事研究了政府和社会资本合作(PPP)建设项目的样本,比较了南非、加拿大哥伦比亚省和韩国三个地区的现场配置。他们发现,不同的项目配置涉及不同的赞助部门、公司组合和中介机构,如财务和法律顾问、审计师、倡导团体和顾问。更重要的是,该方法允许考虑影响 PPP 项目概念和设计的更广泛的政治和社会环境。由于项目组织受到周围支持和控制实体的影响,我们许多研究集中在单个项目组织上(例如 Mahalingam et al., 2011; South et al., 2015)。

### 5.3.3 全球大型项目制度场域的独特特征

作为组织场域,全球重大项目展示了许多不同于其他不太复杂领域的特点。

(1) 更多元化的参与者

重大项目因其性质涉及各种各样的参与者。参与者专业角色各异:立法者、政府机构行政人员、具有多个规划学科和工程设计学科专业知识的私营公司、多个专业的建筑公司及其建筑工人,这些工人可能由美国多达 15 个独立的工艺工会代表。

在 20 世纪,各国政府或多边开发机构,如世界银行和亚洲开发银行,往往通过发行和出售政府债券,为重大项目融资发挥主导作用。然而在 21 世纪,世界各国政府面临严重的财政紧缩,许多大型基础设施项目由私人融资,特许期为 25 年至 50 年,甚至更长,这让新的金融参与者进入了重大项目领域,包括基础设施投资基金以及各种机构投资者,他们通常为特许经营项目提供长期债务,如养老基金、主权基金、家族办公室和大学捐赠基金。

随着项目进入设计和施工阶段,各种非政府机构和民间组织几乎总是会被刺激,甚至被创建,以倡导或反对项目范围、规模和(或)选址的某些方面,甚至倡导或反对项目存在的理由。此外,对某个项目有强烈意见的个人,现在可以利用传统的和日益"病毒式"的社交媒体渠道,传播他们对重大项目各个方面的支持或反对。从这个意义上说,重大项目进入现有的组织场域可以改变该场域的性质,为重大项目的发起人和管理者创造了非常复杂且竞争激烈的制度场域。

在一个重大项目 30 至 50 年的生命周期内,地方政治通常会在地方和国家政党之间多次转变,这些政党或多或少地支持开发或保护,或者支持商业或大型政府。全球地缘政治可能像 21 世纪初的阿拉伯之春那样发生巨大变化,经济实力在各大洲转移,例如 20 世纪 90 年代中国的经济崛起和 2007 年金融危机后欧洲经济实力的衰落。全球对商品的需求与重大项目的投入或产出相关,可能会上升或下降几个数量级,例如 2015 年年中,原油、铁、铜和黄金的价格大幅下跌。应对这些风险给全球重大项目带来了巨大的治理挑战,并可能迅速影响其制度场域。

(2) 本地嵌入的不同程度

虽然一些经济模型假设理性的行动者不受其所在社会结构的影响,但社会学家强调,所有行动者都嵌入并受具体个人和社会系统的影响(Granovetter, 1985)。但是,特别对于全球重大项目来说,必须强调参与者在多大程度上嵌入了项目周围的当地环境。

将“本地嵌入性”定义为“一个参与者与其他参与项目的本地实体之间关系的总数量和互动、协调或谈判的水平”，奥尔和莱维特(Levitt, 2011: 185)记录了存在于不同类型的项目参与者之间的实质性差异。根据对50多名参与过全球基础设施项目的管理人员的采访，他们发现，总承包商表现出最高水平的本地嵌入性，而系统承包商，比如为水处理系统提供建筑生物反应器电梯的承包商，表现出较低水平的本地嵌入性。开发人员和工程、财务或法律顾问表现为中等水平，但也表现出更大的可变性，这取决于他们为项目提供服务的性质。

管理嵌入水平高低的策略各异，从尝试增加当地知识(如雇用当地人)，到减少对当地知识的需求(如外包给当地承包商)，再到减少当地知识缺失的影响(如购买政治风险保险)(Orr et al., 2011)。

(3) 长期、多阶段项目生命周期

重大项目在其生命周期中会经历一系列可预测的阶段：策划(shaping)、设计和施工、启动和调试、运营和维护以及翻新、拆除或回收。

正如米拉尔和奥列罗斯(Miller and Olleros, 2000)指出的，项目策划阶段是重大项目孕育和塑造的阶段。在项目策划阶段，主要利益相关者小组会推动项目，并通过连续迭代来策划项目，以适应和(或)压倒其他主要利益相关者的经济、环境、社会期望和约束，这些其他主要利益相关者包括监管机构、其他立法者，以及各种非政府组织或社区团体，他们支持或反对不同版本的项目规模、范围和选址。在大多数发达国家，项目需要经过漫长的环境审查过程，其中可能还包括对其社会影响的审查，该阶段可能持续几年到几十年，例如，从英国到法国的海峡隧道以及加州高铁项目已经酝酿了三十多年。

在该阶段，项目的支持者通常包括地方、州和(或)国家政治人物；一组在项目交付或最终使用中有经济利益的公司；一个或多个工会或行业协会(其成员可能从项目中受益)；拥有房地产资产的个人或企业，这些资产的价值将因该项目而提高(如电影《唐人街》中拟建新渡槽灌溉橘园的房地产大亨)；以及出于意识形态的原因支持该项目的其他人、媒体和无经济利益的人。

项目有时会在前期策划阶段的几次迭代中进行推进，有时在压倒性反对或经济和政治环境发生变化的情况下，被最初的发起人放弃，然后在条件发生变化时由相同或新的发起人重新启动。例如，多个州和联邦监管机构对跨阿拉斯加石油管道系统的环境审查具有管辖权，该管道系统旨在将原油从阿拉斯加北部的普拉德霍湾运往该州南部瓦尔迪兹不冻港的一个海运码头，在20世纪60年代，这对于支持该项目的石油公司和当地政治家来说似乎是不可行的，然而，1973年阿拉伯国家实行石油禁运之后，美国石油价格大幅上涨，国家政治情绪突然转向寻找解决“国家石油紧急情况”的方法。为了应对公众对汽油短缺和成本上升的强烈抗议，美国总统和国会采取了不寻常的一步，即为该项目设立一个综合环境审查程序，以简化和避免该项目先前面临的法律和监管挑战的麻烦。这使得该项目能够在合理的时间范围内实施，因此一批石油公司成立了阿利阿斯卡(Alyeska)合资公司来交付该项目，五家建筑合资企业分别签订合同并承包一段管道，这项技术和物流复杂的重大项目进展迅速，石油在1977年开始流经管道。

就其制度场域的发展而言，策划阶段可以说是一个项目最关键的阶段，也是最为动荡的阶段。原因是项目的该阶段所做的概念规划和设计决策通常会决定项目最终配置。在此阶段，多个利益相关者已达成共识，一旦其支持者决定投入更多的投资进行详细的设计和施工，各方在商定的规模、范围、选址及重新谈判和改变承诺所涉及的增量成本和时间的投资将稳步上升。项目在策划阶段结束时，项目的基本结构发生重大变化的可能性越来越小。

在项目策划阶段之后，随着详细设计、材料和部件的采购以及施工的推进，项目的投资水平迅速提高，通常遵循S形曲线。在这一阶段，项目对当地社区产生实际影响。由于重大项目的规模较大，经常推动当地甚至区域经济繁荣，造成区域甚至全球熟练工人、关键商品、部件或建筑设备的短缺，进而推动房地产和商品的消费价格上涨。此外，它们通常产生大量的车辆交通、噪声、空气污染、水道或地下水污染、大量建筑工人的输入、所有可能导致酗酒、吸毒、卖淫的“项目随营人员(proje ctcamp followers)”，以及严重扰乱平静社区的其他社会弊病。

运营和维护阶段是重大项目生命周期中最长的阶段，可长达50至100年。这个阶段通常是管理中最不具挑战的阶段。然而，世界各国政府更倾向于利用政府资金启动更具政治吸引力的新项目，所以只是系统性地维护大型基础设施项目。当旧桥坍塌或水系统严重泄漏无法修复时，当地立法者就会寻求国家援助，以在危机环境中建设替代项目。美国最近的例子包括在卡特里娜飓风过后堤坝倒塌、新奥尔良洪灾、明尼苏达州州际公路上的一座桥梁倒塌，均要求联邦政府援助。

对于向用户收取通行费或费用的供水系统、桥梁或道路等大型基础设施项目，强制性用户收费的水平、增长率可能会给政府或私人项目的所有者和运营商带来严峻的政治挑战。在玻利维亚科恰班巴水务项目的早期运维阶段，新的用户费用以及从含水层抽水的限制分别引起了当地城市用水者和农民的强烈抗议，引发了一场区域性的动乱，最终导致该国成立了新的政府。

在最后阶段，当项目由于技术或经济原因达到使用年限时，必须对其进行翻新或拆除，并在可行的范围内回收其材料和部件。这可能是一个有争议的过程，因为主要利益相关者可能不同意扩建、翻新或拆除等方案，例如旧金山和布鲁克林等城市的一些较旧的城市高速公路。由于监管不力，企业往往不负责清理或恢复。重大项目生命周期的阶段反映在交付这些项目的供应链相应碎片中。正如劳伦斯(Lawrence)和罗施(Lorsch, 1967)所解释，这种碎片化导致了技能的差异化，更重要的是导致了目标的差异化。规划、设计、建造和运营重大项目的独立公司或机构制定的地方子目标与长期赞助商、投资者和用户的目标越来越不同。

傅以斌(Flyvbjerg)和同事(2002; 2003)已经有力地论证并记录了重大项目规划者与赞助机构和公司的明显或暗中勾结，即系统地低估重大项目所需的成本和时间，并高估对重大项目的需求。与此类似，莱维特(1980)和赫尼兹(Henisz)等人(2012)认为，在重大项目传统的设计—招标—建造交付过程中，设计公司有强烈的动机过度设计设施，这既可以减少所需的设计工作量，又可以保护自己免受失败的责任。在此交付过程中，固定价格、竞标的承包商的经济动机是以足够低的投标价格进行投标，以便被选中，并以符合规范的最低成本建造，然后根据任何可察觉的或可谈判的变更、不一致或项目设计的不完整，通过协商变更单寻求额外补偿。赫尼兹等人(2012)详细介绍了项目各阶段的“断裂机构”(broken agency)，使重大项目的管理严重复杂化，并可能严重影响其结果。

因此，全球重大项目的生命周期非常长，通常超过其公司的寿命，而且几乎总是超过特定立法者或执政党的任期。它们包括具备不同技能、不同且通常相互冲突的目标、不同机构和动态参与程度的参与者。这给重大项目带来一系列风险和相关的管理挑战，即使进行了最认真、最彻底的风险分析，也很难预测能避免这些风险和挑战。

(4)“锚租户(Anchor Tenant)”的转变

如前所述，大型基础设施项目经历了多个生命周期阶段，其中各种公共、私人、非营利和民间参与者被刺激并进入项目的制度场域，而其他参与者则被停止并退出该场域。同时，制度场域最有影响力的核心参与者主要塑造项目的制度逻辑和方向，类似于利益相关者网络的“锚租户”(Padgett et al., 2012),也会随着项目阶段的改变而变化。

例如,在加利福尼亚州 91 号公路(California State Route 91, $SR_{91}$X)PPP 基础设施项目的利益相关者网络分析中,苏(South)等人(2015)发现,关键利益相关者对项目制度场域的参与程度在各个项目阶段有增有减,如图 5.1 所示。

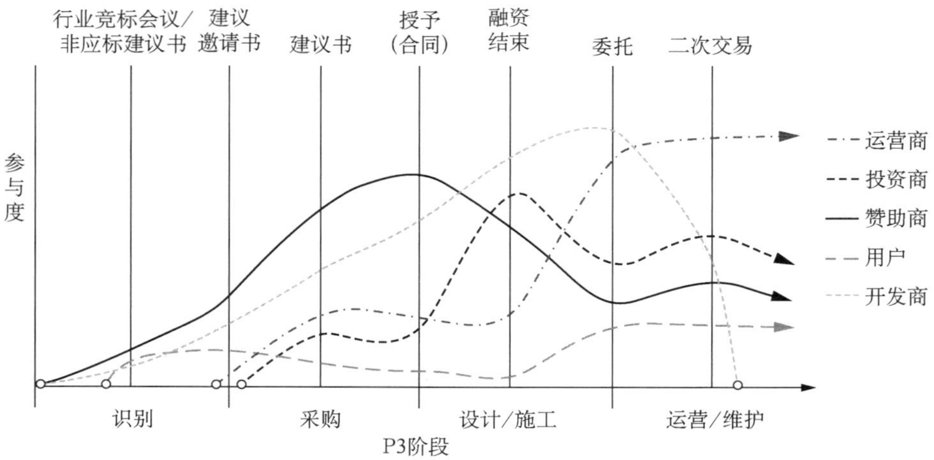


**图 5.1　$SR_{91}$X 的关键行动者在开发过程中关键事件的参与程度(来自 South et al., 2015)**

由于特定的利益相关者在 PPP 内部相互作用,并且在关键活动的影响下,参与程度发生了巨大变化。在 $SR_{91}$X 案例中,加州交通局(Caltrans)在项目开始时占据主导地位,但在授予合同之后,对 PPP 的参与就少了。

美国加州私人运输公司(California Private Transportation Company, CPTC)是由三家公司组成的开发商 SPV 财团,包括两家美国建筑公司和一家欧洲收费公路运营商,CPTC 在正式征求建议书之前参与,并随着 $SR_{91}$X 的开发继续参与。由于向 CPTC 授予特许权,SPV 的竞争迅速减弱,但 CPTC 仍在 PPP 中占据主导地位。随着财务结算的完成,CPTC 已成为 $SR_{91}$X 中参与度最高的利益相关者。而后,随着项目的调试和早期运营的开始,SPV 财团的多数股东认识到其商业模式与运营不一致。密切参与 $SR_{91}$X 的私人高管丹尼尔·汉森(Daniel Hanson)指出,“这需要大量工作,涉及严肃的政治,因此继续在 PPP 中投资股权是没有意义的”。在评估了 $SR_{91}$X 的建设和早期开发风险后,CPTC 寻求机会出售其特许权中的股权,向一个新成立的非营利组织(为私人拥有和管理 $SR_{91}$X 而成立)出售失败后,CPTC 最终与奥兰治县交通局(Orange County Transportation Agency, OCTA)达成协议,后者收购他们在协议中的股权,OCTA 成为新的特许权所有人。OCTA 有意维持现有的商业模式,并与之前 SPV 的运营股权合作伙伴签订合同,后者保留(后来扩大)了现有的运营人员,而 OCTA 只投入了两名全职员工来管理资产(South et al., 2015)。

## 5.4　应对重大项目的制度挑战:混合和匹配治理机制

正如通常解释的那样,全球重大项目的管理非常具有挑战性。它们庞大而复杂的空间和技术范围、对区域和国家宏观经济的重要性、对新型嵌入式技术的潜在结合、持续时间的延长和制度上多元化的参与者,都带来了巨大的协调挑战。事实证明,这些管理复杂性来源所带来的经济和政治风险无法通过严格的合同手段来管理。正如威廉姆森(Williamson, 1979)所说,“或有索取权(contingent claims)”条款的传播被律师纳入重大项目的合同中，以试图解决所有新发现或新设想的风险，这使得由此产生的多批量合同难以处理，且创建、谈判和管理的成本高昂。因此，重大项目不可避免地会招致巨额索赔和成本高昂的仲裁和诉讼，这些诉讼可能会持续数十年。目前扩建巴拿马运河项目就是这种情形的一个很好例子。

幸运的是，我们发现成功的重大项目管理者确实能够基于规制机制来加强项目不完整的合同，事实证明，规制机制无法应对交付全球重大项目的管理挑战。关系治理机制基于另外两个制度支柱：规范性和文化-认知性要素，本章的最后一节描述并解释了一些关系治理机制，管理者可以使用这些机制来增强全球重大项目的合同/法律治理。赫尼兹等(2012)的文章详细介绍了这些机制。

### 5.4.1　加强法律-合同治理机制

第一种，条款可以嵌入重大项目的合同中，这些合同"为最有影响力的缔约方——'代表团(selectorate)'创造重要的长期经济利益(Mesquita et al.，1999)，以协调他们的利益"(Henisz et al.，2012)。措施包括当地招聘指标、当地采购预留款或当地政府对该项目的投资，以及当地养老基金或主权基金。通过更好地协调参与者或潜在缔约方的利益，此类条款可以减少冲突或反对的趋势。同样，如果引入多边银行，如世界银行或亚洲开发银行，作为项目的授予人或贷款人，当地政府或私人客户和承包商都必须权衡"未来的阴影"，即在考虑是否以及如何处理政治、经济、地质、社会或其他可能成为机会主义索赔或合同重新谈判基础的变化时，可能会面临限制未来商业机会的声誉风险。

第二种，加强传统合同的方法是设立联合合同框架，以协调项目内部主要交付团队的利益。在该方法中，整个项目管理实体在与供应链合作伙伴的合同中使用条款，以重新创建统一层级的许多关键要素(Stinchcombe，1986)。这种把地理上和功能上分散的建筑业供应链"虚拟整合"起来，将项目重组为单个"宏观企业(macrofirm)"(Dioguardi，1983)或"准企业(quasi-firm)"(Eccles，1981)，其中合同条款试图创建一个框架，在该框架中，所有参与者或多或少拥有共同的经济目标(Gunnarson et al.，1982)。这种方法在北海的一些石油项目中得到采用，随后被用于建造希思罗机场5号航站楼(Gil，2009)。

美国一家大型医疗保健提供商萨特医疗集团(Sutter Health)目前正使用这种形式的合同，在美国西海岸开发价值数十亿美元的新医院或翻新医院，这种方法在英国、美国和澳大利亚等国家交付大型复杂的重大项目中越来越受欢迎。这些所谓的综合项目交付(Integrated Project Delivery，IPD)合同的所有关键方，即多家设计公司、主承包商或总承包商以及主要的专业建筑公司签署了一份单一的综合协议(Integrated Form Of Agreement，IFOA)，在协议中，他们同意各方的直接成本将得到补偿，相互索赔将被免除，根据一系列高级项目标准和客户目标的满足程度，包括预算、进度、质量和其他更主观的指标，各方将获得家庭办公室间接费用和利润。

然而，在项目背景的任何关键维度发生重大变化时，特别是当变化的潜在财政或经济影响对个人造成重大政治或商业生涯风险时，或者对他们的组织带来盈利甚至生存风险时，即使是加强了项目合同的法律机制也可能崩溃。那么，面临这些挑战，全球重大项目是如何成功完成的呢？成功的项目交付团队管理者会采用基于规范性和文化-认知性制度的其他关系治理机制，以鼓励全球重大项目中各方的合作行为，并阻止投机行为。

### 5.4.2　规范性和认知-文化性治理机制

重大项目的规范性和认知-文化性治理机制建立在社会学和心理学的基础上，目前已经被充分研究并被广泛接受。社会交换理论和身份认同理论就是两个例子，社会交换理论即各方为义务责任交换利益(Blau, 1964; Homans, 1958),身份认同理论即个体根据对新群体或社区的感知归属感来加强或纳入现有的身份认同(Armstrong, 2002; Scott et al., 2000)。

(1) 基于令人兴奋的项目愿景的共同身份认同

重大项目的管理者可能通过激发项目参与者的想象力和热情来描述并持续支持项目目标。与制造业不同,建筑项目的工人为其劳动建造了巨大而持久的"纪念碑",提供了可见的"具体"意义,他们可以自豪地向朋友和家人炫耀。博尔赫丁(Borcherding, 1972)对建筑工人动机的研究充分说明了这一点。在美国西南部的四角地区,两个非常相似的大型燃煤电厂的电气工人被研究员询问他们在做什么。第一个项目的工人解释了他是如何将电缆从特定的安全系统连接到控制面板的仪表上。在第二个项目中,一个从事几乎相同任务的电气工人对研究员说:"我正在照亮美国西南部!"

弗里格斯坦(Fligstein, 2001: 106, 112)指出,一些技术娴熟的人可以通过"为参与者提供集体身份认同作为行为动机"来改变组织场域,从而"创造新的意义体系",使不同的群体聚集在一起,追求吸引大量人群的目标,即"寻找合作理由"。许多重大项目,特别是医院或体育场馆等社会基础设施项目,以及供水、道路、电力等民用基础设施项目,不仅为参与者的劳动创造了具体的纪念碑,而且产生了显著的社会经济或文化效益。经验丰富的管理者可以通过制定清晰可见的项目目标,不断提醒员工他们所从事项目的重要性和社会价值,来调动员工和管理者的想象力和热情,从而为上述效益作出贡献。

(2) 关键参与者的合作与组合

一些公共和私营组织根据其章程或政策要求而采用传统的固定价格、竞争性招标的承包方式,试图利用参与者在社会环境中的早期参与来建立信任,以加强未来的合作。"绳索课程(Ropes Course)"就是重大项目的客户参与其中以建立信任的一个例子,因为高而光滑的墙壁等物理障碍需要参与者之间的合作才能跨越。在早期的全员计划会议中,参与者开始使用的概念设计是由客户和多个交付公司的代表组成的团队共同定义的,这是另一个可以建立信任和开发项目认同机制的例子。在这种情况下,管理者通常会相互做出不具法律约束力的承诺,将问题升级,供高级管理者解决,对他们而言,未来的阴影可能比当前项目的结果更为突出。这些和其他"伙伴关系"机制试图在各方之间建立共同的项目认同和信任,有助于推进项目执行,但在面临对项目感知范围或进度产生重大影响的变更以及由此产生的对各方的成本影响时,这些机制可能会崩溃。

(3) 程序正义

关于程序正义与分配正义的研究表明,在做出各种有争议和高度争议的决定时遵循"公平程序",将使参与者对最终决定有更高的主人翁意识,并更愿意接受对他们来说不太理想的结果(Kim et al., 1991)。产生程序正义观念的三个要素是:参与者尽早参与提出和论证他们的观点;对作出最终决定所用的标准和程序给出明确和合理的解释;对接下来将发生的事情提出明确的期望。所有这些都有助于提高程序正义,加强有关各方的合作水平。当先前关于项目背景的假设发生变化时,管理者采用被视为公平的流程的程度会显著影响其他重大项目参与者之间的合作水平。

(4) 建设强大的项目文化

大量文献表明,组织文化是由组织领导者的愿景设定的,并在他们的行动中得到证实(Selznick, 1957)。管理者声称最关心重大项目中工人的安全,但在参观近期发生事故的项目时,却只关注成本和进度,这暴露了他们的虚伪和不真实。成功的重大项目管理者会沉浸在当地环境和各种项目参与者的文化中,对项目参与者之间的重大制度差异表现出敏感性而自觉行事,从而避免跨文化的争议,并在项目的多个文化和制度之间架起桥梁。在阿富汗(苏联入侵前),一个成功的大型基础设施项目的瑞典经理在项目结束时,写了一本关于阿富汗历史和文化的书。其他成功的重大项目管理者也研究了项目中关键群体的历史和宗教文本,并利用这种制度背景知识来管理他们的日常实践。

## 5.5 结论

重大项目带来了政治、制度、宏观经济和财政的挑战,给管理者带来了"邪恶"的问题。面临这些挑战所带来的风险,传统的法律—合同治理机制几乎总是崩溃。我们已经确定了全球重大项目的一些独特挑战,跨制度的差异也为其带来了特别的挑战。同时,我们还展示了如何利用制度的三大支柱来塑造治理机制,使法律-合同机制更能支持项目不同参与者的长期合作,并从制度的规范和认知文化支柱塑造的关系契约机制中加强法律-合同机制。

对本章所述制度三大要素的详细描述感兴趣的读者请参阅斯科特(Scott, 2014),而对利用制度要素来加强全球重大项目传统治理方法的管理者,可以在赫尼兹等人(2012)的文章中找到关于这些机制基础和应用的更多细节及参考资料。



## 参考文献

Armstrong, E. A. (2002). Forging Gay Identities: Organizing Sexuality in San Francisco, 1950-1994. Chicago: University of Chicago Press.

Blau, P. M. (1964). Exchange and Power in Social Life. New York: Wiley.

Borcherding, J. D. (1972). An Exploratory Study of Attitudes that Affect Human Resources in Building and Industrial Construction. PhD dissertation, Department of Civil Engineering, Stanford University.

Burgess, W. (1902). Political Science and Comparative Constitutional Law. Boston, MA: Ginn.

Davis, K. (1949). Human Society. New York: Macmillan.

DiMaggio, P. and Powell, W. W. (1983). "The iron cage revisited: Collective rationality and institutional isomorphism in organizational fields," American Sociological Review, 48(2): 147-60.

Dioguardi, G. (1983). "Macrofirms: Construction firms for the computer age," Journal of Construction Engineering and Management, 109(1): 13-24.

Durkheim, E. (1912). The Elementary Forms of the Religious Life. New York: Collier.

Durkheim, E. (1961). Moral Education: A Study in the Theory and Application of the Sociology of Education. Glencoe, IL: Free Press of Glencoe.

Eccles, R. G. (1981). "The quasi-firm in the construction industry," Journal of Economic Behavior and Organization, 94 (Supplement): s17-s51.

Fligstein, N. (2001). "Social skill and the theory of fields," Sociological Theory, 19(2):105-25.

Flyvbjerg, B., Bruzelius, N., and Rothengatter, W. (2003). Megaprojects and Risk: An Anatomy of Ambition. Cambridge: Cambridge University Press.

Flyvbjerg, B., Holm, M. S., and Buhl, S. (2002). "Underestimating costs in public works projects: Error or lie?" Journal of the American Planning Association, 68(3): 279-95.

Friedland, R. and Alford, R. R. (1991). "Bringing society back in: Symbols, practices and institutional contradictions," in W. W. Powell and P. J. DiMaggio (eds.), The New Institutionalism in Organizational Analysis. Chicago, IL: University of Chicago Press, pp. 232-63.

Geertz, C. (1973). "The Impact of the Concept of Culture on the Concept of Man," in The

Interpretation of Cultures. New York: Basic Books, pp. 39-40.

Giddens, A. (1979). Central Problems in Social Ttheory: Action, Structure, and Contradiction in Social Analysis, Vol. 241. Berkeley, CA: University of California Press.

Gil, N. (2009). "Developing cooperative project client-supplier relationships: How much to expect from relational contracts," California Management Review, 51(2): 144-69.

Granovetter, M. (1985). "Economic action and social structure: The problem of embeddedness," American Journal of Sociology, 91: 481-510.

Gunnarson, S. and Levitt, R. E. (1982). "Is a building construction project a hierarchy or a market," Proceedings of the Seventh INTERNET Congress, Copenhagen, Denmark, 521-9.

Henisz, W. J., Levitt, R. E., and Scott, W. R. (2012). "Toward a unified theory of project governance: economic, sociological and psychological supports for relational contracting," Engineering Project Organization Journal, 2(1-2): 37-55.

Hofstede, G. (1984). Culture's Consequences: International Differences in Work-Related Values. Beverly Hills, CA: Sage.

Homans, G. (1958). "Social behavior as exchange," American Journal of Sociology, 63(6):597-606.

Khagram, S. (2004). Dams and Development: Transnational Struggles for Water and Power. Ithaca, NY: Cornell University Press.

Jooste, S. F. and Scott, W. R. (2011). "Organizations enabling public-private partnerships: An organization field approach," in W. R. Scott, R. E. Levitt, and R. J. Orr (eds.), Global Projects: Institutional and Political Challenges. Cambridge University Press, pp. 377-402.

Jooste, S. F., Levitt, R., and Scott, D. (2011). "Beyond 'one size fits all': How localconditions shape PPP-enabling field development," Engineering Project Organization Journal, 1(1): 11-25.

Kim, W. C. and Mauborgne, R. A. (1991). "Implementing global strategies: The role of procedural justice," Strategic Management Journal, 12(S1): 125-43.

Kroeber, A. L. and Kluckhohn, C. (1952). "Culture: A critical review of concepts and definitions," Papers: Peabody Museum of Archaeology and Ethnology, Harvard University.

Lawrence, P. R. and Lorsch, J. W. (1967). Organization and Environment: Managing Differentiation and Integration. Boston: Graduate School of Business Administration, Harvard University.

Lessard, D., Sakhrani, V., and Miller, R. (2014). "House of Project Complexity: Understanding Complexity in Large Infrastructure Projects," Engineering Project Organization Journal, 4(4): 170-92.

Levitt, R. E. (2015). "An extended framework for coordinating interdependent tasks in a project or functional ecosystem," Stanford University Global Projects Center Working Paper.

Levitt, R. E., Logcher, R. D., and Ashley, D. B. (1980). "Allocating risk and incentive in construction," Journal of the Construction Division, 106(3): 297-305.

Levitt, R. E., Thomsen, J., Christiansen, T. R., Kunz, J. C., Jin, Y., and Nass, C. (1999). "Simulating project work processes and organizations: Toward a micro-contingency theory of organizational design." Management Science 45(11): 1479-95.

Lewin, K. (1951). Field Theory in Social Science. New York: Harper.

Mahalinam, A., Levitt, R. E., and Scott, W. R. (2011). "Rules versus results: Sources and resolution of institutional conflicts on Indian metro railway projects." In W. R. Scott, R. E. Levitt, and R. J. Orr (eds.), Global Projects: Institutional and Political Challenges. Cambridge: Cambridge University Press, pp. 113-34.

March, J. G. and Olsen, J. P. (2010). Rediscovering Institutions. New York: Simon and Schuster.

McAdam, D., Boudet, H. S., Davis, J., Orr, R. J., Scott, W. R., and Levitt, R. E. (2010). "'Site fights': Explaining opposition to pipeline projects in the developing world," Sociological Forum, 25(3): 410-27.

Mesquita, B. B. D., Morrow, J. D., Siverson, R. M., and Smith, A. (1999). "Policy failure and political survival: The contribution of political institutions," Journal of Conflict Resolution, 43 (2): 147-61.

Miller, R. and Olleros, X. (2000). "Project shaping as a competitive advantage," in R. Miller and D. R. Lessard (eds.), The Strategic Management of Large Engineering Projects: Shaping Institutions, Risks, and Governance. Cambridge, MA: MIT Press.

Moe, T. M. (1984). "The new economics of organization," American Journal of Political Science, 28: 739-77.

North, D. C. (1990). Institutions, Institutional Change and Economic Performance. Cambridge: Cambridge University Press.

Orr, R. J. and Levitt, R. E. (2011). "Local embeddedness of firms and strategies for dealing with uncertainty in global projects," in W. R. Scott, R. E. Levitt, and R. J. Orr (eds.), Global Projects: Institutional and Political Challenges. Cambridge: Cambridge University Press, pp. 183-246.

Padgett, J. F., and Powell, W. W. (2012). The Emergence of Organizations and Markets. Princeton, NJ: Princeton University Press.

Perrow, C. (1984). Normal Accidents: Living with High-Risk Technologies. New York: Basic Books.

Roland, G. (2004). "Understanding institutional change: Fast-moving and slow-moving institutions," Sudies in Comparative International Development, 4: 109-31.

Scott, W. R. (1994). "Conceptualizing organizational fields: Linking organizations and societal systems," in H.-U. Derlien, U. Gerhardt, and F. W. Scharpf (eds.), Systemrationalitat und Partialinteresse. Baden-Baden: Nomos Verlagsgesellschaft, pp. 203-21.

Scott, W. R. (2013). Institutions and Organizations: Ideas, Interests, and Identities, 4th edn. Los Angeles, CA: Sage.

Scott, S. G. and Lane, V. R. (2000). "A stakeholder approach to organizational identity," Academy of Management Review, 25(1): 43-62.

Scott, W. R., Ruef, M., Mendel, P. J., and Caronna, C. A. (2000). Institutional Change and Healthcare Organizations: From Professional Dominance to Managed Care. Chicago, IL: University of Chicago Press.

Selznick, P. (1957). Leadership in Administration. New York: Harper and Row.

Selznick, P. (1992). The Moral Commonwealth: Social Theory and the Promise of Community. Berkeley: University of California Press.

Shank, R. C. and Abelson, R. P. (1977). Scripts, Plans, Goals, and Understanding: An Inquiry into Human Knowledge Structures. Hillsdale, NJ: Lawrence Erlbaum.

Simon, H. A. (1962). "The architecture of complexity," Proceedings of the American Philosophical Society, 106: 467-82.

Stinchcombe, A. L. (1986). "Contracts as hierarchical documents," in A. L. Stinchcombe and C. A. Heimer (eds), Organizational Theory and Project Management: Administering Uncertainty in Norwegian Offshore Oil. Oxford: Oxford University Press, pp. 121-71.

South, A. J., Levitt, R. E., and Dewulf, G. P. M. R. (2015). "Dynamic stakeholder networks and the governance of PPPs," Proceedings of the 2nd International Conference on Public-Private Partnerships, Austin, Texas, 26-29 May 2015.

Swidler, A. (1986). "Culture in action: Symbols and strategies," American Sociological Review, 51: 273-86.

Thompson, J. (1967). Organizations in Action. New York: McGraw-Hill.

Williamson, O. E. (1979). "Transaction-cost economics: The governance of contractual relations," Journal of Law and Economics, 22: 233-61.

# 6 重大项目决策与管理:伦理和政治问题

伯特·范韦 雨果·普利莫斯

## 6.1 引言

重大交通工程对社会影响巨大。它们不仅成本高昂,对可达性、景观和环境具有巨大影响,而且往往对社会凝聚力、工作机会、住房和其他土地用途的空间分布也会产生重大影响。此外,在重大项目上花费大量资金会导致较高的机会成本,这些投入本可以分配给其他较小的项目(或用以减少政府赤字)。因此,重大项目的决策、发包、建设过程管理及运营都具有非常高的社会意义。这样一来,一个重要的问题是如何为决策者提供相关的信息支持。好的项目不仅要有效果(做应该做的事)和效率(通常表现为具有成本效益),而且还应该公平。在许多西方国家,重大项目都会利用成本效益分析(Cost-benefit Analysis, CBA)进行事前评估(Hayashi et al., 2000; Bristow et al., 2000; Grant-Muller et al., 2001)。成本效益分析涵盖了效率和效果(尽管仅隐含了效果),但不涉及公平性,因为它从来没有被设计来这样做。这意味着,如果伦理问题受到威胁,仅凭成本效益分析不足以支持决策。

伦理问题不仅与特定重大项目的影响有关,而且关乎更高层次,例如,与不同地区基础设施支出分配有关的公平感;在许多国家,人们认为这些支出应该保持平衡。

尽管近年来对这个话题的关注有所增加(例如,Martens, 2006; Van Wee 2011; Harrison et al., 2014),但与交通、交通基础设施、特别是重大交通工程有关的伦理问题在学术文献中尚未得到广泛探讨。本章讨论这些伦理问题,因为它们对于重大项目的决策过程和管理非常重要。具体而言,我们讨论:

- 重大项目对社会的伦理影响;
- 研究重大项目利弊的伦理考虑;
- 对重大项目的成本和收益估算的质量;
- 决策过程的民主质量。

接下来的四个小节将分别讨论这四个主题。6.6 节探讨了未来研究,以及改善当前伦理和政治素质方面不足的决策程序。本章侧重于重大交通工程,但其许多内容也适用于其他类型的重大项目。在下文中,术语"重大项目"和"基础设施"指的是重大交通工程和交通基础设施。

## 6.2　重大项目对社会的伦理影响

对重大项目的（潜在的）相关伦理影响的全面概述不在本章的讨论范围之内。有关更全面的讨论，请参考范韦（Van Wee, 2011）。我们将聚焦于重大项目的主要伦理因素，主要涉及：

- 分配效应（例如，跨地区，不同收入群体），以及通过替代性资源分配；
- 对地区凝聚力的影响；
- 定价；
- 折现；
- 对自然和环境产生不可逆转影响的重要性。这是至关重要的，因为重大项目的寿命通常为数十年，甚至可能超过一个世纪。

分配效应对成本效益分析的总体结果没有影响，并且通常按照最好的情况报告。但是，它们对于社会群体和政客都是相关的。例如，公民和政客一般更喜欢在失业、收入、获得机会等方面进行相对平等的分配，而政客往往愿意支持更平等的分配。有人提议建设所谓的荷兰南海线（Zuiderzeelijn），一条可能的新建铁路线，将人口稀少且经济表现不佳的荷兰北部地区与人口稠密、经济发达的西部地区（兰斯塔德，the Randstad）连接，来部分减少经济不平等。成本效益分析报告显示，建设这条铁路线确实会为北部地区带来更多的就业机会，但要以该国东部（同样经济表现不佳的地区）为代价，而不是兰斯塔德地区。

当然，所有大型基础设施项目都可能产生分配效应，但这种效应最可能发生在重大项目中。这样的项目可以在更大的空间范围内对可达性水平产生相对重要的影响。除了通过改变出行时间[或广义交通成本（Generalized Transport Costs, GTC）]对可达性的影响外，此类项目还可以引起土地用途的改变。例如，由于可改善其可达性，它们可以使地区更具吸引力。如果各地区之间的收入水平不同，那么由于可达性的变化和相关经济影响（主要是工作机会的再分配），重大项目可能还会对各地区之间收入水平的分配产生影响。

重大项目的分配效应还会通过影响政客选择交通基础设施项目产生间接相关性。交通部通常有固定预算。在重大项目上花费的资金本可以分配给其他具有替代性的较小项目，这些替代性项目对地区或收入群体的影响很可能与重大项目所产生的影响不同。如果没有建设这些重大项目，政府赤字可能会减少，或者可以进行其他政府支出（所谓的“机会成本”）。在 20 世纪 90 年代的大部分时间里，荷兰修建了两条著名的铁路线，一条高铁线通过鹿特丹连接阿姆斯特丹到安特卫普、布鲁塞尔和巴黎，另一条是布滕佛铁路（Betuweroute），是连接鹿特丹港和德国鲁尔区的专用铁路货运线。这两条铁路线占用了新建基础设施预算的重要部分，以至于其他项目的可用资金更少。

地区级的集聚效应在政治上很重要，至少在欧盟是这样。集聚原因往往被用来使欧盟基础设施支出合法化（Canaleta et al., 2002）。基础设施可以将经济欠佳地区（例如意大利南部）整合到更广泛的经济体中。丹麦和瑞典之间的厄勒海峡大桥，英国和法国之间的海底隧道，旨在为双方经济一体化作出贡献。重大项目的集聚效应归因于可达性的改善。相比较于小型交通基础设施项目，这些问题对于重大项目更为明显；重大项目通常会加强地区之间的联系。从理论上讲，可达性的提高可以减少交互障碍并因此提高集聚能力。

定价效应是伦理影响的第三个重要主题。单位定价(例如出行时间和排放量)对所有交通基础设施项目而言都很重要。我们无法看出这些单位定价对重大项目更为重要的具体原因,因此这需要更广泛的讨论。第一个潜在的伦理主题是出行时间变化的货币价值。大多数重大项目旨在减少出行时间。因此,一个重要的问题是如何评估这些变化。为此产生了时间价值(Value of Time, VOT)的概念。收入较高的人群具有较高的时间价值。在高速公路上收取通行费可能会给相对少数的高收入人群带来好处,但会以牺牲一大批低收入人群利益为代价:对于高收入人群,由于减少了拥堵而节省的出行时间非常有价值,而低收入人群则会调整他们的出行行为(改变路线、交通方式或减少出行)。因此,高收入人群比低收入人群对成本效益分析的结果具有更大的人均影响(Mackie et al., 2003)。换句话说,基于福利视角的决策(如何实现一个地区或国家的福利最大化)与“一人一票”的民主原则相冲突。为了克服这个“问题”,美国等多个国家引入了所谓的“时间公平价值”,其价值基于平均收入人群的时间价值(Morisugi et al., 2000; 被 Martens, 2006 引用)。

下一个潜在的福利效应计算问题来自成本效益分析的假设,即福利与收入之间存在线性关系。然而,假设随着收入的增加,某一收入增加带来的福利增加会减少,这似乎是有道理的。每月收入增加 200 欧元对于每月收入 1 000 欧元的人来说,可能比每月收入 10 000 欧元的人更重要。

交通基础设施可以对安全水平产生影响。应该如何评价它们?常见的做法是以出行者的支付意愿(Willingness to Pay, WTP)为基础,根据所谓的统计生命值(Value of a Statistical Life, VSL/VOSL)(请参阅 De Blaeij et al., 2003)来估价。一个潜在的伦理问题是,高收入人群的统计生命值高于低收入人群,这会产生与时间价值相同的“民主”问题。另一个问题是,在健康经济学中,决策通常是基于每个质量调整生命年(Quality Adjusted Life Year, QALY)的成本,该成本会随着年龄的增长而降低,这与基于支付意愿的统计生命值在 40 岁左右达到顶峰不同(Shepard et al., 1984)。约翰逊·斯滕曼和马丁松(Johansson-Stenman and Martinsson, 2008)进行的一项研究说明了人们确实在安全方面具有伦理偏好的事实。他们研究了人们对生命价值的伦理偏好,研究表明,老年人的价值在下降,而与行人相比,汽车司机的价值更低。(有关评估安全性和风险伦理的进一步讨论,请参见 Van Wee et al., 2013。)

折现与以下事实相关:人们对当下一定数额货币的估价比未来同等数额的货币高,即便是经过通货膨胀修正后也是如此。在成本效益分析中,未来成本和收益被折现,以基准年为单位来表示。折现率越高,未来产生的成本和收益越多,则其价值以基准年为单位表示的就越少。设定折现率对重大项目比对较小的交通基础设施项目来说更为重要,因为与较小的项目相比,重大项目的长期影响可能更深远。如果重大项目导致大量需求的实质性模式转移效应,不但土地利用会受影响,未来的二氧化碳排放也可能受到影响。

由于其对自然和景观的影响,重大项目很容易产生不可逆或不可替代效应。例如,许多动物种群由于无法穿越高速公路或铁路线,栖息地规模减少,最终导致它们可能无法生存。当然,可以拆除此类项目,但是这种情况几乎不会发生。范韦(2011: 35-7)讨论了这个主题:

> 有些事物是可替代的,而另一些则不能。因此,不可替代的事物可能比可替代的事物更有价值(Morton, 1991)。支持福利最大化范式的主流经济学家认为,这种区分是不相关的:如果事物是不可替代的并且受到高度重视,那么它们

是不可替代的这一事实还会表现为消费者的支付意愿或决策者的价值观。让我们把不可替代的事物的概念与少数服从多数的民主联系起来。假设在一个国家中存在着关于放弃不可替代的自然区来新建高速公路的争论。数十年来，大多数人投票反对修建高速公路。但是，经过一次选举后，有51%的议员支持修建高速公路的决定。那么自然区是否不可替代还重要吗？有人可能会坚称，建造高速公路的选择是民主的。但是，如果在下一次选举，大多数人都后悔做出这一决定，那又该怎么办呢？从更长远的角度来看，人们还可以说，自然区是不可替代的，这很重要。



## 6.3 研究重大项目利弊的伦理考虑

在西方国家，部长们可以出于许多原因发起重大项目。议会，最好还有广大公众，应充分及时地了解情况（另请参见第 6.5 节）。在许多国家，误导议会（例如，通过提供被篡改的项目备选方案的事前评估）被认为是一种政治罪，甚至是非法的。如果部长们没有充分知会议会，他们甚至可能被迫辞职。

成本效益分析的作用是支持重大项目的决策。但是，重大项目的成本效益分析及为其提供信息支持的研究（例如出行需求预测）通常由一个或多个与结果有利害关系的参与方来资助和监督，例如为部长利益行事的公务员。这引起了关于成本效益分析及其相关研究独立性的问题。当然，对于一个与研究成果利益相关的政客来说，尽管向议会或地方/地区的同等机构提供有失偏颇的信息会被议会和公众认为是不可接受的，却很容易影响研究人员。此外，如果研究人员受到压力，可能很容易改变他们的研究结果。前面提到的布滕佛铁路便是一个重要的例子：需求预测和成本估算都不中立，必须多次调整（Priemus，2005）。这种不满导致了大型国家交通基础设施项目成本效益分析指南的实施（Eijgenraam et al.，1999）。

然而，几乎没有任何研究探讨实施研究的伦理考虑。本节讨论重大项目利弊的伦理考虑。该讨论基于范韦和莫林（Molin，2012）的研究（早期版本请参见 Van Wee，2011）。他们采访了八位从事大型交通基础设施项目（重大项目和其他大型项目）成本效益分析及其相关研究的荷兰研究人员，并根据这些访谈提出了 54 条提议。接下来，他们将提议发送给荷兰成本效益分析团体的受访者和其他研究人员，以 7 分制的李克特量表，从－3（完全不同意）到＋3（完全同意）（或 9：不适用））进行评分。表 6.1 列出了一些提议的得分。根据此表和其他分析，他们研究中最重要的结论是：

· 荷兰的大学和数家咨询机构确实存在伦理准则（行为准则），但受访者几乎不了解这些准则的内容。

· 大型基础设施项目的发起人通常是那些项目成本效益分析的委托业主（后面都简称为“业主”）。这造成了利益冲突，因此限制了成本效益分析的作用。

· 比起社会利益，咨询机构更重视业主的利益，而对于具有高校背景的研究人员而言，情况恰恰相反。

· 荷兰有针对大型国家交通基础设施项目的成本效益分析指南。受访者认为，这些措施提高了荷兰国家项目成本效益分析的质量。同时，它们可以减轻研究人员的伦理困境。

**表 6.1　有关研究人员和业主之间关系的陈述得分**

| | 完全不同意 | | | | | | 完全同意 | | 均值 | 标准差 |
|---|---|---|---|---|---|---|---|---|---|---|
| | −3 | −2 | −1 | 0 | 1 | 2 | 3 | 9 | | |
| 较高的独立性导致较少的任务分配量 | 4 | 2 | 7 | 4 | 2 | 3 | 3 | 3 | −0.2 | 1.9 |
| 各地区*在对基础设施项目的事前评估中，往往倾向于提出过于积极的设想 | 0 | 2 | 1 | 2 | 4 | 11 | 4 | 4 | 1.4 | 1.4 |
| 研究人员有时会根据地区的倾向性行事，采用过于积极的方案对基础设施项目进行事前评估 | 1 | 3 | 3 | 5 | 7 | 5 | 1 | 3 | 0.3 | 1.5 |
| 有时研究结果被调整以更好地支持政策 | 2 | 8 | 3 | 4 | 6 | 1 | 2 | 2 | −0.4 | 1.7 |
| 荷兰的研究人员几乎从未修改过计算以支持业主希望看到的结果 | 1 | 7 | 7 | 5 | 4 | 1 | 1 | 2 | −0.6 | 1.4 |
| 在事前评估（例如成本效益分析）中，政府机构希望通过预设方案来影响结果 | 1 | 0 | 4 | 3 | 7 | 7 | 2 | 4 | 0.8 | 1.5 |
| 在基础设施项目中，业主往往想要影响结果 | 0 | 1 | 3 | 2 | 12 | 7 | 1 | 2 | 0.9 | 1.2 |
| 有些成本效益分析之所以“低调”，是因为业主对传播分析结果没有兴趣 | 0 | 2 | 1 | 5 | 5 | 7 | 6 | 2 | 1.2 | 1.5 |
| 即使研究者更愿意作出其他选择，只要他明确表示，他可以接受业主的出发点 | 0 | 3 | 3 | 2 | 6 | 6 | 6 | 2 | 1.0 | 1.7 |
| 如果研究工作包括罗列潜在解决方案，而其中一个解决方案是业主不希望包括在内的，那么将其删除是不可接受的 | 0 | 0 | 1 | 3 | 4 | 10 | 8 | 2 | 1.8 | 1.1 |
| 我有时会根据业主的意愿调整方案 | 3 | 3 | 1 | 3 | 14 | 2 | 2 | 0 | 0.3 | 1.7 |
| 出于伦理原因，我停止了任务 | 13 | 5 | 0 | 1 | 1 | 1 | 2 | 5 | −1.7 | 2.0 |
| 我出于伦理原因威胁要停止一项任务，结果业主改变了他的立场 | 9 | 4 | 1 | 2 | 2 | 2 | 3 | 5 | −0.9 | 2.3 |
| 我接受政府机构所规定情形可能影响结果的情况 | 3 | 3 | 3 | 6 | 6 | 2 | 2 | 3 | −0.1 | 1.8 |

* 各地区可以是省级或者荷兰道路管理局的地区部门，也可以是多个参与方之间的协作，包括前面提到的和地方市政府。

总之，该研究证实了，由于业主注重成本利益分析及其相关研究的结果，因而给研究人员带来了压力。

范韦和莫林（2012：35-6）讨论了他们的发现意义。他们表示，委托进行成本效益分析及其相关研究的业主与研究结果存在利益关系是具有风险的，他们往往希望要么积极决定修建，要么按备选方案修建。这是利益冲突，是固有的问题，并警告说这可能会降低成本效益及其相关研究的（伦理）质量。他们进一步指出，最好有一个独立的业主作为研究联系人。这适用于国家、地区和地方各级治理。他们强调选举产生的议会和其他机构必须保持中立的重要性。此外，作者提议研究人员和委托进行研究的业主都需要有行为准则。他们还建议利用独立的备选意见和独立委员会来监督研究，这不仅适用于重大项目或大型项目，而且适用于小型项目。这些备选意见的结果或独立委员会的报告应包括在成本效益分析中，也许也应包括在为成本效益分析提供信息的研究报告中。

除了这些意义外，还意识到仅凭行为准则是不够的。这些准则还必须得到执行，才能生效。傅以斌(Flyvbjerg, 2013b)进行的一项案例研究表明，行为准则未必会得到执行，这一结论证实了范韦和莫林的研究结果。最佳途径可能是将行为准则的执行制度化。例如，一个独立的委员可以检查研究人员的伦理行为，或者行为违反准则的研究人员会受到处罚。因此，这不断地印证了我们之前说过的：业主应该是一个独立的联系方(an independent contact)。

更通俗地说，研究人员的角色和政客的角色不应混为一谈。研究人员应进行对决策有用的高质量研究，而政客应根据研究结果以及许多其他方面(包括政治偏好)做出决定。除了研究独立性的重要性外，我们还补充道，在决策过程中，参与方可以事先(在进行研究之前)批准他们认为可靠的和可以接受的研究、数据以及研究机构。



## 6.4 对重大项目的成本和收益估算的质量

6.3 节认为业主与研究成果有利益关系是很麻烦的。但是，凭经验可以发现这种影响吗？对重大项目候选方案的优缺点进行事前评估，即成本效益分析和多标准分析(Multi-Criteria Analyses, MCA)，需要有"足够"的信息支持。最重要的信息支持是成本估算和需求预测。因此，一个重要的问题是：成本估算和需求预测有多大偏差？以及如何改进目前评估需求和成本预测方面的做法？

范韦(2007)在一篇文献综述中回答了以上问题。他得出的第一个结论是，成本估算往往存在偏差。在正式决定建设时，成本往往被低估而非高估(例如，Flyvbjerg et al., 2003)。成本超支的程度在单个研究中和不同研究之间都有很大差异。成本效益分析是为了支持决策而执行的，因此必须在正式决定建设之前进行。对成本超支的研究，一般以正式决定建设时的成本估算为出发点，将其与项目实际成本进行比较(Flyvbjerg et al., 2003)。但是，用于成本效益分析的初步成本估算可能与正式决定建设时的估算不同。坎塔雷利(Cantarelli)等(2010 年)表明，荷兰在 21 世纪初期开通的两个长途铁路项目就是这种情况：即布滕佛铁路和将阿姆斯特丹连接至比利时和法国的高铁线(请参见 6.2 节)。从最初的概算到正式决定建设时的概算，其费用的增加百分比远远超出了开工建设与项目交付之间增加的百分比。

第二个结论是，只有少数研究关注基础设施项目的需求预测质量。考虑到这些项目，尤其是重大项目的高额成本以及巨大影响，这种现象似乎有点奇怪。范韦(2007)得出结论，高估需求比低估更常见，而相比公路项目，铁路项目更是如此。

第三个结论是，尽管成本和需求的错误估算结果还存在其他解释，但最重要的原因似乎是由于与支持建设的决策有利害关系的战略行为(例如，Flyvbjerg et al., 2003)。例如，利亚松(Eliasson)和福斯格劳(Fosgerau)(2013)得出结论，成本超支可能是由于选择偏差造成的。假设选择偏差并不能完全解释经常发生的成本超支，还存在战略行为和乐观偏差，那么问题是：应该怎么做？基于前人文献，范韦(2007:621)提出了一些提高需求预测质量的想法，其中大部分也可以用来提高成本估算的质量：

- 应用最新的方法、数据和技术；
- 采用“更好的”制度安排；
- 引入明确的目标和手段，来衡量目标的实现方式以及奖励良好表现和惩罚不良表现；
- 提高透明度，例如公开信息；
- 纳入风险资本；
- 应用“参考类预测(reference class forecasting)”方法(Flyvbjerg, 2013a)，利用“外部视角”进行预测；
- 纳入独立的同行评审；
- 采取措施减少或避免战略行为，包括操纵行为，这些措施可以归纳为：①通过透明度和公共控制来改进公共部门责任制的措施；②通过竞争和市场控制来改进私营部门责任制的措施。

傅以斌(2013a)比提出指导方针更进一步。他首先讨论了尽职调查(due diligence)的概念，该术语“用于采取审慎标准来对企业、投资或个人的绩效进行调查”(Flyvbjerg, 2013a：763)。尽管这可能是法律义务，但通常适用于自愿进行的活动。他认为：

尽职调查的理论认为，进行这类调查能够通过提高决策者可获得的信息数量和质量，并确保这些信息被系统地用于反思审议手头的决策及其所有的成本、收益和风险，极大程度地有利于明智决策。

核心问题与被预测变量的期望值及其方差有关。他提出了一种预测给定成本或收益的方法：

- 确定和描述要评估的商业计划或预测；
- 建立一套代表外部视角的基准，可以根据该基准来衡量绩效；
- 使用基准评估预测的绩效；
- 查看预测专家在其他类似的预测中的过往记录；
- 进一步确定成本和收益风险；
- 建立预期结果；
- 征求预测专家的意见；
- 得出结论，该预测是被高估了还是被低估了，以及它的幅度大小。

他通过一个例子演示了这些步骤。我们同意这种程序的潜力。此外，我们重申前面所说的：行为准则不仅适用于研究人员，而且适用于委托研究的业主。范韦(2014)提出了有关这种行为准则的一些初步想法：

- 研究不能由与结果利益相关的参与方委托和监督，可以选择使用中间组织来委托研究；
- 研究由独立方评估；
- 被施压的研究人员有权甚至有义务举报。这可以起到预防作用；
- 委托进行研究的业主可能未规定会影响结果的模型、工具、方法或方案，以至于对替代方案的优缺点不持中立态度；
- 在事前评估时，业主应要求研究人员至少使用两种截然不同的方案；
- 研究人员有权在论文中报告其发现，并将其传播给媒体。

## 6.5 决策过程的民主质量

在许多社会中，重大项目决策的民主质量都被认为非常重要。本节将概述决策的民主质量，具体到两个问题上：①公共机构对管理界面的成本和风险的低估；②合同欺诈的影响。之所以选择这两个方面，是因为在荷兰最近对重大项目的评估中，这些方面似乎起着重要作用，我们相信这可能对其他国家也具有参考价值。

一个重要的问题是：什么是决策的民主质量？我们认为，这种情况下的民主质量取决于将重大项目的决策整合到国家一般程序中的方式、政府不同层级的职责如何表现，以及利益相关者和公民社会的知情和参与方式。我们将在下面进一步讨论。范韦(2011：20)提供了一条实用的经验法则，表明：

如果决策者做出了自己本来会做的决定，公共决策的质量会更高：①如果他们(从他们的角度来看)掌握所有可能的相关选择方案；②如果他们充分了解情况；③如果他们能够对不同的选择方案进行评估。

### 6.5.1　民主质量概述

重大项目的决策涉及研究人员、工程师、管理人员和其他专业人员的投入，其归根到底属于政治决策问题。特别是在西方国家，重大项目决策过程的民主质量被认为非常重要。民主质量在以下情况下更高：

- 决策是基于有效的问题分析，并且在有关人口、经济、流动性和成本方面的当前状态、未来趋势和具体方案的可靠信息可获得的情况下做出的；
- 公共决策者(议会、地区政府、市议会)能够基于适当方法，以中立、独立的方式在不同的备选方案之间做出选择，并对每种备选方案的利弊(对于成本效益分析而言，即成本和收益)进行计算和分析，明确每种方案的影响；
- 公民了解哪些问题是严峻的，他们适当地了解决策过程以及竞争性替代方案(利弊)。他们必须始终有在开放过程中提供意见的机会，例如，有关被忽略的方面和替代方案的意见。重大项目的首选替代方案必须得到广泛的社会支持，并且必须为那些因重大项目而损失的人群提供适当的补偿；
- 利益相关者已确定，适当了解情况，能够参与决策过程，并受邀提出偏好方案。必须向广大市民，特别是利益相关者，解释公共选择的背景。

但是，选择替代方案和评估利弊往往不是一个简单的过程。决策过程通常持续数年，有时甚至数十年，存在许多不确定性，而且这期间对未来发展的预期和政治偏好都可能发生改变。将重大项目分成几个部分可能就是一个很好的理由，把“不后悔(no regret)”的部分和其他部分区分开来。不后悔的决定可以比其他决定更早地做出。研究人员和政客都必须弄清楚哪些因素未知或不确定。这多数不是负责决策过程的政客的态度。通常，这样的政客希望被视为成就者(德语中的*Macher*)，给人留下深刻的印象，例如，如公共选择理论(Public Choice theory)所述(Buchanan et al.，1962)可以增加连任的机会。政客们倾向于以这种方式来影响这一过程来增加做出积极决策的可能(另请参见第6.3节)，例如通过假设一个高经济增长的情形。如前所述，如果议会和广大公众知情不足，这可能会损害民主价值观。政客们也可以在早期就设法获得对其计划的支持。傅以斌等人(2003)表明，政治决策可能往往表现为承诺的升级，从而导致偏见。就像在法庭上一样，采用极端的抗议和申诉是以寻找真相为代价。这可能会降低重大项目有关决策的公开性和民主质量。承诺升级往往会导致有争议的信息，而这些信息会支持战略行为，有时甚至是公共当局的谎言。

### 6.5.2　界面管理和界面风险

重大项目的规模如此之大，以至于合同被划分为几个部分，这加强了候选承包商之间的竞争。实践中的一个例子是阿姆斯特丹地铁南北线，该项目分别为各个地铁站和隧道确定了 16 个独立合同(Priemius, 2009)。表 6.2 中详细列举了前 7 个合同。

**表 6.2 南北地铁线的七份合同**

| 合同 | 签约日期 | 第一轮 12-12-2000 | 第二轮 15-10-2001 | 第三轮 1-5-2002 | 承包商 | 合同额(百万欧元) |
|---|---|---|---|---|---|---|
| 阿姆斯特丹海滨沉管隧道(Zinktunnel IJ) | 10/2001 | | 0 | | 海曼斯(Heijmans)/斯特拉顿(Strukton) | 54.2 |
| 中央通道车站 | 5/2002 | | × | 0 | 斯特拉顿/范奥德(Van Oord) | 155.1 |
| 沉箱水坝大道(Caissons Damrak) | 5/2002 | | 0 | | 海曼斯 | 26.9 |
| 钻探隧道及缓解措施 | 12/2 000 | 0 | | | 土星(Saturn) | 135.5 |
| 罗(Rokin)站 | 10/2001 | × | 0 | | 麦克斯博格(Max Bögl)集团 | |
| 费泽尔运河(Vijzelgracht)站 | 5/2002 | × | × | 0 | 麦克斯博格集团 | 223.2 |
| 圣托大街(Ceintuurbaan)站 | 5/2002 | × | × | 0 | 麦克斯博格集团 | |
| 合计 | | | | | | 594.9 |

×＝不成功的发包程序；0＝成功的发包程序　来源：Priemus (2009).

另一个例证是阿姆斯特丹和比利时边境之间的高铁连接线的地下结构工程，该项目有七个独立的承包部分(表 6.3)，区分了地下结构工程(设计和建造：投资)，基础设施提供商(设计、建造、融资和二十五年维护)和交通服务(十五年)。每个部分的承包商都不知道谁将完成其他相关部分。

**表 6.3 高铁线南段：土木工程地下结构合同**

| 合同 | 联合体 | 参与公司 | 日期 | 合同总价(百万荷兰盾)[1] |
|---|---|---|---|---|
| 高铁线-北荷兰 A4 | 荷兰湖区 | 布拉斯特·尼丹(Ballast Nedam)，哈图姆(Van Hattum)，维米尔(Vermer) | 2000 年 7 月 16 日 | 710 |
| 南荷兰中部 | 高铁线-南荷兰中线联合体 | NBM-阿姆斯特朗(Amstelland)，HBG，海曼斯 | 2000 年 7 月 16 日 | 866 |
| 南荷兰南部 | 高铁线-德雷赫特城市群 | 布拉斯特·尼丹(Ballast Nedam)，范哈图姆与布兰克沃尔特(Van Hattum & Blankevoort)，斯特拉顿(Strukton) | 2000 年 7 月 16 日 | 1 105 |
| 高铁线-北布拉邦省 A16 | 高铁线-北布拉邦省 | 布拉斯特·尼丹(Ballast Nedam)，沃尔克·斯蒂文(Volker Stevin)，斯特拉顿，波斯卡利斯(Boskalis)，维米尔(Vermeer) | 2000 年 7 月 16 日 | 640 |
| 地下结构工程合计 | — | — | — | 4 318 |

（续表）

| 合同 | 联合体 | 参与公司 | 日期 | 合同总价（百万荷兰盾）[1] |
|---|---|---|---|---|
| 绿心隧道 | | 布伊格/库普久赫姆（Bouygues / Koop Tjuchem） | 1999年12月17日 | 941 |
| 已有铁路基础设施连接段 | 安塔金根（Aantakkingen）联合体 | KWS，布拉斯特尼丹（Ballast Nedam），NBM-阿姆斯特兰，HBG | 2001年1月25日 | 458 |
| 土木工程合计 | | | | 5 717 |

[1]荷兰盾（NLG）=€1=US＄1.4.　来源：Priemus（2009）

这些案例的问题在于，在单独承包的工程之间，很多成本和风险发生在衔接界面上。从伦理的角度来看，这一点很重要，因为界面成本和风险一般不会事先明确，因此不会被列入提供给决策者的信息中，所以界面成本和风险可能会减少民主决策所需的基础。公共当局（作为业主）常常低估界面风险，并且不愿意承担额外的成本来解决这些风险。但是，承包商往往会给这些风险定价很高，有时甚至高得离谱，尤其是当他们的谈判立场占上风的时候。特别是在重大项目中，承担界面风险的成本在很大程度上解释了成本超支（TCI，2004）。

在可能的情况下，可以通过在不同时期发包基础设施部分来降低界面风险，这样一来，后来的承包商可以适应较早完成的部分，在整个过程中也可以组织更多的学习过程。

### 6.5.3　合同欺诈

在世界许多地方，建筑业在正式签订合同前，都有组建卡特尔（cartel，同业联盟）并交换信息的悠久传统。现在这种做法被视为合同欺诈，但直到最近承包商仍将其视为一种具有法律效力的协调机制来促进合同连续性（Doree，2004；Priemus，2004）。在20世纪90年代，欧洲委员会制定竞争政策，然后逐步由各国政府采纳，这种情况才逐渐改变。

这些做法的后果仍然可以在一些重大项目中看到，荷兰高铁线南段（请参见第6.2节）就是一个例子。该高铁线的地下结构合同的竞争似乎是虚假的。每个竞争性联合体包含的建筑公司同时也是一个或多个竞争性联合体的一部分（见表6.3，第2栏）。联合体之间在早期交换信息非常容易。结果就是，正式中标价比交通部的预算高约40%（TCI 2004）。

在阿姆斯特丹南北地铁线承包程序的第一阶段，卡特尔似乎也很活跃。荷兰承包商试图挤掉外国竞争对手。尽管如此，还是有一些合同授予给了经验丰富的德国承包商麦克斯·博格（Max Bögl）。由于荷兰主要承包商的排他性政策，该承包商最初无法与荷兰分包商签订合同，这个偶然被发现的情况后来被法院判刑（Priemus，2009）。

2002年，建筑专业议会调查委员会（Parlementaire Enquetecommissie Bouwnijverheid，2002）在荷兰成立。荷兰议会强调了欧洲和荷兰竞争政策的有效性，该政策禁止包括建筑业在内组建卡特尔。自2002年以来，尽管情况似乎有所改善，但鉴于卡特尔在建筑业中的悠久传统以及承包商对业务连续性的高度重视，在欧洲国家和其他地区，承包商仍然有可能干扰公平竞争环境，与公职人员（行贿）以及彼此之间（组成卡特尔）签订非正式合同。此时，公共独立机构进行外部监督就至关重要。

最后，经验表明，在预防和纠正建设欺诈中，审计人员的作用必须更加关键，更加专业和更加积极主动(Parlementaire Enquetecommissie Bouwnijverheid, 2002)。

## 6.6 未来研究和决策程序

重大项目(以及其他交通项目)的决策和管理的伦理可能非常重要。然而,这一领域没有太多的研究。在本节中,我们介绍了与决策程序相关的未来研究的一些途径,但仅限于与重大项目相关的研究,不包括对所有交通(基础设施)项目重要但并非对重大项目特别重要的研究。

第一,重大项目的分布效应需要进行更多研究。这涉及地区和收入群体的分配效应,但还有更多与公平相关的分配,包括公平竞争和团结(见 Thomopoulos et al., 2009)。此外,政府支出的替代方案及其后果需要被更好地理解。如果不花在重大项目上,这些支出将如何使用,会产生什么影响? 在决策中将政府支出的替代方案及其影响纳入考虑可能更好,因为成本效益分析通常不包括备选方案支出的比较。

第二,折现和不可逆效应领域需要进行研究。重大项目的哪些不可逆转效应是相关的,何时体现,长期不确定性对影响估算的重要作用是什么,对决策和管理的长期影响及其不确定性的重要作用是什么?

第三,对开展考虑伦理方面的研究需要加强。这个领域几乎没有被探索过。然而,这对效应估算的影响会很大,因此会影响决策程序的正常运作和民主质量。委托业主对研究的影响尤其重要。研究和相关制度规则都关注研究人员的角色,业主的角色,以及研究人员与业主之间的相互作用。对于所有这三个方面,激励措施提高了研究的独立性和质量,可以达到预防或纠正的目的,从而形成表 6.4 的分类。

**表 6.4 旨在改善研究的中立性/独立性的激励措施分类**

| | 预防措施 | 纠正措施 |
|---|---|---|
| 委托研究的业主(“需求方”) | 业主行为准则(据我们所知尚不存在),有关谁可以成为业主的规则 | 政治辩论,议会质询 |
| 研究人员(“供应方”) | 行为准则,成本效益分析指导方针 | 备选意见 |
| 业主与研究人员的相互作用 | 选择研究人员/研究机构的规则,业主与研究人员之间互动的准则 | 备选意见 |

第四,成本估算和需求预测的质量方面需要进行更多研究。在过去 15 年左右的时间里,在傅以斌等人(2003 年)具有影响力的工作推动下,这一研究的传统得以发展。未来至少需要加强对影响这些估算质量的制度和管理因素的研究,包括以提高这些估算质量为目的的激励措施的影响。

最后,重大项目决策过程的民主质量方面需要进行更多研究,包括研究、咨询、信息收集和信息处理。核心问题在于早期所有利益相关者的信息可用性,信息、数据和研究的中立性及可靠性,流程体系结构的开放性、公平性和灵活性,以及整个流程中的不确定性和风险意识(没有贿赂、没有卡特尔、公平竞争、公平的竞争环境)。除制度安排外,媒体在向广大公众介绍困境、替代方案和优先事项方面的作用也至关重要。

## 参考文献

Bristow, A. and Nellthorp, J. (2000). “Transport project appraisal in the European Union.” Transport Policy, 7(1): 51-60.

Buchanan, J. M. and Tullock, G. (1962). The Calculus of Consent. Ann Arbor, MI: University of Michigan Press.

Canaleta, C. G., Arzoz, P. P., and Garate, M. R. (2002). "Structural change, infrastructure and convergence in the regions of the European Union," European Urban and Regional Studies, 9(2): t15-35.

Cantarelli, C. C., Flyvbjerg, B., van Wee, B., and Molin, E. J. E. (2010). "Lock-in and its influence on the project performance of large-scale transportation infrastructure projects: investigating the way in which lock-in can emerge and affect cost overruns:" Environment and Planning B: Planning and Design, 37(5): 792-807.

De Blaeij, A., Horax, R. J. G. M., Rietveld, P., and Verhoef, E. (2003). "The value of statistical life in road safety: A meta-analysis," Accident Analysis and Prevention, 35(66): 973-86.

Dore e, A. G. (2004). "Collusion in the Dutch construction industry: An industrial organization perspective," Building Research and Information, 32(2): 146-56.

Eijgenraam, C. C. J., Koopmans, C. C., Tang, P. J. G., and Verster, A. C. P. (1999). Evaluatie van infrastructuurprojecten. Leidraad voor kosten-batenanalyse. Deel I: Hoofdrapport. Onderzoeksprogramma Economische Effecten Infrastructuur [Evaluation of infrastructure projects. Guideline for cost-benefit analysis. Part 1: Main report. Research program Economic Effects Infrastructure]. Den Haag: Ministerie van V&W en EZ.

Eliasson, J. and Fosgerau, M. (2013). "Cost overruns and demand shortfalls: Deception or selection?" Transportation Research Part B, 57: 105-13.

Flyvbjerg, B. (2013a). "Quality control and due diligence in project management: Getting decisions right by taking the outside view," International Journal of Project Manage 31/5: 760-74.

Flyvbjerg, B. (2013b). "How planners deal with uncomfortable knowledge: The dubious ethics of the American Planning Association; Cities, 32:157-63.

Flyvbjerg, B., Bruzelius, N., and Rothengatter, W. (2003). Mega-Projects and Risk Anatomy of Ambition. Cambridge: Cambridge University Press.

Grant-Muller, S. M., MacKie, P., Nellthorp, J., and Pearman, A. (2001). "Economic appraisal of European transport projects: The state-of-the-art revisited; Transport Reviews, 21(2): 237-61.

Harrison, G. and Shepherd, S. (2014). An interdisciplinary study to explore impacts from policies for the introduction of low carbon vehicles," Transportation Planning and Technology, 37/2: 98-117.

Hayashi, Y. and Morisugi, H. (2000). "International comparison of background concept and methodology of transportation project appraisal; Transport Policy, 7(1): 73-88.

Johansson-Stenman, O. and Martinsson, P. (2008). Are some lives more valuable? An ethical preferences approach," Journal of Health Economics 27(3): 739-52.

Mackie, P. J., Wardman, M., Fowkes, A. S., Whelan, G. A., Nellthorp, J., and Bates, J. J. (2003). Value of Travel Time Savings in the UK. Prepared for the Department for Transport. Leeds: Institute for Transport Studies, University of Leeds/John Bastes Services.

Martens, K. (2006), "Basing transport planning on principles of social justice", <http://www-dcrp.ced.berkeley.edu/bpj>.

Morisugi, H. and Hayashi, Y. (2000). "Editorial; Transport Policy, 7(1): 1-2.

Morton, A. (1991). Disaster and Dilemmas: Strategies for Real-Life Decision Making. Oxford: Blackwell.

Parlementaire Enquetecommissie Bouwnijverheid (2002). De bouw uit de schaduw. Eindrapport Parlementaire Enquete Bouwnijverheid [Building industry out of the shadow. Final report]; Tweede Kamer 2002-2003, 28.244, nrs. 5-6, The Hague: Sdu Uitgevers.

Priemus, H. (2004). "Dutch construction fraud and governance issues," Building Research and

Information，32(4)：306-12.

Priemus，H.（2005）.“Centraal Planbureau en Betuweroute：schuivende panelen” [“National Bureau of Economic，Policy Analysis and Betuwe Line：shifting panels”] Tijdschrift Vervoerwetenschap，41(3)：9-14.

Priemus，H.（2009）.“Contracting public transport infrastructure：Recent experience with the Dutch High-Speed Line and the Amsterdam North-South Metro Line；presentation at the 11th International Thredbo Conference on Competition and Ownership in Land Passenger Transport，Delft University of Technology，21 September.

Shepard，D. S. and Zeckhauser，R. J.（1984）.“Survival versus consumption；Management Science，30：423-39.

Thomopoulos，N.，Grant-Muller，S.，and Tight，M. R.（2009）.“Incorporating equity considerations in transport infrastructure evaluation：Current practice and a proposed methodology，” Evaluation and Program Planning，32(4)：351-9.

Tijdelijke Commissie Infrastructuurprojecten（TCI）（2004）.“Grote projecten uitvergroot. Een infrastructuur voor besluitvorming [Megaprojects scrutinized. An infrastructure for decision-making] Tweede Kamer 2004-2005，29.283，nrs. 5-6，The Hague：Sdu Uitgevers.

van Wee，B.（2007）.“Large infrastructure projects：A review of the quality of demand forecasts and cost estimations，” Environment and Planning 13，34(4)：611-25.

van Wee，B.（2011）. Transport and Ethics：Ethics and the Evaluation of Transport Policies and Projects. Cheltenham，UK，and Northampton，MA：Edward Elgar.

van Wee，B.（2014）.“Naar een gedragscode voor opdrachtgevers? Een discussiepaler1 [“Towards a code of conduct for clients of research. A discussion paper”]. Colloquium Vervoersplanologisch Speurwerk，2014.

van Wee，B. and Molin，E.（2012）.“Transport and ethics：Dilemmas for CBA researchers. An interview-based study from the Netherlands，” Transport Policy，24：30-36.

van Wee，B. and Rietveld，P.（2013）.“Using value of statistical life for the ex ante evaluation of transport policy options：A discussion based on ethical theory，” Transportation，40/2：295-314.

# 7 基础设施难题:基于债务性融资模式重大项目的城市和国家建设

任雪飞



## 7.1 引言

20 世纪 90 年代初以来,中国已建成的重大项目数量居世界首位。地方政府作为基础设施重大项目的最大投资者,在全国各地市县的市政公用、道路、桥梁、隧道、公园、港口、机场和地铁领域中进行了大量投资。社会资本也迅速涌入建筑业;它们通过与地方政府的合作进一步促成了新的重大项目的产生,特别是在住房和商业地产开发领域。尽管 2008 年全球经济危机可能会引发重大项目投资的明显减少,但在中国,经济增速变缓压力为中央政府提供一种制度性手段,出台经济刺激计划,促进基础设施重大项目投资。固定资产投资,作为衡量房地产和基础设施等基本建设活动的指标,在 2013 年曾达到全国 GDP 的 70%;同时,基础设施投资支出也已超过对外贸易,成为国家经济增长的最大贡献者。[1] 在 2011 年、2012 年和 2013 年三年间,中国消耗了 64 亿吨水泥,超过美国在整个 20 世纪的消耗总量。[2]

迄今为止,城市重大项目学者大多关注北美和欧洲的后工业化城市。对于自 21 世纪初开始兴起的重大项目浪潮,已有文献主要关注两大问题。第一,许多研究所指出的重大项目阶段性差异:与 20 世纪 50 年代、60 年代的“重大项目的大发展”时代相比,当今的城市重大项目往往具有更强的包容性、较低的伤害性及较多的灵活性,以满足当地社区的差异化需求(Altshuler et al., 2003; Diaz Orueta et al., 2008)。第二,有些研究者将重大项目开发作为广义上企业家式城市治理战略(又称“城市经营战略”)的一部分(Olds, 2002; Flyvbjerg et al., 2003; del Cerro Santamaria, 2013)。他们指出,过去几十年来经济体制改革加剧了城市间的投资竞争,城市建设越来越多地由高度依赖社会资金支持的知名项目主导。

根据城市重大项目区域性差异文献(Ren et al., 2012; Lehrer et al., 2008; Haila, 2008; Bezmez, 2008),本章考察了导致 20 世纪 90 年代和 21 世纪初中国重大项目时代兴起的经济条件。本章研讨了重大项目建设浪潮背后的宽松管制措施和金融创新,以及关于在中国的重大项目繁荣的争论和各种结果。本章中提到的重大项目,广义上是指包括高速公路、地铁、体育场馆、机场和市政设施在内的基础设施项目以及商业综合体和居住项目。与关注于某类特定的重大项目不同,本章主要考察影响重大项目规划和实施的共性条件,比如在土地、住房和金融领域的体制变革。

本章认为,在土地、住房和金融领域的一系列宽松的体制改革提升了城市政府的自主权,使其成为城市重大项目的实施者。20 世纪 80 年代和 90 年代的土地改革将土地的所有权和使用权相分离，从而使土地的使用权可以进行有偿转让。在这一时期，城市政府可以依据法律规定进行土地征收，形成重大项目建设用地，并给予被征收土地所有权人和使用权人相应征地补偿。90 年代初以来，中央政府还颁布了一系列有关房屋拆迁的规定，为大规模居民动迁铺平道路。即便如此，重大项目建设在资金不足的情况下也无法进行。新兴的地方融资平台作为地方政府设立的准国有企业，可以直接从国有银行等市场机构借贷，从而解决了这一问题。因此，各种以市场化导向的体制改革为中国重大项目时代的来临创造了理想的条件。

## 7.2 为重大项目征收土地

城市重大项目往往涉及土地征收和重整，而在很多国家，保障重大项目的用地并非易事。在中国，城市重大项目土地征收是在改革开放以后，通过在土地领域的一系列重大法律法规修订和体制改革得以实现的。这些体制改革在极大地增强了市政府土地征收权力的同时，在具体实施时也引发了争议并带来了不稳定因素。

在 20 世纪 50 年代至 70 年代的社会主义中国，土地不是商品，只能由国家分配给单位（国有企业），用于指定的工业项目。1982 年《宪法》第十条明确规定，“任何组织或者个人不得侵占、买卖或者以其他形式非法转让土地”（Yeh et al.，1996）。80 年代市场化改革开放初期，地方政府资金不足。为了建设基础设施和吸引境外投资者，深圳等沿海城市开始试行土地使用权的市场化制度。而在 80 年代中期，地方政府关注的主要事务是向境外投资者提供廉价土地，吸引他们参与基础设施建设。南方的试点进展顺利，来自中国香港等境外的投资者纷纷涌入珠三角经济特区，利用廉价土地开办工厂。

为了将土地改革的经验推广到其他城市，中央政府于 1988 年对《宪法》的相关条款进行了修订，明确“土地的使用权可以依照法律的规定转让”（Yeh et al.，1996）。这是《宪法》首次认可土地使用权的市场化交易。市场化的土地使用权与土地所有权区相分离，尽管它仍保持公有的属性。个人和机构投资者可以获得最长为 70 年期的居住物业土地开发使用权，或 50 年期的商业物业开发使用权。

20 世纪 90 年代后期以来，地方政府的土地使用权市场化议程逐步发生了变化，从吸引投资者参与基础设施建设转变为增加地方政府收入。根据现行财政政策，土地出让收入被视为“预算外”收入，不必与中央政府分享。随着地方政府出让土地给私人，以及在私人投资者之间的交易，土地出让金和交易费用已经成为市政府收入的主要来源。政府利用出让土地的收入来改善城市基础设施，进而可以提供更多的可用于开发的土地。

在中国，混合性土地市场是在公有所有制和使用权市场化制的基础上所形成的，并在多轨道交易系统中进行运作，它包括了政府和私人投资者之间的公开拍卖和非公开性协议出让（Lin et al.，2005；Lin，2009）。由于地方政府常常采用协议的方式转让土地使用权，中央政府为提高市场透明度，不断督促地方政府须采用公开拍卖的方式将所有商业土地转让给出价最高的竞标者。但作为一项实务，地方政府和投资者的错综利益导致非公开性协议仍是土地出让的主要方式。地方政府倾向于采用协议出让，而非公开拍卖，主要是因为可以灵活地调低地价，以作为吸引投资者的手段（Xu et al.，2009）。因此，与当地政府的良好关系对于试图以较低市场价格获得优质土地的个人和企业而言是至关重要的。为了避免这一现象，2004 年 8 月 31 日后，经营性用地土地使用权的协议出让方式被禁止。

## 7.3 为建设重大项目拆迁房屋

然而,仅凭土地公有制仍无法为重大项目腾出足够的土地,因为在人口稠密的中国城市中,大多数城市地块已经被社区和企业所占用。城市重大项目建设必须要拆除既有房屋建筑,动迁居民。大规模的城市更新计划始于20世纪90年代初,并在2005年左右达到高潮,其意图是为房地产投资和重大项目建设提供城市土地。与土地部门体制改革一样,中央政府出台了一系列政策,进行旧房拆迁,推动经营性城市重大项目。

大规模的房屋拆迁肇始于20世纪90年代初的北京和上海。当时这两座城市都公布了其宏伟的建设计划,旨在重塑为中国的国际化大都市。比如在1990年,北京市政府启动了"危旧房改造项目",计划在15年内完成300万平方米的城区危旧房改造工作。改造开发的第一轮目标就是其中心城区临近区域。1993年,当时的西城区政府在位于老北京核心的二环内开始建设金融中心,大量由四合院构成的传统邻里社区胡同被拆除。在城区之间竞争的驱动下,其他城区政府很快就纷纷效仿,竞相建设区内的标志性重大项目。1993年,由香港商业巨子李嘉诚投资的大型购物办公商业综合体—东方广场正式开工兴建;尽管有社区居民抗议和文保人士呼吁,多片胡同邻里社区仍旧被拆除(Wang, 2003; Zhang et al., 2004; Johnson 2005)。2008年的北京奥运会则进一步驱动了城市更新进程。到2010年,大部分城市更新工作基本完成。飞速增长房价和租金对普通市民而言压力较大,只能搬迁到北京持续扩张的城市郊区。

为了理解20世纪90年代和21世纪初的大规模旧房强制拆迁,我们需要再次审视国家针对这些实践而进行的体制改革。直到2011年,强制拆迁才被新的《国有土地上房屋征收与补偿条例》(以下简称新条例)所禁止,尽管《城市房屋拆迁管理条例》(以下简称条例)早在1991年和2001年先后颁布和实施过(State Council, 1991, 2001)。之前的条例则允许未经居民同意的旧房拆迁行为以及依照行政指令进行强制拆迁行为。居民可以向人民法院提起诉讼,但法院无法下达停止强制拆迁的指令;1991年的条例还明确规定,如果拆迁人已经给居民提供了某种形式的补偿或周转用房的,则禁止在诉讼期间拖延拆迁的执行。20世纪90年代的大规模拆迁引发了广泛的抗议,于是中央政府在2001年修订了条例。2001年的条例加强了对开发商的约束。

国务院在2011年通过新的法规《国有土地上房屋征收与补偿条例》替代了2001年条例,最重大的变更是禁止暴力动迁居民或用中断供水暖电的方式强迫他们搬迁(State Council, 2011)。与之前的法规不同,2011年新条例要求旧城区改建项目在执行前,必须获得多数被征收居民的同意(见第十一条)。它规定了对征收房屋价值、搬迁费用以及受影响的居民和企业其它损失的补偿标准(见第十七条)。新条例要求通过独立的第三方房地产价格评估机构对被征收房屋的市场价值进行评估;对于评估机构的违规行为,可处以5万元以上20万元以下罚款。它还规定,被拆迁的居民可以选择金钱补偿或原地安置补偿,抑或是两相结合的方式。

除了这些更具保护性的措施外,2011年新条例并没有定义什么是"公共利益"。"公共利益"广义上被解释为多种性项目:从基础设施,到教育、文化、健康和环境保护等公共事业,甚至于保障性安居工程建设和旧城区改建。它还保留了"其他公共利益的需要",这一并未明确界定的类型。因此,一些项目可能被异化解释为"服务公共利益"。

有关房屋征收强制执行问题,2011年新条例也有具体规定。第二十八条规定:"被征收人在法定期限内不申请行政复议或者不提起行政诉讼,在补偿决定规定的期限内又不搬迁的,由作出房屋征收决定的市、县级人民政府依法申请人民法院强制执行。"此外，第三十二条还规定："采取暴力、威胁等方法阻碍依法进行的房屋征收与补偿工作，构成犯罪的，依法追究刑事责任；构成违反治安管理行为的，依法给予治安管理处罚。"

总的来说，2011年新条例反映了在改造开发过程中主要利益相关者之间变化的权力关系。尽管市政府仍是城市更新改建项目计划的重要决策者，但它们的权力仍是有所制约的。与20世纪90年代和2010年之前的项目相比，当前的房屋产权得到了更好的护障。随着国家对社会稳定性的日益关注，大规模的城市更新改造计划在没有征得居民同意的情况下，将难以发起。例如，上海出台的2011年《上海市国有土地上房屋征收与补偿实施细则》要求旧城改造更新项目需征得超过90%居民的同意，且须有80%的居民同意补偿方案条款才能进行拆迁（Shanghai municipal government, 2011）。

与其他国家一样，中国地方政府的房屋拆迁饱受争议。2011年新条例修订了多数同意要求和给予居民市场价格补偿等房屋拆迁条款，这可以被解读为国家对各地持续了20多年房屋产权保障诉求的回应。2010年以来，中国城市改造开发和拆迁的步伐明显放缓，一定程度上是因为需要对居民按其住房的市场价格进行拆迁补偿，开发商和地方政府无力再负担中心城区居民的高额动迁费用，开展新的重大项目。

## 7.4 重大项目融资：地方融资平台

地方政府如何能进行如此之多的基础设施投资，常常令中国城市专家和旁观者感到困惑。地方政府投资的重大基础设施项目资金渠道来源多样，其中最重要的是地方融资平台，即由市政府设立的准国有企业，通过市场的直接借贷，资助重大基础设施项目。

城市政府很久之前就取代了国有企业单位的角色，成为基础设施的主要提供者。多数市政府没有充足的税收收入，例如他们无法征收房地产税，来资助其宏大的基础设施建设。大部分基础设施资产仍归公共部门所有，地方政府很难通过对其自身的资产征收税款，并与中央政府一起分享税金。此外，拥有房产的中产阶级也对任何形式房产税征收政策试点表示抵制。由于地方税收收入有限和中央政府补贴日益缩减，预算外收入和资本市场借贷成为基础设施融资的主要来源。有学者发现上海市政府向房地产投资者收取了超过28种费用，这部分预算外收入占到了基础设施投资总额的25%（Wu, 2010）。土地出让收入也属于预算外收入，且已成为地方政府最重要的收入来源。2013年，上海市政府的土地出让收入超过2 000亿元，这一部分收入不必与中央政府分享；同时，全国前20名特大城市的土地出让收入总额达到1.5万亿元，比上一年度增长63%。

此外，通过债券、股票、国有银行贷款以及上市公司和中外合作企业借贷的方式向国内外资本市场融资，已经成为一种新的资金募集方式，其募集额度超过基础设施投资总额的30%（Wu, 2010）。在这些借贷方式中，国有银行贷款已经成为市政府宏大的基础设施项目融资的主要方式。随着中央政府要求国有银行压缩地方政府贷款，地方融资平台等专门投资平台纷纷成立，以规避这一要求的限制。根据有关估计，截至2011年，各地政府已经设立了超过10 000个地方融资平台，在资本市场上为基础设施投资筹集资金（Wong, 2011）。银行贷款不再直接发放给市政府，而是进入到其投资公司的账户，用于公路、桥梁、地铁和政府办公楼的建设。高估价的城市土地则作为这些贷款的抵押。这样的话，产生的债务就不会体现在市政府的收入支出表上。由于采用表外方式筹集资金，地方政府债务的规模和结构都不太透明。

建设—经营—转让（Build-Operate-Transfer, BOT）是一种被广泛用于重大交通基础设施项目建设的融资模式。项目成本由社会资本投资方和地方政府共同承担;当初始投资通过运营期收费回收以后,项目所有权将移交给当地政府。尽管 BOT 模式被证明能有效利用资本市场,为基础设施提供资金。例如,2012 年,在全球的 14 万公里收费公路中,中国声称拥有其中的 10 万公里;到了 2015 年,中国收费公路则达到了 16.26 万公里。[7] 在中国,开私家车是中产阶级生活的象征,但由于大量收费公路的通行付费,这变成了高额的支出。公路和桥梁通行费的涨价也引发了食品价格的上涨,因为肉类蔬菜每天都需要通过收费公路的货运才能送达城市。2011 年 6 月,为回应公众对国家收费公路系统的强烈不满,中央政府派出五部委,开展了为期一年的专项行动,清理撤销未经批准设置的收费站和超过批准期限运营的收费站。这项行动并未受到地方部门的积极响应。[8]

中国城市通过利用国内外渠道的社会资本,在城市基础设施建设方面取得了显著的进步。这些庞大的基础设施投资主要是通过政府和社会资本合作模式和不太透明的地方融资平台来筹集资金的。地方政府偿还基础设施贷款的能力日趋羸弱,将会使基础设施投资驱动的经济增长模式脱离轨道。

## 7.5　2008 年之前:标志性建筑时代

重大标志性事件及其筹备所需进行的重大建筑项目建设,是中国 21 世纪头十年的标志。2001 年北京市赢得了 2008 年奥运会的主办权;两年后,上海被确定为 2010 年世博会的承办城市。这两大事件都引发了承办城市各自的建设热潮。当地政府也利用这一契机进行了大规模拆迁和大量城市重大项目投资。21 世纪头十年重大项目开发的主要特征之一是聘用国际著名建筑师进行推广宣传,国内最受瞩目的项目大多委托给了海外建筑师。在重大项目建设过程中,地方政治领导将建筑设计的标志性形象转化为了经济、政治和文化资本(Ren, 2011)。私人开发商委托外国著名建筑师设计豪华住宅,用以树立品牌和推广营销;地方领导则期望在任期内能留下一座由著名建筑师设计的地标性建筑。同时,中国政府也有意愿寻找“明星建筑师”来参与国家重要荣誉时刻的策划设计,来提升中国在世界舞台上的形象地位。为 2008 年奥运会而建造的国家体育馆,就是一个利用重大建筑项目进行国家形象建设和空间场景推广的典型范例。

在北京市赢得 2008 年奥运会主办权后,北京市政府和奥组委寻求国际知名公司,进行主场馆设计。2002 年 6 月,北京市市长宣布:城市将为奥运场馆征集全球最佳建筑设计。2002 年 10 月,市政府和奥组委要求北京市规划委员会,组织国家体育场的建筑概念设计方案竞赛。国际参赛设计团队的压倒性数量和国际评审数量反映了北京市政府对外国建筑师的青睐。2003 年 4 月,奥组委选择了来自瑞士的赫尔佐格和德梅隆建筑事务所,承担国家体育馆的设计(Ren, 2009)。

在设计竞赛的同时,另一项关于体育场项目法人合作方的招标也在进行。2003 年 8 月,由中信集团(中国国际信托投资公司)—这一与中央政府关系密切的大型国有银行——牵头、组织了五家企业组成的联合体获得了其所有权。联合体中的另一家企业为北京城建集团,即是上文提到的地方融资平台。中信联合体出资达到建设总成本的 42%,而剩余的 58%资金由北京市政府通过北京市国有资产经营公司提供。市政府还在土地出让金和拆迁支持方面提供补贴。中信联合体和北京市政府共同组建了国家体育场有限责任公司,该公司在奥运会结束后,将拥有国家体育场 30 年的特许经营权;其所有权将在运营期满后移交还北京市。这个昵称为“鸟巢”的国家体育场在奥运会期间受到了全世界的高度瞩目,但是在会后,它的利用率广受关注。

## 7.6 2008 年之后：经济增速变缓、刺激计划和地方债务

2008 年奥运会后不久，全球经济开始出现增速变缓，但在中国，经济则被作为扩大基础设施投资的制度性手段。经济增速变缓引发了中国高层领导对国家将会陷入经济停滞的担忧，及其对政治稳定的不利影响。为此，中央政府于 2009 年出台了 4 万亿元刺激计划予以响应，其规模为全球居首，超过了奥巴马经济刺激计划数额的三倍。其中，1.18 万亿元由中央政府直接拨款，其余的由地方政府通过银行贷款来配套（Wong，2011）。经济刺激计划总额占到了 2008 年全国 GDP 的 12.5%，并计划分 27 个月下发。优先资助的前三领域分别是交通和电力基础设施、灾后重建以及保障性安居工程，其他资助领域包括农村基础设施，环境保护，技术研发和卫生及教育。大量的财政补贴引发了银行贷款等金融领域的宽松管制，并放松了对地方债务的财政限制。

地方政府是承担 2009 年经济刺激计划实施的重要执行者，特别是在识别需要资助的基础设施项目上。为了帮助地方政府筹集资金和资助项目，中央政府采取了一系列宽松管制的举措（Wong，2011）。例如，国务院批准代发 2 000 亿元的地方政府长期债券，而财政部放宽对刺激计划项目地方配套资金来源的要求，基本上所有当地政府可自主支配的资金均可用于支持融资。

地方融资平台就是一项广泛采用的宽松管制的措施。由于地方政府自身不允许直接通过市场借贷，因此它们设立了地方融资平台，向银行贷款或发行企业债券来筹集资金，投资基础设施和提升城市整体收益。地方融资平台通过银行贷款和其他途径多方筹集资金，并将市县资产作为账面资产和抵押品。由于城市土地公有制的属性，土地已成为支撑地方融资平台的主要资产，市政府则使用土地出让收入为地方融资平台偿还债务。

由于经济刺激计划带来的基础设施过度投资，中国的各市政府自 2008 年来累积了债务。这些快速增长的地方政府债务一方面是由收益与权责的不匹配等地方财政长期结构性趋向造成的，另一方面是由中央政府 2009 年刺激计划等短期政策项目造成的，鼓励地方政府大量举债，配套中央补贴和投资基础设施。

为了控制地方债务，中央政府日益转向通过 PPP（政府和社会资本合作）模式的融资。2015 年 5 月，国家发展和改革委员会作为总体计划部门，发布了一份包含 1 043 个政府和社会资本合作（PPP）项目的清单，投资总额高达 1.97 万亿元（约 3 177.5 亿美元），邀请社会资本参与项目建设与运营。但只要国有银行继续向地方政府放贷，PPP 模式的转型能否帮助减少地方政府债务仍是存疑的。[9]

## 7.7 结论

本章考察了引发中国重大项目大规模建设的政治经济和社会条件。自 1978 年市场化改革以来，各级政府在土地、住房及基础设施融资领域开展了一系列以市场为导向的体制改革。1988 年《宪法修正案》将公有土地所有权和使用权分离，使得所有权可以转让，并赋予政府通过出让土地获取收入的专有权。1991 年和 2001 年颁布的《城市房屋拆迁管理条例》进一步规范了重大项目土地征用，以及房屋强制拆迁，为 20 世纪 90 年代和 21 世纪头十年的城市改造计划提供了法规支持。此外，地方融资平台的兴起也是造就中国重大项目时代的原因之一，它们代表地方政府向国有银行进行借贷。这些在土地、住房和市政融资方面的体制变化，解释了中国如何能做到在过去 20 年间重

大项目建设数量超过了全球其它任何国家。

本文还比较分析了 2008 年前后的重大项目建设情况。2008 年之前，重大国际事件的举办往往推动了重大项目建设，但在 2008 年之后，伴随着中国政府 2009 年推出大规模经济刺激计划以防范经济下行，大规模的基础设施投资引发了新一轮重大项目建设热潮。随着中国经济的高速增长临近尾声，许多地方政府发现其自身由于过度投资基础设施重大项目而负债过高。同年，财政部出台了地方政府再融资计划，利用低息的政府债券对高达 3 万亿元(约合 1 600 亿美元)的高息债务进行了置换。这一举措将为地方政府每年节约 400 亿～500 亿元的利息支出。[10]

本章还重点讨论了重大项目开发的争议性特征。土地征用和房屋拆迁在全国范围内引发了广泛纠纷，而中央政府也通过政策修订予以了回应，从而能更好地保护大众的土地和住房所有权。土地征收和房屋拆迁的严格管制，再加之经济增速放缓和地方债务高企，也预示着中国重大项目时代逐渐进入尾声。

7 基础设施难题：基于债务性融资模式重大项目的城市和国家建设

## 注释

1. 戴维·巴尔博扎(David Barboza)，《中国建设繁荣引发债务负担过重的担忧》，《纽约时报》，2011 年 7 月 7 日，＜http://www.nytimes.com/2011/07/07/business/global/building＝binge-by-chinas-cites-threatens-countrys-economic-boom.html?_r＝0＞。
2. 安娜·斯旺森(Ana Swanson)，《中国如何在过去三年里消耗了美国整个 20 世纪的水泥使用量》，《华盛顿邮报》"Wonkblog"专栏，2015 年 3 月 24 日，＜http://www.washing-tonpost.com/news/wonkblog/wp/2015/03/24/how-china-used-more-cement-in-3-years-than-the-u-s-did-in-the-entire-20th-century/＞。
3. 新华网，"全国 20 个城市土地出让金增长 60%"，2014 年 1 月 3 日，＜http://news.xinhuanet.com/fortune/2014-01/03/c_125954247.htm＞。
4. 德克斯特·罗伯茨(Dexter Roberts)，《窥视中国地方债务乱象》，彭博商业，2014 年 1 月 9 日，＜http://www.bloomberg.com/bw/articles/2014-01-09/china-local-goverment-debt-is-almost-3-trillion＞。
5. 武义学(音译)，《难以负担的公路收费》，《中国日报》，2012 年 4 月 25 日，＜http://usa.chinadaily.com.cn/business/2012-04/25/content_15137576.htm＞；《中国考虑改善公路收费计划，以寻求增长》"China considers plan to bolster toll roads in search for growth，" 彭博商业，2015 年 8 月 5 日，＜http://www.bloomberg.com/news/articles/2015-08-05/china-considers-plan-to-bolster-toll-roads-in-search-for-growth＞。
6. 《高速公路困境》，财新在线，2011 年 6 月 29 日，＜http://english.caixin.com/2011-06-29/100274315.html＞。
7. 《中国邀请社会资本参与总值 3 180 亿美元的项目建设》，路透社，25 May 2015 年 5 月 25 日，＜http://www.reuters.com/article/2015/05/25/us-china-economy-infrastructure-idUSKBN0OA07R20150525＞。
8. 《中国地方政府债务：炸弹拆解进行中》，《经济学人》，11 March 2015，＜http://www.economist.com/blogs/freeexchange/2015/03/china-s-local-government-debt＞。

## 参考文献

Altshuler，A. and Luberodd，D. (2003). Mega-Projects：The Changing Politics of Urban Public Investment. Washington，DC：Brookings Institution Press.

Bezmez，D. (2008). "The politics of urban waterfront regeneration：The case of Halic (the Golden Horn)，Istanbul，" International Journal of Urban and Regional Research，32(4)：815-40.

Biddulph, S. (2015). The Stability Imperative: Human Rights and Law in China. Vancouver: University of British Columbia Press.

Chen, X. (ed.) (2009). Shanghai Rising: State Power and Local Transformations in a Global Megacity. Minneapolis: University of Minnesota Press.

del Cerro Santamaria, G. (ed.) (2013). Urban Megaprojects: A World View. Bingley: Emerald Group Publishing.

Diaz Orueta, R., and Fainstein, S. (2008). "The new mega-projects: Genesis and impacts," *International Journal of Urban and Regional Research*, 32(4): 759-67.

Flyvbjerg, B., Bruzelius, N., and Rothengatter, W. (2003). *Megaprojects and Risk: An Anatomy of Ambition*. New York: Cambridge University Press.

Haila, A. (2008). "From Annankatu to Antinkatu: Contracts, development rights and partnerships in Kamppi, Helsinki," *International Journal of Urban and Regional Research*, 32(4): 804-14.

He, S. and Wu, F. (2005). "Property-led redevelopment in post-reform China: A case study of Xintiandi redevelopment project in Shanghai," *Journal of Urban Affairs* 27(1): 1-23.

Johnson, I. (2005). *Wild Grass: Three Stories of Change in Modern China*. New York: Pantheon Books.

Lehrer, U. and Laidley, J. (2008). "Old mega-projects newly packaged? Waterfront redevelopment in Toronto," *International Journal of Urban and Regional Research*, 32(4): 786-803.

Lin, G. (2009). *Developing China: Land, Politics and Social Conditions*. London: Routledge.

Lin, G., and Ho, S. (2005). "The state, land system, and land development processes in contemporary China," *Annals of the Association of American Geographer* 95(2): 411-36.

Olds, K. (2009). *Globalization and Urban Change: Capital, Culture, and Pacific Rim Mega-Projects*. New York: Oxford University Press.

Ren, X. (2009). "Architecture and nation building in the age of globalization: Construction of the National Stadium of Beijing for the 2008 Olympics," *Journal of Urban Affairs*, 30(2):175-90.

Ren, X. (2011). *Building Globalization: Transnational Architecture Production in Urban China*. Chicago: University of Chicago Press.

Ren, X. (2017). "Land acquisition, rural protests, and the local state in China and India," *Environment and planning C*, 35(1): 22-38.

Ren, X. and Weinstein, L. (2012) "Urban governance, megaprojects, and scalar transformations in China and India," in T. Samara, S. He, and G. Chen (eds,), *Right to the City in the Global South: Transnational Urban Governance and Socio-Spatial Transformations*. New York: Routledge.

Shanghai Municipal Government. (2011). *Shanghai Urban Housing Acquisition and Compensation Regulation*.

State Council. (1991). *Urban Housing Demolition Regulation*.

State Council. (2001). *Urban Housing Demolition Regulation*.

State Council. (2011). *Urban Housing Demolition Acquisition and Compensation Regulation*.

Wang, J. (2003). *Beijing Record*. Beijing: Sanlian Press.

Wong, C. (2011). "The fiscal stimulus program and public governance issues in China," *OECD Journal on Budgeting*, 11(3): 1-21.

Wu, W. (2010). "Urban infrastructure financing and economic performance in China," *Urban Geography*, 31(5): 648-67.

Xu, J., Yeh, A. and Wu, F. (2009). "Decoding urban land governance: State reconstruction in contemporary Chinese cities," *Urban Studies*, 46(3): 559-81.

Yeh, A. and Wu, F. (1996). "The new land development process and urban development in Chinese cities," *International Journal of Urban and Regional Research*, 20(2): 330-53.

Zhang, T. (2002). "Urban development and a socialist pro-growth coalition in Shanghai," *Urban Affairs Review*, 37(4): 475-99.

Zhang, Y. and Fang, K. (2004). "Is history repeating itself? From urban renewal in the United States to inner-city redevelopment in China," *Journal of Planning Education and Research*, 23(3): 286-98.

# 第二篇　根　源

# 8 重大项目研究是否开创了行为经济学：基于阿尔伯特·赫希曼的案例研究

傅以斌



## 8.1 为什么赫希曼和“隐藏之手”很重要

最近，当一项数十亿美元的交通与房地产开发计划——旧金山新跨湾码头重大项目产生数亿美元的成本超支时，加利福尼亚州州议长、旧金山市长威利·布朗(Willie Brown)在《旧金山纪事报》的每周专栏中，试图用以下言论平息公众：

> 有关新跨湾码头成本超支3亿美元的消息不应让任何人感到震惊，如我们所知，早期的估测成本总是低于实际成本；就像我们过去未能准确估算出（旧金山的）中央地铁、（旧金山通往奥克兰的）海湾大桥以及其他重大建设项目的真实成本一样。所以，不必纠结于此，在市政工程领域，首次预算实际上只是一笔铺底资金。如果人们一开始就知道真正的成本，那么什么都不会批准。我们要做的是努力推进，推动项目开工(Brown，2013)。

威利·布朗在这里表达了赫希曼著名的“隐藏之手”原理：

> 如果人们一开始就知道实际的成本与困难，那么任何事情都不会得到批准。因此，他们不知道反而是件好事，因为我们需要让事情得以运转，推动项目开工。

为什么偏低的成本估算与偏乐观的商业方案在大型项目是可接受的？这种观点提供了最古老、最普遍的正当理由(Flyvbjerg，2009)。遵循这个观点，一定程度的无知——赫希曼称之为“天意的无知”(Alacevich，2014：157)——在启动新项目时是可取的，因为没有它项目将无法启动。根据赫希曼和布朗的观点，启动项目(start digging)是件好事。

自从赫希曼(1967a)关于隐藏之手原理的著作——《开发项目之观察》(*Development Projects Observed*)——首次出版以来，已经过去了近50年，而今，这本书和隐藏之手原理比以往更受认可。最近该书作为布鲁金斯学会的经典著作得以再版(Hirschman，2015)，并受到了哈佛大学教授、奥巴马政府官员卡斯·桑斯坦(Cass Sunstein，2015a)，以及畅销书作家、《纽约人》(*The New Yorker*)特约撰稿人马尔科姆·格拉德威尔(Malcolm Gladwell，2013)等人的赞扬。赫希曼(1967a：1)明确表示，他撰写《开发项目之观察》和提出“隐藏之手”原理的目的在于探析“项目行为的一般规律(project behavior in general)”。基于这项研究，桑斯坦(2015：4)把赫希曼称为早期的行为经济学家。由此我们也许能从赫希曼身上学到像项目管理领域拥有一位早期行为理论家这样的罕见收获。如果确实如此，这显然是值得我们珍视与学习的东西。在接下来的文章中，我们将通过检验赫希曼的"隐藏之手"原理来验证这一推断。

"隐藏之手"原理在学术、政策以及实践中的影响是无可争议的。在被称为"历史上最大的投资热潮"中，世界各地建设了更多更大型的项目群，为验证快速增长的项目组合的合理性，"隐藏之手"原理变得越来越重要(Flyvbjerg，2014a)[1]。赫希曼是那种罕有的对实践和理论都感兴趣的学者，他成功地用思想(包括"隐藏之手"原理)影响了政策。这使得"隐藏之手"原理特别有趣，但也暴露出了严重问题，因为对于许多政策制定者和从业人员而言，"隐藏之手"原理属于那种即使存在错误，也难以割舍的理论。[2]

以下的评价并非是质疑赫希曼研究成果普遍意义上的天赋，或他作为"20 世纪杰出知识分子"(Offe，2013：584)以及"经济学领域最伟大英雄之一"(Rodwin，1994：36)的地位[3]。但由于之前从未对赫希曼的"隐藏之手"原理进行过严格的检验，现在是时候做这件事了。该检验也是本章的研究目标。赫希曼在一次与他的密友、诺贝尔奖获得者——哈佛大学的经济学家托马斯·谢林(Thomas Schelling)的私人讨论中提到：在写下隐藏之手原理并付诸出版时，"这项研究还只是一次探索，一次实验，所以笔者需要一开始就能明白的批评家，然后告诉我在哪些方面可能存在错误"(Adelman，2013)[4]。接下来，笔者假定自己就是这个赫希曼想要但从未出现的批评家。作为赫希曼的批评家，笔者将遵循"隐藏之手"原理，按照重要性递减顺序进行如下三个检验：

(1) 对典型案例—悉尼歌剧院—进行检验，"隐藏之手"原理对悉尼歌剧院的解释一直被认为是可堪称典范的应用；

(2) 基于"隐藏之手"原理对赫希曼的抽样、数据收集和数据分析的有效性和可靠性进行检验；

(3) 对比赫希曼的研究样本，针对更大、更有代表性、数据质量更高的项目样本进行统计检验，以评估赫希曼的结果在更多更好的数据样本条件下是否可以复现。

以上三项检验都是用于验证赫希曼(1967a：1)所声称的研究工作目标：即理解"项目行为的一般规律"。然而，在进行检验之前，我们首先要更深入地了解隐藏之手原理是什么，以及它是如何被学者、政策制定者以及从业人员所接受的。

## 8.2 什么是"隐藏之手"

在研究了许多由世界银行资助的大型开发项目结果之后，赫希曼(1967a：12)在《开发项目之观察》一书中提出[5]：

> 如果项目规划者……事先知道这个项目潜藏的所有困难和麻烦，他们可能永远也不会去碰它……因此，提前知道这些困难是不幸的。

赫希曼(1967a：9-10)着重介绍了东巴基斯坦(现在的孟加拉国)的卡纳普利(Karnaphuli)造纸厂作为一个例子，该厂当时是亚洲最大的造纸厂。该项目计划利用大量且容易获得的竹子作为纸浆的主要来源。然而，在造纸厂开业后不久，由于奇怪的自然事件，作为生产原料的竹子有 85%开花并死亡。赫希曼认为，如果计划者们早知道这一点，他们可能永远也不会发起并资助这家工厂。相反，管理人员现在被迫创造性地寻找其他纸浆来源，他们通过进口、从该国其他地区收购竹子、使用木材、研究能够快速生长的竹种代替不可靠的原生资源，从而创造性地实现了原材料基地多样化。可以肯定，这比原计划更昂贵、更困难，但赫希曼认为，这家工厂因此而存活下来，并为成千上万的人创造了就业机会。

赫希曼（1967a：13）很快将他所发现的“普适的行动原理（general principle of action）”和“隐藏之手”冠为“相当普遍的现象（fairly general phenomenon）”。他解释了他将成本和困难的先验知识视为不幸的原因，因为这样的知识很可能导致对满足预算、克服挑战的能力产生“悲观”的看法，而这种悲观的看法可能在项目开工前就导致项目终止。赫希曼认为，无知会更好，因为人们总是倾向于忽视或低估他们处理困难的能力。因此，无知“诱使”人们去做他们本来不会去做的项目：

> 既然我们必定会低估我们的创造力，那么我们同样在大致相似的程度上低估我们所面临任务的困难程度是可取的，因为这两种低估互相抵消，可以“诱使”我们去承担那些我们能够应付的任务，否则我们将不敢去承担它。该原理非常重要，值得命名：因为我们显然正在追踪能够有益于向我们隐藏困难的某种无形或隐藏的手，我建议命名为隐藏之手……隐藏之手本质上是一种通过错误来诱导行动的方式，这种错误体现为对项目成本或困难的低估（Hirschman，1967a：13，29）。

赫希曼为他新发现的原理命名时，利用了经济学理论中最著名的概念之一，亚当·斯密的“看不见的（隐藏的）手”。这表明了赫希曼对隐藏之手在理论上的雄伟野心以及对其重视程度。他明确表示，他将该原理视为一种理论，起初称之为“适时无知理论”，只是后来才将其改为“隐藏之手”原理（Alacevich，2014：157）。赫希曼（1967a：1、3、7、13）还强调，尽管他专注于开发性项目，但他认为这一原理兼理论（principle-cum-theory）具有“通用”性，广泛适用于发达国家和发展中国家不同类型、不同地理位置的项目。当然，这并不是说赫希曼（1967a：13）认为具有对成本和收益的同时低估两相抵消特征的“隐藏之手”原理，可以普遍适用于所有时空的每一个项目。他清醒地意识到还存这样一些项目——因破产和华而不实、赘而无用之物（white elephants）导致失败或者毁灭性的胜利——就这些项目而言，被低估的成本没有被更大程度上被低估的收益所抵消，相反由于收益被高估加剧了后续收益短缺（Hirschman，1967a：30）。但是赫希曼（1967a：1，13）推论道，通常情况下，“隐藏之手”适用于大多数情况，因此，对于从普遍意义上理解项目行为而言它是一个更重要更有趣的原理。随后，他在《开发项目之观察》中将隐藏之手原理放在这本书中的“显要位置（pride of place）”，用第一章来介绍该原理，并以此原理作为第一章章名（Hirschman，1995a：i x）。桑斯坦（2015a：1-2）在该书 2015 版本的序言中明确地将“隐藏之手”原理称之该书中最大的创意，并解释说“隐藏之手”原理的作用是得到满足计划者最初预期的好结果，或是更好的结果。

根据赫希曼考察笔记，他是在泰国的时候偶然形成了隐藏之手的思想，当时他是去那里研究一个大型灌溉项目。他发现，该项目发起人夸大了项目的收益而低估了其成本。该项目的收益被夸大到可“使沙漠变绿洲（make the desert bloom）”，而成本被低估到使得项目对于投资者很有吸引力。“成本低估（undercosting）”与“过度营销（overselling）”被同时运用（Adelman，2013：400-1）。鉴于这一观察结果，非常有趣的是，激发隐藏之手原理的项目并非这一原理的典型应用：该书对这一原理最终的表述是，对成本和困难的低估是一种无意识的自我欺骗，而根据赫希曼的笔记，在泰国这个灌溉项目中，成本的低估与过度营销是一种对他人的故意欺骗。与激发该原理的泰国灌溉项目所证实的内容相比，赫希曼对于隐藏之手原理显然是提出了一种更纯真、更乐观的想法。这种最初的乐观预示了后续事件接踵而至的迹象。

驱动隐藏之手的关键机制是乐观主义，这种乐观主义源自对困难（包括成本）的无知，因此导致人们承担那些如果他们知道所涉及的真正挑战就不会接受的任务：

> “隐藏之手”原理认为，人们并非主动寻找并接受挑战，多数情况下人们接受并

一头扎进新任务中是因为错误地假设该任务缺乏挑战，因为这些任务看起来比后来证明的更容易、也更好管理。（Hirschman，1967：13）

后来，行为经济学家用诸如过度自信偏差、计划谬误和乐观偏差等术语来描述并解决赫希曼观察到的诸如此类行为（Gilovich et al.，2002）。实际上，桑斯坦（2015a：4）认为赫希曼"显而易见是一位早期的行为经济学家"，而《开发项目之观察》"算作一部行为经济学著作也是合理的"。接下来，我们将考察桑斯坦的论断是否合理，并且考察行为经济学在赫希曼和隐藏之手原理中能学到什么。目前，我们注意到赫希曼（1967：12-13）提出如下论断："启动一个新项目所面临的困难以及对解决方案的搜索引发了一系列行为，这些行为不仅挽救了项目，而且通常让这个项目变得特别有价值。"赫希曼因此假定，由于隐藏之手的存在，即便是成本最后出乎意料地高，开发计划的净收益最后也达到了预期目标，甚至高于预期。在隐藏之手的帮助下，项目被证明是可行的，即能够获得正的净收益。因此，我们对隐藏之手原理进行总结如下——该原理强调"两相抵消（two offsetting）"或者对成本和收益的"双重低估"（Hirschman，1968：13-16）：

高于预估的项目成本（与困难）通常会被高于预期的项目收益溢出（与问题解决能力）所超过。

但赫希曼并未就此止步。他进一步将隐藏之手原理的功能描述为一个学习过程，对项目的决策者或计划者而言，隐藏之手的作用有如一副"拐杖"。

如果当某人对自己的问题解决能力尚未建立起足够的信心，以应对他对项目的潜在困难与风险做出的更加客观评价时，这个阶段"隐藏之手"允许他继续前进。当他获得面对这些困难和风险并有能力应付它们的经验后，这些经验能帮助他抛弃这副拐杖，并且在面对新项目时能够做出更成熟的评估。"隐藏之手"本质上是一种让规避风险的人承担风险的机制，并在这个过程中让他们变得不那么害怕风险。（Hirschman，1967：26）

用这种方式，隐藏之手通过"自我欺骗机制"这种符合行为经济学的又一原理，欺骗决策者承担了他们原本不会承担的风险，而且在此过程中教会他们：(a)风险是什么；(b)风险是可管理的；(c)在未来项目中少一些风险厌恶是可行的（Hirschman，1967a：34）。赫希曼解释说（Hirschman，1967a：28，34，强调原创），"因此，隐藏之手本质上是一种过渡机制，决策者通过这种机制学会如何承担风险，过渡越短、学习越快就越好（*the shorter the transition and the faster the learning the better*）"。快速学习是可取的，因为它使决策者和计划者"能够区分可接受和不可接受的风险"，从而在"隐藏之手"的帮助下逐步降低风险。赫希曼在他的考察笔记中写道（Bianchi，2011：18）："在变得明智之前，你不得不做很多蠢事。"然而，在这个决策的学习模型中隐含了一个关键假设，正如赫希曼在主要引语中使用了"应该（should）"一词（"应该使他能够抛弃这副拐杖"）。如果"应该"发生的事情并未发生又会怎么样——也就是说，学习并未发生，且决策者并不能在未来的项目中更好地识别和管理风险？稍后我们再回到这个问题。现在，我们总结这部分的隐藏之手原理如下：

项目风险会随着时间的推移而降低。

总之，隐藏之手是通过有益的无知或赫希曼（1967a：35）所称"无知的无知（ignorance of ignorance）"发挥作用。有益的无知向决策者隐藏了两件事。首先，是隐藏了项目仍不明确的真实成本和困难程度，这就使得计划者们承担他们在知道真正复杂情况时不会考虑的项目。其次,“隐藏之手”同样也低估了计划者应对高成本、高难度项目的问题解决能力,这使得计划者们能够在困难出现时成功地应对这类项目,此时计划者隐藏的能力就会得以显现并挽救危局。因此,根据赫希曼以及追随者的观点,隐藏之手总体上是件好事,因为基于有益的无知,它能推动项目并取得成功,如果计划者一开始就知道项目的实际成本与困难,这一切都不会发生,正如威利・布朗在之前介绍中所提出的观点(见 8.1 章节)。



## 8.3 赫希曼“隐藏之手”的灵感

在发展隐藏之手原理的过程中,赫希曼(1967a: 16)受到所谓“创造性错误(creative error)”概念的强烈影响,他说这一概念与隐藏之手原理非常接近。这一概念是 15 年前由索耶(Sawyer, 2014,首次发表于 1952 年)发展而来,时年 34 岁的哈佛大学助理教授索耶对“创造性错误”这一概念描述如下:

> 人们在阅读伟大经济事业发展史的一些事例时很难……不被震惊……在这些事例中创业失误或者信息错误不仅大量存在,而且这些失误或错误成为一些企业获得成功的先决条件,也就是说,在这些案例中,误判或者完全无知显然对于企业的发展具有至关重要的作用(Sawyer, 2014: 143)

索耶认为,创造性错误是许多大型、具有重要历史意义的基础设施得以修建的关键,包括连通伊利湖(Lake Erie)和安大略湖(Lake Ontario)的韦兰运河(Welland Camal)、巴拿马运河(Panama Canal)、米德尔塞克斯运河(Middlesex Canal)、特洛伊(Troy)和格林菲尔德(Greenfield)铁路以及俄亥俄州(Ohio)早期的道路系统。在这些以及其他一些项目中,索耶(2014: 144)发现“在成本估算方面的错误至少是被需求估算方面的相应错误所抵消。”例如,索耶(2014: 145)在韦兰运河的案例中写道:

> 我们可以非常合理地质疑,在是否对最终成本进行准确客观的评估存有疑问的前提下,初始投资是否能够在预定期限内推动该项事业开工或者之后完工?然而,一旦得益于创造性错误而开工,人们就逐步找到了解决整个项目资金的方法:而一旦完工,韦兰运河就毫无疑问地确立了自己的地位。

然而,索耶煞费苦心地解释说,他并不认为创造性错误是适用于所有项目和企业的普遍现象。他只是对这种现象感兴趣,因此只抽样遭受了创造性错误的项目作为他的研究样本,也就是说这些项目:(a)由于成本被低估使得项目对投资者具有吸引力,并且项目因此得以启动;(b)尽管由于最初的成本低估导致成本超支,但实际收益仍大于成本,因此导致项目的成功。索耶(2014:147)也解释了“只对感兴趣的案例(only cases of interest)”进行抽样的原因:

> 有一类非常特殊的项目,这类项目的投资不论是成本还是收益的不确定性程度都很高,在这类项目中我忽略了那些失败的项目,而选择了那些取得成功的项目作为案例……尽管对造价出现了初始的估算错误,但是前面的错误至少很幸运地被相应低估的需求所抵消。

事实上,索耶用了超过 1/3 的篇幅来解释他所采用的具有高度选择性的抽样方法,并提醒读者,他的结果属于先验结果的抽样,而不是事后的实证结果。索耶非常明确地表明他没有在随机抽样的项目样本中发现创造性错误;相反,他如此描述项目样本中的错误,每个项目都通过非随机选择以显示创造性错误。赫希曼完全忽略了索耶这方面的工作，并且将索耶的工作当作是对隐藏之手原理的一种支持，似乎这两种现象是具有高度相似性的事后实证发现：

> 这个想法(Sawyer 的创造性错误)和隐藏之手原理之间的相似性是显而易见的。在索耶的理论体系中存在成本和收益的双重低估，而我们也观察到了类似也许是更广义的双重低估现象，一方面是对项目实施路径中各种困难的低估；另一方面是对这些困难解决能力的低估(Hirschman，1967a：1617)。

通过把他的方法与索耶的方法混为一谈，从而把索耶的先验抽样模型当作事后的实证结果，赫希曼误用了索耶的研究。接下来，我们将探究这种误用对赫希曼自己抽样过程以及隐藏之手原理有效性产生的影响。

## 8.4 “隐藏之手”原理的影响

赫希曼相信自己碰巧创造了一个伟大的思想，并且对他的思想关联到亚当·斯密(Adam Smith)的“无形之手”感到满意，他一直在寻求扩大影响。他在《公共利益》(*The Public Interest*)的读者群中实现了这一点，《公共利益》是由丹尼尔·贝尔(Daniel Bell)和欧文·克里斯塔乌尔(Irwing Kristol)担任编辑的一本关于政治经济学与文化的杂志，该杂志的受众包括政策制定者、研究人员和记者。克里斯塔乌帮助赫希曼将《开发项目之观察》中关于隐藏之手原理的部分(Hirschman，1967)修改成一篇可读性更强的文章。虽然《开发项目之观察》这本书一开始并不受欢迎，但这篇文章迅速产生了影响，有可能是因为这篇文章一开始就分食了这本书的市场。但后来这本书开始受到关注，推出了新版本，并且成了经典之作。从华盛顿的政策制定者到联合国，再到世界银行和世界各地的开发部门(Adelman，2013：405)，赫希曼的想法被政策制定者和从业人员广泛采纳。瑞典外交官、经济学教授戈兰·奥林(Goran Ohlin)在联合国撰文称，他正在将这一新原理应用于工业发展。世界银行经济部负责人安迪·卡马克(Andy Kamarck)告诉赫希曼：

> 你部分地消除了我的不安，我一直在思考这样一个事实：如果我们使用了现代化的工程项目技术，世界上许多已经完成的开发项目可能永远也不会实施。也许，随着你对这一章(第一章，“隐藏之手”原理)中所探索原理的进一步研究，我们可以避免经济学家在未来的抑制作用(Adelman，2013：405)。

赫希曼注意到，甚至在他没来得及为“隐藏之手”原理命名并证明其理论上的合理性之前，项目的发起者和开发者似乎就已经意识到了这一原理并明白了如何利用它使自己处于有利地位。换句话说，不像大多数理论的案例一样，你不必掌握或者遵从赫希曼的理论就可以使用它：

> 发起者和开发者一定是长期以来隐隐约约地意识到了隐藏之手原理，因为他们非常擅长找到处理这类项目的方法，这类项目由于显而易见地充满困难与不确定性而通常会遭到区别对待，而他们能够把这些项目变得对决策者更具吸引力(Hirschman，1967：21)。

此处赫希曼谈到了项目发起者和开发者使用的一种合理化方法，他们通过使项目在纸面上和在公共视角下看起来不错而启动项目，通常是在低估成本、风险和困难的同时高估收益和机遇，因此使得该项目的预估收益成本比以及总体吸引力显得特别诱人。对很多人来说，赫希曼的隐藏之手原理之所以具有吸引力，正是因为它证明了这种合理化的正当性。该信息与威利·布朗在前述的旧金山新跨湾码头重大项目中传递的信息相同,同时也和接下来研究的案例——悉尼歌剧院发起人的表述一致:“推动项目开工(start digging)。”

很容易理解为什么“隐藏之手”传递的信息如此受欢迎,尤其是受到项目发起者和开发者的欢迎。一般说来,没有什么比被允许他们推进项目更让项目开发者开心了,因为这是他们的工作。而隐藏之手原理正是这样一种推进项目的理论。该理论解释了为什么决策者只需要勇往直前,而无需过分担心成本或其他困难。该理论预测他们这样做是可行的,因为隐藏之手原理强调人们在面对挑战时的问题解决能力可以帮助他们克服困难。面对著名经济学家、项目管理学术创始人的这一推理,又有谁愿意站出来用面临的挑战来反对重大项目而成为那个煞风景的人呢?相反,隐藏之手原理为乐观主义和行动倾向辩护,这两者都与项目发起者及其他乐观人士的心态产生了深刻的共鸣。这在很大程度上解释了为什么隐藏之手机制能够产生如此深远而持久的影响,同时也解释了为什么在重大项目管理中,锁定效应与承诺升级是如此普遍,以及为什么项目放弃率很低(Cantarelli et al., 2014; Drummond, 2014)[6]。正如纽约市前施工协调员罗伯特·摩西(Robert Moses)经常念叨的:谁能够在人类历史上比其他人发起并完成更多的重大项目,他就会被许多人认定为终极大师,而“隐藏之手”原理认为:“一旦下了第一笔赌注,他们就永远不会让你退出(*Once you sink that first stake they'll never make you pull it up*)”(Caro 1975: 218, 828-32)。

罗伯特·皮乔托(Robert Picciotto)在世界银行工作了四十年,他是1964年首次与赫希曼相遇,正在赫希曼着手准备《开发项目之观察》的实地考察之前。三十年后,作为世行的副总裁,罗伯特·皮乔托解释说,这本书“长期以来一直是项目管理者的灵感源泉……因为它证实了他们的日常经验”(Picciotto, 19942: 341)。皮乔托毫不犹豫地将此书称为“经典”,就像许多其他经典之作一样,他指出赫希曼的思想起初对包括世界银行员工在内的一些人来说似乎是颠覆性的,但现在已经成为主流(Gasper, 1986: 467; 1994: 31-2; Alacevich, 2014)。

这篇文章和这本书在学术界也产生了影响,尽管一开始影响比较慢。《公共利益》的会员作者大卫·里斯曼(David Riesman)是该原理的早期采纳者,他把赫希曼的文章布置给他在哈佛大学的学生阅读(Adelman, 2013: 405)。后来,这篇文章和这本书成为世界各地大学课程的标配,课程主题涉及决策、项目管理、发展经济学、策划、评估和评价。赫希曼的工作甚至获得了来自一系列学术著作感谢其贡献的罕见荣誉,其中以隐藏之手原理最受推崇,这些致谢的学者包括斯坦福大学的诺贝尔奖获得者保罗·克鲁格曼(Paul Krugman)、麻省理工学院的凯伦·波伦斯基(Karen Polenske)和唐纳德·舍恩(Donald Schon),以及哈佛大学的杰西·里伯特(Jesse Ribot)等(Rodwin et al., 1994)。

不用说,也有来自从业者和学术界的批评。当世界银行官员有机会在该书出版前阅读赫希曼的中期评审稿时,他们称其中许多内容“要么非常浅显,要么存在一些绝对错误”(Alacevich, 2014: 153)。然而,赫希曼对他的手稿只做了很小的改动,尽管批评在出版后就消失了,但起初世行对这本书感到失望(Alacevitc, 2014: 156, 163)。世界银行一直在寻找明确的、可复制的评估标准,这些赫希曼都未能提供。学术界也一直追随潮流,对项目评估和成本效益分析更感兴趣。由于赫希曼对成本效益分析持积极的批评态度,成本效益分析方法的倡导者们尝试不再对赫希曼的书持如此的批评态度以至于完全忽略它,但时间长了这本书就没那么好运了(Little et al., 1974; Reutlinger, 1970; Squire et al., 1975; Alacevich, 2014: 161-4)。事实上,根据以上引用的安迪·

卡马克的观点，赫希曼的思想（包括"隐藏之手"）可以用来作为一个论点说明不应该过分强调成本-效益分析结果在项目评估当中的作用，包括银行官员的评估在内。在学术界，拉尔（Lal，1983：176）称"隐藏之手"原理"不可信"，因为如果该原理是成立的，那么在事前区分好项目和失败项目就没有可能性，拉尔认为这是"荒谬的"。克拉克内尔（Cracknell，1984：1）认为，赫希曼关于"隐藏之手"原理的著作只不过是"娱乐性或者激发性的读物"，但该原理的确与克拉克内尔在英国海外开发办公室获得的经验并不相符。

尽管受到批评，有时候可能正是因为有批评，《开发项目之观察》在首次出版的50年后仍然受到追捧，为了颂扬该思想（包括隐藏之手在内），专业历史学家马尔科姆·格拉德威尔（Malcolm Gladwel）在《纽约人》（Gladwell，2013）发表了对这本书发展脉络的专门性研究，并称其"具有开创性（groundbreaking）"（Alacevich，2014：139），还有桑斯坦（2015a）在新布鲁金斯经典版本中撰写了一份热情洋溢的序言强调隐藏之手原理的重要性[7]。这本书被认为是赫希曼最有影响力的作品之一，隐藏之手原理则被认为是赫希曼最有影响力的思想。阿德尔曼（Adelman，2013）写了一本综合性的学者传记更进一步捍卫赫希曼这部著作和其他作品的学术思想，同时在《纽约书评》上发表一篇详尽的评论文章，称赫希曼的著作是一个"不朽的成就"（Sunstein，2013：17）[8]。

## 8.5 但这是一种理论吗

赫希曼最初明确地使用"理论"一词来描述"隐藏之手"原理背后的基本思想，即在对项目进行决策时，无知是有益的，因为如果没有无知，项目就无法启动（Alacevich，2014：157）。赫希曼坚持认为"隐藏之手"是理解"项目行为的一般规律"的一种行动原理，该原理超越了项目、组织以及地理位置的限制，且同时适用于发达国家或发展中国家（Hirschman，1967a：1，13）。

然而，赫希曼的几个学生声称，"隐藏之手"的原理不是一个理论，赫希曼不喜欢理论化。例如，桑斯坦（2015：1）写道，赫希曼"不信任宏大的主张以及像法律条文一样的归纳"。阿德尔曼（2013：115-6，124，145-6，198，236，420-2，503，582，620，647）同样强调赫希曼对"小思想"的兴趣和对"大理论"的厌恶。比什·桑亚尔（Bish Sanyal）直接称赫希曼为"反理论的"（Rodwin et al.，1994：320）。在对本章较早版本的评论中，阿德尔曼（Adelman，2015）扩展了这一观点：

> 赫希曼是坚决反对称为"理论"的。而您还一直坚持认为他称其为隐藏之手理论。关键词是原理，很大程度上与古典政治经济学的启发式风格保持一致。他并不寻求适用于所有时间和地点的因果式主张，因此可以充分认识到他的"原理"在许多案例中并不适用（强调原文）。

同样，桑斯坦（2015：1，4）强调，赫希曼并不是一个标准的经济学家，因为他"实际上并没有提供一个可检验的假设，而是描述了一种机制"，强调对工程实践的"叙述性描述（narrative descriptions）"而不是发展理论。

阿德尔曼说得没错，赫希曼在首次使用"理论"一词后，将关键词固定为"原理"。但阿德尔曼关于原理不是理论，赫希曼反对理论的说法是错误的[9]。关于第二点，赫希曼（1994：277-8）自己的观点是直接和明确的：

> 我不是……反对范式和理论化，因为我很乐意声称我已经提出了相当多自己的理论观念。从……"供应效应（supply effect）"……到"不平衡增长（unbalanced

growth)”……我的“隧道效应(tunnel effect)”。因此，当我被归类为“无理论的(atheoretical)”或“反理论的(antitheoretical)”时，我会有点恼火。(Hirschnan, 1994: 277-8)

在同一基调中，赫希曼明确地谈到了他的“理论倾向(theoretical bent)”，并把他的工作描述为“有价值理论体系的标签(the hallmark of useful theory building)”，正如他非常清楚地、自我反思式地看待自己对“发展理论的贡献”(Hirschnan, 1994: 278)。因此，毫无疑问，赫希曼认为自己在做理论，并且他不反对理论化。

那种认为赫希曼不想做理论的误解似乎来自三个方面。

首先，正如奥费(Offe, 2013: 588-9)所观察到的，赫希曼完成了一项充满矛盾的壮举，他提出了一个“关于理论无用性的理论”，这种行为近乎向读者扔香蕉皮。赫希曼提出的理论认为，关于世界的理论实际上可能会为人们的理解和有效行动制造障碍。从这个意义上说，阿德尔曼和其他人认为赫希曼反对理论是正确的。但他并不反对所有理论，而只反对一种特定的理论——概要性理论。正如Offe指出的那样，这并不能表明赫希曼的工作是非理论性的。

其次，根据阿德尔曼上面的说法，赫希曼对小思想(*petites idées*)的关注似乎可以证明这样的观点，对特定领域的关注与对普遍问题与理论(更不用说宏大的理论)的关注是对立的。但赫希曼明确表示，对他而言特定问题与普遍理论之间的对立是不存在的，他在《开发项目之观察》一书的引言中写道，“沉浸于某一特别问题的研究，通常对于发现普遍性理论是必不可少的”，这一解释消解了两者之间的对立关系(Hirschman, 1967a: 3)。赫希曼是如此老练不会用这种简单的二分法来思考。相反，他遵循了一种古老而基础的现象学观点，即小问题往往会引出大答案，因此学者们的研究工作既要尽量具体细致，又要尽量发掘普遍价值。这种方法避免了小思想与大理论之间存在的大与小的对立。按照这种思路，二者之间互为因果，而不是相互排斥，这就是为什么赫希曼同时强调小思想与大理论(Flyvbjerg, 2001: 133-4)。

最后，文献中关于赫希曼对理论的两种不同用法(用于解释和用于设计)存在理解问题。将理论用于解释就像赫希曼在上面所谈到的那样，他对此没有异议，对他和其他社会科学家也都一样，除非一些理论能比其他理论解释得更好，否则就没有开发新理论的必要。将理论用于设计，使用像法律一样的思想来指示与计划社会行动，甚至维持社会秩序，是不同的事情。赫希曼笼统地认为，无论是由专家还是改革者推动的这一类社会工程都是问题重重，注定失败。他反对以这种方式使用理论，尤其是在发展政策制定方面。然而，在本章中，我们关注的是将理论用于解释，而赫希曼极力主张将隐藏之手原理发展成解释性理论，这一理论包括真相主张与因果机制。

为了说明这一点，在隐藏之手原理的形成过程中时，赫希曼(19678: 13)声称：“多数情况下人们接受并一头扎进新任务中是因为错误地假设该任务缺乏挑战，因为这些任务看起来比后来证明的更容易更好管理……总成本被低估了，因此投资决策得以通过。”其中心论点是关于新项目启动时人们如何行动的真相推断，此外还对其中的因果机制(“因为”“结果”)及可检验的论断进行了解释。赫希曼使用“代表性”一词明确表示，他所描述的这种行为是具有普遍适用意义的，这同时还可能是一项可以检验的明确主张，如下所述。关于“成本被低估”的论断也同样是可检验的，接下来也要论证。这个真相推断无异于理论化、解释、假设验证，因此从这个意义上来讲，隐藏之手原理就是一种理论：因为它能够解释、能够预测，而且是可检验的。因此，阿德尔曼、桑斯坦及其他人否认赫希曼对于理论化方面的明确要求是一种错误和自视清高。而至于他的理论是否有解释力,那另当别论。然而,关于赫希曼并不是一个传统的进行假设检验的实证主义经济学家的论断,阿德尔曼和桑斯坦是正确的。他懂得发挥现象学、案例研究、深度描写、叙述等方法的威力,他太聪明了,即便不常使用这些方法,但至少在原理上是懂得的,我们将在后文中看到这一点。

阿德尔曼和桑斯坦试图把"隐藏之手"原理分别简化为"启发"或"机制"时,在这一点上他们也是错误的。启发是一种由经验法则或有经验的推测,它在某些限定的条件下是有效的,但不具有普遍适用性。用"启发"来描述隐藏之手原理显然是过分谦虚的说法。赫希曼反复强调这个原理具有普适性,它的适用范围不受项目类型与地理位置的限制。然而,在这一点上阿德尔曼是对的,赫希曼并没有寻求建立该原理适用于"所有"时间和地点的因果关系。即便有,也很少有社会科学理论能够适用于所有的时间和地点(Flyvbjerg, 2001),因此,对于鉴别隐藏之手原理的理论性是否不如其他社会科学工作,这几乎是无用的准则。赫希曼(Hirschman, 1967a: 13, 16-17)对于隐藏之手的"代表性"应用是这样表述的:"通常情况下",此外他还解释了它是如何应用的(通过对项目成本/困难以及收益/解决问题能力的双重低估)。这足以成为一种理论,而它远远超出了一种启发的范畴。

虽然阿德尔曼、桑斯坦和其他人关于赫希曼不是一个标准经济学家的观点是正确的,但当他们把赫希曼描述为一个披露和讲述那些被传统经济学家忽视或不屑讲述的故事的小说家时,他们是错误的(Krugman, 1994:287)。赫希曼同样也不会接受这种说法。他用以下的方式明确地拒绝了类似这样的评论:

> 我……完全不能同意把我描述为……某个主要对那些被更具有系统思考(理论化)的经济学家或者社会科学家所忽视的东西发生感兴趣并予以强调的人(Hirschman, 1994: 278)。

桑斯坦进行这样的描述,并且他之前把赫希曼称为早期的行为经济学家,把《开发项目之观察》作为行为经济学领域的著作的观点相悖(Sunstein, 20152:4)。行为经济学都是从事理论与假设检验工作的。因此,在宣称赫希曼是标志性经济学家的同时,又把他称为对假设检验不感兴趣的小说家,看起来就是自相矛盾。

最后,阿德尔曼和桑斯坦关于隐藏之手原理是不可检验的观点是错误的。如果说这种检验不是赫希曼主要关心的问题,这可能是对的;但这并不意味着隐藏之手原理的真相推断是不能或者不应该得到检验。正如我们将看到的那样,也许赫希曼应该更关注这一点。无论如何,在接下来的章节中,我们将会看到通过采用引言中提到的三项测试,这样的检验是可能的,第一项测试是以一个典型案例——悉尼歌剧院来测试隐藏之手原理。

## 8.6 悉尼歌剧院:"隐藏之手"的典型案例

隐藏之手原理经常被认为在悉尼歌剧院得到了典范式的应用。该歌剧院于1973年落成,从那时到现在,记录了人们关于隐藏之手逻辑对项目的实施至关重要的观点(完整的案例详见Flyvbjerg, 2005a)。当时正准备寻求连任并与癌症作斗争的新南威尔士州州长乔·卡希尔(Joe Cahill),为了让歌剧院项目通过议会批准调低了项目的初始预算,而他与之前提到的威利·布朗以及罗伯特·摩西一样毫无歉意。卡希尔对他的手下说:"我希望你们去本纳隆角(Bennelong Point)(歌剧院所在地)把项目推进到这样一个程度,无论是谁接替我都无法让这样一个即将完工的项目终止。"[10] 而用威利·布朗的话，就是："我们要做的是努力推进，推动项目开工。"这就是他们在悉尼的所作所为，毫不夸张地说，当时他们甚至连建筑的设计图纸都还没有。和罗伯特·摩西一样，卡希尔是玩弄锁定效应与承诺升级的大师。人们记录中的言论认为这是一件好事(Skaburskis et al.，2003)。因此，歌剧院似乎是隐藏之手原理的一个典范——也就是说，是通过隐藏之手带来的益处证明赫希曼正确的一个原型。此处，我们将根据事实来检验这个理解是否正确。

悉尼歌剧院初始估算需耗资 700 万澳元，但最终实际耗资 1.02 亿澳元，建造时间比预计拖延了 10 年[11]。1 400%的成本增加导致了大量的政治和经济问题，但最终这座建筑还是建成了，它成了悉尼、新南威尔士州、澳大利亚，乃至世界的财富，产生了似乎远超其成本的收益。2007 年，歌剧院被联合国教科文组织列为世界遗产，这是世界上获此殊荣最年轻的建筑，与埃及的金字塔和泰姬陵并列。当然，这是一个成功的故事，是一个证明隐藏之手原理具有效力的典型事例。悉尼歌剧院经常被用来作为隐藏之手逻辑的辩护和证明的确是有道理的。

在一场关于工程项目的成本低估与超支是否重要的一般性辩论中，斯卡布尔斯基(Skaburskis)和缇兹(Teitz)(2003：439)采用了隐藏之手原理的逻辑，他们以悉尼歌剧院为例，并问道：

> 人们真的认为悉尼歌剧院会按预算来吗？还是我们都同意接受欺骗，然后一厢情愿地期盼我们真正期待的事情发生……澳大利亚人真的会为港口那些激动人心的"风帆"感到后悔吗？还是他们会为在合理的成本预测基础上进行最合理的决策(不建造)更加感到后悔？

这就是隐藏之手原理最清晰、最有吸引力的逻辑。谁会在他们头脑清醒的时候对这些问题做出否定的回答呢？尤其是那些去过悉尼，目睹了悉尼歌剧院的优雅与宏伟的人。不过，让我们对这些花言巧语进行压力测试。

从回顾的角度来看，澳大利亚人当然不后悔建造悉尼歌剧院。它使澳大利亚在世界地图上独一无二，帮助这个国家摆脱了被称为"文化死水"(a cultural backwater)的污名。在这个过程中，大量的旅游收入滚滚而来，远远超过了建造成本，每年有超过 700 万人来此参观。然而，起初该建筑并没有被称为"港口里引人注目的风帆(dramatic sails in the harbour)"，这是从美学上对建筑的一种事后合理评价。在设计和建造的过程中，公开场合经常有对该建筑美学的这类描述，包括"交配的白海龟"，或者"从海里爬出来的、没有什么内涵的东西"，由一个"品味很差"的建筑师设计(Reichold et al.，2004：168)。

谈到它的建筑师，很少有人知道他的名字，由充满争议的他来设计 20 世纪最具标志性的建筑确实是十分令人惊讶[12]。而且，如果提到他的名字乔恩·乌松(Jorn Utzon)，人们通常无法说出他设计过的其他建筑名字。悉尼歌剧院的成本超支，以及随之而来的争议，毁掉了乌松的声誉和事业，使他无法设计更多的杰作。他成了歌剧院问题的替罪羊，成了建筑领域最悲剧性人物："只有一个作品的建筑师。"[13] 这是悉尼歌剧院真正的"遗憾"，也是真正的代价(Flyvbjerg，2005a)。为了测量这一建筑和美学悲剧，基于建筑师弗兰克·盖里(Frank Gehry)的作品集设计了一个思维试验，弗兰克·盖里是被同行们认定与乌松处于同等水平的建筑师。然后考虑一下如果你只能选择一座建筑，而其他的都得舍弃，那么你会选择盖里设计的哪一座建筑？这个试验说明新南威尔士州政府通过老谋深算地玩弄"隐藏之手"的游戏，错误地管理了悉尼歌剧院的计划与建造工作，而强加给世界高昂的成本。

正如皮乔托(1994a)所观察到的,掌握权力的人很容易利用隐藏之手原理玩弄诡计以获得他们想要的东西,这就是在悉尼发生的事情。悉尼歌剧院只是从表面上看像是"隐藏之手"原理应用的典型案例;深挖下去,我们就会发现悉尼歌剧院的情况恰恰相反。这是一个灾难性后果的典型案例,它可能源自基于隐藏之手的管理——这件事导致20世纪最有天赋的建筑师之一的事业和作品都被毁了。悉尼歌剧院让我们明白了很重要的一点:基于"隐藏之手"的管理是充满风险并具有破坏性的,有时会以激烈和意想不到的方式表现出风险和破坏性,而"隐藏之手"并没有大到可以隐藏所有甚至是大部分困难。赫希曼所研究的一些项目甚至发生了比悉尼歌剧院更具灾难性的后果,接下来我们会看到,尽管我们通过阅读赫希曼的作品中永远也不会知道这一点。

## 8.7　"隐藏之手"的有效性

隐藏之手不仅无法很好地说明理应可解释的案例,如悉尼歌剧院,其在更为基础的层面也存在缺陷,即抽样和数据收集,这对于学术上的有效性存在消极影响。仔细观察可知,赫希曼的想法是基于极少数量的观察和有偏差的数据。赫希曼仅研究了分布在四大洲的11个开发项目(Hirschman, 1967a: 2-3)[14]。可见,这个数据集过于有限而难以支持所得到的普遍结论。然而,赫希曼的小样本通常被忽略,或在二手文献中被掩盖了,由此留下的印象是隐藏之手的实证基础是很扎实的。正如平时所见,二手文献比一手来源更具有吸引力,这已经成为常识。例如,埃尔斯特(Elster, 1983: 158)认为赫希曼展开了大量的案例研究以支持隐藏之手。卡蒂诺(Catino, 2013: 62)指出赫希曼基于许多项目的分析而提出隐藏之手原理。其他作者根本不提及样本量的问题,而是委婉地提及赫希曼研究的"一些"(Cracknell, 1984: 17)、"一系列"(Alacevich, 2014: 139)、"各种"(Lepenies, 2008: 450)项目,或者如克里特高尔(Klitgaard, 1997: 1963)只是简单地汇报赫希曼的研究结果。有趣的是,一旦某种理论得到公认且深入人心,甚至受人尊敬的学者都不愿核查并报告其实证依据,更不用谈进行检验了。基于这些关于隐藏之手的经典文献著作,导致读者们相信隐藏之手的实证基础是扎实的。实际上,读者只有通过回过头来检查原始证据来源才能略窥一二,隐藏之手这一原理在最基础的学术研究方面存在悬而未决的问题,即其有效性和可靠性问题。

这并不说明赫希曼没有注意到因其小样本的项目数而可能引发的问题。样本中这些项目均由世界银行资助,同时也是与赫希曼合作的官员们所挑选的。世界银行最初对这项研究寄予厚望,然而当看到所采用的样本时,一些银行官员提出质疑。世行的一位经济学家,罗伯特·斯基林斯(Robert F. Skillings)明确警示:"在一个非常小的样本中不可避免地会出现随机因素(random factors)的问题。"(Adelman, 2013: 388)另一官员同样疑惑"是否……在大约300个项目中(当时的总数),只有十几个项目的这一小样本足以得到有效的一般结论"(Alacevich, 2014: 147)。但是赫希曼希望能够亲自访问每个项目,并在现场进行访谈与观察,这对于大样本研究是不切实际的。尽管最初存在质疑声,且这些批评最后被大众的呼吁和对研究的好评所掩盖,所以赫希曼坚持其所挑选的11个项目。

除了抽样的问题,赫希曼关于隐藏之手研究的第二个问题是有偏差的数据收集。阿德尔曼(2013: 388)系统回顾了研究背后的大量现场记录。他发现这些笔记给人留下"一种根本性混乱的强烈印象"。赫希曼显然在努力"使其观察有意义",并"很难让其努力保持清晰有条理"。这是因为许多项目都充满个性,而赫希曼欲通过"一些粗略的描绘(some broad brush strokes)"来忽略这些特性。人们可能会猜测,正是因为数据收集的混乱状态，使得赫希曼非常需要运用这种粗略的描绘来满足他对于秩序的需求。无论如何，隐藏之手原理最终成了总体上粗略的描绘。

根据赫希曼的笔记，其所访谈的许多项目经理的“口头禅(running theme)”是“他们的项目‘失败’了”(Adelman，2013：389)。然而，对比他的笔记和书可知，赫希曼往往比这些访谈对象更充满希望。尽管这些访谈对象很沮丧，赫希曼仍坚持寻找可行的方法。根据阿德尔曼(2013：392)所言，对于赫希曼，“发现一线希望(silver linings)正成为一种职业习惯”，甚至可以进一步说是一种职业危害，这是因为赫希曼混乱的方法意味着他的偏见(即“一线希望”)从未被系统地质疑，其有效性也从未得到过检验。相反，赫希曼的乐观主义通过数据收集未受质疑地保留下来，乐观主义“蒙蔽了他”。根据阿德尔曼(2013：393)对档案的详细分析，指出“赫希曼对于惊喜和积极结果的希冀压倒了他的所见所闻”。[15] 皮乔托(1994b：303)同样认为，对于赫希曼来说，项目开发实践过程涉及的委托—代理问题和其他系统性问题，“都掩盖于乐观主义和浪漫主义之中”。笔者认为，一个学者在他人认为失败之处寻求成功，这可能是完全合理的，甚至是独到的。但这需要该学者公开其方法，以便他人检验。而赫希曼没能做到这一点。无论出于何种原因，不论有意无意，赫希曼都隐瞒了其有偏见的数据收集过程，使得隐藏之手看起来是所研究项目的本质，实际上这只是他充满偏见的数据集和为了匹配数据而“编造的故事”的本质，这些编造的故事最终成为了隐藏之手的故事(Adelman，2013：294)。隐藏之手的乐观主义反映了其作者的乐观主义，并未得到证据支持，根据分析甚至没有得到赫希曼现场笔记中所表现出的原有证据的支持。奥费(2013：588)指出赫希曼关于发展的乐观模式——不可预见的挑战为创造性的解决方案提供了机遇，之后便走向成功——这是“他自身生活经历的镜像”，即他从纳粹德国逃至法国、英国、意大利、西班牙和美国的重复移民经历。奥费推测其个人经历是赫希曼学术研究种所体现出的普遍乐观主义的根本原因[16]。赫希曼(1971)亲口讲述，他有着一种“对希望的偏向”，以至于这成为他后续著作之一的题目。

耶鲁大学政治学家查尔斯·林德布洛姆(Charles Lindblom)早期陪同赫希曼进行实地调查，曾提醒其方法的危险性(Adelman，2013：396)。布鲁金斯研究所的沃尔特·萨兰特(Walter Salant)同样在私人短信中告知赫希曼其仅处理了“那些困难和解决问题能力都被低估了”的案例，这样的分析是片面的(Adelman，2013：404)。萨伦特问道：“如果对困难估计不足，而高估了解决问题的能力，怎么办？”在赫希曼的私人回复中赞同了这一问题，且承认他曾想“强调意料之外的成功”以表明隐藏之手如何可能会让风险规避者采取行动(Adelman，2013：405)。赫希曼对于成功的强调类似于前述提及有关索耶针对创造性错误的选择性抽样，显著性差别在于索耶非常清晰地表明他抽样时只选择了成功的案例，然而赫希曼却对索耶的研究工作和自身的研究中均隐瞒了这点。赫希曼以这种方式歪曲了自己和索耶的研究。鉴于索耶花费了三分之一的篇幅来解释有偏抽样，来说明对这一问题的重视程度，很难理解赫希曼怎会不小心忽视了这一问题。这一省略似乎是有意为之。赫希曼著作中(1967a，1967b)均没有提及有偏的数据收集，给人留以错觉，即赫希曼的隐藏之手是通过其数据分析而获得的事后实证结果——一种被后人接受的假象——实际上这是方法论方面的伪命题，即数据的收集仅仅只有观察，来证实隐藏之手。

在这一点上，值得注意的是，隐藏之手的呈现方式在《开发项目之观察》(Hirschman，1967a)原稿与《公共利益》(Hirschman，1967b)编辑稿中存在细微、几乎不可察觉的差异。在《开发项目之观察》一书中，当赫希曼顺势称隐藏之手具有“投机性”以及只在“某些方面”发挥作用，这似乎是对之前发现的一些缺点稍作规避(1967a：

7，14）。这同样体现于赫希曼对托马斯·谢林的个人评论（在8.1章节中所提及），赫希曼指出该书是“一种探索，一种试验”。赫希曼将其研究视为一项试验，却未告知读者们，这似乎有些不真诚，在方法层面也不够稳健。赫希曼及其同事均意识到，隐藏之手可能存有缺点，尽管赫希曼在其乐观主义中从未探讨乃至提及这一缺点。然而，在《公共利益》这一文章中，对书中的限定语进行了整体校订。因最初的广泛传播，这篇文章开始主导对隐藏之手的解读，在隐藏之手获得成功之后，赫希曼及其读者均很快忽视了最初微弱的保留意见。显而易见，尽管数据不充分且有偏，对赫希曼而言，提出普遍性原理的诱惑太大了，如亚当·斯密及其他伟大经济学家提出传统经济定律。讽刺的是，这位后来因热衷小思想且讨厌宏观理论而闻名的学者（Adelman，2013：115-16），此时毫不掩饰地提出并推广了一个真正的伟大构思——隐藏之手原理。

保罗·克鲁格曼将赫希曼斥为一个通过“通俗语言丰富化（richness of plain English）”而“诱导人们”的“小说家”（Krugman，1994：287；Rodwin，1994：11）。腾德勒（Tendler，1994：289）反驳了这一严苛评价，他认为“赫希曼不仅仅是一个‘讲故事的人’”。罗德文（Rodwin，1994：11）同样公正地指出克鲁格曼的批判适得其反，因为克鲁格曼采用了大量讲故事的方式来论证其观点，实际上是用讲故事来驳斥讲故事，毫无疑问，这在方法论一致性层面是行不通的。但是克鲁格曼和腾德勒的观点均基于一个错误的假设，即“讲故事”是社会科学中的低端方法。然而，对许多人而言，讲故事或叙事是社会科学家工具箱中最强大的方法之一，这就是为何在紧要关头，克鲁格曼也会使用这一方法。见证了这样一个事实，即每个社会科学学科中许多珍贵的经典作品都是以讲故事为基础（Flyvbjerg，2001，2011）。但讲故事只是众多方法之一，和其他方法一样，故事可能讲得好或者不好。赫希曼的问题不在于讲故事本身，而在于故事讲的糟糕。如果赫希曼在样本效度和信度、数据收集与分析方面遵循正常的社会科学标准，将会对其观察进行有效、可靠地叙述。与之相反，他违背了基本的研究规则，由此做出了一个无效、不可信的研究。在这一程度上，克鲁格曼的批判是合理的。但这与讲故事无关，即使赫希曼的作品是给讲故事造成坏名声的那类作品。相反，这与垃圾进—垃圾出（garbage-in-garbage-out）有关，且适用于任何方法论。

在为《开发项目之观察》（2015年版）撰写前言时，桑斯坦（Sunstein，2015a：5）表明对赫希曼的著作进行“严苛的解读”会发现他犯了一个统计学家称之为因变量抽样（sampling on dependent variable）的谬误。桑斯坦须在其著作的前言中对赫希曼保有宽容是可以理解的。然而，笔者认为指出赫希曼的谬误并不是一种严苛的解读，而是一种严谨并沉稳的方式，且这一谬误使得赫希曼的研究在学术上无效。桑斯坦（Sunstein，2015a：4）将赫希曼诠释为早期的行为经济学家，并将其关于隐藏之手的著作视为一种延伸，解释为行为经济学领域的成果。相比行为经济学主流研究，赫希曼的方法论过于不严谨，且数据质量太低。同时，和倾向认为过度自信和偏差会对研究结果不利的行为经济学家相反，赫希曼注重有偏行为的积极面，因为在他的思想图式中，是过度自信和乐观触发了隐藏之手。因此，我们不应将赫希曼视为早期行为经济学家的榜样，而应将他视为行为经济学家的研究示例之一，即一个说明乐观主义偏见不仅在政策、商业方面，且在学术方面有多大危害的案例。与其说赫希曼是偏见的学生，不如说是偏见的受害者。

人们可能很赞同赫希曼的观点，即在不可预见的挑战出现时，针对大型企业的成功，解决问题的能力甚至比最佳战略、统筹规划、成本效益分析更为重要。但在隐藏之手中，赫希曼乐观地假定问题应对的能力会在需要时被激发，而不是将其作为需要实证检验的问题。这就是赫希曼的主要错误，即他将自己的乐观观点错误地认作并表述为经验现实。如果他提出了以下的限定条件，那他的研究就没什么问题：①基于小样本的项目研究提出了某些观点，其中最重要的是隐藏之手；②他认为这些想法可能对理解经济发展和大型项目规划有益；③警示由于样本量小，且有意收集数据以突出成功，故不可能知道这些想法多久并何时可应用于更广泛的项目中，需要深入研究以澄清这点。这才是赫希曼以诚实、平衡地呈现研究的方式。相反，他过度延伸了这种想法，特别是隐藏之手，这一作为普适的行动原理。事实是不论赫希曼还是我们都不知隐藏之手在实际中是否为一个普遍原理，或者不知其有多普遍或有多片面。在该原理提出 50 年后，没有人在学术上对其进行检验。接下来两个章节的主题是对这一原理的检验。

## 8.8 “隐藏之手”能否拯救失败的项目

我们已知赫希曼是基于 11 个大型项目数据而发展出隐藏之手原理。现在我们将用一个更大更好的数据集检验这一原理，包括 2 062 个项目。我们将得到在更大的样本中，是否可以复制隐藏之手的结果。[17] 这些数据来自同类中最大的数据库，覆盖了表 8.1 中的 8 个项目类型，与赫希曼小样本中的大多数项目一样，均为基础设施项目。[18] 在数据集中的每一个项目，测量了两个数据点，分别是成本超支和收益溢出。在地理方面，该数据集包括来自六大洲 104 个国家的项目，涵盖了发达国家和发展中国家。从历史上来看，这些数据覆盖了从 1927 年至 2013 年几乎一个世纪的时间。所涉及的较早项目可用于开展历史趋势分析。这些数据是作者与其同事在过去 20 年里收集的。相较于前述提及赫希曼的特殊和有偏的数据收集过程，该数据收集过程系统地遵守了国际标准，因此，数据的质量相应地更高。傅以斌等人(2002；2005a；2005b)对数据收集过程和数据库进行了详细描述。

正如我们所看到的，隐藏之手原理可归纳为以下两个关于项目绩效的主张：

(1) 超过预估的项目成本或困难通常会因高于预期的收益或困难解决能力而抵消。

(2) 项目风险将随着时间的推移而降低。

如果隐藏之手原理是正确的，那么一般来说，这两个主张可被实际项目绩效所证实。如果这一原理是错误的，那将拒绝这两个主张。现在我们一次来检验这两个观点。

表 8.1 显示了对赫希曼第一个推断的检验结果，即超过预估的项目成本或困难(成本超支)通常会因高于预期的收益或困难解决能力(收益溢出)而抵消。这就是隐藏之手的解决问题能力可拯救那些因意外难题和成本超支从而失败的项目。在表 8.1 中，理想情况下，成本和收益将在项目的全生命周期中进行测量。然而，这样的数据很稀缺，甚至无法获得。由此国际惯例是用建设成本替代测量成本/困难，用第一年的效益替代测量收益/解决问题的能力。对于总体效益的衡量，第一年的效益被批判为一个狭隘的替代变量。但实际上，第一年的效益是一个可靠的、庆幸的测量方式，因为对于大样本来说，如果必须依赖后续几年的数据，这收益数据是如此稀缺乃至于收益的衡量将无法实现。对于较小样本的项目，可获得其运营一年以后的预估收益和实际收益数据，实际上第一年运营收益值低于预估收益的项目，其在后续年份的收益也往往低于估计值(Flyvbjerg，2013：766-7)。因此，以第一年作为衡量收益的基础，似乎不会经常产生认定项目收益方面表现不佳的错误，因此使用其他时间段作为比较的基础，更不会犯此错误[19]。

是否如隐藏之手所说，超过预估的成本被高过预期的收益所抵消？答案是不，拒绝隐藏之手观点。

**表 8.1　成本超支和收益溢出均分别使用实际的费用值和效益值 *A/E* 进行测算**

| 项目类型 | 成本超支 | | 收益溢出 | | *P* 值* |
|---|---|---|---|---|---|
| | 数量 | 平均超支成本 (*A/E*) | 数量 | 平均溢出收益 (*A/E*) | |
| 大坝(Dam) | 243 | 1.96 | 84 | 0.89 | <0.000 1 |
| 快速公交系统(BRT) | 6 | 1.41 | 4 | 0.42 | 0.007 |
| 铁路(Rail) | 264 | 1.40 | 74 | 0.66 | <0.000 1 |
| 隧道(Tunnels) | 48 | 1.36 | 23 | 0.81 | 0.015 |
| 发电厂(Power plants) | 100 | 1.36 | 23 | 0.94 | 0.000 3 |
| 房屋建筑(Buildings) | 24 | 1.36 | 20 | 0.99 | 0.01 |
| 桥梁(Bridges) | 49 | 1.32 | 26 | 0.96 | <0.000 1 |
| 公路(Roads) | 869 | 1.24 | 532 | 0.96 | <0.000 1 |
| 合计 | 1 603 | 1.39/1.43# | 786 | 0.9/0.83# | <0.000 1 |

注：* 表示运用曼-惠特尼(Mann-Whitney)检验进行零假设检验的 *P* 值结果，零假设为超额收益实际上要高于超支成本，*P* 值越小越好。
# 分别为加权和未加权的平均值。

成本超支是以实际成本除以实际估算成本进行测量的，且不考虑通货膨胀。收益溢出则是以实际使用量除以预估使用量。例如，交通基础设施的交通流量和能源基础设施的发电量。预估成本和收益是来自决定建造(最终商业项目)时的估计值。实际成本则以记录的最终成本进行测算，实际收益则以第一年的收益值，或者如果第一年收益数值未获得时，选择尽可能接近的可取的后期阶段数值。以铁路项目为例，平均超支成本如表 8.1 所示为 1.40，意味着依据实际值进行测算，铁路项目实际成本平均比预估成本高 40%。铁路项目的平均超额收益为 0.66，说明收益差额为 34%，意味着实际铁路运输中平均有 34%未达到预估客运量。

如果隐藏之手的基本思想是正确的，平均溢出收益将高于平均超支成本。我们发现铁路项目并非如此，或者表 8.1 中八种项目类型均不是如此。此外，我们发现每种乃至所有项目类型均没有收益溢出，反而存在收益缺口(即收益溢出<1)。这不仅与赫希曼的观点不符，还与之截然相反。[20] 从表 8.1 中的 *P* 值可知，以极高的统计显著性水平($p<0.000\,1$，Mann-Whitney 检验)可以拒绝隐藏之手假说，这一显著性水平在社会现象研究中很少出现[21]。

为了验证结果的稳健性，我们对 327 个项目的子样本展开了同样的检验，其中每个项目数据的成本超支和收益溢出数据均可获得。[22] 我们得到了类似的结果，该子样本的平均超支成本为 1.53，平均溢出收益为 0.89(大样本的平均超支成本和平均溢出收益分别为 1.39 和 0.9)。再一次以极高的统计显著性水平($p<0.001$，配对 Wilcoxon 检验)拒绝了赫希曼关于溢出收益大于超支成本的观点。最终，我们运用贝叶斯建模得到项目类型和地理位置的影响结果。[23] 我们发现不同项目类型和地理位置之间存在较小的显著差异，且并没有违背上述主要结果，即高于预估的成本并未被高于预期的收益所抵消。鉴于依据极高的统计显著性水平而拒绝了主要观点，因此这结果并不意外。

值得注意的是，上述检验中，溢出收益不仅没有如隐藏之手所说的平均高于超支成本，甚至压根就不存在溢出收益。我们发现的是截然相反的情况，即存在收益亏损。由于溢出收益的大小和符号(负号而非正号)是错误的，这说明赫希曼关于隐藏之手的观点在程度和方向上都是错误的。项目产生的效益并不像赫希曼(Hirschman，1967a：13)提出存在“两个相互补偿的低估值”的乐观推论那样可以弥补超支的成本，实际项目均遭受着大量成本超支和收益不足的双重打击。不用说，如果项目规模够大且项目所在地的经济脆弱，只要一个大项目出现问题，就会对国民经济产生几十年的负面影响，这是不利于生存发展的；就像巴西和巴基斯坦已从其大坝项目中获得的教训(Ansar et al.，2014)，以及2004年希腊奥运会(Flyvbjerg et al.，2012)。该问题并不限于公共项目。例如，空客A380大型喷气式客机的成本超支、延误和收益不足使得公司面临风险，且让高管丢掉了工作。由于价值10亿美元的IT项目出现了类似问题导致凯马特(K-Mart)公司倒闭。这些项目的业主可能会质问赫希曼：当需要时，隐藏之手在哪儿呢？

桑斯坦(Sunstein，2015a：4)为隐藏之手增加了一个有趣且有用的反转，他声称这只手有一个“邪恶双胞胎”(evil twin)。皮乔托(Picciotto，1994b：302)同样观察到“可能存在两只隐藏的手”。一只是善意的隐藏之手，正是赫希曼提出的，另一只则是恶意的隐藏之手，其中也隐藏着困难与阻碍，但在这种情况下，创造力不会显现，或显现得太晚，抑或创造力更不可能挽救大局(Sunstein，2015a：4-5)。对于这种情况，桑斯坦(Sunstein，1984：16)将其解释为“隐藏之拳”原理(Principle of the Hiding Fist)。赫希曼并不否认这种情况可能存在，但他从未检验过一个显而易见的问题，即根据经验，善意之手或恶意之手，这两只隐藏之手尚无人可知哪只手更为常见。这个问题并不是赫希曼的兴趣所在，相反，他乐观地言明根据其11个世界银行项目的有偏证据，善意隐藏之手是两只手中典型且更为常见的那只。然而，基于上述数据，我们必须拒绝这种主张。根据这些数据，“邪恶双胞胎”——恶意隐藏之手，即超过预估的成本并未被高于预期的收益所抵消，其数量是善意隐藏之手的3.5倍。同时以极高的统计显著性水平拒绝了这一假说，表明隐藏之手的主张是多么错误($p<0.0001$，单边Mann-Whitney检验)。正如，与其说赫希曼所推论的“善意隐藏之手”是典型，不如说在78%的项目中“恶意隐藏之手”才是主导。[24, 25]

必须强调的是，在统计学上对隐藏之手的明确拒绝并不意味着不存在适用隐藏之手的项目，或者如索耶(Sawyer，2014)所论证及前述的，这类项目可能不是一个有趣的研究特例[26]。即使在用于拒绝隐藏之手的数据集中，也很容易找到证实这一基本思想的项目。例如，数据集中德国卡尔斯鲁厄—布雷伊腾(Karlsruhe-Bretten)轻轨线项目，其实际成本超支78%，但收益溢出更大，达158%。根据隐藏之手，这一项目是有效的。与之类似，丹麦大贝尔特(Great Belt)收费桥，其完工时是当时世界上最长的悬索桥，项目成本超支45%而收益溢出达90%，该项目再次验证了赫希曼所提的原理。诸如此类还有其他项目。但是像这样展开数据捕鱼(data fishing)，然后将发现的结果称之为普遍的行动原则，如赫希曼(Hirschman，1967a：13)所做的那样，多少有点不真诚。[27] 数据捕鱼是应用统计学教科书中最早且最不道德的把戏之一。尽管赫希曼没有直接从现有的数据中捕获数据，但我们从其笔记和私人信件中发现，在数据收集过程中，他有意强调成功案例而非有代表性的案例，以达到同样的效果且未告知读者。数据捕鱼需要谨慎处理，在赫希曼的著作中只字未提，且深藏了50年之久。在这种情况下，克鲁格曼(Krugman，1994：287)有理由以“通俗语言丰富化”的方式诱导和误导人们而批判赫希曼。对赫希曼大度一些，我们可以猜测像任何真正的乐观主义者一样，如前所述，赫希曼显然是一个乐观主义者，他不仅诱导其读者乃至其自身，使其更多地成为行为经济学家的研究对象而非所谓的行为经济学研究主体。

## 8.9　“隐藏之手”是否逐步降低项目风险

赫希曼的第二个主要观点是因学习经验可在项目间传递，项目风险将会逐步降低。我们看到赫希曼将隐藏之手本质上描述为“决策者通过学习机制以承担风险”，因此，“学习越快越好”(Hirschman，1967a：28)。具体而言，根据赫希曼的观点，当决策者们发现如何区分可接受和不可接受的风险，则通过隐藏之手的学习可使得决策者能更好地逐步降低风险。舍恩(Schön，1994：69)研究赫希曼关于学习的理论，公正地指出：“关于学习的理论必须可解释随时间推移而变化的绩效。绩效恶化、倒退或是从一种作用方式摇摆至另一种，这些并不算是学习。”在隐藏之手的情景中，改进的绩效意味着如果短期内不可能，则在中长期内，项目风险会随着时间推移而降低，导致成本风险和收益风险下降。如果数据表明了这种减少，即支持了隐藏之手。如果数据显示风险没有降低，我们不得不推断未发生学习，在这一点上也必须拒绝隐藏之手。

图 8.1 表明关于表 8.1 中以成本超支和收益溢出测算的项目成本风险与收益风险历史趋势，其数据也涉及开局年。数据涵盖了从 1927 年至 2011 年投入使用的项目。如果赫希曼有关学习的主张是正确的，则超支成本将随时间推移而减少，且溢出收益将随之增加，共同表明风险的降低和项目绩效的提升。结合图 8.1，显而易见地没有发现清晰的历史趋势。对于成本超支，统计检验证实了这一说法，即当使用包含公开可用的

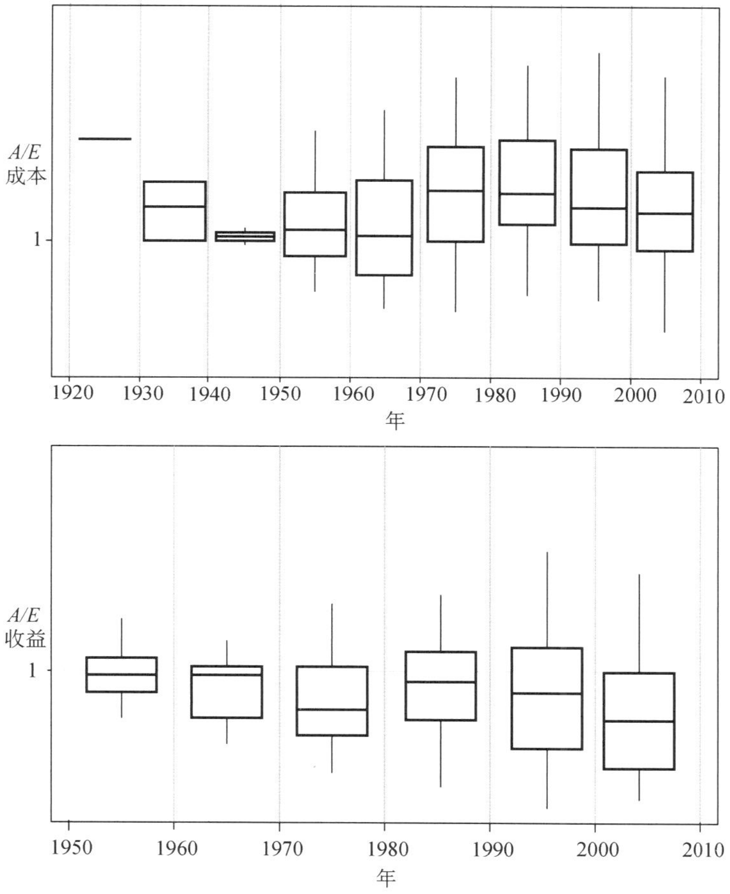


**图 8.1　1920—2011 年成本风险与收益风险箱型图**

8 重大项目研究是否开创了行为经济学：基于阿尔伯特·赫希曼的案例研究

成本超支和开局年信息的 1 271 个所有项目时，没有发现成本超支和时间之间的显著关系（$BF=1.70$，贝叶斯检验）。当我们分析包含公开可用的成本超支、收益溢出和开局年信息的 327 个项目时，成本超支似乎随时间推移统计显著地每年减少约 0.5%（$BF=134$）。后续的数据集涉及 1952 年至 2011 年的数据[28]。

对于收益溢出，检验表明了存在绩效每年下降 0.5%的高度统计显著的历史趋势，再次与赫希曼的主张截然相反（$BF=799$）。该结果来自使用包含收益溢出和开局年信息的 625 个项目。当使用包含成本超支、收益溢出和开局年数据的 327 个项目时，不存在显著性，且我们发现随时间推移，绩效又没有变化，这与赫希曼的主张背道而驰。此外，截距显著小于 1，为 0.86（$BF=17$），表明我们发现的是收益亏损而非收益溢出，与赫希曼的观点相反。

对于溢出收益减超支成本，尚未有随时间推移的显著性变化，但截距为高度显著的负值（$BF=2352$），说明溢出收益一直显著低于超支成本，再次与赫希曼的主张相悖。该结果是源自 327 个项目样本。在 1980 年之后，截距为－1.031，是高度显著的负数（$BF>10\ 000$），但随时间推移存在一个显著变化，即溢出收益减超支成本的值每年以 0.014 增加（$BF=90$）。这不是一个百分比增长，而是一个名义上的年度增长。诚然，这是一个好的进展，但不幸的是，这种增长如此微小以至于起始于负截距，需要 74 年才得以使溢出收益减去超支成本最终达到正值。也就是说，这在赫希曼关于高于预估的成本会被高于预期的收益所抵消的主张实现之前。最后，1 271 个项目（成本超支）和 625 个项目（收益溢出）这两个更大而更可靠的样本数据各自均未支持这一积极趋势。

同样，我们用贝叶斯建模检验了项目类型和地理位置的影响。其中，统计结果显示，大坝的成本超支随时间而增加，铁路项目成本超支随时间而减少，而其余 6 个项目类型中尚未发现统计显著趋势。对于收益，我们发现电力项目的超额随时间而增长，公路项目的超额随时间而减少，在其余 6 个项目类型中同样没有发现统计显著趋势。在地理位置方面，我们发现拉丁美洲和北美洲的项目成本超支随时间而增加，亚洲和欧洲的项目成本超支则随时间而减少，在非洲和大洋洲尚未发现统计显著趋势[29]。对于收益溢出而言，我们发现亚洲和拉丁美洲的溢出在减少（即收益亏损在增加），对于非洲、欧洲、北美洲和大洋洲，不存在统计显著趋势。需要指出的是，项目类型和地理位置在随时间变化方面的差异性结果，可能是因为小样本，尤其缺乏当时早期的观察结果造成的。即使该数据集是同类中最大的数据集，可细分出 8 个项目类型、6 个地区和多达 9 个时间段，一些子样本变得过小，则结果相应地更不可靠。而即使使用小的子样本，按照国家和项目类型划分，同样存在显著影响，这正印证了该效应有多强。

总而言之，上述对隐藏之手的统计检验以极高的统计显著性结果证伪了赫希曼的主张。这些数据不仅没有支持赫希曼的主要主张，即高于预估的项目成本通常会被高于预期的收益所抵消，结果表明恰恰相反。典型的（一般的）项目受制于预估成本和低于预期收益的双重重击。在大多数情况下，这破坏了项目可行性，而非通过隐藏之手所预测的创造性难题处理和效益造福以拯救项目。换句话说，赫希曼提出的善意隐藏之手被其"邪恶双胞胎"所主导，即桑斯坦提出的恶意隐藏之手。因在收益层面项目绩效不断恶化，数据表明这种主导不仅在探究的所有项目类型和地理位置中显著一致，同时随时间的推移仍然一致，这与赫希曼的说法截然相反。

## 8.10 30年后,赫希曼回顾过去

1994年,赫希曼开始创作《开发项目之观察》的30年后,他正为该书的新版本作序(Hirschman, 1995a)。此时他称原有关于隐藏之手的第一章,是"书中最具猜测性(most speculative)的一章"和"近乎挑衅(close to a provocation)"(Hirschman, 1995a: ix)。他还承认,依据前述提及的保罗·克鲁格曼的批判,他在实地调查中收集如此多"引人入胜的故事"以至于"讲故事有时弱化了分析"(viii)[30]。最后,他现在声称"没有什么比隐藏之手原理更'实用(operationally useful)'的了",且"本书第一章中所讲的故事当然不是提供任何立即可用的'实践'指导('practical' lesson)"(Hirschman, 1995a: ix)。通过这些评论,赫希曼定下一个与原文中自负腔调截然不同的基调,原文中声称普遍适用性,对取样、数据和分析缺乏保留。可以肯定的是,赫希曼在新的序言中没有拒绝隐藏之手,甚至没有建议应该修改隐藏之手。但是30年后,他似乎更加谨慎,规避了其早先的有力主张,即隐藏之手说明了一个行动的普遍原理,同时规避了该原理所产生的政策影响的任何责任,这些影响他早先曾积极追求。然而,相比赫希曼的有所保留,其所提的原理更令人难忘,因为这一原理已经有30年的影响,且仍会继续发挥影响。如果说在《开发项目之观察》(1995年版)之后,"隐藏之手"已强而有力,在原稿出版半个世纪之后的2015年版本中,"隐藏之手"甚至会更加稳固。

现在赫希曼(Hirschman, 1995a: ix)还为其早先关于隐藏之手的宏伟主张透露了"隐藏的动机(a hidden agenda)"。他解释道他本来想"赋予和围绕故事发展以一种奇妙和神秘感,揭示这与人类的最高追求(the highest quests)有许多共通之处"(ix)。此外,"我把我的作品看作是具有潜在、隐藏的但又高于一切的共同意图,来赞扬、歌颂这史诗般的开发探险——它们充满挑战、激动人心、宏伟壮丽"(viii)。不论这一目的在政策制定者和开发者们中多么深受好评,可以肯定地说这是一部学术著作的不寻常动机。这并不意味着这一目的不能既有趣又合理,但不幸的是,赫希曼等了30年才告诉其读者他的真正研究意图是什么,导致读者丧失了自己判断其有效性与研究目的相悖的机会。无论如何,有了这样一个宏伟的动机,赫希曼必须提出一个真正的伟大思想,即隐藏之手。这一动机的崇高性和非学理性可能也有助于解释本章早期汇报的赫希曼数据收集和分析中所缺乏的严谨性和临界距离(critical distance)。

在为《开发项目之观察》开展研究期间,赫希曼发现隐藏之手和与之支持的故事极为适合追求他的隐藏动机。在一个代际之后,他抱以另一种态度。目前他赞同一种自我批判而被广为人知,将其称之为"自我颠覆的倾向(propensity to self-subversion)",是指一种智力活动,其中包括自己"反对自己的早期主张,因为发现没有原本想象的那么通用"(Hirschman, 1995a: xi; 1995b)。他也坦率地承认,当他在20世纪60年代发展隐藏之手时,用他自己的话说,"我正忙着构建关于开发的命题大厦(edifice of propositions),脑海中所想的并不是自我颠覆"(Hirschman, 1995a: xi-xii)。有趣的是,尽管在1995年隐藏之手似乎是一个明显的自我颠覆选择,赫希曼却免除了对这一特殊命题的批判。唯一可寻的自我批评是前述提及的在《开发项目之观察》1995年新版序言中的少数简短评论。

鉴于如罗德文(Rodwin)和舍恩(Schön, 1994)针对赫希曼研究的书中包含了对隐藏之手的大量评论和批判,可解读为公开邀请赫希曼回应和重新考虑这一观点,则赫希曼缺乏自我检讨这一点就更加惹人注目了。尽管赫希曼(1994)在这本书中回应了其他批评,值得注意的是他在回应中只字未提隐藏之手。他完全无视了罗德文和舍恩书中

的这部分内容。再加上赫希曼在《开发项目之观察》中原本描述为成功的一些项目，即他在书中声称被“隐藏之手”所拯救的项目，在此期间都已成了灾难。例如，在说明隐藏之手方面最为突出的例子——东巴基斯坦（现在的孟加拉国）的卡纳普利造纸厂，在整个20世纪70年代出现了亏损，成为国民经济的拖累，而非赫希曼所预测的经济助力。赫希曼提及的另一个项目，即尼日利亚的300英里（1英里≈1.61千米）博努（Bornu）铁路项目，催化了民族冲突以导致了比夫拉（Biafra）的脱离，以及在整个1967—1970年间一场伴随着饥饿、杀戮的悲惨内战（Adelman，2013：392）。[31] 根据阿德尔曼（2013：422）的说法，这使得赫希曼暗自不安，因为他没有看到刚研究过的一个项目在不久之后产生如此灾难性的后果。但是奇怪的是，这种失败，抑或项目结果似乎与隐藏之手原理背道而驰的事实，从未引起赫希曼对这一原理进行评判性评估和修改。

总而言之，赫希曼对隐藏之手的沉默太引人注目而无法被忽视，尤其是考虑到他通过自我颠覆的方式积极投入重新解释和修改其作品的其他部分。这很难不让人联想到赫希曼清楚地明白隐藏之手需要进行自我颠覆。但他似乎也知道隐藏之手充满问题，如果其受到批评，则会分崩离析。赫希曼关于隐藏之手的思索证明的确是一次“实验”，正如他最初告诉托马斯·谢林而非其读者的那样。几十年后，赫希曼现在似乎得出结论，实验失败了，或者已无法补救，但这同样没有告诉其读者。到了这一阶段，也许他对隐藏之手的既得利益过于强烈。正如本章引言中提及的，隐藏之手原理是一种即使是错误的，在许多人看来也是好得不能再好的理论。赫希曼最终似乎也赞同了这一观点。

## 8.11 结论

在这一章中，我们对以下推断进行了检验：赫希曼可以被视为早期的行为经济学家，他对重大项目管理的主要贡献《开发项目之观察》可被视为行为经济学的著作。重点是这本书的核心思想：“隐藏之手”原理。我们基于四个原因拒绝了隐藏之手原理。

第一，赫希曼的数据收集存在很大偏差。他在数据收集时，专注于选择意外成功的项目，而这一点他并没有告诉读者。因此留下这样的印象：隐藏之手是基于平衡数据抽样得到的实证研究结果。而实际上，数据收集是基于人工方法控制的，包括只采用了那些支持隐藏之手原理的数据。因此，赫希曼的行为令人震惊地接近于彻底的数据捕鱼，同时他也承认犯下了统计学家称之为因变量抽样的谬误。

第二，仅仅对四大洲的11个项目样本，赫希曼的数据集太局限不足以支持他得出的普适结论。不幸的是，关于隐藏之手的二手文献同样忽视了这一点，或者掩盖了这一点——因此带来了错误的印象：隐藏之手的经验偏差是合理的。

第三，赫希曼歪曲了他的发现。私下里，他称自己的研究是“一次探索，一次实验”（Adelman，2013：404）。但是对他的读者来说，赫希曼（1967a：13）声称他发现了一条经济规律——一条“行动的普遍原理”——沿袭了亚当·斯密和其他伟大经济学家的道路。30年来，赫希曼（1995年5月7日）一直对他潜在研究动机保持沉默，即“庆祝、歌颂史诗般的开发冒险—充满挑战、激动人心、宏伟壮丽”。而没有告诉读者他研究的探索性与试验性特征，他隐藏了他带偏见的数据集以及驱动他的隐秘动机，通过忽略由于样本过小而引起的问题，提出了远超出他薄弱和片面的数据可以支持的推断，赫希曼歪曲了他的发现并且误导了他的读者。

第四，统计检验表明，赫希曼的结论无法在更大更好的数据集得以复现，因此必须将其视为错误。使用比赫希曼原始样本大近200倍的样本，这些数据都是按照国际标准系统地收集，得到以下发现：(1)隐藏之手的主要推断——高于预估的项目成本会被比预期更高的收益所抵消——被高水平统计显著性检验拒绝（$p<0.0001$）。不仅仅是因为收益溢出没有像推断预测的那样大于成本超支的幅度，而且是总体上根本就不存在溢出收益，相反还存在收益短缺。关于收益溢出，赫希曼把数字和符号（是负而不是正）都搞错了。实际情况并非如赫希曼（1967a：13）所推断的成本和收益的"双重低估两相抵消"，而是普通项目由于遭受大量成本超支伴随大量收益亏空的双重打击而被削弱。（2）隐藏之手原理的第二个推断——项目风险随时间而下降（归功于学习机制）——同样也被拒绝。关于收益风险，我们发现一个统计上非常显著的历史趋势，即收益亏空每年增加了 0.5%（$BF=799$）。同样这与赫希曼的推断完全相反。而成本风险与时间之间没有发现显著的关联关系；即成本风险随时间推移表现出一定程度的稳定性（$BF=1.70$）。（3）最后，检验了赫希曼的善意隐藏之手（收益溢出＞成本超支）比桑斯坦（2015：4）所谓的"邪恶双胞胎"——恶意隐藏之手（收益溢出＜成本超支）更普遍，我们发现了相反的情况才是真实的：恶意隐藏之手占调查案例总数的 78%，与善意隐藏之手之比是 3.5∶1，同样具有很高的统计检验显著性（$p<0.0001$）。

公正地说，赫希曼在开发隐藏之手原理时的偏见和错误表达似乎是由普遍的乐观主义而非故意的欺骗所驱动，尽管两者之间存在灰色地带，而赫希曼时不时地进入这个灰色地带。不过，以上四点中的每一点都足以证明赫希曼的隐藏之手原理明显是无效的。综合起来，它们构成了一个强有力的结论：从"具有普遍意义的项目行为"的角度去理解隐藏之手原理完全是错误的，而这正是赫希曼（1967：1）声称的目的。该原理仅适用于能够支持该原理的特殊成功案例，其中一些是虚构的，我们现在知道这个原理的形成主要是基于赫希曼的乐观主义和隐藏动机，而不是基于现场证据。在赫希曼所研究的行为类型中，如果存在有效的普遍行动原理，那么这种原理与隐藏之手的假设正好相反：实际上，与赫希曼（1967a：16）许诺通过"创造性错误"带来的成功相反，在大量成本超支和大量收益亏空的双重打击下，项目的生存能力被削弱，如表 8.1 所示。最后，基于本研究的结果，我们不妨对赫希曼的其他研究进行类似的检验，以便确定哪些工作经得起仔细的检验，哪些经不起。

隐藏之手原理与浪漫主义者和自私自利者同时产生共鸣，这能够很好地解释它持久影响力的来源。浪漫主义者因其直观的吸引力以及将人们描绘成有创造力的问题解决者—他们通常不顾最初的困难，脚踏实地地为项目奋斗——而感到满足。赫希曼显然是个浪漫主义者。自私自利者将隐藏之手原理视为一种为结果辩护的手段：推动项目开工。威利·布朗，乔·卡希尔，以及罗伯特·摩西都属于这一类人。但是，由于隐藏之手原理根本上是错误的，就像通常发生的那样，应用它去制定政策或指导实践，最好的情况下可能导致对稀缺资源的错配（帕累托低效），最坏的情况下可能导致彻底的灾难。正如我们所看到的，从摧毁职业生涯和企业的赘而无用之物，到国家危机乃至战争。比隐藏之手原理更好的概念和理论是存在的——乐观偏见、计划谬误、脆弱性和战略误报等理论——在解释数据、政策制定以及指导实践时，相比隐藏之手原理，这些理论应该优先使用（Kahneman，2011；Flyvbjerg et al.，2009）。

上述结论并不一定意味着遵循恶意隐藏之手的广大项目都不应该推动建设。然而，研究结果的确表明，这些以及其他一些项目在送交最终决定之前，他们的决策与成本-效益分析应该是无偏公正的。有许多具有良好理论基础的久经验证的方法用于消除偏见。在英国和丹麦的大型交通基础设施的项目管理中，最近有一些方法被强制要求采用，这些方法在包括美国和中国在内的许多其他国家得到特别的使用，这些方法被应用到交通运输以外的许多其他项目类型（Flyvbjerg，2006，2013；Batselier et al.，2016；Chang et al.，2016）。

回到这个问题，是不是就像桑斯坦提议的那样，赫希曼是一个早期行为经济学家的例子，《开发项目之观察》一书是否可以算作行为经济学中的著作，答案是否定的。以上的研究与数据表明，我们需要把赫希曼作为行为经济学家的一个案例进行研究——一个关于乐观偏见在政策和商业上，以及在学术上，能够造成破坏的案例。赫希曼是乐观偏见的受害者，而不是学生。但是，在拒绝赫希曼理论的同时，更重要的是我们还必须拒绝世上像威利·布朗一样的人，他们基于自利的原因而称颂有益的无知以及"推动项目开工"。学术界应该检验而不是赞扬这种思想。

## 致谢

笔者感谢以下所有人提供的重要帮助。德克·贝斯特(Dirk Bester)完成了本章所有的统计分析工作。阿蒂夫·安萨尔(Atif Ansar)、亚历山大·布德泽尔(Alexander Budzier)和尚塔尔·坎塔雷利(Chantal Cantarelli)都帮助收集了用于统计分析的部分数据。杰里米·阿德尔曼(Jeremy Adelman)，米歇尔·阿拉斯维奇(Michele Alacevich)，亚历山大·布德泽尔，尚塔尔·坎塔雷利，约·埃尔斯特(Jon Elster)，奥勒·乔尼·克拉克格(Ole Jonny Klakegg)，克劳斯·奥弗(Claus Offe)和卡斯·桑斯坦对本章早期版本提供了宝贵的意见。本章使用的部分数据源自安萨尔(Ansar et al.，2014)和坎塔雷利(Cantarelli et al.，2012)以前用过的数据。

## 注释

1. 最近学术界对"隐藏之手"原理的赞扬，有克里茨(Kriz，2015：14-15)，他说："赫希曼提出'隐藏之手'是正确的……干预措施……也许最好是由那些对风险的全部后果天真无知的人来承担"。同样，莱比尼(Lepenies，2008：450)称《开发项目之观察》一书"对于发展援助提出了令人印象深刻的分析"，"这些解释和分析至今仍然有效，包括他的'隐藏之手的原理'……但是'隐藏之手'的存在，就是为什么开发项目能得以实施的首要原因"。
2. 此处原理和理论这两个术语可互换使用。接下来，我们将回到隐藏之手的原理是不是真正的理论这一问题上来。
3. 格拉德威尔(Gladwell，2013：2)同样称赫希曼为"20 世纪最杰出的知识分子之一"。
4. 在相关档案变得可访问之后，由专业历史学家开展的关于赫希曼工作的新型研究已经开始出现。阿德尔曼(Adelman，2013)的研究就属于这一类，阿拉塞维奇(Alacevich，2014)也是如此。首次能够获得的这类材料和研究可以用来更好地理解赫希曼和他的研究。该研究全面利用了这些资料来评估赫希曼的数据和分析的有效性。据笔者所知，这是首次利用新获得的档案材料来系统地评估隐藏的手。
5. 赫希曼"隐藏之手"的经典文本存在两个版本(1967a，1967b)。该文引用的版本为布鲁金斯学会出版的《开发项目之观察》(Hirschman，1967a)，这是原始文本。另一个版本是一篇发表在《公共利益》杂志上文章《隐藏之手原理》。这两个文本的区别很小，主要在于和书相比，文章的技术性更低、可读性更强，这要归功于时任《公共利益》杂志主编欧文·克里斯塔乌的编辑工作(Adelman，2013：405)。在发展经济学三部曲的第三卷与最后一卷中都纳入了赫希曼(Hirschman，1958；1963)的《开发项目之观察》一书。这本书在 1995 年再版的时候增加了作者的新序言，在 2015 年再次再版的时候增加了卡斯·桑斯坦新写的前言以及米歇尔·阿拉斯维奇新作的后记。赫希曼的妻子莎拉·赫希曼(Sarah Hirschman)是她丈夫的合作者，在"隐藏之手"出版过程中，在领域内外都作了大量研究工作(Adelman，2013：388；Alacevich，2014：149)。
6. 即便是对 IT 项目而言，IT 项目属于最容易被放弃的项目之列，同时也在绩效最差的项目之列，据估计，其项目放弃率也仅为 9%(Sauer et al.，2007)。

7. 同样，赫希曼（Hirschman，1967b）发表在《公共利益》杂志的文章《隐藏之手》最近也被收录进该文作者（Flyvbjerg，2014b）编辑的重大项目规划与管理"经典读物（Essential Readings）"合集中。
8. 关于"隐藏之手"最近的使用情况，参见（Weisberg，2014），（Osimo et al.，in progress），and（Alston et al.，2015）。
9. 此处"理论"一词来表示说明或解释某种情况的一种思想或一个思想体系。这与赫希曼使用该词的含义相近。
10. 澳大利亚广播公司 2003 年 1 月 9 日的电视节目 *Lateline* 抄本。
11. 实际成本超支达 1.02 亿澳元是保守的算法，其中并不包括 2002 年拨款的 4 500 万澳元，其中部分资金是用于使建筑物更符合原来设计。
12. 在本章探讨的问题中，我在超过 1 000 人的讲座上，询问悉尼歌剧院的设计者是谁，很少有人知道答案；少数知道答案的人通常都是和这个建筑师同一国籍或者是真正的建筑爱好者。当我以类似的方式问一个控制性问题，谁是毕尔巴鄂古根海姆美术馆（Guggenheim Museum Bilbao）或洛杉矶迪士尼音乐厅（Los Angeles' Disney Concert Hall）的建筑师，很多人都知道答案。
13. 格里（Gehry，2009：15）正确地指出，"赢得竞争[为悉尼歌剧院]可能是发生在他身上[Jorn Utzon]最糟糕的事情"。在悉尼以后，乌松只设计了几个小型、鲜为人知的建筑。主要包括他自家在西班牙马略卡岛（Mallorca）的两栋房子、丹麦的巴格瓦尔德（Bagsvaerd）教堂，以及科威特（Kuwait）的国民议会大厦，但这些建筑都不能填补一个建筑大师的职业生涯的空白，仅仅是让一个天才的建筑师有事可干（Flyvbjerg，2005 a）。
14. 赫希曼（Hirschman，1967：3）用两个标准来选择他的世界银行项目的小样本：(a)项目必须在经济部门和地理区域方面多样化，(b)每个项目必须有一定的历史，包括数年的运营期。
15. 阿德尔曼（Adelman，2013：392-3）进一步将赫希曼的数据收集描述为"满怀希望的"；它"拒绝悲观的结论，可能太固执了"，不顾赫希曼实际上记录了"充斥了采访对象满口抱怨的证词"；根据阿德尔曼的描述，这就相当于"个人（就赫希曼而言）未能看到发展的灾难，也未能对其进行评估"。
16. 莱比尼（Lepenies，2008：437）也有类似的看法，"谈到赫希曼，工作和生活是分不开的"。
17. 如前所述，这种检验以前从未做过。我们了解到的最接近于对隐藏之手的检验来自克拉克内尔（Cracknell，1984）和皮乔托（Picciotto，1994）。克拉克内尔是英国海外发展署（Overseas Development Administration，ODA）的一名官员，他写道，"根据 200 个海外发展署的项目数据，几乎不能为隐藏之手提供支持"（Cracknell，1984：17-18），不幸的是，克拉克内尔没有提供数据或分析来证实他的主张。皮乔托是世界银行的一名官员，他试图评估隐藏之手，但是评估缺乏严格、优质的数据并得到了弱结论"隐藏之手既有优势也有缺点"（Picciotto，1994a：223）。
18. 赫希曼项目只有两个是非基础设施项目，包括一个工业项目（正文中讨论的卡纳普利造纸厂）和一个畜牧业项目。
19. 使用第一年的收益也被批评没有考虑到正向的发展效应：例如，因改进运输服务而增加的房地产价值。这样的效应无疑是存在的，但如果运输具有发展效益，那么这些效益大致与载客量成正比。因此如果载客量被高估了，那么发展效益同样也会被高估，这意味着与这个项目相关的案例被夸大了。因此，包括第一年的载客量在内的估计载客量与实际载客量之间的差值，就是评估问题严重程度的一个很好的指标。这同样适用于运输以外的各种基础设施。完整的论点和进一步的文件，见 Flyvbjerg（2oosb；2013）。参见 Vickerman 该卷第 17 章。
20. 应该提到的是，结果可能是保守的；也就是说，成本超支以及收益亏空的项目数量比例很可能比样本中表现的更大。这是因为可获得的数据表明了其项目管理优于平均水平，原因是那些表现糟糕项目的数据通常不会发布。这是在解释统计分析结果时必须牢记的一点，这意味着隐藏之手在项目总体比在样本中存在更大的错误。完整的观点参见（Flyvbjerg et al，2002；2005a）和 Flyvbjerg（2005b）。
21. 此处用常规的方式定义重要性，$p\leqslant 0.05$ 表示显著，$p\leqslant 0.01$ 表示非常显著，$p\leqslant 0.001$ 表示极为显著。
22. 理想情况下，对于统计检验中的每个项目，成本超支和收益溢出的数据应该都可获得。但是，在测度重大工程绩效时，数据的可得性远远达不到理想状况。在样本中的 2 062 个项目中，只能够获得其中 327 个项目的成本超支和益溢出数据。因此，使用这一理想标准将导致为样本中的 1 735 个其他项目大量有用的信息被抛弃，这显然是不能接受的。因此，我们决定进行两次统计检验——第一次是针对全部 2 062 个项目在内总样本，第二次是针对同时具有成本超支与收益溢出数据的 327 个项目的子样本。

23. 利用马尔可夫链蒙特卡罗（Markov Chain Monte Carlo，MCMC）方法进行模型参数估计。运用 JAGS 语言，通过 rjags 接口到 R 语言（Plummer 2003，2012；R 核心团队 2012）。采用 Bayes 因子（BF）代替 $p$ 值对这些检验的统计显著性进行测量，其中 $12<BF\leqslant150$ 为有统计学显著性结果，$BF>150$ 为高度统计显著性结果。
24. 人们可能会推测，22%的可信项目遵从善意隐藏之手，可能产生了总体上比另外 78%不遵从善意隐藏之手（也就是遵从于恶意隐藏之手）的项目更多的效益。这种解释与赫希曼的普遍乐观主义以及"可能论"达成一致，他的"可能论"强调"或许而不是很有可能"（Hirschman，1971：28）。然而，一项极高水平的统计显著性检验表明，(i)不仅事实并非如此，而且(ii)实际上正好相反，恶意隐藏之手的净效应大于善意隐藏之手的净效应（$p=0.001$，双侧 Mann-Whitney 检验，零假设 $H_0$ 为善意隐藏之手产生的收益净效应等于恶意隐藏之手产生的成本净效应；对 327 个项目的成本超支和收益溢出数据进行检验）。
25. 对恶意隐藏之手的完整分析，参见傅以斌和桑斯坦（即将出版）。
26. 马赛（Marseille，1994）也描述了一个似乎适用于隐藏之手的案例。
27. 为了让重大项目的绩效比实际更好看，赫希曼并不是唯一使用数据捕鱼的人。最近，米拉尔（Millar，2005）也做了同样的事情（Flyvbjerg et al.，2005b）。
28. 这个子样本与用于检验推断 1 的包含 327 个项目的子样本相同。
29. 我们使用了联合国的宏观地理（大陆）分区作为我们地理分析的基础，<http://umindicators. un. org/unsd/methods/m49/m4gre-gin. htm>
30. 在赫希曼为观察到的开发项目一书撰写新序言的同一时期，一群学者和从业人员者，包括保罗·克鲁格曼，正在围绕赫希曼的工作系统地举办研讨会，以及写了一本书赞美和批评它（Rodwin et al.，1994）。赫希曼收到了研讨会的论文、磁带和讨论摘要。他告诉大家，他已经看完了全部的材料，并返回他的评论并为这本书写了一章（Hirschman，1994；Rodwin et al.，1994：314）。这些工作似乎已经影响了赫希曼对他为观察到的开发项目一书所撰写的新前言。
31. 另一个被赫希曼赞赏的重大项目案例是哥伦比亚的帕兹德尔里奥（Paz del Rio）钢铁厂，这个项目因为隐藏之手引发了经济灾难而不是创造性的解决方案（Alacevich，2007；Sandilands，2015）。

# 参考文献

Adelman，J.（2013）. Worldly Philosopher：The Odyssey of Albert O. Hirschman. Princeton，NJ，and Oxford：Princeton University Press.

Adelman，J.（2015）. Personal communication，12 and 13 March，author's archives.

Alacevich，M.（2007）. "Early development economics debates revisited，" Policy Research Working Paper，no. 4441. Washington，DC：World Bank.

Alacevich，M.（2014）. "Visualizing uncertainties，or how Albert Hirschman and the World Bank disagreed on project appraisal and what this says about the end of High Development Theory'，" Journal of the History of Economic Thought，36：137-68.

Ansar，A，Flyvbjerg，B.，Budzier，A.，and Lunn，S.（2014）. "Should we build more large dams? The actual costs of hydropower megaproject development，" Energy Policy，March：43-56.

Batselier，J. and Vanhoucke，M.（2016）. "Practical application and empirical evaluation of refer-ence class forecasting for project management，" Project Management Journal，47(5)：36-51.

Bianchi，A. M.（2011）"Albert Hirschman and his controversial research report，" SSRN，October，<http://papers. ssrn. com/sol3/papers. cfm? abstract id=1945822>.

Brown，W.（2013）. "When wariors travel to China，Ed Lee will fllow，" San Francisco Chronicle，

27 July.

Cantarelli, C CA Flyvbjerg, B., van Wee, B., and Molin, E. J. E. (2014). "Lock-in and its influence on the project performance of large-scale transportation infrastructure projects: Investigating the way in which lock-in can emerge and affect cost overruns," in B. Flyvbjerg (ed.), Megaproject Planning and Management: Essential Readings, vol. 1. Cheltenham, UK, and Northampton, MA: Edward Elgar, pp. 424-39. Originally published in Environment and Planning B: Planning and Design, 37 (2010), 792-807.

Cantarelli, C. C., Molin, E. J. E, van Wee, B, and Flyvbjerg, B (2012). "Different cost perfor-mance: Different determinants? The case of cost overruns in Dutch transport infrastructure projects," Transport Policy, 22: 88-95.

Caro, R. (1975). The Power Broker. New York: Vintage Books.

Catino, M. (2013). Organizational Myopia: Problems of Rationality and Foresight in Otrganizations. Cambridge: Cambridge University Press.

Chang, Ww. Chen, E, Mllera, B, and Tetlock, R (2016). "Developing expert plitial judgmneat:The impactoftraining and practice on jndgmental accuracy in geopolitical forecasting tour-naments," Judgment and Decision Making, 11(5): 509-26.

Cracknell, B. (1984). "Learning lssons from experience: The role of evaluation in the adminis-tration of the U. K. aid program me," Public Administration and Development, 4: 15-20.

Drummond, H. (2014). "Is escalation always irrational?", in B. Flyvbjerg (ed.), Megaproject Planning and Management: Essential Readings, vol. 2. Cheltenham, UK, and Northampton, MA: Edward Elgar, pp. 291-309. Originally published in Organization Studies, 19(6)(1998).

Elster, J. (1983). Sour Grapes: Studies in the Subversion of Rationality. Cambridge; Cambridge University Press.

Flyvbjerg, B. (2001). Making Social Science Matter: Why Social Inquiry Fails and How It Can Succeed Again. Cambridge: Cambridge University Press.

Flyvbjerg, B. (2005a). "Design by deception: The politics of megaproject approval." Harvard Design Magazine, no. 22, Spring/Summer, pp. 50-59.

Flyvbjerg, B. (2005b). "Measuring inaccuracy in travel demand forecasting: Methodological considerations regarding ramp up and sampling" Transportation Research A, 39(6): 522-530. Flyvbjerg, B. (2006). "From Nobel Prize to project management: Getting risks right," Project Management Journal, 37(3): 5-15.

Flyvbjerg, B. (2009). "Survival of the unfittest: Why the worst infrastructure gets built, and what we can do about it," Oxford Review of Economic Policy, 25(3): 344-67.

Flyvbjerg, B. (2011). "Case study," in N. K. Denzin and Y. S. Lincoln (eds.), The Sage Handbook of Qualitative Research, 4th edh. Thousand Oaks, CA: Sage, pp. 301-16.

Flyvbjerg, B. (2013). "Quality control and due diligence in project management: Getting decisions right by taking the outside view," International Journal of Project Management,31(5): 760-74.

Flyvbjerg, B. (2014a). "What you should know about megaprojects and why: An overview,"Project Management Journal, 45(2): 6-19.

Flyvbjerg, B. (ed.) (2014b). Megaproject Planning and Management: Essential Readings, vols. I-II. Cheltenham, UK, and Northampton, MA: Edward Elgar.

Flyvbjerg, B., Garbuio, M, and Lovella, D. (2009). "Delusion and deception in large infra-structure projects: Two models for explaining and preventing executive disaster," California Management Review, 51(2): 170-93.

Flyvbjerg, B., Holm, M s, and Buhl, S. (2002). "Underestimating costs in public works projects: Error or lie? "Journal of the Amer icon Planning Association, 68(3): 279-95.

Flyvbjerg, B., Holm, M. S., and Buhl, S. (2005a). "How (in) accurate are demand forecasts in public works projects? The case of transportation,' Journal of the American Planning Association, 71(2): 131-46.

Flyvbjerg, B. , Holm, M. S. . and Buhl, S. (2oosb). "Credibility problem for transit: Response to Millar," Journal of the American Planning Association, 71(4): 452.

Flyvbjerg, B. and Stewart, A. (2012). "Olympic proportions: Cost and cost overrun at the Olympics 1960-2012," Working Paper, Said Business School, University of Oxford. Flyvbjerg, B. and Sunstein, C. R. (forthcoming). "The principle of the malevolent Hiding Hand; or, the planning fallacy writ large, Social Research.

Gasper, D. (1986). "Programme appraisal and evaluation: The Hiding Hand and other stories," Public Administration and Development, 6: 467-74.

Gehry; E (200g). Interview claimed out by Bent Flyvbjerg, author's archives.

Gilovich, T, Grifn, D. and Kahnerman, D. (eds) (2002). Heuristics and Biases: The Psychology of Intuitive Judgment. Cambridge: Camabridge University Press.

Gladwell, M. (2013). "The gift of doubt: Albert 0. Hirschman and the power of failure," The New Yorker, 24 June.

Hirschman, A. O. (1958). The Strategy of Economic Development. New Haven, CT: Yale University Press.

Hirschman, A. O. (1963). Journeys Toward Progress: Studies of Economic Policy Making in Latin America. New York: Twentieth Century Fund. Hirschman, A. O. (1967a). Development Projects Observed. Washington, DC: Bfookings Institution.

Hirschman, A. O. (1967b). "The principle of the Hiding Hand," The Public Interest, Winter: 10-23.

Hirschman, A. O. (1971). A Bias for Hope: Essays on Development and Latin America. New Haven, CT: Yale University Press.

Hirschman, A. O. (1994). "A propensity to self-subversion," in L. Rodwin and D. A. Schon (eds.), Rethinking the Development Experience: Essays Provoked by the Work of Albert O. Hirschman. Washington, DC, and Cambridge, MA: The Brookings Institution and the Lincoln Institute of Land Policy, pp. 277-83.

Hirschman, A. 0. (1995a). "Preface," in Development Projects Observed, 2nd edn. Washington, DC: Brookings Institution.

Hirschman, A. O. (1995b). A Propensity to Self Subversion. Cambridge, MA: Harvard University Press.

Hirschman, A. O. (2015). Development Projects Observed, 3rd edn. Washington, DC: Brookings Institution. Published as a Brookings Classic with anew foreword by Cass R. Sunstein and a new afterword by Michele Alacevich.

Kahneman, D. (2011). Thinking, Fast and Slow. New York: Farrar, Straus and Giroux.

Klitgaard, R, (1997). "Unanticipated consequences' in anti-poverty programs," World Development, 25(12): 1963-72.

Krugman, P. (1994). "Krugman discussion: Modeling, learning, and policy," in L. Rodwin and D. A. Schon (eds.), Rethinking the Development Experience: Essays Provoked by the Work of Albert O. Hirschman. Washington, DC, and Cambridge, MA: The Brookings Institution and the Lincoln Institute of Land Policy, Appendix A, pp. 285-7.

Lal, D. (1983). The Poverty of Development Economics, 2nd edn. 1997, 3rd edn. 2002. London: Institute of Economic Affairs.

Lepenies, P. H(2008). "Possibilism: An approach to problem-solving derived from the life and work of AlbertO. Hirschman," Development and Change, 39(3): 437-59.

Little, I. M. D. and Mirrlees. A. (1968). Manual of Industrial Project Analysis in Developing

Countries. Paris: Development Centre of the OECD.

Marseille, E. (1994). "Intraocular lenses, blindness control, and the Hiding Hand," in L. Rodwin and D. A:Schon (eds.), Rethinking the Development Experience: Essays Provoked by the Work of Albert O. Hirschman. Washington, DC, and Cambridge, MA: The Brookings Institution, and the Lincoln Institute of Land Policy, pp. 147-75.

Millar, W. W. (2005). "Demand forecast article questionable," Letter to the Editor, Journal of the American Planning Association, 71(3): 334.

Offe, C. (2013). "Getting ahead by trespassing; review of Jeremy Adelman, Worldly Philosopher: The Odyssey of Albert 0. Hirschman," Buropean Journal of Sociology, 54:583-91.

Osimo, D. and Codagmone, C (in progess. "Open and evidence-based? Mybs and reality of policy-making" draft available at < http://www. icpublicpolicy. org/conference/fle/reponse/143523271. pdf>.

Picciotto, R. (1994a). "Visibility and disappointment: The new role of development evaluation," in L. Rodwin and D. A. Schon (eds.), Rethinking the Development Experience: Essays Provoked by the Work of Albert O. Hirschman. Washington, DC, and Cambridge, MA: The Brookings Institution and the Lincoln Institute of Land Policy, pp. 210-30, 341-2.

Picciotto, R. (1994b). "Marseille discussion: Learning via the Hiding Hand," in L. Rodwin and D. A. Schon (eds.), Rethinking the Development Experience: Essays Provoked by the Work of Albert O. Hirschman. Washington, DC, and Cambridge, MA: The Brookings Institution and the Lincoln Institute of Land Policy, Appendix A, pp. 301-4.

Plummer, M. (2003). "JAGS: A program for analysis of Bayesian graphical models using Gibbs sampling, in Proceedings of the 3rd International Workshop on Distributed Statistical Computing, 20-22 March, Vienna, Austria.

Plummer, M. (2012). "rjags: Bayesian graphical models using MCMC3R package version 3-7. R Core Team (2012). R: A Language and Environment for Statistical Computing. Vienna: R Foundation for Statistical Computing.

Reichold, K. and Graf, B. (2004). Buildings that Changed the World. London: Prestel. Reutlinger, S. (1970). Techniques for Project Appraisal under Uncertainty. Washington, DC: International Bank for Reconstruction and Development.

Rodwin, L. (1994). "Rethinking the development experience," in L. Rodwin and D. A. Schon(eds.), Rethinking the Development Experience: Essays Provoked by the Work of Albert0. Hirschman. Washington, DC, and Cambridge, MA: The Brookings Institution and the Lincoln Institute of Land Policy, pp. 3-36.

Rodwin, L. and Schon, D. A. (eds.) (1994). Rethinking the Development Experience: Essays Provoked by the Work of Albert O. Hirschiman. Washington, DC, and Cambridge, MA: The Brookings Institution and the Lincoln Institute of Land Policy.

Sandilands, R. J. (2015). "The 1949 World Bank mission to Columbia and the competing visions of Lauchlin Currie (1902-93) and Albert Hirschman (1915-2012)," History of Economic Thought and Policy, 2015/1(1):21-38.

Sauer, C., Gemino, A., and Reich, B. H. (2007). "The impact of size and volatility on IT project performance," Communications of the ACM, 50(11): 79-84.

Sawyer, J. E. (2014); "Entrepreneurial error and economic growth," in Flyvbjerg, B. (ed.), Megaproject Planning and Management: Essential Readings, vol. I. Cheltenham, UK, and Northampton, MAS Edward Elgar, pp. 143 - 48. Originally published in Explorations in Entrepreneurial History, 4(4) (1951-52):199-204.

Schon, D. A. (1994). "Hirschman's elusive theory of social learning," in L. Rodwin and D. A. Schon (eds.), Rethinking the Development Experience: Essays Provoked by the Work of Albert O.

Hirschman. Washington, DC, and Cambridge, MA: The Brookings Institution and: the Lincoln Institute of Land Polytype. 67-95.

Skaburskis, A. and Teitz, M. (2003). "Forecasts and outcomes," Planning Theory and Practice, December: 429-42.

Squire, L. and Van der Tak, H. G. (1975). Economic Analysis of Projects. Baltimore: Johns Hopkins University Press.

Streeten, P. P. (1984). "Comment," in G. M. Meier and D. Seers (eds.), Pioneers in Development. New York: World Bank and Oxford University Press, pp. 115-18.

Sunstein, C. R. (2013). "An original thinker of our time," The New York Review of Books, 23 May, pp. 14-17.

Sunstein, C. R. (2015). "Albert Hirschman's Hiding Hand," Foreword to Albert O. Hirschman, Development Projects Observed, 3rd edn. Washington, DC: Brookings Institution.

Tendler, J. (1994). "Taylor discussion: Professional practice, modeling, lore, and prescription," in L. Rodwin and D. A. Schon (eds.), Rethinking the Development Experience: Essays Provoked by the Work of Albert 0. Hirschman. Washington, DC, and Cambridge, MA: The Brookings Intuition and the Lincoln Institute of Land Policy, Appendix A, pp. 288-9.

Weisberg, I. (2014). "Management consulting as Hiding Hand," Academy of Management Proceedings, January.

# 9 重大项目的承诺升级：最新进展与评价

海尔戈·德拉蒙德



即使最完美的安排，结局也往往会出其不意。
（The best laid schemes o' mice an'men, Gang aft a-gley.）①
罗伯特·伯恩斯（Robert Burns）

重大项目往往是曲折的。成本超支 50%是常事，甚至超支 100%也不少见（Flyvbjerg et al.，2009；Keil et al.，2010）。例如，悉尼歌剧院最初估计成本是 700 万澳元。该建筑最终于 1973 年开业，比原计划晚了十年，花费成本 1.02 亿澳元，超支 1 400%，而最终交付的还仅是原设计的一个缩小版（Flyvbjerg et al.，2009）。伦敦萨沃伊酒店（Savoy Hotel）翻新工程，成本和工期都几乎是预期的两倍（Biltz，2010）。威尔士议会大楼最终超出预算 300%。苏格兰议会大厦的成本比预期高 10 倍。爱丁堡有轨电车系统最终在 2014 年才投入运行，比预计晚了 3 年，且超出预算 3.75 亿英镑。阿姆斯特丹新地铁项目在建设期间成本几乎翻了一番（Economist，2009）。耗资 53 亿美元的巴拿马运河（Panama Canal）扩建工程远超预算，还比计划晚了一年（Webber，2015）完工。

有些重大项目变成了"黑洞"，不断消耗资源却无济于事（Keil et al.，2010）。芝加哥的深层隧道排水项目被戏称为"金钱打了水漂（money down the drain）"（Staw et al.，1987a，1987b）。耗资 60 亿美元的肖勒姆（Shoreham）核电站项目，尚未投产就报废了（Ross et al.，1993）。美国空军在新的作战支援系统上浪费了 6 年时间和 10 亿美元（Stross，2012）。柏林勃兰登堡机场原定于 2011 年开通，后来变成了 2014 年年底，结果再次推迟至 2016 年（这还是最早的预计）②，造价也从一开始预测的 25 亿欧元攀升至超过 43 亿欧元。大型 IT 项目中至少三分之二都失败了（Nelson，2007）。

很多已建成的重大项目从没达到过承诺的收益，环境影响经常被低估，而需求预测的误差常常高达 20%～70%（Flyvbjerg et al.，2009）。例如，英国的 M6 收费高速公路（M6 Toll Motorway）已经运营十多年了，但交通量仍然远远低于预期。同样，欧洲海底隧道（The Channel Tunnel）的交通流量也大大低于预期。改建后的巴拿马运河可以容纳世界上最大的船舶，但投资是否能得到回报尚未可知。据业内专家观点，商船运输的繁荣期已经结束了（Donnan，2015）。类似"失控"项目的例子还有很多。为什么项目组

① 译者注：出自苏格兰诗人罗伯特·彭斯的《致老鼠》。现代完整的翻译是："不管是人是鼠，即使最如意的安排设计，结局也往往会出其不意。"

② 译者注：柏林勃兰登堡机场于 2006 年 9 月 5 日开工建设，原拟于 2012 年 6 月 3 日开通运营，后因机场防火设施问题两度推迟。2014 年 1 月 7 日，该机场开通时间继续推迟。直到 2020 年 10 月 31 日，该机场才真正意义上启用。

织从不吸取教训呢?

经济学无疑提供了明确的指导。如果重要预期不大可能实现,决策者应重新审视项目,只有当边际收益有望超过完成项目的边际成本时,才能继续投入稀缺资源。然而,重大项目的历史表明,此时决策者往往不会止损,而是继续投资,最终导致“赔了夫人又折兵(throwing good money after bad)”——这种现象被称为承诺升级(Escalation of Commitment)(例如,Staw, 1976; Brockner, 1992; Drummond, 1996)。本章主要探讨以下四个问题:

- 承诺升级是如何开始的?
- 是什么因素驱动决策者不放弃经济效益差的重大项目?
- 决策者如何防止项目失控?
- 最有前景的研究方向有哪些?



## 9.1 升级是如何开始的?

正如本章导语所警示的,在一个不确定的世界里,即使最完美的计划也容易出错。但重大项目可能一开始就计划不周。更确切地说,人类被认为是天生就过度自信(Langer, 1975; Taylor, 1980; Taylor et al., 1988; Fischhoff et al., 1977)。这种盲目乐观主义意味着规划者的承诺可能远远超过实际能实现的(参见 Flyvbjerg, Garbuio et al., 2009; Staw et al., 1987a, 1987b; Ross et al., 1993)。例如,2012 年伦敦奥运会承诺给英国带来巨大的长期收益,但迄今未能实现。最近,尼加拉瓜计划修建一条 270 千米长的运河,这个价值 500 亿美元的项目期望在 5 年内完成。一名知情的旁观者说,“这将需要每月完成 10 亿美元的工程量,作为一个工程师,我觉得这是不可想象的。”(Webber, 2015)

从理论上讲,复杂组织可以避免人为因素的影响,因为它们采用了严格的项目规划和预测工具。然而在实践中,这些工具可能会使事情变得更糟。这是因为这些工具往往是基于“内部视角(inward-looking)”,着眼于组织能力、高管如何提出克服挑战和应对可感知风险的建议,而对竞争和市场现实视若无睹。此外,由于可比项目常常被忽略,成本和收益预测可能根植于幻想之中(Lovallo et al., 2003)。例如,国际贸易展览会就是臭名昭著的亏损案例。然而,1986 年加拿大贸易博览会(the Canadian Trade Fair Expo 86)的主办方却自信地认为至少可以实现收支平衡,从而挑战历史,但那是在加拿大的每个男人、女人和孩子都至少参观一次的前提下(Ross et al., 1986),实际上并没有做到。此外,尽管最初的预测可能会随着组织层级的提升而被修正,但由于强大的锚定效应,这些修正的幅度往往都不够(参见 Kahneman et al., 2011; Kahneman et al., 1993)。

妄想可能因欺骗而变得更加复杂。争夺资源的规划者们可能有意低估成本和项目风险,过度强调收益,以使项目看上去更有吸引力。既得利益者也会宣扬项目的优势,而不是风险。20 世纪 50 年代,英国的建筑师、测量师、建筑公司和政客们都推崇高层住宅。但很快,这些构造不良的高层建筑物就成了潮湿、破败和社会隔离的代名词(参见 Kynaston, 2015)。与之类似,肖勒姆核电站项目承诺提供廉价、清洁和安全的电力(Ross et al., 1993)。渴望拿到项目的承包商可能会提交人为压低报价的投标书,并相信超支是可以容忍的(Lovallo et al., 2007; Flyvbjerg et al., 2009a, 2009b, 2009c)。随着构思拙劣的项目成型,明智的建议会被淹没在热情的浪潮中:“冲! 冲! 冲!。”

内部政治也会带来问题。由伦敦证券交易所委托的价值 5 亿英镑(1993 年数字)的

IT 项目股票结算系统（TAURUS），由于设计太过复杂，无法在合理的预算和时间范围内建成；在进行了三年的无效努力后，被取消了。该项目一个很大的错误就是迁就于银行、经纪人、监管方和注册商等各方要求——他们都想要不同的设计，并且一直在变（Drummond，1996）。

同样，在 20 世纪 90 年代末，英国国防部委托开发一个价值 2 亿英镑的 IT 平台，称为联合人事管理（Joint Personnel Administration，JPA），服务于英军。迄今为止，陆军、海军和空军仍运行着独立的系统。为了节省开支，国防部选择了一套民用工资软件包。但是，军方薪资极为复杂。不仅有无数的、频繁变化的津贴，陆海空还各有规则。一个项目经理说："你可能有两个家庭在塞浦路斯相邻而居，其中一个有权飞回英国，而另一个却没有。"（Kelman et al.，2009：9）

让软件发挥作用的唯一办法是统一和精简，但事实证明这比高层管理者预期的困难。最终，只有大约 70％的工资和津贴得到统一。尽管如此，国防部还是决定继续推进该项目。一位高级官员说："当时，我们已经达到了市场所容忍的极限。"（Kelman et al.，2009：12）

所谓的便利将再次困扰项目。

## 9.2 什么因素驱动了升级

一旦评估不佳的项目遇到崎岖的现实，计划就会解体。成本开始超支，进度开始拖延，关于承诺的收益是否能实现的疑虑开始流传。"放弃成本"成为坚持下去的主要驱动力量。这些成本可能是心理的、社会的、经济的和组织的（参见 Staw，1997；Whyte 1986；Rubin et al.，1975）。

即将到来的失败构成了深刻的自我威胁。自我指的是我们的自我意识，我们天生就希望以良好的形象出现（参见 Crocker et al.，2004）。更准确地说，负面反馈会触发自我防御行为，即决策者为了保护自己免受野心和现实之间的差距而陷入否认。这种否认会呈现不同的形式。决策者可能拒绝相信问题是严重的，或者将挫折归咎于他们无法控制的偶然因素，如怪异的天气状况（Staw et al.，1978）。他们还更多倾向关注那些似乎证实了先前观点的反馈，而淡化甚至忽略不确定的数据（Staw et al.，1987a，1987b；Zhang et al.，2006）。此外，他们会积极挖掘出支持他们的数据，以坚定其信念（Nisbett et al.，1980；Bazerman et al.，2009：ch. 2）。另外，高自我效能感（self-efficacy）（个体对其成功满足任务要求的能力的判断）的个体可能会低估项目风险（Jani 2011），并且随后拒绝相信任务是不可能的（Whyte et al.，1997）。例如，当 TAURUS 摇摇欲坠时，监管组的一名成员说，"项目团队不相信这个项目不会成功。他们认为，所有的问题终将会解决，只不过需要更多一些时间和成本而已。"（Drummond，1996：141）

如果决策者喜欢并重视一个项目，"近视"就可能特别明显[影响偏见（affect bias）]。也就是说，他们可能更关注"宠物项目（pet projects）"的优势而不是劣势（Schultz-Hardt et al.，2009）。由于这些心理陷阱往往都在无意识的情况下发生，决策者可能会真的相信成功近在咫尺，但事实恰恰相反（Conlon et al.，1987）。例如，博尔丁等人（Boulding et al.，1997）的一项实验发现，即使得到的反馈已经强烈表明坚持会以失败告终，80％的参与者仍会坚持下去。他们非但不放弃，还会将反馈解释为坚持下去的理由。

随着负面反馈的持续加剧，陷入困境的决策者可能会面临压力——要证明他们在风险投资项目中投入的所有时间、金钱和精力是合理的。尽管这些沉没成本并不重要，因为它们不会影响结果，但决策者可能会觉得他们已经“投入太多而无法放弃”（参见 Teger，1980；Arkes et al.，1985）。

如果是这样，决策者就可能会冒险。冒险意味着要承担比实际情况更大的风险。这种行为被认为是由消极框架选择效应（negatively framed choices）引起的。也就是说，放弃肯定意味着损失。而坚持下去，如果项目成功的话，就有避免这种损失的机会；但所冒的风险也可能严重加剧损失。进退两难之时，决策者可能会选择冒险（参见 Kahneman et al.，1979，1982；Whyte，1986）。

选择坚持可能最终是由“目标替代（goal substitution）”效应驱动的。也就是说，随着经济状况不佳的项目的推进，当完成项目变得非常重要时，最初的成功目标就被遗忘了（Conlon et al.，1993；Fox et al.，2002），尤其是当目标似乎接近并且沉没成本很高时（Moon，2001）。例如，TAURUS 的技术团队在意识到项目最终不可能成功后，他们唯一关心的就是完成任务：“让我们把这该死的事情做完，然后抛在脑后吧。”（Drummond，1996：140）

最近的研究强调了其他危险。廷（Ting，2011）发现，当目标接近时，决策者往往会夸大项目的价值。詹森等（Jensen，et al.，2011）发现了不道德地隐藏负面信息的情况。

## 9.3 社会因素

大多数重大项目都是在众目睽睽下进行的。公开承认失败可能比私下承认更令人难堪，没有人喜欢这种窘境。例如，阿姆斯特丹是一座建在木桩上的城市。新建地铁沿线的建筑物突然沉降了几厘米，迫使人们从窗户逃出，尽管有报道称建设可能不尽如人意，但阿姆斯特丹市政当局仍然坚持推进项目（Economist，2009）。此外，西方世界的决策者被期望能够遵守承诺，有始有终，并表现出坚决的态度，通常“绝不转弯（not for turning）①”。在文化层面，面对逆境时的坚持意味着力量，而退缩则意味着懦弱（Staw et al.，1987b）。

## 9.4 项目和经济因素

终止一个重大项目的成本可能很高，特别是在残值较低的情况下（Staw et al.，1987a）。这些成本可能包括支付给承包商的罚款、裁员付款、拆除部分已完成工程的费用以及租赁义务等。例如，伦敦 2012 年奥运会从 2005 年开始规划，到 2008 年世界金融危机爆发时，决策者已经作出承诺，因为已经签订了数百份合同。同样，伦敦横贯铁路项目是欧洲最大的土木工程项目，总投资 150 亿英镑，在地表以下深处修建了不少于 42 千米的铁路。项目进行到一半时，已消耗了 2 500 万个工时，建成了约 13 千米长的隧道。此外，近 14 000 个工作岗位直接或通过供应链间接地依赖于该项目。想象一下这些工作的成本：拆除数千米长的隧道，回填数以百万计的黏土，以及拆除所有已部分完工的车站。权衡一下放弃成本和坚持下去的成本，可能也不相上下。

（1）组织因素

最后，重大项目可能是由其自身的动力驱动的（Drummond，1994）。一个复杂的行政基础设施可能已经建立，以推动项目发展。解体组织可能会很麻烦：“组织所有

① 译者注：“not for turning”源于玛格丽特·撒切尔在 1980 年的著名演讲。

的规则、程序和例行工作，以及管理者为了支持严重的运营中断而放弃日常活动所带来的巨大麻烦，都会导致行政惰性……有时候维持现状更容易些。”（Staw et al.，1987b：71）

此外，政治上高明的管理者可能会出于自身利益的考虑，控制信息以压制项目真相（Harrison et al.，1993）。期待项目完工的利益相关者，可能会不顾一切地坚持下去。例如，欧洲海底隧道项目之所以能够存活下来，主要是因为银行已经为此贷出了巨额资金，它们根本无力承担终止的后果，不得不升级承诺。与之类似，空中客车公司（Airbus）的 A400M 军用飞机项目是欧洲最大的单项国防合同。A400M 的设计是为了长距离携带巨大有效载荷，并在崎岖地形上进行垂直起飞。但该项目一开始就麻烦不断。在 2015 年 5 月，当该项目已延误 4 年，并超出预算数十亿欧元时，一架飞机在塞维利亚附近试飞时坠毁，4 名机组人员全部遇难。事故原因至今尚未查明。更不幸的是，无法排除发动机故障的可能。然而，发起该项目的七国政府却选择耐心等待，一个原因是不愿看到数十亿欧元的资金被浪费（Hollinger et al.，2015）。

（2）升级是一种等待的博弈：“锁定”的动态

七国政府对 A400M 如此耐心的另一个原因是，它们需要具备该性能的飞机。但是，到底应该等多久？况且，没有人能保证该飞机能兑现承诺。

正如七国政府已经发现的那样，等待之后还是等待。更准确地讲，升级论者认为，“锁定”在经济上次优的活动范围内并不需要刻意决定进行再投资。它可以随着时间的简单流逝而发生，这种现象被称为“诱捕（entrapment）”。

杰瑞·鲁宾等人（Jerry Rubin et al.，1975）一个巧妙的实验形象地展示了诱捕的动态。参与者被要求在 13 分钟内解开一个填字游戏，以获得 8 美元的现金奖励；但奖金价值会在 3 分钟后变少，并继续逐分钟下降。或者，参与者也可以选择只拿 2.4 美元然后退出；但 3 分钟后，这笔赌资每分钟减少 10%。最关键的是，参与者被告知有一个字典可以帮助解决谜题，大家可以依次使用。参与者可以选择等待字典或者尝试自己解谜。等待过程中是不能解谜的。字典实际上并不存在，87%的参与者等待时间都超过了 3 分钟的盈亏平衡点。最长的等待发生在头奖缓慢下降而不是快速下降的时候；此时没有可用的收益图表，且参与者在等待队列的第一个。也就是说，最长的等待容易出现在目标似乎很接近或者坚持下去成本不明显的时候。

附加赌注（side-bets）——最终导致退出成本过高的与项目相关的外来投资——也可能导致“锁定”（Becker，1960）。例如，组织可能会很想坚持一个经济状况不佳的项目，而不是看到一支技能娴熟且有凝聚力的团队被解散。

## 9.5　升级总是非理性的吗

在讨论如何防止项目失控之前，笔者应该强调，尽管遇到严重挫折，坚持也可能是合理的。更具体地说，从理论上讲，当一个项目显然不能满足重要期望时，该项目就失败了。然而在实践中，事情可能并不明确。反馈可能是零散且不可靠的，特别是在早期，几乎总是在某种程度上是模棱两可的。因此，在放弃一个项目之前，等待并观察事情进展也不失为一种明智的做法。从这一点上讲，升级是一种正常的运营成本（Camerer et al.，1999；Bowen，1987）。

即使一个项目明显要比承诺的成本高和/或比承诺的交付量少，坚持下去仍可能有经济意义。诺斯拉夫特等人（Northcraft et al.，1984）提出，决策最终应能够反映净收益。净收益取决于超支成本和/或可能出现的收入或收益缺口的大小。诺斯拉夫特等人(Northcraft et al., 1984: 232)说，所谓的“理性区域”，是指随着时间的推移，预期的和已实现的成本和收入之间经济上可持续的差距，再考虑未来成本和全部收益范围后。差距越大，坚持下去就越明智。“理性区域”的计算是会计师的工作，但原理很容易掌握。简而言之，假设一个未完工项目毫无价值，但如果完成项目的预期边际成本大大低于预期边际收入，那么坚持下去就可能是明智的。回想萨沃伊酒店翻新工程，尽管费用远超预算，但追加的投资最终可能是值得的。

或者真的值得吗？不确定性永远存在。未来成本可能会超出预期。收益可能会令人失望。此外，陷入困境的决策者的确可能会想要画蛇添足(glid the lily)。事实上，研究表明，随着项目进度延后，决策者会对经济收益更加乐观(Meyer, 2014)。那么对于可持续的业务增长、声誉和员工福利等无形资产，他们又会有多乐观呢？总之，修正后的延续计划有可能与原计划一样盲目乐观，或许更甚之。

## 9.6 管理升级

(1) 你正在陷入什么中

重大项目一旦脱离原计划，成本就会成倍增加，坚持下去的压力几乎是压倒性的。首先要建议的是，组织应该对参与的项目格外慎重。英国国家医疗服务(National Health Service, NHS)项目势必会陷入医疗道德、患者隐私、信息治理和多站点的争议中，更不用说集成众多遗留系统所带来的技术挑战了(Becker, 2007; Whiney et al., 2013)。接受“按结果付款”的合同条件给埃森哲和富士通不断带来麻烦。同样，允许七个成员国政府来决定需求，结果空客最终造出了七架不同的飞机。更糟糕的是，空客希望美国惠普公司开发为飞机提供动力的新型涡轮螺旋桨发动机，但成员国坚持要劳斯莱斯。不仅如此，空客同意自己消化所有成本超支，甚至包括客户变更引起的开支(Hollinger et al., 2015)。总而言之，麻烦无穷。一个简单的道理是，惹上麻烦远比摆脱麻烦容易得多。

(2) 从质疑开始

套用哲学家弗朗西斯·培根(Francis Bacon)的话说，“始于质疑终于确定”总好过“始于确定终于质疑”。这是评价重大项目的一个很好的口头禅。预测的依据是什么？即使采用了参考组别预测法(Reference Class Forecasting, RCF)(Flyvbjerg, 2008)，其现实性如何？例如，欧洲海底隧道项目的计算使用了小规模项目的数据，如在河流下或山体中开凿隧道，而这些数据与在海底长距离开凿隧道的挑战毫无关系。决策者非但不正视这个问题，还断言，即使计算被证实是错误的，收入也足以弥补任何成本超支(Drummond, 2012)。但那是假设航道轮渡会被放弃的情况下。实际上还没有这样做。

即使预测反映了务实的比较，但无论看上去如何科学和权威，它们也仅仅是有根据的猜测而已。麻烦的是，落在桌上的厚厚文件可能是迷惑性的(hypnotic)。这是由于它们的象征意义。象征(symbol)是指物品或者动作所蕴含的超出其表面含义的某种深层次意义。比如，图形和表格通常用作信息压缩的工具，但它们也可能象征着秩序和控制(参见 Morgan et al., 1983)。更精确地说，象征有三重作用：一是把信息浓缩成便于使用的形式；二是结构化人们思考事情的方式；三是影响人们的情绪反应。它们也可能是欺骗性的，因为这能引起人们对某些事实的注意，而分散对其他事实的注意(Brown, 1994; Barley, 1983)。图表、图形、计算以及其他所有分析工具都象征着科学的精确性。信息的采集和分析象征负责和尽职，可以使管理人员觉得一切不确定尽在掌控之中(参见 Feldman et al.，1981）。但遗憾的是，这只是一种假象。

任何决策都取决于所考虑的选择。在投入一个项目之前，要将其他投资机会逐一比较。这看似明显，但研究表明机会成本其实很容易被忽视（Northcraft et al.，1986）。例如，$HS_2$ 项目——连接伦敦、伯明翰、利兹和曼彻斯特的高铁项目——的反对者认为，这笔资金用于升级现有铁路会更好。他们也许是对的。但这笔钱还能用在什么地方呢？识别可能性的另一个工具是所谓的“消失选项测试（vanishing options test）”（Soll et al.，2015：70）：也就是说，想象如果当前选项都不存在或者都不能选，那么还能选什么？

（3）保持警惕

幻象字典（phantom-dictionary）实验说明，“锁定”与成本显著负相关（Brockner et al.，1979）。从这个理论可以推断：决策者如果保持警惕，就不太可能屈服于成本“锁定”。这意味着要牢牢记住坚持的代价；设定明确的目标，并对照目标监控进展。决策者还应该不断地重新审视承诺收益。例如，回想一下商船和巴拿马运河命运的逆转。这个项目已经事过境迁了吗？

预算是判断成本是否超支的重要工具。通常认为，决策者还会为项目设定所谓的心理预算——对金钱、时间、精力和情感能量的非正式分配（Heath，1995；Heath et al.，1996）。预算不但能够激发决策者的警惕心，而且有利于调查偏离计划的情况，使决策者在项目的每一个阶段都更加负责任（对责任制的讨论另见 Tetlock，1985）。

然而需要注意的是：预算有可能会促使决策者放弃一个经济上可行的项目。更具体地说，对经验丰富的人员进行的实验表明，决策者在达到预算上限时可能会减少投资（Heath，1995）。然而，预算耗尽本身并不能反映项目的实际状况，也不能说明在经济方面项目是否值得完成。这就是会计学家所说的非信息性损失。也就是说，预算耗尽只能说明已经花费了一定的金额。然而显然，决策者并不总是能分清信息性损失和非信息性损失。此外，在一个多阶段项目中，即使某一阶段的额外开支并未危及整个项目，但那些有望带来净收益的项目往往也会被放弃（Tan et al.，1995）。因此，预算虽是个好仆人，却是个坏主人。

（4）不要让坚持下去成为默认选项

重大项目一旦获批，除非发生一些完全不正常的事情，通常认为是会竣工的（参见 Pan et al.，2006b）。即便如此，让坚持下去成为默认选项也可能是不明智的。在幻象字典实验的续篇中，布洛克纳等人（Brockner et al.，1979）发现，当面临持续恶化的困境时，被要求做出主动决策的参与者倾向于尽早退出，这与以坚持下去为默认选项的参与者不同。

有人认为，主动决策迫使我们考虑过去和未来的成本，并关注这些信息。相反，被动决策时，决策者对坚持下去的成本浑然不觉，这正是建立定期“继续/不继续”审查的另一个原因，审查点包括早期的、频繁的项目风险评估和审计（Keil，1995）。否则，问题可能升级为危机。

然而，即使最严密的监控也很难万无一失。研究表明，各组织可以获得所有必要的项目管理工具和协议，员工也可以在如何使用这些工具和协议方面得到良好的培训和经验。然而，潜在的失败信号仍然会被忽视（Van Oorchot et al.，2013）。目前还不清楚为什么会发生这种情况。一种可能是，问题很少完全暴露。另一种相关的可能是，决策者一心只想着如何完成项目，结果失去对全局的把握，因此他们最终一直是在救火，治疗病症而不是关注隐患（Drummond，1996）。

(5) 设定限额(但要小心)

设定限额也有助于遏制项目失控(参见 Ross et al., 1991)。更具体地说,布洛克纳等人(Brockner et al., 1981)做了一个实验,要求部分参与者公开说明他们所参与项目的限额;其他人则私下设限,无须公开;而对照组则完全不设限。不出预料,没有设定限额的参与者投资最多;相反,公开设定限额的参与者投资最少。人们认为,限额的设定迫使决策者设定期望,通过结果与期望的对比,突出了差距,从而能够遏制投资升级。公开声明也会产生要求一致性的社会压力,这也是刹车的另一个原因。

但是,设定限额也可能是一把双刃剑。布洛克纳及其同事的研究发现:当达到这些限额时,即便经济数据支持"坚持"下去,那些公开设定限额的人往往会选择放弃。看来,公正廉洁有时会导致荒谬的决策。

(6) 项目可行吗

正如幻象字典实验的参与者所发现的那样,假设仅随时间推移就能以某种方式使我们接近目标是不明智的。有些重大项目就像幻象字典一样,注定永远不会实现。如果是这样,决策者越早认识到这一点越好。

理想情况下,要求有确切的证据。例如,由于承诺的全自动行李处理系统出现问题,丹佛国际机场严重延迟开放。于是一家工程咨询公司进行了一个实验。它们把一套循环轨道(整个系统的缩微版)隔离出来进行正常工作荷载下的测试。混乱接踵而至,传送带被卡住了,行李车撞在了一起。这一切表明,该设计不可行(Monteagre et al., 2000: 426)。

接下来,该怎么办?所有的项目都是达到目的的手段。丹佛机场当局认识到,它们的目标不是打造最先进的行李处理系统,而是让机场顺利投入使用。行李系统固然重要,但这个目标可以通过使用经过试验和测试的技术建立一个标准的半自动化系统来实现(Monteagre et al., 2000: 426)。同样,利兹政府也认识到,其目的不是建造一条有轨电车线路,而是提供一个大众运输系统。一辆无轨电车就足够了。这里的道理就是:解决正确的问题。

(7) 提出正确的问题

确切的证据不总能获得。此外,当项目陷入严重困境时,决策者更喜欢听到他们愿意听到的:即人们正非常努力地工作,事情正在得到控制,项目"基本完成了"。这种空洞的说法很难反驳。但是,什么是你没听到的?例如,重要的不是已经完成的工作,而是那些未完成的。一个项目可能已经完成了 95%(几乎完成),但是如果最难的部分(比如,新技术的引入)留在最后,那么这个数字就会有很大的误导性。

除了官方信息渠道外,还要看其他方面。例如,伦敦横断铁路项目的一个令人鼓舞的迹象与预算和里程碑无关,相反,与沿线上涨的房价有关,这表明尽管存在短期的困难,但长远的前景是光明的。"走动式管理(Management by walking around)"可以弥补信息不对称带来的问题。与通常遇不到的人进行交谈。例如,伦敦证券交易所的前首席执行官彼得·罗林斯(Peter Rawlins)就曾被初级职工的清新坦率所打动。当他问及 TAURUS 项目时,他得到了与官方信息完全相反的耿直回答(Drummond, 1995: 155)。

(8) 与不确定性共存

在弄清楚那些未完成的工作之后,下一个问题是,其在可接受的时间和预算范围内完成的可能性有多大?此外,承诺的收益在多大程度上能够实现?

不同于掷硬币,一面朝上的概率是 50%;在一个动荡和模糊的世界里,数学上的概率很难定义。本章无意讨论贝叶斯统计,但即使粗略的评估也很有帮助(Rubin et al.,

2004)。例如，当 TAURUS 进度严重滞后时，一次评审的结论是，只要不再有更多的延误，该项目可以在未来 18 个月内完成。董事会询问了当时的首席执行官彼得·罗林斯：

> "你满意吗?""我说，只要政府的立法能在承诺的期间生效，只要项目不会再有任何变更，只要不会再有任何其他技术问题，是的，我是满意的。但是，附加条件太多了(Drummond, 1995: 155)。"

换句话说，"算了吧"。确实，该项目从未停滞不前。但是，事实表明立法难以想象的复杂。此外，每解决一个技术问题，另一个就接踵而至。如果董事会权衡了各种可能性，他们就会意识到有太多关键的、不可控制的依赖性；该项目自始至终就没有过任何令人鼓舞的好消息。董事会的错误之处在于试图寻求根本不存在的确定性。("你满意吗?")

(9) 关注象征

一个项目只有在人们不再支持它的时候，才最终真正意义上失败(Sauer, 1993; Baskerville et al., 2004)。如果项目经理关注象征，他们更有可能成功维持对一个陷入困境(但并非毫无希望)的项目的支持。坚持象征着对一个项目的信心(Elsbach, 2003; Drummond, 2014)。例如，在致命的坠机事件发生后不久，费尔南多·阿隆索(Fernando Alonso)——空客的飞行测试工程师——开着一架 A400M 飞机飞向天空来致敬遇难者；这同时也表明对该飞机的信心，并帮助转移了关于其未来的潜在尴尬问题(Hollinger et al., 2015)。同样，开除项目经理、取消休假、听取专家意见，象征着问题已得到认真对待并且将有所行动(Pfeffer, 1977, 1981)。

尽管象征性管理很少能真正解决问题，但它能争取时间，使情绪和公众的狂热消退。它还有助于管理者专心解决问题，免受信息需求的不断干扰。人们迟早也会习惯于预期最终无法实现的可能性。

(10) 撤换项目经理

除象征主义外，如果一个项目经理对项目非常投入和个人认同，以至于丧失了一切正确判断的能力，那么撤换他或许是明智的。同样，健康警告也是适用的。如果新的项目经理决定在前任失败的地方获取成功，升级或许会继续。反向错误也是可能的。也就是说，研究表明，管理者倾向于系统性地高估自己任命的员工，而低估他人任命的员工(Bazerman et al., 1982; Schoorman, 1988)。从这些研究可以得知，接手的项目经理可能会认为事情比实际情况更糟糕(Drummond, 2014)。

(11) 不要把项目带入"死亡之旅"(Death March)

设想一个重大项目，没有审查、没有审计、没有里程碑、也没有限制。这似乎是管理不善的缩影。然而，决策者也应该意识到，这些活动是象征性的。更准确地说，它们是仪式的一部分，看似对项目进行的严格的重新评估或监测工作，可能只是管理者在走过场。

这样的"死亡之旅"可能会掩盖拖延——推迟那些必要但费力的行动(Anderson, 2003)。吸引人的是暂时的心理庇护，其代价则是更大的麻烦。顺带说一句，研究表明，淘汰项目并不总是损害士气；事实恰恰相反。更具体来讲，谢泼德等人(Shepherd et al., 2014)发现，工程师们认同的是职业，而不是具体的项目。工程师们常把淘汰过气的事物视为职业技能重新转向实现更有前景可能性的机会。

## 9.7 实物期权思维

回想一下：失败仅仅意味着一个项目不能在规定的标准内交付。这不等于有确凿的证据表明，即使更多的时间和资源，或许再加上一些变更，项目也不会成功（Adner et al.，2004）。什么是期权？期权是未来采取行动的权利，而不是义务（Janney et al.，2004）。例如，将项目另作他用、改变项目的规模，选择分阶段实施，以及将项目作为未来增长机会的跳板等。

同样，也是有条件的。实物期权颇具诱惑力。这是因为，理论上，成本是固定的，而收益却可能是无限的（Leslie et al.，1997）。但实物期权也存在不足。尤其是，管理者在对期权进行估值时可能会有偏差。例如，提瓦讷等人（Tiwana et al.，2006）发现，管理者最看重的往往是成长型期权的跳板，这可能是因为失败的意味最少。同理，决策者可能不会行使放弃期权，因为这意味着失败（Adner et al.，2004）。另外，灵活性的价值有多大呢？实物期权很难估价（Janney et al.，2004）。接下来的问题是什么时候行使期权。例如，一家公司可能会购买一个油田并获得许可证，但会推迟钻井，直到石油达到一定的每桶价格；但是，谁也无法保证价格会长期维持在特定水平上（Zardkoohi，2004）。生活在不确定性中可能比为可能永远不会"入账"的期权付费更便宜。

即便如此，在放弃一个项目之前，要考虑哪些潜在的有价值的期权会被破坏。例如，如果放弃一个陷入困境的定制软件项目，转而选择现成的产品，那么许可该软件的潜在有利可图的期权就会被剥夺。如果出售了油田，与之相关的所有期权，例如天然气勘探和土地上的建设期权等，就都丧失了。同样，通过坚持 A400M 项目，空客获得了可能对其它风险投资项目有用的知识。放弃项目切断了有价值信息的流动。简而言之，当一个项目的期权价值被计算在内时，坚持可能是合理的（Tiwana et al.，2006）。

## 9.8 需要研究的问题

研究应帮助组织做出更好的——即更经济明智的决策，并保护纳税人和私人投资者。尽管重大项目的承诺升级吸引了大量的研究兴趣（参见 Keilet al.，2010；Mahring et al.，2008；He et al.，2007；Pan et al.，2006a，2006b；Keil et al.，2000；Keil，1995；Keil et al.，1999；Drummond，1996），但我们也知道，决策者并不总是以再投资来应对负面反馈（参见 Staw et al.，1977；Singer et al.，1985；Drummond，1995）。轶事证据[①]也告诉我们，重大项目的升级绝非必然。当东非的重大发现未能产出商业规模的石油时，图洛石油公司（Tullow Oil Group）立即封填干井，转移阵地。尽管可能面临 1 亿英镑的罚款（后来降至 6 000 万英镑），埃森哲还是退出了与国家健康服务（National Health Service，NHS）的合同。两年之后，在未能就合同进行再谈判之后，富士通也步其后尘。项目负责人安德鲁·罗尔森（Andrew Rollerson）公开宣称："这是行不通的，也不会行得通。"（Daft et al.，2010）尽管已经投入了 4 500 万英镑，利兹市还是放弃了有轨电车项目，选择了更便宜的无轨电车。为什么有些组织能够及时退出，而有些却陷入困境？

研究主要是实验性的（综述见 Sleesman et al.，2012；Drummond，2014）。研究结

① 译者注：轶事证据（anecdotal evidence）指的是这个证据是来自轶事事件，由于样本比较小，没有完善的科学实验证明，这种证据有可能是不可靠的，轶事证据是一种对常见现象的不太有把握的证据，然而，对于一些特例现象，轶事证据常常被广泛接受。

果是一长串潜在的个人承诺升级的驱动因素。但是，重大项目的命运很少由个人单独行动决定。例如，学者们追问，升级是否需要个人责任（参见 Brockner，1992；Keil，1995；Whyte，1986；Sleesmanet al.，2012）。然而，重大项目研究的一个更有成效的方向可能是研究无责任如何影响。更具体来说，研究表明，相对于个体，群体更不容易承诺升级。而且没有任何责任的群体（即在实验控制条件下）更加不容易发生。但这些研究也表明，"无责任"群体也最不愿意挽救陷于困境的项目（Whyte，1991；Leatherwood et al.，1987）。

这种区别很重要，因为重大项目通常会延续10～15年。当问题出现时，那些批准项目的人可能早已离开。例如，英国国防部发现，与波音公司签订的支奴干（Chinook）$Mk_3$ 直升机合同无法获取软件代码。结果，尽管作战中非常需要这些直升机，但由于无法获得适航认证，它们最终在机库中滞留了7年（Ministry of Defence 2008）。支奴干（Chinook）是项目管理史上最糟糕的案例之一，它是一个犹豫不决的项目——重要事项偏离正轨，好不容易做出决定，结果又被撤销（Drummond，1994；Denis et al.，2011）。例如，仅仅是为了商定一个经济可行的工作方案来改装直升机，使它们能安全飞行，就花了30个月的时间。这个项目后来被放弃，这些直升机又被改装回 $Mk_2$s。没有人知道是谁起草了合同（Ministry of Defence 2008）。问题是，如果有人来承担责任，是否会有更大的紧迫感？命题：无责任比个体或群体负责都更容易导致"犹豫不决的升级"。

责任是否是双刃剑，也是值得探讨的（Flyvbjerg et al.，2009a 讨论了问责制）。也就是说，最初它可能会促使人们拒绝承担责任——尤其是在决策者的事业受到威胁时（参见 Fox et al.，1979）。但是，一旦失败变得非常明显，责任（以及自我）可能会促使人们采取行动——尝试解决问题，探索各种选择；最重要的是，果断行动。

竣工效应也值得进一步研究。回顾一下，随着项目的推进，竣工取代了包括项目质量在内的其他项目目标（参见 Conlon et al.，1993）。但这种替代何时发生呢？笔者用极端情景进行了实验。在这些情景中，项目被描述为10%和90%完成度两种情况。显然，如果只是说说而已，决策者可能会满足于终止完成仅10%的项目。但在现实中，完成度10%可能意味着规划得到批准、合同已经签订、人员和设备已经就位、现场已经挖了一个大坑。通过使用更形象的实验情境，我们可能会发现，替代在项目周期中的发生时间比先前预想的要早得多。

如果是这样，当解释为何坚持摇摇欲坠的重大项目时，目标替代效应可能是关键。通过心理实验（Platt，1964；Wicker，1985），目标替代和升级间的一种完美关联需要什么呢？直观来说，我们可能认为，高感知效能（Whyte et al.，1997）、中等难度（Lee et al.，2015），以及一个有吸引力且看似近在咫尺的目标会起到加速作用。然而，逆向动态（reverse dynamic）也是合理的。也就是说，如果竣工变得非常重要（有可能是责任驱动），那么感知到的效能就会提高，并且随着决策者们努力应对挑战，目标似乎变得更有价值、更容易、更接近。的确，我们知道非理性的影响可以采取间接途径。例如，研究表明，资金一旦投入，决策者往往会对成功的可能性更有信心（Arkes et al.，2000）。回想一下，廷（2011）发现，更接近的目标似乎更有价值。相反，布雷姆和芮特（Brehm and Wright，1983）发现，如果目标很困难，那么坚持项目的价值似乎更低。此外，当放弃代价高昂并且决策者不清楚坚持的成本高低以及最终可能会付出什么代价时，目标替代和升级之间的关联可能会被强化（Northcraft et al.，1986）。值得注意的是，鲁宾（Rubin）和布洛克纳（1975）发现，幻象字典实验中几乎没有参与者要求提供收益表。命题：当目标替代情况发生时，盲目乐观主义会再次登场。

研究人员基本上忽略了情境因素。斯塔乌(Staw, 1997)认为，这是因为它们不存在争议。然而，谢等人(Hsieh et al., 2015)的研究发现，如果企业看到更大的竞争对手企业失败，企业会阻止承诺的升级；但是，如果较小的竞争对手成功，这会加速企业承诺升级。这可能意味着，如果同类项目已经成功，尤其是较小的或者经验较少的对手建造的，那么重大项目升级的可能性更大。

有些项目是因需要而建的。成本无关紧要，或者至少是次要的(Northcraft et al., 1984)。例如，福斯湾(Firth of Forth)上的新公路桥对苏格兰的经济至关重要，因为现有的渡口(1964 年建成开通)几乎已经达到寿命。在撰写本文之时(2015 年 6 月)，该项目正按计划进行，且略低于预算。事情可能还没有解开，但这个尚未撰写的案例表明，并非所有的重大项目都会屈服于盲目的乐观主义。同样，是什么造成了差异？必要项目往往比非必要项目的评估更符合实际？如果是的话，为什么？从推测上看，这可能正是因为每个人都知道它们会被建造，所以没有必要“玩弄”数字。这种可能性可以通过实地实验来验证，研究低、中、高程度的资源竞争如何影响规划者的估计。从逻辑上讲，我们可能预期高竞争会产生最乐观的估算。然而，结果可能会出乎预料——高度竞争可能使决策者不得不小心翼翼，如果他们想被认真对待的话；适度的竞争反而可能会鼓励“所有都免费”。

我们也需要新的概念。概念之所以重要，是因为它们能够把我们所看到的、如何看待以及如何思考(看到的事物、看事物的方式以及思考的方式)结构化(参见 Morgan, 1990)。一个概念是“犹豫不决的升级(escalating indecision)”是有用的，因为它把焦点投向了可能产生高昂代价的不作为的组织病态。另一个概念是“不可避免的升级(escalating inevitability)”，它将焦点放在项目生命周期早期做出的次优决策(妥协和让步)及其潜在恶性影响上。对事件链(例如，空客最终为 7 个客户设计了 7 种机型)的研究可能会表明，自我驱动型决策者故意和不计后果地对注定失败的项目再投资，这种说法是片面的。也就是说，“不可避免的升级”可能会突出表明，坚持下去的动力更多的是由项目因素驱动的，而非由人的脆弱性驱动，因为一个次优的决定会催生出另一个次优的决定，以此类推。

“不可避免的升级”概念对实践也有影响。例如，当 JPA 项目摇摇欲坠时，媒体的头条新闻报道了士兵得不到报酬的情况，引起了公众的骚动。作为承包商的美国电子数据系统公司(Electronic Data Systems, EDS)与国防部合作诊断和解决问题，这是在没有任何保证的情况下，否则 EDS 将能得到对所有额外工作的报酬。尽管 EDS 被认为因此遭受了重大损失(Kelman et al., 2009)，但“撂挑子”(downing tools)或发布书面命令几乎不可避免地使事情变得更糟。与之类似，巴拿马运河当局可能认为，最好不要就谁应负责超支费而起诉承包商，因为这只会加剧延误(Webber, 2015)。“不可避免的升级”概念还会鼓励决策者慎重考虑其决策将带来的必然后果。

## 9.9 结论

大多数陷入困境的重大项目最终都会完工，不过成本通常远高于预期，而且承诺的收益可能迟迟不能实现。伦敦的金丝雀码头现在是一个繁华的商业区，但它并非一蹴而就。同样，早期在伦敦巴比肯中心的管弦乐队演出几乎没有观众。JPA 是发挥作用了，但其笨重的屏幕和有限的功能，与最初设想的精简系统相去甚远(Kelman et al., 2009)。阿姆斯特丹的新地铁工程可能会给这座城市带来巨大的经济收益，但正如杂志《经济学家》(The Economist, 2009)直截了当指出的那样，这些收益只属于那些房子没有倒塌的人。

倘若只能给出一个建议，我会敦促各类组织谨慎对待其要着手的工程。不管是什么因素推动了升级，一个简单的事实是，重大项目一旦启动，它们几乎是不可阻挡的。第一个问题是关于是否需要重大项目。可以论证，许多其实是不需要的（Flyvbjerg et al.，2009 讨论了这一点）。例如，使用经过试验和测试的技术，6 个月就可以建成简约版的 TAURUS(Drummond, 1996)。英国卫生当局最终建立了自己的患者记录系统，但它们本来可以在一开始就这么做。爱丁堡通往机场的有轨电车似乎多余，因为它比公共汽车耗时长。伦敦真的还需要一个音乐厅吗？接受对拟议路线的反对意见的结果是，$HS_2$ 的预计成本从 350 亿英镑升至 500 亿英镑。为了在伦敦和伯明翰之间节省半小时，值得花那么多钱（而且至少要等二十年）吗？任何项目的实际成本是我们原本可以得到的。

需要强调的是，我不是在建议决策者回避风险或者回避那些伟大但必要的项目——只是建议他们停顿足够长的时间来考虑这些项目可能会如何开展。这一点尤其适用于在项目早期作出的可能产生连锁效应的决策。实践中，现成的办法强调慎重的必要性（参见 Simonson et al.，1992；Brockner et al.，1979；Keil et al.，2003）。然而，如果一个项目已经受到致命的损害，那又有什么好处呢？就像政治一样，重大项目可能是一种可能性的艺术。即便如此，决策者应当仔细考虑权宜之计可能带来的困扰。尽管决策者都在强调不确定性，但有些事情是可以预测的。正如道家所言："为之于未有，治之于未乱[①]（Only by avoiding the beginning of things can we escape their inevitable ends）。"或者像彼得（2010：196）更积极的表达：成功反映了组织没有做什么。

# 参考文献

Adner, R and Levinthal, D. A (2004). What is not a real option: Considering boundaries for the application of real options to business strategy, Academy of Management Review, 29: 74-85.

Anderson, C. J. (2003). The psychology of doing nothing: Forms of decision avoidance result from reason and emotion, Psychological Bulletin, 129: 139-67.

Arkes, H. R and Blumer, C. (1985). The psychology of sunk costs, Organizational Behavior and Human Performance, 35: 124-40.

Arkes, H. R. and Hutzel, L. (2000). The role of probability of success estimates in the sunk cost effect, Journal of Behavioral Decision Making, 13: 295-306.

Barley, S. R. (1983). Semiotics and the study of occupational and organizational cultures, Administrative Science Quarterly, 28: 393-413.

Baskerville, R. L. and Land, F. (2004). Socially self-destructing systems, in C. Avgerou, C. Ciborra and F. Land (eds) The Social Study of Information and Communication Technology, Oxford: Oxford University, pp. 263-82.

Bazerman, M. H, Beekun, R. I, and Schoorman, F D. (1982). Performance evaluation in a dynamic context: A laboratory study of the impact of the prior commitment to the ratee, ournal of Applied Psychology, 67: 873-6.

Bazerman, M. H and Moore, D. A (2009). Judgment in Managerial Decision-Making New York: Wiley.

Becker, H(1960). Notes on the concept of commitment, American Sociology, 66: 32-40.

① 译者注：出自《老子 · 第六十四章》，意思为在事情还没发生之前，就应有所预防，在祸乱还没产生前，就应早做准备。 这句话告诫人们应未雨绸缪、防微杜渐。

Becker M. Y (2007). Information governance in NHSs NPfIT: A case for policy specification, International Journal of Medical Informatics, 76: 432-7.

Biltz, R. (2010). savoyreopensafterf22omrevampFinancialTimes,8October<http://wwwft com>.

Boulding, W, Morgan, R, and Staelin, R (1997). Pulling the plug to stop new product drain, Journal of Marketing Research, 34: 164-76.

Bowen, M. G (1987). The escalation phenomenon reconsidered Decision dilemmas or decision errors, Academy of Management Review, 12: 52-66.

Brehm, J and Wright, R. A (1983). Perceived difficulty, energization, and the magnitude of goal valence, Journal of Experimental Social Psychology, 19: 21-48.

Brockner, J. (1992). The escalation of commitment to a failing course of action: Toward theoretical progress, Academy of Management Review, 17: 39-61.

Brockner, J., Shaw, M. C, and Rubin J-Z(1979), Factors affecting withdrawal from an escalating conflict: Quitting before it's too late, Journal of Experimental Social Psychology, 17:492-503.

Brockner, J, Rubin, J. Z, and Lang, E. (1981). Face-saving and entrapment, Journal Experimental Social Psychology, 17: 68-79.

Brown. A, D, (1994), Politics, symbolic action and myth making in pursuit of legitimacy, Organization Studies, 15: 861-78.

Camerer, C, F, and Weber, R, A (1999), The econometrics and behavioral economics of commitment: A re-examination of Staw and Hoang's NBA data, Journal of Economic Behavior and Organization, 39: 59-82.

Conlon, E J-and Parks, J M, (1987). Information requests in the context of escalation, Journal of Applied Psychology, 72: 344-50.

Conlon, E J. and Garland, H. (1993). The role of project completion information in resource location decisions, Academy of Management Journal, 36: 402.

Crocker, I and Park, L E(2004). "The costly pursuit of self-esteem, Psychological Bulletin, Daft, R. L, Murphy, L, and Willmott, H. (2010), Organization Theory and Design Andover: Cengage.

Denis, I L., Dompierre, G, Langley, Aa, and Rouleau, L-(2011). Escalating indecision: Between reification and strategic ambiguity. Organization Science, 22: 225-44.

Donnan, S, (2015). Frugal US consumers hit Panama Canal trade, Financial Times, 22 May, <http:/www. it. com>.

Drummond, H(1994). Too little too late: A case study of escalation in decision-making Organization Studies, 15:509-605.

Drummond, H (1995). De-escalation in decision-making: A case of a disastrous partnership. Journal of management Studies, 32: 265-81.

Drummond, H (1996). Escalation in Decision-Making: The Tragedy of Taurus. Oxford: Oxford University Press.

Drummond, H (2012). Economist guide to Decision-Making. London: Economist Publications association with Profile Books.

Drummond, H(2014)/Escalation of commitment: When to stay the course Academy of Management Perspectives, 28: 430-46.

Econorist, the(2009). "abigdig," 5 February. <chttp://www. economist. com>.

Elsbach, K, D, (2003), Organization perception management in B, M Staw and L, L, Cumings (eds,) Research in Organization Behavior, vol 25, Amsterdam: Elsevier, pp 297-311.

Feldman, M. S and March, I G (1981). Information in organizations as signal and symbol. Administrative Science Quarterly, 26: 171-86.

Fischhoff, B, Slovic, P, and Lichtenstein, S (1977). Knowing with certainty: The appropriateness of extreme confidence, Journal of Experimental Psychology. Human Perception and Performance, 3:

552-664.

Flyvbjerg, B,(2008). Curbing optimism bias and strategic misrepresentation in planning: Reference class forecasting in practice, European Planning Studies, 16: 3-21.

Flyvbjerg, B, Bruzelius, N, and Rothengatter, W,(2009), Megaprojects and Risk: An Anatomy of Ambition. Cambridge: Cambridge University.

Flyvbjerg, B, Garbuio, M, and Lavallo, D,(2009). Delusion and deception in large infrastructure projects: Two models for explaining and preventing executive disaster, California Management Revie, 51: 170-93.

Fox, E, and Staw, B. M.(1979). The trapped administrator: the effects of job insecurity and policy resistance upon commitment to a course of action" Administrative Science Quarterly, 24: 49-71.

Fox, S and Hoffman, M,(2002). Escalation behavior as a specific case of goal-directed activity: A persistence paradigm, Basic and Applied Psychology, 24: 273-85.

Harrison, P D, and Harrell, A (1993). Impact of adverse selection on managers project evaluation decisions, Academy of Management Journal, 36: 635-43.

le, X and Mittal, V,(2007). The effect of decision risk and project stage on escalation of commitment, Organizational Behavior and Human Decision Processes, 103: 225-31.

Heath, C (1995). Escalation and de-escalation of commitment in response to sunk costs: The role of budgeting in accounting Organization Behavior and Hunan Decision Processes, 62: 38-54.

Heath, C, and Soll, B (1996). Mental budgeting and consumer decisions, Journal of Consumer Research, 23: 40-52.

Hollinger, P and Vasager, J ( 2015 ). Crash casts shadow over Airbus' military transport aircraftFinancialTimes11May, <http://www. ft,com>.

Hsieh, K-Y, Tsai, W, and Chen, M. J(2015). If they Can do it, why not us? Competitors as reference points for justifying escalation of commitment, Academy of Management Journal, 58: 38-58.

Jani, A.(2on). Escalation of commitment in troubled IT projects influence of project risk factors and self-efficacy on the perception of risk and the commitment to a failing project, International Journal of project Management, 29: 934-45.

Janney, J. I and Dess, G, G (2004). "Can real-options analysis improve decision-making Promises and pitfalls," Academy of Management Executive, 18: 60-75.

Jensen, J, M, Conlon, D E, Humphrey, SE, and Moon, H(2011), The consequences of completion: How level of completion influences information concealment by decisionmakers, Journal of Applied Social Psychology. 41: 401-28.

Kahneman, D, and Tversky. A (1979). Prospect theory: An analysis of decision under risk, Econometrica, 47: 263-91.

Kahneman, D and Tversky A (1gB2) The psychology of preferences, Scientific Anmerican, 246: 162-70.

Kahneman, D), and Lovallo, D, (1993), Timid choices and bold forecasts: A cognitive perspective on risk taking, Management Science, 39: 17-31.

Kahneman, D, Lovallo, D, and Sibony, O, (2011). Before you make that big decision, Harvard Business Review, June: 51-60.

Keil, M.(1995). Pulling the plug: Software project management and the problem of escalation, MIs Quarterly, 19: 412-27.

Keil, M. and Mahring, M. (2010). "Is your project turning into a black hole?" California Management Review, 53: 6-28.

Keil, M. and Robey, D (1999). Turning around troubled software projects: an exploratory study of de-escalation of commitment to failing courses of action, Journal of Management Information Systems, 15:63-87.

Keil, M,, Rai, A, Mann, I. E C, and Zhang, G, P, (2003). Why software projects escalate: The importance of project management constructs, IEEE Transactions on Engineering Management, 50: 251-61.

Keil, M, Tan, B, C. Y, wei, K. K, Saarinen, T, Tuunainen, V, and Wassennar, A(2000). cross cultural study on escalation of commitment behavior in software projects, MIS Quarterly, 24: 299-325.

Kelman, S, Weatherhead Ill, A. I, and Weather head, R, W(2009). A different kind of partnership: The UK's Ministry of Defense and EDS develop the Joint Personnel Administration program (JPA), Kennedy School of Government Case Program, CRI6-09-1900-0, PP1-22Kynaston, D (a1os) Modernity Britain. London: Bloomsbury.

Langer, E J (ags). The illusion of control, Journal Personality and Social Psychology, 32: 3t1-28Leatherwood, M. L and Conlon, J. (1987). Diffusibility of blame: Effects of persistence on a project, Academy of Management Journal, 30: 836-847.

Lee, J. S., Keil, M, and Wong, K. E. E(2015). The effect of goal difficulty on escalation of commitment, Journal of Behavioral Decision Making, 28:114-29.

Leslie, K J and Michaels, M. P (1997). "The real power of real options," The McKinsey Quarterly4-22.

Lovallo, D, and Kahneman, D (2003). Delusions of success: How optimism undermines executives decisions, Harvard Business Review, July: 57-63.

Lovallo, D, Viguerie, P, Uhlaner, R, and Horn, I (2007). Deals without delusions, Harvard Business Review, December: 92-9.

Mahring, M. and Kell, M. (2008). Information technology project escalation: A processes model, Decision Sciences, 39: 239-72.

Meyer, w G. (2014). The effect of optimism bias on the decision to terminate failing projects, Project Management Journal, 45: 7-20.

Ministry of Defence (2008). Chinook Mk3 Helicopters. London: TSO.

Monteagre, R and KeiL, M (2000). De-escalating information technology projects: Lessons4 from the Denver international airport MIS Quarterly, 24417-47 Don, H. (2001). "Looking forward and looking back: integrating completion and sunk-cost effects within an escalation-of-commitment progress decision," Journal of Applied Psychology, 86: 104-13.

Morgan, G (1990) Paradigm diversity in organizational research. in J Harvard and D. Pym(eds) The Theory aNd Philosoply of Organizations. London: Routledge, pp. 13-29.

Morgan, G, Frost, P I, and Pondy, LR (1983). "Organizational symbolism, in L R Pondy P J Frost G. Morgan, T, C. Dandridge (eds) Organizational Symbolism, London: JAINelson, R, R (2007). " IT project management: infamous failures, classic mistakes and best practices, Mis Quarterly Executive, 6: 67-78.

Nisbett, R. E and Ross, L. (1980). Human Inference: Strategies and Shortcomings of Social Judgment. Englewood Cliffs: Prentice-Hal.

Northcraft, G and Neale, M. A (1986). Opportunity costs and framing of resource decisions, Organizational Behavior and Human Decision Processes, 37: 348-56.

Northcraft, G and Wolf, G (1984). Dollars sense and sunk costs: A life cycle model of resource allocation decisions," Academy of Management Review. 9: 225-34.

Pan, S L, Pan, G. S. C, Newman, M, and Flynn, D (2006a) Escalation and de-escalation of commitment to information systems projects: Insights from a project evaluation model, European Journal of Operational Research, 173: 1139-60.

Pan, S, L, Pan, G, S, Cu, Newman, M, and Flynn, D (2006b), Escalation and de-escalation of commitment: A commitment transformation analysis of an e-government project, Information Systems Journal, 16:3-21.

Peters, T (2010). The Little Big Things 136 Ways to Produce Excellence. New York: Harper.

Pfeffer J (1977). The ambiguity of leadership, Academy of Management Review, 2:104-12.

Pfeffer, J. (1981). Management as symbolic action: the creation and maintenance of organizational paradigms, in L L Cumings and B. M. Staw (eds) Research in Organizational Behavior, Greenwich: JAI Press, pp. 1-52.

Platt, J. R, (1964). Strong inference, ScieNce, 146: 3-47-53.

Ross, I and Staw, B, M (1986). "Expo 86: An escalation prototype," administrative Science Quarterly, 31:379-91.

Ross, J and Staw, B M (1991). Managing escalation processes in organizations, Journal of Managerial Issues, 3:15-30.

Ross, I and Staw, B M. (1993). Organizational escalation and exit: Lessons from the Shoreham nuclear power plant, Academy of Management Journal, 36:701-32.

Rubin J. Z and Brockner, L (1975). Factors affecting entrapment in waiting situations: The Rosencrantz and Guildenstern effect Journal of personality and Social Psychology 31:1054-63.

Rubin, R, E and Weisberg, L (2004). In An Uncertain World. New York: Random Houseauer, C, (1993). Why Information Systems Fail: A Case Study Approach, Henley: Alfred Waller, Schoorman, F, D. (1988). Escalation bias In performance appraisals: An unintended consequence of supervisor participation in hiring decisions, Journal of Applied Psychology, 7358-62.

Schultz-Hardt, S, Thurow-Kroning, nd Frey, D. (2009). Preference-based escalation: A new interpretation for the responsibility effect in escalating commitment and entrapment, Organizational Behavior and Human Decision Processes, 108: 175-86.

shepherd, D. A Patzelt, H Willams, T, and Warnecke, D (2014). How does project termination impact project team members? Rapid termination, creeping death, and learning from failure, Journal of Management Studies, 1: 513-46.

Simonson, I, and Staw, I, M, (1992). Decision strategies: A comparison of techniques for reducing commitment to losing courses of action, Journal of Applied Psychology, 77: 419-26.

Singer, M. S. and Singer, A E (1985). "Is there always escalation of commitment?" Psychological Report 556: 816-18.

Sleeman, D, J; Conlon, D, E, McNamara, G, and Miles, J, E (2012). Cleaning up the big muddy: A meta-analytic review of the determinants of escalation of commitment, Academy of Management Journal, 55:541-62.

Soll, F. , Milkman, K. Lo, and Payne, J. W (2015). Outsmart your own biases, Harvard Business Review, May: 65-71.

Staw, B. M. (1976). Knee-deep in the big muddy: A study of escalating commitment to a chosen course of action Organizational Behavior and Human Decision Processes, 16: 27-44.

Staw, B, M. (1997). Escalation research: An update and appraisal, in Z Shapira (ed) Organizational Decision Making. Cambridge: Cambridge University Press, pp. 191-215.

Staw, B M. and Fox, F V, (1977). Escalation: the determinants of commitment to a chosencourse of action, Human Relations, 30: 431-50.

Staw, B. M. and Ross, J. (1978). Commitment to a policy decision: A multi-theoretical perspective, Administrative Science Quarterly, 23:40-6.

Staw, B, M. and Ross, I (1987a). Behavior in escalation situations: Antecedents, prototypes and solutions, in L-L. Cummings and B M. Staw (eds,) Research in Organization Behavior. London: JAI Press.

Staw, B M, and Ross, J (1987b). Knowing when to pull the plug, Harvard Business Review March/April: 65-72.

Stross, R. (2012). "Billion-dollar flop: Air Force stumbles on software plan" New York Times, 8

9 重大项目的承诺升级：最新进展与评价

December. <http://www. nytimes. com/2012/og/tecnology/air-force-stumbles-over-software.

Tan, H-T and Yates, I. F (1995). Sunk cost effects: the influences of instruction and future return estimates, Organizational Behavior and Hu pan Decision Processes, 63:311.

Taylor, S. E. (go), Positive Illusions. New York: Basic Books.

Taylor, S E and Brown, J (1988), Illusion and well-being A social psychological perspective on mental health, Psychological Bulletin, 103: 193-210.

Teger, A. I (igBo). Too Mnch Invested to Qui: The Psychology of the Escalation of Conflict. New York Pergamon.

Tetlock, P. E. Accountability: The neglected social context of judgment and choice. in B. M. Staw and L. L Cummings (eds) Research and Organizational Behavior, vol. 7Greenwich CT: JAI Press. pp. 297-332.

Ting, H, (2011), The effects of goal distance and value in escalation of commitment, Current Psychology 30: 93-104.

Tiwana, A, Keil, M and Fichman, R G (2006). Information systems project continuation inescal ation situations: A real options model, Decision Sciences, 37: 357-91.

Van Oorschot, K, E, Akkermans, H, Sengupta, Ki, and Van Wassenhove, L K(2013). Anatomy of a decision trap in complex new product development projects, Academy of Management Journal, 56: 285-307.

Webber J (2015). Lure of larger container ships fuels canal boom in central America, Financial Times. March26, <http://www. ftcom>.

Whitney, K, M. and Daniels, C, B (2or3). The root cause of failure in complex IT projects: Complexity itself, Procedia Computer Science, 20: 325-30.

Whyte, G (1986). Escalating commitment to a course of action: A reinterpretation, Academy of Management Review. 11: 311-21.

Whyte, G(1991). Diffusion of responsibility: Effects on the escalation tendency, Journal of Applied Psychology. /, 408-15.

Whyte, G, Saks, A. M, and Hook, S (1997). When success breeds failure: The art of self-efficacy in escalating commitment to a losing course of action, Journal of Organizational Behavior, 18: 415-12.

Wicker, A. W. (1985). Getting out of our conceptual ruts: Strategies for expanding conceptual frameworks, American Psychologist, 40, 1094-103.

Zardkoohi, A (2004). Do real options lead to escalation of commitment? Academy of Management Review, 2g: 111-19.

Zhang, L and Baumeister, R F(2006). Your money or your self-esteem: Threatened egoism promotes costly entrapment in losing endeavors, Personality and Social-Psychology. Bulletin, 32: 881-93.

# 10 重大项目:创新的博弈

罗杰·米拉尔　唐纳德·莱萨德　维采克·萨克拉尼



重大项目是复杂的定制化解决方案,需要很多年塑造,以适应特定情境和市场需求。每个项目都需要多个创新的备选方案,以应对各种可预见或不可预见的问题。在项目实体的设计、融资与建设过程中可能会产生各种风险。

本章将重大项目视为创新的博弈,发起人、专家和潜在对立者等利益相关者在该博弈中相互作用,将机会转化为项目,并设计和交付项目。本章的第一部分介绍项目发起与项目塑造的过程。第二部分则侧重于以创造项目价值为目的的创新空间。第三部分进一步详述了重大项目塑造过程,并阐述了业主、发起人和专业公司利用创新方案塑造项目所需的动态能力。第四部分描述了重大项目的塑造过程是如何随着政府和社会资本合作模式(Public-Private Partnerships, PPPs)的兴起而变化的。第五部分探讨了发起人和专业公司如何掌控重大项目内在复杂性,并制定具有必要复杂性的架构和流程。

我们的观察基于四个来源的大量证据。首先,我们分析了能源、交通、石油和天然气领域的60个重大项目,采访了每个项目的发起人、投资者、承包商、反对方、法律顾问和监管方(Miller et al., 2000)。其次,第二个证据来源是对全球大量水利项目进行校准的模型研究(Sakhrani, 2015)。再次,一些石油和天然气项目为我们提供了第三个信息来源(Lessard et al., 2014),其中包括了五个影响挪威石油开发的重大项目(Am et al., 2014)。最后,我们借鉴了一项世界范围内对创新实践的研究(Miller et al., 2012)。本章重点讨论共性问题,并提供了一些具体项目的例子来突出论述重点[1]。

## 10.1 发起和塑造重大项目

重大项目的规划和管理可以从两个截然不同的视角来看待。第一种是事前理性的观点,即通过预测项目的收益、备选方案成本以及风险来选择最适合的项目并付诸实践,但业主和发起者很少能通过大量“一劳永逸(once-and-for-all)”的分析做出重大项目的规划决策。在大型决策会议上,能考虑到所有方案以选出最佳路径,这是很罕见的。这种理性的方法有赖于分析的严谨性与预测的感知优势(perceived superiority),或者在采用一种正式选择方式时,依赖于对主要动态因素的建模能力。第二种相反的观点认为,重大项目的管理是一个持续的政治过程,需要在行动和反行动中行使权力。即使是技术上复杂的项目也可能受制于政治谈判;发起人和利益相关者进行交易,以形成各种备选方案。随着时间的推移,最终的选择会从政治进程中产生。

通过对大量风险投资项目的分析,我们发现项目的发展有其自身的逻辑。因此我们认为，将重大项目看作米拉尔与科特（Miller and Cote，2012）所定义的创新博弈（Game of Innovation）比将其视为线性工程任务更有成效。博弈是行为者之间对不同情境作业反应而出现的连贯互动模式。重大项目中的参与者一般是由发起人（或发起人联合体）和专业联合体组成的“二人组（duo）”，有时亦将潜在的反对者纳入考虑，从而形成了“三人组（trio）”。

2012 年，米拉尔和科特通过对 850 个创新项目（包括但不限于重大项目）的分析，确定了六种不同的创新模式。这六种创新模式主要基于两个维度，即市场与技术的动态性（稳健或者动荡）以及创新架构（从独立的产品到开放的平台，再到紧密集成的封闭系统）[2]。这六种模式包括：

① 尤里卡（Eureka）博弈，在高度动荡的技术与市场背景下，以创新与创业为基础；

② 新的及改进（New and Improved）博弈，在成熟稳健的技术与市场环境中，注重对产品和流程进行反复的渐进式改变，以提高生产率；

③ 突破性（Breakthrough）博弈，使用新兴科学与新颖技术方案以革新现有工作模式；在这种博弈中，发起人与学科专家紧密协作；

④ 架构之争（Battles of Architecture），发生在急速变化的动态环境与平台中，强调相互竞争且往往互斥的基于平台的商业模式；

⑤ 量贩式定制（Mass Customization）博弈，在平台中开发应用程序以实现个性化的商品集群；

⑥ 边界突破（Pushing the Envelope）博弈，此博弈发生在技术与市场中等动荡但需紧密整合的环境中。

上述边界突破博弈最能体现我们所观察到的重大项目塑造过程（Miller et al.，2008）的特点。因为重大项目处于适度动荡的技术与市场环境中，而且必须构成紧密耦合的封闭系统[3]。重大项目很少“按规格建造”（built on spec）——即先于需求开发，作为现成的市场解决方案供采用。相反，发起人和专业公司在明确的需求下，通过多年一步步的创新，取得共同进步，实现从最初的问题到最终承诺的架构。这与传统的线性创新观点形成了鲜明的对比，传统的线性创新观点通常适用于那种从研发到产品开发再到最终投放市场的项目。

一般而言，重大项目中的创新不是彻头彻尾的新事物，而是根据不同的需求做出变化和调整的解决方案（Miller et al.，2012）。业主、发起人和专业公司紧密互动、共同开发解决方案，以满足明确的但不断变化的需求。此外，他们往往必须与潜在的对立利益相关者交涉，以找到各方可接受的解决方案。因此，重大项目管理的特点是，通过雄心勃勃的努力，以及整合专业团队和利益相关者来完成项目。

（1）重大项目的情境

尽管大多数重大项目似乎都属于规范化的部门，如桥梁、地铁、高速公路、水坝、其他大型能源和水利项目以及综合工业与城市发展等，但由于其特殊的技术和制度背景，每个重大项目都有所不同。以下是描述重大项目情境的关键属性：

① 重大项目是技术复杂的大规模工程与金融风险投资项目，其平均成本通常高于 10 亿美元且规模差异巨大。很多时候，来自众多利益相关者的阻力和外部压力会随规模的增长而增加。

② 重大项目所需的技术并非在不断地、彻底地变化。相反，此类工程所需的技术知识往往以稳健的速度积累。工程上的挑战在于构建一个紧密集成的闭环系统，该系统可以提供服务和稳定的收益，并能够应对风险。

③ 重大项目涉及大量的、不稳定的且不可逆转的财务承诺。项目一旦建立，项目范

围就确定了;它们是为特定的情境而定制的,很难就除原始目的以外的任何目的重新打包与部署。

④ 随着服务、技术方案和金融工程等需求中的重大不确定因素出现,风险和动荡随之产生。当内外部条件变化,项目会受到互相冲突的压力。由于缺乏有助于决策过程的制度支持,重大项目的塑造往往陷入危机的恶性循环中。

⑤ 重大项目绩效可以从多个维度来衡量,如功能性、透明度、延误、成本、对经济发展的贡献等。很少有项目在所有方面都表现得优秀。费用超支的情况很常见,但大多数重大项目最终都能提供发起人所要求的服务。然而,很多研究人员强调,重大项目的结果普遍令人失望(Flyvbjerg et al., 2003)。在试运营期内,最初的市场预期会被重新评估,随着收益流入,项目的真正价值才会显现出来。发起人可能会发现项目收益远低于预期。

⑥ 重大项目的决策历经多年。前期决策活动平均耗时在6~7年,而建设和试运营期则要短得多(Miller et al., 2000)。从业主发起人提出最初的想法到承诺、建设和试运营的过程是不明确和曲折的。要取得进展,就需要历经多年解决多个问题,通过创新步骤,直到项目完成,并能够交付一个具体明确的项目。

(2) 重大项目的发起

重大项目的业主或发起人,如网络运营商、公共机构或工业企业,首先要明确他们面对的瓶颈、问题和挑战。有关这些问题或瓶颈的例子有:①经常性的交通超载,表明需要进行重大投资,以建设公路系统中的缺失环节;②用现有方法开采油气田的产量低,因此需要新的开采方法;③电力网络经常停电,需要重新设计结构,等等。自然资源也为重大项目提供了机会。许多重大项目不仅以提供有针对性的服务作为实际目标,同时还包括高远的志向、崇高的理想和经济发展目标。重大项目经常被作为实现政治目标的工具(Flyvbjerg et al., 2003)。

重大项目的建设很少只依靠内部资源,而是需要发起人和外部参与者机构的协调,每个角色都发挥着不同的作用,具有不同的能力,而且往往具有不同目标。协调参与者的过程包括强有力的领导、广泛的谈判和全局合同。

(3) 重大项目塑造过程中的一对互补组织

重大项目的塑造,是在体制和程序框架内,在不同类型组织的"二人组"之间历经多年互动决策的结果:①有重大问题或瓶颈需要解决的业主发起人(有时称为开发商)[4];②具有工程知识、资金以及设计、融资和建设项目经验的专业公司。"二人组"的引领方通常是发起人,如公共机构、私人运营商或大型工业公司等。面临问题或瓶颈的实体确实需要一个量身定制的解决方案,以帮助它更好地服务于业主。"二人组"的另一方是由专业公司组成的联合体,他们联合起来,组成项目组织,并签订合同,为项目提供专业知识。专业公司已经具有成为可信合作伙伴和投标人的能力与经验。他们积累了塑造重大项目所需学科和互补工程领域的知识。

当发起人、专业公司和反对者在处理不同的观点和累积知识时,重大项目的塑造就开始了。直到大多数问题都得到解决,并达到某种程度的结束时,这对"二人组"才会停止塑造过程。专业公司提出新的方法,重新定义问题,并寻求最佳实践。当然,业主或发起人也可以选择不创新,固守老路。

条条大路通罗马。发起人可决定利用积累的经验在内部制定解决方案。然而,发起人很少拥有解决手头问题所需的所有专业知识。

与之相反,发起人依赖于开放式采购。他们同时邀请一个或多个互补的专家小组来草拟并提出解决方案。很多时候,发起人会有偿邀请几对相互竞争的专业公司,以确保他能够获得高度创新的解决方案。

当受影响的各方被激发参与以重塑拟提议项目时,这对"二人组"就可能变为"三人组"。我们注意到,大多数重大项目都会遇到来自环境组织、社区或利益团体的阻力。必须综合考虑这些受影响方的利益。

(4) 塑造是对问题的回应

当面临风险和困难时,业主或发起人不会坐以待毙。相反,他们根据需要解决的具体问题来塑造项目。在某些情况下,必须同时解决一揽子问题。项目塑造所处的制度框架有助于安排塑造工作的分配,从而解决问题。表 10.1 列出了一些亟待解决且相互依存的关键问题。

**表 10.1　重大项目塑造所关注的主要问题**

| | |
|---|---|
| ■ 发起人对问题与瓶颈的定义 | ■ 来自市场、技术与制度的各种风险 |
| ■ 项目作为想法的初步可行性 | ■ 与世界级专家建立伙伴关系 |
| ■ 需求预测的可靠性和长期性 | ■ 公平、资格与投标程序 |
| ■ 发起人之间的框架协议 | ■ 应对变更的整体合约与程序 |
| ■ 环境挑战与行动 | ■ 许可与法规决策 |
| ■ 长期的商业和财政模式 | ■ 对最终伙伴协议的承诺 |

这些问题的解决方案通过一个偶发的塑造过程产生,如图 10.1 所示。每一个塑造事件一开始都具有很多可能性;解决方案并非事先确定,而是由发起组织制定的。发起人可以提出许多可能路径的假设来草拟解决方案。为了详细制定策略并获得动力,发起人会进行探索性投资。

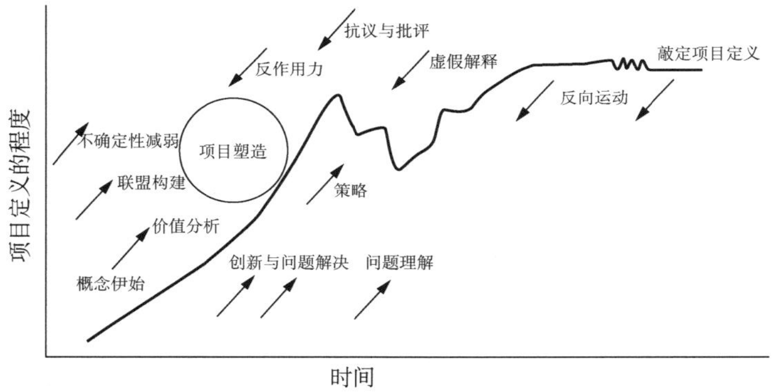


**图 10.1　项目塑造**

(5) 塑造是对项目元素的主动雕刻

当遭到反对和阻力时,发起人要同时用理性论证和外交手段去说服。在每一个塑造期之后,如果项目的价值仍然可以接受,发起人将进入下一个塑造期。如果这个项目很可能导致非理性选择,他们就可能放弃。在每次塑造时,发起人都会努力应对高度的不确定性,以实现某种程度的完结。

解决相互依存的问题很难一蹴而就。相反,这些问题会形成捆绑和前提条件。关键问题的解决往往是着手应对其他关联问题的前提。随着时间的推移,以前解决的问题可能会重新出现,并成为需要重新塑造的挑战。即使是已经达成正式协议的问题,也会随着条件变化和权力的转移而重新展开。莱萨德等(Lessard et al., 2014)将项目塑造分为四组活动:

① 针对项目固有技术特点的适应性活动。项目的特点包括位置、规模、系统复杂性和新颖性等特性(Dewar et al.,1978;Shenhar et al.,2007)。这需要广泛且多样的科学与工程学科支撑。

② 在治理项目的固有制度框架内配置项目。立法、监管和公共财政框架最终会约束各方(Scott,2013)。配置活动的过程也受到利益相关者反应和权力的影响。薄弱的制度框架会导致解决方案不完整。而高度结构化的制度框架不仅需要较高的塑造努力,还需要更高的治理能力。

③ 项目组织安排的架构设计,旨在应对制度特点并实现项目(Burton et al.,2004)。技术方案主要集中在设计工程、规模、物流活动等方面。而架构策略涉及项目的可行性、商业模式、融资、合作协议、政府参与、风险分配和危机条款(Anderson,1999)。

④ 培养新兴属性以引入治理能力。新兴属性是指性能(成本、延迟、功能)或可治理性、灵活性或质量等属性方面的结果。新兴属性源于技术或制度特征以及项目架构之间的相互依存和互动(Lessard et al.,2014)。例如,项目可以通过面对危机或应对动荡的内在能力实现可治理性。发起人使用能够引入动荡应对能力的手段。治理能力的建立是一门基于经验、判断和直觉的艺术。

表 10.2 列出了一些用于雕刻项目元素的架构策略。发起人研究每个策略,以便在危机时刻提供应对措施。

**表 10.2　塑造和雕刻项目的示例性策略**

| | |
|---|---|
| ■ 框架协议 | ■ 特许权 |
| ■ 政府与社会资本合作(PPP) | ■ BOT(建造—拥有—运营)① |
| ■ 项目融资 | ■ 采购合同 |
| ■ 设计-建造合约(DB) | ■ 约定条款(Rendezvous clauses) |
| ■ 公共咨询 | ■ 可赎回基金 |

(6) 塑造是一个多阶段过程

在分析许多项目时,我们注意到,项目塑造是通过在多个阶段中逐步解决问题发生的:

① 塑造机会:第一阶段将持续几年,业主或发起人在咨询顾问的帮助下发展项目概念,构想合作伙伴联盟,并发出准备行动的信号。发起人将自己定位为一个有资源去塑造机会的可信方。争议会发生在项目的塑造方法和融资的适当方式上。当机会公开时,往往会出现来自利益相关者的挑战。必须重新讨论和定义这些机会,以纳入这些利益相关者。如果没有牵头发起人提出的一个可靠愿景,项目就会停留在萌芽阶段。为了探索和发展这一概念,最初会花费几百万美元的资源。为了了解风险和确定方案,会进行工程、财务和市场可行性研究。如果概念被认为可行,则再经过多次反复之后,该阶段结束。一份协议备忘录草拟出协议内容。然而,这个项目仍然只是一个多维的概念。发起人可以决定放弃项目或进行进一步的迭代以完善概念,解决一些相互依赖的问题,并巩固合作伙伴的联盟。通常情况下,发起人都会分配中等数额的资金(甚至高达几千万美元)来制定一个完整的概念性解决方案。

② 塑造项目:本阶段涉及投资方案的建立,以及为投资者撰写商业案例(财务模型)。为确保最终的投资不受机会主义行为的影响,会围绕长期合同、框架协议等手段

① 译者注:原文为“BOT Build Ownand Operate”。

进行谈判。专家会加入,意在为整体价值创造作出贡献,但同时也希望能获取"多于自己应得的份额"。这个过程是双赢合作与零和博弈之间的平衡。最终,这种平衡对重大项目参与各方来说都会变得"可接受"。

③ 重塑项目:一旦项目存在继续的可能性,恐惧就会再次出现,受到影响的各利益集体也会动员起来。发起人试图通过承认受影响方的权利、协商补偿以及对社区采取积极主动的战略来重新获得受影响方的支持。为获得建设项目的权利,发起人往往需要通过为清理污染场地、组织经济发展倡议、建设配套设施等支出大笔资金来证明其可信赖的承诺。前期跳过的未解决的问题可能会随着项目的发展而重新出现。如果各方无法达成新协议,他们就必须等待司法、政治或政府的决定。此时,制度和环境评估框架的存在有助于解决这些困境。这种正式评估经常会导致项目的延误。制度框架促使各方要么做出权衡,要么终止项目。

④ 项目工程设计:从财务和工程的角度来看,项目的概念在这个阶段更为清晰。此外,必要的联盟已经得到巩固,现在可以进行详细的工程设计。在所有重大问题都得到解决后,才会承诺最终交付物。在这一阶段,详细的设计已经完成,并确定了执行的角色。

⑤ 为建设项目而冲刺:这一阶段是大多数正式项目管理工具的重点,它通常发生在相对稳定的环境中。一旦项目完全成形,施工冲刺期就开始了。冲刺阶段会增加项目的经济价值,因为这个阶段决定了获得收益的快慢。在未发生延误风险的情况下,此阶段的主要限制因素在于关键路径上充分执行各种任务所需的时间。由于主要问题已经解决,现阶段的动荡因素通常要少得多。

⑥ 从试运营到运营项目:项目一旦建成,就进入了试运营期。此时,对市场、技术功能和社会可接受性的期望都会受到检测。在极端情况下,这个"磨合期"的严重问题可能会导致项目必须重新回到塑造阶段。如果不能进行适当的重新定义,项目会彻底失败。

表 10.3 总结了典型重大项目的六个阶段的背景条件、概念、联合体、承诺形式、过程和结束情况(Lessard et al., 2013)。图 10.2 展示了一个代表性项目的阶段性塑造和雕刻,此时,塑造是一系列的备选方案。循环回溯之前的协议往往是必要的。每一个阶段的路径都依赖于前面阶段的完成情况。

## 10.2 通过创新为项目提供价值

重大项目创新博弈的"奖励"是价值。对价值的追求包括价值创造和获取的双重努力。塑造过程通过创新来释放价值。重大项目中的价值与"二人组"——即业主发起人和专业公司(或其联合体的牵头人)的多重目标密切相关。这凸显了一个紧张点,即价值目标可能在一开始并不明确,需要在塑造过程中发现、完善和阐明。"开拓前沿(push the frontier)"的努力是一种在往往相互竞争且非对称的价值维度间的权衡取舍。

通过促成根本性变革,重大项目在整个生命周期内为社会创造价值。这种变革可能是技术性的,也可能是制度性的,或者两者兼而有之。例如,赛文二桥(The Second Severn Crossing)从根本上改变了西威尔士和英格兰的交通和经济一体化的可能性。地铁或波士顿大隧道(Big Dig)等城市交通项目从根本上改变了以前"受困(stranded)"地区的潜力[另见(Hughes, 2000)中的波士顿中央干道隧道项目]。葛野川抽水蓄能电站(Kazunogawa)或拟建的智利北部的塔拉帕卡之镜项目(Mirror of Tarapaca)[5] 等大型抽水蓄能项目能够以更低成本实现电网平衡,并更大程度上促进太阳能光伏和风能等

表 10.3　项目塑造的多个阶段

| | 塑造机会 | 塑造项目 | 重塑项目 | 项目工程设计 | 为建设项目而冲刺 | 从试运营到运营 |
|---|---|---|---|---|---|---|
| 情境条件 | 发起人和专家塑造关键的选择；自由度较高 | 需要解决一些相互依存的基本问题 | 当项目变得“真实”时，恐惧和风险就会出现并产生威胁 | 稳定期，关键选择已经确定 | 线性的项目管理 | 无法逆转的锁定；自由度较小 |
| 概念 | 关键方面的愿景和蓝图 | 技术、市场和政治中相互依存问题的整体解决方案 | 当项目成为现实时，项目概念会按照权力较大的博弈方的要求修改 | 多维的项目概念变得清晰并成为可实施的计划 | 概念被固定：建设加速以创收 | 概念被锁定：市场、技术和政治协议 |
| 联盟 | 可信发起人招募合作伙伴和利益相关者 | 角色定义：牵头人、专家、支持者和先行者 | 广泛的成员和强大的利益相关者群体 | 广泛的利益相关者群体授权项目开工 | 联盟是固定的；被正式协议支持 | 联盟是固定的；可赎回资源变得可用 |
| 承诺形式 | 口头且非正式的，通常是公开的、可以进一步塑造的 | 可信发起人宣布意图 | 与强大反对者达成一致 | 详细的商业计划书 | 合同和规范的集合 | 最终承诺、所有权和财务结构 |
| 过程 | 围绕愿景进行多次迭代 | 发起人、合作伙伴和利益相关者谈判 | 对概念与联盟进行反复的压力测试 | 正式合同和伙伴关系 | 回归线性 | 所有关系都稳定了 |
| 结束 | 协议备忘录 | 具体的框架协议 | 制定实际项目成果的协议 | 详细计划 | 合同 | 稳定契约与不可逆选择 |

10 重大项目：创新的博弈

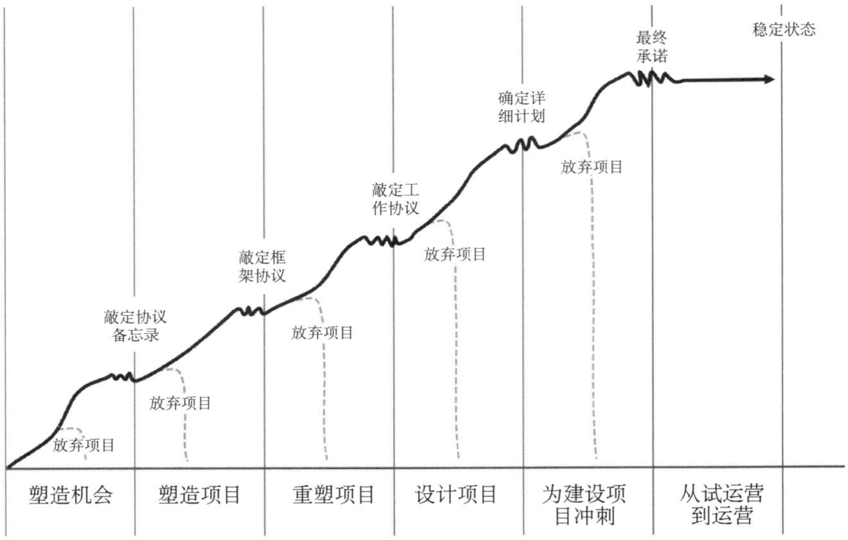


**图 10.2　塑造是一系列备选方案**

间歇性能源的整合。相比之下,科菲集团(Cofiroute)作为一个私人联合体通过 PPP 方式参与高速公路建设就被认为是一种制度变革,就像联邦桥梁(the Confederation Bridge)在连接公共义务和私人融资方面一样。

项目的内在价值在于其所提供的服务,例如,许多用户通过用电来推动经济和社会发展,从而获得社会效益。在使用市场或关税定价时,服务的价值得以明确。在单位定价具有挑战性的服务(如雨水、拥堵或碳排放减少)中,尽管项目组织和其架构安排必须嵌入相应机制以获取价值,但价值仍被继续创造。

塑造和交付过程使重大项目成为为社会创造价值的引擎。价值先后在试运营期和稳定运营阶段实现。不同塑造阶段的成本是后续方案获取价值的代价。在一个极具吸引力的机会中,当"二人组"(或"三人组")无法完成项目时,重大项目会被终止,价值有时也被放弃。

博弈方试图通过在项目前期影响项目安排来获取价值。引入治理的一些手段(表 10.2),如框架协议、特许权合同和一个或多个架构模型(B-O-T)等,与工程和技术方案一道,在项目的生命周期内保障项目的价值潜力,并将这些价值分配给博弈方。这些手段嵌入了博弈方间的价值交换条款。

关于(系统)集成和架构的工程文献提供了一个有用的视角,将有意的设计和平台选择与促进预期的价值结果联系起来(Maier et al., 2009)。设计变更会导致价值成果在竞争的价值维度上的权衡,这与项目的多重目标相一致。所有可能的项目设计和架构选择的集合就是设计交易空间——之所以称之为设计交易空间,是因为它全面揭示了价值的权衡。交易空间绘制了设计可能性与价值关系之间的图景。然而,在塑造过程中,"二人组"的成员本身也在该图景中。他们通过探索项目架构的变化(例如,更高的生产能力、阶段性投资、技术变化、定价结构)来发现各种设计可能性,以了解由此产生的变化,即预期价值的权衡。由于这种设计探索是必要的且具备一定灵活性,因此大多发生在项目工程设计阶段(Engineering the project)之前(表 10.3)。伙伴关系的成员在详细工程设计阶段敲定项目设计和架构,以便后续冲刺项目建设。

图 10.3 描述了多重目标之间的价值权衡概念。价值维度是从"二人组"成员——发起人和专家(专业联合体的牵头人)——的功能角度来看的,即发起人重视

的服务水平和专家/承包商注重的利润。有许多重大项目的架构和设计配置(A、E、B、C)内隐于可实现价值的前沿。当“二人组”探索这些可能性时，他们会进行完善和重新配置，以确定有效的设计(D、G、F)，并沿着价值维度进行权衡，以便就最终配置达成谈判协议。

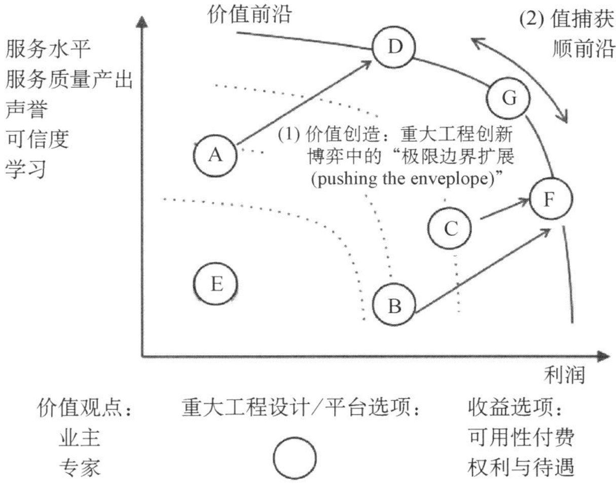


**图 10.3　重大项目价值交易空间与可能的设计备选方案**

从“二人组”(或“三人组”)中的公共部门业主发起人的角度来看，价值获取与重大项目实现其功能承诺密切相关，比如减少交通拥堵、可靠的电力供应、可用的客运专线(passenger-lane-miles)等。作为回报，发起人以服务的货币化价值(如可用性付款)或私人专家的独家权利和特权(扩张选择权、收费权和未来项目的优先购买权)或这两者的某种组合进行交易。

联合体中的专业公司不仅受短期利益所激励，还受建立信誉和声誉以及内化学习以获得长期收益的机会所驱动。它们可能会放弃一些利润份额，以确保在重大项目中占有一席之地，并显示出它们作为可信合作伙伴所带来的“无形”声誉和关系价值。

价值的创造和获取是相互依存的。在创新博弈中，参与者的多重目标不仅在于增加整个价值派(蛋糕)的规模，同时还关注自身份额的扩大。塑造良好的项目可能会带来双赢的局面。博弈方(“二人组”或“三人组”)也会影响项目安排，从而“开拓前沿(push out the frontier)”(创造价值)，然后“沿边前行(move along the frontier)”(捕捉价值)。

生命周期价值和其他方面的权衡也存在于石油和天然气项目等单一发起人的工业重大项目中(Merrow，2011)。在这类项目中，发起人必须平衡生命周期经济收益(对公司和当地社区)与安全、合法性和环境影响。发起人亦可能出于整合机构伙伴和利益相关者利益的出发点而扩大项目范围(Freeman et al.，2007)。整合过程可能涉及对价值交易空间的反复探索。

因此，重大项目中创造和获取价值的活动促使评估方案价值的理性分析过程与平衡价值权衡的政治谈判过程交织在一起。“二人组”和“三人组”通过探索学习，并精炼地表达了自己的利益诉求。最好的情况是，创新博弈有可能演变成一种合作伙伴关系。

## 10.3 塑造作为技能、能力和资源的整合

重大项目的塑造需要多个有胜任力的参与者。我们的研究表明，项目塑造过程涉及发起人、专家和承包商、受影响的社区、监管机构和其他利益相关者之间的反复但有针对性的付出和接受。各方都必须具备塑造、设计和交付项目所需的一些互补的技能，但有些参与方还必须额外具备整合或融合这些技能的能力。在某些情况下，协调者是一个单独的发起人或专家，但更多的时候，一些将各部分动态整合在一起的能力有赖于生态系统本身的水平。我们重点关注发起人和专家的能力，特别关注重大项目所特有的综合动态能力。

（1）塑造角色

有胜任力的发起人扮演着核心角色，他们作为负责任的业主，随时准备分析项目概念，与有竞争力的专业公司进行对话，并为自己的选择或疏漏承担后果。

有效的发起人需要具备迅速决定项目概念是否有价值的能力。发起人成立特别工作组，与律师、顾问和投资银行家一起，审慎地决定项目创意是否值得追求。在开始塑造之前，发起人要就市场、技术和地缘政治的不确定性征求意见和建议。

有胜任力的发起人还具有与外部合作伙伴对接、与政府机构互动或与专业公司团队合作的关系能力。有效的发起人拥有迅速放弃“投资黑洞”项目的能力。最后，当重大的下行风险出现时，有效的发起人具有持久的耐力。在危机时期，经营多样化的发起人可以依靠多种收入来源，并呼吁合作伙伴和联合体成员网络的支持来帮助项目生存下来。

为了开发重大项目，发起人向已经成为相关领域专家的组织寻求知识、建议和服务。基础设施基金的银行家和投资者已经学会了金融工程业务，以及公共和私营部门之间协议的签订。银行家和投资者不仅可以为项目带来股权投资的机会，还可以提出最佳的金融实践建议。建筑师和工程师在他们的专业领域可以帮助提供其知识领域的最佳设计和施工实践。我们注意到，专业公司积累了广泛的知识和关系，使它们能够在自己的专业领域占有可观的市场份额。

（2）塑造所需的能力

塑造重大项目所需的能力，与选择或执行界定明确的备选方案所需的能力截然不同。虽然二者都需要很多个人能力与整合这些能力的复杂组合的能力，但塑造项目需要更多、更强大的综合动态能力[6]。

实操能力是指执行特定任务或管理特定过程所需的独立能力。这些能力通常是行业内的最佳实践——从一两家公司开始，然后扩展到整个行业——因此，公司之间的差异化非常有限。整合能力是指在结构化模式下设计或协调大量活动的能力，这些活动能够遵循一种固定模式。这需要项目管理学科、利益相关者整合与管理学科知识。动态能力是指那些允许发起人、专业联合体或“二人组”创建新的固定模式的能力。一些情况下，这些能力为发起人或特定专家所拥有，但另一些情况下，它们由联合体直接拥有，而不属于任何一方。

这些综合动态能力是很难开发的，尤其是考虑到重大项目的缓慢进程。因此，开发知识和能力的潜力很大程度上来自于参与多个项目和联合体，这些项目和联合体在时间上是重叠的，而非连续的。一个大的项目发起人通常会有一个包含许多项目的项目组合，但他们一次只能执行其中的几个项目。相比之下，一个金融或法律专家可能在任何时间点参与世界各地正在进行的许多特定类型的项目。大型承包商将介于二者之

间。这些不同跨度的能力建设经验是各种“塑造者”竞争优势的关键。

这些能力水平可以在第10.1.5节(Lessard et al., 2014)中所描述的项目技术、制度和架构元素的雕刻中更清晰地看到。

重大项目技术方面的塑造通常需要汇集许多不同的组成部分,并借鉴许多不同的学科。这些都必须一致地整合到总体备选设计中。此外,这些设计必须置于特定的地理和政治环境以及不同的建筑环境中。我们在技术塑造中所观察到的动态能力的例子(无论其存在与否)包括:平衡项目的哪些方面可以复制,哪些方面要适应特定环境;避免按学科或项目要素顺序性次优化;避免过早敲定或在博弈初期未能承诺特定设计原则的极端情况);以及当新的事态发展导致变更时,在项目进行重塑、设计,甚至在项目完成的冲刺阶段保持对关键价值维度的关注。

制度方面的塑造更为复杂。关系能力包括知识和关系——特定利益如何与所追求的总体价值相关联,以及介入所需取舍的可信度问题。即使仅需要代表与汇集各种利益关系时,所面对的情况也并不简单。但如果还要为项目发展塑造一些利益,如发起人利益,情况就更加复杂。我们观察到一些综合动态能力,比如,识别和吸引那些要么对项目最有帮助,要么被排除在外就会对项目造成最大损害的利益相关者的能力,以及如何将那些不需要作为核心部分但需要一定程度关注的利益相关者进行分割或合并,从而提升项目的包容性。

项目组织的架构或许是最具挑战性的。它包括了项目的顺序、进度、整合、角色和治理机制,并直接处理项目作为技术产品和政治交易之间的相互依赖关系。它必须将许多组织内部的常规工作联系起来,既要促进个体卓越,又要保持一致性,并最终完成项目。项目组织架构应尽可能简单,但治理不应遗漏重要的、潜在的、对立的利益相关者,这些利益相关者如果在以后遇到,可能会触发一个“致命循环”,即回到项目形成或设计的早期阶段,不仅需要返工,而且需要与众多方面重新谈判[7]。

(3) 塑造的成本和竞争优势

重大项目的塑造是一项成本高、耗时长的业务,一般是小型创业公司无法承担的。塑造的费用可能非常大。对于没有特殊困难的标准项目,约1%的资本支出将用于制订框架、招投标和法律支出。对于中等难度项目,包括竞标成本在内的项目塑造支出平均会达到总成本的2%~3%。

当发起人需要投资以证明他们愿意解决环境、政治或社会问题时,项目塑造的支出可能高达30%。虽然许多高管认为项目塑造的支出是轻率的,但有效的发起人认为这些支出是合理承诺的必要条件。竞标者在竞争性合作中产生的成本也可能高得出奇。投标费用达到总资本支出的4%~5%的情况并不少见。发起人具备项目前期早期投资的能力是必要的。

项目塑造的费用和所需的能力限制了参与重大项目的公司数量。此外,重大项目的缓慢进程意味着必要的经验只能慢慢积累,只有少数公司会通过同时参与不同制度背景下的许多项目,来发展加速学习所需的综合动态能力。

因此,发起人、联合体领导人和关键专家可以为新机会带来巨大的价值,但他们同时也会获得其中的一些价值。

## 10.4 从传统模式转向伙伴关系的项目塑造

项目塑造的制度条件本身也在改变。项目塑造和制度框架是共同发展的。20世纪80年代,英国财政委员会(Treasury Board of England)推出了一种新制度模式,即

PPPs,用于发起、建设和运营重大项目。许多国家采用这种模式来取代传统方式。传统方式强调纵向:发起人确定备选方案,并选出他们认为的最佳方案,然后内部专家或工程公司进行工程设计来实现方案。一旦工程细节敲定,项目就被分为若干个工作包。然后,发起人会就每个工作包向多个承包商进行招标。

在传统模式下,价值由内部或外部专家制定的创意设计方案和成本降低(主要通过招投标过程实现)创造。遗憾的是,传统模式下的发起人往往利用过时的知识储备开展工作:因此他们设计的方案较差。此外,发起人和承包商之间的冲突最终导致成本增加和延误。风险最终主要由发起人承担。

在过去几十年中,PPP 模式逐渐被制度化,以挑战传统的重大项目塑造模式(Grimsey et al., 2007)。伙伴关系方法的目标是增加更高互动率的可能性,这有助于发起人和专业公司之间的创新合作。这个目标的核心在于引发创新,增强功能性,同时催生整合了设计、施工和生命周期维护的全局合同。

主要的转变是,从内部员工领导转变为由全局合同所设置的外部专家进行领导。在使用伙伴关系方法时,会建立以下三种不同形式的联盟:

(1) 第一个联盟建立在发起人正式宣布愿意采用 PPP 模式的基础上。发起人据此宣布愿意与合格的专家建立伙伴关系,并为创新方法腾出空间。发起人公开其愿意准备长期支付的需求水平和需求特征。但此时并未详细说明设计和建造该项目时使用的技术和融资方案。

(2) 第二个层次的联盟是发起人和通过竞争选出的专家或专业联合体之间的伙伴关系。为了建立伙伴关系联盟,发起人直接邀请在融资、工程、采购、施工和维护等方面具备合格能力的专业公司,或者,在许多情况下,由专业联合体的临时领导负责制定符合发起人需求的竞争性提案。这些提案涉及绩效、收入、融资模式、出资额和通行费收入(如适用)等问题。交付风险的承担也在双方之间进行分配。一旦发起人选定了中标方案,便会制定一份全局合同。委托人或发起人与中标联合体一起签订全面的合伙协议。

(3) 第三级联盟是在中标联合体所选出的专业公司领导下成立的项目组织(即 Special Purpose Vehicle,通常称为特殊目的实体)。该项目组织负责项目最终设计和建设。为了给创新留出空间,可采用设计—建造—融资—运营合同(Design Build Finance Operate Contract)或其变体形式来提供必要的激励。在项目组织中建立集中决策程序,以分配责任,应对风险、制定方案,并就不断变化的情况进行权衡。这些不断变化的情况往往是潜在对立利益相关者的要求。项目组织通常由牵头的专业公司负责协调。

关于伙伴关系方法是否优于传统模式的争论十分激烈。支持这种伙伴关系模式的理由是,绩效和创新的激励机制可以被尽早建立。在伙伴关系模式下,发起人能够集中考虑主要的权衡问题,并尽早促进创造性解决方案的提出,从而降低了成本,引入了新的设计(Lamman et al., 2013)。而反对的论点是:分包商自始至终都不参与创新过程,而发起人会强制地缩减他们的利润以降低成本。

虽然按定义来看,PPPs 包括一个公共发起人和一个私人合作伙伴(或联合体)。但类似的方案已被用于石油和天然气等工业项目,其中发起人通常是一家私营石油公司(或作为工作伙伴的一组公司)、公共监管机构或财政当局(从某种意义上说,他们也是一个发起人),以及私人专家/承包商。安等人(Am et al., 2014))在其研究中叙述了挪威 Ecofisk 项目的历史。在这个项目中,包括政府——但不包括其监管机构 NPD 和国有石油公司 Statoil——在内的伙伴关系,通过与私营石油公司和承包商的伙伴合作,历经多年“重塑”了生产技术和计划。这种伙伴关系包含了政府对新钻井技术研究的支持,以及在财政方面的调整,以确定更高采收率的成本。然而,大多数石油和天然气项目都通过垂直方式治理,即财政安排、其他条例和技术解决方案均按顺序“纵向”确定,而非通过一种迭代的伙伴关系来确定。

## 10.5 结论:塑造是对复杂性的把控

毫无疑问,重大项目是复杂的。20 年来,我们在研究中观察到,复杂性是重大项目各要素之间相互作用的结果。一些技术挑战和制度条件是重大项目机会中“固有的”,同时发起人和专业公司在塑造和重塑阶段也会制定技术方案和组织安排。“二人组”着眼于价值“奖励”,他们设计项目就是为了创造和获得价值。参与者获得价值多少有赖于他们整合多个重要学科和进程的动态能力。有时候,这个过程发生在不断变化的制度环境中,例如,向 PPP 模式转型的环境。

重大项目中的“二人组”必须接受项目机会中固有的复杂性和必要的多样性。有些机会可能比“二人组”以前的风险投资项目更复杂或更少。反过来,他们在塑造项目时所做的技术、组织和架构选择,可能会进一步加剧项目的复杂性。塑造重大项目的艺术也就变成了为解决复杂性而做出一系列有意识的主动选择之一。在一些情况下,这可以通过在一个整体方案中实施一系列较小的项目来实现,而非实施“一个”重大项目(Ansar et al.,2014;Flyvbjerg et al.,2015)。在另一些情况下,由于技术和制度方面的考虑,需要一个非常广泛的范围,因此,将各种要素分开的架构将是实现可管理复杂程度的关键,例如,进行重大资本支出之前让利益相关者尽早参与这一进程,或对汇率和商品价格等突发事件进行对冲等。

重大项目的“二人组”必须确定在重大项目中引入治理的必要机制。在这些安排中进行架构设计所产生的复杂性对于保障价值潜力是必要的。必要复杂性的概念——释放价值所需的复杂性程度——与人们普遍认为的复杂性应最小化的观点背道而驰。事实上,有能力的发起人之所以要付出塑造成本,正是因为这使他们能够管理与价值相关的复杂性。例如,大阪的南港(Nanko)电力项目的发起人就致力于整合当地利益相关者的利益。当地社区高度重视宜人且美观的场地设计。只有让当地利益相关者也参与进来,发起人才能完成这个项目。虽然让当地利益相关者一开始就参与项目的塑造过程会增加项目的复杂性,但这是创造和获取价值的必要条件。一个反例是巴黎的奥利机场内线项目(Orlyval),通过将一组关键的利益相关者排除在塑造过程之外,该项目利用一项利落的技术解决方案得以快速推进,但是,项目成果却华而不实,因为它没有划出足够宽的“价值边界”(value boundaries)。

“二人组”必须保持动态的价值权衡。重大项目的最初愿景很少能如期实现。因此,发起人和专业公司必须将重大项目的创新博弈作为一连串回合,而非一次性的赌博,以保证重大项目始终“在轨道上运行”。这对重大项目至关重要,因为“二人组”(或三人组)成员的价值会长期累积,甚至可能将专业知识和声誉延续到未来的项目中。即使是在项目中高度垂直整合的工业发起人也必须在成本、利润、安全和环境影响之间进行权衡。他们还必须维护自己作为动态整合者的信誉,以及与周边利益相关者的关系。

一个有趣的例子是安大略省 407 号公路各阶段 PPP 安排的演变。在第一轮合作中,PPP 主要寻求在项目中实现全生命周期中资本支出与运营支出的权衡——这是公共部门很难做到的,但同时也纳入了收费政策,因为这不仅被视为获取价值的关键方式,也被视为管理拥堵的核心手段。随着时间的推移,收费政策被分割出来并保留在省政府手中,而 PPP 的重点又重新回到成本、可用性及通过对建设者/运营者的罚款来解决拥堵问题上。

重大项目为我们提出了一个难题。它们的规模和复杂性会导致成本超支、进度延迟和其他关键价值维度的交付不足(Ansar et al., 2014)。然而,它们的规模和范围往往使原本无法获得成本和收益的内部化。成功更多地取决于“二人组”(或“三人组”)的动态参与,而非一次性的宏大设计。

## 注释



1. 除非特殊说明,所有案例均来自 Miller et al. (2000)或 Lessard et al. (2014)。
2. 鲍德温和冯·希佩尔(Baldwin and von Hippel, 2011)的研究说明了创新平台在哪些条件下是独立的、整体的,或者是一个开放平台(当要素模块化时)。
3. 这种理论推广是基于我们样本中的重大项目物理实体。大型 IT 项目在本质上往往更激进,有时更像是架构之战。
4. 业主发起人可以是单一的,例如垂直整合的国家大型水处理或能源公司,也可以是一个“二人组”,甚至“三人组”(限制性业务单位)。其中,通常由一方承担更具活力的企业角色。业主主导的合作示例包括泰晤士河圈(Thames Water Ring)和安大略省 407 号公路(Ontario's Highway 407),发起人主导的合作示例包括巴西伊塔坝(ITA Dam)和枢纽电力项目(Hub Power)。奥斯陆机场(Gardermoen)项目是单一业主作为发起人的例子。
5. http://www.pv-tech.org/news/chilean_developer_submits_plan_for_24_7_pv_plus_pumped_storage_plant
6. 动态能力的概念由蒂斯(Teece)等人于 1997 年提出。加西亚(Garcia)等人于 2014 年的工作提供了广泛参考和对能力“水平”更详尽的论述。
7. 要在项目任务相互依赖的设计结构矩阵(Design Structure Matrix, DSM)特征下了解关于“计划外迭代”的讨论,请参阅(Eppinger, 2001)。

## 参考文献

Am, K. and Heiberg, S. (2014). “Public-private partnership for improved hydrocarbon recovery: Lessons from Norway's major development programs,” Energy Strategy Reviews, 3: 30-48.

Ansar, A., Flyvbjerg, B., Budzier, A., and Lunn, D. (2014). “Should we build more large dams? The actual cost of megaproject development,” Energy Policy, 69: 43-56.

Anderson, P. (1999). “Perspective: Complexity theory and organization science,” Organization Science, 10(3): 216-32.

Baldwin, C. and von Hippel, E. (2011). “Modeling a paradigm shift: From producer innovation to user and open collaborative innovation,” Organization Science, 22(6): 1399-417.

Burton, R. M. and Obel, B. (2004). Strategic Organizational Diagnosis and Design: The Dynamics of Fit. Boston: Kluwer.

Dewar, R. and Hage, J. (1978). “Size, technology, complexity, and structural differentiation: Toward a theoretical synthesis, Administrative Science Quarterly, 23(1): 111-36.

Eppinger, S. (2001). “Innovation at the speed of information,” Harvard Business Review 79(1): 149-58.

Flyvbjerg, B. and Ansar, A. (2015). “Should we build more mega dams?,”<http://www.linkedin.com/pulse/why-more-megadams-bad-idea-bent-flyvbjerg>.

Flyvbjerg, B., Bruzelius, N., and Rothengatter, W. (2003). Megaprojects and Risk: An Anatomy of Ambition. Cambridge: Cambridge University Press.

Freeman, R. E., Harrison, J S., and Wicks, A. C. (2007). Managing for Stakeholders: Survival,

Reputation, and Success. New Haven, CT: Yale University Press.

Garcia, R., Lessard, D., and Singh, A. (2014). "Strategic partnering in oil and gas: A capabilities perspective," Energy Strategy Reviews, 3C: 21-29.

Grimsey, D. and Lewis, M. K. (2007). Public Private Partnerships: The Worldwide Revolution in Infrastructure Provision and Project Finance. Cheltenham: Edward Elgar.

Hughes, T. P. (2000). Rescuing Prometheus. New York: Vintage Books.

Lamman, C., MacIntyre, H., and Berechman, J. (2013). Using Public-Private Partnerships to Improve Transportation Infrastructure in Canada. Vancouver, BC: Fraser Institute Research Studies.

Lessard, D. and Miller, R. (2013). The shaping of large engineering projects, in H. Priemus and B. van Wee (eds.), International Handbook on Mega-Projects. Cheltenham: Edward Elgar.

Lessard, D., Sakhrani, V., and Miller, R., (2014). "House of project complexity Understanding complexity in large infrastructure Projects," Engineering Project Organization Journal, l4(4): 170-92.

Maier, M. and Rechtin, E. (2009). The Art of Systems Architecting, 3rd edn. Boca Raton, FL: CRC Press.

Merrow, E. W. (2011). Industrial Megaprojects: Concepts, Strategies, and Practices for Success Hoboken, NJ: Wiley.

Miller R. and Cote M. (2012). Innovation Re-invented: Six Games that Drive Growth Toronto: University of Toronto Press.

Miller, R. and Hobbs, R. (2005). "Governance regimes for large complex projects, Project Management Journal," 36: 42-50.

Miller R. and Lessard D. (2000). The Strategic Management of Large Engineering Projects: Shaping Institutions, Risks and Governance. Cambridge, MA: MIT Press.

Miller, R., Olleros, X., and Molinie, L. (2008). "Innovation games: A new approach to the competitive challenge," Long Range Planning, 41: 378-94.

Sakhrani, V. (2015). Negotiated Collaboration: A Study in Flexible Infrastructure Design, PhD dissertation, MIT.

Scott, W. R. (2013). Institutions and Organizations: Ideas, Interests, and Identities. 4th edn. Thousand Oaks, CA: Sage.

Shenhar, A. J. and Dvir, D. (2007). Reinventing Project Management: The Diamond Approach to Successful Growth and Innovation. Cambridge, MA: Harvard Business Press.

Teece, D., J-Pisano, G., and Shuen, A. (1997). "Dynamic capabilities and strategic management," Strategic Management Journal, 18(7): 509-33.

Williams, T. M. (2005). "Assessing and moving on from the dominant project management discourse in the light of project overruns," IEEE Transactions on Engineering Management, 52 (4): 49-508.

# 11 重大项目的权力与意义建构

仕德勒特·克莱格　桑卡尔·桑卡兰　克里斯·比森塔尔　朱利恩·波拉克

## 11.1 引言

按照传统说法，重大项目是指巨型的具有变革性和复杂性且持续时间长的项目。虽然我们认同范·马雷维克(Van Marrewijk, 2015)关于重大项目的实质性特征比所涉及金额更重要的观点，但通常来讲，重大项目的预算均超过10亿美元(Aaltonen et al.，2010；Flyvbjerg，2014)。更重要的是，重大项目具有复杂性，其复杂性体现在设计、技术、创新、模糊性、不确定性、管理、财务、预算、环境影响、社会动员、公众反对方面，体现在重大项目的临时性及时间影响、公众监督和责任追究方面，也体现在跨组织间的关系、公私部门的合作和多阶段性和非线性等方面。

来自公共和私营部门的众多有影响力的关键利益相关者导致了项目的复杂性；他们往往非常重要，可以对社会产生重大影响(如影响数百万人)，是受到密切关注的对象。重大项目最明显的是会以不同的建筑项目形式留下空间印记；然而，重大项目并不仅仅是建筑产品，它也会涉及信息技术、国防、创新、救灾和其他许多领域。就其影响力和耗费的资源而言，重大项目不是简单的"一般项目放大版"(Flyvbjerg，2014：6)，而是具有明显不同的问题、权力动力学和结构(power dynamics and structures)。重大项目的规模、持续时间和复杂性使它们的意义建构和权力关系耗费巨大。

以往许多此类项目都是由公共部门发起的。由于重大项目的巨额成本和政府支出的削减，越来越多的重大项目依赖于银行、私人投资者或资本基金的私有投资。投资者往往都有自己的目标，这些目标可能与项目本身的总体目标不完全一致，这为重大项目的权力动力学影响项目进展提供了机会。私营部门资本的外在参与意味着关键项目资金的持续在一定程度上取决于第三方对中期投资回报的考虑，这可能会影响整个项目生命周期的重要决策。这些融资评估以及相关考虑的问题极大地改变了重大项目的谈判和决策过程的性质。换句话说，重大项目面临着巨大的社会、政治和文化挑战，尤其是在多个目标、目的和战略很可能不一致的利益相关者的情况下。

重大项目通常主要基于工程进行设计、组织和交付(Giezen，2012)，偏向于项目管理的理性、线性、定量和价值中立方面(Cicmil et al.，2006)。传统项目管理中，占主导地位的科学、规范和二元论假设主要从项目结构和规范流程的角度来定义项目。但是，这类假设忽略了项目启动阶段和项目实践后续活动中潜在的权力动力学(Cicmil et al.，2006；Clarke，1999；Clegg，1975)。

随着重大项目项目数量的增加和学科专业化的发展趋势，项目管理实践一直致力于开发可行的解决方案和措施，以解决工程技术领域外的复杂问题。人们越来越意识到，传统的项目管理方法无法满足管理重大项目所需的标准，可供借鉴的理论知识仍然不足（如 Flyvbjerg，2007；Holmes，2001；Maylor et al.，2008）。尽管这类知识是存在的，但很少被纳入工程学科，因为它属于社会科学的组织政策领域。虽然成功的项目经理不得不精通管理组织政策的"黑暗艺术"，但他们这样做往往不是通过正规的学科指导，更多地是通过在工作中学到的习惯和实践。本章将着眼于当前重大项目项目管理背后的实践，探讨权力关系在理解这些实践中的作用和重要性。为此，本章首先阐述了管理和工程学科如何通过某种路径依赖型学科形成联盟，这种学科形成的联盟中隐含着一套内在的隐形权力关系，这构成了缺乏应对项目现实政治的理性主义偏差。

## 11.2　重大项目管理的演化

（1）早期项目管理

项目管理作为一个明确的研究领域始于 20 世纪末（Paton et al.，2010）。然而，随着以工程为基础的学科如建筑、国防、化学和航空工业（Morris，1997:19,）以及即使以现在的标准都可以被描述为重大项目的项目显著增长，人们对项目管理作为正式研究领域的重大兴趣早在第二次世界大战后就开始了。由于工程学科的主导地位，对技术和科学知识的偏好使得项目管理实践主要聚焦于定量的、实证主义的技术和方法。这些基于工程的管理方法是被费雷德里克・泰勒（Frederick Taylor）和亨利・法约尔（Henry Fayol）等现代"经典"管理技术的创始人所提倡的。

在项目与项目管理的工作领域中，工程隐喻很容易被人们接受。项目管理早期的规范发展主要受航空航天业的影响（Morris，2013:13），并借鉴了如系统工程和系统分析（Morrris，2002）、控制论（Urli et al.，2000：33）等硬系统思维方法，强调通过使用定量手段控制交付产品的预算、进度和质量（Yeo，1993：115）。项目管理系统在工程师掌握的技术和科学知识的基础上而发展，例如项目评估评审技术（Program Evaluation Review Technique，PERT）和关键路径方法（Critical Path Methods，CPM）（Packendorff，1995；Winch，1998）。这些技术往往假设管理者处于一个稳定、封闭和无竞争的世界中，在这个世界里，管理控制是一个先决条件，从而在项目生命周期的早期就有可能提前为明确定义和规划的问题提出解决方案。

当然，新契机总会来临：从 20 世纪六七十年代开始，项目管理学习逐渐从个人或组织经验的单一性和简单线性转向理论的标准化与合理化（Paton et al.，2010）。植根于工程知识和地方实践合理性的标准化总是意味着前者的合法性高于后者。到 20 世纪 80 年代，这一新兴学科已经发展成为我们现在所知道的"主流项目管理"（Cicmil et al.，2006）。技术创新使组织能够开发复杂的项目管理工具（如 PRINCE2），并利用信息技术（IT）成功应用于新攻克的计算机领域所带来的最新进展，帮助实现该领域的专业化。这些基于信息技术的工具被用于规划、控制和风险管理（如蒙特卡罗法）。信息技术系统的使用满足了业主对精确、可靠、定量且完整的预算、风险和绩效评估的需求，这些需求似乎也正通过使用逻辑算法提供客观准确的预测。基于信息技术的项目工具被作为解决现代项目环境复杂性的通用解决方案，并进一步促使项目管理专业化。标准化的世界正在到来（Higgins，2005；Higginsand Hallstrom，2008）。

① 项目管理标准化模型的发展

到了 20 世纪 90 年代，项目管理已经拓展成为一个研究和实践的领域。植根于工程的项目管理基础理论越来越多地被应用于许多不同的行业和部门(Paton et al., 2010),这将许多项目管理早期的假设拓展到新的发展领域,如早期定义的有效性假设、简化论者对简单与统一表达的强调等。随后,项目和项目管理的突出地位被描述为商业领域的"项目化(projectification)"(Lundin et al., 1995; Midler, 1995),这反映了后官僚主义的组织形式(Paton et al., 2010)。在项目生命周期变化和时间不稳定性的背景下,官僚化管理的组织模式需要一个稳定的权力结构;但是与依赖结构化的权力关系不同,后官僚化形式下的组织稳定性被嵌入了标准化的流程,使得权力结构可以适应项目。自20世纪90年代以来,转换到基于项目的组织方法一直是组织研究的主要关注点(Whittington et al., 1999),因为这种"新"结构形式的特点是更具动态性、适应性、通用性和可预测性(Cicmil et al., 2006)。因此克拉克(Clarke, 1999: 139)将项目管理描述为当前企业应对所面临的多变世界的工具。

日益依赖项目是作为应对现代环境的复杂性和项目管理的日益专业化制度化的通用解决方案;这是通过引入正规的知识体系(如项目管理知识体系,PMBOK)来实现的,这些知识描述了项目的"普遍性质(generic nature)"(Besner et al., 2008),并为项目管理提供了普遍适用的方法。正如迪莉娅·史密斯(Delia Smith, 2009)的食谱一样,PMBOK是非常规范的,而不是从实践中得来的理论。因为项目管理及其方法论是从基于工程的学科自然演变而来的,并且侧重于可量化和客观的项目管理工具(Cicmil et al., 2006),所以它们通常被视为理性的、线性的和价值中立的。潜在的假设是项目经理面对着一个客观现实,这个现实可以在一个有代表性的项目生命周期中被一致地表示出来,这个模型可以作为一个具有"预测和探索能力"的工具。这个模型隐含的假设是,可以提前管理和计划项目。由于假定的项目及工具的客观性,传统的项目管理假设可以应用普遍的"最佳实践",即预先给定的项目管理形式;在这些普适的"最佳实践"中,在生命周期每个阶段严格的、顺序的和线性的项目管理流程应用将保证项目的成功。虽然有学者认为并非所有的项目都是相同的,可能需要各种管理方法(Turner et al., 1993),但项目及其方法通常被认为在任何给定的环境和情况下都是普遍适用的,并能够提供简单的解决方案来实现复杂的需求(Winter et al., 2006)。从这个角度来看,重大项目依然属于项目,只是规模更大。

虽然硬系统思维现在被广泛应用于各行各业中,并且这些行业不一定支持可简单定义和一致性的目标以及稳定的环境假设,但其固有的假设依旧持续影响着主流项目管理的实践。

② 关注人际关系和实践的发展

尽管硬系统思想仍然对主流项目管理具有强烈的影响,但是系统思维界内部已经出现分歧。从20世纪80年代初开始,基于解释主义视角的第二大类系统思维方法开始出现。这些方法,如软系统方法论(Soft Systems Methodology)(Checkland, 1981)和战略设想提出检验法(Strategic Assumption Surfacing and Testing)(Mason et al., 1981),都强调了问题情景的社会和人际因素;也就是说我们通常有必要通过构建问题情景来促进达成相互可以接受的协议,而不是只专注于技术解决方案的实施。许多学者主张在项目管理实践中更加强调软系统思维(Winter et al., 2003; Yeo, 1993)。虽然软系统思维技术的使用似乎不会很快成为项目管理实践的主流,但该领域确实是在响应项目规划和执行时社会和人际关系方面的需要,这可以从最新版的PMBOK(PMI, 2013)将利益相关者管理作为第十个知识领域体现出来。

项目管理研究的另一个主流试图解决合理性和客观性问题,更加强调项目执行的环境依赖性。其重点不是为项目管理的抽象概念化开发通用模型,而是强调以社会科学为基础、以过程为导向的研究传统(Blomquist et al., 2010; Blomquist et al., 1998; Engwall, 2003; Soderlund, 2002)。面向实践的研究强调,项目和项目隐含的过程是相关的,并且会随着时间推移而演变:

> 通常来说,当人们根据自己的世界观来建构意义以及接受新的实践时,只要不违背他们已有的、理所当然的关于正确实践的知识,他们就会接受新的实践。在发展中形成的实践总是在不断地自我建构和重构:即通过自我不断完善。(Bjorkeng et al., 2009:156)

基于实践的项目管理研究将项目视为"可以应用和发展许多概念性的组织理论和组织行为框架的社会和组织环境"(Blomquist et al., 2010: 6)。实践视角的主要贡献是:项目必须被理解为包含社会生活复杂性的社会过程(Cicmil et al., 2006)。项目作为客观现实的传统假设受到挑战。项目经理被看作是一个反思性的实践者,以一种依赖于情境、务实和政治的方式来解决问题(Cicmil et al., 2006),因为"人们一致认为,关于管理是什么和管理者做什么的传统的、普遍的陈述(计划、组织、协调和控制)并没有告诉我们关于组织现实情况,而这种组织情况往往是混乱的、模糊的、支离破碎的和具有政治性质的"(Alvesson et al., 2000: 60)。

因此,以实践为导向的项目研究提供了一个更广阔的领域,它要求研究人员关注个人在组织环境下进行的微观活动,这些微观活动影响着项目的构思、解释和交付方式。这个更大的环境不仅包括项目中被许多正式和非正式利益相关方占据的多样的领域,还包括这些领域演化、参与和交互引发的时间和政治问题。

尽管这些实践观点尚未明确地与重大项目产生关联,但它们与重大项目的分析有着明显的密切关系。从这个角度来看,重大项目研究需要侧重管理的情境依赖、人际关系和实践经验,而不是早期定义和量化的通用模式。然而,传统上很少有证据表明在项目管理研究中纳入了权力关系或政治因素(例如 Hodgson et al., 2008; Cicmil et al., 2006)。当考虑到权力可能影响重大项目的进展时,这一点尤其值得关注。这种考虑最开始可以通过意义建构(sensemaking)文献得到。

(2) 意义建构

重大项目的特点之一是强调考虑权力关系的必要性。克莱格(Clegg, 1975)可能是第一个在项目管理方面明确认识到这一点的人。克莱格利用民族志学技术,在三个多月的时间里,对一个建筑工地(主要是在一个项目办公室)的过程进行了录音,以一种创新的方式分析了他的数据。该分析的核心思想是认识到了合同在项目关系建立时所起的中心作用。典型的硬通货合同(hard money contract)试图通过大量的文件材料,即技术图纸、蓝图、规划和咨询报告(也就是"工程清单"),以理性和线性的方式规范项目的所有方面。项目经理必须在管理上具有超高技能和能力才能理解他们所做的事情,这一关键能力被称为"意义建构",韦克(Weick, 1993: 635)将其定义为"随着对貌似合理的图像的持续回溯建构,使人们的行为合理化"。

韦克的定义很好地说明了构成意义建构的特征活动。第一,意义建构是持续进行的。我们时时刻刻都在建构意义,并且我们对正在经历的事情的感觉总是瞬时性的——短暂的、体验的、变化的和情境的。第二,意义建构是回溯性的。我们在事物消逝的过程中建构意义,并且不断地根据额外的意义数据回顾我们建构的意义。第三,我们建构的意义是貌似合理的,因为我们不能建构出完美的意义,只能建构出当下合理的,就当下的人和事而言足够好的意义。它能让我们继续做我们想做的事。尽管我们偏好精确性,但是不断被更新的合理建构提供了方向性引导,尤其是在事态飞速发展的情况下。从另一个角度来说，貌似合理的意义也总是暂时的，这取决于我们此时此刻建构这个意义而不是另一个意义的利益。之后将更详细地探讨这方面。第四，意义建构是一种物质实践。意义通过模型、规划和思维导图等形式被建构，被用于尝试指导行动，从而导向特定的方向，虽然这个方向可能被其他人反对。我们的知识储备是政治性的、涌现性的，并很可能会在意义建构中与有不同利益的人发生冲突。第五，在意义构建时，我们会根据所关注的利益来对意义进行合理化。第六，尽管组织中包含许多非人类的行为体，比如计算机和键盘，但作为行为体的物质的东西和设备只不过是被使用的，真正进行意义建构的是人。第七，参与者正是通过实践建构和探讨他们对正在做的事情的意义，这可能在参与同一项目的不同参与者之间会有所不同；即使他们认为他们正在处理相同的事情并寻求合作，但在围绕项目的谈判时，情况并非总是如此。

我们对周围发生的事情建构自己的意义。我们用自己意义的数据来收集对正在展开的事件的印象，然后用我们的认知能力从数据中构建一个模式。许多线索都被用于意义建构，包括以往的经历，别人说的他们认为正在发生的事情，似乎与正在形成的模式相吻合的你熟悉的故事，以及项目管理学科所提供的合理性。参与者不会以统一的方式使用这些线索，因为每个人在意义建构中代表不同的利益，因此，人们可以从同一组线索建构出截然不同的意义。

项目组织非常愿意让成员建构共同意义。项目管理任务的一个重要部分就是尝试为共同意义建构提供线索，因为建构共同意义对组织来说很重要。项目经理工作的一个重要部分是创建、修改和使用具有组织及其成员的特点的共同意义框架。应该研究实现这一目标的方法。建构共同的意义不是一件容易的事，因为随着项目规模扩大，承包商、分包商、外部机构、利益相关方的范畴更大，并且这些要素交互和复杂化的时间跨度也更大，所以项目规模越大，问题就越多。

重大项目项目经理可以通过使用工具完成任务并达成共识，例如会计系统、资源计划模型、项目评估评审技术(PERT)等。这些工具被设计成帮助管理的合理化手段；但是，工具本身不会做事，必须有人使用它们并通过工具应用的具体环境、可做事的时间、已有的信息，以及可用的技术和能力，赋予工具意义。重要的不仅仅是工具的存在，而是这些工具的使用以及使用环境和情景建构意义的特定机构。因此，许多因素都会影响意义建构。

意义建构是一个复杂的现象。它涉及社会环境，受到他人实际存在、隐含存在或想象存在的影响。如果他人认为某个特定解释建构了意义，那么你更有可能也这样认为。在意义建构中，自我认同(personal identity)非常重要，尤其是在专业认同方面，任何重大项目团队中都存在大量的专业认同。特定情境可能会颠覆或加强这种认同感。人们在过去看到了什么，他们回忆得有多远，以及他们记得有多清楚，换句话说，回溯意义，这些都会影响意义建构；最重要的是，它具有铭刻在对过去事件的记忆中的时间意义。在组织方面，这一点极其重要，因为有时最重要的决定往往是最不显眼的。例如，项目成员对事件的记忆可能截然不同，由会议纪要秘书做出的决定即在会议纪要中的取舍，可以为项目成员日后可能建构的任何意义提供根据。尽管这些意义建构不是战略性的或显著的决策，却构成了组织的过去。项目经理从以往的经验中分析出明显的线索，这样，他们将过去投射到未来。考虑到项目经验的短暂性和流动性，以及大多数参与者在意义建构中都会有很多独特的经历可以借鉴，意义建构的时间意义是项目管理中一个特别重要的元素。重大项目通常涉及更多的政府、企业、政治共同体等机构领域和更长的时间跨度，这些问题加强了重大项目复杂性和难解性。

项目计划工具提供了框架用来将事件的进展划分为不同模块。意义建构创造了足够可行的意义让当前的项目继续下去，这种意义总是持续地被实施，因此总是会随着新数据的出现或对旧数据的新解释而发生修正（Weick，1995：2008）。因此，可以说围绕重大项目发生的事物是零碎的、间断的，并且会受到时弱时强的新规则的影响。重大项目是复杂的故事，通常有很多叙事和叙事者，这些叙事和叙事者有些经过了精心的彩排和修饰，还有一些是碎片化的前设叙事（Löfgren，2015），其中，前设叙事经常会在非常模糊的背景下将以往的叙事与现在的事情串联起来（Alderman et al.，2015）。前设叙事可能从一个故事转变为一个正式的叙事，这种向正式叙事的转变可能是一场赌博，叙事者希望某件事将成为一个回顾性的叙事，一个很可能预测重大项目效益的叙事。在项目全生命周期中，意义建构和前设叙事具有地域性特征。这些加大了重大项目文化的复杂性，尤其是语种不同的人们必须一起工作（Smits et al.，2015），以及涉及文化差异的多个工地（Smits et al.，2015；Bektaş et al.，2015）。项目中充满了看似可信的故事——谣言，八卦，官方声明，商业计划书和网站——每个从自己的角度看都是合理的，但并不一定与其他的故事一致。项目组织通常有多种意义来源。

项目经理通常对联盟怀有敌意。但不可否认的是，他们还是取得了许多积极的成果，比如合法的纠纷解决途径，以及在无法降低劳动力价格的情况下在资本和技术的使用方面进行更多的创新。民间社会利益相关者团体通常被视为潜在的阻碍力量。当利益相关者被视为重大项目产出的接受者时，他们往往被视为被动的受益者，而不是参与和改变项目产出的参与者。这是有问题的，因为重大项目管理不善经常导致高昂的社会成本。例如，詹宁斯（Jennings，2012）指出，在私募股本（private equity）无法获得担保后，千禧穹顶项目（Millennium Dome）的建设需要政府资金来支持；并且在 2012 年伦敦奥运会期间，私人开发商退出后，公共部门再次被要求介入奥运村的建设。在加拿大，房地产税被提高，以弥补蒙特利尔奥运会开发项目造成的 10 亿加元赤字。这笔债务在 30 年后才得以偿还，远远超过了最初预计的 6～7 年。

在许多方面，管理诉求的合理性是项目管理的基础[1]。这些诉求发挥着重要作用：如果没有这些专业知识的授权，任何重大项目都不可能启动。尽管如此，大多数重大项目在开展时，将检验合理性的边界，这是由于众多参与者的高度复杂性，涉及地域数量众多，完成项目所花费的时间长，以及建构意义的知识高度差异化。项目关系的实际结果将始终取决于我们在当地情境、叙事和实践中发现的特定意义建构。管理主义认为，管理做出的决策总是可以被合理性化的。在这种组织概念中，对项目管理决策的任何抵制都被认为是不合法和不合理的。

意义建构是在寻求一个框架，通过这个框架我们能够将事件联系在一起，并形成连贯且相互联系的图像，这是一种隐喻（Grant，2008：896）。一旦有了框架，我们就可以建构意义。隐喻框架有助于理解合理性的产生。正如我们已经说过的，在项目管理方面，有一个隐喻在项目管理中一直占据主导地位，也就是工程学的隐喻。隐喻影响着我们描述、分析和思考事物的方式。主流项目管理的隐喻暗示着一种统一和客观的世界观，并表明对于重大项目来说，致力于早期定义是有效和可取的。这种世界观带来的结果可以从要求尽早取得进展的压力和对错误估计的责任中看出。詹宁斯（2012）指出，悉尼歌剧院项目政治上的加压导致了规模的扩大和不确定性的增加。1959 年，在新南威尔士州政府的压力下，该项目在工程设计尚未完成的情况下提前开工。由此产生的技术问题已经与协和式飞机开发项目、蒙特利尔奥运会项目、千禧穹顶项目、苏格兰议会项目以及 2012 年伦敦奥运会水上运动中心遇到的项目管理问题进行了比较。

对重大项目需求的不合理信念似乎也很普遍，这导致了那些原本可能永远不会被启动的项目获得了资金承诺。霍尔（Hall，1980）指出，湾区捷运系统（Bay Area Rapid Transit System）的承载量只达到了预估量的 51%。菲利普斯（Phillips，2008）指出，悉尼城市隧道（Sydney Cross City Tunnel）在建造前的估计使用量是每天 9 万辆车。隧道完工后，每天只有 2.65 万辆汽车使用隧道，导致通行费无法支付融资成本。在建造之前，悉尼莱恩科夫隧道（Sydney Lane Cove Tunnel）的日客流量预计可以达到 9 万至 11 万辆，但当新建成的隧道开始收费时，其日客流量仅为 5 万辆。类似的例子还有悉尼机场快线（Sydney Airport Link）的建设。吴和卢斯莫尔（Ng and Loosemore，2007）发现，该线路开放六个月后，每天的客流量仅为 1.2 万人次，并没有达到预计的 4.6 万人次。我们应该承认主流项目管理的隐喻对重大项目意义建构过程的影响，因为许多工程和硬系统思维的假设并不适用于重大项目，在重大项目中，人际关系和权力会发挥难以想象的作用。

（3）权力

重大项目的规模和复杂性是权力动力学的沃土，因为多个利益相关者共同交付一个大规模且具有深远影响力的项目，而他们有着不同且往往相互矛盾的目标。随后的合作通过复杂的合同安排建立起来，这些安排通过合同法被加强和合法化。这些安排所产生的文件构成了各方之间的关系。经济利益是在合作最脆弱的时候将各方联系在一起的纽带。更准确地说，这些纽带是多重的，将各种规范和文化因素纳入联合体和关系的网络中。从本质上讲，重大项目应被视为政府、私人承包商、分包商、建筑师、联合体、社会相关方（community groups）、监管机构等来自各个领域的参与者的舞台。作为项目的利益相关者，每个参与方都有自己的利益，利益的条件和一致性会随着项目和意义建构的开展而发生改变。

在项目开始时，正如傅以斌（Flyvbjerg，2014）所指出的，对于成本和收益的消极预测，很可能有正面的组织原因。当然，这种预测是一种权力，这种权力在获得承诺、利用资源、说服关键参与方和支持方相信这些项目是可行的，也是富有成效的。正向权力的一个基本要素——冷嘲热讽者可能称之为“编故事”——往往是项目得以实施的必要条件。随着重大项目的开展，许多其他的权力措施也开始发挥作用。例如，在解释项目规划时，如果存在索引性①（indexicality）因素，工程变更指令将被提交；而且总是会有这样的索引性因素，在这些索引性因素中，文件和其他材料会被赋予不同的利益（Clegg，1975）。

理解重大项目最重要的是，它们是由许多来自不同地方不同人产生的文件构成的，所有这些文件都具有意义。因此，当这些文件在情境中被使用时，它们的意义总是服从于索引性解释（Garfinkel，1967）。项目过程中利益不同的参与者对于项目意义建构的不同方面会有不同的利益。例如，克莱格（1975）发现项目管理中一种常见的意义建构模式是不同的参与者试图利用项目文件建构不同的索引性意义。他们根据自己在组织中要努力获得的具体利益来解释文件中的省略、歧义和矛盾；因此，他们以政治和组织利益的不同方式进行意义索引化和意义建构。合同具体内容由此成为政治活动的领域。

在重大项目中，总有一个明显的权力作用，即业主方试图确保按照合同规定完成项目交付。合同各方组织的自身利益使得许多权力议程（power agendas）发挥作用。这些议程不仅与项目的技术目标（如时间、成本、范围）有关，还与涉及的各组织的资金利益

① 译者注：索引性是哲学、符号学和语言学中的一个术语，用来描述一个交流行为的意义如何取决于其被产生和被理解的环境。

以及政治、经济和美学目标有关(Flyvbjerg，2014)。项目共同体会发现，那些只进行少量咨询的项目会对日常生活和共同体产生极其有害的影响，常常会使它们分崩离析(Paine et al.，2015)。对于重大项目的管理者来说，权力关系体现在责任，设定、完成和未完成的目标，实现、变更和失败的里程碑，管理不善或良好的劳资关系，被考虑或者未被考虑的共同体关注点，以及退化或改善生态方面。重大项目的影响总是多方面的，并且每一个方面都是权力管理的一种实践。

通常，在重大项目建设的艰难处境中，权力关系并不是特别正向。鉴于项目的竞争性和反联盟的特性，劳资关系往往是对立的。这种关系被改善通常是因为承包商通过贿赂联合体做出"良好行为"——也就是说，不再破坏项目而同意的"拖延战术"(Doran，2015)。国际透明组织(Transparency International)在其2011年的指数调查中显示"公共工程合同和建设"是最腐败的活动领域。没有明确冲突的权力关系并不一定意味着没有负向的权力关系，也不表明权力关系是完全正向的。

以与他人一起行使权力而不是凌驾于他人之上为前提的正向权力关系是有可能产生的，确实也是发生了，虽然比人们希望的要少。在一定程度上，如果承包商和分包商的利益能够协调一致，业主利益能够与承包商的利益协调一致，员工的利益能够与雇主的利益协调一致，社区利益得到满足，生态环境得到肯定或改善，项目的所有这些要素都能够得到良好的管理，那么权力关系就会变得不那么突兀，而是更加微妙的、不易察觉的、低调的。

只有在特定形式的协作合同(如联盟合同)进行的情况下，才有可能发现大量的正向权力。在这种情况下，围绕着未来完美战略而组织起来的(Pitsis et al.，2003)共同愿景才更有可能形成；这种共同愿景是以一种范围广泛、精心设计的项目治理文化(Clegg et al.，2002)为框架的，而非对文件、地形学、水文学等方面解释的局部利益。大多数项目都不符合这些条件，这些条件通常是以签订合同的形式提前发出的。合同一般不会基于最低的投标价格进行竞争，而是把第三方审计机构为业主方编制的指示性价格作为基础，相关利益方会被邀请表达其利益。

合同一旦被签订(通常是基于业主和牵头签约组织之间匹配的良好程度)就会受到风险报酬比的影响，这种影响有利于所有的主要参与方创新地节约成本，获得更低预算，按时交付，也许还必须要满足生态、共同体、健康和安全方面的其他绩效指标。在采用这类合同的情况下，合同创造的条件虽然在权力方面对合同各方都非常有利，但也无法避免随后的权力博弈；在这种权力博弈中，项目是由政府发起的，并受制于随之而来的审计要求，审计方会不懈地要求不使用竞争性投标(competitive tender)。在此基础上，合同可以被认为，而且经常被认为太"松弛"，包含了太多余地，也正因为如此，通常在索引细节上的权力博弈变得完全没有必要。

项目过程更常见的形式是胡乱敷衍了事，在这种情况下，各种有限理性与项目规范、流程和结果发生冲突，使用各种合并的、顺序的和交互的措施(Thompson，1967)来确保利益，绕过那些利益与当下问题不一致的人，并且在特定的权力事件中取得小小的胜利。重大项目管理者必须善于运用权力进行管理；否则，他们可能会被淘汰，损失资金、时间和专业形象。

重大项目管理必须处理多种形式的专业和职业实践，发挥多种不同形式的权力和知识的作用。在某种程度上，每个专业和职业都有自己编码知识的方式，然而这些方式并不总是能轻松转换。一个经典的例子是，不同行业和专业的人在解读同一套三维立体图或模型时会有不同的能力、倾向和相关性。图纸理解中的小问题可能会放大变为成本、进度、设计和功能上的大问题。由于重大项目涉及的复杂程度远远超过了标准项目，这些不同形式的意义建构大概率会引发与责任问题相关的对抗性权力关系(Lukes，2005)。当在常见的行业和专业中加入社会科学、生态、共同体、政治和经济专业的深奥知识时，人们之间冲突权力关系的机会加剧了冲突关系的可能性，使得负向权力在其中发挥作用；其原因是人们通常对他们自己所在的知识领域有把握，但对他们必须合作的人所处的知识领域并不熟悉。

《理性与权力：实践中的民主》(*Rationality and Power: Democracy in Practice*)(Flyvbjerg，1998)一书非常详细地描述了一种过程，这种过程被作为项目经理的标准能力，是一个关于限制丹麦奥尔堡市中心汽车使用的详细规划案例研究。虽然这个案例不是被作为一个重大项目来开发的，但它说明了项目如何具有高度流动的权力过程，在这种权力过程中，项目涉及的参与者(并非所有参与者都是实施过程中的直接利益相关者)之间的权力关系发生变化，并塑造了项目实境；这一权力过程在重大项目中会被加剧，因为关注度和涉及利益相关方众多。

傅以斌(1998)的主要主题是权力塑造理性。在不同的阶段，不同的政治角色试图通过他们的意义建构偏好来引导项目，他们试图构造意义建构的必经之路(强制通行点)(Clegg，1989)。不同的共同体对参与者有着不同的要求，不同的参与者会在不同的时间段内产生不同的诉求，并支持不同的偏好。决定在哪些议程和哪些会议上可以讨论哪些人和哪些事都是一场小型战争。通过这种方式，意义和成员的关系在不同的地方会被质疑、重塑或转化。当这些发生变化时，强制通行点也会随之改变，曾占主导地位的权力关系也紧随着发生了变化。一些特定权力事件的微小胜利便能够改变整个权力关系流动系统的构造。奥尔堡市中心限制汽车使用计划的参与者们一直在争取修正和重新制定具体的计划，尽管权力的作用很不稳定，但小企业间、工商联合会(Chamber of Industry and Commerce)和当地报纸的社论观点的潜在社会融合，似乎都表明小企业在许多斗争中占了上风。奥尔堡交通规划系统整合的不断尝试因为社会融合而失败。奥尔堡的规划、设计、外观，以及它是如何未被规划、未被设计以及未被考虑外观，都是权力关系的结果。

傅以斌(1998)提醒我们权力关系和理性中一个非常重要的事实：当权力和知识交织在一起时，权力越大，就理性的手段—目的正当性而言，就越不需要理性。理性与权力之间的关系是不平衡的，权力明显支配着理性。也就是说，那些当前掌控权力的人会试图继续这样下去，并且准备好以任何他们认为有助于其偏好的方式来定义项目的实际情况，使用任何可用的策略和手段来达成目的。从这个意义上说，什么被定义为理性和现实是权力影响的结果，因为权力定义并创造了"有形的物质、经济、生态和社会现实"(Flyvbjerg，1998:227)。先进的和论证的理性完全取决于权力关系，权力机构越是处于不利地位，就越容易诉诸于淡化权力的理性概念，并试图通过事实、客观和理性的知识来确立他们的地位。最有力的理性是以合理化的形式出现的，而不是基于权威的解释。这些往往是理性的公开表现，而其他见证了这种理性化的机构觉得有必要不公开，因为他们没权利这样做；他们预料并害怕其行为可能会引发的反应，如果他们采取行动，危险就会潜伏在公开的冲突和确定的分歧之中。机构诉诸权力关系的手段越多，他们对理性的关注就越少，也就越不需要对理性负责。获得更多的权力造成了更少的理性。大多数情况下，权力关系既稳定又不公平。如果权力关系能够保持稳定并以共识和协商为特征，那么理性就能够赢得更大的立足之地；如果权力关系变得越是对立，就越容易产生忽视理性的推理和策略。因此，如果要影响现有的权力圈，理性就必须留在其中。理性向权力圈挑战就等于失败。

阅读傅以斌的文献很重要，因为它能把我们带入项目的核心，即政治过程，以及他们的设计实现过程的情境：梦想如何变成设计，设计如何具体化，以及利益如何在这些“变成”的过程中被考虑。很显然，当我们考虑到20世纪最具争议且被成功实现的梦想之一——悉尼歌剧院时，由克莱格和傅以斌等学者所开创的一般性方法具有进一步的实用性。詹宁斯(2012)调查了许多重大项目的行政政治问题以及后续的风险，得出如下结论：

> 尽管在悉尼歌剧院的案例中，似乎完全没有出现监管机构所喜欢的那种正式控制，但项目中过于乐观的规划，被扩大的项目范畴，以及要求项目尽快被启动的政治压力，似乎是该项目像大多数其他项目一样表现不佳的主要原因(Jennings, 2012:250)。

傅以斌(2014)指出，重大项目很少按时、按预算、按完整的设计完工的一个主要原因是，它们通常只能在强有力的利益相关者(例如联邦或州政府)对项目持有隐性乐观主义偏见和政治支持的情况下启动。

## 11.3 重大项目的政治影响

通常作为竞选承诺、政治议程或其他政治决策过程中的一部分，重大项目在整个项目生命周期中受到了巨大的政治约束和动荡不安，尽管公众很少承认这一事实。因此，对重大项目的支持或反对意见往往取决于当前推动此类重大项目的政策形势。雷滕(Leijten, 2013)认为，某些(通常是尚未公开的)信息对决策有很大的影响，进而导致相关方的战略行为。政客们往往需要数据来证明他们的政策方针是正确的，但他们意识到任何估计都可能是错误的，而且越趋于准确，这个数据就会越大。因此，对于重大项目的一个争议点是，基于政治意义的偏好，他们采用效益预测来证明合理化。通常情况下，基于所涉及的政治决策者的意识形态，数据被用来使政治决策合理化。例如，意识到环境影响的政党可能会使用环境恶化数据作为拒绝某些替代方案的依据。“软”主观数据在意义建构时通常被认为是“硬”的，在主观估计的决策时具有实质性的影响。数据通常可以成为质疑政策的工具，且要求越来越多的报告将数据作为考察项目进展的一种方式，就像澳大利亚国家宽带网络项目一样。这很可能导致“分析瘫痪”。信息的可争议性也可能在使决策变得直观的同时产生相反的效果，使它们变得多余。当故意低估项目以获得批准时，它们通常会由于复杂的权力关系和重要利益导致锁定(Cantarelli et al., 2013)，造成项目持续时间超过预期。

重大项目的所有权可能会在实施过程中逐渐转移，从而侵蚀项目所有者期望的价值，尤其当企业结构通过提供私人融资来影响公共政策时，这种情况极有可能发生。例如，鹿特丹港和德国腹地之间的贝图韦(Betuweroute)货运铁路线，它是由公共组织的两个企业分支机构提出的设想(Letijen, 2013, 72)。当最初的计划出现问题时，荷兰政府被迫为该项目提供资金援助。

用于私有投资决策的比较器(comparators)无法预测项目期间战略行为将如何演变，这可能会影响公共利益。硬系统思维和工程假设在项目管理实践中持续存在，特别是在重大项目盲目自信的早期阶段。由于涉及不确定性，重大项目的早期定义通常存在问题。在与可能从该信息中受益的其他人竞争时，私有投资者也可能不会分享有助于在早期阶段定义项目的有价值信息。然后，决策者可能会从一个次优的信息开始。公共所有者和私有参与者的动机也可能存在差异。私有参与者可能有兴趣为自己的效益尝试新的未经测试的技术，或者可能因为在项目形成阶段做出的承诺而被要求使用未经测试的技术。

格林(Grün, 2004)认为,随着公共部门越来越依赖私营部门来交付项目,政治影响变得越来越普遍。格林比较了慕尼黑和维也纳医院项目的社会政治影响,并得出结论认为,一个典型的社会政治影响是业主的特别干预。政治影响并未影响慕尼黑项目的技术目标。当时,公众的焦点放在了正在慕尼黑举办的奥运会上,未能实现的关键目标和显著的成本超支并没有引起公众的关注,这使政治影响黯然失色。与之相反,维也纳医院由于强烈的政治干预而成为一场灾难。当维也纳医院受到腐败丑闻的影响时,反对党强迫执政党建立"特殊内部监管程序",增加政治干预,这和悉尼歌剧院有些相似。公众看法对重大项目进展的影响也可以在伦敦环路和考文特花园的开发中看到,这两个项目都因公众舆论而被取消(Ng et al., 2007)。杜威和戴维斯(Dewey and Davis, 2013)也将公众参与规划决策确定为导致墨西哥城机场失败的一个因素。在这个项目中,政治阶层和公民之间存在明显的分歧。地方当局和国家当局之间就公民参与项目开发的相关性发生了冲突。一个由地方、国家和国际盟友组成的强大联盟发展起来,利用文化认同、历史忠诚和地理位置来建立和扩大与机场的斗争。

感兴趣的承包商启动对具有吸引力的重大项目为了维持业务也可能会产生压力,英国和法国飞机制造工业在推动协和式飞机项目方面的影响就是例子。承包商还可以通过提供先进的技术系统来扩大项目规模,而这些系统在运营阶段需要更多的援助。政治影响也可能影响承包商的选择。项目业主可能被迫雇用当地承包商,诸如"国家安全"之类的障碍可以用来为剔除投标承包商的合理性而辩解。

重大项目的数量和种类正在不断增加,这就是潜在的政治驱动力。例如,竞相承办大型体育赛事(如奥运会)的各国意愿,这些赛事对国家带来的好处的质疑可能不及政治意义建构那样明显,但它们(这些赛事)通常被当作一个可以展示当地政治参与者的国际平台。对于与政府支出和收入密切相关的特定行业部门的推动可能是决定承担重大项目的另一个原因。例如,英国在希思罗机场建造 5 号航站楼的原因之一是为了增加航空业对英国 GDP 的贡献,该机场的贡献预计将从 2004 年的 114 亿英镑上升到 2030 年的 800 亿英镑(Doherty, 2008)。类似的是,新加坡樟宜机场对新加坡 GDP 的贡献率为 5.6%(Oxford Economics 2009)。

## 11.4 结论

权力关系是社会现实的社会建构组成部分;它们同样是社会建构物质现实的意义建构组成部分。然而,尽管本章中提出了这一现实的大量证据,但古典项目管理(Winter et al., 2006)显然不愿承认项目关系及权力关系的普遍现实。正如我们一直在努力指出的那样,权力关系不一定是坏事;权力也不是一个肮脏的词。虽然在重大项目领域中,许多权力由寻求对其他各方行使权力以追求特定部门利益的各方组成,但情况并非总是如此。真正的正向权力实践可以被契约化——但这些不是规范,如果存在的话,它们一般情况下会被视为违反规范。事实上,一旦中标,承包组织就有责任通过对所有利益相关者行使权力来确保项目的盈利能力,所以竞争性承包规范在很大程度上鼓励了负向的权力关系。这样做可以从对项目成功指标的夸大预测和对项目成本的缩减预测开始,如果要实现盈利目标,成本就必须增加。承包组织可以继续实施贿赂和腐败行为,以确保行业和平及对共同体和民间社会组织的态度,因为共同体和民间社会组织将其视为实现计划项目成果必须铲除的障碍。政治家的虚荣心和野心被卷入这些负向的权力动力学,对于他们来说,重大项目通常更重要的是作为曝光机会并使他们成为有望赢得选票的人,而不是本着知情开放的精神发起的复杂任务。

对那些真正决定项目进展背后意义的权力关系,以及理性被强大利益歪曲的手段进行讨论,都是不被允许的。理性不能为项目的执行提供最终的保证(Spender et al.,2007);这从傅以斌(Flyvbjerg, 1998)的研究可以明显看出。重大项目通常需要政治支持;然而政治支持者沉浸在启动项目所带来的宣传光芒中,当为了获得赞助和支持而讲述的故事与项目绩效的现实背道而驰时,支持者往往已经退位了,这是因为重大项目的持续时间总是超过那些从项目启动中获益的政治人物的受益时间。在这种情况下,悉尼歌剧院的预算超支(1 000%)可能是一个异常值,但就其政治而言,它并不是异常值,而是一个典范。

## 致谢

感谢吉塔·尚卡尔(Gita Shankar)的校对和丽莎·阿迪普罗乔(Lisa Adiprodjo)准备的参考文献列表。

## 注释

1. 管理主义包括以理想化的形象重塑组织,围绕强大的企业文化、创业精神、质量和领导力,并专注于实现目标。目标通常通过审计来衡量——文化、质量、工作满意度、客户满意度等等。这些可用于根据一系列标准对组织进行排名。帕沃(Power, 1997)认为,这是一个迹象,表明我们生活在一个"审计社会(Audit Society)",在这个社会中,组织的排名越来越普遍,排名表决定了组织绩效的意义。在此基础上,正如傅以斌等(2003)得出的结论,大多数重大项目都是管理失败。

## 参考文献

Aaltonen, K. and Kujala, J. (2010). "A project lifecycle perspective on stakeholder influence strategies in global projects," *Scandinavian Journal of Management*, 26(4):381-97.

Alderman, N. andIvory, C. "Dealing with ambiguity in complex projects: Planned or emergent practices?" in A. Van Marrewijk(ed.), Inside Megaprojects: *Understanding Cultural Practices in Project Management*. Copenhagen: CBS Press, pp. 175-209.

Alvesson, M. and Deetz, S., (2000). *Doing Critical Management Research*. London: Sage.

Besner, C. and Hobbs, B. (2008). "Project management practice, generic or contextual: A reality check," *Project Management Journal*, 39(1): 16-33.

Bektas, E., Lauche, K., and Wamelik, H. (2015). "Knowledge sharing in megaprojects: A case study of as co-location approach," in A. Van Marrewijk (ed.), *Inside Megaprojects: Understanding Cultural Practices in Project Management*. Copenhagen: CBS Press, pp. 137-74.

Bjørkeng, K., Clegg, S., Pitsis, T., (2009). "Becoming (a) practice," *Management Learning*, 40(2): 145-59.

Blomquist, T., Hällgren, M., Nilsson, A., and Soderholm, A. (2010). "Project-as-practice: In search of project management research that matters," *Project Management Journal*, 41(1): 5-16.

Blomquist, T. and Packendorff, J. (1998). "Learning from renewal projects: Content, context and embeddedness," in R. A. Lundin and C. Midler, (eds.), *Projects as Arenas for Renewal and Learning Processes*. Dordrecht: Kluwer Academic Publishers, pp. 37-46.

Cantarelli C. C. and Flyvbjerg, B. (2013). "Mega-projects' cost performance and lock-in: Problems and Solutions," in H. Priemus & B. Van Wee (eds.), *International Handbook on Megaprojects*. Cheltenham: Edward Elgar, pp. 333-55.

Checkland, P. (1981). *Systems Thinking, Systems Practice*. Chichester: Wiley.

Ciçmil, S. and Hodgson, D. (2006). "New possibilities for project management theory: A critical engagement," *Project Management Journal*, 37(3): 111-22, <http://eprints. uwe. ac. uk/16783>.

Ciçmil, S. Williams, T., Thomas, J., and Hodgson, D. (2006). "Rethinking project management: Researching the actuality of projects," *International Journal of Project Management*, 24(8): 675-86.

Clarke, A. (1999). "A practical use of key success factors to improve the effectiveness of project management. *International Journal of Project Management*, 17, 139-145.

Clegg, S. R. (1975). *Power, Rule and Domination*. London: Routledge and Kegan Paul.

Clegg, S. R. (1989). *Frameworks of Power*. London: Sage.

Clegg, S. R., Pitsis, T., Rura-Polley, T., and Marosszeky, M. (2002). "Governmentality matters: Designing an alliance culture of inter-organizational collaboration for managing projects," *Organization Studies*, 23(3): 317-37.

Dewey, O. and Davis, D. (2013) "Planning, politics and urban mega-projects: Lessons from Mexico City's airport controversy," *Journal of Urban Affairs*, 35(5) 531-51.

Doherty, S. (2008). Heathrow's Terminal 5: *History in the Making*. Chichester: Wiley.

Doran, M. (2015). "Trade union royal commission: Contractor felt he had no choice but to pay CFMEU ACT official $135k, inquiry hears,"<http://www. abc. net. au/news/2015-07-13/royal-commission-into-trade-unions-begins-cfmeu-probe/6613916>.

Engwall, M. (2003). "No project is an island: Linking projects to history and context," *Research Policy*, 32(5): 789-808.

Flyvbjerg, B. (1998). *Rationality and Power: Democracy in Practice*. Chicago: University of Chicago Press.

Flyvbjerg, B. (2007). *Megaproject Policy and Planning: Problems Causes, Cures*. Aalborg, Denmark: Institut for Samfundsudvikling og Planlaegning.

Flyvbjerg, B. (2014). "What you should know about megaprojects and why: An overview," *Project Management Journal*, 45(2): 6-19.

Flyvbjerg, B., Bruzelius, N., and Rothengatter, W. (2003). *Megaprojects and Risk: An Anatomy of Ambition*. Cambridge University Press.

Garfinkel, H. (1967). *Studies in Ethomethodology*. Englewood Cliffs, NJ: Prentice Hall.

Giezen, M. (2012). "Keeping it simple? A case study into the advantages and disadvantages of reducing complexity in megaproject planning," *International Journal of Project Management*, 30(7): 781-90.

Grant, D. (2008). "Metaphor and organization, "in S. R. Clegg and J. R. Bailey (eds.), *The Sage International Encyclopedia of Organization Studies*. Thousand Oaks, CA: Sage, pp. 896-900.

Grün, O. (2004). Taming Giant Projects: *Management of Multi-Organizational Enterprises*. Berlin: Springer.

Hall, P. (1980). *Great Planning Disasters. London*: Weidenfeld & Nicholson.

Higgins, W. (2005). *Engine of Change: Standards Australia Since 1922*. Blackheath, NSW: Brandl and Schlesinger.

Higgins, W. and Hallström, K. T. (2008). "Technical Standardization," in A. Iriye and P. Y Saunier (eds.), *The Palgrave Dictionary of Transnational History*. London: Palgrave Macmillan, 2008, pp. 1-7.

Hodgson, D. and Ciçmil, S. (2008). "The other side of projects: The case for critical project studies,"

*International Journal of Managing Projects in Business*, 1(1): 142-52.

Holmes, A. (2001). Failsafe Is Project Delivery. London: Gower Publishing.

Jennings, W. (2012). "Executive politics, risk and the mega-project paradox," in M. Lodge and K. Wegrich (eds.), *Executive Politics and Governance*. London: Palgrave Macmillan, pp. 236-63.

Leitjen, M. (2013). "Real-world decision making on mega-projects: Politics, bias and strategic behaviour," in H. Priemus and B. Van Wee (eds.), *International Handbookon Mega-Projects*. Cheltenham: Edward Elgar, pp. 57-82, <http://books. google. com/books? hl=en&lr=&id=iHotAgAAQBAJ&oi=fnd&pg=PA57&dq=info: xOASd8Gpve4J: scholar. google. com&ots=PC650GTYLO&sig=NbnLinp7csQtLvJSuCTIaQBSZFU\\t"_blank">.

Löfgren, O. (2015). "Catwalking a bridge: SA longitudinal study of a transnational megaproject and its ritual life," in A. Van Marrewijk (ed.), *Understanding Cultural Practices in Project Management*. Copenhagen: CBS Press, pp. 33-68.

Lukes, S. (2005). *Power: A Radical View*, 2nd edn. London: Palgrave Macmillan.

Lundin, R. A. and Söderholm, A. (1995). "A theory of the temporary organization," *Scandinavian Journal of Management*, 11(4): 437-55.

Mason, R. and Mitroff, I. (1981). *Challenging Strategic Planning Assumptions: Theory, Cases and Techniques*. New York: Wiley.

Maylor, H., Vidgen, R., and Carver, S. (2008). "Managerial complexity in project-based operations: A grounded model and its implications for practice," *Project Management Journal*, 39(S1): S15-26.

Midler, C. (1995). "'Projectification' of the firm: The Renault case," *Scandinavian Journal of Management*, 11(4): 363-375.

Morris, P. (1997). *The management of projects*. London: Thomas Telford.

Morris, P. (2002). "Science, objective knowledge, and the theory of project management," *Civil Engineering*, 150(2): 82-90.

Morris, P. (2013). "Reconstructing project management reprised: A knowledge perspective," *Project Management Journal*, 44(5): 6-23.

Ng, A. and Loosemore, M. (2007). "Risk allocation in the private provision of public Infrastructure," *International Journal of Project Management*, 25(1): 66-76.

Oxford Economics (2009). *Economic Benefits of Air Transport in Singapore*, Singapore Country Report, <https://www. iata. org/policy/Documents/Benefits-of-Avia-tion-Singapore-2011. pdf>.

Packendorff, J. (1995). "Inquiring into the temporary organization: New directions for project management research," *Scandinavian Journal of Management*, 11(4): 319-33.

Pain, H. and Burgess, M. (2015). "West Connex protest brings 1500 Newtown locals out to voice their objections," <http://www. smh. com. au/nsw/westconnex-prote-st-brings-1500-newtown-locals-out-to-voice-their-objections-20150201-13322y#ixzz3oVfCQrfJ>.

Paton, S., Hodgson, D., Ciçmil, S., (2010). "Who am I and what am I doing here?: Becoming and being a project manager," *Journal of Management Development*, 29(2): 157-166.

Phillips, G. (2008). *Analysis of Sydney Public-Private Partnership Road Tunnels*, Mathematics Learning Centre, Sydney University, <http://www. maths. usyd. edu. au/u/geoffp/melfin2. pdf>.

Pitsis, T., Clegg, S. R., Marosszeky, M., and Rura-Polley, T. (2003) "Constructing the Olympic Dream: Managing innovation through the Future Perfect, " *Organization Science*, 14: 5, 574-590.

Power, M. (1997). *The Audit Society: Rituals of Verification*. Oxford University Press.

Project Management Institute (PMI). (2013). *A Guide tothe Project Management Body of Knowledge* (PMBOK Guide). 5th edn. Newtown Square, PA: Project Management Institute.

Smith, D. (2009). *Delia's Complete How To Cook: Both a guide for beginners and a Tried and Tested Recipe Collection for Life*. London: BBC Books.

Smits, K., Van Marrewijk, A., and Veenswijk, M. (2015). "The collabyrinth of cross-cultural collaboration in the Panama Canal megaproject," in A. Van Marrewijk (ed.), *Inside Megaprojects: Understanding Cultural Practices in Project Management*. Copenhagen: CBS Press, pp. 103-36.

Söderlund, J., (2002). "Managing complex development projects: arenas, knowledge processes and time," *R&D Management*, 32(5): 419-30.

Spender, J. C. and Scherer, A. G. (2007). "The philosophical foundations of knowledge management: Editors' introduction," *Organization*, 14(1): 5-28.

Thompson, J. D. (1967). *Organizations in Action*. New York: McGraw-Hill.

Turner, J. R., Cochrane, R. (1993). "Goals-and-methods matrix: coping with projects with ill-defined goals and/or methods of achieving them," *International Journal of Project Management*, 11(2): 93-101.

Urli, B. and Urli, D. (2000). "Project management in North America, stability of the concepts," *Project Management Journal*, 31(3): 33-43.

Van Marrewijk, A. (ed.)(2015). *Inside Megaprojects: Understanding Cultural Practices in Project Management*. Copenhagen: CBS Press, pp. 16-17.

Weick, K. E. (1993). "The collapse of sensemaking in organizations: the Mann Gulf disaster," *Administrative Science Quarterly*, 38(4): 628-52.

Weick, K. E. (1995). *Sensemaking*. Thousand Oaks, CA: Sage.

Weick, K. E. (2008). "Sensemaking", in S. R. Clegg and J. Bailey (eds.), *International Encyclopeadia of Organization Studies*. Thousand Oaks, CA: Sage, pp. 1403-6.

Whittington, R., Pettigrew, A., Peck, S., Fenton, E., and Conyon, M. (1999). "Change and complementarities in the new competitive landscape: A European panel study, 1992-1996," *Organization Science*, 10(5):583-600.

Winch, G. M. (1998). "The Channel fixed link: le projet du siècle," unpublished case study. Manchester University.

Winter, M. Checkland P. (2003). "Soft systems: a fresh perspective for project management," *ICE Proceedings of Civil Engineering*, 156(4): 187-92.

Winter, M., Smith, C., Morris, P., and Ciçmil, S. (2006). "Directions for future research in project management: The main findings of a UK government-funded research network," *International Journal of Project Management*, 24(8): 638-649.

Yeo, K. (1993). "Systems thinking and project management: time to reunite." *International Journal of Project Management*, 11(2): 111-7.

# 12 集体行动视角下的重大项目规划

努诺·吉尔



## 12.1 引言

人们普遍认为，像铁路和机场等长寿命资本密集型开发项目和像奥林匹克公园等娱乐设施，即所谓的重大项目，都存在低绩效问题，这引发了两种观点。一种观点认为，项目发起人由于战略性失实陈述和乐观偏差（Wachs，1989；Flyvbjerg et al.，2003）、规划不充分（Merrow et al.，1988；Morris，1994）或采用了僵化的买卖合同（Stinchcombe et al.，1985），导致低估了项目成本与工期目标。另一种观点也比较常见，认为重大项目难以规划，因为发起人自身也受制于项目范围变化（Hall，1982；Shapiro et al.，2000）、失败行为的承诺升级（Ross et al.，1986）以及他们无法掌控的外部事件（Altshuler et al.，2003；Szyliowicz et al.，1995；Miller et al.，2000）。

本章旨在从集体行动分析视角推动上述问题的进一步讨论。重大项目是一个由行动者构成的庞大网络，目的在于开发一种经过设计的、新的大型人造物，即基础设施系统。网络中的高层级决策受到网络核心达成组织间共识的需求驱动。共识是指所有相关成员对集体目标及规划达成一致的程度（Van de Ven，1976）。对新建基础设施的开发至关重要且为相互依赖的资源，包括土地、财务、规划许可、政治支持和对使用需求的了解等，其直接控制权的分散导致了需要与高层级开发决策达成共识。重大项目发起人只有在分享直接影响高层级开发决策权利的前提下，才能期望拥有丰富资源的行动者自愿奉献他们的资源。因此，开发过程势必以共识为导向。这也意味着在寻求彼此可以接受的设计方案时必然充斥着组织间争议；换言之，作出高层级开发决策的重大项目网络核心是一个以共识为导向的集体行动或“多元化(pluralistic)”环境（Denis et al.，2011）。

在这些情境中，管理者无法依赖职权等级（March et al.，1958）、市场（Ouchi，1980）或系统整合者（Brusoni et al.，2001）等来完成工作。相反，当专家做出从法律独立实施者分离出的共生决策，即治理结构相对“扁平化”时，高层管理者必须考虑不同行动者的意见，以保持民主化的决策过程（Rothschild et al.，1986）。换言之，高层管理者拥有代理权，但又难以充分行使这一权利，必须与参与方进行谈判（Pfeffer et al.，1978）。

规划决策在收益模糊的情况下损害了产权，因此重大项目规划更难以达成共识。这样，重大项目网络并不具备能促进合作的前提条件，包括积极合作关系和相互信任的历史、统一的高层级目标，以及存在一个能团结自主行动者的合法召集人（Gray，1989；

Ring et al.，1992；Thomson et al.，2006）。难以达成共识的另一个因素是，因期限严格和预算紧张而缺乏能解决争议的相关资源。规划重大项目而形成的行动者网络高度制度化，并与环境相互依存，使得这一问题更为复杂。正如里特尔和韦伯（Rittel and Webber，1973）所言，“规划是棘手的问题”。并且，为了实现重大项目的系统目标，重大项目网络中的参与方需要治理，他们的行动也需要协调。因此，两个核心问题推动了以下研究：①重大项目规划阶段采用什么样的治理结构？②有哪些协调机制可供参与方使用从而使规划阶段顺利开展？

本章采用基于嵌入式分析单元的多案例研究方法（Eisenhardt，1989；Yin，1984）。案例研究使得研究者能够结合情境与时间维度，因此适合探索创新理论（Eisenhardt et al.，2007）。本研究涉及的四个重大项目案例来自英国——一个多元化社会，其具有强有力的产权制度及允许任何人对发起人的新建基础设施规划提出异议的制度机制。本章的分析单元是，在统一的系统目标下重大项目发起人与资源丰富行动者之间的争议。

分析表明，以下三个因素共同引发了组织间争议：①对于一次性规划决策存在不同偏好；②缺乏解决冲突的资源；③发起人不愿意降低绩效目标以维持第三方眼中的合法性。合作努力夹杂着艰难的讨价还价和政治活动，从而引发行动者背叛的真实风险，这反过来又导致低效的过程以及模糊的结果。本章的核心贡献在于，提出了一个模型来阐释四种机制如何相互作用以协调维系高度脆弱的重大项目开发。



## 12.2 背景：共识导向的开发

组织间协作是管理学研究的核心，因为它们对寻求复杂问题的解决方案至关重要，在这些复杂问题中，单个行动者不具备解决问题的全部信息处理能力与资源（Van de Ven，1976；Gray，1989）。在这一大堆文献中，有一个流派与共识导向的新产品开发有关。这部分文献受到关于生产共同体研究的启发，这些共同体为开发开源软件和科学研究而自发出现的。在这些情境中，已知的协调机制包括边界组织（O'Mahony et al.，2008）[①]、边界基础设施[②]（如模型、原型、工作组）（Tuertscher et al.，2014），以及基于精英的权威（O'Mahony et al.，2007）。

然而，新建重大项目的规划阶段与上述情境在一些重要方面有所不同，这为推进组织与管理理论发展创造了机会。首先，规划决策诉求方（claimants）之间的目标一致性令人怀疑。制度环境迫使项目发起人既要与完全支持目标的行动者合作，也要与有高价合作要求的行动者共事。这就导致无法利用基于精英的权威来解决出现的争议。

导致合作准则形成复杂化的第二个因素是选举和监管周期造成的时间压力[1]。建立共识不能操之过急，因为使行动者理解复杂问题及通过沟通协同集体行动都需要长时间的会谈。这样，时间压力会放大风险感知，并导致讨价还价和政治活动（Ring et al.，1992；Gersick，1994）。

最后，大型基础设施开发不能依靠模块化的设计结构来规避达成共识的困难。模块化降低了设计选择之间的相互依赖性，从而削弱了竞争，鼓励了自发奉献资源，并限制了不合作行为的影响（Baldwin et al.，2000；Baldwin et al.，2011）。相比而言，当众多独立行动者共享直接影响不可分割资产开发的权利时，设计选择可以视为奥斯特罗

① 译者注：边界组织（boundary organizations）是指能够同时满足不同群体利益、弥合差异的中间组织。
② 译者注：边界基础设施（boundary infrastructures）是指能够为不同参与者提供共同知识基础的底层架构。

姆(Ostrom，1990)所称的共享资源，即同时具有(参与决策过程的)低排他性和(对决策偏好的)高竞争性(Gil et al.，2013)。因此，如果某些规划决策的诉求方通过拒绝妥协与合作来选择搭便车，那么集体开发不可分割资产失败的风险将很大。

尽管存在困难，但如果治理结构具有以下特性，共识导向的大型集体行动领域就可以是可持续的：①多中心化，即治理结构分散在多个决策和权力中心，它们之间有相互调整的能力；②稳健性，即高层当局者能够尊重地方规则，地方诉求方也尊重更高层级规则。这是奥斯特罗姆(1990)的自然共享资源(如林业、渔业)自治理论的核心论点。吉尔和鲍尔温(Gil and Baldwin，2013)将这一论点拓展至为共享使用而集体开发的资本密集型资产情境中。他们是通过研究一个资本项目来实现这一拓展的，该项目以有限的资源(时间、金钱)，和众多的诉求方(国家、地方政府及学校老师)开发一系列公立学校建筑。

然而，学校建筑的开发是具有善意目标的基本建设项目，能够统一异质的行动者。相比之下，重大项目是系统目标有争议且模糊的资本密集型事业。而且，实现目标所需资源的控制权总是分散在独立行动者之间。虽然这些行动者具有异质的偏好和利益，但除非能够直接影响规划决策，否则他们不太可能投入自己的资源。

重大项目难以完全分解，使得这一问题变得更为复杂。例如，一条铁路包括轨道、机车车辆和车站；同样，一个机场包括机场大厅、跑道和人行通道。这些组成部分在技术上耦合，并从中央财政预算中获取资金。因此，规划每个组成部分的决策都是相互依赖的。这样一来，尽管子目标的一致性有限，但规划重大项目还是需要同时达成多个相互依赖的共识。当一个组成部分的规划出现局部争议时，放宽该组成部分绩效目标的压力随之增加。因为局部绩效下滑开了棘手的先例，并威胁到总体目标，治理主体面临着无法摆脱的困境[①]：如果他们用强制命令(diktat)来治理，背叛的风险将会增加；而权力下放过多，则会造成事情有失控的风险。这种紧张关系导致了笔者所说的高度脆弱的开发，现在转向讨论其可持续性。

## 12.3 研究设计、样本与方法

本章采用比较案例研究设计(Eisenhardt，1989)，将案例视为独立实验，以证实或证伪复现逻辑中新出现的理论见解。为推进理论发展，并产生更多概括性和稳健的见解(Yin，1984)，我建立了相异的、两极化的样本，这也是聚焦过程的归纳式研究所推荐的(Siggelkow，2007)。样本包括四个重大项目：希思罗机场2号航站楼(T2)、伦敦横贯铁路(一条高运量地下铁路)、伦敦2012奥林匹克公园和英国高速铁路2号($HS_2$)。表12.1总结了这些案例。

**表12.1 案例样本、受访者与档案数据库的总结描述**

| 案例 | 伦敦2012 | 希思罗机场T2 | 横贯铁路(Crossrail) | 高速铁路2号(High-speed 2) |
| --- | --- | --- | --- | --- |
| 高层级共同目标 | 建设奥林匹克公园，促进伦敦东部的城市再生 | 为星空联盟(STAR Alliance)建设新的机场航站楼 | 通过高运量列车连接伦敦东西部 | 连接伦敦与伯明翰(第一阶段)；连接伯明翰与北方地区(第二阶段) |

① 译者注：原文为"Catch-22 situation"源于美国作家约瑟夫·海勒创作的长篇小说《第二十二条军规》，指"难以逾越的障碍"或"无法摆脱的困境"、自相矛盾等。

（续表）

| 案例 | 伦敦 2012 | 希思罗机场 T2 | 横贯铁路（Crossrail） | 高速铁路 2 号（High-speed 2） |
|---|---|---|---|---|
| 关键发起人 | 英国政府、伦敦市政府、BOA、LOCOG‡ | 英国机场集团（BAA）、监管机构、星空联盟 | 英国政府、伦敦市政府 | 英国政府 |
| 规划期间的时间压力 | 巨大<br>大约 2 年（2005—2007 年），在伦敦申办成功后完全重做规划 | 大<br>大约 4 年（2005—2008 年），在开始新一轮五年监管周期前进行规划 | 大<br>4 年（2001—2005 年）重做规划，以便在 2005 年大选前启动议会流程<br>2005—2008 年（议会流程） | 巨大（第一阶段）<br>大约 4 年（2009—2013 年）进行规划，以便在 2015 年大选前完成议会流程<br>中（第二阶段）<br>6～7 年（2010—2016/17 年）进行规划 |
| 项目预算的总体目标 | 逐渐放宽<br>2004 年，42 亿英镑（最终价格，不含增值税）<br>2007 年，93 亿英镑（最终价格，含增值税）<br>2013 年，89 亿～102 亿英镑（不同来源） | 逐渐放宽<br>2005 年，10 亿～15 亿英镑（可能是 2005 年价格）<br>2008 年，20 亿英镑（2007/2008 价格）<br>2014 年，26 亿英镑（现金价格）* | 逐渐放宽<br>2002 年，98 亿英镑（2002 年价格）<br>2008 年，159 亿英镑（最终价格）†<br>2014 年，148 亿英镑（现金价格） | 逐渐放宽<br>2010 年，大约 300 亿英镑（2009 年价格）<br>2012 年，327 亿英镑（2011 年价格）<br>2014 年，426 亿英镑（2011 年价格）＋$HS_3$、横贯铁路 2 |
| 项目工期的总体目标 | 固定不变<br>2012 年夏季 | 放宽、使其“柔性化”（made “soft”）<br>2005 年，2012 年开放；<br>2010 年，2014 年“逐步”开放 | 放宽、使其“柔性化”<br>2003 年，2016 年完全开放；<br>2012 年，2017—2019 年 | 面临压力<br>2026 年，第一阶段<br>2030—2033 年，第二阶段 |
| 访谈（分析单元） | 36（11 项争议） | 19（5 项争议） | 33（9 项争议） | 35（12 项争议） |
| 受访组织的数量与描述 | 8 个：London2012（竞标公司）；ODA（发起人代理）；LOCOG（赛事运营商）；OPLC（公园运营商）；伦敦交通局（Transport for London，TfL）；CLM（项目经理）；Land Lease（私人开发商）；Network Rail（英国铁路基础设施的所有者） | 5 个：星空联盟、Air Canada；BAA；希腊贸易委员会（Hellenic Trade Council，HETCo）和 Balfour Beatty（私人设计与建设公司） | 8 个：CLRL（发起人规划代理）；Crossrail（发起人交付代理）；Network Rail；英国财政部；伦敦交通局（TfL）；Canary Wharf（私人投资者）；Bechtel、Transcend（咨询） | 11 个：$HS_2$ Ltd（发起人代理）；曼彻斯特市议会（Manchester City Council，MCC）；大伦敦政府（Greater London Authority，GLA）；伦敦交通局（TfL）；Camden 自治市；大曼彻斯特交通局（Transport for Greater Manchester，TfGM）；Network Rail；英国财政部；Manchester Airport；西图公司（CH2MHill）、AECOM（咨询） |
| 文档数据：按类别分列的文件总数（新闻文章除外） | 文件总数量：469<br>战略与规划文件：260<br>财务报告：6<br>正式沟通文件：5<br>新闻通讯与公关文件：111<br>设计文件：16<br>会议纪要：71 | 文件总数量：114<br>战略与规划文件：74<br>财务报告：6<br>正式沟通文件：19<br>新闻通讯与公关文件：8<br>设计文件：4<br>会议纪要：3 | 文件总数量：122<br>战略与规划文件：74<br>财务报告：2<br>正式沟通文件：6<br>新闻通讯与公关文件：23<br>设计文件：9<br>会议纪要：8 | 文件总数量：66<br>战略与规划文件：22<br>财务报告：2<br>正式沟通文件：20<br>新闻通讯与公关文件：12<br>设计文件：8<br>会议纪要：2 |

* 2008—2013 年，建筑价格通货膨胀率为零。

† 159 亿英镑（2016 年左右完工日期的最终价格），按 2002 年价格计算约为 111 亿英镑（假定折现因子为 3.5%）。

‡ 英国奥林匹克协会（British Olympic Association，BOA）；伦敦奥运会及残奥会组委会（London Organizing Committee of the Olympic and Paralympic Game，LOCOG），和国际奥委会（International Olympic Committee，IOC）的监督部门。

这些样本具有资本密集型基础设施开发过程的三个不同基本属性。首先，这些案例在基础设施系统的技术可分解水平上存在差异。图 12.1 以示意的方式对此进行了说明。

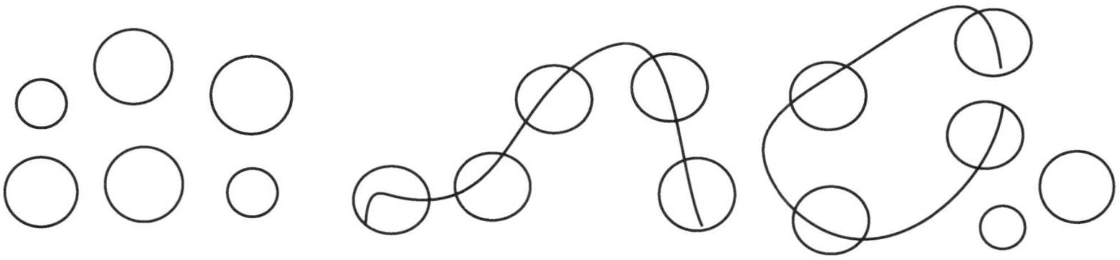


**图 12.1 不同基础设施设计结构的示意图**

从技术视角看，奥林匹克公园属于大型可分解系统。它由一系列独立的场馆构成，包括体育场、游泳馆和自行车馆。将这些资产彼此连接起来的是地下公用设施，但这些公用设施系统是为了承接高价值场馆变更影响而设计的"附属品"。

相比而言，铁路系统的技术结构则远没有那么容易分解。所有车站都与相同的高价值功能组件（轨道、控制和信号系统）相连，且必须容纳相同的列车车厢。而机场则代表着一种混合技术系统，有些组件在物理上是集成的（如连接大厅的通道），但其他组件（如停车场、酒店）则不是。

样本在规划过程的参与结构上也存在差异。$HS_2$ 计划完全由公共部门出资。因此，高层开发决策主要涉及拥有相互依赖资产的中央和地方政府以及公共机构。相反，Heathrow T2 完全由私人业主 BAA 出资[2]。但是作为垄断者，BAA 必须与监管机构和主要用户共享开发新航站楼的权利，在本案例中，主要用户是星空联盟，一个全球性航空公司联盟网络。另外两个案例涉及公共和私人资金，规划决策的诉求方人数越多、越多样化，我们就可以预期到会越难达成共识。

第三，样本在限制规划过程及开发决策的期限紧张程度上情况不同。伦敦 2012 项目固定不变的期限对决策带来了巨大的压力。其他计划的截止日期并非固定，但压力仍然很大，不光是政客们希望在大选前看到事情干完（横贯铁路和 $HS_2$ 第一阶段案例），还包括 BAA 的监管周期影响。加大决策压力的，是英国三次申办奥运会失败，以及两次试图启动横贯铁路项目都失败的历史。

（1）分析单元

嵌入式分析单元是规划阶段发生的关于高层开发决策的突出争议事项。被调查者从认知上筛选出了 35 项争议。① 争议引发了一些难题：各方应该寻求与事先设定的地方绩效目标相符的地方设计解决方案，还是应该降低目标以利于寻求共识性的解决方案？如果诉求方无法达成共识，规划过程还应继续吗？哪些行动者具有影响地方开发决策的合法性？寻求这些问题的答案，对于理解规划阶段对这些开发项目的治理至关重要。$HS_2$ 案例允许在进行规划工作的同时收集数据。

（2）数据收集

数据收集始于 2011 年，当时笔者获得了接触伦敦奥运交付管理局（Olympic Delivery Authority，ODA）高层管理团队（主席、首席执行官及 7 名执行董事）的机会，

① 译者注：根据表 12.1 中访谈（分析单元）一栏争议事件统计，总计应为 37 项争议。

ODA是2005年为开发奥林匹克公园而成立的公共机构。该团队向一个由四方联盟组成的最高治理机构汇报工作，这四方分别是英国政府、伦敦政府、英国奥林匹克协会(BOA)，以及LOCOG，LOCOG是赛事的运营商，同时也是国际奥委会(IOC)的监督部门。ODA参加奥林匹克理事会会议，但没有否决权。

2011—2014年，笔者利用ODA授予的访问权限，首先访问了奥林匹克公园其他开发合作伙伴的高层管理者，然后利用前面描述的逻辑，商定了调研其他项目的机会。对于所有案例，笔者还采用滚雪球方式(Biernacki et al.，1981)访谈了承包设计、施工、管理等工作的供应商主管。

笔者和笔者的博士生总共展开121次与受访者的正式访谈，每次访谈长达2小时，并进行了录音。没有签署保密协议，但我们在使用引用内容，以及决定是否保持来源匿名时，都会请求许可。部分被调查者允许我们自由使用录音文本，但其他受访者有时要求我们停止录音，并且不允许引用特定内容。我们进行了后续访谈，以更深入地探究特定问题、再次核对口头的描述，并填补数据库中的空白。

为了收集额外数据并允许成员审核(Lincoln et al.，1985)，我们与被调查者分享了新的研究发现，还邀请了几位被调查者进行演讲并留下来吃午餐。我们共接待了13位嘉宾，每次来访都做了详细的手写笔记，记录研讨谈话和午餐对话。

为了提高数据的准确性和概念性见解的稳健性(Jick，1979)，我们根据档案资料对口头描述进行了三角验证(Miles et al.，1994)。在英国，任何大型基础设施的规划过程都已得到良好的制度化，因此很多规划文件均可在网上获取，或可通过《信息自由法案》获取。关键文件包括董事会会议记录、正式沟通文件、设计变更日志以及宣布绩效目标与目标实现计划的报告。以BAA为例，我们检查了公司年度报告、总体规划和咨询文件。在监管机构编制的报告以及BAA、星空联盟和监管机构相互信函中记录了BAA与星空联盟之间的争议。

我们根据第三方编制的报告对内部项目文件的信息进行了对比。梳理了由国家审计署、议会委员会、政府监督部门以及其他第三方编制的报告。其他数据来源包括《新土木工程师》(*New Civil Engineer*)与《建筑新闻》(*Construction News*)等专业媒体上的文章和对高层管理者的访谈，以及全国性新闻中的文章，尤其是那些涉及公共领域的争议。

(3) 方法

在如何维系脆弱的、共识导向的开发这一核心研究问题的导向下，笔者采用了过程研究方法以实现理论化(Langley，1999)。附带问题包括：采用什么样的治理结构？组织间争议从何而来？如何解决？根据对归纳推理的建议(Ketokivi et al.，2010)，笔者编制了事实性描述以提供情境化的、按时间排序的理解，并防止描述偏差(Miles et al.，1994)和修正主义与自我扩张的倾向(March et al.，1997)[3]。

首先，为了弄清楚治理结构，笔者使用了设计结构矩阵(Design Structure Matrices，DSM)，该矩阵是设计理论中的一种工具，可以通过捕捉复杂系统组成元素之间的相互依赖性，将复杂系统表示为一个方形矩阵(Steward，1981)。DSM对角线上的单元格代表高层级规划决策(为了保持矩阵紧凑，决策名称列在了各行的左侧)，而非对角线上的条目表示决策之间存在的相互依赖性。如果DSM在第i行第j列有一个条目，那么有关i元素的决策会直接影响有关j元素的决策。因此，对角线单元格里代表的决策，从顶部及底部决策输入，从左侧与右侧输出。

DSM已用于对任务结构进行建模以生成详细的设计，但不是资本密集型开发的规划过程结构，因此需要一个关于DSM内容的独特方案。但是这项工作的目的并不是对规划过程进行详尽的建模，而是为了探究高层决策的治理结构。因此，对于抽取出争议的构成部分，DSM 捕捉到了针对本地目标、预算、受争议直接影响的关键要求决策之间的相互依赖性，这些关键要求包括容量、空间(foot-print)及相关子元素。每一个 DSM 都有一个友矩阵，来说明哪些行动者直接影响着决策，以及问题的讨论场所。

然而，DSM 分析无法揭示如何实际解决这些问题。因此，DSM 分析通过对原始数据的定性分析，以及采用编码和表格展示方式进行补充(Strauss et al.，1990)。当在：①回顾录音文本并提取引用内容或“思考单元”(Miles et al.，1994)；②采用二手数据验证访谈数据；③提出论点之间迭代时，我逐渐发现了解决组织间争议的高阶模式。当达到理论饱和时，我停止了数据与理论之间的迭代。

接下来在讨论概念框架之前，我先继续分析数据。图 12.2 说明了两个案例的 DSM 和组织矩阵，而表 12.2 是为分析如何解决争议而制作的表格。

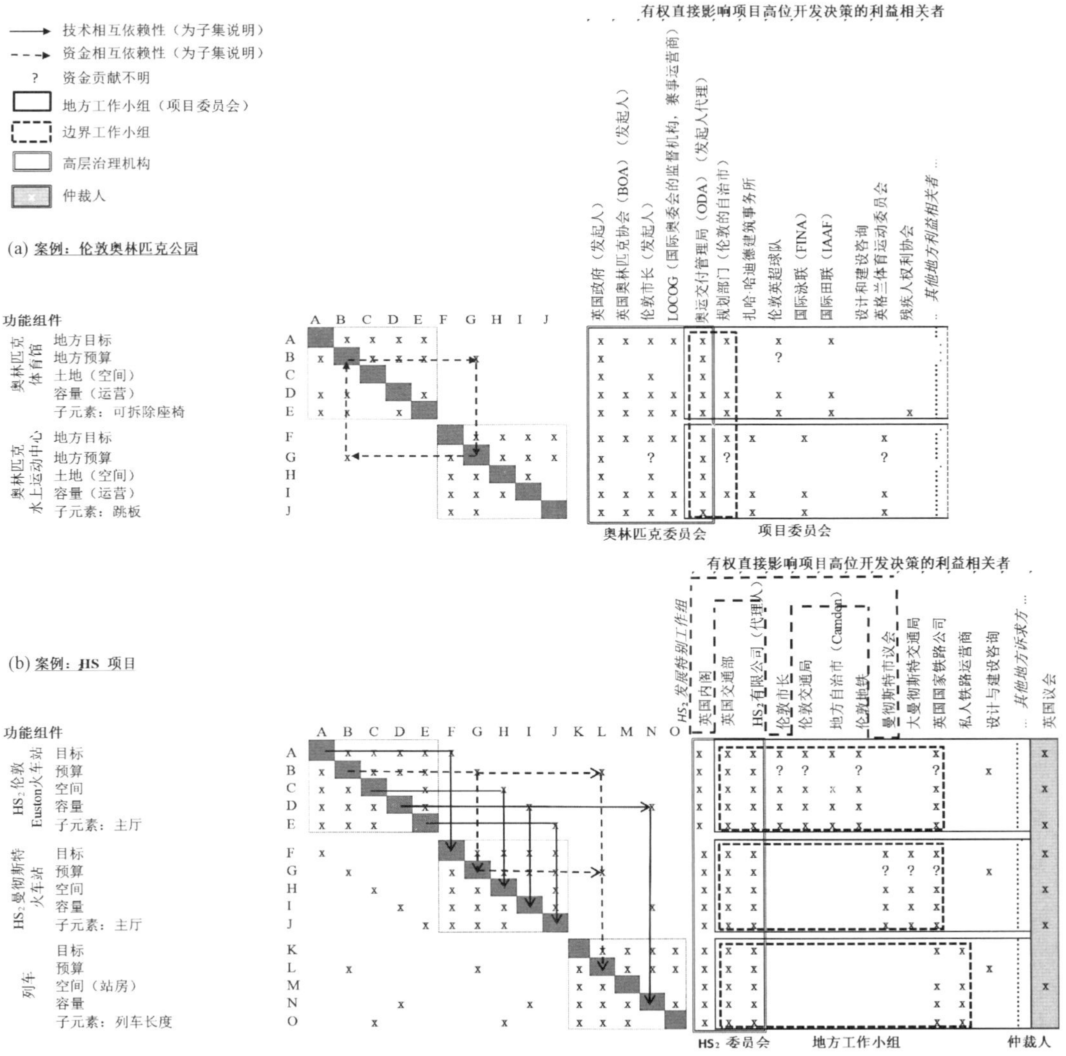


**图 12.2　两个案例的设计结构矩阵和组织矩阵摘录**

表 12.2　表格显示分析摘录：开发环境的质量和用于解决争议的机制

| 案例 | 协同环境的质量 | 争议 | | 争议解决 | | | | |
|---|---|---|---|---|---|---|---|---|
| | | | | 谈判对话的质量 | 核心点 | 问题解决 | 设计灵活性 | 放松目标 |
| London 奥林匹克公园 | 大量证据表明了有效协同的意向；听取利益相关者的意见。很多都是听取社区、基层的意见！不要认为有人觉得存在等级制度，这是一个非常健康、平等的挑战[ODA 官员]<br>互惠性我从未推动改变或绕开它[对更大灵活性的需求]，因为我非常明白处在他们位置意味着什么[LOCOG 官员]<br>互相信任<br>这种崇高的文化——基于(sitting down on)定期的、开放的、诚实的非评判关系，如果事情不顺利，就把它摆在桌面上(stick it on the table)——我认为这非常重要[ODA 官员]。 | 奥林匹克体育馆 | 缺乏目标一致性 | 艰难：不愿意寻求妥协。<br>留下一个田径运动中心有什么问题？为何我们必须公开补贴世界上最富有的俱乐部？为什么？这是公共土地需花费很大一笔钱来调解不要违背你们对公共体育的责任[ODA 官员] | 最高治理机构。<br>我们 3 次回到委员会没有可靠的[足球俱乐部]投标，就这样[ODA 官员] | 在时间压力下彼此妥协。我们必须往下走[ODA 官员] | 是。<br>根据最坏的情况确定基础尺寸；<br>可拆除座椅。(在最后一轮) | 是。<br>2004 年，2.82 亿英镑(2004 年价格)<br>2007 年，4.22 亿英镑(现金价格，不含增值税)<br>2013 年，5.37 亿英镑(现金价格，不含增值税)<br>2014 年，大约 6 亿英镑(现金价格，不含增值税) |
| | | | 在子元素上存在分歧(灯光) | 艰难：利用权力不平衡。<br>广播公司介入得非常晚……开始说什么我们想要这个，想要那个……在一个 70 亿英镑的项目中，改装并不是一件大事[LOCOG 官员] | 最高治理机构。<br>他们[IOC]不付钱[ODA 官员] | 单方面妥协。<br>我们必须开始着手一项成本相当高的改变[ODA 官员] | 英国无需被视为广播技术的领军者 | |
| | | 水上运动中心 | 在容量、预算、空间上存在尖锐分歧 | 艰难：利用权力不平衡。<br>要保持原有预算有很大的压力……建筑师一点儿也不让步……这[预算]不是他们的难题……他们威胁要退出……他们本可以与我们拆伙，我们也可以与他们拆伙[ODA 官员] | 最高治理机构 | 妥协与艰难谈判。<br>交换条件：比如保持美观，但场地必须缩减至原来的三分之一 | 是。<br>模块化侧翼有 1.5 万个临时座椅 | 是。<br>2004 年，7 500 万英镑(2004 年价格)，2007 年，1.82 亿英镑(现金价格，不含增值税)，2013 年，2.29 亿英镑(现金价格，不含增值税) |

（续表）

| 案例 | 协同环境的质量 | 争议 | | 争议解决 | | | | |
|---|---|---|---|---|---|---|---|---|
| | | | | 谈判对话的质量 | 核心点 | 问题解决 | 设计灵活性 | 放松目标 |
| | | 水上运动中心 | 在子元素（跳板）上存在分歧 | 艰难：不愿意寻求妥协。<br>我们[ODA]说我们不会改变跳板…他们[FINA]派了一个建筑师过来，论证这样行不通……LOCOG 在玩政治游戏，告诉 FINA 我们可以改变…他们（LOCOG）无法抵抗 FINA，但是我们可以[ODA 官员]。 | 最高治理机构 | 艰难谈判。<br>诉求方（国际游泳联合会—FINA）在大量争论和出现新的证据后作出了让步 | 否。<br>为何买这个[屋顶]却不买跳板？…我一直把它视为一件艺术品，真的[ODA 官员] | |
| 高速铁路 2 号 | 大量证据表明了有效协同的意向；共同的高层目标：高层原则，我们从未与[TfL 官员]发生过争执虽然我支持政府的意愿…但目前的提案不足以[伦敦市长]使各方愿意面对面沟通。我非常乐意坐下来想确保曼彻斯特支持这个项目[$HS_2$ 高层官员]。<br>互相尊重。<br>他们[$HS_2$ Ltd]已经知道想看到什么，我们也是……我们都彼此尊重[曼彻斯特市议会官员] | 伦敦 Euston 系统 | 缺乏目标一致性，在规划上存在尖锐分歧 | 艰难：人们把想法藏在心里，不透漏任何信息。<br>我们已经问他们[$HS_2$ Ltd]能否将成本数据分享给我们他们不会和我们分享毫无疑问，他们不想让我们做好反击的准备[LGA 官员]。<br>这个过程有点像打网球。他们[$HS_2$ Ltd]向我们提交一个提案，我们审核传回去，他们看后再传回来[TfL 官员] | 仲裁人（或后期达成协议）。<br>我们会去请愿，因为现有的设计太糟糕了，[而且]可能不安全这并不是没有达成一致，只是彼此的构想不契合[TfL 官员] | 正在进行的谈判。<br>初始计划是一个如同救星一般的计划。[$HS_2$ 官员]一旦提交法案如果你们放弃，我们可能会给与更多考虑[GLA 官员] | 是。<br>我们要求 $HS_2$ Ltd 为横贯铁路 2 提供被动准备金这样我们就可以轻松地将之列入开发 | 是。<br>2011 年，11 亿英镑，2014 年，21 亿英镑。<br>这一原则说明已经接受将 Euston 的所有工作都计入 $HS_2$ 项目的花销[TfL 官员] |

（续表）

| 案例 | 协同环境的质量 | 争议 | | 争议解决 | | | | |
|---|---|---|---|---|---|---|---|---|
| | | | | 谈判对话的质量 | 核心点 | 问题解决 | 设计灵活性 | 放松目标 |
| | | 曼彻斯特火车站 | 目标一致，但在规划上存在尖锐分歧 | 中等：真诚地努力寻求一致。<br>我们参与了他们[$HS_2$ Ltd]围绕车站设计可能进行的工作他们参与了我们的工作或更广泛的再生项目……我们的目标一直是努力达成一致[市议会当选领导]。他们非常重视我们的参与……确实感觉我们真的是这个过程的一部分[TfGM 官员] | 难以预测。我们不想请愿，我们想在这儿解决争议[市议会当选领导]。 | 正在进行的谈判。<br>如果政府下放税收收益，市议会可以考虑支付投资费用[市议会立场] | 不太可能。<br>他们[$HS_2$ Ltd]提出了一个选项，让一个车站挨着另一个车站我们看到的是一个综合的多模式交通枢纽[市议会官员]。 | 是（不可避免）。<br>2011 年，3.5 亿英镑。但市议会认为这会增加收益。我们不是一个可以随意支取的支票簿[$HS_2$ 官员] |

## 12.4　分析

分析部分首先研究了高层级开发决策的治理结构，然后研究了在规划阶段这些高度脆弱开发的可持续性。

(1) 治理重大项目规划的多中心结构

多中心性是构建大型共识导向集体行动领域的一种直观方法。其理念是指将治理分散至多个相互嵌套的决策和权力中心，该嵌套结构中存在既能约束也能促成行动的共同规则。(Ostrom，1990，2005)。与该文献一致，DSM 分析揭示了分散治理的系统性工作。为了论证这一主张，笔者以奥林匹克项目和 $HS_2$ 项目为例，它们在基础设施系统的技术可分解性上存在很大差异。笔者首先研究了 DSM 分析揭示的决策结构，然后研究了通过组织矩阵揭示的治理结构。

两个案例的 DSM 矩阵都在非对角线上出现了密集的"x"集群。这些集群显示了任意特定组件与其他组件的高层开发决策是如何相互密切依赖的——这一发现是直观的：无论是体育场馆还是火车站，对某一功能组件目标的决策与该组件在资本预算、空间(所需土地)和功能要求等方面的开发决策都密切交织在一起，反之亦然。

正如预期的那样，这两个案例的 DSM 矩阵在组件集群之间的相互依赖程度上存在差异。奥林匹克公园项目中，一个场馆的高层开发决策与另一个场馆的决策是独立的。因此，奥林匹克公园的 DSM 在组件群之外分布稀疏。一个重要的例外是地方预算决策之间的相互依赖性，因为增加一个场馆的资金预算可能会使其他场馆的可用资金减少。$HS_2$ 案例中组件集群之间存在更多的相互依赖性。首先，每座车站的目标需要一致；其次，出于公平考虑以及总体限制，车站的预算也是相互依赖的；最后，系统范围内的技术限制在有关地方要求的决策之间建立了相互依赖性。因此，$HS_2$ 的 DSM 在组件集群之外分布密集。

然而，这两个案例的组织矩阵却非常相似。在两个案例中矩阵都显示出地方工作小组(所谓的项目委员会)的分解结构，每一个工作小组都局限于为特定的组件因设计解决方案而达成共识。项目委员会的成员资格向资源丰富的地方行动者开放，包括地方政府和有影响力的利益群体，但不对反对该计划或者资源匮乏的地方行动者开放(尽管协商涉及所有群体)。

在最高层级上，两个组织矩阵都显示，最高治理机构仅限于组成发起人联盟的组织，这个治理机构直接影响着所有高层开发决策。最高治理机构的普遍存在，反映出项目发起人集中控制着制约所有地方决策的总体目标(成本、进度)。发起人的代理人以"跨边界"的角色(Tushman，1977)参与所有决策讨论中。

此外，两个组织矩阵都显示，存在为帮助解决地方问题而创建的中层决策讨论。例如，在奥林匹克案例中，创建了一个边界组织，包括发起人联盟的执行代理 ODA 与四个未来将对奥林匹克公园有管辖权的地方政府。$HS_2$ 的治理结构也是嵌套式的。因此在每个城市，领导人都创建了仅面向 $HS_2$ Ltd(发起人的代理人)官员的边界组织。英国中央政府作为发起人，则创建了另外一个边界小组，即 $HS_2$ 开发特别工作组，该特别工作组与所有设有城市中央火车站城市的当选领导进行了接触。

(2) 建立共识

对争议的分析揭示了，在集体开发工作事先设定的绩效目标约束下，在设计解决方案空间内建立地方共识的困难性。发起人的代理人有责任保持初始目标，而地方诉求方则坚持认为预算和/或工期太紧了。这意味着最高治理机构必须不断介入，以解决与地方诉求方的问题。

$HS_2$ 案例说明了这一问题。项目发起人和地方诉求方的目标是一致的，即利用 $HS_2$ 车站的开发来促进城市再生。但是地方诉求方认为，政府没有提供足够的资金来开发与公共交通系统和城市结构相结合的世界级车站。为了论证他们的观点，这些城市已经委托开展了总体规划。但是在保持目标的压力下，$HS_2$ 有限公司向政府建议的计划未能得到各城市的完全支持。这一争议随后上升到更高一级的英国内阁政府[4] 来决定下一步行动。一名官员解释说："如果你愿意，可以将 $HS_2$ 有限公司视为战场上的步兵，实际上做着[中央]政府让他们做的事情。所以 $HS_2$ 有限公司陷于所有的争斗，看起来所有的争斗都在他们这，他们扮演着坏人的角色，但他们实际上仅仅只是做着被指示做的事情。"至关重要的是，在所有案例中，最高治理机构的决策权都比表面上可以假定的要少。在法律上，如果地方团体陷入僵局，发起人有权强制实行合理的解决方案。但当地方僵局出现时，最高治理机构总是会回避通过强制命令进行治理。T2 项目便是如此(星空联盟的一名人士称："如果一些事情被谈论，那么这件事情就会被改变")，公共融资的项目也是如此。因此，寻找可能的解决方案，一方面取决于各方妥协和互惠的意愿。另一方面，它涉及多方获利的讨价还价和政治活动，直到诉求方成功达成协议。

协商过程与基于利益的谈判并存，使得这些重大项目开发高度脆弱。现在讨论为维系高度脆弱的开发而出现的四种高层协调机制，图 12.3 展现了涌现出的逻辑。

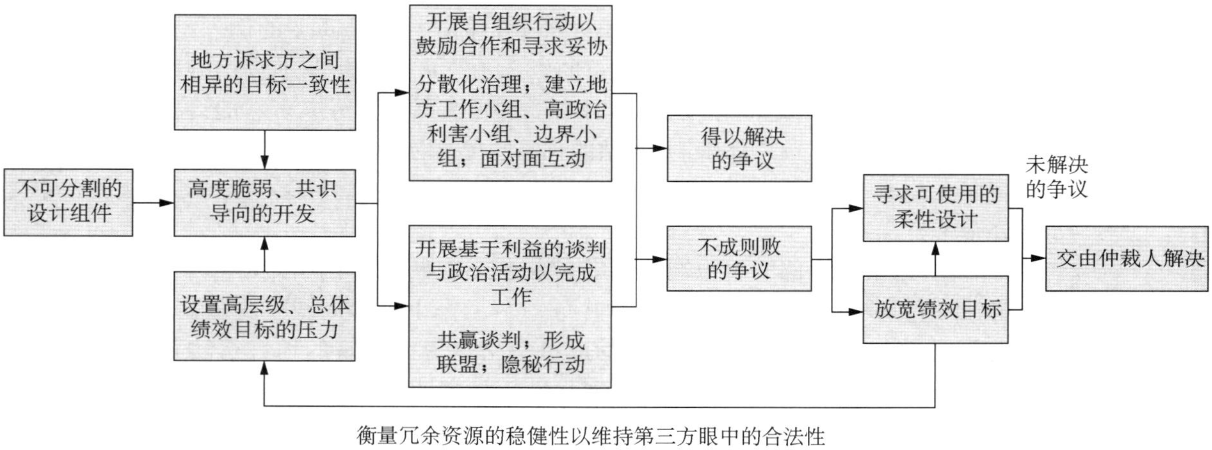


**图 12.3　维系高度脆弱、共识导向的开发**

(3) 放宽绩效目标

重大项目是资本密集型项目，其目标带有争议性且引发了所处环境中行动者的大量反对。其他行动者可能因项目目标而统一，但对于实现目标的最佳方式仍存在分歧。随之而来的项目发起人、反对者和其他参与方之间的争议，使继续实施项目的价值产生了模糊性，并造成了要求的不确定性。为了减弱模糊性，发起人总是在项目规划工作开始时就对绩效目标作出承诺。一名非选举产生的官员说道：

> 他们[政客]喜欢宣布项目……我们的指导方针是，"无论媒体人士说什么……不要被引导着说出一个具体的数字；这么做是愚蠢的，你会给自己埋下隐患"。

分析证实了项目发起人存在乐观偏差的主张(Flyvberg et al., 2003)。正如一位被调查者所言："在早期，人们眼大肚子小"[5]。在工作小组难以达成共识的情况下，发起人驳回了地方行动者放宽绩效目标(成本、时间)的要求。发起人不喜欢绩效目标下滑，因为这有损公平性并可能损害总体目标。然而，放宽绩效目标是解决问题的一个极有用的机制。

水上运动中心就是一个很好的例子，其预算被定为 7 500 万英镑（2004 年价格）——这个数字不足以建成一个标志性场馆。在规划的一年里，预算已经翻了一番并且持续上涨。ODA 单方面降低成本的企图激怒了地方诉求方，他们采用了特殊政治途径来迫使 ODA 不再降低成本。到 2008 年，预算飙升至 2.42 亿英镑（最终价格），随后引起了公众的强烈抗议。

投入更多的资源（钱、时间或二者兼有）放宽了地方解决方案的空间，但对总体目标施加了压力，并影响了该计划在公众眼中的合法性。现在转而分析缓冲物（buffers）①对减轻风险的价值。

（4）总体缓冲物

编制可能导致规划目标超支的可预见事件登记簿是一种既定做法（Cleland et al.，1983）。一旦确定了风险事件的潜在影响，仿真模拟就可以在规划开始时量化最佳情况和最差情况。然后，最高治理机构将面临一个主观判断：他们要么设定乐观的绩效目标以提高计划吸引力，要么设定较保守的目标以确保目标更具确定性。一名被调查者称：

> 这有一个度……如果我们把它[预算]定得太高，我们就根本拿不到这个项目了……所以这里进行着一个博弈，试图找到[英国]财政部能接受的最高预算限制是多少，以及我们究竟能把预算推到多高……这是一个政治决策。

例如，在 T2 案例中，BAA 没有使用大量缓冲物，而是相信公司有能力化解在项目规划和后续交付期间因成本超支和工期延误而引起的公众强烈抵制。而事实上，这两个目标在项目开发生命周期内多次下滑。相比而言，在其他案例中，当选领导人不想让公众看到项目绩效目标多次下滑。London 2012 案例就是一个很好的例子。竞标中的 40 亿英镑[6] 预算（最终价格，不含增值税）完全不足以留下一个可持续的遗产。设计要求中的不确定性只有在 2008 年奥运会结束后才能得到解决，使得这一问题更为复杂。但到了 2006 年中期，公众要求重新确定预算的压力越来越大，内阁决定在 65 亿英镑预算（最终价格，含增值税）的基础上，增加一大笔缓冲资金（27 亿英镑）。一名官员称：

> 财政部说得非常非常清楚……给足预算，不要再来找我们要钱……实际上他们是对的…这样我们就能够做出决策……而不会因为我们没有足够的钱去做我们需要做的事情而畏缩不前。

然而，大量缓冲物并不能彻底消除冲突。发现表明，发起人会仔细检查意外开支的使用，以减轻在项目交付的最后阶段出现冗余耗尽的风险。因此，当发起人不愿让绩效下滑这种情况再度出现时，规划阶段的决策过程仍然受到严格目标的约束。这并不意味着发起人可以成功避免自证预言：London 2012 在交付结束前，耗尽了所有意外开支，Crossrail 也是如此（NAO 2014）。现在我来讨论柔性设计结构的作用。

（5）柔性设计结构

对依赖自愿贡献的资源来实现集体目标的生产共同体而言，模块化的设计结构是其支柱（Baldwin et al.，2011）。然而，模块化的实现需要耗费时间和金钱。开发模块化数字系统也没有大型物理基础设施那么复杂。尽管如此，可以通过投资保障措施，例如冗余，来建立一体化物理资产的柔性。作为柔性的一种有限形式，投资保障措施必然会

① 译者注：即在预算中设置大量备用资金作为缓冲。

引起争议(Gil, 2007; Gil et al., 2011)。尽管如此,分析表明,在放宽了绩效目标以保障一体化设计之后,样本中的许多争议得以解决。

奥运会水上运动中心的案例说明了这一问题。在竞标时提出了一个带有波浪形屋顶的巨大场馆。但是如前所述,随着集体规划的展开,成本预测迅速飙升。因为这种设计理念已赢得了全世界的赞誉,放弃竞标时的承诺将非常不守信。场馆的最低容量有着严格的限制,使得这一问题更为复杂。最后,通过采用带保障措施的设计方案解决了争议,该设计包括建立一个忠于原始美学的小型场馆,并添加临时模块以增加容量,将比赛的座位从 2 500 个增加到 17 500 个。

奥林匹克体育馆的案例则反过来说明了在柔性设计方面谈判的困难。从规划阶段开始,最高治理机构就对遗留下来的体育馆应该举办足球俱乐部还是举办体育赛事存在分歧。将遗留下来的体育馆用作足球场更加可行,但这样会违背了竞标时的承诺。另一方案是多投入 20%的资金进来,建设一个带有可拆除座椅的两用场馆。但是足球迷却并不买账,称其为"万事通(jack-of-all-trades)"。随着时间的流逝,ODA 提出并得到奥运委员会认可的决定是采用严格的设计结构以继续进行项目规划。有异议各方之间的内斗一直持续到 2013 年,最终达成协议,投资 1.31 亿英镑用于增加可拆除座椅[7]。

在其他争议事件中,一个外部当事方参与了问题的解决——这一机制将在下一节进行讨论。

(6) 争议的仲裁和公断

在体育赛事中,裁判是指作为公断人,解决争夺冠军的运动员之间争议的人。在重大项目的规划中,自主行动者也在努力赢得对定义设计决策的争夺。事实表明,嵌套式仲裁结构的存在,能够终结诉求方未能自行解决的新出现的争议。仲裁人可以存在于不同的制度层级。一些公断人存在于项目领域之外,而另一些可以是内部创建的中、下层独立组织。

在 Crossrail 和 $HS_2$ 案例中,英国议会扮演了外部强有力的公断人角色。每一个受到规划实质性影响的行动者,都有权针对发起人的规划决策提出请愿。请愿人的范围从对协商结果不满的个体和企业,到共享高层级目标的资源丰富的行动者。这些行动者都对发起人的最终规划不再抱有幻想,并且相信议会能够帮助他们设法得到更多让步。一名官员说道:

> $HS_2$ 既没有让我们信服我们的观点是错误的,也没有让我们信服他们的观点是正确的……[请愿]使我们有能力纠正我们认为是错误的东西……归根结底是要论证你的想法更好。

在 Heathrow T2 案例中则相反,行业监管机构(更接近开发过程的行动者)扮演了仲裁人的角色。监管机构的存在让双方都感到安心。正如一名 BAA 的被调查者所言,"我们一直在争斗……如果航空公司不喜欢这样,他们可以提出正式争议"。并且事实上,航空公司给监管机构写过好几封信,投诉 BAA 忽视了他们的需求,BAA 对这一主张提出了异议。"我们的工作是咨询,而不是取得共识……我在几乎任何事情上都无法取得共识",BAA 的资本总监说。在低一层级上,BAA 聘请了一位退休董事来扮演仲裁员的角色,该主体裁定,T2 航站楼的设计应允许开放和关闭登机口,BAA 为此支付 400 万英镑的额外成本。

仲裁人的存在既有好处也有不足。仲裁人能够解决协商和谈判过程无法解决的问题。但是,诉诸仲裁人会引发后期协商和知识创造的循环往复,这可能导致目标绩效下滑,进而引发规划过程中需求的很多不确定性。仲裁人的存在也造成了大量立场式谈判。

奥林匹克案例是一个例外，因为该项目没有强有力的外部公断人，这是由于在伦敦赢得竞争后，英国议会就立即匆忙地赋予了发起人规划的权力。为了裁决出现的问题，发起人与失去规划权力的地方政府成立了一个内部委员会。但再高一层级就没有仲裁人了。"当你周围到处都是有权力的人物时……你将无法治理"，一名官员称（Norris et al.，2013）。面临着严格的期限，项目成本预测值随即出现大幅下滑。

综上，一个重大项目创造了一个大型共识导向的集体行动问题，该问题可部分分解为不同的子问题，这些子问题对不同的地方行动者而言是重要的。笔者确定了四种维系开发组织运转的高层机制。目标的下滑有助于寻求地方解决方案。总体缓冲物能够掩饰了绩效的下滑。柔性设计能够化解地方冲突。合起来这些机制能够解决大部分争议。但是为解决争议而可以投入资源的数量和次数是有限的。因此，作为一项保险措施，未解决的问题可以交由仲裁人解决。



## 12.5 讨论

现在回到中心问题：如何维系为规划资本密集型基础设施而形成的高度脆弱的组织。在共识导向的开发中，最高管理者无法单方面选择将哪些决策和任务集中在高层，将哪些下放到较低级别，也不存在有权推翻地方决策的"重量级管理人员"（Clark et al.，1991）。然而，最高管理者也不能充当"橡皮图章式[①]的层级"（Rivkin et al.，2003），因为只有他们才能直接对限制所有地方解决方案寻求的高层资源进行集中控制。

多中心治理通过将地方工作小组的成员限制在发起人和受到地方问题解决方案直接影响的地方行动者范围内，来减弱管理的复杂性。尽管如此，即使是在技术上可分解的基础设施系统中，子问题也仍然是相互依赖的，因为有发起人在规划过程开始时单方面设定的总体绩效目标。由于地方小组出于自身利益的考虑，倾向局部优化（Knudsen et al.，2007），在规划期间放宽地方绩效目标的压力越来越大。这给发起人的最高管理者造成了一个难题：如果发起人坚持其预先设定的绩效目标，就会增加规划期间组织失信和关键资源损失的风险。反之，如果发起人放宽地方目标，就会威胁到项目开发在公众和其他第三方眼中的合法性。

（1）放宽绩效目标与柔性设计

把这两种机制放在一起讨论，因为绩效目标的下滑也是产生柔性设计结构的先决条件。绩效目标的下滑给高度脆弱的项目开发"注入"了对其维系至关重要的"氧气"。如果随着规划的展开，初始目标变得不切实际，并且发起人仍坚持该目标，地方问题将仍然难以解决。在其他情况下，放宽绩效目标是允许风险中立的柔性设计解决方案的先决条件，该解决方案对每个人都有更高的预期收益。

鉴于目标的下滑会损害公共合法性，并加剧了对战略性失实陈述的指控，那么就有理由问，为什么发起人要预先做出严格的承诺。不这样做当然听起来很高尚。但如斯通和布鲁斯（Stone and Brush，1996）所言，当组织在模糊环境下进行规划时，需要满足过早做出承诺的要求，这是建立获取资源所必要合法性的先决条件，没有这些资源，规划就无法继续进行。换言之，预先的承诺（假定它们对于有限理性行动者当时所知而言

① 译者注：橡皮图章（rubber stamp）是一个政治术语，用来描述一个人或者一个组织在法律上被赋予了很大的权力，而实际上知识象征性走程序，不加判断地赞同、批准或处理（文件或政策）而不能真正发挥作用。

是真实的）能够减轻围绕价值主张的模糊性，并有助后续资源获取的过程。一旦获得资源，便会在受这些承诺约束的解决方案空间内，以共识为导向寻求地方解决方案。然而，分析表明，当决策时间很长时，难以预测共识导向讨论的结果，因此风险很高。所以，最初的承诺往往变得过于乐观。

这些见解表明，在为重大项目规划而形成的共识导向领域的背景下，需要对绩效进行更细致的概念化。在现存的生产共同体研究中，逻辑的同质性与模块化减轻了设计偏好方面的竞争。这减弱了组织间的冲突和对合作行为的需求。那么问题就是一个协调工作，而且绩效评估围绕着过程的效率和解决方案的效果而展开。相反，如果共识导向的开发是高度脆弱的，则开发过程势必效率低下，因为寻求地方解决方案将需要很多的迭代和耗时的谈判。讨价还价也会产生赢家和输家，并将因此导致对结果有效性的后续评估模糊不清（Lundrigan et al.，2015）。

如果过程的低效和模糊不清的结果是共识导向项目所特有的，这说明我们不能理所应当地认为这些项目是可持续的。因此，似乎可以公平地接受这样的观点，即当那些同样的目标明显正在造成棘手的子问题时，发起人放宽绩效目标是合理的。将绩效目标下滑合理化，并不能成为发起人在设定初始目标时没有义务努力做得更好的借口。但是，从参与这些共识导向开发并被系统目标统一的行动者角度来看，维系这个组织的能力代表了好的绩效。

因此，这里的创新并不是投入更多的资源以消除组织间的冲突，而是如何解释这种行为。从组织视角来看，如果在以共识为导向寻求设计解决方案期间，初始成本和进度目标的下滑与需求的变化相符，那么这样的下滑就是解决出现争议的合理机制。因此，放宽绩效目标的行动并不表示无能或马基雅维利主义（Machiavellian）①的失实陈述。如果放宽目标是说服资源丰富行动者的必要手段，那么这种行为是由于发起人预先单方面设定目标时的乐观偏差所造成的。这种乐观并不是为了掩盖不诚实。相反，它源于这样一种信念，即利己的行动者为共同的问题找到相互同意的解决方案不会那么困难。在共识导向的集体行动中，这种乐观主义导致在预测集体解决方案寻求结果时容易出错，因为它使预测误差偏向于低估达成共识所需的成本和时间。但是，倘若没有这种同样的乐观偏差，人们甚至不会试图集体解决共同的问题。

至关重要的是，一群利己的行动者能够自我组织以解决共同问题的前提并不普遍。关于集体行动的经典研究呼吁将决策权集中在政府或私人企业手中（Hardin，1968；Olson，1965）。自此，共识导向的集体行动领域的学者们就反驳道，有理由感到乐观（Gray，1989；Ostrom，1990；Beck et al.，2014）。特别是在以共识为导向的基础设施开发领域，吉尔和鲍尔温（2013）表明，如果目标一致性高，即使初始解决方案的空间有限，绩效目标的下滑也不是建立共识的先决条件。在规划重大项目时，低目标一致性会对放宽绩效目标施加更大的压力。但是，对于决策过程中的参与方而言，这些目标下滑是为民主解决组织间冲突而付出的合理代价。发起人的诀窍是不要过度使用这种机制，在第三方看来，这种机制会引发责任认定问题，并有损发起人使用资源的合法性。

共识导向开发的可持续性本身就是绩效的一种测量方式，这一主张与共识导向集体行动的现有文献一致。这些研究将重点放在共享资源的可持续性上，并且作为推论，还强调治理资源的自组织共同体的可持续性（Ostrom，1990）。可持续的共识导向开发产生的最终设计会形成参与行动者乐于共享使用的物理人造物（physical artefact）。因此，在共识导向的开发中，共享资源就是“制定中”的设计决策。如果开发过程是可持续

① 译者注：马基雅维利主义，主张为达到目的可以不择手段，是权术和谋略的代名词。

的，那么这种共享资源也是可持续的。但是，随后这种共享资源的形式将从“制定中”的设计决策演变为独立行动者共享使用的物理人造物。这表明设计生产共同体也是可持续的。但它将演变为一个使用共同体。

（2）总体缓冲物

内置的意外开支是创造组织冗余的缓冲物，闲置资源使组织能够成功地适应内部的调整压力或外部的变化压力（Bourgeois，1981）。然而，冗余资源对组织表现如何影响取决于环境和所关心的绩效变量（Voss et al.，2008）。例如，从效率的视角来看，赛尔特和马奇（Cyert and March，1963）认为冗余会减少政治活动和讨价还价，因为可用资源越多，冲突就越少。但是布儒瓦（Bourgeois，1981）注意到，冗余也可能为自我扩张的管理者创造参与政治和次优行为的机会，进而为自证预言创造机会。

本章对于总体缓冲物是否引发了效率低下尚无定论，因为我们只能推测没有缓冲物的结果。但与以往研究一致的是，由观察到的缓冲物所创造的组织冗余有效地促进了地方问题的解决。确实，很多观察到的组织间争议是通过降低地方绩效目标来解决的。如果管理层没有冗余来化解这些绩效下滑，这样做将更加困难，因此除了放宽公开可见的总体绩效目标之外，他们将别无选择。

重要的是，总体缓冲物创造的冗余并不是维系高度脆弱开发的必要机制。BAA 的案例就是一个很好的例子。这说明私人和公共融资项目之间存在根本区别。与前者相比，后者的绩效目标下滑会吸引更多的公众关注。这促使当选领导及其代理人和公共政策建立更多的冗余资源，以便在总体资源不足以应对共识导向的解决方案寻求结果时，先发制人地处理坏消息。尽管如此，建立冗余、柔性设计和降低绩效目标都是有限度的。这使我们想到了有权解决争议机构的作用。

（3）嵌套式仲裁人的角色

在集体行动文献中，缺乏可负担的冲突解决机构会引发治理的脆弱性（Ostrom，1990）。缺乏独立的仲裁员会增加陷入僵局、权力斗争和政治操纵的风险；但是，解决冲突的替代讨论场所的存在也可能为各方自行解决分歧创造负面条件（Reilly，2001）。因此，仲裁人也会引发效率低下。厘清仲裁人的利弊更加复杂，因为它是谈判中的一个干扰因素来源。

撇开讨价还价的策略不谈，分析表明，在大型共识导向的集体行动领域，重大项目的规划创造了一些不能在合理的时间内简单自行解决的争议。因此，仲裁人是一种实用的机制，让所有持不同意见的组织放心，如果他们无法弥合分歧，也不会陷入僵局。发现表明，存在不同层级的仲裁人，其范围从环境强加的强有力外部公断人，到规划过程参与者任命的有权解决争议的公断人。

对内部仲裁人的需求与奥斯特罗姆（1990）的稳健治理原则（principle of robust governance）一致，该原则认为需要可负担的冲突解决机制。更耐人寻味的是，需要外部公断人以维系这些共识导向领域。这一理念与奥斯特罗姆的论点相悖，奥斯特罗姆认为，如果相信参与者自主治理共享资源的能力，多中心治理结构会更加稳健。

这说明，重大项目的规划创造的共识导向集体行动领域太过脆弱，不能任其自生自灭。问题的症结在于，除非发起人预先对绩效目标作出过早的承诺，否则规划过程无法启动。但是，考虑到共识导向的规划过程一旦开始，会有大量子问题随之而来，正确实现目标的可能性很低。决策的风险很高，因为它们难以逆转并且长期存在。围绕系统目标的一致性可能也较低。结果是，一些规划决策的诉求方要求高价合作，而且绝不会放弃争取、直接妥协。因此，假定所有地方问题都能达成共识是不现实的。当目标一致性较低，并且问题与环境相互依存时，诉诸外部仲裁人能够认识到自主治理的局限性。

## 12.6 结论

本章涉及是一个有关重大项目的难题。当绩效目标在规划过程中出现下滑(这似乎是意料之中的事情)时,这些项目是否绩效不佳呢?为阐明这一问题,笔者认为,重大项目的规划创造了一个高度脆弱、共识导向的行动者网络。该行动者网络的任务是开发一次性基础设施系统。网络成员是将来共同使用基础设施的资源丰富的自主行动者。这些成员希望用他们的资源承诺来换取对规划决策的影响力。

研究表明,大型基础设施总是可以分解为一个由功能组件构成的系统,每个功能组件都与不同的地方行动者群体相关。这种高层可分解性使得可以创建多个决策小组,来解决不同的地方子问题。尽管治理结构表现出一定程度的多中心性,但地方子问题仍然是相互依赖的。首先,它们在财务上是相互依赖的,因为总体绩效目标限制着解决方案的空间;其次,许多技术决策是相互依赖的,因为这些组件很难分解成具有清晰、标准接口的独立模块。资源稀缺、问题可分解性低和共识导向决策的混合产生了一个棘手的问题。

因此,根据规划开始时设定的目标来评估重大项目的绩效过于苛刻。这种做法忽略了一点,即初始规划只是建立在对有限理性行动者当时所知真实的假设之上,并且在理性范围内是乐观的,仅仅是为了让项目继续进行。但是,这些初始绩效目标无法为共识导向的解决方案寻求结果提供准确的预测。如果初始绩效目标过于严格,则规划过程就不会民主。矛盾的是,绩效目标的过度下滑会造成项目开发成为政治皮球,并有被公众舆论谴责的风险。因此,不能理所当然地认为任何大型基础设施的开发规划都具有可持续性,实际上,许多项目在多年的规划工作后就夭折了。

这种见解有助于推动有关重大项目绩效的进一步讨论。这说明,当绩效目标下滑与共识导向集体寻求的结果相符时,将绩效目标下滑与绩效不佳联系起来可能是不公平的。这种见解在公共融资项目的背景下尤为重要,在这些项目中,当选的领导人、代理人和政策倾向于设立非常巨额的意外开支储备。由意外开支建立的组织冗余可以有效地减轻冲突,但会造成效率低下、次优行为和自证预言的风险。预先设立的巨额意外开支也将解决出现争议的责任转移到了一方:发起人。对绩效目标下滑如何产生的共同理解,可能有助于创造一个可以共同分担绩效下滑责任的制度环境。这样一来,就可以缩减用于减轻下降风险的内置意外开支。

对本章发现的可推广性最重要的限制是案例所处的环境。英国的环境提供了严格的规划法律制度,旨在保护产权,并且英国的政治和法律制度也给予当选领导人关注地方利益的激励。即使是仿效英国法律和政治制度的社会也不会具备相同的制度和具体举措。因此,可以预期在规划大型基础设施系统的组织形式上会有差异。

本章表明,为了维系高度脆弱的共识导向开发,管理层需要知道何时通过放宽规则、建立冗余和柔性,或者将问题交由仲裁人,来解决不成则败的问题。在这些协调机制之间取得适当的平衡,对于维护内部民主决策过程和第三方眼中的合法性来说是必要的,而这两方面也是在模糊环境中维系脆弱开发的两个先决条件。

## 致谢

感谢为本章作出贡献的所有被调查者所付出的时间和知识。特别感谢 Constructing Excellence 的首席执行官唐·沃德(Don Ward)帮助我接触到了奥运交付局和 Crossrail 的高层管理者，还感谢卡利斯·鲍德温（Carliss Baldwin）、安德鲁·戴维斯（Andrew Davies）、傅以斌（Bent Flyvbjerg）、雷·莱维特（Ray Levitt）、彼得·洛夫（Peter Love）、艾伦·佩恩（Alan Penn）、2015 年 Engineering Project Organization Conference 的与会者和提交给 2015 年美国管理学会年会草稿的审稿人所做的富有洞见的讨论和评论。对于任何错误、遗漏和不准确之处，笔者自负全责。

## 注释

1. 例如，在英国，大选之间的间隔不能超过五年，并且受监管的垄断企业往往根据每五年制定一个新资本计划的义务来运作。
2. 2012 年，BAA 更名为 Heathrow Ltd，但是为简单起见，我在这里沿用了 BAA 这一名称。
3. 采用哈佛式教学案例展示的方式制作了四篇详细的事实叙述，每个焦点案例一篇，并传阅以征求意见。
4. 英国内阁是英国政府的集体决策机构，由首相和领导政府各部门的最高级别部长组成。
5. 瓦克斯（Wachs, 1989）和后来的傅以斌等人（2003）进而主张发起人"撒谎"或"战略性失实陈述"。这种主张很难驳斥，因为它符合一般的观念，但支持这一论点的证据却是肤浅的。一名被调查者称："如果你不乐观，就不会从事这种工作……但是在 40 年的工作中，我想不到任何一起有人故意篡改数字的事件。"
6. 这个数字包括 9.71 亿英镑的场馆费用，8 900 万英镑的改建成本，6.4 亿英镑的奥运基础设施费用，10.4 亿英镑的非奥运基础设施费用，7 亿英镑地方交通项目费用和 1 500 万英镑的投标成本。其中不包含 7.66 亿英镑的土地费用。
7. 到 2016 年 10 月，因为承包商在安装覆盖田径跑道的屋顶和可拆除座椅时遇到了困难，体育馆的改建成本已经上升到了 3.23 亿英镑。

## 参考文献

Altshuler, A. A. and Luberoff, D. (2003). *Mega-Projects: The Changing Politics of Urban Public Investment*. Cambridge, MA: Brookings Institution Press.

Baldwin, C. Y. and Clark, K. B. (2000). *Design Rules: The Power of Modularity*, vol. I. Cambridge, MA: MIT Press.

Baldwin, C. and von Hippel, E. (2011). "Modeling a paradigm shift: From producer innovation to user and open collaborative innovation," *Organization Science*, 22(6): 1399-417.

Beck, T. E. and Plowman, D. A. (2014). "Temporary, Emergent Interorganizational Collaboration in Unexpected Circunstamces: A Study of the Columbia Space Shuttle Response Effort," *Organization Science*, 25(4): 1234-52.

Biernacki, P. and Waldorf, D. (1981). "Snowball sampling: Problems and techniques of chain referral sampling," *Sociological Methods and Research*, 10: 141-63.

Bourgeois III, L. J. (1981). "On the measurement of organizational slack," *Academy of Management Review*, 6(1): 29-39.

Brusoni S., Prencipe A. and Pavitt K. (2001). "Knowledge specialization, organizational coupling, and the boundaries of the firm: Why do firms know more than they make?" *Administrative Science Quarterly*, 46(4): 597-621.

Clark, K. B. and Fujimoto, T. (1991). *Product Development Performance*. Boston, MA: Harvard Business School.

Cleland, D. I. and King, W. R. (1983). *Systems Analysis and Project Management*, 3rd edn. New York, NY: McGraw-Hill.

Cyert, M. D. and March, J. G. (1963). *A Behavioral Theory of the Firm*. Englewood Cliffs, NJ: Prentice-Hall.

Denis, J., Dompierre, G., Langley, A. and Rouleau, L. (2011). "Escalating Indecision: Between Reification and Strategic Ambiguity," *Organization Science*, 22(1): 225-244.

Eisenhardt, K. M. (1989). "Building theories from case study research," *Academy of Management Review*, 14(4): 532-50.

Eisenhardt K. and Graebner M. (2007). "Theory building from cases: Opportunities and challenges," *Academy Management Journal*, 50(1): 25-32.

Flyvbjerg, B., Bruzelius, N. and Rothengatter, W. (2003). *Megaprojects and Risk: An Anatomy of Ambition*. Cambridge: Cambridge University Press.

Gersick, C. J. (1994). "Pacing strategic change: The case of a new venture," *Academy of Management Journal*, 37(1): 9-45.

Gil, N. (2007). "On the value of project safeguards: Embedding real options in complex products and systems," *Research Policy*, 36(7): 980-99.

Gil, N. and Tether, B. (2011). "Project risk management and design flexibility: Analysing a case and conditions of complementarity," *Research Policy*, 40: 415-28.

Gil, N. and Baldwin, C. (2013). "Sharing design rights: A commons approach for developing infrastructure," Harvard Business School working paper, 14-025, January.

Gray B. (1989). "Conditions facilitating interorganizational collaboration," *Human Relations*, 38(10): 911-36.

Hall, P. (1982). *Great Planning Disasters*. Berkeley, CA. University of California Press.

Hardin, G. (1968). "The Tragedy of the Commons," *Science*, 162(3859): 1243-1248.

Jick, T. D. (1979). "Mixing qualitative and quantitative methods: Triangulation in action, *Administrative Science Quarterly*, 24(4): 602-11.

Ketokivi, M. and Mantere, S. (2010). "Two strategies for inductive reasoning in organizational research," *Academy of Management Review*, 35: 315-33.

Knudsen, T. and Levinthal, D. A. (2007). "Two faces of search: Alternative generation and alternative evaluation," *Organization Science*, 18(1): 39-54.

Langley, A. (1999). "Strategies for theorizing from process data," *Academy of Management Review*, 24: 691-710.

Lincoln, Y. S. and Guba, E. G. (1985). "But is it rigorous? Trustworthiness and authenticity in naturalistic evaluation," in D. D. Williams (ed.), *Naturalistic Evaluation*. San Francisco, CA: Jossey-Bass.

Lundrigan, C., Gil, N. and Puranam, P. (2015). "The (under) performance of mega-projects: A meta-organizational approach," *Proceedings of the 75th Academy of Management Conference, Vancouver*.

March, J. G. and Simon, H. A. (1958). *Organizations*. New York, NY: Wiley.

March, J. G. and Sutton, R. I. (1997). "Crossroads-organizational performance as a dependent variable." *Organization Science*, 8(6): 698-706.

Merrow, E. W., McDonwell, L. M. and Arguden, R. Y. (1988). *Understanding the Outcome of Megaprojects*. Santa Monica, CA: Rand Corporation.

Miles, M. B. and Huberman, A. M. (1994). *Qualitative Data Analysis: An Expanded Sourcebook*, 2nd edn. Thousand Oaks, CA: Sage.

Miller, R. and Lessard, D. (2000). *The Strategic Management of Large Engineering Projects*. Cambridge, MA: MIT Press.

Morris, P. W. (1994). *The Management of Projects*. London: Thomas Telford.

National Audit Office (2014). *Crossrail: Report by the Comptroller and Auditor General*.

*Department for Transport*, 24 January. National Audit Office.

Norris, E., Rutler, J. and Medland, J. (2013). *Making the Games. What Government can Learn from London 2012*. London: Institute for Government.

O'Mahony, S. and Ferraro, F. (2007). "The emergence of governance in an open source community," *Academy of Management Journal*, 50: 1079-1106.

O'Mahony, S. and Bechky, B. A. (2008). "Boundary organizations: Enabling collaboration among unexpected allies," *Administrative Science Quarterly*, 53(3): 422-59.

Olson, M. (1971) [1965]. *The Logic of Collective Action: Public Goods and the Theory of Groups* (Revised ed.). Cambridge: Harvard University Press.

Ostrom, E. (1990). *Governing the Commons: The Evolution of Institutions for Collective Action*. Cambridge: Cambridge University Press.

Ouchi, W. (1980). "Markets, bureaucracies, and clans," *Administrative Science Quarterly*, 25: 125-41.

Ostrom, E. (2005). *Understanding Institutional Diversity*. Princeton, NJ: Princeton University Press.

Pfeffer J. and Salancik, G. R. (1978). *The External Control of Organizations*. New York, NY: Harper & Row.

Reilly, T. (2001). "Collaboration in action: An uncertain process." *Administration in Social Work*, 25(1): 53-73.

Ring, P. S. and Van de Ven, A. H. (1992). "Structuring cooperative relationships between organizations," *Strategic Management Journal*, 13(7): 483-98.

Ross, J. and Staw, B. M. (1986). "Expo 86: An escalation prototype," *Administrative Science Quarterly*, 31(2): 274-97.

Rothschild, J. and Russell, R. (1986). "Alternatives to bureaucracy: Democratic participation in the economy," in J. F. Short (ed.), *Annual Review of Sociology*, vol. 12. Palo Alto, CA: 307-28.

Rittel, H. W. J. and Webber, M. (1973). "Dilemmas in a general theory of planning," *Policy Sciences*, 4: 155-69.

Rivkin, J. W. and Siggelkow, N. (2003). "Balancing search and stability: Interdependencies among elements of organizational design." *Management Science*, 49(3): 290-311.

Shapiro, A. and Lorenz, C. (2000). "Large-scale projects as complex systems: Managing scope creep," *The Systems Thinker*, 11(1): 1-5.

Siggelkow, N. (2007). "Persuasion with case studies," *Academy of Management Journal*, 50(1): 20-4.

Steward, D. (1981). "The design structure matrix: A method for man-aging the design of complex systems," *IEEE Transactions on Engineering Management*, 28(3): 71-4.

Stinchcombe, A. L. and Heimer, C. A. (1985). *Organization Theory and Project Management: Administering Uncertainty in Norwegian Offshore Oil*. London: Scandinavian University Press.

Stone, M. M. and Brush, C. G. (1996). "Planning in ambiguous contexts: The dilemma of meeting needs for commitment and demands for legitimacy," *Strategic Management Journal*, 17(8): 633-52.

Strauss, A. and Corbin, J. M. (1990). *Basics of Qualitative Research: Grounded Theory Procedures and Techniques*. Thousand Oaks, CA: Sage.

Szyliowicz, J. S. and Goetz, A. R. (1995). "Getting realistic about megaproject planning: The case of the new Denver International Airport," *Policy Sciences*, 28(4): 347-67.

Thomson, A. M. and Perry, J. L. (2006). "Collaboration processes: Inside the black box," *Public Administration Review*, 66(S1): 20-32.

Tuertscher, P., Garud, R. and Kumaraswamy, A. (2014). "Justification and interlaced knowledge at ATLAS, CERN," *Organization Science*, 25(6): 1579-1608.

Tushman, M. (1977). "Special boundary roles in the innovation process," *Administrative Science Quarterly*, 22: 587-605.

Van de Ven, A. H. (1976). "On the nature, formation, and maintenance of relations among organizations," *Academy Management Review*, 1(4): 24-36.

Voss, G. B., Sirdeshmukh, D. and Voss, Z. G. (2008). "The effects of slack resources and environmental threat on product exploration and exploitation," *Academy of Management Journal*, 51(1): 147-64.

Wachs, M. (1989). "When planners lie with numbers," *Journal of the American Planning Association*, 55(4): 476-79.

Yin, R. K. (1984). *Case Study Research: Design and Methods* (3rd edn. 2003). *Applied Social Research Methods Series*, vol. 5. California: Sage Publications, Inc.

# 13 理解新兴经济体中重大活动的驱动因素

罗伯特·巴德　维克多·马蒂森



## 13.1 引言

根据一些报告估计，重大体育活动(megasports event)对经济的影响很大，甚至是巨大的。圣保罗大学和安永会计师事务所(Ernst & Young)的研究推测，巴西2014年6月/7月世界杯足球赛和2016年夏季奥运会对经济的影响可能共计1 000亿美元，并能创造12万个新工作岗位(Ernst & Young Terco 2011)。但是，据报道，2013年6月，巴西街头聚集了数百万人，这些人并不是为那些精心策划了该国体育促进经济意外收益事件的政府专家们授予圣徒荣誉的庆祝人群，而是抗议人群，抗议将举办这些标志性活动的象征意义作为国家优先事项(Lundy，2013)。如何调和这些极端对立立场？为什么这个世界第七大经济体的国民会强烈甚至有时激烈地抗议GDP 4.5%的增长(World Bank 2014)及失业人数10.62%的降低(Trading Economics 2014)[1]。

举办重大体育活动是否明智越来越受到质疑，尤其是针对新兴经济体。独立学者分析了标志性活动的经济学，他们几乎一致认为，巴西示威者的焦虑主要有两个原因：首先，重大体育赛事未能带来活动组织者、推动者和授予活动的人所承诺的经济繁荣；其次，收益和成本分配不均。

重大活动的学术研究成果和最近的实际收益情况也让人们产生了疑惑。最近，一名记者提出了一个简单的问题让这个疑惑的轮廓更加清晰："如果举办重大活动对经济没有任何积极的正向影响，那么为什么城市和国家仍然激烈地争夺其举办权呢?"这样的现实问题确实让学者们措手不及。许多独立学术研究可能没有关注最本质的问题，所以发展中国家应该谨慎地决定是否参与举办权的竞争。本章的目的是研究促使新兴经济体成为举办国的动机，并分析这些动机和与之相关的结果能证明举办是否是值得的。

关于是否举办的争论主要与举办方的经济效益有关。其根本问题是：发展中国家举办重大体育活动的成本和收益是否合理？如果有关举办的成本效益和风险回报的现存资料能够证明这样做是不值得的，那么重要的则是解决这样一个问题：可以采取什么措施提高发展中经济体越来越频繁、积极追求举办重大活动的经济效益？此外，那些受益人承担的成本与获得的利益往往不成比例。独立学术研究开始公开回应其中涉及的明显的公共财政问题，其中支持者利用权威的"科学"研究提出，归根结底重大体育活动给公众带来的收益远远超过了成本，因此有理由在财政和道义上支持举办这些活动。

历史上，新兴国家举办世界杯的次数比夏季和/或冬季奥运会要多。表13.1显示，在1930年至1966年期间，发达国家和新兴国家分别举办了5届和3届世界杯。从历史上看，国际足联在拉丁美洲和欧洲的足球强国之间轮流举办世界杯。如果将俄罗斯和其他“金砖四国”（巴西、俄罗斯、印度和中国）归为新兴经济体，那么从1970年到2022年，世界杯举办权在发达国家和新兴国家之间是平均分配的。同样，如果将俄罗斯归为新兴经济体，那么过去四届世界杯的举办权都授予了发展中国家。目前的趋势似乎是新兴经济体更频繁地举办世界杯。这在一定程度上可以解释为，国际足联更希望将比赛扩展到那些通常没有像欧洲和拉丁美洲这项运动的传统温床那样接受这项运动的地区。

**表 13.1　1930 年以来世界杯的举办城市**

| 世界杯/举办年份 | 举办国 | 发达国家(D)或新兴国家(E) |
|---|---|---|
| 1930 | 乌拉圭 | E |
| 1934 | 意大利 | D |
| 1938 | 法国 | D |
| 1950 | 巴西 | E |
| 1954 | 瑞士 | D |
| 1958 | 瑞典 | D |
| 1962 | 智利 | E |
| 1966 | 英国 | D |
| 1970 | 墨西哥 | E |
| 1974 | 西德 | D |
| 1978 | 阿根廷 | E |
| 1982 | 西班牙 | D |
| 1986 | 墨西哥 | E |
| 1990 | 意大利 | D |
| 1994 | 美国 | D |
| 1998 | 法国 | D |
| 2002 | 韩国 | D |
| 2006 | 德国 | D |
| 2010 | 南非 | E |
| 2014 | 巴西 | E |
| 2018 | 俄罗斯 | E |
| 2022 | 卡塔尔 | E |

资料来源：“国际足联世界杯和奥运会举办国”，2015年。
WorldFactsInc，https://sites.google.com/site/worldfactsinc/FIFA-World-Cup—Olympic-Games-Host-Nations。

新兴国家举办夏季奥运会的频率也呈现类似的趋势，即随着时间的推移而增加。具体来说，从1928年到1964年，夏季奥运会完全由发达国家举办。从1968年至今，发达国家和新兴国家分别举办了12届和4届。发展中国家举办冬季奥运会的比例也有类似的增长但幅度较小。发达国家从1928年到1964年一直是冬奥会的独家举办方。从1968年到现在，如果俄罗斯（索契，俄罗斯，2014年）和原南斯拉夫（萨拉热窝，南斯拉夫,1984 年)被归为新兴经济体,那么发达国家与新兴国家的比例为 12∶2。

对发展中国家来说,奥运会的申办也变得更加普遍。从 1896 年到 1996 年,82%的夏季奥运会申办者来自工业化国家,10%来自发展中国家,另外的 8%来自东欧或原苏联加盟国。但从 2000 年到 2016 年,只有不到一半的申办来自工业化国家。在冬奥会的举办方面,1924 年至 1998 年间,93%的申办来自工业化国家,而 2002 年至 2024 年间只有 57%的申办城市来自这些国家。

## 13.2 新兴经济体举办重大体育活动的驱动因素

超越商业体育领域的全球发展确实在很大程度上解释了发达国家和新兴国家举办标志性活动的动机。本章这一部分的叙述确定了普遍的驱动因素,并对这些驱动因素展开了具体的讨论。从最广泛的角度来说,潜在的举办国/举办城市的设想是,通过举办可以促进国家团结,并更加清晰地展现国家的个性和/或文化(Varrel et al., 2011)。其次,国家和城市都希望通过举办重大体育活动而促进本国的经济增长。考虑到全球经济的结构性发展,这一特殊的动机已变得更加紧迫。本节的其余部分将确定和讨论一些更重要的变化。

第一,全球经济已变得更加开放。第二次世界大战后,世界范围内的经济竞争愈演愈烈,并在 20 世纪 70 年代不断加速。1971 年,美国单方面废除布雷顿森林国际货币体系的黄金可兑换性,随后采用了浮动汇率制度,这一做法促进了全球商品、服务和资产的贸易增长。但从另一个方面来说,国际竞争的加剧也导致了经济的不稳定,2008 年的全球金融危机就是一个例子。2015 年夏末,石油和其他商品价格暴跌及货币汇率不稳定(尤其是在新兴经济体)也是范例之一。为居民尤其是城市居民提供就业机会的需求一直都很重要,这在经济日益不稳定的世界里变得更加关键。社会秩序和政治可持续性似乎也因恐怖主义的影响变得更加紧迫,恐怖主义主要是由于政府无力为其公民提供经济机会和分配社会公平而导致。

第二,城市人口一直在以惊人的速度增长。1975 年,62.1%的世界人口生活在农村地区;到 2000 年,这一比例下降到 53%("Urban Areas", 2002)。据估计,到 2050 年,66%的世界人口将生活在城市地区(United Nations, 2014)。城市人口的增长大多发生在发展中国家,新兴国家每月有 500 万名新增居民被城市吸纳,占全球城市人口增长的 95%("Urban Areas", 2002)。居民向特大城市的迁移给这些经济体和社会机构带来了压力,各国政府未能跟上许多必需品供应的脚步。诸如工作、交通、安全、教育、饮用水、污水处理和垃圾处理等基本需求的提供已经乏力。各州、省和联邦政府一直无法弥补大城市基础设施融资所需的资金缺口。事实上,一些国家的联邦和州政府在城市最需要资金时削减了收入分成。出现这种情况的原因是各级政府都在经历财政压力。

金融剪刀差危机(financial scissor crisis)使得国家和城市的收入和成本都有所削减,这迫使它们采取更具创业精神的战略来应对其财政困境[2]。重大活动有能力团结不同的、往往是对立的政治联盟并加快活动的构思和完成的步伐。再加上发达国家和发展中国家均希望从重大活动的研究中获得的意外收益,举办重大活动已经被证明对许多城市来说诱惑力太大且难以抗拒。对组建运动队、吸引政治会议、建造博物馆、水族馆和音乐会场馆的重视,是政府,特别是发达国家的政府,为振兴或维持城市经济而采取的更广泛的大都市和企业家战略。新兴经济体的市政府虽然无法提供同等水平的消费品，但他们似乎是在试图模仿1984年洛杉矶夏季奥运会的成功，那届奥运会的利润以1984年的美元计算约为2.25亿美元（Los Angeles Olympic Organizing Committee, 1984）。

举办重大活动逐渐被视为是促进城市旅游业发展的一种方式。旅游业的另一个优势是作为清洁产业可以极大地推动城市经济发展。巴塞罗那在1992年因举办夏季奥运会变成了旅游胜地也为这一提议提供了支持。

第三，旅游业发展迅速。1950年游客人数不足2 000万，但到2008年已达到9.22亿，到2020年达到16亿（“The Global Growth of Tourism”, 2014）。欧洲和美国一直是最常见的旅游目的地。但如今世界各地，包括非洲、中东和亚洲的旅游业也有了惊人的增长。由于旅游技术的进步，带薪休假权利的存在，可支配收入、旅游的可行性、旅游类型及媒体宣传的增加，这一趋势可能会持续下去（“The Global Growth of Tourism”, 2014）。许多国家认为并强调旅游业对促进经济增长和创造就业机会至关重要。恐怖主义的威胁（特别是在中东），有力地证明了旅游业（对经济增长）的重要性，因为恐怖分子试图通过破坏突尼斯和埃及等国的旅游业来破坏它们的经济。旅游业的发展趋势表明，任何国家都可能成为潜在游客的旅游地，但同时也意味着游客有更多的选择，不愿意去那些存在重大安全风险的国家。重大体育活动可以为潜在利润丰厚的旅游业提供一个切入点。

第四，重大体育活动已经成为一个重要的甚至是最重要和最知名的全球品牌，并且被“拥有”和“租用”这些品牌的人们积极地推广给国际观众。一个国家愿意为获得占据全球中心舞台两周或更长的时间而慷慨地买单。

重大活动的营销因历史上两个截然不同但密切相关的发展事态而快速发展：1956年在澳大利亚墨尔本[3]，奥运会电视转播权得以首次出售。从1984年洛杉矶夏季奥运会开始，公司赞助完全成为重大活动融资模式的重要组成部分。国际奥委会已故领导人胡安·安东尼奥·萨马兰奇（Juan Antonio Samaranch）在2001年指出了电视转播的重要性。萨马兰奇表示：“我们需要观看奥运会的观众，但国际奥委会并不强制建造能够容纳10万座位的体育馆，因为奥运会主要通过电视转播。”（Barney et al, 2004）事实证明，电视观众的规模对发达国家和发展中国家争夺举办权具有巨大的诱惑力。

企业赞助商参与赞助重大体育活动是为了推广产品。广告对于提高产品的知名度至关重要。一直以来，奥运会和世界杯的转播为赞助商提供了最大的潜在市场。2012年伦敦奥运会创下了美国观众收看奥运会的最高电视纪录，2.194亿观众收看了比赛，打破了2008年北京奥运会创下的2.15亿美国观众的记录（“London Olympics 2012 Ratings”, 2012）。夏季奥运会的全球观众约为32亿人。没有其他赛事有如此多的观众，但国际足联的世界杯决赛通常是单项赛事中观众人数最多的。2010年西班牙对荷兰的冠军赛观众达9.09亿人。

在过去的几十年中，媒体与重大体育活动形成了一种共生关系。体育与媒体在各国的融合已经成为大多数国家商业体育产业共同的发展趋势。人们利用体育活动来出售报纸、啤酒、卡车、性功能障碍药物和电视机。一个世纪以来，商业体育与媒体之间的关系日益密切，可以说，广告在某种程度上减少了媒体对抗议活动的报道及媒体通过其他方式批评举办国的做法。如果媒体能够从举办重大活动中获得经济利益，那么媒体可能不愿意客观地报道举办重大活动的经济效益，这会让人感到惊讶吗？但也有因举办奥运会而引发民众动乱，比如巴西因为举办2014年世界杯和2016年夏季奥运会而引发的骚乱。但总的来说，公众对举办奥运会的批评要么报道不足，要么被媒体完全忽视了。

企业模式及其对广播的重视也导致了《奥林匹克宪章》在几个重要方面有所改动。其中比较值得注意的一个例子是：1986 年修订的宪章允许职业运动员参加奥运会。此举在一定程度上是为了重振此前一直萎靡不振的美国广播市场。重大活动的资助者从政府变成公司赞助商，已经不可避免地改变了举办这些活动的意义。新兴经济体通过其领导人与体育名人亲密接触及与企业赞助商建立更亲密的关系，可以在许多方面受益，这可能会带来更多的外国投资和其他经济利益。

电视使得活动地点已经不如依靠现场观众推动收入增长时那么重要。现代奥运会及其企业赞助商的目标是尽可能多地吸引电视观众。重大活动的举办地点不再局限于发达的西方世界。“金砖国家”凭借其庞大的市场(2009 年，“金砖国家”有 27.8 亿人口，占全球 GDP 的 15％)成为新兴经济体的先锋，它们越来越多地要求平等地进入全球舞台中心，从而获得社会力量和经济机会。“金砖国家”深知举办重大体育活动的象征意义，已经或即将举办最近三届世界杯，2008 年至 2016 年三届夏季奥运会中的两届，以及 2014 年冬季奥运会。国际奥委会和国际足联的利益与“金砖国家”的利益紧密地契合在一起。“金砖国家”利用标志性体育活动来实现国家品牌和社会发展等非体育目标；国际奥委会和国际足联希望将其品牌带到世界上人口最多的国家。

举办(重大体育活动)的最后一个驱动因素，很可能与举办国在活动期间在全球舞台上表现出色的可能性有关。如果因为广泛的市场营销原因，举办这样的活动被证明对各个国家来说太诱人而无法拒绝，那么在世界杯或奥运会期间的出色表现使商业前景变得更加明朗。自 1930 年以来举办的 20 届世界杯，举办国五次夺冠，两次排名第二。25％～35％的成功率使举办重大体育活动更具吸引力。

可以说，举办重大体育活动在很大程度上是由经济意外收益的承诺所推动的。虽然一个社会中的某些群体显然会比其他群体受益更多，但如果能够证明一个城市或国家可以通过举办活动总体上变得更好，即使一些选区由于活动受到利益损害，也会使不相称的利益分享变得更加可以容忍。当然，总存在这样的可能性，无论可能性多么渺茫，经济增长带来的水涨船高的影响可以让每个人都过得更好。

## 13.3　关于举办重大体育活动的文献回顾

经济学家假定经济行动者是理性的。理性意味着只有当经济收益超过经济成本时，才会采取行动。如果举办一个重大体育活动的收益超过了成本(成本包含显性成本和机会/隐性成本)，那么举办这个活动就是合理的。利用公共资金举办活动的试金石不是简单的从活动中获得积极的财务回报，而是积极的经济收益。换句话说，这项活动必须在所有可能的公共资金用途中提供最高的回报。由于公共资金似乎日益短缺，因此有必要确保这些资金得到最佳利用，所以关于举办重大体育活动的争议愈演愈烈。在关于使用公共资金举办标志性活动的辩论中，第二个基本的公共财政问题与那些从举办活动中获益的人是否承担了与所获收益成比例的成本有关。托马斯・皮凯蒂(Thomas Piketty)的《二十一世纪的资本》(*Capital in the Twenty-First Century*)一书使人们更加关注全球财富和收入分配的日益偏斜现象。这种日益加剧的不平等加深了人们对那些需要大量公共资金却没有为纳税公众带来实质性明显好处的项目的怀疑。

历史上关于举办重大体育活动效能的文献研究更多地关注举办的合理性问题。由于新兴经济体表现出更大的举办意愿，因此这一重点可能有所转变。与工业化国家相比，新兴经济国家似乎更需要谨慎地使用公共资金，因为发展中国家的基本需求往往得不到满足。不过可以肯定地说，如果举办重大体育活动没有经济回报，那么收益和成本的不公平分配似乎是确定无疑的。此外，可以公平地说，关于经济回报率大于零的辩论中，在忽略或低估了重要成本的情况下产生了一些创造性的、令人怀疑的利益表述。所有这些问题构成了关于举办谨慎性的学术批评要点。

与其详细地回顾所有未能发现从举办活动中获得积极经济回报的主要学术研究，不如简单概括为：学者们似乎一致认为，举办活动带来的收益通常不够可观（或成本太高），无法确保经济回报。这一观点至少在某种程度上是基于以下观念：除体育设施外，任何基础设施的建造都是为了容纳一个标志性活动，即使没有因为活动的特殊需要而建造体育基础设施的巨大和浪费性支出，这些基础设施也可以被创造出来。从经济角度来论证，举办重大活动需要有独特的好处。

在对相关文献的回顾中发现，经济学家撰写的一篇文章中提出了这样的主张，尽管其中包含一些值得注意的事项：两位作者提出了一个举办重大活动的结果，如果该结果属实，就会使举办或申请举办重大活动成为一种看似合理的行为（Rose et al.，2011）。罗斯（Rose）和施皮格尔（Spiegel）发现，举办重大活动与 30％的持续出口增长相关。如果奥运会或世界杯导致了如此大规模的出口增长，可以说，任何一个国家，即使该国的出口行业规模适中，不举办重大体育活动都是愚蠢的。罗斯和施皮格尔指出了两个需要关注的重要注意事项：首先，举办重大活动并不会使出口明显增长，奥运会和世界杯更像是举办国经济开放程度不断提高的信号。其次，“竞相举办”是一个足够强烈的足以导致同样结果的信号，因为它涉及该国出口行业的扩大。潜在的举办城市或申请城市在没有承担举办涉及的全部费用和风险的情况下，将获得相同或类似的经济效益。这似乎表明，关键的不是举办，而是愿意推行一个更自由的贸易议程，以促进出口的增加和经济的扩张。实际上，马恩尼格和里克特（Maennig and Richter，2012）通过对这一主题的进一步研究发现，当人们将申办国与通过适当匹配方法匹配的其他相似非申办国进行比较时，所谓的“奥林匹克效应”就会消失。

申请举办权的其他可能的动机包括灌输一种民族自豪感或鼓励一个国家对自己“感觉良好”。一些分析人士认为，这种让人感觉良好的效果与犯罪率的降低和体育活动水平的提高有关，这反过来又会改善国民的健康。健康和幸福是难以衡量的，但是存在定性影响的价值可能被“量化”，以确保举办重大体育活动是一种理性行为的危险。

再次值得注意的是，“金砖国家”代表了最倾向成为举办国的新兴经济体。在这一组国家中，似乎确实就在全球事务上拥有更大的发言权这一战略达成了一致。举办重大活动似乎是这一战略的一个重要组成部分。全球似乎越来越多地沿着区域路线组织起来，举办重大体育活动很可能体现了一种超国家或区域性的认同感。不过，将“金砖国家”视为一个单一实体是不准确的。这四个国家都面临各自特有的问题，应对各自的问题很可能胜过追求共同的利益。但是共同的区域利益确实起到了凝聚力量的作用，并在对抗世界其他地区方面提供了更大的影响力。南非 2010 年世界杯常被称为“非洲世界杯”，当时非洲领导人在活动开始前齐聚一堂，共同进行宣传和规划。

## 13.4 新兴经济体对举办重大体育活动的经济预期和实际效果

本节着重比较举办重大体育活动的预期经济成果和实际成果。所分析的具体新兴经济体经验是 2010 年南非世界杯、2010 年印度英联邦运动会和 2014 年巴西世界杯。南非被称为“下一个 11 国”之一，这 11 个国家被认为是继“金砖四国”之后最重要的新兴经济体。因此，这三个国家组成的样本很好地代表了新兴经济体对举办的期望结果与实际结果的比较结果。

举办重大活动最重要的驱动因素可以说是预期的意外经济收益，这种收益可以定义为短期或长期收益。国家品牌的概念具有明确的长期商业影响。品牌是对一个国家是什么和能够做什么的认知，这涉及为扩大商业、政治和社会互动建立基础。一个国家如果证明自己善于组织和执行所有必要的任务以成功地举办一个有众多挑战的重大体育活动，那么在未来的互动中，它更有可能被视为是一个值得信赖的、有能力的合作伙伴。美化一个国家的品牌显然是一个举办城市和/或国家的一个重要目标，它被认为是一种创造重要的经济遗产的手段。

遗产收益很难评估。举办活动的短期效益(从筹备活动的施工阶段开始，到活动举办、经济活动增加)为活动的经济性成功提供即时反馈。如果要出现意外的经济收益，则应该在活动准备期间发生，在活动发生的时间点，即经济零点(economic ground zero)，会出现一个显著的峰值。本章这一部分的重点将放在就业、政府财政、旅游业和对提供经济遗产至关重要的基础设施开发方面。南非、印度和巴西的经验为重大体育活动的经济绩效提供了什么反馈？表 13.2 提供了南非、印度和巴西举办的三个重大体育活动预期和实际情况中关键绩效变量的统计数据。

表 13.2 中的统计数字所呈现的结果值得关注。首先，举办的实际费用是“投标书”中所列举办预算的数倍。2010 年南非举办的世界杯和德里举办的英联邦运动会的实际费用分别比投标书预算超出了 2 067%和 1 547%。目前还没有 2014 年巴西世界杯的申办预算，投标书并没有提供具体数字，而是提供了以下有关 2014 年国际足联世界杯举办费用的信息：

> 申办 IOC 代表能够证明，他们在编制初步预算时采用了合理的方法，系统地解决了“举办协议”中有关举办和阶段性举办 2014 年国际足联世界杯™ 决赛的所有要求。在编制初步预算时提出的假设得到了很好的解释和记录，支持材料的详细程度足以对 2014 年国际足联世界杯™ 所有费用类别的初步预算进行详细审查。(FIFA，2007)。

**表 13.2　南非、印度和巴西举办重大活动选定变量的预期和实际结果**

| 统计数据/国家 | 南非:2010 年世界杯，预期值(实际值) | 印度(德里):2010 年英联邦运动会(Commonwealth Games，CWG)，预期值(实际值) | 巴西:2014 年世界杯，预期值(实际值) |
|---|---|---|---|
| 举办费用 | 投标价 3.43 亿美元(70.880 亿美元) | 投标价 2.65 亿美元(约 41 亿美元)[a] | 大约 130 亿美元(估计高达 150 亿美元)[e] |
| 参加活动的游客数量 | 48.3 万人(22 万～31 万人) | 18.2 万(7.560 6 万人) | 约 60 万人(100 万人) |
| 游客过夜时长 | 14～18 天(10.3 天) | | |
| 平均游客消费 | 3 986 美元(1 550 美元) | | |
| 国家财务会计损益 | (－65.79 亿美元) | 1.45 亿美元(－37 亿美元)。预计 CWG 将为印度的 GDP 增加 49.4 亿美元[b] | |
| 活动授权机构利润 | 国际足联，5.67 亿美元 | | 国际足联，26 亿美元 |
| 体育设施费用 | 15.44 亿美元 | 10.2 亿美元 | 投标书中给出的成本：11 亿美元(36 亿美元，其中约 90%为公共资金)[c] |

（续表）

| 统计数据/国家 | 南非:2010 年世界杯，预期值(实际值) | 印度(德里):2010 年英联邦运动会(Commonwealth Games，CWG)，预期值(实际值) | 巴西:2014 年世界杯，预期值(实际值) |
|---|---|---|---|
| 体育设施费用占总支出的百分比 | 37% | 25% | 27.7%(36 亿美元/130 亿美元) |
| 交通费用 | 17.16 亿美元 | 19.83 亿美元 | |
| 交通费用占总支出的比重 | 39% | 48% | |
| 创造的就业机会 | 2009 年为 69.5 万<br>2010 年为 28 万<br>2011 年为 17.4 万[d] | 预计 CWG 创造的“就业机会”为 247 万[e] | 平均每年 363 万(2014 年 6 月净雇用 25 383 人)[f] |

[a] 计算方法:取德里市除体育设施以外的基础设施支出(19.83 亿美元)，除以德里市基础设施支出占英联邦运动会(CG)总支出的比例(0.48)。19.83 亿美元/0.48=41.3 亿美元。

[b] 预期利润是从 4.1 亿美元的预计收入中减去 2.65 亿美元的投标书成本费用而确定的。实际损失 37 亿美元，是通过从 41 亿美元的实际举办费用中减去 4 亿美元的实际净收入(即从 CWG 1.015 亿美元的收入中扣除 6 150 万美元的成本，得到 4 000 万美元的净收入)而确定的，官方的立场似乎是 CWG 的收支相抵，或将产生少量盈余。

[c] 国际足联(2007). *Brazil Bid:Inspection Report for the 2014 World Cup*, October 30, <http://www.fifa.com/mm/document/affederation/mission/62/24/78/inspectionreport,,e_24841.pdf>.

Morpurgo, G. (2015). “Brazil and the World Cup's economic impact: A look back,” *Perspectives: Student-LedEconomics Journal*, 19 February, <http://kcleconomics.com/a-look-back-to-2014brazil-and-the-world-cups-economic-impact/>.

Associated Press (2015). “FIFA returns $100M to Brazil; World Cup cost $15 billion,” *USA Today*, 20 January, <http://www.usatodav.com/story/sports/soccer/2p15/0l/20/fj^return5-100ι^rn-to-brazil-world-cup-cost-15-billion/22050583/>.

[d] 由于普遍认为全球经济衰退始于 2008 年第三季度全球金融市场的崩溃，因此无法确定实际创造的就业岗位数量。由于经济衰退，南非似乎已经失去了约 100 万个工作岗位。

[e] 2008 年经济衰退的爆发再次使人们几乎不可能确定实际创造的就业岗位数量。CWG 之后没有进行审计来确定这一数字，但是所有证据都表明，就业机会远低于预期。

[f] Mitra, A. (2014). “An Ethical Analysis of the 2014 FIFA World Cup in Brazil,” *Seven PillarsInstitute*, 8September, <http://sevenpillarsinstitute.org/case-studies/ethical-analysis-of-the-2014-fifa-world-cup-brazil>.

**来源:** Konrad Adenauer Stiftung (2015). *Sustainable Mega-Events in Developing Countries*, <http://www.kas.de/wf/doc/kas_29583-1522-1-3O.pdf? 120124104515>.

第一，举办南非世界杯和德里英联邦运动会的实际费用超过了投标书里的预算费用如此之多，可能是由于人们认为在投标时需要保守估计举办活动的费用，但是一旦活动申办成功，费用就会出现巨额超支。成本超支可能是由于施工合同中的成本升高条款、法律挑战、不可预见的施工问题(包括满足环境问题)、建筑公司在存在垄断权的情况下行使垄断权及腐败造成的。

第二，在发展中国家，与建造体育场馆和培训设施有关的基础设施费用占举办费用总额的 25%甚至更多。新兴经济体的这一比例可能远远高于已经拥有相当多体育场馆/竞技场基础设施的发达国家举办国。例如，洛杉矶举办 1984 年夏季奥运会的基础设施成本相对较少。洛杉矶奥运会产生的费用中约有 73%实际上是行政费用。同样，美国在 1994 年世界杯足球赛的体育场馆建设和翻新上仅花费了 530 万美元。这与我们看到的新兴国家举办国的成本情况大不相同(Zarnowski, 2015)。南非和巴西在 2010 年和 2014 年世界杯足球赛上的体育场馆支出分别为 21 亿美元和 36 亿美元。体育场馆资本资源配置不当将对经济的增长和发展产生长期影响。

第三，南非和德里由于举办活动而增加的游客数量达不到预期。据估计，在 6 月至 7 月期间，访问南非的游客大约增加了 20 万人，大大低于预期，尤其是与宣布南非被选为 2010 年世界杯举办国后的早期说法相比(South Africa's World Cup Warning to Brazil, 2014 年 6 月 10 日)。初步迹象表明，巴西因世界杯带来的旅游业增长超出了预期。这也是表 13.2 中所示的所有数据中,唯一出现令人惊讶的正面结果情况。然而,关于巴西旅游业的意外惊喜的证据并不一致。巴西航空公司协会报告称,与 2013 年 6 月相比,2014 年 6 月的航空运输量减少了 11%~15%(Alves,2014)。航空旅行减少的原因显然与世界杯期间在巴西境内旅行的商务人士数量大幅减少有关。

在调查的新兴国家样本中,难以确定实际创造的就业机会的统计数据。2008 年全球经济市场崩溃导致的金融危机明显掩盖了 2010 年活动创造就业的成果。根据确切的证据,可以合理预期的巴西世界杯活动创造的就业机会似乎远远高于实际发生的就业机会。2014 年 6 月,在世界杯活动的高峰期,巴西的新员工仅为 25 383 人。若按预期比例分配会创造 363 万个就业岗位。这意味着,实际创造的就业岗位不到世界杯预期的十分之一(3.63/12=30 2500;302 500/25 583=11.82)。

综上所述,重要的结论是重大体育活动并未产生刺激新兴国家积极追求它们的经济成果。



## 13.5 结果低于预期的原因

本章的这一节将确定为什么重大体育活动的经济效益没有达到预期,并对这些原因进行讨论。其主要原因是:①期望不合理;②"华而不实"的体育场;③活动业主方挪用垄断性租金;④活动管理不善;⑤腐败。

(1) 期望不合理

表 13.2 中所记录的信息表明,对于举办重大体育活动的三个新兴经济体的国家样本来说,它们的收益被明显夸大,成本则被明显低估。有关样本国家的这一事实几乎适用于所有举办过标志性活动的国家,无论是发展中国家还是新兴国家(Matheson,2013)。出现这种经济骗局的原因很可能和发达国家需要获得使用公共资金举办活动的批准有关。对那些发展中的国家来说,这样做的必要性较小。在 2022 年冬奥会最初的 7 个申办者中,所有发达国家都以成本问题为由退出了竞争,只有哈萨克斯坦的阿拉木图和中国北京成了仅有的潜在举办国。支持举办者希望民众相信,在重大活动上的支出应该被视为投资,而不是被视为以牺牲绝大多数人的利益使少数人受益的浪费和炫耀性的公共消费。那些被要求通过纳税或减少的社会服务来支付的人,被默许要求为举办活动的行为感到自豪,并认识到他们的国家有能力举办如此盛大的盛会。

重大活动的成功可以通过比较承诺和交付的内容来衡量。当活动的结果与预期不符时,人们感受到的与活动相关的问题会加剧(问题总是会出现,因为重大活动本身就具有社会破坏性)。有两种方法来处理这个问题:①改善结果;②提供一个更合理的预期。在向公众推销重大活动时,显然没有考虑对预期的管理,而公众明显越来越怀疑这些活动的有效性。对期望管理不善的罪魁祸首是委托进行的该活动预期经济影响的研究。现实情况是,目前尚未建立一个能有助于人们很好地理解一项活动将对一个大型、多样化的城市经济产生什么影响的模型。无论多么复杂的投入产出模型,其本质都无法解释当外部冲击发生时所产生的漏损和随之而来的替代效应。技术能力确保结果正确的观点很可能压倒了官方决策者的常识,或者出于其他原因,他们愿意相信委托研究人员的"权威"结论。可以说,使用事后调查结果或对以往类似重大活动的审计来预测活动可能的影响,而不是通过前瞻性的辅助研究来形成预期是一个更好的策略。正确制定和管理预期是成功举办重大活动的认知关键。

失败的期望管理可能会导致严重的短期和长期后果。巴西城市街头的抗议活动是因为人们认为 2014 年世界杯和 2016 年夏季奥运会的举办体现了优先事项的错位,迎合了财政上处于特权地位的少数人的利益。这些观念不仅威胁到当下的政治结构，而且通过扩大社会阶层的分化，造成了长期社会结构的进一步破坏。这样的代价是巨大的，而且很难挽回。任何对重大活动回报风险状况的衡量，都应考虑到举办重大活动可能导致各阶层间的关系更加紧张，而不是利用这些巨额资金来实现其他社会目标。

(2) 体育场

造成财务负担的不仅是建造这些设施的成本，而且这些设施的维护也可能会长期影响预算。一旦活动结束，体育场馆的运营和维护(O&M)费用每年将高达数百万美元，如果体育场馆闲置或未得到充分利用，这些费用就是一个明确而持久的负担。希腊和举办2004年夏季奥运会的雅典市"仅仅为了维持奥林匹亚这座奢侈的鬼城就花费了7.84亿美元"(Perryman, 2012)。举办者需要对基础设施所有组成部分的重新利用进行认真和创造性的思考，而重大体育活动世界的严峻现实是，比赛场馆与举办经济体的其他部门之间缺乏协同作用。

场馆的建设遵循活动组织者的要求。授予重大体育活动举办权的国际组织，如国际奥委会(IOC)和国际足联(FIFA)，要求场馆的建设必须符合某些规格，虽然许多人认为这些规格有些过度。但这些超标现象之所以一直存在，是因为它们已成为招标过程、活动实施和适应(accommodation)中的一个特征、一个预算项目。《经济学人》评论道：

> 奥林匹克运动是一个由不负责任的体育精英阶级控制的庞然大物，灵活性较差。如今危险信号已经出现，报纸报道了为外国奥运会重量级人物保留五星级酒店房间，以及为奥运会贵宾预留数英里专用车道。也许体育运动的成功将消除公众的不满情绪，英国只会因为举办了一场精彩的奥运会而感到自豪，也为英国的未来增添了信心。但是，就目前而言，关于奥运会的争论围绕的是物质成本和利益，而非荣誉。如果你想要某种快乐，那就去庆祝英国的过去吧。(Bagehot, 2011)

申请者需要给国际奥委会和国际足联留下深刻印象从而赢得日益激烈的举办权竞争，这一流程是公认的。随着投标成本的增加，贿赂、物质过剩和愿意为举办活动过度支付的情况均更有可能发生。盐湖城提供了一个关于城市愿意为确保举办活动付出多大代价的警示故事。与2002年盐湖城冬奥会有关的串通投标丑闻玷污了这个地区之前一尘不染的名声。

设施建设的奢侈不过是当前安排所助长的过度行为的一个方面。《国际奥委会宪章》关于设施的要求似乎并不过于苛刻，如下条款所示：

> 根据需要，与国家或国际机构合作，建设简单、实用和经济的体育设施。(International Olympic Committee, 2013)

国际足联在其场馆建设手册中明确了11个要点。国际足联要求举办国至少有8座能容纳不少于4万观众的现代化体育场，以及一个容量为8万人的开幕式和决赛场馆。其中一些要求是满足观众和环境友好型的目标，其他要求则明确强调赛事本身的品牌和营销，以符合国际足联当前和未来的经济利益("Know the FIFA Requirements" 2009)。

这一规定的结果是根据国际足联和国际奥委会的要求进行修改而大大增加了成本。2014年巴西世界杯的首场比赛为满足国际足联的要求对伊塔盖罗体育场的原始项目进行修改，从3.35亿雷亚尔(按2014年美元汇率计算为1.37亿美元)增加为10.7亿雷亚尔(按2014年美元汇率计算为4.36亿美元)。据报道，亚马逊玛瑙斯(Manaus)耗资3.19亿美元修建的体育场很可能不会再被用于举办人数众多的活动。巴西官员正在寻求一种公私合作伙伴关系，以支持这座体育场，但当地足球俱乐部没有对此作出承诺,因为他们一场比赛无法吸引超过 1 000 名球迷参加。玛瑙斯球场的保质期很可能只有四场比赛,都是为了世界杯。尽管维护费用每月预计 25 万美元,但体育场目前被用于举办生日聚会和作为公共汽车站(Ormiston, 2014)。

其他有关体育场馆基础设施过度和浪费的强制性支出的例子比比皆是。南非举办 2010 年世界杯的模式让人非常熟悉。南非超级足球联赛(South African Premier Soccer League),阿布萨(ABSA)超级联赛,每场比赛平均有 7 500 名球迷,它并不需要国际足联规定规模的体育场,却为世界杯建造耗资 10 亿美元的五个新体育场馆。其中两座新建的体育场:彼得·莫卡巴和姆博贝拉,分别耗资 1.5 亿美元和 1.4 亿美元,它们有时用于足球和橄榄球比赛。例如,姆博贝拉体育场 2013 年举办了 12 场足球比赛,平均观众人数为 7 606 人,平均占体育场容量的 16.5%。莫卡巴体育场没有列出任何全职甚至是兼职租户(Fieno, 2014)。

雅典的海林尼克奥林匹克中心原计划在 2004 年夏季奥运会之后改造成欧洲最大的都市公园。如今,这座建筑群已完全废弃(Sanburn, 2012)。

2008 年北京夏季奥运会的标志性建筑鸟巢和水立方未能继续经常作为体育比赛场馆使用(Lim, 2012)。自奥运会以来,鸟巢很少举办大型活动,部分体育场已改为公寓。水立方于 2009 年开放供公众游泳,成为世界上最昂贵的小型泳池。随后对其进行了重大翻修,并作为一个大型室内水上公园重新开放。虽然这对于没有得到充分利用的设施来说是一种很好的长期用途,但建造水上公园也是一种非常昂贵的方式(Matheson, 2013)。

2000 年奥运会结束后不久,悉尼奥林匹克公园就被宣布为华而不实之物。事实上,2000 年夏季奥运会的净成本(超过效益的成本)估计为 15 亿美元(The Independent, 2008)。

对于活动举办方或潜在举办方来说,风险似乎是不可避免的,但好像并没有阻止一些申请城市积极争取举办重大活动的热情。事实上,在最好的赌博传统里,问题似乎是:你是赌小还是赌大?英国文化大臣杰里米·亨特(Jeremy Hunt)在反思伦敦夏季奥运会时简洁地阐述了这个难题:

> 对奥运会可以采取两种态度。你可以说,现在是紧缩时期,因此我们应该尽可能地削减开支。或者你可以说,因为现在是紧缩时期,我们需要尽一切可能利用这个机会。(Clarke, 2012)

新兴经济体根本负担不起将大部分的基础设施预算用于建设或翻新那些未充分利用的资本,而这些资本与经济增长的其他部门没有很大的协同关系。与体育场和竞技场馆建设相关的社会成本和利用不充分是一个长期问题,因为它们必须维持下去。此外,体育场馆往往建在土地机会成本高的地方。越来越多的人为主张使用公共资金举办重大活动辩护,强调举办活动的好处是长期存在的。可以说,一项标志性活动结束后留下的积极遗产已经演变为举办该活动最重要的原因,但这些积极遗产可能会被筹资和建设体育设施对经济造成的不利影响所削弱,甚至被完全否定,因为这些影响会占用可提供经济遗产的其他形式基础设施的投资。那些鼓吹为标志性活动提供公共资金的人常常认为,如果没有一个可以使不同政治团体联合起来的活动,那么能够提供经济遗产的基础设施投资将不会很快发生甚至根本不会发生。尽管如此,体育基础设施是一个为加速建设社会必需存在的价格高昂的基础设施,而这些基础设施是负责任、高效的政府在任何情况下都应该提供的。

这并不是要否认一些举办城市所取得的进步。例如,自 2005 年以来,巴西在减少贫困和扩大中产阶级方面取得了巨大进展。毫无疑问,巴西在教育、卫生和交通方面的支出远远超过了在体育场馆上的支出，但巴西立法进步的成功并非世界杯的结果(Flannery，2014)。南非、印度和巴西都通过在容纳赛事的体育设施以外的基础设施上的投资，提供了一些经济遗产。问题是：如果没有在体育基础设施上惊人的浪费支出，这些新兴的举办国能不能明显地改善其公民的生活？

(3) 活动举办权授予组织挪用垄断性租金

建设体育设施并不是唯一与重大体育活动相关的重大挪用资金行为。具有活动授予权的机构，即垄断供应商，因挪用了过多活动产生的收入份额而受到了广泛批评。表13.2中的信息表明，国际足联从2010年南非世界杯中获得的利润为5.67亿美元，而国际足联最近提供的数据显示，国际足联收入为36.5亿美元，利润为6.31亿美元(Jamaica Observer，2011)。国际足联报告的2014年世界杯收入为48亿美元，利润相当于26亿美元(Manfred，2015)。国际足联有关支出的记录显示，他们"在2011年至2014年期间向当地组委会捐赠了4.53亿美元，并在世界杯结束后向巴西支付了1亿美元的'遗赠'"(Manfred，2015)。与之相关的背景信息是，国际足联的利润大约相当于巴西体育场支出的72%。

国际足联的风险回报情况与举办国大不相同，国际足联和国际奥委会要求提供一张空白支票，以确保一项赛事的所有费用都包括在内，包括任何体育赛事经常出现的超支费用。国际足联及其附属机构(包括FIFA雇用或与FIFA相关联的协助巴西举办世界杯的任何第三方组织)被授予免税地位(Mitra，2014)。国际足联不承担任何风险，因为它的基础设施是举办国提供的，并且可以把出售活动门票的收入全部据为己有。这并不是企业典型的风险回报情况。

(4) 管理不善

在举办重大活动时，"国家品牌"最重要的方面之一是展示管理和组织能力，这是制造世界杯、英联邦运动会或奥运会这样规模和范围的盛况所必需的。危险在于，如果举办方表现无能，消息就可能是负面的。举办国在活动之前、活动期间和活动之后的一段时间内占据全球中心舞台。随着时间的推移，互联网和社交媒体日益成熟和普及，人们的关注度变得越来越高。任何差错都会被放大，举办国的品牌也会因此受损。在赛前好好准备，否则没有很好地组织和管理赛事的国家就麻烦了。

在2010年世界杯之前，人们担心南非在某些犯罪行为上的名声会进一步损害南非的声誉，并破坏他们通过举办世界杯来推动旅游业发展的努力。南非增派了4万多名警察以确保世界杯观众的安全，这可能对消除恐惧、确保世界杯后旅游业扩张至关重要。然而，据报道，南非在2010年世界杯期间，每增加一名参观者就需要花费大约1.3万美元(Egan，2014)。当然，如果南非给首次参加世界杯的游客留下的良好印象转化为游客数量的增长，这笔费用就会减少。不过这还有待观察。

俄罗斯、巴西和卡塔尔，可以说最近在媒体的强烈关注下表现得并不总是很好。索契冬奥会的巨额成本(超过500亿美元)、酒店客房不足和日常发生的恐怖主义威胁，给俄罗斯带来了不利影响。巴西声势浩大的抗议者、体育场灾难、建设进度缓慢以及在处理许多与活动相关的危机中政府领导权的更迭，可能已经损害了巴西的品牌。当国际奥委会副主席约翰·科茨(John Coates)表示里约(Rio)为2016年夏季奥运会所做的筹备工作"是我所经历过的最糟糕的"(Barnes，2014)时，巴西的形象不得不受到损害。关于将在里约周边地区举行的某些奥运会项目所用水有毒的曝光，对巴西的形象产生了负面影响(NPR 2015)。在卡塔尔，广为人知的对外来劳工人权的侵犯，再加上为举办2022年世界杯建造的体育场馆的空前建设成本，可能已经对"卡塔尔品牌"造成了非同寻常的损害。关键在于，通过一个活动进行品牌建设具有两面性。这种风险是巨大的，良好的组织和管理会提升国家形象,如果活动管理不善,那么举办活动可能会损害一个国家的形象。

(5) 腐败

重大体育活动市场的结构为腐败提供了机会。首先,授权实体是产品:活动的唯一提供者。其次,活动的规模需要公共补贴,而那些监督支出的人对第三方资金的使用关注度较低。最后,举办活动的经济效益集中在少数几个行业手中,建筑公司、银行和酒店行业普遍受益。如果这些行业由几家大公司主导,那么竞标过程很可能涉及回扣、政治献金和为获得合同而行贿。据称,这些力量在巴西 2014 年世界杯和 2016 年夏季奥运会的筹备过程中得到了体现。《经济学人》最近报道:

> 9 月份警方在一项调查中发现,这种增长的一部分是由于巴西至少 6 家巨型建筑公司与国有石油巨头——Petrobas 签订了多年的附加合同以换取对政客的回扣,这些建筑公司 2013 年的国内总收入高达 190 亿雷亚尔(约合 88 亿美元)。目前,约有 30 名建筑业高管因被控腐败或洗钱等罪名正在等待审判,其中包括巴西第七大建筑商 UTC Engenhana 的老板。(The Economist, 2015)

最近,国际足联官员被指控涉嫌腐败。2015 年 5 月 27 日,包括 9 名国际足联官员和 5 名企业高管在内的 14 人在美国被起诉,被控犯有敲诈勒索罪、共谋罪和腐败罪。起诉书中的 47 项指控称,那些被起诉者在过去 24 年里从事非法活动为自己牟利。非法活动被指控的时间之长表明,重大体育活动行业的腐败是系统性的,发达国家和新兴国家都有腐败问题。

## 13.6 结论

本章旨在分析新兴国家申办重大体育活动的驱动因素。首先确定了驱动因素是什么,以及为什么有这些驱动因素。还对这些驱动因素进行了分析,试图通过比较预期的举办利益和实际的结果来评估驱动因素是否有意义。预期与实际结果的对比表明,如果将可量化的收益与成本进行比较,对于新兴国家来说举办标志性的体育活动是没有意义的。这些结果表明,新兴国家举办重大活动很可能是一个信号,即发展中国家向世界其他国家传达它认为自己在崛起,并拥有经济实力,值得在全球事务中具有更大的发言权的信息。软外交似乎是"金砖国家"的一项特殊战略,因为大多数已举办重大体育活动的新兴国家举办方都来自金砖国家,或者是所谓的"下一个 11 国"。新兴国家传递的信息强度似乎各不相同,这反映了它们真实的和被感知的经济和政治实力。

很明显,举办重大活动已经成为一种越来越昂贵的策略,而且有可能损害一个新兴国家的经济。显然需要做一些事情以确保各国不因举办活动而受到损害。最重要的是削弱垄断生产商的权力,特别是国际足联和国际奥委会,至少他们必须受到监管。昂贵的体育场馆、腐败以及收入分配方面的不公平是行使垄断权的直接后果。申请城市和国家需要认识到他们的共同利益,并携手合作,在遵守健全的经济原则和做法的前提下,确保提供世界人民可能想要的重大体育活动。而大多数国家根本负担不起目前标志性活动所特有的高风险和低回报。

同样重要的是,利用现有的有关经济成果和预期的信息,就某一活动将如何影响举办国的政治经济提供一个现实的看法。那些有意从活动中获益的人委托和传播的"权威研究"被证明是不切实际的,因为它们系统地将期望提高到超出合理范围的水平。未满足的期望可能破坏政治和社会结构,并对举办国造成长期伤害。就目前的情况来看,整个重大体育活动市场的结构都在呼吁"潜在的举办方要当心"。需要改变这种情况以确保举办活动带来的收益至少等于成本，并以某种方式和通过纳税或减少社会服务来资助这项活动的普通公民共享收益。在目前的安排下，金牌对于举办国来说比对实际参加比赛的运动员更加稀缺。

## 注释

1. 根据最新报告，巴西 2 329 万劳动力中有 113 万失业人口。见：http://www.tradingeconomics.com/brazil/unemployment-rate。创造 12 万个新增就业岗位将使失业人口减少 10.62%。
2. 例如，1987 年，美国的联邦财政收入分配大幅减少，这在美国许多城市造成了金融危机。见：http://www.nytimes.com/1987/01/31/us/end-of-federal-revenue-sharing-creating-financial-crises-in-niany-cities.html?src=pm&pagewanted=2。
3. 电视转播权的收入仅占奥运会收入的 4%，但一切已成定局。同样值得注意的是，1956 年奥运会因免费报道问题遭到了世界各地新闻片和电视网的抵制。有关这些重要发展的详细信息，见 Barney et al.(2004)。

## 参考文献


Alves, L. (2014). "World Cup has not been good for Brazil Airlines" *Rio Times*, 1 July, http://riotimesonline.com/brazil-news/rio-business/world-cup-has-not-been-good-for-brazil-airlines/.

Associated Press. (2015). "FIFA returns $100m to Brazil; World Cup cost $15 billion," USA Today, 20 January, http://www.usatoday.com/story/sports/soccer/2015/01/20/fifa-returns-100m-to-brazil-world-cup-cost-15-billion/22050583/.

Bagehot [columnist]. (2011). "Olympic Britain v. Royal Britain," The Economist, 31 December, http://www.economist.com/node/21542196.

Barnes, T (2014). "Preparations for Rio Olympics 'the Worst,' committee official says, The New York Times, 29 April, http://nyti.ms/1hbV1Ci.

Barney, R. K., Wenn, S. R., and Martyn, S. G. (2004). Selling the Five Rings. Salt Lake City: University of Utah Press.

Clarke, J. (2012). "How much will the London Olympics cost? Too much," Forbes, 28 March, http://www.forbes.com/sites/johnclarke/2012/03/28/how-much-will-the-london-olympics-cost-too-much/.

Economist, The, (2015). "Brazilian construction firms: Knock'em down, build'em up: Government cuts and a bribery scandal will prompt a shake-out in the industry" 23 May, http://www.economist.com/sections/business-finance.

Egan, M. (2014). "South Africa ⅛ World Cup warning to Brazil," CNN Money, 10 June, http://money.cnn.com/2014/06/09/investing/world-cup-south-africa-brazil.

Ernst & Young Terco. (2011). Sustainable Brazil: Social and Economic Impacts of the 2014 World Cup, http://www.dohagoals.com/lang/content_en/downloads/copa_2014.pdf.

Fieno, J. V (2014). "Four years on, South Africas World Cup has failed to live up to promises", World SoccerTalki 12 June, http://worldsoccertalk.com/2014/06/12/south-africa-four-years-later/.

FIFA. (2007). Brazil Bid: Inspection Report for the 2014 World Cup, 30 October http://www.fifa.com/mm/document/affederation/mission/62/24/78/inspectionreport_e_24841.pdf.

FIFA World Cup & Olympic Games host nations. (2015). WorldFactsInc, https://sites.google.com/site/worldfactsinc/FIFA-World-Cup-Olympic-Games-Host-Nations.

Flannery, N. P (2014). "World Cup economics: Why Brazil's bashers have got it wrong," Forbes,

23 June, http://www. fbrbes. com/sites/nathanielparishflannery/2014/06/23/world-cup-economics-why-brazils-bashers-have-got-it-wrong/.

Independent, The. (2008). "After the party: What happens when the Olympics leave town," 19 August, http://www. independent. co. uk/sport/olympics/after-the-party-what-happens-when-the-Olympics-leave-t0wn-901629. html.

International Olympic Committee (2013). Olympic Charter, 9 September, Bye-Law to Rule 5,7: 20.

Jamaica Observer. (2011). "FIFA reports $631-m profit on 2010 World Cup, 5 March, http://www. jamaicaobserver. com/sport/FIFA-reports-631-iTi-profit-on-2010-World-Cup_ 8463347.

Konrad Adenauer Stiftung. (2015). Sustainable Mega-Events in Developing Countries, http://www. kas. de/wf/doc/kas_29583-1522-1-30. pdff120124104515.

Know the FIFA requirements for World Cup stadiums, (2009). Portal 2014, 9 September, http://www. portal2014. org. br/noticias/2350/KNOW + THE + FIFA + REQUIREMENTS + FOR + WORLD+CUP+STADIUMS. html.

Lim, L. (2012). "China's post-Olympic woe: Hot to fill an empty nest," NPR, 10 July, http://www. npr. org/2012/07/io/156368611/chinas-post-olympic-woe-how-to-fill-an-empty-nest.

London Olympics 2012 ratings: Most watched event in TV history. (2012). The Huffington Post, 13 August, http://www. huffi1lgtonpost. com/2012/08/13/london-olympics-2012-ratings-most-watched-ever_n_i774O32. html.

Los Angeles Olympic Organizing Committee, (1984). "Official report of the Games of the XXIIIrd Olympiad Los Angeles, 1984," http://library. la84. org/6oic/OfficialReports/1984/1984v1pt3. pdf.

Lundy, M. (2013). "Brazilians have reason to protest the cost of the Olympics and World Cup," Globe and Mail, 24 June, http://www. theglobeandmail. com/globe-debate/brazilians-have-reason-to-protest-the-cost-of-olympics-and-world-cup/article12742114/.

Maennig, W. and Richter, F. (2012). "Exports and Olympic Games: Is there a signal effect?" Journal of Sports Economics, 13(6): 635-41.

Manfred, T. (2015). "FIFA made an insane amount of money off of Brazils $15 billion World Cup," Business Insider: Sports, 20 March, http://www. businessinsider, com/fifa-brazil-world-cup-revenue-2015-3.

Matheson, V (2013). "Assessing the infrastructure impact of mega-events in emerging economies,"in G. K. Ingram and K. L. Brandt (eds.), Infrastructure and Land Policies. Cambridge, MA: Lincoln Land Institute, pp. 215-32.

Mitra, A. (2014). "An ethical analysis of the 2014 FIFA World Cup in Brazil,"Seven PillarsInstitute, 8 September, http://sevenpillarsinstitute. org/case-studies/ethical-analysis-of-tje-2014-fifa-world-cup-brazil.

Morpurgo, G. (2015). "Brazil and the World Cups economic impact: A look back," Perspectives: Student-Led Economics Journal, 19 February, http://kcleconomics. com/a-look-back-to-2014brazil-and-the-world-cups-economic-impact/.

NPR, (2015). "AP study finds viruses linked to raw sewage in Rio de Janeiro Olympics waters," 10 July http://wwwnpr. org/2015/07/30/427839942/ap-study-finds-viruses-lmked-to-raw-sewage-in-no-de-janeiro-olympic-waters.

Ormiston, S. (2014). "In Amazon's Manaus, Brazils dreamiest World Cup adventure," CBS News: World, 9 June, http://www. cbc. ca/news/world/in-amazon-s-manaus-brazil-s-dreamiest-wodd-cup-adventure-1. 2669024.

Perryman, M. (2012). "Do the Olympics boost the economy? Studies show the impact is likely negative: Daily Beast, 30 July, http://www. thedailybeast. com/articles/2012/07/30/do-the-olympics-boost-the-economy-studies-show-the-impact-is-likely-negative. html # url =/artides/2012/07/30/do-the-olympics-boost-the-economy-studies-show-the-impact-is-likely-negative. html.

Piketty, T. (2014). Capital in the Twenty-First Century, transl. A. Goldhammer. Cambridge, MA: Belknap Press.

Rose, A. K. and Spiegel, M. M. (2011). "The Olympic effect," The Economic Journal, 1212(553): 652-77.

Sanburn, J. (2012). "Was it worth it? Debt-ridden Greeks question the cost of the 2004 Olympics," Time, 9 July, http://olympics. time. com/2012/07/09/amid-economic-turmoii-some-greeks-look-back-at-2004-olympics-as-losing-proposition/.

The Global Growth of Tourism. (2014). Coolgeographyxo. uk, http://www. coolgeography. co. uk/GCSE/AQA/TourisiTi/Tourism growth/Tourism Growth. htm#arrivals.

Trading Economics. (2014). "Brazil unemployment rate," http://www. tradingeconomics. com/brazil/unemployment-rate.

Urban Areas: Global Overview. (2002), In Global Environment Outlook 3: Past, Present and Future Perspectives, http://www. grida. no/geo/geo3/english/pdfs/chapter2-8_urban. pdf.

Varrels A. and Kennedy, L. (2011). "Mega-events and megaprojects." Chance 2 Sustain: Policy Briefs, June, http://www. chance2sustain. eu/fileadmin/Website/D0kumente/D0kumente/Publications/Chance2Sustain_-_Policy_Brief_No3Mega-Events_and_Megaprojects_-_WP2. pdf.

United Nations, (2014), "World urbanization prospects,".

http://esa. un. org/unpd/wup/Highlights/WUP2014-Highlights. pdf.

World Bank. (2014). "Countries: Brazil, overview,"http://www. worldbank. org/en/country/brazil/overview/.

Zarnowski, C. E (2015). "A look at Olympic costs," http://library. la84. org/SportsLibrary/JOH/JOHv1n1/JOHv1n1f. pdf.

# 第三篇　策　略

# 14 重大项目的创新与柔性：一个新的交付模式

安德鲁·戴维斯　马克·道奇森　大卫·甘恩



## 14.1 引言

重大项目是被各类公共和私人部门用于实施大型、复杂和一次性资本投资的一种交付模式，例如基础设施工程、国防项目、采矿工程、制造车间工程、医疗保健项目、大型科学项目、航空航天探索以及重大体育赛事等。重大项目的总投资在10亿美元及以上，因此风险极高、管理难度极大，且最初目标很难实现（Flyvbjerg et al.，2003；Merrow，2011）。成本超支、工期延误和低效的运营表现在重大项目中频频出现。据一项估计，九成重大项目会超出预算，最终成本超支50%以上的情况也并不罕见（Flyvbjerg，2014：9）。例如，欧洲海底道项目的建设成本超支高达80%。

除了应对规模与复杂性问题，对不确定性的处理也是重大项目管理迫切而持久的挑战。因为重大项目（如机场、高铁或奥运会）的规划和交付过程长达数年，最终结果能否实现，在数年乃至数十年前设立的目标往往很难预知。即使项目发起人在一开始就致力于风险和不确定性的识别，他们也根本不可能完全预见到项目实施过程中技术、市场、金融和其他条件方面所有可能出现的结果与变化。伦敦希思罗机场T5航站楼项目就是一个例子。英国政府对T5项目进行了史上最长时间的规划审查，但设计进展到最终定稿时，完全未预料到的事情发生了：2001年9月11日恐怖分子袭击了纽约世贸双子塔。虽然T5项目已经在2001年11月获得了政府批准，但还是不得不按照新的、更严格的机场安全要求重新设计。

之前的研究显示，项目发起人和业主在重大项目前期规划时系统性低估了项目成本，同时高估了项目收益（Morris et al.，1987；Miller et al.，2000；Flyvbjerg et al.，2003；Williams et al.，2010；Merrow，2011；Flyvbjerg，2014；Edkins et al.，2013）。这种聚焦前期规划及乐观主义行为的研究，识别了重大项目绩效如此糟糕的重要原因，但重大项目也会因为交付模式不能对方案进行调整和创新以适应变化的、未预期的状况而失败。在最常用的交付模式下，业主往往假设所有影响项目的不确定因素在一开始都能被识别，在早期阶段就能敲定设计终稿，然后利用固定总价合同将风险转移给承包商，并在项目实施过程中建立对抗的合同关系。

本章探讨了希思罗机场T5航站楼（T5项目）、2012年伦敦奥运会项目（奥运会项目）和横贯铁路（Crossrail，运营后亦被称为伊丽莎白线）这三个项目中负责交付的组织如何付出巨大努力构建了一种更具创新性与柔性的交付模式。这种新模式认为，新的、未预料的交付选项将会出现，包括利用创新实践的机会、流程以及新技术带来的效率提升。

从战略研究的相关文献(Teece et al.，1997；Eisenhardt et al.，2000；Zollo et al.，2002)与我们的实证研究来看，在新机会出现或者状况难以预料地快速变化时，业主可以开发"动态能力"，从而能调整计划、修正惯例并刺激创新。在2005年到2015年期间进行的一系列研究中，我们识别出了与创新的柔性交付模式相关的动态能力。新交付模式由五个战略流程组成，项目经理可使用这些战略流程应对重大项目管理中涉及的风险和机遇：

① 搜索能力：识别、测试并组合交付模式的各组成部分，以应对不确定性并实现项目目标；

② 适应性问题解决能力：通过建立项目团队的结构和流程来处理紧急问题和机会；

③ 试验和测试能力：对高风险的新业务进行试验并组织测试，以确保新技术在被引入项目之前就得到验证；

④ 战略性创新能力：通过设计正式且精细化的流程，以利用项目供应链的创新资源与创新伙伴的创新能力；

⑤ 平衡能力：当意外事件发生、新机会出现或状况发生变化时，在实施现有方案与推行创新之间进行权衡取舍。

本章分为三个部分。14.2节的文献综述梳理了动态能力中的创新与柔性流程，该动态能力主要用来应对围绕重大项目的相关不确定性；14.3节阐述了案例研究项目如何应用动态能力；14.4节分析了柔性新交付模式的关键特征，并比较了不同类型业主(永久型和临时型)如何在重大项目中开发和配置动态能力。

## 14.2 重大项目不确定性的管理

重大项目是为设计与建造独特的产品、系统或成果而建立的临时性组织与过程(Davies et al.，2009；Davies et al.，2010)。作为一个独立组织，重大项目可以由业主团队、主承包商，或某种形式的临时联盟、合资企业(由业主、承包商、供应商和其他利益相关者等组成的)多方联盟所主导，他们需要在不确定的环境下以及有限工期内协作完成一项共同活动(Jones et al.，2008；Merrow，2011)。每个重大项目通常被分解为许多相互关联的更小项目，而后被统筹为一个项目群。重大项目建立一个系统集成组织——业主、主承包商或交付伙伴——以协调项目活动所涉及的众多下辖组织与供应商(Davies et al.，2009；Merrow，2011；Davies et al.，2014)。系统集成组织的职责是管理整个项目以及项目之间的界面，通过独立合同与外部供应商进行交易，并负责工期、成本和质量绩效目标的实现。重大项目也是一个临时过程，这个过程从前期规划设计，到施工、集成和测试，再到后期移交与运营，全过程延续数年乃至数十年(Artto et al.，2016)。

(1) 交付模式

每个重大项目都有其独特的交付模式，但每个交付模式都包括两个基本阶段。一个是前期"规划(planning)"阶段。在这个阶段，发起人和业主定义项目总体战略目标的实现方式、形成治理结构、确定承包方案并设计采购战略，从而在招投标时能够深入对比那些激发创新的新颖想法与方案。另一个是"实施(execution)"阶段。在这个阶段，项目获得开工许可后，承包商进行设计、建造、集成和调试，并最终将资产移交给运营方。

一些重要的研究认为，前期规划阶段的糟糕决策是重大项目失败的重要原因。莫里斯和霍夫(Morris and Hough, 1987)对重大项目的研究凸显了业主或发起人在前期项目策划(shaping)阶段的关键作用(see also Morris, 1994, 2013; Edkins et al., 2013)。米拉尔和莱萨德(Miller and Lessard, 2000)对大型工程项目的研究也聚焦于发起人的塑造作用,尤其是在开发新合同形式和治理模式以应对复杂的项目和变幻莫测的外部环境方面。傅以斌(Flyvbjerg, 2013)等人认为,重大项目低绩效的原因要么是乐观妄想,要么是明知道早期成本承诺相较最终将会偏低,而预计收益则将偏高,但仍故意欺骗(Flyvbjerg et al., 2009)。梅罗(Merrow, 2011)认为,项目成功取决于发起人在项目前期的积极参与,但他同时也强调了为每个重大项目制定恰当实施方案的重要性,例如组建一个强大且足以胜任的业主主导项目团队,选择正确的组织结构,以及建立界面管理能力以对项目各部分间的界面进行管理。

一些研究识别出许多有助于重大项目成功交付的要素,如重视价值创造、强大的领导能力、高绩效的文化和协作的项目团队(Dvir et al., 2011)。一些使重大项目管理变得十分艰难的关键方面包括规模(Morris et al., 1987; Flyvbjerg et al., 2003; Merrow 2011)、不确定性(Miller et al., 2000; Shenhar 1993, 2001; Shenhar et al., 1996; Floricel et al., 2001; Flyvbjerg et al., 2003; Loch et al., 2006; Lenfle et al., 2010; Brady et al., 2012)、复杂性(Shenhar et al., 2007; Davies et al., 2014; Brady et al., 2014)、紧迫性(Morris et al., 1987; Shenhar et al., 2007)和制度结构(Scott et al., 2011)。重大项目的发起人和业主需要解决上述所有问题,但针对英国大型基础设施项目管理的一系列研究显示,适应不确定性是交付重大项目最大的挑战之一(Gil, 2009; Davies et al., 2009; Davies et al., 2016)。

(2) 创新和不确定性

重大项目的很多不确定性是可预见的,可以通过风险管理和应急方案防患于未然。但是,风险管理和应急方案仅仅鼓励人们在意外事件发生时努力"回到预定计划",而并非学习新事物、转变方向或即兴解决问题(Loch et al., 2006)。由于重大项目具有高度的不确定性,业主往往更喜欢依赖现有惯例、经过测试和试验的常规做法和经验证的技术,而不是承担与创新相关的额外风险(Van Marrewijk et al., 2008)。这种将风险与"下行威胁(downside threats)"联系起来的趋势忽略了创新带来的"上行机会(upside oppertunities)"(Ward et al., 2003: 98)。这令人惊讶,因为对大型高风险项目的经典研究强调了创新在管理与缓解不确定性方面的重要作用。

例如,在为世界银行所做的研究中,赫希曼(Hirschman, 1967)引入了"隐藏之手(hiding hand)"原理,用于识别处理重大项目实施中潜在的不确定性问题时所释放出来的创造力和创新——尤其是那些酝酿期很长的大型项目,因为这些项目中意外问题出现得更晚、需要更多努力才能解决。赫希曼认为,是因为我们把一个有挑战性的项目呈现为"(相较于项目实际情况)更常规、更简单、更不需要真正创造力的项目",这一项目才有人去实施(1967: 13)。然而,"隐藏之手"机制亦被批评过于乐观(Flyvbjerg, 2014),也没有能阐明促进此类创新的具体流程。

斯廷奇科姆和海默(Stinchcombe and Heimer, 1985)对北海大型复杂油气项目的研究中也提及了创新与不确定性之间的关系。当状况稳定且在意料之中时,这些项目依赖于各类计划内的项目惯例、例行安排和应急计划。但是,当状况改变或新机遇出现时,项目实施中遇到的意外情况就必须通过变更计划、调整流程和促进创新等决策来解决。

早年一些针对国防系统项目的研究明确提出,当情况变化时,重大项目的项目经理需要在执行预定程序和促进创新之间权衡。例如,塞尔斯和钱德勒(Sayles and

Chandler, 1971：13）在研究美国宇航局（NASA）太空计划时就指出，所有复杂项目都是在“维持计划稳定性的迫切要求（以尽量减少昂贵的变更）和保持计划灵活性的愿望之间寻求适度的折衷”。美国宇航局在阿波罗计划执行过程中的适应和创新能力来自 20 世纪 50 年代开发的技术，比如系统集成、变更控制、配置管理和阶段性设计定稿（progressive design fixity）等。这些技术现如今仍在被广泛使用（Johnson, 2002）。

（3）动态能力

这项早期研究强调，根据重大项目不确定性程度来决定遵循常规程序还是采取创新行为是很重要的。问题在于，交付此类基础设施的组织如何培养相关能力来达成这种平衡？在这方面，有关动态能力的文献有助于解释组织如何形成适应性流程、简单规则和惯例以解决新出现的问题、探索创新机会和应对不确定性。

动态能力的概念主要与企业资源基础观（Teece et al., 1997; Teece, 2007, 2010; Eisenhardt et al., 2000）和演化理论（Zollo et al., 2002; Helfat et al., 2003）相关。战略学者引入这一概念是为了解释各类行业中的企业（包括项目型企业）是如何修改、整合和重新配置惯例和资源，以便在快速变化和不确定的环境中成功地生存和成长（Teece et al., 1997; Eisenhardt et al., 2000; Eisenhardt et al., 2001; Helfat, 2000; Winter, 2000, 2003, 2010; Zollo et al., 2002; Helfat et al., 2003; Teece, 2007, 2012）。

动态能力是一种有目的的活动、可识别的战略过程和习得性的管理惯例（learned managerial routine）（例如，新产品开发或投资组合管理），用于促进创新和适应不确定性（Eisenhardt et al., 2000; Dodgson et al., 2014）。它并非是临时的创造性或即兴能力（Winter, 2003），也不是管理人员的领导力技能或高级管理团队的能力。动态能力可被定义为一些简单规则和关键流程。这些规则和流程为项目经理提供了指导方针，从而帮助他们追求创新性机会与应对快速变化的与不确定的状况（Eisenhardt et al., 2001）。

上述研究主要关注企业如何扩展其资源基础并形成创新，以应对不断变化的情况，而另一种研究动态能力的流派强调了平衡稳定与变化、效率与柔性的重要性，从而与一系列环境状况保持同步（Adler et al., 1999; O'Reilly et al., 2008; Eisenhardt et al., 2010）。奥莱利和塔什曼（O'Reilly and Tushman, 2008）认为动态能力能够支持上述双元策略，因为它既能帮助组织适应快速变化和不确定的状况，同时也了解在稳定和可预测的环境中“如何”与“何时”利用现有的实施程序。

动态能力这一概念已经被用于理解项目型企业如何部署项目，以在保持现有客户的同时，通过开展创新型项目来进入、拓展并发展新的市场（Gann et al., 2000; Davies et al., 2000; Brady et al., 2004; Ethiraj et al., 2005; Soderlund et al., 2009; Cattini et al., 2011; Davies et al., 2015）。然而，学者们在最近才开始思考如何配置动态能力来管理重大项目（Winch 2014; Davies et al., 2015; Winch et al., 2016; Davies et al., 2016）。

戴维斯和布雷迪（Davies and Brady, 2016）提出了动态能力的平衡作用，表明业主和交付伙伴可以通过开发动态能力来灵活应对复杂项目中程度不同的不确定性。温奇和莱林格（Winch and Leiringer, 2016）提出了“业主项目能力（owner project capabilities）”的概念来识别交付基础设施项目所需的战略能力、业务能力与治理能力。在对希思罗机场 5 号航站楼项目的研究中，戴维斯（2016）等人识别出希思罗机场控股公司（Heathrow Airport Holdings Limited）是如何通过建立、整理和调动一系列动态能力来提出灵活的解决方案的，具体体现在柔性合同、协作的集成项目团队结构和促进创新与柔性的简单规则中。

(4) 重大项目的动态能力

相关文献着重探究复杂、新颖和快速变化的项目如何应对不确定性。从文献中我们识别出五种特有的动态能力，它们有助于在重大项目中实现创新性和柔性(表 14.1)：

**表 14.1　重大项目中的动态能力：战略流程和核心文献**

| 动态能力 | 战略流程和文献 |
|---|---|
| 搜索能力 | 校准不确定性和参考类预测方法(Lavallo et al., 2003; Flyvberg, 2014)<br>内部学习和面向外部项目和行业学习(Davies et al., 2009; Davies et al., 2016)<br>检索、试验和选择新组合(Davies et al., 2009; Davies et al., 2016) |
| 适应性问题解决能力 | 问题解决团队(Mintzberg, 1983; Edmondson, 2012a, 2012b)<br>柔性合同(De Meyer et al., 2002; Gil, 2009)<br>心理安全感(Edmondson, 2012a, 2012b) |
| 试验和测试能力 | 从实时表现中学习与反馈(Eisenhardt et al., 1995)<br>学习、多次试验、与选择主义(Loch et al., 2006) |
| 战略性创新能力 | 正式的创新战略(Davies et al., 2014; Dodgson et al., 2015) |
| 平衡能力 | 固定计划 vs. 柔性计划(Sayles et al., 1971)<br>规制(disciplined)柔性(Sapolsky, 1972)<br>目标(targeted)柔性(Lenfle et al., 2010)<br>阶段性设计定稿、变更控制委员会和配置管理(Johnson, 2002) |

① 搜索能力
② 适应性问题解决能力
③ 试验和测试能力
④ 战略创新能力
⑤ 平衡能力

前期规划中需要动态能力，以从其他项目和行业领域搜索新颖的或成熟的想法、做法和技术，据此创建可选方案和多样性(options and variety)，并在项目未来发生状况时从中选择(Davies et al., 2009; Davies et al., 2016)。调整、修改和组合选中的想法、实践和技术可以创建一种交付模式，它既能够实现项目的总体目标，同时也能适应变化的、不可预见的状况。

搜索过程由预测项目交付不确定性的前期工作引导，这些不确定性涉及技术、市场、社会风险和制度风险(Miller et al., 2001)。如前所述，大多数高风险项目都存在工期拖延、成本超支与质量缺陷等问题。在探知项目不确定性的过程中，项目经理可以从自身能力和过往项目经验中汲取养料。但是，倾向于采用这种直觉性"内部视角(inside view)"的组织往往会过于乐观，未能考虑到可能推迟或中断项目的所有事件(Lavallo et al., 2003)。而通过应用"参考类预测方法(reference-class forcasting)"来调研其他组织的类似项目经验，项目经理就能更为准确地理解项目的所有可能结果(Flyvbjerg, 2014)。采用这种"外部视角(outside view)"往往通过聘请经理人和引入第三方顾问来获得其他项目和行业的可比数据进行支撑。

业主、承包商和交付伙伴可能决定重复以前的程序，或进行增量调整，或创建全新的交付模型。在最激进的"颠覆性项目"类型中，业主尝试全新的做法和技术，创建新的治理结构并改造现有制度(Michaud et al., 2000)。

基于适应性问题解决的动态能力用以创新和解决重大项目实施过程中的新兴事项

和不断变化的业主需求(Dvir et al., 2011; Davies et al., 2016)。重大项目中，柔性合同和项目团队结构为这种适应性问题解决过程提供支持。

固定总价合同可能足够应对可预测的和稳定的状况，但仍需要某些类型的柔性合同来应对意外的和迅速变化的状况(Shenhar et al., 2007; Pich et al., 2002; Loch et al., 2006; Gil 2009)。例如，在成本加成合同(cost-plus)或成本补偿合同(cost-reimbursable)中，业主和承包商通过达成关系协议来建立信任与协作，共担风险和共享机会。柔性合同的出现意味着"提前枚举所有可能的意外和/或要求恰当地适应(这些意外)"是不可能的(Williamson, 1985: 79)。当计划好的项目活动和日程为应对未预见到的情况而实时变动时，这些柔性合同通过共同调整以达成协调(Thompson, 1967)。业主承担柔性合同的风险并由此建立激励，从而鼓励项目团队揭露问题而非隐藏问题，收回成本并实现预计的利润率，充分利用创新的可能性，并为暴露出的问题建立高质量的解决方案。

重大项目可被分解为许多子项目，由各项目团队执行。具有不同知识与技能的员工以项目团队的形式组合在一起，能够灵活地适应并处理快速变化的状况、不可预见的问题和突现的机会(Mintzberg, 1983; Soderholm, 2008; Geraldi et al., 2010; Edmondson, 2012a, 2012b)。这些项目团队以现有知识和技能为基础，打破旧惯例并建立新秩序。项目团队依靠简单法则搜寻挑战，识别彼此关联的任务并将共同活动结构化(Edmondson, 2012a, 2012b)。团队工作通常会导致项目方向和重点变更的快速调整。一个"心理安全"的环境鼓励项目团队成员承担风险，克服挫折，并参与协作学习和创新。

需要动态能力来试验与众不同或风险高企的做法、并确保新技术在引入项目之前已经经由场外测试、试点研究或在其他运营环境中得以充分论证。与众不同的、不确定性高的项目需要开展试验与多次测试，并根据试验结果予以改进，以能够适应许多可预见的风险和不可预见的不确定性(Eisenhardt et al., 1995; Loch et al., 2006; Perminova et al., 2008)。试验可以用以了解如何实施一项与众不同的或复杂的项目活动，如何识别与之相关的风险，以及如何根据风险应对要求作出变更。对新做法和未验证技术的测试则确保能够识别、诊断和解决影响这些实践和技术有效执行的风险与障碍。旨在开发全新技术的项目，为了确定首选方案，可能会并行开展多个独立测试(Loch et al., 2006)。例如，在科技高度不确定性与极限进度约束下，曼哈顿项目(仍然)开发了两种炸弹设计方案和三种制造裂变材料的方法(Johnson 2002; Lenfle et al., 2010; Lenfle 2011)。

战略创新中的动态能力识别需应对挑战并建立正式的创新流程，以支持重大项目的目标。这些目标不仅包括项目群整体目标，亦包括子项目的目标。整体创新战略的制定与落实有助于规划、协调和配置整个项目供应链和研究伙伴(例如大学)的创新资源和能力(Davies et al., 2014; Dodgson et al., 2015)。在数字基础设施平台的支持下，集成创新流程可以与激励和奖励联系起来，从而鼓励承包商和供应商投入资源并应用所需的能力，以应对关键创新挑战、开发新想法并利用新机会。

根据项目实施过程中遇到的状况稳定或否来平衡惯例和创新行动的需求依赖于动态能力。因为重大项目是一个"混合物(conglomeration)"，由(先前项目多次应用过的)可预测的、标准化的和重复的惯例，以及初次应用的、不确定的和创新的新流程构成(Engwall, 2003)。可以在前期阶段一开始便敲定重大项目的设计终稿、实施预定惯例并稳定施工计划，但仍需保持适当的柔性，以便在项目进行过程中探索创新可能性并解决意料之外的问题。

为权衡复杂项目中的稳定与变化提供柔性的一些技术最初是在 20 世纪五六十年代发展起来的，例如阶段性设计定稿和使用“变更控制委员会”(Johnson，2002)。北极星洲际弹道导弹计划(the Polaris intercontinental ballistic missile program)依赖于“规制柔性”理念，即在可预见约束内工作的纪律、满足进度计划的决心和避免过早承诺实现任何特定目标并保持备选方案(options)开放的柔性，从而能够适应变化的、紧急的情况(Sapolsky，1972：250)。

最近一项聚焦曼哈顿项目的研究表明，“目标柔性”也有助于这种平衡(Lenfle et al.，2010)。如图 14.1 所示，在一个重大项目中，各类不确定性可被分解为不同的项目、结构和过程，以解决可预见的风险(前期规划、标准化实施惯例和风险管理)和不可预见的不确定性(支持创新的平行试验和迭代学习)。图 14.2 识别出了一些合同类型、流程和行为，它们与平衡可预见的不确定性和不可预见的不确定性所需的惯例与创新行动相关。项目也使用“目标柔性”来应对项目生命周期的不同阶段，即在不确定性很高的早期开发阶段，可以使用成本加成合同；在不确定性逐渐消失的后期阶段，更适合使用固定总价合同(Shenhar et al.，2007：94)。

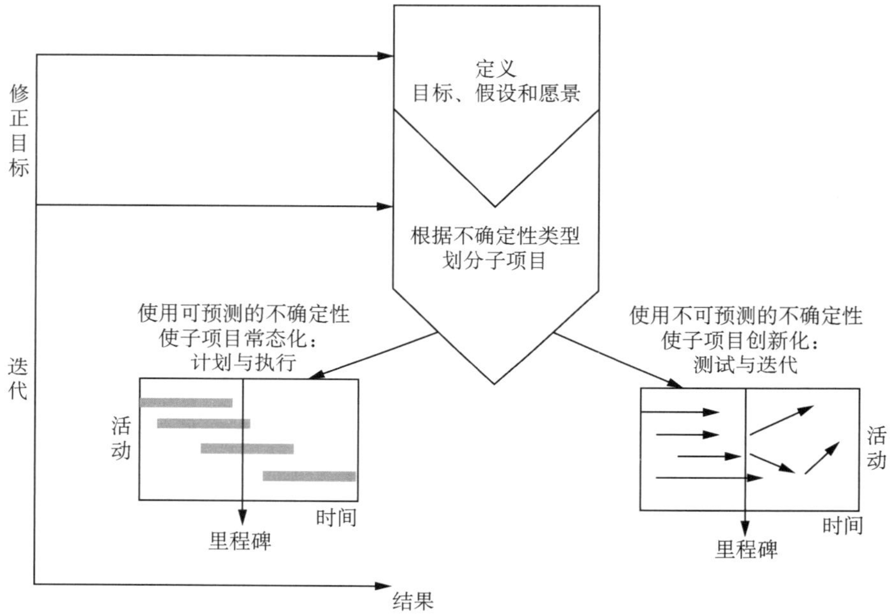


**图 14.1 平衡重大项目中的惯例和创新，改编自勒夫莱与洛克(lenfle and loch，2010)**

## 14.3 解释性研究发现

本节参考了我们已经发表的研究，这些研究关注英国基础设施的业主如何开发动态能力以提升重大项目的创新和柔性。我们介绍了三个项目及它们在创建新的项目交付模式中所起的作用。我们亦提供了精选的例子来展示如何有效地利用文献综述中的四种动态能力。

(1) 情境：英国基础设施项目

我们在 2005 年到 2015 年间参与了一个长期研究项目，该研究项目探讨三个大型项目的私人或公共业主如何探索大型基础设施项目交付的新方法。我们特别关注了业主如何与其承包商和交付伙伴一起，建立起足以管理 T5 项目、2012 年伦敦奥运会项目

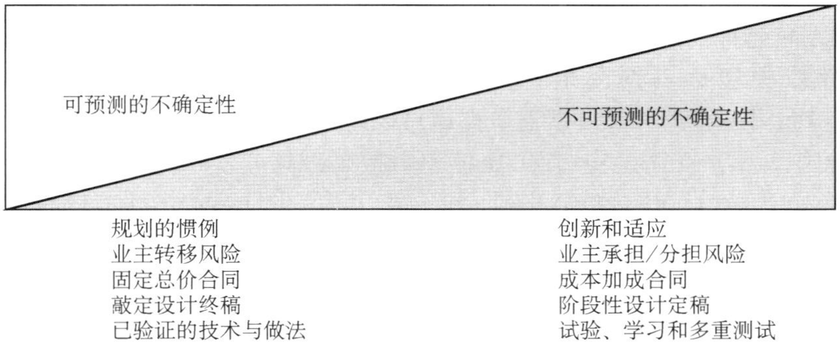


**图 14.2 对不确定性的平衡**

和横贯铁路项目的动态能力。我们与三个项目的首席执行官、项目总监（project directors）、项目经理、总监（directors）和团队成员进行了 100 多次访谈。关于定性研究方法的详细描述见 Davies et al.（2016）；Davies et al.（2014）；and Dodgson et al.（2015）。

T5 项目旨在为英国航空公司（British Airways）在希思罗机场设计和建造一个价值 43 亿英镑的新航站楼。当时，英国机场管理局（British Airport Authority，BAA）是负责交付该项目的业主组织。BAA 是一家私营的机场业主和运营者，该公司于 2012 年更名为希思罗机场控股公司。T5 项目被视为一项极高风险的项目。于 2002 年动工建设时，该项目的投资约为希思罗控股公司市值的三分之二。该项目群包括 16 个重大项目（Major projects）和 147 个子项目。然而，T5 项目在 2008 年 3 月 27 日投入使用时遇到了重大问题：英国航空公司误放了 2 万件行李并取消了 501 个航班，导致增加了约 1 600 万英镑的成本。航站楼在开业十二天后才首次完成了全部的运营工作计划。尽管运营初期较为混乱，该项目仍被认为实现了目标，即设计并建设高质量基础设施、完全按期交付、未超预算、且安全记录令人满意。

2005 年 7 月 6 日，伦敦获得 2012 年奥运会和残奥会的举办权。奥林匹克交付管理局（Olympic Delivery Authority）于 2006 年成立，它作为临时业主和公共组织，负责监督奥林匹克公园基础设施、场馆、奥运村和交通系统的设计和建设。西图公司（CH2M HILL）、莱恩·奥罗克公司（Laing O'Rourke）和麦斯公司（Mace）临时建立了一家名为 CLM 的合资企业，专门作为伦敦奥运管理局的"交付伙伴"。建设项目群（即奥运会项目）由 70 余个单项工程组成，它们均由总承包商规划、审批和管理。主要场馆项目（奥林匹克体育场、水上运动中心、赛车场、国际广播中心、新闻媒体中心和运动员村）集中在奥林匹克公园。其中很多场馆规模较大、成本高昂且异常复杂。与 T5 项目和横贯铁路项目不同，伦敦奥运会项目的建设节奏、规划和进度计划由一个"不可更改的最后期限"（即奥运会开幕）所限定。项目最终于 2011 年 7 月成功如期交付，比 2012 年 7 月 27 日奥运会开幕提前了 13 个月，为奥运会组委会（the Games' organizing committee）留出了足够的时间试验场馆，并使用测试反馈为奥运会做准备。但项目未在 2005 年招标文件规定的原始预算内交付。原始预算共 42 亿英镑，用于奥运会的项目建设和赛事举办。在更现实地估算了所涉费用之后，2009 年新修版总预算在 2007 年修正后总预算 65 亿英镑的基础上又进行了一轮调整，增加至 93 亿英镑。虽然 68 亿英镑的项目最终成本未超出新修版总预算中为项目建设设定的 81 亿英镑上限，但相较初始基准还是显著地超出了预算。

横贯铁路是一个耗资 148 亿英镑的项目，旨在设计和建造一条新的跨海铁路。该铁路从西部的雷丁机场(Reading Airport)和希思罗机场(Heathrow Airport)，穿过伦敦市中心，再延伸到东部的谢菲尔德(Shenfield)与艾比伍德(Abbey Wood)。这条118公里的路线中包括一段直穿伦敦市中心的21公里地下隧道。横贯铁路有限公司(Crossrail Limited, CRL，以下简称横贯铁路公司)成立于2008年，是一家公营的临时业主组织。横贯铁路公司，作为整体项目群管理核心，对联合项目发起人英国运输部(Department for Transport, DfT)和伦敦交通局(Transport for London, TfL)负责。Transcend是一家由艾奕康、西图公司和尼科尔斯集团建立的临时的合资企业，它受横贯铁路公司委托，负责管理整个项目群。Crossrail Central是贝希特尔、合乐以及塞思达成立的合资企业，它受托管理中心段工程(Central Section works)的交付。整个横贯铁路项目群被划分为许多子项目，包括隧道、车站站台、信号系统和机车车辆。最大的单项工程是价值5亿英镑的中央隧道区段，它位于伦敦法林顿(Farringdon)与金融城(the City of London)之间，由合资企业Dragados-Sisk负责。横贯铁路项目的建设开始于2009年，并计划于2018年完成，届时该项目将转化为一条运营铁路。

以上这三个重大项目是英国政府通过鼓励创新来大幅改善重大项目绩效的艰难尝试。例如，在20世纪90年代，英国政府委托推进了两项有影响力的研究，并形成了著名的"Latham报告"和"Egan报告"①。这两份报告分析了如何通过发展新颖想法和项目学习，以及采用其他项目型行业的创新做法来扭转建设项目糟糕绩效。报告作者之一伊根(Egan)爵士同时也在20世纪90年代担任了BAA的首席执行官，他利用从其他项目和行业吸取的经验教训为T5项目的交付打造了一个全新模式。

现如今，从很多角度，T5项目均被视为一个"突破性项目"(Michaud et al., 2000)，因为它代表了一种放弃传统做法的努力，并基于协作、创新和灵活流程等要素创建了一个全新的重大项目交付模式(Davies et al., 2009)。T5项目向伦敦2012年奥运会以及随后的项目分享了经验与教训(诸如避免T5项目的拙劣开业)。这也在行业层面就英国交付重大项目创新的方法进行深入制度改革的必要性激发了广泛的讨论。例如，英国皇家工程院(the Royal Academy of Engineering)2014年发布的一份报告重点介绍了如何将2012年伦敦奥运项目交付中总结的经验和教训迁移到其他重大项目中。

(2) 英国重大项目中的动态能力

本节阐述上述五种动态能力如何被应用到英国重大项目管理中。

① 搜索能力

T5项目案例阐释了搜索过程，该过程涉及搜寻并整合新想法、新做法和新技术，以达到项目目标，并应对不可预料的、持续变化的状况。BAA根据从其他项目和行业获得的经验教训、内部试验的结果和相关项目的统计研究建立了一种新的项目交付模式，收录在一份被称为"T5协议"的合同和交付文件中(Davies et al., 2009; Davies et al., 2016)。

在规划T5项目时，BAA招募了一批项目经理来引进他们在其他重大项目[例如葛兰素史克(GlaxoSmithKline, GSK)的新英国研究中心、油气平台和香港国际机场]中积累的经验和行业实践。团队成员飞往世界各地的其他公司、行业和项目进行实地考察，以了解成功的做法、技术和思路如何运作(例如航空航天领域的数字模型以及汽车行业的实时物流)，以及T5项目如何借鉴上述做法、技术和思路。BAA的自有资本项目为小规模地对"T5协议"要素开展试验提供了一个有用的试验场，确保在项目开始之前能够发现、诊断并解决影响项目表现的障碍。BAA还采纳了风险共担方法，该方法之后

① 译者注："Latham报告"即Constructing the Team，发布于1994年；"Egan报告"即Rethinking construction，发布于1998年。

在 T5 项目中应用，解决了中断希思罗特快项目（Heathrow Express project）的障碍，这个项目是一条连接机场与伦敦帕丁顿车站（London's Paddington Station）的快车线路。因此，希思罗特快项目达成了新设定的进度目标，并于 1998 年投入使用。用 BAA 一位经理的话说，从希思罗特快项目中获得的经验"证明了'T5 协议'是奏效的"（BAA interview 2005）。

BAA 引入一种外部观点来理解 T5 项目交付中涉及的不确定性。为了识别 T5 项目相关的风险和不确定性，希思罗控股在类似项目间开展了比较案例研究，参考案例包括过去十年中建造的每一个超过 10 亿英镑的英国大型建设项目以及在过去十五年中启用的每一个国际机场。根据这些研究，BAA 的项目总监认识到："像这样的重大项目最吸引人的地方，是不要试图在确定性不存在的地方获得确定性。"（BAA interview 2009）他们发现，这些重大项目的糟糕绩效与固定价格合同和向总承包商转移风险的行为相关。以欧洲海底隧道（Channel Tunnel）和伦敦地铁银禧延长线（Jubilee Line）为例，这些重大项目成本超支、进度超期和质量问题产生的原因是业主和承包商之间就工程范围变更的责任分配问题所产生的纠纷和官司。BAA 预测，如果没有采用这种全新的交付策略，T5 项目可能超出预算 10 亿英镑，延期一年交付，并导致 6 人死亡。

BAA 通过投入时间和资源来创造一种适合 T5 项目，并可在未来项目中可以重复采用的交付模式。而作为临时业主组织，伦敦奥运管理局和横贯铁路公司开展的搜索过程则侧重于处理与一次性项目相关的特定挑战和不确定性。伦敦奥运管理局和横贯铁路公司都委任了交付伙伴组织，这些伙伴中都包括几家在交付重大项目方面具有经验、能力和成功记录的公司。他们也都吸取了英国其他重大项目的经验教训，例如如何避免 T5 项目中向运营部门移交项目实体时出现的混乱。

② 适应性问题解决能力

T5 项目、2012 年伦敦奥运会项目和横贯铁路项目都广泛使用了适应性问题解决流程[①]，该流程涉及柔性合同与多专业项目团队的结合。

BAA 与其一级承包商之间的"T5 协议"建立在成本补偿合同和集成项目团队基础上（Gil，2009；Davies et al.，2009；Davies et al.，2016））。"T5 协议"充分体现了 BAA 的构想，即由于不可能预测或控制从设计到施工到运营移交所有的事件，所以项目风险不应转移给承包商。根据所签订的关系合同，供应商的成本在透明公开的账目基础上支付，如果成本节约或进度提前，供应商就能获得奖金，以激励其对绩效的提升。合同不会具体列举需要开展的工作，而是聚焦于获得供应商的下述承诺，即不管母公司有何需要，都必须在正确时间为 T5 项目配备拥有实施特定任务所需知识和技能的高素质员工。"T5 协议"还规定，工作将由 BAA 和一级供应商组成的集成项目团队推进。协议希望团队能够通过解决问题、对机会作出反应和按照习得成果行事，从而建设性地向达成项目目标努力；而非"互相推卸责任，或利用他人的失败或困难谋取商业利益"（Wolstenholme et al.，2008：12）。交付手册提供了一套简单的规则和程序，帮助集成项目团队应对未预见的问题和机会：

> 传统的项目逻辑追求预先定义所有需求，并在项目启动后杜绝变更。然而，柔性和适应性是 T5 项目的关键目标。传统的流程和方案因此不再适用。T5 项目需要的是一种方法上的柔性：柔性的解决方案、面向最新情况的负责任决策，等等。因此，流程、做法与可交付成果将随项目推进而逐渐确定下来（BAA Delivery

① 译者注：即适应性问题解决能力。

Handbook 1999)。

奥运会项目和横贯铁路项目也采用柔性合同和同地驻扎的集成项目团队来管理整个项目群并交付其子项目(Davies et al., 2014)。以奥运会项目为例,作为伦敦奥运管理局的交付合作伙伴,CLM基于一份为实现进度目标和支持协作等方面提供激励条款的合同开展工作。在前期规划阶段,当伦敦奥运管理局及其交付伙伴CLM作为独立组织成立时,它们共同驻扎在伦敦金丝雀码头的一个场外办公室,并在此建立项目团队并整合各方的战略目标、流程和文化。通过举办联合的团队活动和社交活动,以信任和开放为基础的关系得以形成。当项目从规划转向施工时,CLM、伦敦奥运管理局代表和总承包商共同驻扎在施工现场,以集成项目团队的形式工作。

集成团队结构还可以用于缔造合作,并克服当利益不同、奖励措施不同、目标也不同的几家公司被要求共事时所产生的紧张关系。例如,横贯铁路项目建立了一个"集成项目团队"结构,来解决在横贯铁路公司及其两个交付伙伴组织之间建立协作和信任时遇到的一些问题(Davies et al., 2014)。横贯铁路公司在总部某层楼构建了包含业主成员和两个交付伙伴的新矩阵组织。

③ 试验与测试能力

T5项目、2012年伦敦奥运会项目和横贯铁路项目均采用了经验证的技术和可靠的做法,以弱化新技术采用与创新做法所导致的成本超支和工期超限风险。当新技术和无把握的做法被引入时,它们必须首先在测试、试运行和其他操作环境中试验和验证后才能应用到项目中。

为识别并解决与新技术和潜在的破坏性项目活动,T5项目实施了试验和测试,如试车、模型性能试点、专用场外测试设施、培训员工并使其熟悉新技术等相关的风险(Davies et al., 2009; Davies et al., 2016)。例如,主航站楼的"屋顶项目"被认为是T5项目最具挑战性和不确定性的项目之一。负责该项目的集成项目团队被鼓励去识别并曝光现场安装跨度超过150米的"屋顶-桥台"结构所面对的相关风险和安全隐患。其做法是提前在英格兰北部的某地点场外提前试验预制屋顶结构的吊装。这项先导测试识别了140个风险,并为每个风险都预先制定了风险缓解计划,以便现场快速施工(National Audit Office 2005: 5)。正如一名项目经理所说:"首轮研究(the First Run Studies)①和原型设计是T5项目成功的一个关键因素——这得益于供应商较早地参与整体工作,这使我们能够好好准备我们的方案。'屋顶项目'就是一个巨大的成功案例。"(BAA interview 2006)"屋顶项目"比原计划提前三个月交付,弥补了T5项目由于2001年到2002年期间冬季潮湿所造成的进度延误。

由于"不可更改的最后期限"的限制,伦敦奥运管理局则刻意限制了创新以确保项目按期完成。为避免出现在其他项目中的类似成本超支和工期拖延(例如伦敦银禧延长线项目中雄心勃勃的新技术计划),伦敦奥运管理局大量地应用已有的方法和已经试验的流程。鉴于T5项目失败开业的教训(Brady et al., 2010),伦敦奥运管理局决定在2011年7月完成建设项目,从而为2012年7月27日奥运会开幕式提供为期一年的现场测试时间。

④ 战略创新能力

T5项目和2012伦敦奥运会项目的创新在于应对项目实施过程中出现的特定挑战和机会,而横贯铁路项目创新的重要性在于引入了一种全新的理念,即为项目制定一项

① 译者注:首轮研究是为了确定执行过程的最佳方式、方法、顺序等而对过程进行的测试。

经深思熟虑的正式战略，以利用承包商和项目供应链其他成员的创新资源和能力（Davies et al.，2014；Dodgson et al.，2015）。

“横贯铁路创新战略”建立于2012年，旨在开发、融资并引入创新，以帮助项目克服战略性挑战，实现项目的总体愿景，以及达成项目的工期、成本和质量目标。该战略鼓励来自不同项目和供应商的成员提交他们的创新想法。有益的想法将获得开发、试验和实现所需的资源。由一支创新团队负责识别、评估和开发新想法，管理所投资项目的组合，并与整个横贯铁路项目分享成功的创新。团队为项目组织开发了一个名为“创新18号（Innovate 18）”的在线数字平台，以提供一种提交创意（创新门户），管理、跟踪和报告创意的进展（创新管理系统）和在横贯铁路社区交流和共享创新（通过网站）的机制。若可能有利于横贯铁路项目，这些新想法会在获得相关方的支持和承诺后得到开发。截至2014年年中，创新计划已完成三轮评估，并为30项创新提供资金支持。

在英国，为重大项目制定创新战略的理念正获得越来越多的支持。2014年，当横贯铁路公司项目总监转任泰晤士河潮汐隧道（Thames Tideway Tunnel）首席执行官时，他意图效仿横贯铁路的战略创新方法。泰晤士河潮汐隧道，这项耗资42亿英镑的项目启用了一项创新战略，以满足修建一条25公里长、取代伦敦19世纪的下水道系统的隧道所涉及的挑战和要求。通过咨询参与制定横贯铁路战略的学者和从业者，招募横贯铁路创新团队成员，借鉴横贯铁路项目的流程，以及重启横贯铁路开发的数字平台，该项目开发了自己的战略创新能力。最近，HS2有限责任公司——负责开发英国500亿英镑造价新高速铁路线的业主组织——也为其项目制定了创新战略。

⑤ 平衡能力

我们的研究指出了平衡能力如何在情况稳定的情况下提供规制柔性，从而在状况稳定时维持惯例，同时还能够适应性地应对技术、用户需求和操作环境的变化。T5项目采用了“阶段性设计定稿”流程，以避免过早敲定设计而导致的昂贵后期变更（Gil et al.，2011）。伦敦奥运管理局则有一个非常有效的变更控制流程，以发现阻碍进度的意外问题，并识别那些能够促进创新的机会。承包商提交的任何重大变更都必须经由伦敦奥运管理局主席授权的变更控制委员会（the Change Control Board）批准。例如，从钢屋顶改为电缆网屋顶就是ISG公司（负责建造赛车场的承包商）提出并经委员会批准的一项重要创新，该创新大大缩短了工期并节约了成本（Davies et al.，2014）。伦敦奥运管理局与国际钢铁集团（International Steel Group，ISG）重新协商了合同，将其从损失/收益合同（Pain/Gain Contract，一种承包商和业主共担风险的合同）改为固定价格合同，以确保与创新性变革相关的风险转为由承包商承担。

我们还发现了目标柔性的平衡作用。“T5协议”中，希思罗控股与多数一级承包商（first tier contractors）使用的是一揽子合同（umbrella contract），奥运会项目和横贯铁路项目则使用了NEC合同（New Engineering Contract）来解决项目群中子项目所面对的特定挑战和不确定性（Davies et al.，2014）。例如，奥运会项目中，伦敦奥运管理局使用了NEC-A（固定价格）合同来处理简单的和风险较小的项目（比如临时场馆项目）中那些已知的或可预测的状况。而NEC-C所代表的风险分担-目标成本合同（Risk-sharing Target-cost Contracts）被用于促进协作行为并提升柔性，以揭示与最大的、最具挑战性的项目（比如水上运动中心、赛车场和奥林匹克体育场项目）相关的风险，并解决与这些项目相关的那些未曾预料到的问题。这一方法鼓励总承包商利用自己的独特能力和以往经验，找到自己的方式来实现项目的个体目标：

> 我们可以自主决定如何实现伦敦奥运管理局设定的目标。我们也会根据对自

身所处环境的判断做一些稍微不同的事情，这是由场馆和项目群的性质所驱动的。(Principal contractor interview 2011)

然而，也必须在稳定与变化之间取得平衡：

你不可能不断变更，必须要限定一些完成工作的固定时间节点……如果你在约定日期后发生变更，那就意味着另一个承包商不得不改变他的工作来适应你的变更。(CLM interview 2011)

虽然每个子项目都是由一个总承包商相对独立地规划和管理的，但通过在整个项目群中应用标准化和一致性的流程，伦敦奥运管理局及其交付伙伴 CLM 确保上述准则得到维护。例如，监控和担保流程为子项目的进展提供了详细、定期和准确的信息并增加了发现未预见问题的可能。



## 14.4 动态能力与柔性交付模型

我们的研究表明，英国一些最大的、最重要的重大项目业主和交付伙伴一直在探索和创造交付重大项目的新方式。希思罗控股作为先行者，为 T5 项目创造了一个全新的(交付)模式。新模式与以往规划和实施重大项目的方式存在根本性差异。在为 T5 项目做准备期间，希思罗控股调查发现，重大项目的糟糕绩效与固定价格合同有关，这些合同将风险转移给承包商，并导致业主和承包商的敌对关系。在这种合同下，业主会选择最低价法评标，因为它们认为这种方法是保证进度目标和成本预算的最佳途径。莫里斯和霍夫(Morris and Hough，1987)在他们对泰晤士河屏障项目(the Thames Barrier)等重大项目的研究中进一步提供了固定价格合同存在问题的历史证据。而近期的例子包括英法海底隧道、银禧延长线扩建、斯旺威克空中交通管制系统(the Swanwick Air Traffic Control System，SATCS)和温布利国家足球体育场(Wembley National Football Stadium，WNFS)。

传统模式假设，可能对项目产生影响的不确定性和未来状况可以预先被确定。当它们在项目执行过程中出现时，可以通过落实应急计划加以处理。在这种模式下，重大项目的相关组织(发起人、业主和承包商)不愿意引入新颖想法和创新方法，而是倾向于依赖已经试验和试验的工艺、既定的惯例和经验证的技术。相关组织努力在早期阶段就敲定设计，按计划实施项目，利用应急计划解决影响项目的风险。当使用固定价格合同交付的重大项目发生未预见的事件时，业主和承包商最终通常会陷入这些未预见变更引起的责任纠纷里，导致无休止的官司(legal battles)、成本超支和进一步延误。

(1) 向柔性交付模式进发

T5 项目不仅在英国重大项目的管理、治理和结构方面发起了一场制度变革，而且也推动了一场迈向全新交付模式的运动。这种全新的交付模式结合了创新性和柔性的流程，培育了即时应对不确定性和迅速变化的条件所需的的协作行为。正如我们的研究凸显出的，T5 项目交付模式的要素正在一个接一个的项目之间共享与移植。奥运会项目和横贯铁路项目不仅借鉴了一些用于 T5 项目交付的关键协作流程(例如风险分担合同和集成项目团队)，而且增加了支持柔性和创新的新协作流程。

柔性交付模式基于一系列战略流程和简单规则，以应对重大项目中的不确定性。为应对快速变化和不可预测的状况，业主使用柔性的风险分担或风险承担合同，并与承包商以集成项目团队的形式合作。承包商被提前引入以协助(业主)策划设计和施工活动。随着项目的推进，阶段性的设计定稿提供了应对不断变化的需求或（抓住）新机会所需的柔性。当项目实施过程中发生未预想的事件或出现新机会时，（柔性交付模式）鼓励集成项目团队的成员协作地工作以发现问题、开拓新机会并找到创新性解决方案。然而，项目之间也存在一些差异。例如，BAA 为 T5 项目提供了定制的风险承担合同，伦敦奥运管理局和横贯铁路公司则使用了各种各样的风险分担合同，以分别定向处理整体项目群中与各子项目相关的各种不确定性。横贯铁路公司则是第一个制定并实施创新战略的项目。

（2）动态能力与不确定性

传统交付模式依靠业主及其承包商的规划和实施惯例，以在项目进行时预测未来状况并管理不确定性。此类交付模式假设关于世界未来状态的信息是充分的，而且一个项目可以作为一个被充分理解、可预测的和合理的过程被细致地优化（Pich et al.，2002；Brady et al.，2012）。为处理项目实施中的不确定性而建立的流程类似于易于理解的"标准化操作程序"，企业依赖此类程序处理稳定且可预测的状况。项目惯例、任务调度和风险管理技术会依照原计划按部就班地实施；而当已预识别的信号或风险在项目交付中出现时，预先设定的指令、应急计划和行动将会被触发（Pich et al.，2002）。

与之相反，柔性交付模式依赖动态能力来处理重大项目在规划和实施阶段的不确定性及快速变化的状况。该模式假设信息在一开始是不充分的，因为我们的认知能力无法预测未来的情况，亦无法识别不可预见的事件（Pich et al.，2002；Davies 2014）。而应对这种信息不充分和不可预见的不确定性需要具备一种在项目实施期间执行新计划、适应性地调整流程和促进创新的能力（Stinchcombe et al.，1985；Eisenhardt et al.，1995；Loch et al.，2006；Shenhar et al.，2007）。我们从重大项目项目经理用于提高员工的创新性和灵活性的战略流程中识别出了一组能力，包含：

① 搜索能力应用于规划阶段，通过校准项目面临的不确定性，识别新想法、做法和技术，以及选择处理未来情况最好的方法组合来处理信息不充分。例如，参考类预测方法、从内部项目中学习以及对其他项目和行业实地考察。

② 适应性问题解决能力用以在项目实施过程中处理未预见到的时间和机会。例如，"T5 协议"、协作型合同、集成项目团队和集成项目群团队。

③ 试验和测试能力用于识别与新颖的或高风险的做法相关的风险，并确保新技术在引入项目之前是可靠且经验证的。例如，T5 项目面向原型试验和运营移交测试的学习，以及伦敦奥运管理局就现场活动进行试验。

④ 战略创新能力用以建立一个精密的、正式的和系统化的流程，从而在项目中利用项目供应链和研究伙伴的创新资源，并将这些创新资源在项目中应用。例如，横贯铁路公司的创新战略。

⑤ 平衡能力用以管理在快速变化的、未预见到的情况发生时，在按照计划来实施程序还是通过灵活应对以促进创新之间进行的权衡。例如，阶段性设计定稿、变更控制委员会和量身定制的合同。

尽管每个项目都利用了先前项目中开发的经验和能力，但动态能力开发的主要重点因项目而异。T5 项目专注于发展前期搜索能力，以创造一种全新的项目交付模式。由于交付期限严格限定，2012 年伦敦奥运会项目的创新着重体现了平衡能力在一个规范、稳定且一致性强的过程中对创新的支持作用。而横贯铁路项目的重点是发展和应用战略创新能力。

我们发现过去的重大项目可能采用一种或多种动态能力。而我们对 T5 项目、伦敦奥运会项目和横贯铁路项目的研究进一步表明，当全部五种能力都得到应用时，一个组织应对不确定性和快速变化的状况的能力显著增强。动态能力的应用在一个重大项目的全生命周期中也存在差异。尽管前期规划阶段仅仅应用了搜索能力，但在执行阶段遇到状况和挑战时，应整合并和谐地配置其他四种能力，即适应性问题解决能力、试验和测试能力、战略创新能力和平衡能力。

我们的研究认为，两种类型差异鲜明的业主组织，即长期业主组织或临时业主组织，都可以培育管理重大项目所需的动态能力（Davies et al.，2016）。作为一个长期或永久业主组织的例子，希思罗控股多年来以一种与英国石油公司、壳牌公司、英国国营铁路公司、英国高速公路公司和伦敦地铁公司等公司类似的方式大量交付重大项目。它有机会和动力为 T5 项目开发动态能力并应用其经验来优化后续项目的交付，如 2 号航站楼。

作为临时业主组织的例子，伦敦奥运管理局和横贯铁路公司是基于项目全生命期存在的独立实体。所以伦敦奥运管理局在奥运会建设项目完成后很快被解散，横贯铁路公司也将在横贯铁路开通运营时被注销。与 BAA 不同，伦敦奥运管理局和横贯铁路公司都认识到，由于项目的临时性，管理其项目所需的动态能力不能完全由内部开发。为此，它们建立了交付伙伴关系，引入了几家在管理重大项目方面已有能力和经验的承包商。在奥运会项目案例中，伦敦奥运管理局的交付伙伴将三家不同公司的知识和资源汇集起来，其中两家公司 Laing O'Rourke 和 Mace 带来了它们之前在 T5 项目习得的经验。

为管理重大项目而建立的临时业主存在时间并不短。大多数重大项目都有着长规划期和长实施期，这为业主提供了准备并开发动态能力的机会——这些动态能力看似是暂时的，但可能在许多年甚至几十年内应用。例如，HS2 有限公司将在预计长达几十年的建设期内管理和负责一个项目。这些临时组织的长寿命期有助于解释动态能力是如何通过刻意学习、模仿以及想法交互等方式，从一个项目转移到其他重大项目的。项目之间的人员流动促进了这种转移。两个例子能够证明这一点。案例一，横贯铁路项目的战略创新使用所使用的方法是由横贯铁路公司的首席执行官提供的，而他曾担任 T5 项目的总监。案例二，当横贯铁路公司的项目总监成为泰晤士河潮汐隧道项目的首席执行官时，他模仿了横贯铁路项目战略创新所使用的方法。两个项目现在都使用相同的数字平台“创新 18 号（Innovate 18）”来交流创新想法。这两个例子说明了项目专业人员作为项目之间创新做法和创新能力“载体”的重要性（Scott et al.，2011；Grabber et al.，2015）。

## 14.5 结论

本章讨论了与承包商和交付伙伴合作的英国基础设施业主们是如何开发出一种新的柔性交付模式来管理重大项目的。我们分析了 T5 项目、2012 年伦敦奥运会项目和横贯铁路项目这三个项目的业主如何认识到传统的重大项目管理方法已不再可行。他们全力参与尝试和开发一种全新的、高度适应性的（交付）模式中，这种模式基于协作、柔性合同、集成项目团队和创新。参考动态能力相关文献（Teece et al.，1997；Eisenhardt et al.，2000；Zollo et al.，2002），我们认为项目经理依靠五个战略流程和简单规则来提升所需的创新性和柔性，以应对重大项目中遇到的高度不确定和快速变化的状况。我们亦识别出这些动态功能是如何以不同的方式应用于这三个项目的。一些学者近期研究了永久组织中的动态能力（Winch，2014；Winch et al.，2016；Davies et al.，2016），但是，探索临时组织如何构建和应用管理大型一次性项目所需的动态能力的进一步研究仍有必要，虽然表面上来看，这些能力几乎或根本不可能在未来项目中复用。

## 参考文献

Adler，P. S.，Goldoftas，B.，and Levine，D. I.（1999）. "Flexibility versus efficiency? A case study of model changeovers in the Toyota production system，" Organization Science，10(1)：43-68.

Artto，K.，Ahola，T.，and Vartiainen，V.（2016）. "From the front end of projects to the back end of operations：Managing projects from value creation throughout the system lifecycle，" International Journal of Project Management，35(2)，258-70.

BAA.（1999）. The T5 Agreement：Delivery Team Handbook，BAA Company Document.

Brady，T. and Davies，A.（2004）. "Building Project capabilities：From exploratory to exploitative learning，" Organization Studies，25(9)：1601-21.

Brady，T. and Davies，A.（2010）. "From hero to hubris：Reconsidering the project management of Heathrow's Terminal 5，" International Journal of Project Management，28，151-7.

Brady T. and Davies，A.（2014）. "Managing structural and dynamic complexity：A tale of two projects，" Project Management Journal，45(2)：21-38.

Brady，T.，Davies，A.，and Nightingale，P.（2012）. "Dealing with uncertainty in complex projects：Revisiting Klein and Meckling，" International Journal of Managing Projects in Business，5(4)：661-79.

Cattani，G.，Ferriani，S.，Frederiksen，L.，and Taube，F.（2011），"Project-based organizing and strategic management：A long-term research agenda on temporary organizational forms，" Advances in Strategic Management，28：3-26.

Davies，A.（2014）. "Innovation and project management，in M. Dodgson，D M. Gann，and N. Phillips(eds.) The Oxford Handbook of Innovation Management. Oxford：Oxford University Press，pp. 625-47.

Davies，A. and Brady，T.（2000）. "Organisational capabilities and learning in complex product systems：Towards repeatable solutions，" Research Policy，29：931-53.

Davies，A. and Brady，T.（2016）. "Explicating the dynamics of project capabilities，" International Journal of Project Management，34(2)：314-27.

Davies，A.，Dodgson，M.，and Gann，D. M.（2016）. "Dynamic capabilities for a complex project：The case of London Heathrow Terminal 5，" Project Management Journal，Special Issue：Innovation and Project Management：Bridging Contemporary Trends in Theory and Practice，47(2)：26-46.

Davies，A. and Frederiksen，L.（2010）. "Project modes of innovation：The world after Woodward，" Research in the Sociology of Organizations，Special Issue：Technology and Organization：Essays in Honour of Joan Woodward，29：177-215.

Davies，A.，Gann，D. M.，and Douglas，T.（2009）. "Innovation in megaprojects：Systems integration at London Heathrow Terminals，" California Management Review，51(2)：101-35.

Davies，A.，MacAulay，S.，Debarro，T.，and Thurston，M.（2014）. "Making innovation happen in a megaproject：The case of London's Crossrail，" Project Management Journal，45(6)：35-37.

Davies，A. and Mackenzie，I.（2014）. "Project complexity and systems integration：Constructing the London 2012 Olympics and Paralympics Games，" International Journal of project Management，32：773-90.

De Meyer，A，Loch，C. H.，and Pich，M. T.（2002）. "Managing project uncertainty，" Sloan

Management Review, 43(2): 6-67.

Dodgson, M., Gann, D. M., MacAulay, S., and Davies, A. (2015). "Innovation strategy in new transportation systems: The case of Crossrail," Transportation Research Part A: Policy and Practice, 77: 261-75.

Dodgson, M., Gann, D. M., and Phillips, N. (2014). "Perspectives oh innovation management," in The Oxford Handbook of Innovation Management, Oxford: Oxford University Press, pp. 3-25.

Dvir, D. and Shenhar, A. (2011). What great projects have in common," MIT Sloan Management review, 52(3): 19-21.

Edkins, A., Gerald, I., Morris, P., and Smith, A. (2013). "Exploring the front-end of project management," Engineering Project Organization Journal, 3(2): 66-85.

Edmondson, A., (2012a). Teaming: How Organizations Learn, Innovate, and Compete in the Knowledge Economy. San Francisco: Wiley.

Edmondson, A. (2012a). "Teamwork on the fly," Harvard Business Review, April: 72-80.

Egan, J. (1998). Rethinking Construction: The Report of the Construction Industry Task Force. Department of Transport, Environment and Regions.

Eisenhardt, K. M. and Tabrizi, B. N. (1995). "Accelerating adaptive processes: Product innovation in the global computer industry," Administrative Science Quarterly, 40: 84-110.

Eisenhardt, K. M. and Martin, I. A., (2000). "Dynamic capabilities: What are they?" Strategic Management Journal, 21: 1105-21.

Eisenhardt, K. M. and Sull, D. N. (2001). Strategy as simple rules, Harvard Business Review. January 2001: 107-116.

Eisenhardt, K. M., Furr, N. R., and Bingham, C. B. (2010). "Micro foundations of performance: Balancing efficiency and flexibility in dynamic environments," Organization Science, 21(6): 1263-73.

Engwall, M. (2003). "No project is an island: Linking projects to history and context," Research Policy, 32: 798-808.

Ethiraj S. K., Kale, P., Krishnan, M. S., and Singh. J. V. (2005). "Where do capabilities come from and how do they matter? A study in the software services industry," Strategic Management Journal, 26, 25-45.

Floricel, S., and Miller, R. (2001). "Strategizing for anticipated risks and turbulence in largescale engineering projects," International Journal of project Management, 19: 445-55.

Flyvbjerg, B. (2014). "What you should know about megaprojects and why: An overview," Project Management Journal, 45(2): 6-19.

Flyvbjerg, B., Bruzelius, N., and Rothengatter, W. (2003). Megaprojects and Risk: An Anatomy of Ambition Cambridge: Cambridge University Press.

Flyvbjerg, H., Garbuio, M., and Lovallo, D. (2009). "Delusion and deception in Large intrastructure projects: Two models for explaining and preventive executive disaster," California Management Review, 52(2): 170-93.

Gann, D. M. and Salter, A. (2000). "Innovation in project-based, service-enhanced firms: The construction of complex products and systems," Research Policy, 29: 955-72.

Gerald, J, Lee-Kelley, L., and Kutsch, E. (2010). "The Titanic sunk, so what? Project manager response to unexpected events," International Journal of Project Management, 28: 547-58.

Gil, N. (2009). "Developing cooperative project-client relationships: How much to expect from relational contracts," California Management Review, 51(2): 144-69.

Gil, N. and Tether, B. (2011). "Project risk management and design flexibility: Analysing a case and conditions of complementarity," Research Policy, 40: 415-28.

Grabher, G and Thiel, J. (2015). "Projects, people, professions: Trajectories of learning through a mega-event (the London 2012 case)," Geoforum, 65: 328-37.

Helfat, C. E. (2000). "Guest editor's introduction to the special issue. The evolution of firm capabilities," Strategic Management Journal, 21: 955-9.

Helfat, C. E. and Peteraf, M. A. (2003). "The dynamic resource-based view: Capability lifecycles," Strategic Management Journal, 24: 997-1010.

Hirschman, A. O. (1967). Development Projects Observed. Washington, DC: The Brookings Institution.

Johnson, S. B. (2002). "The Secret of Apollo, Systems Management in American and European Space Programs, Baltimore and London: John Hopkins University Press.

Jones, C. and Lichtenstein, B. (2008). "Temporary inter-organizational projects: How temporal and social embeddedness enhance coordination and manage uncertainty," in S. Cropper, M. Ebers, C. Huxman, and P. Smith Ring (eds.), The Oxford Handbook of Inter-Organizational Relations. Oxford: Oxford University Press, pp. 231-55.

Lavallo, D. and Kahneman, D. (2003). "Delusions of success: How optimism undermines executive's decisions," Harvard Business Review, July: 56-63.

Latham, M. (1994). Constructing the Team. London: HMSO.

Lenfle, S. (2011). "The strategy of parallel approaches in projects with unforeseeable uncertainty: The Manhattan case in retrospect," International Journal of Project Management, 29: 359-73.

Lenfle, S. and Loch, C. (2010). "Lost roots: How project management came to emphasize control over flexibility and novelty," Californian Management Review, 53(1): 32-55.

Loch, C., De Meyer, A., and Pich, M. (2006). Managing the Unknown: A New Approach to Managing High Uncertainty and Risk in Projects. Hoboken, NJ: Wiley.

Merrow, E. W. (2011). Industrial Megaprojects: Concepts, Strategies, and Practices for Success. Hoboken, NI: Wiley.

Michaud, P. and Lessard, D. (2000). "Transforming institutions," in R. Miller and D R Lessard (eds.), The Strategic Management of Large Engineering Projects: Shaping Institutions, Risks, and Governance. Cambridge, MA: MIT Press, pp. 151-63.

Miller, R. and Lessard, D. (2000). "The Strategic Management of Large Engineering Projects: Shaping Institutions, Risks, and Governance. Cambridge, MA: MIT Press.

Miller, R and Lessard, D. (2001). "Understanding and managing risk in large engineering projects," International Journal of Project Management, 19: 437-43.

Mintzberg, H. (1983). Structures in Fives: Designing Effective Organizations, Upper Saddle River, NJ: Prentice Hall.

Morris, P. W. G. and Hough, G. H. (1987). The Anatomy of Major Projects, Chichester: Wiley.

Morris, P. W. G. (1994). The Management of Projects. London: Thomas Telford.

Morris, P. W. G. (2013). Reconstructing Project Management. Chichester: Wiley.

National Audit Office (2005). Case Studies: Improving Public Services through Better Construction. London: National Audit Office.

O'Reilly, C. A. and Tushman, M. L. (2008). "Ambidexterity as a dynamic capability: Resolving the innovator's dilemma," Research in Organizational Behavior, 28: 185-206.

Perminova, O., Gustafsson, M., and Wikström, K. (2008). "Defining uncertainty in projects: A new perspective," International Journal of Project Management, 26: 73-9.

Pich, M. T., Loch, C. H., and De Meyer, A. (2002). "On uncertainty, ambiguity and complexity in project management," Management Science, 48(8): 1008-23.

Royal Academy of Engineering. (2014). Public Projects and Procurement in the UK: Sharing Experiences and Changing Practice.

Sapolsky, H. M. (1972). The Polaris System Development: Bureaucratic and Programmatic Success in Government, Cambridge, MA: Harvard University Press.

Sayles, L. and Chandler, M. K. (1971). Managing Large Systems. New York: The Free Press.

Scott, R. W., Levitt, R. E., and Orr, R. J. (2011). Global Projects: Institutional and Political Challenges. Cambridge: Cambridge University Press.

Shenhar, A. J. (1993). "From low to high-tech project management," R&D Management, 23(3): 199-214.

Shenhar, A. J. (2001), "One size does not fit all projects: Exploring classical contingency domains," Management Science, 47(3): 394-414.

Shenhar, A. J. and Dvir, D. (1996). "Toward a typological theory of project management," Research Policy, 25: 607-32.

Shenhar, A. J. and Dvir, D. (2007). Reinventing Project Management: The Diamond Approach to Successful Growth and Innovation. Boston, MA: Harvard Business School.

Söderholm, A. (2008). "Project management of unexpected events," International Journal of Project Management, 26(1): 80.

Söderlund, L. and Tell, F. (2009). "The P-form organization and the dynamics of project competence: Project epochs in Asea/ABB, 1950 - 2000," International Journal of Project Management, 27: 101-12.

Stinchcombe, L. and Heimer, C. (1985). Organizational Theory and Project Management: Administering Uncertainty in Norwegian Offshore Oil, Oslo: Norwegian University Press.

Teece, D., Pisano, G., and Shuen, A. (1997). "The dynamic capabilities and strategic management," Strategic Management Journal, 18(7): 509-33.

Teece, D. (2007). "Explicating dynamic capabilities: That nature and micro-foundations of (sustainable) enterprise performance," Strategic Management Journal, 28(13): 1319-50.

Teece, D. (2010). "Alfred Chandler and capabilities' theories of strategy and management," Industrial and Corporate Change, 19(2): 297-316.

Teece, D. (2012). "Dynamic capabilities: Routines versus entrepreneurial action. Journal of Management Studies," 49(8): 1395-401.

Thompson, D. (1967). Organizations in Action: Social Science Bases of Administrative Theory. New Brunswick, NJ: Transactions Publishing.

Van Marrewijk, A., Clegg, S. R., Pitsis, T, and Veenswijk, M. (2008). "Managing public-private megaprojects: Paradoxes, complexity and project design," International Journal of Project Management, 26: 591-600.

Ward, S. and Chapman, C. (2003). "Transforming project risk management into project uncertainty management," International Journal of Project Management, 21:97-105.

Williamson, O. E. (1985). The Economic Institutions of Capitalism: Firms, Markets, Relational Contracting New York: Macmillian.

Williams, T and Samset, K. (2010). "Issues in front-end decision making on projects," Project Management Journal, 41(2): 38-49.

Winch, G. (2014). "Three domains of project organizing," International Journal of Project Management, 32: 721-31.

Winch, G. and Leiringer, R. (2016). "Owner project capabilities for infrastructure development: A review and development of the strong owner concept," International Journal of Project Management, 34(2): 271-81.

Winter, S. G. (2000). "The satisficing principle in capability learning," Strategic Management journal, 21: 981-96.

Winter, S. G. (2003). "Understanding dynamic capabilities," Strategic Management Journal, 49(8): 1402-6.

Winter, S. G. (2012). "Capabilities: Their origins and ancestry, Journal of Management Studies," 24: 991-5.

Wolstenholme, A., Fugeman, I., and Hammond, F. (2008). "Heathrow Terminals: Delivery strategy," Proceedings of the Institution of Civil Engineers: Civil Engineering, 161(5): 10-15.

Zollo, M. and Winter, S. G. (2002). "Deliberate learning and the evolution of dynamic capabilities," Organization Science, 13(3): 339-51.

# 15 重大项目利益相关者管理

格雷厄姆·温奇



## 15.1 引言

为了给伦敦证券交易所后台结算自动化项目(TAURUS)的利益相关者提供一个发表意见的平台,由主要参与者代表组成的 TAURUS 证券业指导委员会(The Securities Industry Steering Committee on TAURUS, SISCOT)成立了。作为 TAURUS 项目的核心,强制非物质化(以电子股票所有权登记册取代纸质股票)威胁到了服务于私人客户的经纪人利益,而这些经纪人得到了行业监管机构的支持。SISCOT 委员会将这些经纪人都包括在内,并为 TAURUS 项目系统的需求提供了重要的意见,每个利益相关者都在努力使这些需求符合他们的特殊利益。但结果却是项目范围无法控制,导致预算增加和工期延长,最终,在浪费了 8 000 万英镑(按当时的价格计算)后,项目被取消了。对于那些试图交付项目的人来说,SISCOT 被称为"疯帽子茶会"[①](Drummond, 1996)。

TAURUS 项目团队在管理其项目利益相关者时面临着巨大的挑战,后来取而代之的 CREST 项目之所以能够成功,是因为项目范围的变更减少了监管者的利益影响,从而削弱了 TAURUS 反对者的力量。本章的目的是探讨上述类型的挑战,并就以下问题提出研究议程:如何通过平衡各利益相关者群体的分歧和冲突来恰当地管理重大项目利益相关者。首先,我们将简要回顾过去 50 年来关于利益相关者管理研究文献的进展,然后更详细地考察项目利益相关者管理的最新研究成果。其次,我们将转向另外两种对项目利益相关者管理有重要见解的思想流派——行动者网络理论和制度理论。最后,我们将就重大项目与社会这一主题以及随之而来的伦理问题,提出项目利益相关者管理研究和实践的一些新方向。

## 15.2 战略管理研究中的利益相关者

20 世纪 60 年代初,作为战略规划工作的一部分,斯坦福研究院(Stanford Research Institute)提出了企业的利益相关者(stakeholders)概念,这一概念有别于作为企业合法

① 译者注:德拉蒙德(Drummond)的著作 *Escalation in Decision-Making: The Tragedy of Taurus* 第五章中,通过描述 SISCOT 委员会从成立之初到解散的过程以探讨托瑞斯(Taurus)失败的原因,并将该委员会昵称为"疯帽子茶会"(the Mad Hatter's tea-party)。

所有者的股份(share)或股东(stockholders)(Freeman, 1984)。这些观点迅速被战略管理(Ansoff, 1968)、项目管理(Cleland et al., 1968)和其他领域采纳。安索夫(Ansoff)及克利兰(Cleland)和金(King)认为,利益相关者作为企业"环境"的一部分,是企业追求目标时必须要考虑到的。弗里曼(Freeman)对这些观点的进一步发展为战略管理研究带来了开创性的贡献(Freeman, 1984);帕尔马(Parmar et al., 2010),并一直影响着当前的研究。弗里曼认为,战略管理需要超越生产职能观点,甚至是超越考虑股东和员工利益的管理观点,转向考虑政府、非政府组织、当地社区、供应商和客户等行为主体的企业利益相关者观点。他还强调,特定企业的利益相关者"图谱(map)"是偶然的,只能用经验来描述,而不是分类描述。在此基础上,弗里曼提出了被广泛接受的利益相关者的定义(1984;46):

> 组织中的利益相关者是指能够影响组织目标实现,或受组织目标实现影响的所有群体或个体。

沿袭弗里曼的观点,关于利益相关者的研究(Laplume et al., 2008)衍生出了四个主要领域,我们将采用这四个领域来构建本章对项目利益相关者管理研究的综述性回顾。

利益相关者定义和显著性(salience)。该研究开发了用来识别利益相关者,以及确定其在实现企业目标中相对重要性的基本概念和方法。米切尔(Mitchell et al., 1997)对这一研究方向做出了开创性的贡献,他们认为利益相关者显著性是由那些有影响力的、合法的、且有迫切要求的利益相关者所决定的。

① 利益相关者的行动和应对措施。该研究考察了利益相关者如何影响企业行为。弗里曼(Freeman 1999)认为,当利益相关者拥有企业所依赖的资源时,他们会使用直接策略;反之则更多使用间接策略。间接策略可能包括竞选、组建联盟和网络以及实施监管行动。

② 企业的行动和应对措施。弗里曼对企业行动和应对措施进行了大量的研究,包括企业的社会责任活动、游说政府和监管机构,以及建立合作关系等。

③ 企业绩效。企业绩效考察了对利益相关者管理能力上的投资为企业带来的回报。一般认为这类回报是积极正向的,但由于缺乏直接证据,还不能令人信服。

拉普鲁姆等人(Laplume et al., 2008)注意到文献中的另一个趋势,即由最初将利益相关者管理作为理性战略规划的重要组成部分,逐步转向将利益相关者管理视为一种道德约束(Gibson, 2000)。然而,这不可避免地提出了新的挑战,因为一旦企业盈利的斯密道德规则[①]被打破,评估不同利益相关者相对优势的标准就会变得不明确。吉布森(Gibson)认为,只要利益相关者是可识别的、连贯的社会群体,那么这个问题就可以通过偏袒和互惠的途径来解决(Gibson, 2000)。然而,也有人主张将自然环境作为原始利益相关者(primordial stakeholder)纳入利益相关者图谱中(Driscoll et al., 2004)。这从根本上拓展了上文所述的弗里曼关于利益相关者的定义。然而,自然环境在企业追求目标的过程中,既明显地受到企业的影响(如污染、全球变暖等),又会影响到企业(如可开发的自然资源的枯竭、自然灾害等)。德里斯科(Driscoll)和斯塔克(Starik)提议将"邻近性"(proximity)纳入利益相关者框架(Mitchell et al., 1997)以考虑到自然环境。

自20世纪60年代初以来,利益相关者管理作为战略管理研究的组成部分虽然已

① 译者注:现代经济学往往将"经济人"假设追溯到斯密的分析,斯密认为市场利用人性的自利来整合人类活动,在《道德情操论》中,斯密基于人性本善的假设而把源于同情心的利他主义情操视为人类行为的普遍基础和动机。

经取得了长足进步，但似乎也陷入了僵局。值得注意的是，早期的《牛津战略管理指南》(Oxford Handbook on Strategic Management)(Faulkner & Campbell，2003)中并没有关于利益相关者管理的章节，只是在书中顺带提及。目前，人们对战略管理领域的研究兴趣已经转移，在商业伦理学领域的研究兴趣尤为强烈(Laplume et al.，2008)。另一个对利益相关者概念越来越感兴趣的领域是项目和项目集(program)管理，也就是我们接下来要讨论的内容。

## 15.3 项目和项目集管理研究中的利益相关者

项目和项目集管理领域的研究者很快就意识到利益相关者管理概念的重要性(Cleland et al.，1968)，但这在当时并没有引发研究热潮。相反，这一主题成了包括本书在内的项目管理手册和指南中的一个标准章节(如卡尔弗特(Calvert，1995)、克利兰(Cleland，1998)、麦克罗伊(McElroy et al.，2000)、温奇(Winch，2004))，甚至还有专门讨论利益相关者管理的教材(Chinyio et al.，2010)。最近对项目利益相关者管理研究的文献综述(Achterkamp et al.，2008；Littau et al.，2010；Mok et al.，2015)表明，对该主题的研究兴趣在 2005 年左右开始兴起，此后势头迅猛；最后一篇综述(Mok，2015)对本章特别有帮助，因为它的关注重点就是重大项目。综合来看，这三篇文章对期刊发表的研究文献进行了较好的覆盖，但由于其主要依赖书目数据(bibliographic databases)而不是对文献及其主要贡献的深入了解，因此存在一定的研究空白。因此，本章将集中在近期的期刊论文和较早的著作上，以拉普鲁姆等人(Laplume et al.，2008)提出的研究类别为基础来进行综述。

(1) 利益相关者的定义和特征

米拉尔等人(Miller et al.，2000)在书中深入探讨了重大项目的“项目塑造”(project shaping)过程，在这一过程中，首先将包括项目发起人、投资人、政府和主要供应商在内的重大项目前期的利益联盟进行了配置和重新配置，直到确定了可行的项目概念并聚集了足够的动力进入执行阶段。傅以斌等人(Flyvbjerg et al.，2003)进一步说明，重大项目的发起人和投资人之间的动态关系如何通过故意低估成本和高估效益——即对重大项目的投资理由进行战略性的歪曲——造成“重大项目悖论”。萨利宁等人(Sallinen et al.，2011)分析了国家政府作为监管机构在芬兰民用核项目中的突出地位。他们的研究展示了核监管机构是如何拥有权力和合法性的——监管机构是核设施安全的守护者，这使它既有相当大的权力(制定严格的技术要求)，也有合法性(如果没有它的监督，民用核项目在政治上是不可接受的)。这些因素结合在一起使其具有了紧迫性，因为如何满足监管机构的要求是项目成功的关键。杨等人(2014)对项目经理进行了一项调查以了解他们对利益相关者显著性的看法，其研究结果表明，权力最重要，其次是紧迫性和邻近性，而合法性对这些项目经理来说显著性并不高。

(2) 利益相关者的行动和应对措施

休斯(Hughes)报告了利益相关者参与波士顿中央干道/隧道项目的动态发展，以及社区利益相关者代表“将大块的乳齿动物肉送回部落”[①](delivering some chunk of mastodon meat back to the tribe)的目标(1998：221)。麦克亚当等人(McAdam et al.，2011)进一步分析了在发展中国家产生反对管道项目建设的因素，并将这些因素

① 译者注：该表述出自文献 Thomas P. Hughes *Rescuing Prometheus Four Monumental Projects that Changed Our World by* 中引用的波士顿中央干道/隧道项目参与者的访问，指当时项目对波士顿市政厅官员的要求的回应。

划分为现有制度框架内的法律反对和框架外的政治反对。萨利宁等人(Sallinen et al.，2011)展示了核安全监管机构作为政府代理人是如何影响项目管理过程的。马祖尔等人(Mazur et al.，2014)研究发现,项目经理的情商对国防部门的内外部利益相关者关系的发展十分重要;芙洛维茨等人(Vrhovec et al.，2015)探讨了利益相关者对信息技术驱动的组织变革阻力。谈到建筑项目,克林吉(Collinge)和哈蒂(Harty)(2014)和赫拉维等人(Heravi et al.，2015)论述了利益相关者的参与程度如何随项目的不同阶段而变化。劳(Law)和卡隆(Callon)(1992)及姆索尼耶(Missonier)和卢弗兰尼-费迪达(Loufrani-Fedida)(2014)的研究分别展示了利益相关者网络在喷气式战斗机项目和IT项目中随时间的演变过程。

(3) 企业的行动和应对措施

温奇(Winch，2004)的研究表明如何通过缩小项目范围(但不包括具体任务)来消除监管者的利益影响,进而大大削弱对项目任务持反对意见的群体的权力。昌等人(Chang et al.，2013)研究了国防采购项目,强调了与供应商共同创造价值的重要性。席佩斯等人(De Schepper et al.，2014)进一步说明了私人融资在公共基础设施项目中的使用如何显著提升项目利益相关者关系的复杂性。格雷曼(Greiman，2013)展示了波士顿中央干道/隧道项目的项目管理团队如何与利益相关者沟通和缓解利益相关者关系/矛盾。杨等人(Yang et al.，2014)报告称,项目经理更容易向权力大的利益相关者妥协或让步,对有紧迫需求的利益相关者则倾向于采用"维持"(hold)(什么都不做)或妥协策略,对邻近的利益相关者往往会采用更加柔和的策略。艾斯克罗德(Eskerod)和瓦加萨(Vaagaasar，2014)展示了业主项目管理团队如何在项目生命周期中与项目的高级发起人和项目的主要供应商建立信任关系。贝林格等人(Beringer et al.，2013)则将注意力转向项目组合管理,并展示了内部利益相关者对有效的项目组合管理的重要性。

(4) 企业绩效

传统意义上的项目绩效是根据巴恩斯(Barnes，1988)的时间、成本和质量的三角目标来定义的。本章和以前的综述所回顾的关于项目利益相关者管理的文献中大多都采用了这一定义,即便没有明确说明,也默认将利益相关者视为需要被管理以免其破坏项目进程的群体。因此,格雷曼(Greiman，2013)认为,在波士顿中央干道/隧道项目上采用利益相关者的缓解措施会使总成本增加30%。然而,如果我们阅读项目绩效的相关文献,可以看到,研究者已经从这个狭义的定义转向了考虑不同利益相关者所主张的不同绩效标准上。梅罗(Merrow，2011)从业主和运营商的角度出发,通过回归分析发现,较高的"团队整合度"将带来较高的项目绩效,其中运营商在早期项目团队中的代表性是构成团队整合度的一个比较重要的参数。戴维斯(Davis，2014)及特纳(Turner)和佐林(Zolin)(2012)等作者研究发现,供应商、用户和项目团队等利益相关者对项目绩效的看法可能会有所不同,而且往往是相互矛盾的。

(5) 概述

关于项目利益相关者的实证研究是一个充满活力的领域,持续增长的研究活动有力地支持了重大项目管理实践。上文中提到的文章并非都是关于重大项目的,但也与重大项目管理有关。随着项目管理领域的发展,其所主张的利益相关者的定义比弗里曼(Freeman，1984)提出的要窄一些,这也许是受到了克利兰(Cleland，1986)研究的影响。从利陶等人(Littau et al.，2010;见原文中表A2)的研究中可以清楚地看出,项目管理研究者通常将利益相关者的定义限制在对项目感兴趣的人,而不是受项目影响的人,这意味着利益相关者要有更高的认知水平才能纳入分析。这一区别很重要,因为前者的定义排除了原始利益相关者。

因此，本章所依据的三个综述中所涉及的大部分研究文献显然是“工具性”的（Donaldson & Preston，1995），因为它的前提是，通过沟通和/或缓解的方式使利益相关者有效参与，对于成功完成项目任务至关重要。其它研究更具有“描述性”（Donaldson & Preston，1995），重点关注界定项目任务的前期阶段，对重大项目前期的塑造过程进行了实证研究。唐纳森（Donaldson）和普勒斯顿（Preston）（1995）在总结时认为，利益相关者管理理论不能仅依赖于描述性或工具性的视角，相反，它需要一种“规范性”的视角，这也是本章接下来讨论的重点。

在这之前，我们先讨论一下项目利益相关者管理研究的一些局限性。一是概念问题，另一个是关于重大项目利益相关者管理的研究范围问题。概念上的问题在于股东的缺席。利益相关者理论（Freeman，1984）的基本前提是，利益相关者有别于股东，后者对核心组织有受托要求；在公共组织中，即纳税人。那么，谁是项目的股东呢？很明显，应该是项目的出资人（financiers）。如果项目由业主组织从内部资金中出资建设，那么项目的股东就是业主组织中约定俗成的股东，无论他是股权持有人还是纳税人。然而，许多业主组织为其重大项目寻求无追索权融资（non-recourse finance），因此，项目股东可能对项目所创造的资产及其开发所产生的相关现金流有直接权利（Morrison，2012）。这种关于公共项目的安排被称为公私合作伙伴关系（public-private partnership）（Winch &Schmidt，2016）。然而，正如我们在后面会看到的，在项目利益相关者管理中，将项目的出资人作为一种特殊类型的利益相关者而不是对立的股东，是更有效的分析视角。

一个相关的问题是利益相关者分析中对核心组织（focal organization）的准确定义。正如戴维斯（Davis，2014）所示，有些研究将项目经理或项目团队纳入分析范围，而另一些研究则涵盖了业主、客户或高层管理团队。对于弗里曼（Freeman，1984）来说，“核心组织”是企业，尽管他指出这是以组织内部的共识为前提。因此，他建议根据具体项目情况来务实地定义核心组织。温奇（Winch，2014）通过类比研究认为核心组织应该指的是业主方组织，因为它为项目筹集资金且“拥有”项目所产生的资产，并继续对其开发利用，且为投资者提供回报。然而，从项目管理的角度来看，这有悖于直觉；核心组织就必然应该是临时项目组织吗？临时性的项目组织是一个多元化的利益联盟（Winch 2014），不能想当然地假设其具有共识，这样（以共识为前提的）的定义会失去很多分析能力。此外，在前期定义过程中，往往还没有一个这样的（核心）项目组织，项目组织的正式建立是利益相关者塑造过程的结果。很多研究都表明了项目是如何从城市精英之间的相互作用中产生，以及在确定一个业主组织来管理之前，项目是如何被深刻塑造的（Cochrane et al.，2002；Cusin & Passebois-Ducros，2015；Hughes，1998）。

因此，我们提出应该转向更概括性层次的定义，并建议将项目任务（project mission）（Winch & Bonle，2002）作为利益相关者分析的重点，将项目任务定义为作为一种价值主张的重大项目总体意图）。这有别于项目范围的含义，项目范围是指实现项目任务所需的全部活动。虽然这是从弗里曼的定义中发展出来的，但它有两个优点。首先，它允许在项目塑造阶段就对利益相关者进行分析，尽管这一阶段核心组织并不存在，但项目却有一个明确的新的使命；其次，它是面向未来的，因为利益相关者（包括出资人）关注的焦点往往是多年后才出现的。因此，我们对项目利益相关者（project stakeholder）提出如下定义：

项目利益相关者是能够影响项目任务的实现或受其影响的所有群体或个体。

从上文综述中发现的第二个局限性是，已有研究完全没有注意到原始利益相关者。即使是曾等人(2015)在对重大项目的“社会责任”的文献研究中，也只是顺便提到了环境问题，然而对于许多利益相关者群体来说，环境问题是重大项目的主要问题。事实上，格勒特(Gellert)和林奇(Lynch)(2003:16)将重大项目定义为“迅速、有意和深刻地改变景观环境(landscape)的项目”，并分析了随之而来的自然环境和社会环境的主要和次要“错置”。德里斯科(Driscoll)和斯塔克(Starik)(2004)认为自然环境是真正的原始环境，但我们在此建议，这个定义可以放宽到包括那些通常由“遗产”一词所表述的社会所重视的文物，如古建筑和考古遗迹等。

第三，在关于项目利益相关者管理的研究中，对政府(尤其是国家政府)作为利益相关者的独特特征关注得很少。政府很容易被定义为高度突出的利益相关者，它的行为会对项目的进展产生深远的影响(King & Crewe, 2013)；事实上，重大项目如果没有政府的正式批准是很难进行的。然而，在对项目利益相关者的分析中，政府充其量只是潜伏在大多数项目利益相关者的背景下。艾斯克罗德(Eskerod)和瓦加萨(Vaagaasar)(2014)的研究中顺便提到在铁路网建设中，比起实际出资的业主，信号系统更受政客们的青睐，这让项目团队相对于高管层有了相对的自主权，但他们并没有进一步追问这个问题。同样，昌等人(2013)认为，供应商倡导国家层面的采购政策，但没有分析实施这种政策的政治动力。

只有萨利宁等人(Sallinen et al., 2011)在研究中认真讨论了国家政府的作用，将重点放在一个特别重要的利益相关者——监管机构(regulator)身上。事实上，梅罗等人(Merrow et al., 1981)认为，监管机构是重大项目预算超支的主要来源。土地使用的监管机构是影响所有消耗空间资源的项目的主要因素之一(Stringer, 1995)。公用事业企业的经济监管机构——如英国的监管资产基地(Regulated Asset Base)模式(Helm, 2009)——通过在监管期内(通常是五年)批准由多个项目和项目群组成的资本投资计划，在项目组合层面上采取行动。

最后，我们可以看到，已有的研究文献中至少有两种项目利益相关者管理概念的应用。第一种是描述性的，它关注的是重大项目的前期塑造，以及利益相关者联盟的形成过程。而后者是通过激励那些能够从重大项目投资中受益的群体，以及减轻那些可能因此而受到损失的群体的影响而形成的。第二种是工具性的，其沿用了克利兰(Cleland, 1986)的观点，更关注项目执行的效率和效果，以及减轻利益相关者破坏项目执行的可能性。总体来看，已有研究中，期刊文献倾向于关注第二个问题(但也有例外)，而著作类文献中呈现的扩展案例研究则倾向于关注第一个问题。我们认为，应该综合考虑这两个方面以便充分理解进而管理好重大项目的利益相关者。

## 15.4 拓展项目利益相关者管理理论

以上论述表明若要从经验上和理论上扩大项目利益相关者管理理论的范围，仍需要做出相当大的努力。因此，我们现在来谈谈社会学的两个理论方法。这两种理论方法可以帮助我们开展这项工作。第一种是行动者网络理论(actor-network theory)，第二种是制度理论(institutional theory)。

(1) 行动者网络理论和原始利益相关者

在对圣布里厄湾(St Brieuc Bay)扇贝再生的一项开创性研究中，卡隆(Callon, 1986)主张引用社会学的方法，在分析中给予人类行动者(渔民和研究人员)和非人类行动者(扇贝)赋予概念上的平等地位。卡隆关注的是科学的社会学(sociology of science)，因此他将分析重点集中在研究人员身上，这些研究人员试图使海湾扇贝种群再生，从而使渔民能够继续从事有经济收益的贸易活动。行动者网络理论(Latour，2005)因此启发了那些关注自然世界和建设项目之间关系的学者采用这种独特的——当然也是有争议的(Hacking，1999)——理论方法进行分析(Sage et al.，2011；2014；Tryggestad et al.，2013)，并由此将各类动物群体也概念化为项目利益相关者。例如，特里格斯塔德等人(Tryggestad et al.，2013)的研究展示了一个房地产开发项目如何因一个受保护蛙类繁殖池塘的发现导致项目重大重塑，这一过程涉及开发商、地方政府和环保运动者之间的大量互动。

行动者网络理论的核心是将技术作为一种社会建构体进行分析(Latour，2005)，因此，相关分析完全可以扩展到其他的原始利益相关者(在我们的扩展范围内)，即以历史上嵌入的技术(如遗产文物)的形式进行分析。事实上，理论范围还可以扩展，因为哈维(Harvey)和诺克斯(Knox)(2015)在研究中将山体视为道路建设项目中的利益相关者，并确定了其重要性。这一点得到了项目管理团队的认可，他们雇佣巫师举行了祭山仪式，这也印证了当地的一种信仰，即开山挖掘活动需要人类的牺牲(以现场事故和死亡的形式)才能进行。行动者网络理论也被用于信息系统项目的动态分析，并取得了很好的效果(例如，Missonier and Loufrani-Fedida，2014；Pollack et al.，2013)。特别是，劳和卡隆(1992)分析了英国一个失败的喷气式战斗机项目周围不断演变的利益相关者网络。他们认为，管理外部利益相关者的全球网络和内部利益相关者的本地网络之间的关系，需要以项目管理团队作为二者间的“必经点(obligatory point of passage)”。在他们的案例中，项目团队无法做到这一点，从而引发了工期延长和预算增加，最终导致项目的取消。

(2) 制度理论和政府利益相关者

美国田纳西河流域(Tennessee Valley)开发项目，被誉为是对制度理论研究的经典贡献之一(Selznick，2011)。田纳西河流域开发项目诞生于20世纪30年代的美国新政时期，旨在建造和改建水电大坝及提升农场效益。塞尔兹尼克(Selznick)展示了当时的机构如何通过“非正式合作”来形成计划，而田纳西河流域管理局(Tennessee Valley Authority，TVA，负责该重大项目的政府机构)则通过成立电力资源合作社(distribution cooperatives)，利用客户的“正式合作”来获取电力。TVA的目的始终是确保整个项目的实施能够稳定地应对“制度环境”的压力。虽然早期研究(通常被称为“旧制度主义”)侧重于制度结构的持续性，但后期研究(通常被称为“新制度主义”)更关注机构和制度结构如何变化，并已成为组织理论中的主流方法(Greenwood et al.，2008)。尽管制度理论有这种优势且目前已有一些重要的发展方向，但总体来看，制度理论对项目管理，尤其是利益相关者管理方面的影响相对较小。

第一个研究方向涉及跨国重大项目，即从工程所在国境外获得主要投入的重大项目。不同国家有不同的制度体系，这些制度体系对在其领土管辖范围内实施的重大项目具有深远的影响(Scott，2011)。总的来说，国家经济体制(national business system)(Whitley，1992；Winch，2000)决定了重大项目如何实施，而监管体系上一些细节的差异可能会使粗心的供应商措手不及，导致进度和预算问题(Sallinen et al.，2011；Syben，1996)。规范和文化差异也会对项目的塑造和实施产生深远影响(Fellows & Liu 2016；Winch et al.，2000)。斯科特(Scott，2011)分析了围绕跨国重大项目发展起来的三种不同的潜在国际利益相关者的“组织场域”，这些利益相关者包括“全球基础设施参与者(global infrastructure players)”，如世界银行等供资机构、绿色和平组织等国际非政府组织、ISO等标准组织、以及伦敦和纽约的法律事务所等。他将此与特定项目的“东道主社区(host community)”组织场域以及项目组织成员生成的组织场域进行了对比。

第二个研究方向是将制度理论应用于公共部门的重大 IT 项目(Currie & Guah, 2007; Currie, 2012)。相关研究者将“组织场域”定义为提供重大项目环境的部门,在他们的案例中指的是英国医疗体系。他们分析了构成组织场域的各种组织之间的“制度同构(institution isomorphism)”倾向,以及试图抵制这种过程的特定群体(特别是医疗保健专业人员)的活动。这就导致了对专业化和管理主义相关领域内的“制度逻辑”的分析,以及这些逻辑如何相互作用来塑造这个重大项目。然后,他们展示了特定群体(特别是医疗保健专业人员)如果未能充分参与项目将如何导致重大延误。从利益相关者管理的角度来看,组织场域中的各种组织和团体(如卫生部、医院、全科医生和 IT 供应商)都是利益相关者,他们以各自所遵循的制度逻辑来表达他们在项目中的各种利益。

(3) 重大项目利益相关者管理理论

上文中,展示了行动者网络理论和制度理论如何填补项目利益相关者管理理论与实践的空白,并对不同利益相关者群体——即行动者网络理论中的原始利益相关者以及制度理论中与政府有关的利益相关者——进行了更为清晰的分析。当然,这两种理论视角对组织理论的贡献远大于此,但由于篇幅所限,本章不展开讨论。还应该指出的是,行动者网络理论和制度理论体现了不同的本体论主张,不能将二者混为一谈,需要在两者之间做出选择。

也许这两种观点的主要区别在于社会是如何构建的。行动者网络理论认为,社会的建构是通过行动者之间的关联直接产生,或通过非人类“行动者(actants)”间接产生(Latour, 2005)。正是这种观点赋予了非人类行动者与人类行动者平等的地位,这是行动者网络理论最突出的贡献所在,也是吸引那些希望将原始利益相关者纳入分析的根源所在。行动者网络理论还坚持认为,网络中的行动者是通过联系而构成的,并没有一个预设的概念。与之形成鲜明对比的制度理论则分析了原有的社会关系——无论是规制性、规范性还是文化性的(Scott, 2008)——是如何塑造当前的社会关系的。尽管制度理论越来越关注制度如何通过“制度创业”和“制度工作”等过程性的概念发生变化,但关注焦点仍然是一些已有的社会形态的变化。因此,行动者网络理论强调历史代理(ahistorical agency),并在很大程度上否定了结构实体(structural entities),而制度理论则强化了历史结构的作用,直到最近才将研究的注意力转移到这些结构如何变化的代理上。

从利益相关者管理理论的角度来看,一个基本前提是,如果不会受到企业目标的不利影响,利益相关者将会带着某种优先诉求或利益来到企业(Freeman, 1984)。因此,行动者网络理论在重大项目利益相关者管理理论的发展中显得不太合适。如果我们接受这一论点,那么,是否有办法保留行动者网络理论为分析原始利益相关者带来的重要启示呢?答案是肯定的。经验表明,对动物群体的关注都是由人类发出的。在这些情况下,动植物群体只有在竞选团队鼓吹他们所谓的利益时,才会表现得“难以驾驭”,否则,它们就会像在三峡大坝等项目中那样(New& Xie, 2008)被轻易消失。另一方面,制度理论——辅以社会运动理论(McAdam, 2011)——确实提供了一些概念工具,用于分析特定原始利益相关者的诉求是如何被调动起来的,以及其他人的诉求为何没有被调动起来。

对一个项目的本地和全球网络的分析(Law & Callon, 1992)与斯科特(Scott, 2011)对三个组织场域的分析有着显著的相似性,尽管后者对跨国项目的关注意味着将全球网络分为两个要素:东道国的国家网络和真正的跨国基础设施参与者全球网络。其中,行动者网络理论方法在两个方面提供了更深入的见解,即绘制本地和全球网络间关系的演变图(Law & Callon, 1992; Missonier & Loufrani Fedida, 2014),以及理解项目管理团队作为本地和全球网络连接的“必经点”(Law & Callon: 31)这一中心地位的重要性。在他们的分析中,正是由于总承包商没有扮演好网络中介的角色,才对项目扩张和随后的取消起到了深远作用。然而,正如塞尔兹尼克(Selznick, 2011)所示,制度理论也可以对利益相关者关系演变进行细微分析,利益相关者子网络之间的中介作用在社会网络分析中发挥着重要作用(Burt, 2005)。

因此,得出结论,制度理论为重大项目利益相关者的管理提供了宝贵的基础。迄今为止,该领域的许多研究在理论上都是折衷的,甚至是不成熟的。利益相关者管理理论对新古典经济学派生的企业理论提出质疑,认为这些理论将管理层纯粹视为股东的代理人;20 世纪 30 年代,社会对市场性的经济方案逐渐不信任,对政府干预经济发展的分析逐渐增多,制度理论正是在这一时期发展起来的(Selznick, 2011)。其他研究也将制度理论与利益相关者管理联系起来(Campbell, 2007)。然而,组织理论不能简单地应用于管理活动;理论是以工具为中介的(Cabantous & Gond, 2011)。因此,我们现在转向评估可用于项目利益相关者管理的各种工具。

## 15.5 管理利益相关者的工具

杨(2014)对一些可用于分析利益相关者的工具进行了有价值的概述,尤其集中于利益相关者图谱和社会网络分析。在此基础上,我们也将对这些工具进行集中研究。弗里曼(Freeman, 1984)主张对利益相关者进行描述性的图谱分析。邦克(Bonke, 1996)借鉴了技术社会建构的研究概念(Pinch & Bijker, 1987),在对项目利益相关者的开创性图谱研究中提供了一种更具分析性的方法,这是对行动者网络理论发展的影响之一(Latour, 2005)。之后,与权力/利益矩阵(Johnson & Scholes, 2002)的结合(Winch & Bonke, 2002)使这种图谱分析方法具备了大量优势。除了确定潜在的利益相关者并描述其作为项目任务的支持者或反对者的立场外,它还确定了他们在项目任务中可获得的利益,以及如何积极地协调这些利益。奥兰德和兰丁(Olander&Landin, 2005)和温奇(Winch, 2004)展示了如何利用这种方法来绘制随时间变化的利益相关者关系。最近的一个发展是应用科维(Covey, 1989)的影响圈(circle of influence)和关注圈(circle of concern)的概念,以确定哪些利益相关者愿意服从项目团队,哪些不愿意服从。

利益相关者圈(The Stakeholder Circle)工具(Bourne & Walker, 2005; Bourne & Walker, 2010)由一些图形演示文稿组成,这些图形通过专有软件的模板生成,用于确定利益相关者并评估他们感知到的与项目的关系。建议在项目生命周期内,重复进行一次以上的绘制利益相关者图谱工作,以确保不同阶段利益相关者的持续一致性。许多人会觉得这种分析形式在实际工作中很有帮助,但这种方法似乎并不鼓励考察各种利益相关者在项目中的利益背后的动机,而且在实践中,这种方法似乎主要侧重于内部利益相关者。此外,它更像是一个执行阶段的工具,而并非用于在项目实施过程中了解利益相关者。

阿克曼(Ackermann)和伊顿(Eden)(2011)借鉴了他们在战略制定的群体决策支持系统方面的丰富经验,报告了多年来为各种客户组织的利益相关者图谱研讨会。该文的一个特别优势是对图谱绘制过程的关注,这在迄今为止总结的方法中基本上没有得到描述。在传统的使用纸张和贴纸的方法绘图之后，采用因果图谱软件(causal mapping software)绘制利益相关者图谱，以识别不同的利益相关者以及他们与项目相关的权力和利益。因果图谱软件还可以捕捉到各种利益相关者的动机，以及他们之间的潜在联系。因果图谱软件存在的一个问题是，它的输出结果可能难以解释，但也不应该对此作过多的解释——正如一名与会者在研讨会上所说的那样："我主要是在讨论应该把利益相关者放在图谱的哪个位置的过程中受到启发，(图谱的)输出本身并没有什么帮助。"(Ackermann & Eden, 2011: 188)

继罗利(Rowley, 1997)之后，关注项目利益相关者管理的研究者们纷纷将社会网络分析(Social Network Analysis, SNA)应用到利益相关者关系的分析中。杨等人(2011)利用SNA的"地位中心性(status centrality)"衡量标准来判断利益相关者在网络中的重要性。杨(2014)将SNA与上文提到的利益相关者圈方法进行了比较，发现两者对于项目利益相关者分析都很有用，前者更擅长于识别利益相关者之间的关系，而后者更擅长于确定利益相关者的利益优先级。迄今为止，将利益相关者管理应用于建设项目的利益相关者管理最成熟的是普莱克(Pryke, 2012)，他的研究显示了项目上的各种"网络"(如合同、指令、控制)是如何相互重合和强化的。然而，他的工作只限于当地的利益相关者网络，这些相互之间存在合同关系的利益相关者组成了"项目联盟"(project coalition)。

本章认为，利益相关者圈和SNA工具——正如杨(2014)所表明的那样，两者是相辅相成的——更适合在执行过程中对项目利益相关者网络进行工具性分析。这是因为它们依赖于对利益相关者网络的完整识别，以及对利益相关者意愿的实证数据的收集。SNA的另一个问题是，在网络中表现为边缘值或异常值的利益相关者很可能是一个被项目团队忽视的有很大权力的利益相关者，如连通医疗机构(Connecting for Health)健康从业人员；而一个高度核心的利益相关者可能是一个被倾听了太多的利益相关者，如TAURUS项目的SISCOT成员。另外，利益相关者图谱法，尤其是佐以因果分析图的支持时，将更适合于对塑造重大项目前期的组织和制度过程进行描述性分析。

## 15.6 重大项目利益相关者研究的未来方向：重大项目和社会

与唐纳森和普勒斯顿(Donaldson & Preston, 1995)的论述相同，我们对项目利益相关者管理的讨论一直是描述性和工具性，但我们承诺应转向规范性方面。仕德勒(Steurer, 2006)认为，战略管理文献中的利益相关者管理研究在很大程度上已经被受到更广泛关注的商业和社会研究所取代。我们建议，项目利益相关者管理研究的下一步也是发展重大项目与社会的研究思路，可以补充现有的描述性和工具性方法。沿着这些思路的一个主题是关于"项目化(projectification)"的研究(Lundin et al., 2015)，调查社会活动和经济活动如何在项目中越来越多地被组织起来，而范·马雷维克(Van Marrewick, 2015)则探讨了跨文化方面的问题。然而，围绕着重大项目，还有更广泛的社会关注问题，几乎从"重大项目"这一定义上就能看出其对周围的社会产生了深远的影响。

第一个研究方向是政治问题(political)。重大项目往往是(但并非全部是)政治过程的结果。尽管项目的合理性应该基于成本效益分析，但由于项目背后的真正驱动力是政治举措，成本效益分析正是根据这些举措形成的。例如，政府的政策举措往往是通过一些重大IT工程来发布的(King & Crewe, 2013)，其政策意图是对政府活动的某些方面进行改革，在评估新的IT系统嵌入旧有系统的潜力、开发系统所需的时间和精力上，往往会做出不准确的假设。在英国的案例中，我们讨论了连通医疗机构(Connecting for Health)；在英国这些雄心勃勃的政策变革驱动的项目中，最近的一个遇到相当大困难的项目是"全民信贷(Universal Credit)"(National Audit Office, 2013; 2014)。我们需要进一步研究政策变革驱动的重大项目在成为大规模的项目群以及作为项目被管理之前，是如何通过政策进程而形成的。

在哈维(Harvey)和诺克斯(Knox)(2015)的工作揭示了重大项目政治另一个方面的影响：国家和地方层面的系统性腐败对项目的影响，即项目是否会进行，以及项目的预算和工期。因此，他们提出了一个更广泛的主题，即在文献中基本被忽视的、可称为重大项目"阴影下的利益相关者(the stakeholders of the shadows)"。全球基础设施反腐中心(Global Infrastructure Anticorruption Centre)将腐败定义为"贿赂、敲诈、欺诈、垄断、滥用权力、贪污和洗钱等犯罪行为"①。这方面的一个令人震惊的例子是赞比亚的卡里巴大坝北电站项目(Kariba Dam North Power Station project)(Morrell, 1987)。就其特殊性质而言，很难对阴影下的利益相关者进行研究，而透明国际(Transparency International)等国际运动组织在这方面的作用就显得至关重要。

傅以斌和莫罗伊(2011)认为，战略虚报是一种腐败；但是，他们认为战略虚报不是犯罪，而是"不专业行为"。这是一个治理问题(Müller, 2011)；也就是说，它涉及业主组织与所投资项目之间的关系(Winch, 2014)，更广义地说，它涉及中央/国家拨款预算与下放的项目推动者之间的关系。莫罗伊和切蒂(Molloy&Chetty, 2015)研究了在预算控制不严的情况下，城市之间的竞争如何在南非这个发展中国家产生了严重的稀缺资源分配不当。同样，里斯纳(Reisner, 1993)展示了联邦机构之间的竞争如何导致在环境和经济方面都适得其反的美国西部地区的水坝投资。不管公共部门还是私营部门，对这些治理挑战都采用了集成预算流程的应对措施，一个著名的公共部门的例子是挪威的质量准入流程(Klakegg et al., 2016; Samset&Volden, 2016)。随着2011年重大项目局(Major Projects Authority)的成立，英国公共部门也出现了这种情况(National Audit Office, 2014b)。

第二个研究方向是经济问题(economic)。大型开发项目，尤其是提供能源和交通基础设施的项目，在经济增长中发挥着非常重要的作用。对此问题的关注产生了一种有趣的论点，即项目失败对经济增长做出了重要贡献——赫希曼(Hirschman)称之为开发项目的"隐藏之手(hiding hand)"(1995)，在这种情况下，"企业家偏差(entrepreneurial error)"(Sawyer, 1952)会产生偶然的后果。持此观点的作者认为，大型开发项目是如此令人望而生畏，以至于在对成本和效益进行冷静评估后不会有人想要去实施该项目，因此，只有低估成本，再加上低估效益②，才能使项目得以进行，从而产生长期效益。这一观点在Hobsbawm(1962: 57)的研究中达到了顶峰：

> 人们很难否认对伟大的铁路建设者的敬佩之情，即使他们中有些是明显的骗子。无论以何种标准来看，亨利·亨利·梅格斯(Henry Meiggs)都是一个不诚实的冒险家，在整个美洲大陆西岸都留下了他未付的账单、贿赂和奢靡生活的回忆，他的归属感存在于旧金山和巴拿马这样的恶棍和剥削中心，而不是在受人尊敬的商人中。但是，凡是看过秘鲁中央铁路(Peruvian Central Railway)的人，谁又能否认他浪漫的想象力和宏伟的成就呢？

① 见 http://www.giaccentre.org，(原文注)。
② 译者注：此处原文为 underestimationof benefit。

加拿大太平洋铁路(the Canadian Pacific Railway)的情况也是如此(Cruise & Griffiths, 1988),但傅以斌和桑斯坦(Sunstein)对这一论点进行了抨击,并建议应进行更好的成本效益分析(cost-benefit analysis, CBA)。然而,要求改进 CBA 的观点却忽视了对投资评估中的 CBA 的普遍批评,因为它无法令人信服地处理直接投资案例的负外部性和正外部性。赫希曼(Hirschman, 1995)回顾了一些早期的争论,而后来的评论者则称 CBA 为"无稽之谈(Nonsense on Stilts)"(Self, 1970;另见 Naess, 2006)。即使在成本效益分析研究界,人们也越来越认识到其在分析重大项目投资效益方面的局限性(Vickerman, 2007),而且在计算成本方面也存在着重要的问题——特别是对"自然资本(natural capital)"的估值(Helm, 2015)。

所有这些都意味着,重大项目投资评价和选择是一个潜在的、丰富的研究领域。迄今为止,研究的重点是对计算方法的技术改进。这很重要,但范围有限。我们确实需要对 CBA 的行为方面和项目选择有更多的了解。我们需要更好地理解 CBA 在实践中的应用,以及分析工具在多大程度上具有"执行性"(Cabantous& Gond, 2011; Callon, 1998);也就是说,需要理解分析工具的社会可计算性,而不是仅仅把它视为一种客观的计算手段。我们还需要更多地了解机构内部和机构之间的权力关系如何影响重大项目规划中的评估和选择(Szyliowicz&Goetz, 1995),以及理解国际建筑业中更广泛的权力关系(Linder, 1994)。

因此,还有很多尚未完成的研究,但在做这类研究时,我们应该注意到凯恩斯的论点,即为什么"动物精神①(animal spirits)"对于启动包括重大项目在内的各类投资项目如此重要:

> 坦白讲,我们不得不承认,如果要估计一条铁路、一个铜矿、一家纺织厂、一个专利药品的商业信誉、一艘大西洋班轮、伦敦市的一栋建筑的十年后的收益,我们的知识基础非常少,有时甚至是一无所知(1961: 149)。

在这种普遍存在的不确定性的情况下,可以说,CBA 不过是一种对未来的结构化判断方式,而不是一种精细化的项目选择工具。毋庸置疑的是,CBA 和投资评估工具可以进行改进,但归根结底,重大项目只有在充分考虑了"动物精神"的情况下才会真正启动,而这必然会给公共部门的企业家(发起人)和私营部门的企业家带来风险。

最后一个研究方向是伦理问题(ethical)。在所回顾的文献中,一个没被提到的利益相关者是未来一代,他们的问题是缺乏邻近性、紧迫性和权力,即使他们可能感知到的合法性方面很强。2015 年联合国 17 个可持续发展目标中的目标 9 呼吁发展优质、可靠、可持续和有韧性的区域和跨界基础设施,以支持经济发展和提升人类福祉,重点是人人可负担得起并公平利用所有上述基础设施②。

重大项目将在实现这些目标方面发挥很大的作用。重大项目将在很长一段时间内建立起社会的基础设施,无论前几代人基础设施投资决定是否明智,当代人都将从中受益。当下的基础设施项目将成为子孙后代的遗产,但也不可避免地会造成自然资本的流失。那么,应当如何做出权衡呢?今天的利益相关者,如那些被负面投资影响到生活质量的当地居民,是否应该允许他们拒绝让后代人从投资中受益?还是应该让今天的既得利益者否认原始利益相关者的利益,给子孙后代带来真正的自然资本损失。我们需要更深入地研究如何进行这些权衡,因为我们目前所掌握的如 CBA 等工具往往缺乏

① 译者注:"动物精神"一词,是借用自凯恩斯 (John Maynard Keynes) 的著名概念。经济学家凯恩斯的基本出发点是,投资行为不能用理论或理性选择去解释,因为经济前景根本难以捉摸。因此他提出投资的冲动要靠"动物精神",即靠自然本能的驱动。

② Http: //www. un. org/sustainabledevelopment/infrastructure-industrialization/ (原文注)。

广泛的合法性和有效性。

## 15.7 结论

在本章中，我们对战略研究中的利益相关者管理文献进行了回顾，并将其应用于项目管理领域。我们发现，项目管理研究文献在研究方法上大都是工具性的，其具体表现为将利益相关者的定义局限于对项目感兴趣的人，而不是更广泛的受项目任务交付影响的人。我们还回顾了关于项目前期的描述性研究，这些研究为更多关于利益相关者如何塑造项目任务的研究提供了基础。然而，这些文献并没有承认原始利益相关者的存在，因此，我们又回顾了行动者网络理论的相关研究。但我们注意到，在实践中，只有在社会运动中，原始利益相关者的利益才会被考虑到。因此，我们建议从制度上对重大项目利益相关者进行管理。这也将使研究者在分析政府在重大项目中的作用时更加容易。

根据战略研究的最新进展，我们主张从更全面的角度来看待重大项目利益相关者管理，并将其称之为"重大项目与社会(megaprojects and society)"。这一观点扩大了分析范围，将围绕腐败、治理以及政治在促进和资助重大项目中的作用等政治问题纳入其中。它还包括经济问题及"隐藏之手"和"企业家偏差"在重大项目融资中的作用。改进的 CBA 可以缓解这些管理挑战，但我们也注意到，作为一种重大项目选择技术，目前的 CBA 存在着很大的局限性。

最后，我们提出了围绕重大项目的伦理问题，并强调了从重大项目和社会的角度出发将子孙后代视为参与者的重要性。非常重要的是，重大项目是以短期(如十年周期)成本来换取长期(如五十年周期)利益的。这些成本不仅是投资的资金成本，还包括可能造成的自然资本的损失，以及破坏了当地利益相关者的安居生活。围绕大型资本投资的路径依赖性也意味着，错误投资的机会成本将是资本损失简单总和的数倍。许多国家和大型企业都在努力寻求做出此类代际决策的新的方法，因此，这些固有的政治过程也是重大项目与社会研究领域的重要组成部分。

## 致谢

非常感谢桑德拉·施密特(Sandra Schmidt)博士和纳塔利娅·谢尔盖耶娃(Natalya Sergeeva)博士在本章写作过程中的帮助。

## 参考文献

Achterkamp, M. C. and Vos, J. F. (2008). "Investigating the use of the stakeholder notion in project management literature: A meta-analysis,". *International Journal of Project Management*, 26: 749-757.

Ackermann, F. and Eden, C. (2011) "Strategic Management of Stakeholders: Theory and Practice," *Long Range Planning*, 44: 179-196.

Ansoff, H. I. (1968). *Corporate Strategy*. Harmondsworth: Penguin.

Barnes, M. (1988). "Construction Project Management," *International Journal of Project Management*, 6:69-79.

Beringer, C., Jonas, D., and Kock, A. (2013). "Behavior of Internal Stakeholders in Project

Portfolio Management and Its Impact on Project Success," *International Journal of Project Management*, 31: 830-846.

Bonke, S. (1998). "The Storebaelt fixed link: The fixing of multiplicity," London, Le Groupe Bagnolet Working Paper 14, <http://www. chantier. net/europe. html>.

Bourne, L. and Walker, D. H. (2005). "Visualising and mapping stakeholder influence," *Management decision*, 43(5): 649-660.

Bourne, L. and Weaver, P. (2010). "Mapping Stakeholders," in. E. Chinyio and P. Olomolaiye (eds.), *Construction Stakeholder Management*. Oxford: Wiley Blackwell.

Burt, R. S. (2005), *Brokerage and Closure: An Introduction to Social Capital*. Oxford: Oxford University Press.

Cabantous, L., and Gond, J-P. (2011). "Rational decision making as a performative praxis: explaining rationality's Eternal Retour". *Organization Science*, 22: 573-586.

Callon, M. (1986). "Some elements of a sociology of translation: Domestication of the scallops and the fishermen of St. Brieuc Bay," in J. Law (ed.) *Power, action, and belief: A new sociology of knowledge*. London: Routledge, pp. 196-223.

Callon, M. (1998). "Introduction: the Embeddedness of Economic Markets in Economics," in M. Callon (ed.), *The Laws of the Markets*. Oxford: Blackwell, pp. 1-57.

Calvert, S. (1995). "Managing stakeholders," in: J. R. Turner (ed.) *The Commercial Project Manager*, London: McGraw Hill, pp. 214-222.

Campbell, J. L. (2007). "Why would corporations behave in socially responsible ways? An institutional theory of corporate social responsibility," *Academy of Management Review*, *32*(3): 946-967.

Chang, A. Chih, Y-Y. Chew, E, and Pisarski, A. (2013). "Reconceptualising Mega Project Success in Australian Defence: Recognising the Importance of Value Co-creation," *International Journal of Project Management*, 31: 1139-1153.

Cleland, D. I. (1986). "Project Stakeholder Management," *Project Management Journal*, 17: 36-44.

Cleland, D. I. (1998). "Stakeholder Management," in: Pinto, J (ed.), *Project Management Handbook*. San Franciso, CA: Jossey-Bass, pp. 55-72.

Cleland, D. I. and King, W. R. (1968). *Systems Analysis and Project Management*. New York: McGraw-Hill.

Cochrane, A. Peck, J. and Tickell, A. (2002). "Olympic Dreams: Visions of Partnership," in: J. Peck and K. Ward (eds.), *City of Revolution: Restructuring Manchester*. Manchester: Manchester University Press, pp. 95-115.

Collinge, W. H. and Harty, C. (2014). "Stakeholder interpretations of design: Semiotic insights into the briefing process," *Construction Management and Economics*, 32: 760-772.

Covey, S. R. (1989) *The 7 Habits of Highly Effective People*. London: Simon and Schuster.

Cruise, D. and Griffiths, A. (1988). *Lords of the Line: The Men Who Built the CPR*. Toronto: Penguin.

Currie, W. L., (2012). "Institutional isomorphism and change: the national programme for IT-10 years on," *Journal of Information Technology*, 27: 236-248.

Currie, W. L., and Guah, M. W. (2007). "Conflicting institutional logics: a national programme for IT in the organisational field of healthcare," *Journal of Information Technology*. 22: 235-247.

Cusin, J. and Passebois-Ducros, J. (2015). "Appropriate Persistence in a Project: The Case of the Wine Culture and Tourism Centre in Bordeaux," *European Management Journal*, 33: 341-353.

Davis, K. (2014). "Different Stakeholder Groups and Their Perceptions of Project Success," *International Journal of Project Management*, 32:189-201.

De Schepper, S., Dooms, M., and Haezendonck, E. (2014). "Stakeholder Dynamics and Responsibilities in Public-private Partnerships: A Mixed Experience," *International Journal of Project Management*, 32: 1210-1222.

Donaldson, T., and Preston, L. E. (1995). "The stakeholder theory of the corporation: Concepts, evidence, and implications," *Academy of management Review*, 20(1): 65-91.

Driscoll, C. and Starik, M. (2004). "The Primordial Stakeholder: Advancing the Conceptual Consideration of Stakeholder Status for the Natural Environment," *Journal of Business Ethics*, 49: 55-73.

Drummond, H. (1996). *Escalation in Decision-making; The Tragedy of TAURUS*. Oxford: Oxford University Press.

Eskerod, P. and Vaagaaser, A. L. (2014). "Stakeholder Management Strategies and Practices during a Project Course," *Project Management Journal*, 45: 71-85.

Faulkner, D. O, and Campbell, A. (eds.) (2003). *The Oxford Handbook of Strategy*. Oxford: Oxford University Press.

Fellows, R and Liu, A. (2016). "Sensemaking in the cross-cultural contexts of projects," *International Journal of Project Management*, 34:246-257.

Flyvbjerg, B., Bruzelius, N. and Rothengatter, W. (2003). *Megaprojects and Risk: an anatomy of Ambition*. Cambridge: Cambridge University Press.

Flyvbjerg, B. and Molloy, E. (2011). "Delusion, Deception and Corruption in Major Infrastructure Projects: Causes, Consequences and Cures," in: S. Rose-Ackerman and T. Søreide (eds.), *International Handbook on the Economics of Corruption*, vol. 2. Cheltenham: Edward Elgar, pp. 81-107.

Flyvbjerg, B. and Sunstein, C. R. (forthcoming). "The Principle of the Malevolent Guiding Hand: Or, The Planning Fallacy Writ Large," *Social Research*.

Freeman, R. E. (1984). *Strategic Management; A Stakeholder Approach*. Cambridge: Cambridge University Press.

Frooman, J. (1999). "Stakeholder influence strategies," *Academy of management review*, 24: 191-205.

Gellert, P. K., and Lynch, B. D. (2003). "Mega-projects as displacements," *International Social Science Journal*, 55: 15-25.

Gibson, K. (2000). "The Moral Basis of Stakeholder Theory," *Journal of Business Ethics*, 26: 245-257.

Greiman, V. A. (2013). *Mega Project Management: Lessons on Risk and Projects Management from the Big Dig*. Hoboken, NJ: Wiley.

Greenwood, R., Oliver, C., Sahlin, K., and Suddaby, R. (eds) (2008). *The Sage Handbook of Organizational Institutionalism*. London: Sage.

Hacking, I. (1999). *The Social Construction of What?* Cambridge, MA: Harvard University Press.

Harvey, P. and Knox, H. (2015). *Roads: An Anthropology of Infrastructure and Expertise*. Ithaca NY: Cornell University Press.

Helm, D. (2009). "Infrastructure investment, the cost of capital, and regulation: an assessment," *Oxford Review of Economic Policy*, 25(3): 307-326.

Helm, D. (2015). *Natural Capital*. Princeton, NJ: Yale University Press.

Heravi, A. Coffey, V., and Trigunarsyah, B. (2015). "Evaluating the Level of Stakeholder Involvement during the Project Planning Processes of Building Projects," *International Journal of Project Management*, 33: 985-997.

Hirschman, A. O. (1995). *Development Projects Observed*. Washington, DC: The Brookings Institution.

Hobsbawm, E. J. (1962). *The Age of Capital 1848-1875*. London: Weidenfeld & Nicholson.

Hughes, T. P. (1998). *Rescuing Prometheus: Four Monumental Projects that Changed the Modern World*. New York: Vintage Books.

Johnson, G., and Scholes, K. (2002). *Exploring Corporate Strategy*, 6th edn. London: Prentice Hall.

Keynes, J. M. (1961). *The General Theory of Employment, Interest and Money*. London: Macmillan.

King, A. and Crewe, I. (2013), *The Blunders of our Governments*. London: Oneworld.

Klakegg, O. J., Williams, T., and Shiferaw, A. T. (2016). "Taming the 'trolls': Major public projects in the making," *International Journal of Project Management*, 34:282-296.

Laplume, A. O. Sonpar, K. and Litz, R. A. (2008). "Stakeholder Theory: Reviewing a Theory that Moves Us," *Journal of Management*, 34: 1152-1189.

Latour, B. (2005). *Reassembling the Social: An Introduction to Actor-Network-Theory*. Cambridge: Cambridge University Press.

Law, J. and Callon, M. (1992). "The Life and Death of an Aircraft: A Network Analysis of Technical Change," in: W. E. Bijker and J. Law (eds.), *Shaping Technology/Building Society*. Cambridge, MA: MIT Press, pp. 21-52.

Linder, M. (1994) *Projecting Capitalism: A History of the Internationalization of the Construction Industry*. Westport, CT: Greenwood Press.

Littau, P., Jujagiri, N. J., & Adlbrecht, G. (2010). "25 years of stakeholder theory in project management literature (1984-2009)," *Project Management Journal*, 41:17-29.

Lundin, R. A., Arvidsson, N., Brady, T., Ekstedt, E., Midler, C., and Sydow, J. (2015). *Managing and Working in Project Society: Institutional Challenges of Temporary Organizations*. Cambridge: Cambridge University Press.

Mazur, A. Pisarski, A., Chang, A., and Ashkanasy, N. M. (2014). "Rating Defence Major Project Success: The Role of Personal Attributes and Stakeholder Relationships," *International Journal of Project Management*, 32: 944-957.

McAdam, D. (2011). "Social Movements and the Growth in Opposition to Global Projects," in: W. R. Scott, R. E. Levitt, and R. J. Orr. (eds.), *Global Projects: Institutional and Political Challenges*. Cambridge: Cambridge University Press. pp. 86-110.

McAdam, D., Boudet, H. S., Davis, J., Orr, R. J., Scott, W. R., and Levitt, R. E. (2011). "'Site Fights': Explaining Opposition to Pipeline Projects in the Developing World," in: W. R. Scott, R. E. Levitt, and R. J. Orr. (eds.) *Global Projects: Institutional and Political Challenges*. Cambridge: Cambridge University Press, pp. 279-309.

McElroy, B., and Mills, C. (2000). "Managing stakeholders," *Gower handbook of project management*, Routledge Taylor and Francis Group, pp. 757-775.

Merrow E. W. (2011). *Industrial Megaprojects: Concepts, Strategies and Practices for Success*. Hoboken, NJ: Wiley.

Merrow, E. W., Phillips K. E., and Myers C. W. (1981). *Understanding Cost Growth and Performance Shortfalls in Pioneer Process Plants*. Santa Monica, CA: RAND Corporation.

Miller, R. and Lessard, D. R. (2000). *The Strategic Management of Large Engineering Projects: Shaping Institutions, Risks, and Governance*. Cambridge, MA: MIT Press.

Missonier, S. and Loufrani-Fedida, S. (2014). "Stakeholder Analysis and Engagement in Projects: From Stakeholder Relational Perspective to Stakeholder Relational Ontology," *International Journal of Project Management*, 32: 1108-1122.

Mitchell, R. K. Agle, B. R. and Wood, D. J. (1997). "Toward a Theory of Stakeholder Identification and Salience: Defining the Principle of Who and What Really Counts," *Academy of Management*

*Review*, 22: 853-886.

Mok, K. Y., Shen, G. Q., and Yang, J. (2015). "Stakeholder management studies in mega construction projects: A review and future directions," *International Journal of Project Management*, 33: 446-457.

Molloy, E. and Chetty, T. (2015). "The Rocky Road to Legacy: Lessons from the 2010 FIFA Wold Cup South Africa Stadium Programme," *Project Management Journal*, 46: 88-107.

Morrell, D. (1987) *Indictment: Power and Politics in the Construction Industry*. London: Faber and Faber.

Morrison, R. (ed.) (2012). *The Principles of Project Finance*. Farnham: Gower.

Müller, R. (2011). "*Project Governance*," In: P. W. G. Morris, J. K. Pinto and J. Soderlund (eds.), *The Oxford Handbook of Project Management*. Oxford: Oxford University Press, pp. 297-320.

Næss, P. (2006). "Cost-benefit analyses of transportation investments: neither critical nor realistic," *Journal of critical realism*, 5: 32-60.

National Audit Office. (2013). *Universal Credit: Early Progress*. London: National Audit Office.

National Audit Office. (2014a). *Universal Credit: Progress Update*. London: National Audit Office.

National Audit Office. (2014b). *Major projects authority annual report 2012-13 and government project assurance*. London: National Audit Office.

New, T., & Xie, Z. (2008). "Impacts of large dams on riparian vegetation: applying global experience to the case of China's Three Gorges Dam," *Biodiversity and Conservation*, 17: 3149-3163.

Olander, S., and Landin, A. (2005). "Evaluation of stakeholder influence in the implementation of construction projects," *International journal of project management*, 23(4): 321-328.

Parmar, B. L., Freeman, R. E., Harrison, J. S., Wicks, A. C., Purnell, L., and De Colle, S. (2010). "Stakeholder theory: The state of the art," *The Academy of Management Annals*, 4: 403-445.

Pinch, T. J. and Bijker, W. E. (1987). "The Social Construction of Facts and Artefacts: Or How the Sociology of Science and the Sociology of Technology Might Benefit Each Other," in: W. E., Bijker., T. P. Hughes, and T. J., Pinch (eds.), *The Social Construction of Large Technological Systems*. Cambridge, MA: MIT Press, pp. 17-50.

Pollack, J. Costello, K., and Sankaran, S. (2013). "Applying Actor-Network Theory as a Sensemaking Framework for Complex Organisational Change Programs," *International Journal of Project Management*, 31: 1118-1128.

Pryke, S. (2012). *Social Network Analysis in Construction*. Oxford: Wiley-Blackwell.

Reisner, M. (1993). *Cadillac Desert: The American West and Its Disappearing Water*. New York: Penguin.

Rowley, T. J. (1997). "Moving beyond dyadic ties: A network theory of stakeholder influences," *Academy of management Review*, 22(4): 887-910.

Sage, D., Dainty, A., and Brookes, N. (2011). "How actor-network theories can help in understanding project complexities," *International Journal of Managing Projects in Business*, 4(2): 274-293.

Sage, D., Dainty, A., Tryggestad, K., Justesen, L., and Mouritsen, J. (2014). "Building with wildlife: project geographies and cosmopolitics in infrastructure construction," *Construction Management and Economics*, 32(7-8): 773-786.

Sallinen, L. Ahola, T. and Ruuska, I. (2011). "Governmental Stakeholder and Project Owner's Views on the Regulative Framework in Nuclear Projects," *Project Management Journal*, 42: 33-47.

Samset, K., and Volden, G. H. (2016). "Front-end definition of projects: Ten paradoxes and some reflections regarding project management and project governance," *International Journal of Project Management*, 34:297-313.

Sawyer, J. E. (1952). "Entrepreneurial Error and Economic Growth," *Explorations in Entrepreneurial History*, 4: 199-204.

Scott, W. R. (2008). *Institutions and Organizations: Ideas and Interests*. Los Angeles, CA: Sage.

Scott, W. R. (2011). "The Institutional Environment of Global Projects," In: W. R. Scott, R. E. Levitt, and R. J. Orr. (eds.), *Global Projects: Institutional and Political Challenges*. Cambridge: Cambridge University Press, pp. 52-85.

Self, P. (1970) "Nonsense on Stilts"; Cost-benefit Analysis and the Roskill Commission. *The Political Quarterly*, 4: 249-260.

Selznick, P. (2011). *Leadership in administration: A sociological interpretation*. New Orleans, LA: Quid Pro Books.

Steurer, R. (2006) "Mapping Stakeholder Theory Anew: From the 'Stakeholder Theory of the Firm' to Three Perspectives on Business-Society Relations," *Business Strategy and the Environment*, 15: 55-69.

Stringer, J. (1995). "The planning enquiry process," in J. R. Turner (ed.), *The commercial project manager*. London: McGraw-Hill.

Syben, G. (1996). *Learning the Rules of the Game Abroad: The Case of Friedrichstadtpassagen* 207. Le Groupe Bagnolet Working Paper 15, <http://www. chantier. net/europe. html>.

Szyliowicz, J. S. and Goetz, A. R. (1995). "Getting Realistic About Megaproject Planning: The Case of the Denver International Airport," *Policy Sciences*, 28: 347-367.

Tryggestad, K., Justesen, L., & Mouritsen, J. (2013). "Project temporalities: how frogs can become stakeholders," *International journal of managing projects in business*, *6*(1): 69-87.

Turner, R. J. and Zolin, R. (2012). "Forecasting Success on Large Projects: Developing Reliable Scales to Predict Multiple Perspectives by Multiple Stakeholders over Multiple Time Frames," *Project Management Journal*, 43: 87-99.

Van Marrewijk, A. (ed.) (2015). *Inside Megaprojects: Understanding Cultural Practices in Project Management*. Copenhagen: CBS Press.

Vickerman, R. (2007). "Cost-benefit analysis and large-scale infrastructure projects: state of the art and challenges," *Environment and Planning B: Planning and Design*, 34: 598.

Vrhovec, S. L. R., Hovelja, T., Vavpotič, D., and Krisper M. (2015). "Diagnosing Organizational Risks in Software Projects: Stakeholder Resistance," *International Journal of Project Management*, 33:1262-1273.

Whitley, R. (1992). *Business Systems in East Asia: Firms, Markets, and Societies*. London: Sage.

Winch G. M. (2000). "Construction Business Systems in the European Union: Editorial Introduction,"*Building Research and Information*, 28: 88-97.

Winch, G. M. (2004). "Managing Project Stakeholders," in: P. W. G. Morris and J. K. Pinto (eds.), *The Wiley Guide to Managing Projects*. New York: Wiley, pp. 321-339.

Winch, G. M. (2014). "Three Domains of Project Organising,"*International Journal of Project Management*, 32: 721-731.

Winch, G. M. and Bonke, S. (2002). "Project Stakeholder Mapping: Analyzing the Interests of Project Stakeholder," in: Slevin, D. P. Cleland, D. I. and Pinto, J. K, *The Frontiers of Project Management Research*. Newtown Square, PA: Project Management Institute, pp. 385-403.

Winch, G. M., Clifton, N, and Millar, C. J. M. (2000). "Organisation and Management in an Anglo-French Consortium: the Case of Transmanche Link," *Journal of Management Studies*,

37：663-685.

Winch, G. M. and Schmidt, S. E. (2016). "Public Private Partnerships: A Review of the UK Private Finance Initiative," in: M. C. Jefferies and S. Rowlinson (eds.), *New Forms of Procurement: Public Private Partnerships and Relational Contracting in the 21st Century*. London: Taylor and Francis, pp. 35-50.

Yang, J., Shen, G. Q., Ho, M., Drew, D. S., and Xue, X. (2011). "Stakeholder management in construction: An empirical study to address research gaps in previous studies," *International Journal of Project Management*, 29: 900-910.

Yang, R. J. (2014). "An Investigation of Stakeholder Analysis in Urban Development Projects: Empirical or Rationalistic Perspectives," *International Journal of Project Management*, 32: 838-849.

Yang, R. J. Wang, Y. and Jin, X-H. (2014). "Stakeholder Attributes Behaviors, and Decision-making Strategies on Construction Projects: Importance and Correlations in Practice," *Project Management Journal*, 45: 74-90.

Zeng, S. X., Ma, H. Y., Lin, H., Zeng, R. C. and Tam, V. W. Y. (2015). "Social Responsibility of Major Infrastructure Project in China," *International Journal of Project Management*, 33: 537-548.

# 16 私人融资：解决什么问题？效果如何？

格雷夫·霍奇　卡斯滕·格里夫

## 16.1 引言：私人融资在重大项目中的作用

从狭义到广义，PPP（Public-Private partnerships）在基础设施领域有各种不同的定义。例如，经济合作与发展组织（Organization for Economic Co-operation and Development，OECD）将PPP定义为“政府与私营合作方之间的长期合同安排，私营部门使用资本性资产提供公共服务并负责筹集资金，同时分担相关风险”（2012：18）。世界银行从更广义上认为PPP是“私营部门与政府机构签署的一份长期合同，其目的是提供公共资产或服务，其中私营部门承担主要风险和管理责任并按绩效获得回报”（2015）。毫无疑问，现在基础设施领域公私合作的理念已在全球范围内盛行[1]。全球普遍认为，私人融资在签订长期基础设施合同中起到重要作用。此外，PPP现在已经成为公共基础设施项目最受欢迎的采购模式之一（Hodge et al.，2010）。从一开始，私人融资就是PPP理念的一部分。英国因将其公共政策项目命名为“私人融资计划”（Private Finance Initative，PFI）而被认为是开启PPP项目浪潮的国家（Terry，1996）。2012年，英国政府重新审视了这一政策，经过长时间审议，提出了“$PF_2$”—将私人资金用于公共基础设施项目的现代化版本（HM Treasury，2012）。PPP也对傅以斌（Flyvbjerg，2014）所定义的重大项目发挥了重要作用。在2008—2009年的全球金融危机之后，PPP面临压力（Greve and Hodge，2013）。为基础设施项目进行私人融资遭到抨击。某些已确定的项目因私营部门资金中断而出现破产。尽管有关私人融资的使用存在很多争议，但对于私人融资能做什么以及私人融资政策在基础设施领域取得多大效益却少有人概述。因此，本章旨在评估私人融资在PPP中的作用。

本章提出的问题是：私人融资和PPP长期基础设施合同技术在重大项目中解决了哪些问题？成效如何？第一个观点是，虽然各国在重大项目上需要私人融资的原因各异，并随时间变化，但基本可以归纳为两个主要相关方面。第二个观点是，有关私人融资绩效的学术研究持续增加，尽管讨论激烈且精彩，但由于证据不统一，目前仍未定论。

## 16.2 PPP中私人融资简史

本节描述了在PPP基础设施项目中采用私人融资的演变过程。在收费公路等基础设施项目中采用私人融资的可能性可以追溯到数千年前。最近，德弗里斯（de Vries，2013：11）描述了联合融资和私人融资在整个17世纪和18世纪荷兰和英国的运河、土地开垦和交通项目情况。同样的，几个世纪以来，法国也一直在公共基础设施项目上，采用19世纪改进的法国供水特许模式进行私人融资。正如韦滕霍尔（Wettenhall，2005；2010）所言，公私混合显然有着悠久历史，而且努力将公私部门结合的想法并不新颖。然而，近几十年来人们重新意识到，任何部门都不可能单独解决社会进程中的复杂问题。

PPP理念的现代复兴源于20世纪90年代初的英国。[2] 那时，采用私人融资来提供基础设施项目成为管辖区的一种现代政策偏好。[3] 1992年，约翰·梅杰（John Major）领导的保守党政府提出私人融资计划。主要原因是保守党政府无法或者不愿通过公共部门投资的传统方式为公共基础设施提供资金。新基础设施的公共资金面临超出国家公共部门预算开支（Public Sector Borrowing Requirement，PSBR）的风险，所以保守党政府提出了新基础设施最初由私营部门提供资金的想法。公共部门因获得新的基础设施而受益；私营部门因取得新的投资机会而受益，如果项目能在预算内如期完成，私营部门就能盈利。这也被视为早期政府私有化趋势的延续——一项保守党政府表现出色的政策。

世界其他国家延续了这一趋势。澳大利亚是最早受英国经验启发的国家之一。特别是维多利亚州，在20世纪80年代末和90年代初，面临严重的预算困难和严格的借款限制，一直在尝试私营部门融资（PAEC，2006：55）。在90年代中后期，继早期的城市连接（CityLink）公路项目和各种监狱项目取得成功后，维多利亚州政府于2000年出台《维州利亚州合作政策》（the Partnerships Victoria policy）将私人融资作为大型公共基础设施项目的优先选择。21世纪初加拿大的许多省紧随其后。魁北克省也是起步较早的，不列颠哥伦比亚省开发了加拿大乃至在全世界最具雄心且持续的PPP项目之一。

1997年，随着政权从保守党转移到新工党，英国组建了一个新政府。人们怀疑私人融资计划是否会被取消或是继续获准。毕竟，这是保守党曾大肆宣传的私有化计划的一种变体（variant），工党在野时曾极力反对。托尼·布莱尔（Tony Blair）和新工党政府决定保留该计划。自此，研究者一直争论为什么会出现这种情况（Flinders，2010；Hellowell，2010）。布莱尔继续推行PFI政策有三个原因。第一，新工党上台时制定了雄心勃勃的公共基础设施投资和发展计划——特别是学校和医院——但这些承诺需要财力来兑现。第二，新工党采用PFI作为向伦敦金融城发出信号的一种方式，即政府并非敌视商业，而是可信任的商业伙伴。继续推行PFI计划是发出支持商业议程信号的可靠方式。第三，英国政府已被视为PPP和公共基础设施领域创新的世界领导者。新工党想要保持并发展PFI政策带给英国的世界领先地位。因此，新工党政府延用了前保守党政府的PFI政策。后来的证据表明，在新工党执政期间，公共基础设施投资确实增加了。新学校如雨后春笋般出现，新医院拔地而起，新的交通基础设施投入使用。新工党被视为一个关心基础设施和重大项目的积极政府。

私人融资计划（PFI）吸引了众多与英国情况类似国家的兴趣。这些国家想要投资和建设新的重大项目，但它们要么没有资金，或者不愿为这些宏图提供资金。这为私营部门通过私人融资介入这些项目提供了空间。西班牙、意大利、法国和荷兰都开始了私人融资计划（PFI），大多国家是受英国模式的启发。即使在今天，一些国家依然把英国作为主要的学习标杆。墨西哥在最近向经济合作与发展组织介绍其PPP计划时，明确将英国作为立法和PPP部门设立主要学习对象。国际组织开始广泛传播私人融资概念的相关知识。世界银行分析认为，PPP是私人融资进入发展中国家基础设施项目的一种方式。经济合作与发展组织（2008）发布了一份题为关于PPPs的详尽报告，题目为《追求物有所值和风险分担》（*In Pursuit of Value for Money and Risk Sharing*）。这时有了一些关于私人融资引入公共部门重大项目的评论和建议。一些国家坚持采用更为传统的国有企业模式和相对常规的公共部门投资政策。例如，到目前为止斯堪的纳维亚国家对 PPP 模式并没表现出特别的兴趣。比如，丹麦以国有企业模式建造三个重大项目（大贝尔特桥、厄勒海峡大桥和哥本哈根地铁），这种模式下，国家给国有企业贷款或为其贷款提供担保。这是一种不同于私人融资 PPP 模式的另一种模式。尽管这是一种更为传统的模式，但这种模式依赖于丹麦拥有一个 AAA 评级的稳健经济。

全球金融危机（Global Financial Crisis，GFC）中止私人融资理念在公共部门重大项目中的盛行。2008 年，全球金融危机给 PPP 领域带来了冲击。大多数 PPP 项目的资金来自银行贷款和投资。现在，银行突然变得更加保守，一些银行无法向 PPP 项目提供信贷或资金（Connolly and Wall，2013；Hellowell and Vecchi，2013）。在 PPP 领域"领先"的英国，为了挽救一些 PPP 项目免于破产，政府不得不介入[4]。那时，英国政府提出了一个修订后的 PPP 模式，即英国财政部临时接手银行的部分投资。回顾过去，英国实际上已经开始了一种混合融资模式的实践。英国政府竭力试图把这个变化描述为信用危机下的临时应变之策，但问题是，仅靠银行融资的 PPP 模式已不再是 PPP 项目的首选。此后，英国财政部再次从一些项目撤出，但政府如今确实倡导一种更为混合型融资方式。英国政府修订了针对 PPP 的整个私人融资计划，其成果是 2012 年《公私合作新模式》（*A New Approach to Public-Private Partnerships*）文件，其中政府提倡混合型融资（HM Treasury，2012）。

全球金融危机对 PPP 支持者而言无疑是个很大冲击，并动摇了私人融资信徒的知识基础。资本资产定价模型的风险调整计算法、有效市场假说以及自我调节市场的概念都受到了挑战。一段时期内，PPP 理念似乎注定要失败，只能依靠政府努力维持许多项目。[5] 银行危机过后不久，《巴塞尔协议Ⅲ》出台。这些规则使银行很难参与高风险交易，而且银行很快就失去了对 PPP 交易提供大规模融资的兴趣。PPP 市场受到银行新政策的影响。

然而，人们对 PPP 的浓厚兴趣持续高涨。正如图 16.1 所示，图中表明 2010 年以后，整个欧洲对 PPP 的兴趣从高峰（每年交易额约 250 亿欧元）下降了三分之一（每年约 150 亿欧元）。图中给出了上半年（$H_1$）和下半年（$H_2$）的交易水平；欧洲 PPP 专家中心（2014）。

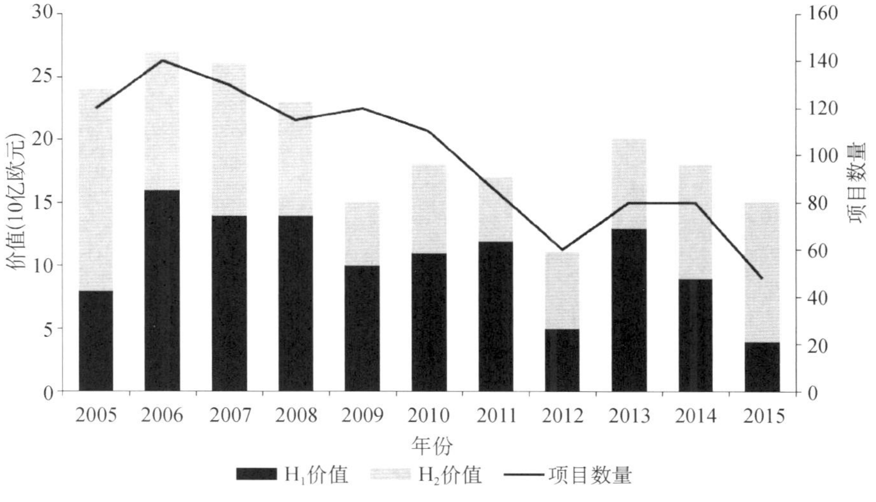


**图 16.1　2005 年以来欧洲 PPP 市场的价值和项目数量**

全球金融危机之后，人们对 PPP 的持续兴趣主要来自以下几个方面。首先，对基础设施和重大项目的投资需求和愿望依然存在。现在的融资模式不仅基于私人融资和银行，还基于混合型融资和来自更广泛贷款机构的融资。这场竞赛的新参与者包括养老基金，它们能在 PPP 交易中获得更为系统的利益。对养老基金而言，PPP 的吸引力在于项目稳定，它们往往带有某种形式的政府担保或政治赞助，以及只有政府能提供的稳定投资回报率。养老基金将重大项目作为其投资组合的理想选择。项目风险的分担也更加平均，政府承担的比例较之前更大。其次，国际组织对 PPP 重新燃起兴趣，它们正在积极为世界各国政府，特别是发展中国家的政府，提供有关 PPP 项目建议。世界银行和货币基金组织在这方面一直非常积极，在 2015 年，世界银行启动了“PPP 知识实验室”，重点关注 PPP，包括私人融资。在某种程度上，这可能被视为这些国际组织对基础设施长期兴趣的延续和重塑，但伙伴关系的标签和寻求公共部门与私营部门能力的最佳状态本身也具有强大吸引力。最后积极追求产业增长的国家和地区也对 PPP 重燃兴趣，它们希望通过 PPP 政策品牌，利用私人融资来帮助经济进一步增长。欧盟最近采取类似措施，制定了雄心勃勃的《欧洲投资计划》(*An Investment Plan for Europe*)(European Commission, 2014)。欧盟委员会走在这一政策的最前线，提出筹集 3 150 亿欧元的投资计划。欧盟委员会将只提供投资的一小部分，大多投资由私营部门以私人融资形式提供。投资目标是能源、交通和数字化的基础设施项目。某种层面上说，欧盟委员会的计划可以视为超大规模的 PPP 项目。这一计划一旦执行，委员会将在未来几年推动许多 PPP 项目。但是，有人怀疑欧委会是否会完成该计划。

因此，我们可以把政府在公共项目中采用私人融资的原因演化过程归纳为三个阶段，即 1990 年代、2000 年之后和 2010 年之后，如表 16.1 所示。

**表 16.1 公共项目采用私人融资的三个阶段论证**

| | 私人融资的主要特征 | 私人融资的研究重点 | 成功模式(Inspirational models) |
|---|---|---|---|
| 20 世纪 90 年代 | 私人融资由私人投资通过银行提供 | 私人融资主要是简略地讨论其作为项目融资的一种切实可行方式，并考察和评价是否存在意识形态/政治立场(Shaoul, 2010) | 英国 PFI 模式 |
| 2000 年之后 | 直到全球金融危机之前，私人融资均源于私人投资者。从 2009 年起，私营资本一度“枯竭”。《巴塞尔协议Ⅲ》对银行的监管更加严格，使得银行降低了对 PPP 的兴趣 | 经济学家研究物有所值与社会总成本、资金成本以及折现率作用等私人融资问题(Blanc-Brude et al., 2006; Boardman and Vining, 2010; Vining and Boardman, 2008)；审查个人私人融资交易 | 来自澳大利亚和加拿大私人融资的国际经验 |
| 2010 年之后 | 机构投资者(养老基金)进入市场。一些政府融资补充私人融资，从而产生混合融资。现在，资金来源有多种渠道 | 有更多关于特定融资约定(particular finance arrangements)和模式的技术讨论(de Bettignies and Ross, 2010; de Vries and Yehoue, 2013; Hellowell and Vecchi, 2013) | 重点关注更多国家的私人融资，包括美国(有城市债券市场)、发展中国家，尤其是中国。世界银行和其他机构对私人融资在更大范围的应用提出建议 |

## 16.3 私人融资和 PPP 技术：能解决什么问题

本节讨论公共基础设施项目和重大项目采用私人融资的原因。多年来，关于私人融资使用的利弊以及在重大项目中更广泛地应用PPP技术，文献一直有很多讨论。公共政策、公共管理、政治学和会计学等领域的研究，侧重于私人融资和PPP技术（如基于民事合同法的长期基础设施协议）在多大程度上有助于治理过程以及实现政治和公共政策目标[6]。设计、建设管理、规划和项目融资方面的专家强调更好的按时和按预算交付承诺，以及可能促成这些改进的机制。另外，经济学家强调私人融资长期合同可能具有的理论优势，以及其经济模型在现实世界中更好的适用性（de Bettignies and Ross，2010；de Vries and Yehoue，2013）。关于为什么私人融资和PPP合同技术在重大项目中具有吸引力的主要争议，我们的判断主要有两方面论点：

① 公共资金缺乏或者政治上无法满足政府在基础设施政策方面的雄心，因此需要私人融资。

② 私人融资为私营部门提供了参与公共基础设施项目的动机，而且私人融资是确保项目有效，且在预算内按时交付项目的一种方式。

这些论点[7]都值得讨论。

公共资金缺乏或者政治上无法满足政府在基础设施政策方面的雄心，因此需要私人融资。各国政府可能对建设新基础设施抱有雄心壮志，却没办法为这些项目提供资金，或者自己不愿意贷款。于是，政府把目光转向提供私人融资的私营部门。在20世纪90年代PPP的早期，这段期间主要采用银行资金。后来，政府瞄准了养老基金，说服他们投资PPP项目。然而，私人融资的借款成本或利率是高于政府自己去借款。如果政府能获得更低利率的借款，为什么不自己融资交易呢？通常，政府并不是处于只要多借钱就行的情况。例如，在欧盟，目前政府债务不能高于GDP的3％（OECD，2008：45）。所以，如果要在现实社会中实施雄心勃勃的基础设施计划，一些政府确实需要私人融资。在全球金融危机之前，私人银行很乐意向政府放贷。只要政府向银行提出申请就能获得资金。PPP政策制定过程中，对私营资本投资组合的实际构成进行仔细分析时出现了一些复杂问题。在其他情况下，政府可能没有现成的制度安排通过国有企业和公共资金来实施项目，所以他们可能不会考虑公共投资。而在另外一些情况下，政府可能希望把限制公共部门债务作为一项政策目标，所以原则上倾向于私人融资。然而，私营部门融资的采用作为一种政策偏好，在政策制定、项目评价以及合约安排方面，会引发许多问题。这些问题包括投资本身的风险组合、私营部门承担风险的回报率以及方案评比时所采取的折现率等。这些问题在私人融资的相关文献已经讨论了一段时间，同时政府交易方式的选择及它们的相对效率问题仍在进行激烈的辩论。

私人融资为私营部门提供了参与公共基础设施项目的动机，而且私人融资是确保项目有效，在预算内按时交付项目的一种方式。采用私人融资的理由是，与传统的项目交付方式相比，私人融资可以提供强大的激励，从而使项目在预算内如期交付。这是因为，一旦私人投资者在项目中投入资金，他们希望看到投资有回报并且积极实现交付基础设施的承诺。这种观点认为当私营部门开始参与融资和PPP项目交付，他们将提供更多专业知识，并按规定专注于高效地完成项目。其逻辑是私营部门更有能力去执行紧张的项目进度计划和创建一支强大的项目团队。[8]此外，政府和私营部门签署了长期法律合同，这将避免在项目细节上受到不必要的政治影响。简而言之，这些保证了将项目的关注重点放在有效交付上。所有关于PPP文献上都会强调，PPP交付的一个关键要素是风险分担（OECD，2008）。私人融资的条款，不仅鼓励讨论在整个项目生命周期中由谁承担何种风险，还鼓励明确所达成的确切协议。

需要补充说明的是，私营部门不仅提供资金，还提供专业知识和以往项目的经验。因此，PPP成为公共部门从初期构想到最终运营过程中利用私营部门专业知识的一种方式。拥有一个在世界其他地区开展过大量基础设施项目的私营部门合作伙伴，司法管辖区的政府不仅能获利还可以学习其他地方的经验、私营部门质量保证体系和其他国家的项目。

我们现在已经阐明了私人融资和PPP技术对重大项目为什么重要的两大主要原因。随着时间推移，私人融资的采用发生了什么变化？同样，文献也有不同的观点。可以说，英国建立PPP模式的第一个阶段是因为英国工业联合会实施获得政府支持的基础设施项目时由于英国政府无法为其提供资金而需要私人融资。这一点在布莱尔领导的新工党政府执政期间表现得尤为明显，当时公共部门的雄心更大，但财政约束也很紧。所以，在现代PPP政策重生之初，政府仅仅是为了获得资金。当银行对PPP越来越感兴趣时，它们不仅向英国政府，还向世界各地的许多政府提供贷款机会用以建设PPP项目。随着各国纷纷效仿英国经验，英国银行也看到了一个海外市场。后来，争论更多集中在私人融资中私营部门专业性和风险分担上。至少在采用了PPP的国家中，人们不再信任由政府和国有企业来实施雄心勃勃的基础设施项目。

对于私营部门的专业性能在多大程度上促成项目目标的实现，一直备受争议。许多研究人员和评论家声称，私营部门在实践中并未有效地交付PPP项目。他们持续追求的是获利机会而不是仅仅考虑项目的开发。霍奇(Hodge，2004)早就警告说，政府采用私人融资。犹如它是一张超额信用卡政府大肆购买，超额消费但最终还是要为此买单。郝罗威(Hellowell)和维奇(Vecchi)(2012，2013)及康诺利(Cononlly)和沃尔(Wall)(2013)对PPP的融资方式进行了深入研究。这些作者设法找到其实质：交易的实际资金构成在PPP项目剩余生命周期中非常重要。同样，关于使用的折现率是否公平、是否适当也存在争议。博德曼(Boardman)和瓦伊宁(Vining)(2010)等研究人员对许多政府采用的折现率提出了质疑。沙乌勒(Shaoul，2010)及爱德华兹(Edwards，2004)等研究人员一直在批评私营部门在公共基础设施融资方面的意图和策略。有趣的是，由政府和国有企业运营基础设施项目的斯堪的纳维亚经验在一定程度上表明，私人融资并非是圆满交付项目的先决条件。



## 16.4 私人融资和PPP解决了什么问题

如今，政府可能会综合运用这些严谨的理论来为PPP辩护。有趣的是，欧盟委员会的做法在某种程度上又回到了第一个论点：欧盟委员会需要私营资金来启动其雄心勃勃的《欧洲投资计划》。在发展中国家，也可以看到同样的趋势，PPP是一种吸引银行和养老基金向大量有需求的基础设施项目投资的首选且最重要的方式。

## 16.5 私人融资在PPP中的效果如何

私人融资在PPP理念中发挥着重要作用，从根本上来说，它旨在解决两个主要问题：一是公共资金的不可获得性或缺乏吸引力；二是更有效、及时和预算准确的承诺。因此，私人融资和PPP技术在多大程度上成功解决了这些问题？关于这些争议，证据表明了什么？

对于第一个问题，是毫无疑问的。私人融资的可获得性为在公共财政短缺时帮助政府提供了可能性。首先，采用“用户付费”方案的可能性，无论是古代还是现代的收费公路，根据定义即使这些大型基础设施项目使用公共资金，它也能缓解政府需求。基础设施资金应有多少来自公共预算(或由用户从其“私人”预算中支付)是一个政治判断问题。

英国政府由于无法通过公共部门借贷来满足建设新基础设施的需求，于是在20世纪90年代采用了私人融资。然而在此之前，许多政府（如商业部门）已经尝试通过经营租赁的方式来提供基础设施，但公共债务却在资产负债表外。虽然从财政透明度而言，大家对"资产负债表外"工具的合法性存在疑问。但无可争辩的是，至少在一段时间内，这种"资产负债表外"工具能够为私营基础设施获得资金，兑现政府基础设施的承诺。美国安然公司在使用特殊的表外工具隐藏公司债务后却在众人瞩目中倒闭了（the high-profile demise），这引起人们对债务真实性和资产负债表准确性的重新关注。如今，对于澳大利亚维多利亚州等政府将所有私人融资的基础设施交易都纳入了政府资产负债表的做法已不足为奇。而且这种做法越来越普遍。然而，按照国际公认的会计准则提供包含PPP债务细节的资产负债表，这种操作在国际上并不常见。此外，只要限制政府公共借贷能力的规则继续存在，私人融资对政府的吸引力还将持续下去。

私人融资/PPP广泛采用的第二个观点是它具有效率、及时性且预算准确。这点被认为是最合理的。迄今为止，这一直是众多私人融资/PPP研究和调研的主题，因为这些价值是这些部门（disciplines）完成工作的核心。这种更具技术性的观点（以及与之相关的物有所值争论）已经成为现代基础设施讨论的关键。也许正因为如此，这个观点（rationale）才最受争议。从某些方面而言，这种激烈争论不足为奇。毕竟，现在厘清组成PPP众多要素的作用机理并非易事。至少在某种程度上，采用私人融资肯定是PPP制度的重要组成部分，但许多其他要素也同样重要。这些要素包括：如存在单一的财团；合同捆绑在一起；服务和绩效标准的详尽说明；商业激励的类型和规模；风险承担及其回报的法律安排完善；从制度和合同上，将金融机构、建筑公司和业主的角色分开；项目各方具有较强的专业技能；先进施工技术的采用以及内外部人员之间相互关系质量等。当然，项目交付安排所处的法律、竞争、文化和治理外部环境与其内部商业、制度结构和文化同等重要。[9]

极端的情况是，大量文献从理论角度讨论这些问题，却鲜少关于这些理论实际应用、量化实际项目物有所值或效率的实证研究。此外，还有很多文献提倡（和批评）项目交付的替代方案，这些文章虽然涉及私人融资，却很少有严谨且独立的实证研究，主要用现实经验与这些观点做比较分析。事实上，我们的判断是，即便是用最低的水平来衡量，基于PPP绩效的知识仍然低得令人失望。

从物有所值视角简单回顾PPP的成功，我们能从迄今为止的PPP绩效表现中学习到什么（Hodgeand Greve，2009；2013）。萨尔门托（Sarmento，2014）的国际评论最近加入该领域研究。表16.2列举了综述中一些评价研究的实例。虽然这些实例并不全面，但还是很好地反映了迄今为止的研究结果。

从实证证据中必须承认的是虽然PPP项目在全球长期基础设施合同安排上有相当多的经验、极端地倡导和批评、无数专业且光鲜的报道，[10] 但物有所值绩效数据参差不齐，从公共利益角度看，严格的绩效评估少的惊人。独立且严谨的评价更是罕见。这让我们对PPP绩效的判断表示担忧。当然，很多PPP绩效评估不是面太广[11] 就是针对特定PPP问题，[12] 但大多数都是商业案例预测分析，而不是对实际成本的测度。[13] 从统计学角度来看，大多数研究都不是特别严谨，也没有采用对照组（Hodge，2010）。"传统采购"的反事实情况通常也很含糊，使得这些评估不可靠。借用黑尔（Hare，2013）一句非常贴切的话，PPP的绩效证据"既薄弱又混杂"。黑尔评论现有的PPP证据是"脆弱且混杂"说得很好。

表 16.2　PPP 评价/结论(1998—2014 年)

| 研究 | 样本/案例 | 国家 | 发表类型 | 物有所值评价 | 评论/结论 |
|---|---|---|---|---|---|
| 布卢姆费尔德等人(Bloomfeild et al., 1998) | 马萨诸塞州监狱 | 美国 | 案例研究 | 无 | 通过 PPP 租赁采购,成本增加 7.4%;"浪费和风险"的项目掩盖了对公众的真实风险 |
| 阿瑟·安德森等人(Arthur Anderson and LSE, 2000) | 29 个商业案例分析 | 英国 | 初步评估 | 有 | 与公共部门比较值(PSC)相比,成本预计节省 17%;风险转移占预期成本节省的 61% |
| 国家审计署(2000) | 来自(国家审计署)NAO 的 7 个商业案例(2000) | 英国 | 商业案例 | 有 | 预计成本节省 10%～20% |
| 沃克(Walker and Walker, 2000) | 澳大利亚案例的总体观察 | 澳大利亚 | 文献综述 | 无 | PPP 基础设施融资交易被视为削弱议会和公众问责的"误导性的会计欺诈";私营部门的实际回报率高达公众预期的 10 倍 |
| 莫特·麦克唐纳(Mott Macdonald, 2002) | 39 个传统项目和 11 个 PFI 项目 | 英国 | 多案例综述 | 有 | 传统模式下,27%的基础设施项目建设能在预算内交付、30%的项目能如期交付;PFI 模式下,78%的项目能在预算内交付、76%的项目能如期交付 |
| 波利特(Pollitt, 2002) | 10 个大型 PFI 案例 | 英国 | 审计署案例综述 | 有 | 每个案例都有可能获得最佳交易,而且 10 个案例中有 8 个可能实现了物有所值 |
| 审计署(2003) | 对比 10 个传统和 8 个 PFI 学校项目 | 英国 | 审计报告 | 无 | "我们发现没有证据表明 PFI 项目比传统模式资助的项目在交付学校项目上更快速。公共部门的比较数据已失去人心……" |
| 格雷夫(Greve, 2003) | 法鲁姆(Farum)市的案例 | 丹麦 | 案例分析 | 无 | "这是丹麦公共管理史上最引人注目的丑闻。"它导致法鲁姆(Farum)市民的税务增加、债务更高,以及一位前市长入狱 |
| 菲茨杰拉德(Fitzgerald, 2004) | 维多利亚州的 8 个 PPP 案例 | 澳大利亚 | 政府报告 | 不详 | 相比于传统交付机制,PPP 的取决于分析时所采用的折现率;当使用折现率 8.65%(其中 PPP 折现率为 9%更便宜)和折现率 5.7%(其中 PPP 折现率为 6%时更贵)会得到相反的结论 |
| 爱德华兹等(Edwards et al., 2004) | 8 个公路案例和 13 个医院案例研究 | 英国 | 案例评述和访谈 | 无 | 回顾三年内的合同;"PFI 是一种融资和交付公共服务的昂贵方式""主要的受益者是资金的提供者" |
| 格里姆西和路易斯(Grimsey and Lewis, 2004) | 几个跨部门的全球观察 | 多国 | 文献综述 | 有 | "初步证据确切地表明 PPP 为公共采购问题提供了一种解决方案。PPP 不存在一个'模式'。" |
| 波利特(Pollitt, 2005) | 英国案例外加 5 个案例的整体观察 | 英国 | 文献综述 | 有 | "似乎很难避免一个积极的整体评估。" |

（续表）

| 研究 | 样本/案例 | 国家 | 发表类型 | 物有所值评价 | 评论/结论 |
|---|---|---|---|---|---|
| 沙乌勒(Shaoul, 2005) | 英国案例的整体观察 | 英国 | 文献综述 | 无 | PFI由于缺乏问责制而变得十分昂贵；PFI政策“以牺牲大多数人为代价让少数人富起来” |
| 博德曼等人(Boardman et al., 2005: 186) | 5个公路、废弃物管理和海水淡化案例 | 加拿大和美国 | 案例评述 | 无 | 除非合同能够补偿私营部门所承担的风险并且能够确保其承担风险，“否则PPPs将不会提高分配效率” |
| 新南威尔士州审计长(2006) | 新南威尔士州的19所学校建设 | 澳大利亚 | 审计报告 | 有 | 两份PFI合同，分别便宜了7%和23%；审计员认为是“有说服力”的商业案例 |
| 波洛克等人(Pollock et al., 2007) | 莫特·麦克唐纳(Mott Macdonald)[①]和其他报告的再分析 | 英国 | 学术论文 | 无 | “没有证据支持财政成本超支和时间延长的主张改善了PFI的效率”……“[所引用的估算]并不基于证明而是对PFI的偏好……只有一项研究比较PFI采购绩效，而且所有的主张基于<br>这是误导。” |
| 艾伦咨询集团(Allen, 2007) | 21个PPPs和33个传统项目样本 | 澳大利亚 | 咨询报告 | 有 | 从合同承诺看，PPP是比传统项目成本节省11%的替代方案(如果从项目启动开始计算，或节省31%)；本研究由澳大利亚顶尖基础设施供应商资助 |
| 布兰克·布鲁德等人(Blanc-Brude et al., 2006) | 跨越欧洲15国的227条新公路，其中65段为PPPs项目 | 欧洲 | 31个回归分析 | 未测试 | 事前PPP建造成本比传统采购高出24%；这与传统的成本超支幅度相近；PPP交付能否使整个生命周期成本更低仍是未知 |
| 利亚康纳斯(Leviakangas, 2007) | 芬兰收费公路案例 | 芬兰 | 融资模式 | 无 | 私人融资实现福利增加的假设未得到证实 |
| 瓦伊宁和博德曼(Vining and Boardman, 2008) | 跨部门的10个案例 | 加拿大 | 公共经济学 | 不详 | 10个案例中，恰好有一半认为是经济上的“成功”，另一半认为“不成功”；那些认为不成功的项目通常是规模更大的项目 |
| 萨尔门托(Sarmento, 2010) | “SCUT”高速公路项目 | 葡萄牙 | 经济学 | 无 | “若采用传统模式，成本会降低20亿或者30亿欧元多”；政府被认为缺乏与私营投标人谈判的能力 |
| 维奇等人(Vecchi et al., 2010) | 14所新建和改建医院及辅助服务 | 意大利 | 金融 | 无 | “这些项目的投资获得超额收益……预计回报率……远远高于一个正常运作和竞争市场的期望。在PPP合同中投资者承担的系统风险非常低。” |
| 鲍尔(Ball, 2011) | 多项目 | 澳大利亚和英国 | 公共管理 | 无 | 在绝大多数案例中，风险转移过程创造了PPP的物有所值 |

① 译者注：Mott Macdonald是一家全球性的工程、管理和发展咨询公司。

（续表）

| 研究 | 样本/案例 | 国家 | 发表类型 | 物有所值评价 | 评论/结论 |
|---|---|---|---|---|---|
| 勃尔斯等人（Boers et al.，2013：470） | 48份国际性的审计报告综述 | 21个审计署 | 审计 | 无 | "仍然没有强有力的证据表明：DBFM(O)①项目是最有效的政府采购方式；没有理由……可以认为，[PPP]的益处将会自动累积。" |
| 巴洛等人（Barlow et al.，2013） | 9个国家的医疗设施PPPs项目 | 欧洲 | 健康管理 | 不详 | 早期的PPP项目获得的综合结果并未表现出物有所值；最近的PPP项目许诺更多但也更难立项和管理 |
| 里根（Regan，2014） | 国际PPP经验综述 | 多国 | 房屋与建筑学 | 有 | 国际证据表明："与传统采购方式相比，PPP以更低的成本提供了更好的基础设施服务。" |



那么，与传统采购相比，我们能从物有所值的结果得出什么结论呢？一些综述，如霍奇和格雷夫（Hodge & Greve，2009）与萨尔门托（Sarmento，2014），揭示了物有所值评估文献中的三大类发现。第一类评估显示，PPP模式绩效优于传统的基础设施交付模式。这类报告主要通过风险转移计算，PPP模式的成本估算比传统模式更低（最多低31%）。这类评估报告包括安达信（Arthur Andersen，2000）提交给英国政府的早期报告，该报告估算成本节省17%；艾伦（Allen）咨询集团（2007）为澳大利亚政府做的行业资助报告，分析了54个公共和私营项目，并得出结论"PPP在成本效益方面明显优于传统采用"（成本效益在11%至31%之间，具体取决于衡量方法）。这些结论得到了行业相关研究的支持如里根（Regan，2014）和从业人员的强化，证实了PPP模式具有良好的物有所值（Eadieet al.，2013）。同时，这些结论也得到其他研究的支持，这些研究估计PPP项目比传统项目更能按时交付（30%的传统项目，而PPPs项目76%）和在预算内交付（27%的传统项目，PPP项目78%）（Mott-Macdonald，2002；National Audit Office，2003）。

然而，第二类相反的研究并不支持PPP优越性的判断。其中严重的问题包括：给投资者过高的回报（Vecchi et al.，2010），一种偏向于政策扩张的物有所值评估方法，以及项目评估和审查所需信息的难以获得（Shaoul，2005）。英国议会公共账目委员会甚至给公共部门比较值（Public Sector Comparator，PSC）过程贴上明显的"操纵"标签。鲍尔等（Ball et al.，2007）指出，PPP项目的风险分析"几乎完全主观"。英国审计委员会（2003）"没有发现任何证据表明PFI项目比传统方式资助的项目能更快地交付学校"。同样，波洛克等（Pollock et al.，2007）批评莫特·麦克唐纳关于PPP模式在预算内按期完工的结论没有坚实证据基础，指出"所有基于[这些]的说法都具有误导性"。[14] 一些从业人员也对PPP项目的物有所值持怀疑态度，据奥马尔等（Umar et al.，2013）研究，PPP项目物有所值排在20个潜在收益的第17位，而政策批评者认为PPPs是"除了纳税人外对所有人都是极好的交易"（Davidson 2013），要不然就是一个"破产蓝图"（Salzman 2014）。许多审计长对PPP也持怀疑态度。例如，安大略省（加拿大）审计长报告时坦率地说74个PPP项目的实际成本"估计比由公共部门承包和管理要高出将近80亿美元"（OAGO，2014）。回应10年前对风险估值不确定性的担忧，OAGO

① 译者注：DBFM（O），是指受委托方负责项目的设计、施工、物业管理（运营）的项目采购方式。

(2014)报告称,风险成本的计算使得项目倾向于 PPP 交付,但"并没有实际数据支持这种风险成本估值"。在更大国际范围内,Boer 等(2013: 470)分析了来自全球 21 个审计机构的 48 份审计报告,结论是"依旧没有强有力的证据表明 DBFM(O)是最有效的政府采购方式",虽然使用 PPPs 有潜在好处,"但没有理由……认定这些好处将会自动产生"。

我们还注意到了第三类研究。这些研究也对 PPP 成功的说法表示怀疑,但该结论的逻辑是认为在判断 PPPs 优于传统方式之前,还需要进行更严谨的分析。例如,布兰克·布鲁德等(Blanc-Brude et al., 2006)通过对欧盟各国数据进行了仔细的回归分析,发现 PPP 公路项目的预算高出传统采购 24%——讽刺地是,这与传统项目成本超支幅度差不多。[15] 菲茨杰拉德(Fitzgerald, 2004)认为,澳大利亚 PPP 项目评估成本节省幅度很大程度上取决于所使用的折现率(折现率较低时,成本增加 6%;折现率较高时,成本节省 9%)。瓦伊宁和博德曼(Vining & Boardman, 2008)认为,加拿大的 PPP 项目只有一半算得上成功,而尤佩(Jupe, 2009)则认为,PPPs 是英国交通设施的"不完美解决方案"。[16] 同样重要的是,霍奇(Hodge, 2002)在十几年前就曾提醒,"风险转移的概念在理论上都是好的",而现实中缺乏足够关于 PPPs 风险评估和定价的实证研究,使得我们不确定风险是适当地被"分担"还是被"转移"回纳税人?(PAEC, 2006: 158)

总之,公正地说,有关 PPP 物有所值证据的最好解读是,它是混杂的(mixed)。如萨尔门托和伦尼博格(Sarmento & Renneboog, 2014)所说的,学术界普遍对 PPP 物有所值持怀疑态度,而政府部门则不然。[17]

## 16.6 结论

本章讨论了私人融资和 PPP 技术在重大项目中的采用,重点关注私人融资解决了哪些问题以及效果如何。这有几条明显的经验。第一,毫无疑问,私人融资将继续吸引那些没有能力或者不愿为重大公共基础设施项目提供公共资金的政府。我们必须承认,私人融资的采用使得世界各地的很多重大项目得以实施,否则这些项目无法进行。然而同样的,这跟个人信用卡类似,通过不合理的高利率在今天购买应该是未来支付的东西。对于迫切达成一个理想、即时的基础设施交易的政府而言,私人融资如同一张巨额信用卡。第二,对于交付效率和物有所值更合理的问题,我们仍然对 PPP/私人融资技术的有效性知之甚少。最好的情况是,证据是混杂的。公平地讲,PPP 与传统项目交付模式相差无几。而最坏的情况是,金融工程师和交易参与者获得的私人融资和 PPP 项目回报远超用户和公民。但这个观点还没定论。第三,必须承认,尽管对物有所值的担忧和围绕治理、问责问题争论一直存在,[18] 但从政府角度,PPP 作为一种"先买后付"的安排持续具有吸引力并获得成功。当然,也有一些失败和政策上的 U 形转变,但 PPP 的采用对许多国家仍然具有明显地吸引力。PPP 经常能满足政治需求,但不同于辖区对经济的需求,其更像手套一样。第四,PPP 有广泛的实践经验。实际上,我们可以得出这样的结论:增加使用长期法律合同可以避免项目在定义和具体实施环节受到不必要的政治影响。商业合同是一门必备专业,它似乎是有效的。但事实是,不存在所谓的"PPP 模式",而且由于可能有数以百计的变化,照搬其他地区的可靠经验依旧很困难。称赞或者批评单个项目的成败是容易的,但通过 DBFMO 模式等技术评价重大项目私人融资的现代政策有效性仍然是一项更为艰巨的任务。第五,我们现代的项目关注其预算内按期交付是可以理解的,但也导致过分强调"按时"和"预算内"交付重要性的情况。这里的风险在于,目标会随着时间的推移而变化,关注的重点在如何更合理地度量项目单位成本上。PPP 项目定价过高的程度表明政府可能愿意承担超过必要支付更多的费用,以减少因项目拖延和成本超支造成的政治尴尬。然而现实是,许多经验表明私营财团确实一般都承担了实际的风险。由于施工困难[参见霍奇和达菲尔德(2010)关于南十字车站的讨论]、交通数据估计不足(如悉尼跨城隧道的情况)等项目风险,在类似澳大利亚这样的地区许多项目从商业上是"失败"的。这些项目所经历的商业损失和破产清楚地表明,财团承担了巨大的商业风险(这些风险没有得到回报)。因此,澳大利亚的各州政府免受了这些财团所承担的风险。但缺少关于平均单位项目总成本的明确有效数据,因此,私人财团为承担风险所支付的平均价格通常是不清楚的。然而,对公民和用户而言,为风险承担所支付的价格和基础设施交付的单位成本也许是最终的物有所值和效率措施。关于这点的报道几乎没有。在国际上多种 PPP 模式并存的复杂环境下,这些研究空白将成为进一步研究的优先选择。

经验表明,私人融资毫无疑问在重大项目中已经并将继续发挥重要作用。各国政府面临的主要挑战是如何确保使用最有效的基础设施交付模式,以及如何长期为这些项目提供资金。此外,私人融资始终提供了一种方式,让私营部门介入重大公共项目中并乐于分担其风险,而不是让政府独自承担所有风险。在如美国这样的 PPP"新市场",通过 PPP 使用私人融资的情况越来越普遍,这可能是一件好事,因为它加强了交付方式的竞争,并鼓励提高透明度(Department of Transport, 2015; Sabol and Puentes, 2014),发展中国家也是一样。世界银行和国际货币基金组织也将私人融资和 PPP 作为鼓励基础设施投资的一种方式,否则这些基础设施就不会建设。实践方面,英国对新"$PF_2$"框架的修订表明其 PFI 模式始终有改进的空间。因此,既然对 PPP 的绩效证据仍无定论,那大量基础性的实证研究仍将继续。

## 注释

1. 虽然 PPP 的术语和一般概念已确立,但也要承认现实中并不存在所谓的"PPP 模式"(Hodge, 2013)。它更像是由全球数百(或许数千)种不同类型安排构成的一种现象。在制定合同时要做出很多决定:各个部门的出资比例;拟交付的项目;各方承担的风险;绩效激励的力度;透明度以及适用于问责和治理的组织等问题。像加拿大、澳大利亚这些 PPP"领先"的主要地区并不共用同一种方式,各国之间也没有单独的国家模式。例如,西米蒂奇(Siemiatycki, 2013)观察了加拿大从公共资金占大多部分到公共资金占小部分的 PPP 项目,发现保守的风险转移安排具有很大差异,没有单独国家的统一做法。虽然澳大利亚的 PPP 导则建议统一,但现实情况是,随着不同时间不同项目采用了不同比例的公共和私营资金以及不同的风险转移安排。更广泛地说,我们可以得出结论:制定基础设施交付安排与撰写法律合同一样有很多不同方式。
2. 有趣的是,德维尔夫等(Dewulf et al., 2012: 13)指出,英国的 PFI 特许经营模式是"澳大利亚已使用的特许经营模式。"
3. 因此,正如史密斯(Smith, 1999)指出的,虽然香港在 20 世纪 60 年代末至 90 年代末以融资-设计-施工-运营(FDBO)的模式成功交付了几个重大公路基础设施项目,1984 年的英法海底隧道项目还获得了英国首相撒切尔夫人(Margaret Thatcher)和法国密特朗总统(Francois Mitterand)的首肯,但是直到 20 世纪 90 年代末期,英国政府才把重大项目采用私人融资的思路作为"政府的核心理念"。换句话说,20 世纪 90 年代末,英国才将 PPP 理念从一个项目交付选择转为一项公共政策。
4. 这种情况在澳大利亚等其他国家也通常不公开。
5. 事实上,在全球金融危机之后,康维茨(Konvitz, 2012)等评论员大声宣布"PPP 已死! PFI 模式的 PPP 已死! 死了!"本章作者质疑这一观点,认为尽管全球经济危机之后时代肯定发生变化,但对于私人融资模式的长期基础设施合同有着持续的政治需求,这更可能使得人们对 PPP 进行反思

(Hodge & Greve，2013)。人们开始重塑 PPP 概念，但并不摒弃风险分担而是对其进行重构。对于这些人而言，PPP 现象并非消失了，PPP 品牌依然鲜活地存在，并以新的形式演化。其他学者，如梅纳德(Menard，2013)在那时也得出类似结论：PPP 将与我们同在。

6. 例如，霍奇和格雷夫(Hodge & Greve，2013)提出了二十多个 PPP 目标，并且强调了其中的少量明确(而不是隐含)目标和技术(而不是非技术)目标。
7. 与我们的观点相关的，还有第三种不太明显、非正式的理由。我们认为，PPP(以及私人融资等 PPP 技术)在许多方面帮助了政府。例如，PPP 作为一项政策或者一种项目交付工具，可能通过以下方式帮助政府：
   - 将基础设施需求和优先事项提上公共议程；
   - 强调项目的交付胜过规划；在私人合同法律框架下"打破"重大项目固有模式；
   - 区分政府与反对党的政治立场；
   - 将与项目风险任何的关联从政府机构上剥离；
   - 提高金融与商业市场的信心；
   - 加强与相关支持团体的联系；
   - 在动荡期提供业务或经济扶持，使得一国的 PPP/融资/施工等专业服务能够在海外顺利开展。

   简言之，当民主治理自身变得"更困难"时，PPP 技术可能会提升政府的选举前景并在一段时间内缓解治理压力(Flinders，2014)。
8. 当然，这些观点与二三十年前支持国有企业私有化的历史论点一致(Hodge，2000)。
9. 对于一项成功的 PPP，会涉及支持所有西方自由经济体的若干假设。这些假设包括，例如，西方国家的法治假设，涉及一系列的文化和历史因素，如从政治和官僚机构中分离出完全独立的司法体系，其规定政府、私营企业和个人都受法律约束，且在法律面前一律平等；由当事人之间的正式契约和私有产权构成经济基石的社会。此外，西方经济体通常假定，在一个繁荣发展的混合经济体中，强大的私营部门和强有力的政府是经济增长的关键，同时还有在完全竞争的自由市场，具有融资以及一系列专业服务，如规划、项目管理、工程施工和设计、金融、会计、法律、商业纠纷解决等。另外，PPP 可能还需要强大的监管机构来维护有效竞争、确保招标的行政决议仅由商业规则驱动，而不受政治关系、家庭关系或个人关系影响，该监管机构应不受政治影响，且不受私人财团或个人关系的贿赂。最后，西方经济体通常还假定，政府和官僚机构通过多种问责机制来对公民负责，包括一个激烈的媒体市场和一个自由的新闻制度。
10. 如，毕马威(KPMG，2014)；世界经济合作组织(OCED，2008)；普华永道(Pricewaterhouse Coopers，2012，2005)；安永(Ernst & Young 2013，2007)；德勤(Deloitte 2015；2006)。
11. 如，霍奇和格雷夫(Hodge & Greve，2007)；伯杰等(Berg et al.，2002)；博瓦伊德(Bovaird，2004)；戈巴戴安等(Ghobadian et al.，2004)；爱德华兹等(Edwards et al.，2004)；格里姆西和路易斯(Grimsey & Lewis，2004)；奥斯本(Osborne，2001)；裴罗和沙特吕(Perrot & Chatelus，2000)；波利特(Pollitt，2005)；萨瓦斯(Savas，2000)；沙乌勒(Shaoul，2005)；维兰库尔·罗森瑙(Vaillancourt-Rosenau 2000)。
12. 见弗林德斯(Flinders，2005)，莫特·麦克唐纳(Mott Macdonald，2002)，国家审计署(National Audi Office，2000)；波洛克等(Pollock et al.，2002)，国家审计署(National Audi Office，2009)对 PPP 案例进行了更有针对性的回顾。
13. 这里的例外包括沙乌勒(Shaoul，2005；2010)及菲茨杰拉德(Fitzgerald，2004)、艾伦咨询集团(Allen Consulting Group，2007)、利亚康纳斯(Leviakangas，2007)、布兰克·布鲁德等(Blanc-Brude et al.，2006)的多项研究。
14. 从政府宣称的"商业机密"背后，获取研究数据的困难加剧了人们对同行评议的担忧，因为这项广为人知的研究缺乏严谨性。
15. 然而，这篇综述恰当地提醒我们不要对物有所值做任何进一步的结论，因为长期的生命周期成本依然未知。
16. 在个人层面，我们"迄今为止对证据最乐观的解读是，它们是混杂的"(Hodge and Greve，2009)。15 年来，我们一直关注 PFI 模式的 PPPs，是"政治上成功但经济上可疑的"，或者如英国下议院公共会计委员会（2011）几年前所言，“PFI 协议看上去私营部门比纳税人更获利”。傅以斌（Eldrup and Schutze，2013：24，105）对于 LTIC PPP 的成功给出类似偏正面一些但仍然模糊不清的结论。他列出了 5 个澳大利亚和美国失败的 PFI 模式 PPP 项目，以及英国大型伦敦地下铁经营公司（Metronet），同时他承认“缺乏强有力的实证证据”，但接着总结道，“总之，虽然一些 PPP 项目难以实现目标，但学术和实践的实证证据表明，PPP 实际上可以实现其提高项目绩效、实现创新和转移风险的承诺”。

17. 我们应当注意，人们对 PPP 协议的最终可支付能力的额外担忧已有一段时间（Hellowell and Pollock，2007）。

18. 在宽泛的绩效领域，“治理”也有一系列启发性评论。事实上，PPP 治理和 PPPs 作为治理工具的合法性这些问题与项目效率、有效性问题一样，备受争议。一方面，PPP 帮助政府重新掌握和推进建设新基础设施项目的能力。然而另一方面，人们对 PPP 也提出多项指控：与公共部门相比，PPP 项目的持续分析操作缺乏合法性，且倾向私人融资交付；决策安排缺乏透明度；大型复杂的商业交易显然是与商业伙伴进行，而不是与作为平等“伙伴”的公民；通过《信息自由法》或《行政法》获取信息和评论的传统方式现在已不适用于私法合同下的公民；以及政府在 PPP 中扮演了多重角色，且相互冲突，而且缺乏问责机制。难怪，PPPs 中的 PFI 模式被贴上了 PPP 家族“私生子”的标签（Hodge，2006）。显然，PPP 治理挑战仍处于紧张关系。公共问责机制也同样面临挑战，尽管威廉斯和范多伦（Willems & Van Doren，2011）等观察家称大多数 PPP 问责机制的问题被夸大了。



## 参考文献


Allen Consulting Group.（2007）. *Performance of PPPs and Traditional Procurement in Australia*. Final Report to Infrastructure Partnerships Australia.

Arthur Anderson and LSE Enterprise.（2000）. *Value for Money Drivers in Private Finance Initiative*. Report commissioned by the UK Treasury Task Force on Public-Private Partnerships.

Audit Commission.（2003）. *PFI in Schools*. London：Audit Commission.

Auditor General of New South Wales.（2006）. The New Schools Privately Financed Project，Audit Office of NSW.

Ball，R.，Heafey，M.，and King，D.（2007）.“The private finance initiative in the UK，” *Public Management Review*，9(2)：289-310.

Ball，R.（2011）.“Provision of public service infrastructure：The use of PPPs in the UK and Australia：A comparative study”，*International Journal of Public Sector Management*，24(1)：5-22.

Barlow，J.，Roehrich，and Wright，S.（2013）.“Europe sees mixed results from public-private partnerships for building and managing health care facilities and services.” *Health Affairs*，32(1)：146-54.

Berg，S.，Pollitt，M.，and Tsuji，M.（eds.）（2002）. *Private Initiatives in Infrastructure: Priorities，Incentives and Performance*. Aidershot：Edward Elgar.

Blanc-Brude，E，Goldsmith，H.，and Valila，T.（2006）. *Ex Ante Construction Costs in the European Road Sector: A Comparison of Public-Private Partnerships and Traditional Public Procurement*. Economic and Financial Report 2006/01，European Investment Bank.

Bloomfield，R，Westerling，D.，and Carey，R.（1998）.“Innovation and risks in a public-private partnership：Financing and construction of a capital project in Massachusetts.” *Public Productivity and Review*，21(4)：460-71.

Boardman，A.，Poschmann，F.，and Vining，A.（2005）.“North American infrastructure P3s：Examples and lessons learned，” in G. Hodge and C. Greve（eds.），*The Challenge of Public-Private Partnerships: Learning from International Experience*. Cheltenham：Edward Elgar.

Boardman，A. and Vining，A.（2010）.“Assessing the economic worth of public-private partnerships” in G. Hodge, A. Boardman, and C. Greve, (eds.), *International Handbook on Public-Private Partnerships*. Cheltenham: Edward Elgar.

Boers, I., Hoek, F., van Montford, C., and Wieles, J, (2013). "Public-private partnerships: International audit findings: in P. de Vries and E. B. Yehoue (eds.), *The Routledge Companion to Public-Private Partnerships*. Oxford: Routledge.

Bovaird, T. (2004). "Public-private partnerships in Western Europe and the US: New growths from old roots" in A. Ghobadian, D. Gallear, N. O'Regan, and H. Viney (eds.), *Public-Private Partnerships: Policy and Experience*. Basingstoke: Palgrave Macmillan.

Connoly; C. and T. (2013). "The impact of the global financial crisis on public-private partnerships: A UK perspective; in C. Greve and G. Hodge (eds.), *Rethinking Public-Private Partnerships: Strategies for Turbulent Times*. Oxford: Routledge.

Davidson, K. (2013). "Some fabulous deals—for all but taxpayers," *The Age*, 29 July: 21.

de Bettignies, J.-E. and Ross, T W (2010). "The economics of public-private part ships: Some theoretical contributions" in G. Hodge, A. Board man, and C. Greve *International Handbook on Public-Private Partnerships*. Cheltenham: Edward Elgar.

Deloitte. (2006). *Closing the Infrastructure Gap: The Role of Public-Private* Deloitte Research Study.

Deloitte, (2015). *Trending P3: The Evolving Role of Value-for-Money Analysis in supporting Project Delivery Selection*. Deloitte Research Study.

Department of Transport. (2015). *Expanding the Market for Infrastructure Public-Private Partnerships, Alternative Risk and Profit Sharing Approaches to Align Sponsor and Investor Interests*. Washington: US Department of the Treasury.

de Vries, P. (2013). "The modern public-private demarcation: History and trends in PPP," in P. de Vries and E. B. Yehoue (eds.), *The Routledge Companion to Public-Private Partnerships*. Oxford: Routledge.

de Vries, P. and E. B. Yehoue (eds.). (2013). *The Routledge Companion to Public-Private Partnerships*. Oxon: Routledge.

Dewulf, G., Blanken, A., and Bult-Spiering, M. (2012). *Strategic Issues in Public-Private Partnerships*, 2nd edn. Chichester: Wiley Blackwell.

Eadie, R., Millar, P., and Toner, L. (2013). "Public private partnerships, reevaluating value for money," *International Journal of Procurement Management*, 6(2): 152-69.

Edwards, P., Shaoul, J., Stafford, A., and Arblaster, L. (2004). *Evaluating the Operation of PFI in Roads and Hospitals*. London: Certified Accountants Education Trust.

Eldrup, A. and Schutze, P. (2013). *Organisation and Financing of Public Infrastructure Projects: A Path to Economic Development of the Danish Welfare Model*. Copenhagen: Offentligt-Privat Partnerskab.

Ernst & Young. (2007), *The Road Ahead: Future of PPP in Australian Road Infrastructure*. Australia: Ernst & Young.

Ernst & Young. (2013). *Mayoral Position Paper on Public Private Partnerships*. Auckland: Ernst & Young.

European Commission. (2014). *An Investment Plan for Europe*, <http://ec.europa.eu/priori-ties/jobs-growth-investment/plan/index_en.htm>.

European PPP Expertise Centre, (2014). *Market Update: Review of the European PPP Market*, <http://www.eib.org/epec/resources/publications/epec_market_update_2015_h1_en.pdf>.

Fitzgerald, P. (2004). *Review of Partnerships Victoria Provided Infrastructure*. Melbourne: Growth Solutions Group.

Flinders, M. (2005). "The politics of public-private partnerships," *British Journal of Political and*

*International Relations*, 7:215-39.

Flinders, M. (2010). "Splintered logic and political debate," in G. Hodge, A. Boardman, and C. Greve (eds.), *International Handbook on Public-Private Partnerships*. Cheltenham: Edward Elgar.

Flinders, M, (2014). "Explaining democratic disaffection: Closing the expectations gap (commentary)," *Governance: An International Journal oj Policy, Administration, and Institutions*, 27(1): 1-8.

Flyvbjerg, B. (2014). "What you should know about megaprojects and why," *Project Management Journal*, 45(2): 6-19.

Ghobadian, A., Gallear, D., O'Regan, N., and Viney H. (eds.) (2004). *Public-Private Partnerships: Policy and Experience*. London: Palgrave Macmillan.

Greve, C. (2003), *When Public-Private Partnerships Fail The Extreme Case of the NPM-Inspired Local Government of Farum in Denmark*, paper for the EGPA-conference, 3-6 September, Oerias, Portugal.

Greve, C. and Hodge, G. A. (2013). "Conclusions: Rethinking public-private partners," in C, Greve and G. Hodge (eds.), *Rethinking Public-Private Partnerships: Strategies Turbulent Times*. Oxford: Routledge.

Grimsey, D. and Lewis, M. (2004). *Public-Private Partnerships: The Worldwide Revolution in Infrastructure Provision and Project Finance*. Cheltenham: Edward Elgar.

Hare, P. (2013). "PPP and PFI: The political economy of building public infrastructure and delivering services;" *Oxford Review of Economic Policy*, 29(1): 95-112.

Hellowell, M. (2010). "The UK's private finance initiative: History, evaluation, prospects," in G. Hodge, A. Boardman, and C. Greve (eds.), *International Handbook on Public-Private Partnerships*. Cheltenham: Edward Elgar.

Hellowell, M. and Pollock, A, (2007). *Written Evidence to the National Assembly for Wales Finance Committee with Regards to Its Inquiry on Public Private Partnerships*. <http://www.aog.ed.ac.uk/__data/assets/pdf_file/0009/96246/CIPHP_2007_Hellowell_ EvidenceWelshFinanceCommittee.pdf>.

Hellowell, M. and Vecchi, V. (2012). "An evaluation of the projected returns to investors on 10 PFI projects commissioned by the National Health Service," *Financial Accountability and Management* 28(1):77-100.

Hellowell, M. and Vecchi, V. (2013). "What return for risk? The price of equity capital in public-private Partnerships," in C. Greve and G. Hodge (eds.), *Rethinking Public-Private Partnerships: Strategies for Turbulent Times*. Oxford: Routledge.

HM Treasury, (2012). *A New Approach to Public-Private Partnerships*. London: HMSO.

Hodge, G. A, (2000). *Privatization: An International Review of Performance*. Boulder, CO: Perseus Books, Westview Press.

Hodge, G. A, (2002). "Evidence presented to the Public Accounts and Estimates Committee inquiry into private investment in public infrastructure," 30 April, Melbourne.

Hodge, G. A. (2004). "The trouble with public-private partnerships," *The Age*, 19 July.

Hodge, G. A. (2006). "Public-Private partnerships and legitimacy," *University of New South Wales Law Journal*, 29(3): 318-27.

Hodge, G. A. (2010). "Reviewing public-private partnerships: Some thoughts on evaluation," in G. A. Hodge, A. Boardman, and C. Greve (eds.), *International Handbook in Public-Private Partnerships*. Cheltenham: Edward Elgar.

Hodge, G. A. (2013). Public-private partnership: Ambiguous, complex, evolving and successful: Keynote address to global challenges in PPP: cross-sectoral and cross-disciplinary solutions? Universiteit Antwerpen, City Campus, Hof Van Liere, 6-7 November.

Hodge, G. Boardman, A. and Greve, C. (eds.) (2010). *International Handbook on Public-Private Partnerships*. Cheltenham: Edward Elgar.

Hodge, G. A. and Duffield, C. (2010). "The Australian PPP experience: Observations and reflections," in G. A. Hodge, C. Greve, and A. Boardman (eds.), *International Handbook in Public-Private Partnerships*, Cheltenham: Edward Elgar.

Hodge, G. A. and Greve, C. (2007). "Public-private partnerships: An international performance review," *Public Administration Review*, 67(3):545-58.

Hodge, G. A. and Greve, C. (2009). "PPPs: The passage of time permits a sober reflection," *Economic Affairs*, 29(1): 33-9.

Hodge, G. A. and Greve, C. (2013). "Introduction: Public-private partnership in turbulent times," in C. Greve and G. A. Hodge (eds.), *Rethinking Public-Private Partnerships: Strategies for Turbulent Times*. Oxford: Routledge.

House of Commons Committee of Public Accounts (2011), "Lessons from PFI and other projects," Forty-fourth Report of Session 2010-12, September.

Jupe, R. (2009). "New Labour, public-private partnerships and rail transport." *Economic Affairs*, 29(1): 20-5.

Konvitz, J. (2012). "Keynote address to the European Consortium for Politic Standing Group on Regulation and Governance," Exeter, June.

KPMG. (2014). *Public-Private Partnerships: Emerging Global Trends and the Implications for Future Infrastructure Development in Australia*, KPMG.

Leviakangas, R (2007). *Private Finance of Transport Infrastructure Projects: Analysis of a Finnish Shadow Toll Road Project*, ESPOO, VTT Publications.

Menard, C. (2013). "Is public-private partnership obsolete? Assessing the obstacles and shortcomings of PPP," in P. de Vries, and E. Yehoue (eds.), *The Routledge Companion to Public-Private Partnerships*. Oxford: Routledge.

Mott Macdonald. (2002). *Review of Large Public Procurement in the UK*. London: Mott Macdonald.

National Audit Office. (2000). *Examining the Value for Money of Deals under the Private Finance Initiative*. London: The Stationery Office.

National Audit Office. (2003). *PFI: Construction Performance*. London: The Stationery Office.

National Audit Office. (2009). *Private Finance Projects*. A paper for the Lords Economic Affairs Committee.

OECD. (2008). *Public-Private Partnerships: In Pursuit of Risk Sharing and Value for Money*. Paris: OECD.

OECD. (2012). *Recommendation of the Council on Principles for Public Governance of Public-Private Partnerships*. Paris: OECD.

Office of the Auditor General of Ontario (OAGO). (2014). *Annual Report*, <http://www.audi-tor.on.ca/en/reports_en/en14/2014AR_en_web.pdf>,

Osborne, S. (ed.). 2001. *Public-Private Partnerships: Theory and Practice in International Perspective*. New York: Routledge.

Perrot, J.-Y. and Chatelus, G. (eds.) (2000). *Financing of Major Infrastructure and Public Service Projects: Public Private Partnerships, Lessons from French Experience Throughout the World*. Paris: Presses de lecolenationale des Ponts et Chaussees.

Pollitt, M. (2002). "The declining role of the state in infrastructure investment in the UK," in S. Berg, M. Pollitt, and M. Tsuji (eds.), *Private Initiatives in Infrastructure: Priorities, Incentives and Performance*. Aidershot: Edward Elgar.

Pollitt, M. (2005). "Learning from the UK Private Finance Initiative experience," in G. Hodge and

C. Greve (eds.), *The Challenge of Public-Private Partnerships: Learning from International Experience*. Cheltenham: Edward Elgar.

Pollock, A., Price, D" and Playe, S. (2007). "An examination of the UK Treasury's evidence base for cost and time overrun data in UK value-for-money policy and appraisal," *Public Money and Management*, April: 127-33.

Pollock, A., Shaoul, PPJ., and Vickers, N. (2002). "Private finance and value for money in NHS hospitals: A policy in search of a rationale?" *British Medical Journal*, 324:1205-8.

PricewaterhouseCoopers. (2005). *Delivering the PPP Promise. A Review of PPP Issues and Activities*, < http://www; pwc. coni/gx/en/government-infrastructure/pdfZproniise report. pdf>.

Price Waterhouse Coopers. (2012). *Build and Beyond: Bridging the Gap, Meeting the Challenges of Healthcare Development in South East Asia*. KPMG, March.

Public Accounts and Estimates Committee, (PAEC) 2006, *Seventy-First Report to the Parliament, Report on Private Investment in Public Infrastructure*. Melbourne: Public Accounts and Estimates Committee,

Regan, M. (2014). "Value for money in project procurement," Faculty of Society and Design Publications, Paper 120. (Research Report for the Asian Development Bank 2013.)<http://epublications. bond. edu. au/fsd_papers/12o>.

Sabol, P. and Puentes, R. (2014). *Private Capital, Public Good: Drivers of Successful Infrastructure Public-Private Partnerships*. Brookings Institute.

Salzman, R. (2014). *A Blueprint for Bankruptcy: Thinking Highways*,<http://www. truth-out. org/news/item/26848-a-bIueprint-fbr-bankruptcy>.

Sarmento, J. M. (2010). "Do public-private partnerships create value for money for the public sector? The Portuguese experience," *OECD Journal on Budgeting*, 10(1): 93-119.

Sarmento, J. M. (2014). "Public-private partnerships," Doctoral thesis, Tilberg School of Economics and Management, University of Tilberg.

Sarmento, J. M, and Renneboog, L. D. R. (2014). *Public-Private Partnerships: Risk Allocation and Value for Money*. TILEC Discussion Paper, vol. 2014-017. Tilburg: TILEC.

Savas, E. S. (2000). *Privatization and Public-Private Partnerships*. New York: Chatham House and Seven Bridges.

Shaoul, J. (2005). "The private finance initiative or the public funding of private profit," in G. Hodge and C. Greve (eds.), *The Challenge of Public-Private Partnerships: Learning from International Experience*. Cheltenham: Edward Elgar.

Shaoul, J. (2010). "A review of transport public-private partnerships in the UK," in G. Hodge, A. Boardman, and C. Greve, (eds.). *International Handbook on Public-Private Partnerships*. Cheltenham: Edward Elgar.

Siemiatycki, M, (2013). "Is there a distinctive Canadian PPP model? Reflections on twenty years of practice;" paper delivered to CBS-UBC-Monash International Workshop on PPPs, 13-14 June, Vancouver.

Smith, A. J. (1999). *Privatized Infrastructure: The Role of Government*. London: Thomas Telford.

Terry, F. (1996). "The private finance initiative: Overdue reform or policy breakthrough?" *Public Money and Management*, 16(1): 9-16.

Umar, A. A., Zawawi, N. A. W. A., Khamidi, M. F., and Idrus, A. (2013). "Stakeholder perceptions on achieved benefits of PFI strategy;" *Modern Applied Science*, 7(4): 31-40.

Vaillancourt-Rosenau, P, (ed.) (2000). *Public-Private Policy Partnerships*. Cambridge, MA: MIT Press.

Vecchi, V, Hellowell, M., and Longo, E (2010). "Are Italian healthcare organizations paying too much for their public-private partnerships?" *Public Money and Management*, 30(2): 125-32.

Vining, A. and Boardman, A. (2008). "Public-private partnerships in Canada: Theory and evidenced *Canadian Public Administration*, 51(1): 9-44.

Walker, B. and Walker, B. C. (2000). *Privatisation: Sell Off or Sell Out? The Australian Experience*. Sydney: ABC Books.

Wettenhall, R. (2005). "The public-private interface: Surveying the history," in G. Hodge and C. Greve (eds.). *The Challenge of Public-Private Partnerships: Learning from International Experience*. Cheltenham: Edward Elgar.

Wettenhall, R. (2010). "Mixes and partnerships through time," in G. A. Hodge, C. Greve and A. Boardman (eds.), *International Handbook in Public-Private Partnerships*. Cheltenham: Edward Elgar.

# 17 重大项目的广义效应，良方还是祸根?

罗杰·维克曼

## 17.1 引言

重大项目，也就是对经济和社会具有变革性影响的项目，一直备受争议。纵观历史，社会和个人受其广泛影响，这之中常常以军队或工程师(经常是无法区分的团体)所谓的推进修路筑坝利益为由。19世纪的铁路工程建设也许是历史上记载最完善的重大项目案例。铁路项目的开发要么需要议会批准，比如大部分由社会资本融资建设的英国铁路，要么由政府直接提供。充足的史料证明，无论以何种形式开发铁路，都有支持和反对的声音。在过去的两个世纪里，尽管决策已经变得更加科学，但对于重大项目的争论却从未停止。计划的支持者声称重大项目对人们的生活和当地经济发展产生了转型效应，而反对者则援引证据，指出由于重要中心聚集行为的增加，导致了环境恶化以及周边地区经济也被抽干。随着重大项目决策越来越依赖于复杂的分析技术，人们越发期盼分析师能够对重大项目产生的效应进行精准预测，但这常常超出此类技术的能力范围。

本章将分析重大项目评估的研究现状，特别是聚焦重大项目的广义效应(wider impacts)。首先，我们框架性阐述了重大项目广义效应的范围，以及如何对其进行分析。其次，在应用广义效应作为当前重大项目合理化解释依据之前，我们回顾了一些历史证据。本章讨论立足于这一背景，即越来越多的人怀疑使用广义效应来论证重大项目合理化的有效性，正如追溯性审计暗示索赔金常常不能兑现一样。但与此同时，在2008年金融危机引发衰退的缓慢恢复过程中，政府又被敦促采用重大项目作为提振经济的一种方式。

## 17.2 广义效应

传统的交通项目评估侧重于用户可以获得的收益与成本之间的平衡。用户所获得的收益主要体现在使用新的交通设施时对于时间上的节省，如更快的通行、拥堵的减少，以及更少的换乘次数等。其中由于新建交通基础设施项目带来周边地区土地价值或租金的上涨并没有被计算在内，因为这些是资本化的新增旅行收益。对重复计算收益的担心导致人们普遍不愿考虑任何关于广义经济收益的概念。

上述评估方法存在一个问题，其隐含假设所有市场都表现出完全竞争的特征。在此假设下，新建基础设施带来交通成本的所有变化都将完整地反映到用户成本中，进而反映到用户享受该交通服务所缴纳的费用上。此时，运输密集型商品的价格将会下降，通勤人员的工资也会下降。若评估时再次包含上述变化则涉嫌重复计算。

然而，市场并不总是完全竞争的，甚至也许永远都不可能是完全竞争的状态。在这种情况下，交通成本变化并不能完全传递到交通市场价格的变化中。不完全竞争型企业可以利用边际投入价格变化的影响来寻求收益的增长（在不降低价格的情况下），或增加市场份额（通过降低价格和减少利润）。那么，交通成本变化的净效应就会直接影响总效应，该总效应则会大于或小于用户成本的直接变化。因此有必要考虑正负性不确定的广义效应，而不是假设效应总是正向的，就像“收益”（benefits）所暗示的那样。

众所周知，完全竞争的假设只是一种极端情况（Jara-Diaz，1986），广义效应理论发展的真正基石是新经济地理学（New Economic Geography）。新经济地理学最早出现在国际贸易领域的文献中，但很快被拓展到城市与区域发展的相关研究中（Krugman，1991）。该理论的核心观点是：在不完全竞争的情况下，两地之间交通成本的下降会对其经济产生无法预测的影响。具体的影响效果在一定程度上取决于两地的初始状态。如果享受交通基础设施改善的一个区域在经济体量上比另一个区域更大，那么大区域已有的规模经济和高效率会使其更容易享受交通基础设施改善带来的收益。最终的结果非但无法扩大经济福利的受益面，反而可能导致更大程度的集中。然而当交通成本处于较低水平时，同样的交通成本变化会使企业在选择区位时不再考虑交通成本因素。如果较发达区域还同时发生了交通拥堵和其他负面的外部性事件，新建交通基础设施的净效应可能会分散区域间经济活动并促进均衡发展。当然，这也要取决于交通成本下降的幅度。较小幅度的交通成本变化可能只会促进经济聚集的进程，而跃阶式变化则可能会产生截然不同的影响，使贫困地区的企业能够在以前无法进入的市场获得竞争资格，而较富裕地区可能会受到更高拥堵成本的困扰。这种跃阶式变化很大程度上与重大项目有关。

虽然还无法得出结论，但是可以看出交通基础设施供给变化可能会根据城市或地区的初始状态、交通供给的变化程度，以及用户利用该变化的能力等因素而产生不同的影响。这表明，广义效应是情景依赖的，我们需要一种更加有效的方法对其进行识别和度量，而不能先验地认为交通基础设施的改善将导致经济活动的聚集或分散。

## 17.3　广义经济效应的理论基础

上一节分析了广义效应产生的前提，本节将更详细地阐述广义效应的理论基础。其理论基础的关键是理解交通成本变化对生产率的影响，其中包括三个相互关联的环节：更完善的劳动力市场分类、劳动力市场供给增长、以及竞争结构的变化。

最容易理解的是交通成本降低有利于应聘者找到更合适的工作，以及雇主找到更合适的员工，其中包含了交通成本降低带来劳动力供给增长的影响。由此产生的直接影响体现在引致旅客收益的计算上，但是由更完善的劳动力市场分类带来的额外生产率提升并没有被考虑。

当一个地区劳动力供给有效密度随交通可达性改善而增加时，劳动力市场供给就会增长。这是一个众所周知的现象，通常会被从整体角度研究，因为在这种视角下大城市生产率会被系统性高估。维纳布尔斯（Venables，2007）的研究表明，如果不考虑劳动力市场的供给增长，交通改善带来的总体收益可能会被系统性地低估。整体视角证据和理论论证为接受以“额外生产率联系”作为前提提供了合理的解释，而格雷厄姆（Graham，2007）为特定交通项目对单个行业的影响提供了更加详细的细分视角证据。

这一证据意义重大，因为它被用于支撑继续开发横贯铁路(Cossrail)的理由——一个横跨伦敦的新隧道式铁路重大项目。如果没有正向广义效应的确凿证据，该项目将难以产生总体的正向净收益。

在这里需要评估的是可达性的提高将会降低人们获得工作的成本，影响雇主招聘劳动力的市场来源范围，因此有效密度和经济总量得到提升。联通性的提高降低了找到工作的整体成本，从而增加了工作的实际有效净报酬。实际报酬的增长刺激了劳动力供应的增加。随着雇用劳动人数增多，产出相应增长。由于实现这种产出增长的成本较低，与增加就业相关的生产率提升则会影响到所有雇佣者。因此，总体净效应不仅仅体现在劳动力增量乘以平均生产率水平，还需要反映在更高密度劳动力市场中全体劳动者生产率的提升上(Venables, 2007)。

潜在广义效应的另一个影响因素是竞争。传统评估方法通常假设使用交通基础设施的主体在市场上是完全竞争的状态。在这一假设下，降低交通总成本会对某一特定产业的所有企业产生同等影响，并由企业以同等的价格下降的形式向下游传递影响。然而，对于边际成本变化，当企业由于不完全竞争而采取不同的提价策略时，价格影响的传递就不再那么容易看清了。此时，企业可以利用不同的提价策略将交通价格变化转化为利润的变化，或者通过降低价格的幅度大于交通成本的减少幅度来获得战略优势。因此，效率更高的企业可以通过增加市场份额提高市场支配力，挤压效率较低企业的生存空间。这可能会影响到同一区域的不同企业，从而导致各区域企业集中度的改变。如果某个市场中的企业比另一个市场中的企业具有更高的生产率水平，比如，初始规模更大，那么这些企业就可以比其他市场中的企业更有效地利用交通成本的变化，这会导致两个区域的差异化增长。上述分析是基于克鲁格曼(Krugman, 1991)模型中的基本观点，即交通成本降低会导致集中度增加(Fujita et al, 1999; SACTRA, 1999)。从广义效应的视角出发，关键的问题是：广义效应对产出的影响取决于市场不完全竞争的程度，以及企业能够在多大程度上利用交通成本变化来扩大市场份额或进入新市场，但是这些都无法先验预测。



## 17.4 交通与生产率

上节讨论了交通变化可以影响生产率水平，进而影响经济增长和社会福利。这是理解“广义效应”的关键一步，但也是引发争议最多的一步。接下来将更深入地阐释交通与生产率的关系。

长期以来，人们将交通运输视为经济增长的推动因素，经济史学家们也一直在论证交通领域的重大创新(例如，运河和铁路)对经济发展的影响。对此，历史上也曾出现非常大的争议，比如，傅格尔(Fogel, 1964)关于美国铁路的论著曾经引发了争论。该著作的本质是确定铁路带来的“社会红利”，即如果没有铁路，计算期末的人均收入将难以达到实际的水平(Leunig, 2006; 2010)。而反对者认为，铁路的发展是经济增长的结果，而不是原因。此观点下，交通基础设施虽然被允许发展，但已不再被认为对经济增长有直接贡献。

社会基础设施可以对经济增长产生积极影响的观点引发了新一轮更加广泛的争论。阿绍尔(Aschauer, 1989)认为公开吸纳私人投资参与公共基础设施建设可以提高私人投资的生产率，因此不应“挤出”私人投资。这是在试图否定20世纪80年代英美盛行的“减少公共资本中公众参与”的论点。“挤出论”认为公共部门对基础设施的投资可能会降低私人投资的回报率，因为公共部门可以利用增加税收或者降低借贷成本来提高私人部门投资的有效实际成本。阿绍尔（Aschauer）构建了包括公共基础设施（含交通）各项指标在内的扩大总生产函数。该研究结果显示，这些因素对经济产生了积极影响。这意味着公共基础设施的投资回报率足够高，完全可以抵消"挤出"效应。因此，从效果上看，高质量的基础设施供给可以促使私人部门通过更大规模的投资来提升其生产率。

阿绍尔的研究引起了广泛关注和激烈争论（有关支持和反对观点的总结请参见（Gramlich，1994）。那些研究中的原始估计存在一些计量经济学问题，这对于辩驳反对者的观点是不利的，但总体而言，随后的研究表明基础设施投资对生产率和增长具有广泛的积极影响，只是影响幅度可能比阿绍尔最初文章中描述的要小一些。

进一步争论的核心问题是更好的交通可以在多大程度上扩大市场规模并增强聚集，进而提高生产率，促进经济增长。城市规模与生产率之间的关系也早已被探索，结果同样争议不断（Galeser and Gottlieb，2009）。一般来说，规模较大城市的生产率更高，但是无论是从总体还是分产业部门进行分析，如果将隐含弹性考虑在内，结果都会出现分歧。基于这个问题进一步拓展，如果新增交通基础设施项目的效果能够像增加其他要素一样，那么交通基础设施领域的投资可能会促进落后地区赶上相对先进的地区。这个推论可能更具吸引力，因为它可以为"交通投资促进区域平衡发展"政策提供依据。如果区域间的交通供给可以更加均衡，那么区域经济就有可能实现均衡发展。

当阿绍尔正在构建其区域总生产函数时，欧盟委员会的一项研究也得出了大致相似的结论（相关分析总结请参见（Biehl，1991）），但是有一个重要区别。毕尔（Biehl）更细致地分析了生产函数中各个要素在多大程度上限制了产出。这表明，虽然生产率与基础设施供给水平存在正相关性，但相比于"交通基础设施不足"是生产率提高制约因素的地区，"交通基础设施不足"不是制约因素的地区更不容易从基础设施投资中受益。因此，仅将投资集中在基础设施匮乏的地区并不能带来欧盟经济整体增长。当然，这种投资也会有一些收益，但如果其他限制因素没有得到解决，预期的收益目标就难以被实现。这为政策制定者带来了一个难题，即究竟是向核心地区投入更多基础设施以克服拥堵对未来发展的制约，还是应该通过集中投资贫困地区来解决发展不平衡的问题？

克鲁格曼（Krugman，1991）率先提出的"新经济地理"理论强调了这个问题，也就是所谓的"双向道效应"（SACTRA，1999）。两个地区之间的交通改善对这两个地区的相对影响是不确定的，它取决于两个地区初始的相对经济地位、交通总成本的初始水平，以及交通改善带来成本下降的程度。如果两个地区经济发展阶段的差距很大，属于"核心-边缘"态势（一个地区是核心地区，而另一个地区是边缘地区），这时，如果交通成本仅下降了相对较小的幅度，那么核心地区就拥有了低成本的经济优势，可以通过牺牲边缘地区利益为代价来利用降低的交通成本。在这种情况下，核心地区企业可以更廉价地为边缘地区市场提供产品，资源将会从边缘向核心地区聚集。这是"边缘地区必然从降低交通成本中获益"观点的反对者常常用到的逻辑。事实上，这可以追溯到霍特林（Hotelling，1929）提出的论点，如果小城市希望避免其市场被大城市的商品淹没，就应该设置更多的准入壁垒，而不是提供更好的进入途径。

然而，克鲁格曼分析后认为（更全面的论述参见 Fujita et al.，1999），上述观点不具有普遍性。如果核心城市已经因交通拥堵而面临成本上涨的问题，或者交通成本的下降幅度足以克服边缘地区较小市场的成本劣势，那么交通的改善可能会带来融合发展。然而，最终结果终会视情况而定，并不具有普适性。

新经济地理学清晰地指出,对产出进行总体建模不太可能得到准确的结果。交通成本变化会受到各个市场反应的影响,因此需要一种更细分的方法。维纳布尔斯(Venables, 2007)提供了一个简单的模型,显示了传统的方法是如何展示交通成本下降导致城市劳动力市场规模扩大的,却没有反映出劳动市场规模增量如何提高劳动生产率。格雷厄姆(Graham, 2007)在维纳布尔斯(Venables)模型的基础上,使用伦敦大都市地区的数据,从产业部门层面展示了一条新建铁路项目,横贯铁路(Crossrail)如何导致当地劳动力市场有效密度的增加,并因聚集程度的上升提高了生产率。它清楚地显示了新建铁路项目在不同产业部门中影响的差异,研究表明,新建铁路项目对传统制造业的影响要比对商业或金融服务业的影响小得多。这些服务业部门具有更高的弹性,因此,在服务业密集的大都市地区,改善交通可以充分提高生产率,从而带来显著而积极的广义经济效益。横贯铁路(Crossrail)直接用户的预期收益原本不能支撑高达160亿英镑的巨额投资(表17.1),但是,格雷厄姆考虑广义效应后的研究结论使其成为一个具有鲁棒性的商业项目。

**表 17.1　横贯铁路(Crossrail)的收益情况**

| 收益类别 | 福利折算(单位:百万英镑) | GDP(单位:百万英镑) |
|---|---|---|
| 节省的业务时间 | 4 487 | 4 847 |
| 节省的通勤时间 | 4 152 | |
| 节省的休闲时间 | 3 833 | |
| 交通运输用户总收益 | 12 832 | |
| 增加的劳动力 | 3 094 | 872 |
| 增加的工作时间 | 0 | 0 |
| 转向生产率更高的工作 | 485 | 10 772 |
| 聚集效益 | 3 850 | 3 094 |
| 竞争加剧 | | 0 |
| 不完全竞争 | | 485 |
| GDP增长对财政收入的影响 | | |
| 附加收益(相比传统方法)总额 | 7 159 | |
| 合计(不包括融资、社会及环境成本与收益) | 19 991 | 20 069 |

来源:运输署(Department for Transport, 2005)

格雷厄姆在此后的研究中对涉及"正向广义效应将始终存在并足以支持一个新建项目的合理性"的假设都增加了明显的警示说明。格雷厄姆等(Graham et al, 2010)表明改善交通基础设施带来的影响随距离增大而显著衰减。靠近基础设施接入点(如火车站)的区域收益很大,但这种收益会随距离增加而迅速衰减,以至于10公里以外的区域将很难受益(参见 Melo et al, 2012)。其次,结果显示出广义效应具有潜在的不稳定性,不能被简单地迁移到不同项目上(Graham & Van Dender, 2011)。但总体而言,也有一系列其他证据表明(例如 Melo et al., 2013),对于大多数大规模交通基础设施投资项目而言,传统评估方法并未涵盖到广义经济效应,而广义效应可能会带来10%~20%的额外收益,这说明依靠经验法则对重大项目的评估并没有产生太大偏差。

## 17.5　广义收益的局限性

然而，正向广义效应是否可以一直存在？基于城市内交通改善的研究成果是否可以推广到城际项目？在"城市内"的研究中，劳动力市场有效密度的增加是主要驱动因素，它促进了经济总量提升，推动生产力聚集式增长。而在"城市间"的情景下，"核心-边缘"论点可能是更强的经济影响因素。就英国的 HS2 高铁项目①而言，若采用横贯铁路(Crossrail)案例中使用的标准模型可能会得到较小的广义效应和收益成本比率(benefit-cost ratio，BCR，如表 17.2 所示，该收益成本比率即使不考虑广义收益也足以支持该项目的实施)。若采用横贯铁路案例中的模型，HS2 高铁项目的广义收益仅占直接收益的 20%，而在横贯铁路中，广义收益的占比约为 55%。格雷厄姆和梅洛(Graham & Melo，2011)在现有模型的基础上对此进行了更深入的研究，尽管他们发现了一些额外的广义收益，量级却远小于在横贯铁路案例中预计的数值。还有一个有趣的发现，BCRs 会随着路网规模的扩大而增加，广义收益所带来的增量也会随之增加。

**表 17.2　HS2 的经济性评价**

| BCR 组成 | 一期(单位：十亿英镑) | 总项目(单位：十亿英镑) |
|---|---|---|
| 1 交通运输用户收益 | | |
| 商业用户 | £16.9 | £40.5 |
| 其他用户 | £7.7 | £19.3 |
| 2 其他可量化收益 | £0.4 | £0.8 |
| 3 间接税对政府带来的损失 | −£1.2 | −£2.9 |
| 4 运输净收益=(1)+(2)+(3) | £23.8 | £57.7 |
| 5 广义经济效应 | £4.3 | £13.3 |
| 6 包含广义效应的净收益=(4)+(5) | £28.1 | £71.0 |
| 7 投资成本 | £21.8 | £40.5 |
| 8 营运成本 | £8.2 | £22.1 |
| 9 总成本=(7)+(8) | £29.9 | £62.6 |
| 10 营业收入 | £13.2 | £31.1 |
| 11 政府净成本=(9)-(10) | £16.7 | £31.5 |
| 12 不含广义效应的 BCR(比率)=(4)/(11) | 1.4 | 1.8 |
| 13 含广义效应的 BCR(比率)=(6)/(11) | 1.7 | 2.3 |

来源：运输署(Department for Transport 2013)

大多数交通领域的模型及其推演出的收益都是基于经济学家的常见假设，即连续的需求函数和成本函数的边际变化。然而，重大项目会带来交通成本的跃阶式变化，而对这种变化的行为响应通常难以预测(Vickerman，2015a)。在这种情况下，使用基于

① 译者注：HS2 为英国 High Speed 2 高铁项目的简称。

边际变化的模型是不合适的。劳动力市场供给增长案例中就存在以下问题：当两个大型劳动力市场更加紧密地结合在一起，而不仅仅是某个劳动力市场独自扩张时会产生什么结果？这样是否会导致“核心-边缘”的响应结果（除非交通成本变化巨大，否则核心劳动力市场往往会以牺牲边缘市场为代价来获得更多利益）？还是两个劳动力市场都能从广义效应中受益？维纳布尔斯（Venables，2013）的研究成果表明，当考虑到聚集对个体活动和技能层面的影响时，而不是仅仅考虑产业部门层面，广义效应的影响会更加显著。这一结论可能源于针对法国在主要城市之间引入 TGV 项目①的研究所观察到的结果。研究结果显示，在企业层面，迁入或迁出巴黎的流动并不显著，但企业内部一些活动能帮助其从技能或职业层面的聚集效益中获益。（Plassard and Cointet-Pinell，1986；Klein and Claisse，1997；Dornbusch，1997；Burmeister and Colletis-Wahl，1996）。

虽然劳动力市场受到的影响是确定聚集效应最直接、最常见的方法，但企业间业务联系的变化可能是额外的经济收益来源。识别这种影响并不像识别劳动力市场受到的影响那样容易，而且颇具争议。毕马威在一份针对连接伦敦与英格兰中部和北部主要城市的 HS2 高铁项目的评估报告中指出，通过在基于劳动力市场的传统评估方法中增加商务联通性，可以得到明显更大的广义经济效应（KPMG，2013）。表 17.3 的左列显示了在一定的生产率对联通性弹性假设下 HS2 项目对 GDP 的最大影响。在进一步的敏感性分析中，模式共享（mode-sharing）方法被用于衡量联通性对生产率的相对重要性，估算结果约为原值的 50%，但仍将带来每年 80 亿英镑的 GDP 增量。

**表 17.3　HS2 联通性对 GDP 的影响**

| | 每年对 GDP 影响的估算（单位：十亿英镑） | |
|---|---|---|
| | 初步估算 | “模式共享”加权估算 |
| 对英国经济的总体影响 | £15 | £8 |
| 总体影响来源： | | |
| 铁路连通性对商业的影响 | £13 | £7.5 |
| 铁路连通性对劳动力的影响 | £1 | n/a |
| 机动车联通性（对商业和劳动力）的影响 | £0.2 | £0.3 |

来源：毕马威会计事务所（KPMG，2013）

这项研究使用基于区域的生产函数来估算提高联通性带来的可能收益。联通性的变化来源于一系列细分交通市场中的广义成本变化。这些估算随后被应用于不同地域间相对联通性变化所引发的商业选址建模中。该项目的反对者认为（Overman，2013），不切实际的弹性值和不同模式下聚集效应的评价方法被用来估算获得高达 150 亿英镑的年收益。如表 17.2 所示，整个评估期的估算额约为 700 亿英镑，这些收益即使被减半，也会远远超过使用公认的经济广义效应估算方法所得到的净收益（Department for Transport，2014a）。类似的总体收益估算方法也被用于一系列旨在改善英国北部城市之间联通性的项目中（SERC，2009）。这些方法之间的较量可以归结为关于弹性的争论，或者说是在交通成本和联通性发生“跃阶式”变化时的行为假设之争（Overman，2013）。

① 译者注：TGV 为 Train a Grande Vitesse 法国高铁系统的简称。

经济广义效应被视为对总体影响进行准确估算时需要考虑的重要因素，但是对于大多数重大项目而言，其总收益通常是由直接用户收益驱动的。直接用户收益主要体现在时间节省上。交通基础设施重大项目通常旨在降低通勤时间或提高通勤时间的可靠性，因此对时间节省的准确评估至关重要。大多数情况下，节省的时间主要来自于商务出行，对商务出行节约时间的估值也就成了被质疑的对象。例如，在英国 HS2 高铁项目的用户收益估算中，商务出行时间节省占用户收益的 40%以上(表 17.2)。这是因为铁路上时间节约的价值被认为是休闲旅行时间节省价值的五倍以上(Department for Transportation, 2014b)。尽管这些计算是在审查下进行的(Wardman et al., 2013)，但是考虑到诸多因素影响还是会对时间节省的潜在高估产生担忧。越来越多的批评者将矛头指向假设：在途时间是没有价值的，商务出行者的时间价值取决于他们的生产力和工资水平。反对者认为，电子邮件、Wi-Fi 等现代技术的出现早已颠覆了这一基本假设，商务出行者可以利用这些技术在旅途中继续保持工作状态。关于“交通基础设施和通讯基础设施是替代品还是互补品”的问题，研究结果更倾向于互补品的观点(Mokhtarian, 2003; Choo et al., 2007)。这就引发了另一个问题，在嘈杂的列车环境中商务出行者的生产率如何？商务出行者在旅途中可能会进行一些相对简单的工作，如收发电子邮件和与办公室保持联系等。这种情况下，节省时间产生的价值很可能低于工资水平所代表的时间价值。但是，到底低了多少呢？大概不会像休闲旅行者节省的时间价值那么低。但这些都只是推理分析而不是基于可观测数据的计算结果。之所以对这个问题进行讨论是因为它可能会影响广义效应的重要程度。如果直接用户的收益被低估，广义效应将变得更加重要。

## 17.6 将广义收益纳入项目合理化论证

首先表明，在重大项目评估中纳入广义经济效应是有坚实的理论与实证基础的。但是存在危险，仅仅当项目的直接用户收益较低时，广义效应才会被考虑，这种情况会迫使相关人员尽可能将广义效应最大化，这时，“良方(cure)”就成了“祸根(curse)”。因此，首先我们需要通过一种客观的方法确定在什么情况下应该纳入广义效应，其次需要确定一种可以被接受的广义效益评价方法。

第二个问题可能更容易处理。虽然一些方法可以对广义经济的影响进行精细的建模，例如，“可计算的空间一般均衡模型”(Brocker & Mercenier, 2011)，但这些模型庞大、复杂，且数据获取成本高。英国交通部(Department for Transport 2005, 2014a)采用了一种更简单、更有针对性的处理各种要素的方法。该方法明确了四类要素：聚集影响、不完全竞争市场中的产值变化、劳动力供给影响、对不同生产率工作的择业选择。所有超过 2 000 万英镑的项目都需要进行产值和劳动力供给影响评估。聚集影响评估仅被应用于投资靠近主要就业中心的项目。跨区域择业影响评估仅在精细的“土地利用-交通交互”模型中被证明有异地择业可能性时才会被考虑。

劳动力供给影响评估是对净工资变化的一个简单弹性应用，这主要是由交通成本降低所导致。将劳动力供给变化乘以劳动力平均生产率可以得到产值变化期望值。不完全竞争的影响是被隐含在加价中的产值变化，随着成本下降而增加，这通常不会被直接建模，而是对商务和货运用户的时间成本收益武断的提升 10%。这个课题需要更深入的研究，以确定不同区域联通性情况下提升幅度的差异，以及市场对联通性变化的反应。

对聚集效应的评估使用了格雷厄姆(Graham, 2007)提出的方法。该方法利用分类的企业层面数据，根据联通性变化来估算经济体有效密度（经济质量）的变化，然后将生产率相对于密度的弹性与有效密度的变化相结合，以估算聚集效应。显然，完成这项评估需要进行大量的数据收集和分析工作。因此，聚集效应评估仅被应用于有可能产生聚集影响的项目中。

但是，新经济地理学的理论分析告诉我们，没有先验的方法可以确定这些影响会在哪里发生。显然，这些影响不仅仅是项目规模巨大的结果，因为某些相对较小的项目（从财务角度看），如果能释放某个区域的潜力，也有可能带来联通性的大幅度提升。同样，一个仅由其投资额度定义的“重大项目”可能对不同区域的相对联通性的贡献较小，从而对聚集变化的影响也较弱。

## 17.7 从广义收益到转型效应

近期，对于评估的观点已经发生转变，从简单地希望任何评估可以尽可能地包含全部相关收益，转变为希望评估可以论证重大项目具有对经济空间结构再平衡的潜能。毕马威在 $HS_2$ 项目中使用的方法论正是朝着这种更大规模广义效应的发展方向进行转变。有趣的是，该研究绕了一大圈，又回到早年间关于“铁路对美国经济增长影响”的研究上。站在政策的视角，该研究没有像最开始那样只是单纯地对项目做经济性评估来证明其投资的合理性，而是论证这笔投资可以将重大项目作为实现广义效应政策目标的手段。对于政策制定者而言，这种评估思路使得项目合理性论证更加简单化。从对整体经济产生影响的视角为项目提供了清晰的论证基础，并且不依赖于有关时间节省价值或经济聚集价值的细节技术争论。尽管整体结果还是取决于这些详细计算，但是如果将计算结果放在创造就业机会和区域发展的大背景下进行分析，理解这些信息会更加容易。然而，尽管是重大项目，将经济转型的重担只放在一个项目上合理吗？莱尔德等（Laird et al.，2014）认为，基于成本效益分析的方法可能仍然是评估重大交通基础设施项目的最有效方法，但同时也需要更多的研究来解释成本效益比计算与经济转型中的总附加值变化之间的差异。

转型效应是指经济及区域性收入分配的巨大变化。与新建重大基础设施相联通可以在较小程度上使一个城市产生转型效应。建立以前不存在的通道，更多的发展机会可以被释放。但是，仅仅创造出这样的机会，并不意味着目标就一定会实现。许多小城市并没能从高铁项目建立的联通中受益（参见 Garmendia et al.，2012；Vickerman，2015b），但也有其他城市能够获得一些收益（Ahlfeldt and Feddersen，2010；2015）。这让我们再一次认识到，并不存在先验案例可以保证实现广义收益。

## 17.8 结论

本章的主要论点是：大型交通基础设施项目存在广义经济效应可以得到理论和实证方面的支撑。根据现有的方法进行估算，当广义效应存在时，通常会额外增加 10%～20%的收益。但是，并非每个项目都能产生如此积极的广义效应。并且，在某些地区存在的正向广义效应可能会对其他地区有负面影响，从而降低了总体效应。正如上述案例所示，实证结果取决于一系列条件，这些条件与经济结构、交通成本水平，以及投资引起的变化程度有关。

危险在于广义效应总是被当作挽救项目的“良方”，尤其是那些在常规收益成本分析中直接用户收益过低的交通基础设施项目。任何项目的商业基础都是从直接收益开始的，只有在非常特殊的情况下，广义收益才可以拯救项目。英国的横贯铁路(Crossrail)项目已经成为广义效应的重点研究案例。在该项目中，巨大的潜在广义收益不仅被发现，而且成为支持实施该项目的决定性因素。该项目的特殊性在于它为高聚集弹性(agglomeration elasticities)产业部门的联通性带来了重大变化。但是，该项目的研究结论不一定适用于其他项目。依赖广义效应有可能产生“祸根”，但也鼓舞了“广义效应是否在所有情况下存在”的怀疑者。比如，在英国 $HS_2$ 高速铁路项目中，上议院被游说因此对该项目的广义收益持高度怀疑态度(Horse of Lord, 2015)。而有些人可能认为广义收益“炼金术”在本质上是对项目评估指南中乐观主义偏见被纠正的一种反抗(HM Treasury, 2013)。

广义效应从来无意做挽救所有投资项目的“良方”，尤其是收益不足的项目。正如维纳布尔斯等(Venables et al., 2014)所言，广义效应是确保评估完整性的一部分流程。问题在于基础研究中的空白阻碍了开发一个标准明确且包含所有相关要素的评估方法论的进程。只有这些问题得到解决后，广义效应才有可能被延续下去。此外，仍有人认为，当前对于广义效应的衡量不过是海市蜃楼，本质上还涉嫌对直接收益的重复计算(Crozet, 2015)。

那么采用什么样的方法才可以正确对待广义效应呢?

首先，正确的方法需要清晰阐述项目的基本逻辑。围绕 $HS_2$ 案例的很多困惑来自于：$HS_2$ 项目先被认为可以通过节省时间来改善连通性，后来被认为是提高铁路运输能力的手段，最终被认为是实现英国南北方经济平衡的推动力。然而，这些认知都缺乏从头开始的清晰论证，并让批判者们相信这个项目将根据反对意见不断做出调整。因此，简单而清晰地阐述重大交通投资项目的目标，是稳健评估的第一步。

其次，需要采用合适的方法对广义经济效应潜力进行初步评估，有时也被称为“经济效应报告”。这就需要评估可能会受到项目影响区域的基准经济状况。相关因素包括经济结构、交通成本在当地产业中的相对重要性、劳动力市场的自给自足程度，以及产业的相对流动性(即联通性改变对企业迁移的影响)。然而，实施这项评估的前提是研究区域范围的选择。项目的提出者经常聚焦在非常小的地理区域内评估经济影响。这种做法忽视了项目在不局限于相邻区域的周边地区产生负向或正向广义效应的潜在可能性。重大项目可能会产生全国范围的影响，因此，我们需要一个国家层面的分析框架来评估总体净效应。但是，这并不意味着标准化的国家层面分析模型适用于所有项目。由于各个地区的经济活动和模式对联通性变化和距离衰减的反应有差异，因此不同项目会对各类经济活动及区域产生差别影响。

最后，需要对联通性或交通成本变化带来的反应进行更为深入的研究。维纳布尔斯(Venables, 2013)指出，聚集效应在活动和技能层面可能比在行业和产业部门层面有着更大的影响。弹性的传统计算方法依赖于边际变化模型，而不是与重大项目相关的跃阶式变化。这表明对联通性或交通成本变化带来的反应进行更多行为层面的研究是必要的(更深入的讨论请参见 Vickerman, 2015b)，还需要更深入地研究联通性变化反应中的个体行为，以解答出行者(特别是商务出行者)如何利用节省的时间，及其在途工作时间价值的衡量问题。

一个常见的问题是：大多数相关研究进展都仅仅是基于特定需求、特定项目情景的成果。在英国，我们已经看到了：聚集效应评估是如何响应横贯铁路(Crossrail)项目需求的，以及试图创造一种计算区域层面整体经济影响新方法以响应北部线路(Northern Way)计划和 $HS_2$ 项目需求。由此产生的问题是这些被采纳的方法被认为是为某一项目特殊定制的，因为相关研究通常是由项目发起人资助。虽然评估方法指南通常会在后续的集中研究中被更新(如英国交通部发布的广义经济效应官方指南),但仍很难摆脱特殊性的嫌疑,因为英国交通部正是掌握关键公共预算重大项目的最终推动者。

在任何重大项目的评估中,广义经济效应都是不容忽视的重要组成部分。过去十年中,在开发稳健评估所有维度影响(如劳动力市场、竞争、生产率、以及国民产出中广义效应的诸多维度)的方法方面已取得了显著进展。但是,在更加广泛的被接受方面仍进展缓慢,广义效应仍然是很多反对者质疑的对象。

## 参考文献


Ahlfeldt, G. M. and Feddersen, A. (2010). "From periphery to core: Measuring economic adjustments to high speed rail," London School of Economics and University of Hamburg, http://eprints.lse.ac.uk/29430/.

Ahlfeldt, G. M. and Feddersen, A. (2015). "From periphery to core: Measuring agglomeration effects using high speed rail," Spatial Economics Research Centre Discussion Paper 172, London School of Economics, http://www.spatialeconomics.ac.uk/textonly/SERC/publications/download/sercdp0172.pdf.

Aschauer, D. (1989). "Is public expenditure productive?" *Journal of Monetary Economics*, 23: 177-200.

Biehl, D, (1991). "The role of infrastructure in regional development," in R. W. Vickerman (ed.), *Infrastructure and Regional Development: European Research in Regional Science*, vol. 1. London: Pion, pp. 9-35.

Brocker J. and Mercenier, J. (2011). "General equilibrium models for transportation economics," in A. de Palma, R. Lindsey, E. Quinet, and R. Vickerman (eds.), *A Handbook of Transport Economics*. Cheltenham, UK and Northampton, MA: Edward Elgar.

Burmeister, A. and Colletis-Wahl, K. (1996). "TGV et fbnctions tertiaires: grand vitesse et entreprises de service a Lille et Valenciennes," *Transports Urbains*, issue 93.

Choo, S., Lee, T., and Mokhtarian, P. L. (2007), "Do transportation and communications tend to be substitutes, complements, or neither? The US consumer expenditures perspective, 1984-2002," *Transportation Research Record*, 2010: 121-32.

Crozet, Y. (2015). "High speed rail and urban dynamics: Wider or targeted economic effects? Paper to seminar on high-speed rail and the city: Urban dynamics and tourism," Paris-East University, January.

Department for Transport. (2005). "Transport, wider economic benefits, and impacts on GDP," Technical Paper.

Department for Transport. (2013). *The Economic Case for HS2*. London: HS2 Ltd.

Department for Transport. (2014a). *WebTAG: TAG unit A2-1 wider impacts*, https://www.gov.uk/government/publications/webtag-tag-unit-a2-1-wider-impacts.

Department for Transport. (2014b). *WebTAG: TAG unit A1-3 user and provider impacts*, https://www.gov.uk/government/publications/webtag-tag-unit-a1-3-user-and-provider-impacts-november-2014.

Dornbusch, J. (1997). "Nantes, sept ans apreslarrivee du TGV Atlantique," *Notes de Synthese du SES*, Mai-Juin.

Fogel, R. M. (1964). *Railroads and American Economic Growth: Essays in Economic History*. Baltimore, MD: Johns Hopkins University Press.

Fujita, M., Krugman, R. R., and Venables. A. J. (1999). *The Spatial Economy: Cities, Regions and International Trade*. Cambridge, MA: MIT Press.

Garmendia, M., Romero, V., de Urena, J. M., Coronado, J. M., and Vickerman, R, W. (2012). "High-speed rail opportunities around metropolitan regions: The cases of Madrid and London," *Journal of Infrastructure Systems*, 18:305-13.

Glaeser, E. L. and Gottlieb, J. D. (2009). "The wealth of cities: Agglomeration economies and spatial equilibrium in the United States," *Journal of Economic Literature*, 47: 983-1028.

Graham D. J. (2007). "Agglomeration, productivity and transport investment" *Journal of Transport Economics and Policy*, 41: 317-43.

Graham D., Gibbons, S., and Martin, R. (2010). *The Spatial Decay of Agglomeration Economies: Estimates for Use in Transport Appraisal*, Report for Department of Transport.

Graham D. J. and Melo P. C. (2011). "Assessment of wider economic impacts of high-speed rail for Great Britain," *Transportation Research Record*, 2261: 15-24.

Graham D. J. and Van Dender, K. (2011). "Estimating the agglomeration benefits of transport investments: Some tests for stability," *Transportation*, 38: 409-26.

Gramlich, E. M, (1994). "Infrastructure investment: A review," *Journal of Economic Literature*, 32: 1176-96.

HM Treasury. (2013). *The Green Book: Appraisal and Evaluation in Central Government*, https://www.gov.uk/government/uploads/system/uploads/attachment_data/file/220541/green_book_complete.pdf.

Hotelling H. (1929). "Stability in competition," *The Economic Journal*, 39: 41-57.

House of Commons Treasury Committee. (2013). *The Economics of HS2*, oral evidence, 5 November 2013, http://data.parliament.uk/writtenevidence/committeeevidence.svc/evidencedocument/treasury-committee/the-economics-of-hs2/oral/3472.html.

House of Lords Economic Affairs Committee. (2015). *The Economics of High Speed 2*. First Report of Session 2014-15, HL Paper 134. London: The Stationery Office.

Jara-Diaz S. R. (1986). "On the relationships between users benefits and the economic effects of transportation activities," *Journal of Regional Science*, 26: 379-91.

Klein, O. and Claisse, G. (1997). *Le TGV-Atlantique: entre recession et concurrence*. Lyon: LET.

KPMG (2013). *HS2 Regional Economic Impacts*, HS2 074, High Speed Two (HS2) Limited.

Krugman, R. (1991). "Increasing returns to scale and economic geography," *Journal of Political Economy*, 99: 483-99.

Laird J., Nash C., and Mackie P. (2014). "Transformational transport infrastructure: Cost-benefit analysis challenges," *Town Planning Review*, 85: 709-30.

Leunig T (2006). "Time is money: A reassessment of the passenger social savings from Victorian British railways," *The Journal of Economic History*, 66: 635-73.

Leunig T. (2010). "Social savings," *Journal of Economic Surveys*, 24: 775-800.

Melo, P. C., Graham, D. J., and Brage-Ardao, R. (2013). "The productivity of transport infrastructure investment: A meta-analysis of empirical evidence," *Regional Science And Urban Economics*, 43:695-706.

Melo P. C., Graham, D. J., and Noland, R. B. (2012). "The effect of labour market spatial structure on commuting in England and Wales," *Journal Of Economic Geography*, 12: 717-37.

Mokhtarian, P. L. (2003). "Telecommunications and travel: The case for complementarity," *Journal of Industrial Ecology*, 6: 43-57.

Plassard, F. and Cointet-Pinell, O. (1986). *Les effets socio-economique du TGV en Bourgogne et Rhones Alpes*, DATAR, INRETS, OEST, SNCF.

SACTRA (Standing Advisory Committee on Think Road Assessment). (1999). *Transport and the Economy*. London: The Stationery Office.

SERC (Spatial Economics Research Centre). (2009). *Strengthening Economic Linkages between*

*Leeds and Manchester: Feasibility and Implications*, Report to the Northern Way, http://www.spatialeconomics.ac.uk/textonly/SERC/publications/download/Norther_Way_Project_Technical_Report.pdf.

Venables, A. J. (2007). "Evaluating urban transport improvement: Cost-benefit analysis in the presence of agglomeration and income taxation," *Journal of Transport Economics and Policy*, 41: 173-88.

Venables, A. J. (2013). "Expanding cities and connecting cities: The wider benefits of better communications," unpublished draft, Oxford.

Venables, A. J., Laird, J., and Overman, H. (2014). *Transport Investment and Economic Performance: Implications for Project Appraisal*, paper commissioned by the UK Department for Transport.

Vickerman, R. W. (2015a). "High-speed rail and regional development: The case of intermediate stations," *Journal of Transport Geography*, 42:157-65.

Vickerman, R. W. (2015b). "Economic impacts of transport policy," in C. A. Nash (ed.), *Handbook of Research Methods and Applications in Transport Economics and Policy*. Cheltenham: Edward Elgar, pp. 389-402.

Wardman, M., Batley, R., Laird, J., Mackie, P., Fowkes, A. S., Lyons, G., Bates, J., and Eliasson, J. (2013). *Valuation of Time Savings for Business Travellers*, Institute for Transport Studies, University of Leeds.

# 18 重大项目管理的质量保证：挪威模式

格罗·霍尔斯特·沃尔登　克努特·萨姆塞特



## 18.1 引言

公共投资项目并不总能满足不同利益相关者的期望。在媒体报告中，成本超支是项目最常见的失败原因。莫里斯和霍夫（Morris & Hough，1991）研究了超过 4 000 个大型政府投资项目，发现项目的成本超支通常在 40%到 200%之间。傅以斌等人（Flyvbjerg et al.，2003）分析了 60 年间分布于 20 个国家的 258 个基础设施项目，发现 90%的项目都存在成本超支问题。平托和斯莱文（Pinto & Slevin，2006）在更进一步的研究中表明，美国的决策者已经约定俗成地不再信任项目早期的任何数据，反而直接默认成本超支现象将会发生。

公共投资项目暴露出的另一类严重问题是，很多项目没能对社会产生预期效果，导致了公共资源的浪费。

项目成功的三个重要层次被定义为（Samset，2008）：

（1）操作性成功（Operational Success）：项目按照约定的时间和成本交付。

（2）战术性成功（Tactical Success）：项目用最低成本为用户实现了最大收益。

（3）战略性成功（Strategic Success）：以经济可持续的方式，项目用最低成本促进了社会的预期发展（符合社会的长期目标）。

这三个层次同项目管理相关著作中指出的三个成就相一致：①产出，②成果（对于用户的一阶效应），③对社会的长期影响。

在实际项目运行中，项目决策者往往更多地关注操作性成功。然而，考虑到重大公共投资项目通常对社会产生深远影响，项目战术性和战略性的绩效评估也应该作为项目成功总体评估的重要组成部分。

重大公共项目的设立源于不同利益相关者的政治诉求和政治博弈。这类项目的设立过程通常需要不同级别政府、当地政府、政治机构、公众、媒体以及承包商和咨询方等私人部门的参与。米拉尔和莱萨德（（Miller&Lessard，2000）研究了 60 个重大项目在前期对不确定性和可行性的协调过程，细致地描述和分析了这类项目在设立过程中的复杂性、公开性和不可预测性。除此以外，米拉尔与霍布斯（Hobbs，2005）和傅以斌等人（2003）谈到，如果利益相关者不保证公开透明、不承担社会责任，反而追求不透明的利益，那么这类项目还会受到欺诈或渎职的影响。

项目管理领域的学术研究一直在关注项目本身以及项目流程和程序的优化，而直到最近，能够引导项目并帮助提高项目成果的项目治理框架才被看作这一领域的重要问题见(Müller, 2009)。重大投资项目的治理制度包括为保证项目成功出资方所必须遵从的程序和体系。它通常包含一套规章来保证充分的准入质量、符合既定目标,以及项目期间可能出现问题的解决与管理。它还包含对主要政府文件的外部质量评估。然而,政府相关部门在项目的操作性层次上不仅没有足够的能力,也并不需要去干涉项目的设计和管理,而应该在战术和战略性层次起到限制作用,促进项目有组织地、负责任地、高效地准备与实施。

基于大样本,傅以斌等人(2003)讨论了与重大项目相关的目标、风险和影响。考虑到这类项目发起人的首要目的是通过推动项目来谋取私人经济效益或者政治收益,而并不考虑公共利益,作者认为其问题主要在于项目发起人对风险的忽视及问责制的缺失。为了解决这一重大项目悖论,作者提供了四点建议:①项目的风险和问责应该作为更核心的问题予以考虑;②相关管理制度应该就位,以开展项目风险分析和风险管理;③政府的角色应发生转变,减少对项目推动的干预,与项目保持适当的距离,在重大项目公共利益目标的形成及审查过程中限制自己的参与;④运用四个基本手段保证项目决策的问责:一是保证公开透明;二是详细说明绩效要求;三是施行明确的规定来规范项目的施工和运行;四是寻求私人投资者的风险资本,这里假定私人投资者的投资意愿是确定项目最初可行性的有效标志。



## 18.2 挪威重大项目前期治理

1997年,为了解决成本超支、工期延误以及总体上低成功率的一系列项目负面问题,挪威政府启动了一项研究计划来审查大型公共投资项目的规划、实施和监管系统。这项研究审查了11个项目,涉及交通、国防和建筑业,着重关注:①在项目受到审批时,为决策提供基础的材料文件是否充足;②项目的进展是否顺利。这项研究(Berg et al., 1999)发现,在11个项目中,只有三个项目没有超预算,其余八个项目成本超支高达84%。而且,许多项目存在基础材料文件不足的情况。基于这些问题,研究得出,项目萌芽阶段(决定项目是否落地之前)的不尽责通常是项目成功率较低的主要原因。

除此以外,挪威公共投资项目的另一项挑战在于项目规划过程中的部门性和本地性。这类项目前期是一个典型的自下而上的过程,即直接由当地的项目受益人提供项目开发的思路,而这种自下而上的特性使当地项目受益人倾向于在高估项目效用的同时低估项目成本。这样的动机倾向被萨姆塞特等人(Samset et al., 2014)称为"激励倒错(Perverse Incentives)",它带来了经典的委托代理问题。通常,直到项目的概念性解决方案已经被选好以后,范围更广的经济性分析才会被提上日程。

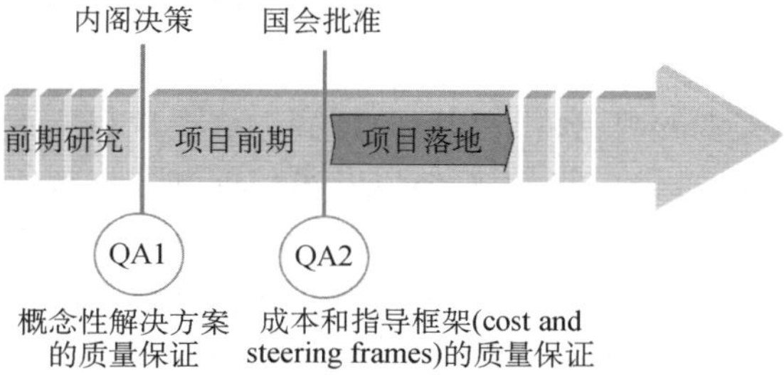


**图18.1 挪威重大公共投资项目的质量准入制度**

在2000年,挪威财政部提出了一个强制性的"质量准入"制度(图18.1)来应对上述问题和挑战。这一制度最初的目的是减少成本超支问题的发生,即保证项目的操作性成功。在2005年,这项制度扩大了影响范围,涵盖了项目概念性解决方案决策的质量保证,以达到兴利除弊的作用,即追求项目的战术性和战略性成功。这项制度旨在提高项目前期分析和决策的合理性,尤其关注分析与决策间的相互影响。这项制度的有效实施基于决策所需规则的完备性,然而现阶段并没有约束性的规则来保证项目分析决策的质量和相互间的统一。[1]

为了满足不同政府部门和机构的惯例和需求，这项制度避免了过于严格或全面的规定。因此，它规定了所需材料文件的种类，但并不需要公共机构遵循特定的工具、格式等，也不需要干涉项目的实施。准确地说，这项制度的目的在于：①保证对项目根本去留问题的政治控制；②保证对项目核心问题而非细节做决策时有足够的支持基础；③建立一系列独立的里程碑和决策点，这些节点要应用于政府投资项目的所有部门。为了实现这些目标，这项制度的策划基于以下几点：①由内阁独立做最重要的决定；②引进一个质量保证系统，这个系统独立于政府存在，并有足够的能力驳回分析师的决策；③保证这一治理制度与它所影响的政府部门和机构的既有程序及惯例相容。

在挪威这项质量准入制度下，所有预算超过 75 亿挪威克朗（约 8 亿欧元）的政府投资项目的决策文件都要通过高水平顾问的质量保证，这些高水平顾问独立于政府部门和机构，预先获得财政部的资格认证，并且有项目管理和工程造价的专业知识。在制度实施的最初四年，有 50 个项目进行了质量保证，它们的成本估算和决策文件在国会批准拨款之前被严格审查。有了最初四年的经验以后，这项制度发展为两个彼此独立的质量保证过程，来确保有足够的依据支持以下决策：①概念性解决方案的选择（QA1）；②选定项目方案的预算、管理架构和合同策略（QA2）。对于 QA1 的质量保证过程来说，顾问需要有社会科学和经济学等其他方面的专业知识。

QA1 和 QA2 的评估过程非常相似。评估人员首先从项目相关部门和它的下属机构获取项目材料文件，然后对这些文件进行审查，判断它们是否为决策提供了充足的支持。如果判定文件不足，则需要额外的信息补充。除此以外，评估人员还要做独立的分析和计算（不确定性分析，在 QA1 中即成本收益分析）。最后，评估人员针对分析结果写出一份报告递交项目相关部门和财政部。通常这份报告会向公众公开。

QA1 合格以后项目才会进入 QA2，而 QA2 合格以后项目才会进入预算申请程序。项目完成了 QA1 并不意味着项目一定能完成 QA2，而项目完成了 QA2 也并不能保证项目会被国会优先处理。QA1 的过程起始于项目相关部门的决定，财政部为质量把关。当外部评估人员递交报告之后，这个项目会被财政部评估，然后被移交给内阁，由内阁决定这个项目的去留。项目相关部门也可能在 QA1 之后叫停这个项目。如果最终各方决定继续对项目进行评估，则 QA1 得出的结果文件和其他文件会被一同交给外部评估人员进行下一轮评估，即进行 QA2。在获取 QA2 的报告之后，内阁仍然有两个选择：舍弃项目或允许它进入预算申请程序，但不能保证这个项目会被优先考虑（Christensen，2011）。

## 18.3 数据

截至 2015 年，QA2 已经执行了 15 年，期间共应用于近 200 个项目，并有约 80 个项目已完工，顺利进入了运营阶段。QA1 也已经执行了 10 年，截至 2015 年，有大约 70 个项目经历了概念评估（Conceptual Appraisal，CA）和随后的外部 QA1 评估。然而到目前为止，这些项目都还没有完工。总的来看，这些项目中只有 11 个同时经历了 QA1 和 QA2。

这些经历了 QA1 和 QA2 的项目绝大多数都是重大公共投资项目，预计投资成本都超过约 8 亿欧元的阈值。除了个别项目的成本估值非常高，大部分项目的成本估值都在 7 亿欧元到 30 亿欧元之间。例如，新战机的采购成本估计约 7 亿欧元。

这些项目中的一半都隶属于交通部（主要是公路和铁路），另一半主要隶属于国防部、建设项目以及信息与通信技术（information and communications technology，

ICT)项目。财政部以 QA 制度管理者的角色参与了这些项目,地方政府与现代化部门下的公共建筑工程建设机构(Statsbygg)也参与其中。

自从 QA 制度开始以来,参与各方都获得了相当多的经验。财政部资助了一个附属于 QA 制度的研究计划,来收集这一制度和涉及项目的信息数据,以不断优化这项制度。然而,由于大型投资项目需要时间来计划和实施,反映这项制度实际成效的信息直到现在才能获取。的确,在内阁决策以前,CA 和 QA1 的评估通常要花 2～4 年。之后大多数项目进入项目前期阶段,直到 QA2 评估和国会决策为止。如果国会批准了项目,项目便进入设计和施工阶段,这又通常花费 2～5 年的时间,特殊项目甚至会花 10 年之久。只有在这以后,项目的最终成本、工期、质量(即项目操作性成功的指标)才能登记在册。如果想要评估项目对使用者和社会的长期影响,还要等项目运行几年。

现阶段研究所使用的信息来自 QA1 和 QA2 报告、CA 报告、提供外部质量评估基础的其他项目文件、国会提案(包括成本框架和指导框架)、各部门机构的最终报告和评估,以及其他影响项目交付和效果的报告。

我们收集了 2010 年到 2015 年的数据。各相关部门和机构为项目数据收集及数据质量控制提供了有力的支持。已被批准的成本框架和指导框架是从国会的提案和决议案中收集的。对于已经完工的项目来说,最终的成本取自项目账户,这一账户由相关机构记录并上报给相关部门。这些都是公开数据,每年上报给国会并由审计长签字。虽然这些成本数据的准确性可能会有些许偏差(这会在之后解释),但是需要注意的是,这些数据都由研究人员进行了彻底的核实,包括对项目账户的审查、对负责项目官员的采访,对模棱两可问题的澄清、对所用价格指数细节的获取,等等。奥斯(Aass, 2013)和韦尔德(Welde, 2014)提供了一份账目以保证信息的有效性,这份账目更详细地记录了数据和研究人员的分析。还需注意的是,我们分析的这些项目都是挪威的大型项目。各机构、部门、政客对这些项目给予高度重视,并对预先分析及外部质量保证提出严格要求。因此,与没经过 QA 制度的项目相比,这些项目的相关信息被更详细地监管并记录了下来。[2]

对于由下述误差及其相关因素引起的数据不准确,我们认为:

① 已完工项目的最终成本可能不完整。截至目前,没有证据表明相关机构想要“隐瞒”项目成本,但是研究人员也不太可能完全确认所有项目的成本都包含在了账户中。

② 在一些项目中,由于要解决与供应商有关任务变更和任务增加所需赔偿的司法冲突,成本可能在项目完工后很久才能获取。

③ 相关机构对于项目最终成本的报告可能不完备。不同机构有不同的登记最终成本的惯例。此研究涵盖了我们能获取最终成本的所有项目,因此对于能提供给研究人员及时而准确数据的机构,例如挪威公共道路管理局,研究会不可避免地产生偏爱。此研究中公路项目占比 58%,然而在所有经过质量保证的项目中,公路项目占比 48%。这个偏差是可接受的,并认定这是数据获取延迟问题,而不是数据缺失问题。然而,我们也需要知道,相对来说有限的项目数量和公路项目的大量占比限制了此研究数据分析的精确性和说服力。几个不同部门项目的构成分析也表明,研究所得结论并不完全适用于单个部门的项目。

④ 价格调整的计算和指数的使用可能会造成不精确。不同机构价格调整的方法和惯例不尽相同。公路项目依照公路建设的官方指数进行价格管制,而其他的项目则使用相关机构自己的价格调整方法。最大的那些机构建立了自己的价格调整指数和调整步骤,并基于自己部门的真实成本结构建立了指导框架。在此研究选取的时间内,这些指数的增长均超过消费者物价指数(Consumer Price Index, CPI)。

⑤ 项目范围和项目成本核算可能不对应。

然而，相对来说，报告中的数值和实际最终成本数值之间的差异非常小，这些差异至多不超过总成本的几个百分点。例如，由于大多数项目的实施阶段仅有几年，预计价格指数的选择不会对成本合规（Cost Compliance）水平产生重大影响，也不会造成部门间极大的差异。

这些最终成本的数据库包含了此研究选定期内完工的所有 67 个项目。除几个特例以外（之后会说明），所有经过核算并发布最终成本的 QA2 项目都在列。据我们所知，有 14 个经过了 QA2 的项目也已经完成了，但是它们的最终成本还没有核算。这些项目并没有被遗弃，只是暂时不被包含在内。当成本数据可获取以后，这些项目一样会被考虑。与进行预测相比，我们更倾向于等到能获取可靠最终成本数据的时候再将其纳入研究中。我们的研究每年都会基于不断增长的项目数量进行更新。

只有 4 个项目没有被选用。其中三个是 PPP 项目，因为特许权所有者间签订的保密协议，项目的最终成本并未公开。还有一个公路的项目不符合研究要求，因为在项目实施期间项目范围发生了较大的变化，从而导致项目预算和实际成本的比较没有意义。

判断 QA1 制度的影响是另一个难题。我们不得不等到项目已经进入运营阶段 3～5 年后才能对它们战术性和战略性的影响进行评估。目前（2015 年），经过 QA1 的项目都没有完工。因此，还需要一定时间才能评估这一更全面、更基础的干预所产生的影响。到目前为止，已经对 11 个最初经历 QA2 的项目进行了事后评估，以判定它们对使用者和社会的影响。9 个是通过外部评估，两个是我们内部研究员进行的评估。这些评估虽然给了我们很有价值的信息，但这些项目都没有经过 QA1，因此它们只能之后作为控制组来评估 QA1 对项目的影响。

## 18.4 概念性解决方案选择的质量保证（QA1）

在当前的 QA1 程序中，相关部门负责准备所要投资项目的概念评估报告（CA）或前期可行性报告。这份报告需要包括以下文件：

（1）需求分析。这份文件需要识别所有利益相关者和受影响方，并需要评估预期投资和项目需求以及项目优先级之间的联系。

（2）整体战略。基于之前的分析，这份文件需要具体说明项目一贯的、符合实际的、可检验的短期和长期目标。

（3）总体要求。这份文件确定项目需要满足的所有要求，例如功能上、美学上、技术上、运营上、以及经济上的要求。

（4）可能性分析。基于由项目需求、目标和要求划定的“机会空间（Opportunity Space）”，这份文件分析项目可能的界限，并提供符合实际的可供选择的概念性解决方案。

（5）替代方案分析。这份文件需要分析至少两个替代方案和一个所谓的零替代方案（即不实施项目）。分析报告中要明确说明这些方案的运营目标、重要的不确定因素、成本估计等等，这些方案还要有完整的成本效益分析。

（6）项目前期阶段指南。这份文件包含一份首选方案的建议性实施战略。

这份概念评估报告被送到外部评估机构进行详细的审查（QA1）。外部评估机构基于财政部的指导方针，对替代方案进行完整的成本效益分析。他们提交的报告中包括对项目的评估以及关于如下方面的建议：

① 可能影响项目的不确定因素；

② 所分析项目的预期经济收益和成本；

③ 替代方案的排序；

④ 管理战略。

QA1 旨在协助部门确保有关概念解决方案的选择经过一个公平合理的政治程序。当然，外部评估者并不参与最终项目概念选择的政治过程。他们的作用仅限于保证文件的专业性，为决策提供基础保障。QA1 要求外部评估者至少评估零替代方案和两个有效的替代方案。

之后，相关部门对这些文件进行分析，然后将这个项目向上提交至政治层面。作为项目所有人，国家必须判断这个项目是要解决什么问题或要满足什么社会需求，然后选择出最适宜的方案。内阁基于此决定选择项目的概念性解决方案，并决定是否将项目推进到项目前期阶段。

## 18.5 由 QA1 获得的经验教训

虽然距离 QA1 制度的实行已经过去 10 年了，但现在评估其影响还为时尚早。我们对这项制度的认识受多方面因素限制，包括参与项目的种类、CA 和 QA1 报告的质量及决策的结果。但是我们还是可以间接地推断出实行 10 年后 QA1 制度对政府、业界、学术界的衍生影响（spin-off effects）。

截至 2015 年，大约 70 个项目经过了 CA 和 QA1。毋庸置疑，随着时间推移，概念评估的质量在不断提高，并逐渐趋于标准化。QA1 报告也呈现相同趋势——质量保证人员年复一年地积累经验，展现了积极的学习曲线（Samset &Volden, 2013）。在相关文献中，一些评估人员已经从交通部门和利益相关者与 CA/QA1 打交道的经验中分析了这项制度的效果（Rasmussen et al., 2010; Statens vegvesen, 2012; Bjertnaes, 2012）。这些研究表明，虽然 CA/QA1 的过程会花费时间和资源，但总体来看，相关机构似乎能够从中受益。特别是与之前的制度相比，这项新制度提供了一个更加系统的方法来识别项目早期的理念。项目规划者不是从项目单一的视角直接选择项目地点或为一个技术性问题选择解决方案，而是不得不从更大的视角来考虑社会方面，这种新的方式有利于成熟想法的产生，并刺激相关机构创新。同时，这项制度的实施有利于孕育出最有效的方案。

在传统模式中，尤其是公路项目，当地利益相关者会在项目早期阶段对项目产生较大影响，而 QA1 制度使得相关部门和政府内阁能在同一时期对项目施加更直接的影响。然而，这项制度依然有改进空间。一项对 17 个项目的深度研究（Samset et al., 2013）分析了概念评估报告中的机会空间是如何被定义和利用的。一个常见的问题是：在概念评估之前概念性解决方案就已经选定了。这可能是政府机构的路径依赖性（Path Dependency）或政治约束和限制所造成的。另一项研究（Statens vegvesen, 2012）表明质量保证人员过于看重经济因素，而正确的做法是要平衡经济影响和政治目标实现这两个因素在评估中所占的比重。除此以外，一些部门和机构还发现，在他们看来有些项目只能有一个可行的概念性解决方案，其他替代方案都不可行，而让这样的项目通过完整的 CA/QA1 过程并没有意义。

在对 CA 和 QA1 中列明的建议及最终结果的研究中，相关研究人员发现，在总共 70 个 QA1 项目里，质量保证人员对三分之一的项目的方案排序结果与相关部门一致，另外三分之二则有差异。QA1 报告更倾向于推荐零替代方案或经济上更可行的方案。在 QA1 报告中，质量保证人员经常批评相关部门在概念评估过程中不能完全探索机会空间,尤其是对于成本不是那么高的概念方案。这 70 个项目中的大部分现在已经完成了内阁政治性评判,并且约有 80%带着一个(有时候不止一个)概念方案进入项目前期阶段。内阁只全盘否定了 6%的项目,且基本上是遵循 QA1 报告的建议。不出意外的,我们发现当质量保证人员在 QA1 报告中支持概念评估的建议时,内阁通常也会遵循这个建议。这样一来,QA1 就为选出最有效率且最有效益的概念方案提供了又一层保障。但是,当质量保证人员的想法和 CA 产生分歧时,最终结果就不太能预测了。在这类项目中,内阁更容易遵循相关部门的建议而不是 QA1 报告的建议。但是也有一些项目提案被退回给相关部门,让他们提交新的概念评估。内阁还有可能选择一个完全不同的概念方案(Grindvoll, 2015)。研究结果表明,内阁现在能获得更多关于项目预期效果的信息,大多数是关于经济效果的;并且他们很看重 QA1 的建议。然而,项目概念方案的选择还是很明显没能摆脱政治的束缚。

挪威并没有按照预期经济可行性的优劣而决定政府投资项目优先级的传统,这在公路项目上尤其明显(Welde et al., 2013),政客和政府机构都遵照这个理念行事。QA1 制度只能保证替代方案和它们对经济影响的信息能够较好地传达给决策者。然而,虽然经济可行性的优劣并不是决定性因素,但随着时间的推移,选择明显不起作用的或明显不如替代方案的概念性解决方案会越来越不可能。而且,如果一个独立的 QA1 报告表明一个项目的投资并没有合理的理由支撑,那么这个 QA1 报告可能会在很大程度上影响内阁对一个争议项目做出合理决策的过程。例如,体育爱好者和当地社区提议挪威举办 2018 年或之后 2022 年的冬奥会,并由国家保证投资成本。虽然只在 QA1 报告后表明这个项目的效益被高估而成本被低估,内阁还是拒绝了这两个提议。

质量保证人员在评估过程中担任管理员和顾问角色,他们的建议扩展了相关政府部门的机会空间,这是 CA/QA1 制度的重要影响之一。概念评估文件有时会被外部评估者拒绝,于是这些被拒绝的项目不得不重新进行评估,提交新的概念性替代方案。除此以外,虽然很难被证明,但是我们有理由相信很多考虑不周的投资提案在 CA/QA1 阶段之前就被否决了。由于相关部门和机构评估过程和程序的优化,这些投资提案得以在早期被否决,这可能是 QA1 制度最大的有益效果。



## 18.6 项目选择及其预算的质量保证(QA2)

QA2 发生在项目前期阶段的后期,以保证相关部门能够在将提案提交给国会之后、由国会决定是否批准及拨款之前对项目的战略管理文件做一个独立评估。这个评估不仅是保证项目预算符合实际的最后控制手段,也是识别项目在管理上将要面临的挑战的前瞻性分析。这会为项目融资的最终决定提供支持,并会在项目实施期间和实施后作为成本管控的参考。

质量保证评估需要相关机构提供以下材料:

(1) 总体管理文件(指导文件);

(2) 一份完整的基础成本估计,以及收入/利润估计(如果适用);

(3) 至少两份合同战略方案的评估。

质量保证人员首先浏览并核实这些文件,然后他们会分析影响项目成功的因素/困难及总体不确定性情境。成本不确定性分析基于基础成本估计,并对可预见的额外成本进行规定,从而得出可预见总成本和相关的不确定性因素。质量保证人员为以下两方面提供建议:①提交的成本框架,包括必要应急储备金和相关机构的指导框架;②为了控制项目成本而制定的适宜战略,包括应急储备金的管理和使用授权。

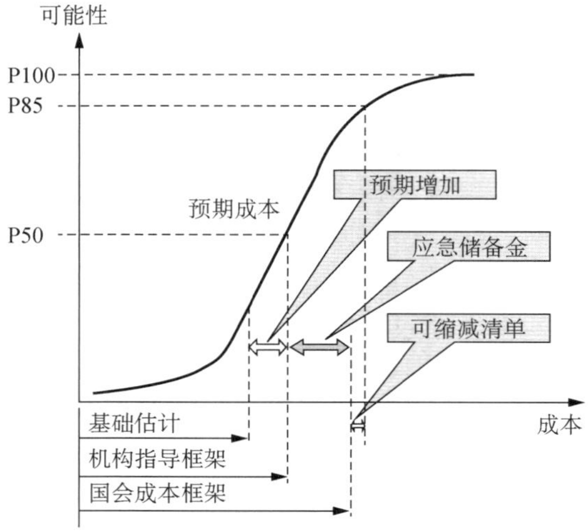


**图 18.2　随机成本预测:关键项的定义**

提交的成本框架以随机成本估算的标准程序为基础,使用数学分析或模拟的方法。运算的结果以投资成本累计概率分布的形式呈现。这一成本框架通常在P85的水平,包含了为了避免项目实际成本超过成本框架而扣除的可能发生的简化和减少[即可缩减清单(Reduction List)]。相关机构的指导框架较低,通常在P50的水平,以避免刺激应急储备金的使用,见图18.2。

当然,国会和相关部门可以不听从这些建议。项目最终总体成本框架由国会来决定,之后相关部门会决定执行机构的指导框架。在专业方面,QA2评估严重依赖项目管理专家的意见,即如何保证项目能在控制成本的同时按时、保质地交付。合同战略是整个过程的重要一环,经济学元素,包括激励理论、交易成本理论、组织理论等更不可或缺。质量保证人员需要具备以上所有领域的专业知识。

## 18.7　由QA2获得的经验教训

虽然QA2只是对成本和指导框架提供建议,我们却发现约70%的项目批准的成本框架与QA2建议的成本框架一致,在剩余的30%中,两者也只有细微差别。有54%的项目的最终指导框架和QA2建议的一致,且除了两个项目以外,两者的偏差都在10%以内(Samset & Volden, 2013)。这些结果表明,QA2的过程以及过程中使用的随机成本估算方法被认为是确定重大公共投资项目预算的基础。

第一次针对成本合规的研究是在2013年,这项研究基于所有2012年末之前完成的已确定最终投资成本的QA2项目(Samset & Bolden, 2013;2014)。这项研究共包含了40个项目,研究结果表明QA2有很好的前景。[3]40个项目中有多达32个(80%)的最终成本在成本框架以内。除此以外,一些项目(大多数都是公路项目)节省了大量资金,总计约5亿欧元。所有项目的总净成本节约超过3亿欧元,相当于总投资的7%。这远远超出我们基于其他国家项目的过往经验和研究发现所预测的结果。

截至2015年,总共有78个提交进行QA2评估的项目已经完成,其中67个项目(84%)的最终成本已经确定。将新完成的项目加入之前的分析,得到如下结果(Welde, 2015)。

### 18.7.1　最终成本与批准的成本框架的比较

图18.3表明了最终成本和批准的成本框架(大多基于P85估计)之间的差异。数据显示,67个项目中有53个(79%)的最终成本低于批准的成本框架。所有项目的总净成本节约约为6亿欧元,相当于总投资的7%。

### 18.7.2　不同部门的成本偏差

图18.4反映了不同部门的项目对批准的成本框架的符合程度。项目的数量还是不足以得出有效结论,但是很明显,国防部门项目的最终成本都没有超过预算。铁路部门项目的表现也普遍好于其他部门,只有14%的项目成本超支。

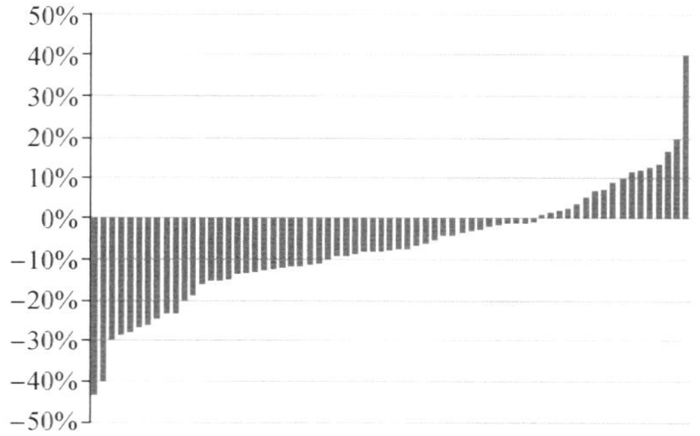


图 18.3 最终成本与经议会审批的成本之间偏差(N=67)

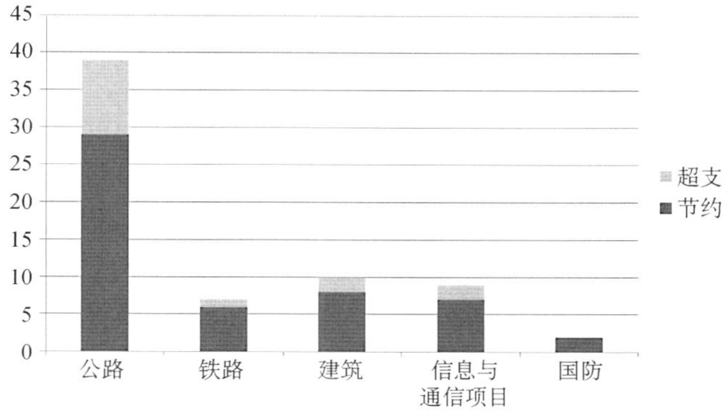


图 18.4 不同部门成本超支和节约的项目数量(N=67)

### 18.7.3 不同时间点的成本偏差

另一个可能影响成本合规的因素是项目受委托的日期。学习曲线或经济周期确实可能会对项目成果产生积极或消极的影响,因为价格变动可能会超过不确定性分析预测的波动区间。

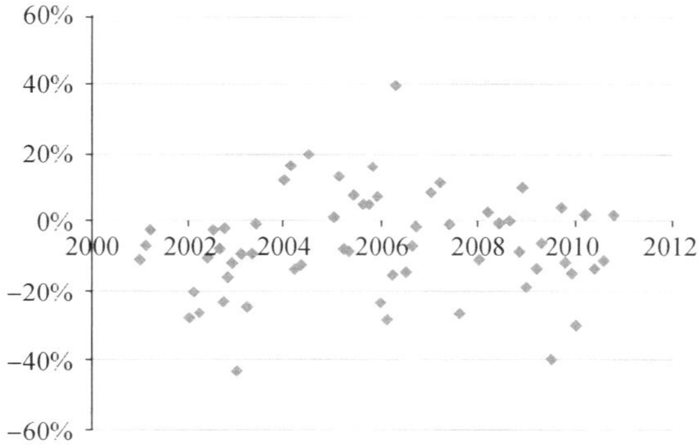


图 18.5 最终成本与项目试运行时审批的成本框架(cost frame)之间偏差(N=67)

图 18.5 反映了 2002 年到 2012 年间不同时间点受委托项目的最终成本和批准的成本框架之间的差异。我们发现了一个模糊趋势:2004 年到 2008 年是成本超支相对来说最严重的时间段。这个时间段项目的最终成本和批准的成本框架一致(平均偏差 0%),然而这个时间段之前或之后受委托项目的平均偏差是 13%,这是相当大的成本节约。在统计学上,这两个平均偏差在显著性水平为 0.05 时,具有显著性差异。这一模糊趋势可能是由于这一时间段内建筑业成本急剧上涨,2007 年到 2008 年的全球经济危机也可能对项目成本产生不可预测的后果。除此以外,我们并没有找到其他能导致这一模糊趋势的原因。

### 18.7.4 最终成本和相关机构指导框架的关系

执行机构的指导框架大多基于估计的中位数(P50)。考虑到项目实施过程中的不确定性,我们不仅要对偏差进行预测,而且要坦然接受它。因为指导框架基于 P50,成本超支或成本节约的项目数量应该相等。如果项目数量足够多的话,所有项目成本偏差比率的平均值应该接近中值。

最终成本和指导框架的差异如图 18.6,结果与预期一致。两者的差异大致以中值为对称点对称分布,这表明对项目的成本控制卓有成效。然而,两者差异的分布稍稍偏右,有 48%的项目的成本低于指导框架,52%的项目的成本高于成本框架。平均偏差为+2.8%,在理想状况下,这个偏差应为 0。

研究人员正致力于对更多经历过 QA2 的项目进行事后评估。这些项目正在运营阶段,因此研究人员能够估量这些项目为使用者和社会带来的价值。对第一批 11 个项

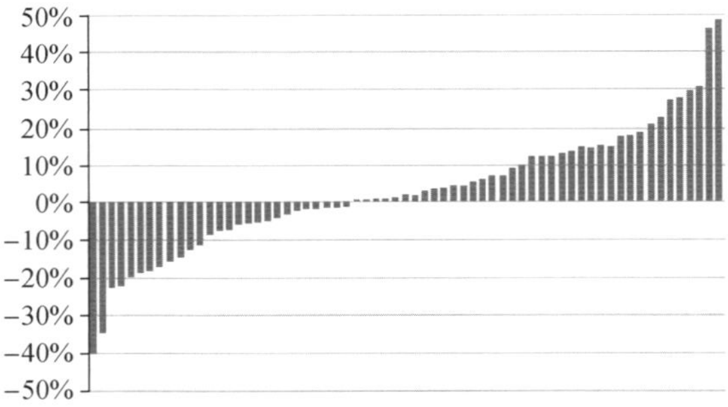


**图 18.6　最终成本与商定的项目指导框架之间的偏差(N=65)**

目的评估结果表明,总的来看,项目实现操作性成功的比率较高,且不仅仅体现在经济方面。11 个项目中只有两个项目的成本超过了成本框架,有五个超过了指导框架。在其他方面,只有两个项目出现了延误,四个项目有细微质量和功能上的缺陷。这些项目基本上都运行得井井有条,且大多数实际出现的风险因素都在 QA2 报告中被识别出。然而,特别要注意的是,有一个项目在向公众开放的头几年中花了一笔不小的费用对项目进行调整和更新升级。这表明对全生命周期成本进行分析的重要性,而不仅仅只分析投资时的成本。

对第一批经历了 QA2 的项目的评估结果表明,绝大多数项目的成本控制在了成本框架之内。最终成本和成本框架的偏差几乎对称地分布在中值附近。这表明在项目层级,挪威政府现在可以有效地控制大多数政府投资项目的成本。而且,考虑到这个偏差正负程度基本相同,不必要的时候不会考虑使用应急储备金。这一结果很可能是因为执行机构通常选用 P50 这一较低水平的指导框架。

数据表明,研究时间段中期的项目(在 2004—2008 年间开始的项目)成本超支的现象相对来说更严重。因此,持续监控不同时间点、时间段以及不同部门的项目结果非常重要。第一批完工项目的结果可能比较片面,因为这些项目的实施更注重时间上的节省和高效。公路项目在第一批完工的项目中占比很大,而这些公路项目大多数都十分简单。相反,很多年前已经开始的国防项目和信息与通信技术项目还未完工,我们还在等待这些项目的结果。

## 18.8　讨论

基于上述结果,我们发现 QA2 似乎帮助了挪威重大公共投资项目控制成本,提升了成本管理能力。在 20 世纪 90 年代,较多的成本超支在挪威和其他一些国家非常普遍。研究表明(Flybjerg et al., 2003)这种成本超支情况在过去的七十年间都没有变化。然而,对 QA2 的分析结果表明,与 20 世纪 90 年代以及其他国家项目成本超支情况相比,QA2 作出了一定的贡献。QA2 确保了国会批准的项目能更加成熟,成本估计符合实际,并且包括了必要的应急准备金(这一成本估计对应 P85 水平减去可缩减清单)。一个重要方面是,在一般情况下,相比于 20 世纪 90 年代,现在这些项目(和成本框架)会在项目策划更晚的阶段获得批准。之前,成本框架的确定通常基于更早和更不准确的估计,且并不总是把不确定性包含在内。

一般来说,关于成本合规的正向结果可以从两方面解读——这些经历了 QA2 的政府投资项目能用比以往更低的成本实施,或这些项目的成本框架在更晚的阶段建立,有更成熟的基础和更准确的估计做参照。20 世纪 90 年代的项目有严重的成本超支现象,而现在的项目和“极早期的估计”相比也会有成本超支的现象发生(Welde et al., 2014)。QA2 不能控制的是在 QA2 之前项目内容、范围和成本的增加。在成本框架建立之前,项目通常经历一段较长的前期阶段,在这一阶段用户群体和利益相关者有极高的期望。当项目递交给国会时,即使是在项目已经不能高效地满足社会需求的情况下,再放弃它也可能为时已晚。只有在 QA1 阶段才能对比成本估计和期望收益,从而决定这个项目是否值得落地。然而,如果这个项目的成本在 QA1 和 QA2 之间有了增加,那么 QA1 阶段对项目战术和战略上是否成功的评估就不再有效了。直到现在我们才能观察第一批同时经历过 QA1 和 QA2 的项目的情况，而检查 QA 制度效果的研究人员将会根据这些情况相应的扩展他们关注点。如果在 QA1 和 QA2 之间项目范围增加是个普遍问题，那么未来就需要一个解决办法来完善 QA 制度的这一问题，将 QA1 阶段成本估计和随后的项目前期进行捆绑(所谓限额设计原则)。

选择性偏差不容忽视。一个相关问题是：不光是大型项目，是否所有项目的成本超支幅度都有所改变。如果不解决这个问题，我们则无法认定质量保证的单一影响是大型项目成本超支幅度改变的主要原因。奥德克(Odeck et al.，2015)在一个类似的研究中分析了选择性偏差所带来的问题。他们发现，虽然小型公路项目的成本超支情况总体保持稳定，但在同一时间内，经历了 QA2 的大型公路项目的成本超支情况得到了极大改善。[4]

挪威的质量准入制度本质上是一个自上而下的规范性制度，它带来政府工作的质变，并提高重大投资项目的质量准入。这项制度不干涉所涉及部门和机构的当前工作程序，只是用来完善为政治性决策提供重要基础的现存文件。最初，这项制度富有争议，因为它需要外部专家介入政府部门和机构所负责的问题，还会产生额外费用、导致时间拖延。然而在实际操作中，这项制度受到了政府部门和机构建设性的回应。这些政府部门和机构调整了工作来迎合新的质量要求，并且在一些项目中采用了这项制度作为自我规范的程序。

一项近期研究(Kvalheim et al.，2015)检验了引入 QA 制度后，挪威政府是否获取了更多信息来对重大公共投资项目进行决策。基于引入 QA 制度之前和之后的样本项目，以及对 24 位政府规划人员和领导人员的采访，这项研究表明：

① 决策文件质量有了相当大的提升；

② CA/QA1 分析中包含了影响概念性解决方案选择的重要因素；

③ 决策的依据有良好的文档记录；

④ 建议清晰透明；

⑤ 经过 QA2 的项目足够成熟，并已准备好获得国会的批准。

衍生效应是挪威 QA 制度一个很重要的特点，它在政府和私人部门都有体现。在引入该制度一段时间内，我们发现成本估计及预算、风险评估和战略规划领域有了很明显的改善趋势。除此以外，政府部门逐渐意识到一些新的需求，包括提升决策文件质量、拓宽调查分析范围(使其包含替代方案)及避免在项目早期做过于具体的调查分析。这些新的认知也扩散到了咨询和建筑业。作为政府的供应商，这些行业明确而积极地回应了新需求所带来的新的工作步骤和要求。我们还发现前期管理成为专业人员在项目管理过程中遇到的一个问题，而一些机构和咨询公司已经开始针对这个问题提供培训课程了。除此以外，改善后的实践操作被不同政府部门采纳并使其制度化。没有被纳入 QA 制度的部门，尤其是卫生当局(Myrbostad et al.，2010)、电力设施部门(St. Meld. Nr. 14，2011—2012)和奥斯陆市政当局(Oslo Kommune，2011)也自愿引入了加以调整后的 QA 制度。其他国家也对这一制度产生了兴趣。例如，受挪威 QA 制度直接影响，作为项目早期规划的新步骤，瑞典在 2013 年引入了一份与 CA 类似的报告；加拿大魁北克省也引入了类似的制度。

如上所述，这一治理制度的一项基本要求是，当有选择余地时，项目早期需要有至少三个可供选择的概念性解决方案。这些替代方案的分析应该遵循相同的规范，以保证公平性。这项要求引发了对于概念性解决方案定义的争论。例如，概念性解决方案是否应该包含对同一个问题的不同技术性解决方案(例如，一项穿越峡湾的基础设施工程中，建桥与建隧道的方案对比）或在广义上是否应该根据不同项目组合效果的差异来确定概念性解决方案？不管答案是什么，考虑到这项制度已经把这个问题提上了政府的工作日程，它对分析人员、政客和政府都产生了显著影响。这个问题以及对经济性分析的重视，可能会对替代方案的识别和最可行项目方案的选择起到重要作用。

## 18.9 结论

本章讨论了治理制度对于保证政府投资项目出资方利益的必要性，即从操作性和战术战略性方面优化总体决策，保证政府项目成功。我们介绍并讨论了挪威质量准入制度，这项制度要求在项目落地之前要有两个外部质量保证的介入。在这个自上而下的规范性制度中，重大决定的权力掌握在政府的政治层面而不是行政层面。这种对体制中现有惯例和固有工作程序的限制性干涉起到了很好的效果，而且促进了自我规范体制的发展，而这种自我规范体制最终可能取代中央自上而下的干涉。此外，公开透明似乎对于改善公共投资管理起到了关键作用。

结果表明，经过预算质量保证（QA2）的项目基本上在成本框架内完工。因此，在项目层级，挪威现在能够更有效地控制重大投资项目的成本。也许相比于其他对于项目成本合规的研究，这项研究最吸引人的地方在于，我们的数据具有一致性，所有项目基于同样的原则和研究方法，因此这些项目是可比较的。然而，我们需要将成本合规所展现的良好结果与挪威原先就存在的优势所带来的结果加以区分，即在实施重大项目时，与其他国家相比挪威的项目成本更低、效率更高。QA2 不能阻止的是在 QA2 之前的过程中项目内容、范围或成本的增加。这是否是个普遍问题还需要今后加以研究调查。

现在判断概念性解决方案（QA1）的质量保证是否提升了项目战术和战略的成功还太早，但很明显对于概念性解决方案的系统性评估被认为是有益的。

挪威的 QA 制度是个虽然新颖但很简单的优化项目治理的方法。除了一些例外（尤其是这项制度缺少对项目发起人和受益人风险资本的要求），这项制度基本和傅以斌等人（Flyvbjerg et al.，2003）的建议相一致。它保证了项目在提交给国会时是成熟的且定义明确的，它对使用随机成本估算方法提出要求，还鼓励相关机构避免照搬整个成本框架。目前为止，这项制度在挪威的大环境下表现良好。但对于其他国家而言，不同的制度背景、特殊项目类型、项目重要性和时间跨度可能会导致 QA 制度不适用。

直到最近，项目治理才成为项目管理领域关注的问题。要想在这个领域取得进展，还需要解答许多问题。不同国家和机构都使用哪些工作程序，这些程序有怎样的影响？为了建立一个在国际、政府或者企业层面更有影响力的治理制度，从而确保项目的最大效用以及社会和投资者的最大投资回报，我们还需要做什么？对于重大投资项目来说，优化的治理制度的规章、经济手段和信息的最优组合是什么样的？项目管理领域的挑战在于将重点从对项目本身的交付转移到项目的效用和影响这一更深层次问题上。最近一项研究比较了挪威和其他五个国家重大公共投资项目的治理制度（Samset et al.，2015）。这些制度有许多相似之处，但也有很多不同，例如，项目阶段的分化、决策节点、介入点以及哪一方执行质量保证。所有的制度都刚刚起步，现在判断它们的影响或比较它们的成果还太早，但这会是今后研究的热门主题。对这个领域理解的逐渐加深和敏感性的逐渐增强会使出资方和实施方互惠互利。

## 注释

1. 与之对比的是私人金融机构。这里投资项目的评估几乎完全基于对投资者信誉和可用抵押的审核,很少考虑其他相关问题或像质量准入制度这样考虑投资项目的特点。
2. 所有相关机构都被强制要求按照国家财政管理规章记账(Finansdepartmentet, 2013)。这个账户是控制拨款分配的基础,也是对各种活动进行分析的基础,包括单项工程的最终成本。没有账户的允许,最终成本不能进行更改。审计长每年对相关机构的账户进行审计。
3. 项目的应计费用通过相关机构的会计系统以年为单位统计,由相关机构内部控制系统跟进。在项目施工阶段,相关机构向负责的部门报告应计费用,并预测最终成本。在项目完工后,总的年成本根据一般价格水平使用适当的指数作调整,并记录在相关机构内部评估系统中。数据为负责的相关机构所有,但是会公开用作研究及其他用途。
4. 除了挪威公共道路管理局,我们没法从其他机构处获得体量较小项目的最终成本数据,因此我们没法确切地说质量保证的单一影响是项目成本超支幅度改变的主要原因。但是奥德克(Odeck et al., 2015)的研究总结到,质量保证造成了公路项目成本超支的减少,而他的研究所囊括的项目占我们研究项目的大部分。

## 参考文献


Aass, T. (2013). Kostnadskontroll i prosjekter som har vært underlagt ekstern kvalitetssikring $KS_2$. Concept working paper.

Berg, P., Østby, L.-E., Lilleby, S., Styrvold, S., Holand, K., Korsnes, U., Rønning, K., and Johansen, F. (1999). Styring av statlige investeringer: Sluttrapport fra styringsgruppen. Ministry of Finance.

Bjertnaes, A. M. (2012). Konseptvalgutredninger: intensjon og forbedringer. Master's thesis, NTNU.

Christensen, T. (2011). "The Norwegian front-end governance regime of major public projects: A theoretically based analysis and evaluation," International Journal of Managing Projects in Business, 4(2): 221.

Finansdepartementet (Ministry of Finance). (2013). Reglement for økonomistyring i staten Bestemmelser om økonomistyring i staten. Oslo: Finansdepartementet.

Flyvbjerg, B., Bruzelius, N., and Rothengatter, W. (2003). Megaprojects and Risk: An Anatomy of Ambition. Cambridge: Cambridge University Press.

Grindvoll, I. L. (2015). Hva har skjedd med KS1-prosjektene?: Status per mars 2015. Concept working paper.

Kvalheim, E. V., Christensen, T., Samset, K., and Volden, G. H. (2015). Har regjeringen fått et bedrebeslutningsunderlag? Om effekten av å innføre konseptvalgutredning (KVU) og ekstern kvalitetssikring ($KS_1$ og $KS_2$) for store statlige investeringsprosjekter. Concept working paper.

Miller, R. and Hobbs, B. (2005). Governance Regimes for Large Complex Projects, paper for the EURAM 2005 conference, University of Montreal.

Miller, R. and Lessard, D. R. (2000). The Strategic Management of Large Engineering Projects: Shaping Institutions, Risk and Governance. Cambridge, MA: MIT Press.

Morris, P. W. G. and Hough, G. H. (1991). The Anatomy of Major Projects: A Study of the Reality of Project Management. Chichester: Wiley.

Müller, R. (2009). Project Governance. Farnham: Gower.

Myrbostad, A., Rohde, T., Martinussen, P., and Lauvsnes, M. (2010). "Regime for planlegging og beslutning i sykehusprosjekter." Concept Report no. 25.

Odeck, J., Welde, M., and Volden. G. H. (2015). "The impact of external quality assurance of costs estimates on cost overruns: Empirical evidence from the Norwegian road sector," European Journal of Transport and Infrastructure Research, 15(3): 286-303.

Osol Kommune (2011). Konseptvalgutredning (KVU) i Oslo kommune. Krav og veiledning.

Pinto, J. K. and Slevin, D. P. (2006). Organizational Governance and Project Success: Lessons from Boston's Big Dig. Concept Symposium 2006, NTNU, Trondheim.

Rasmussen, I., Heldal, N., Homleid, T., Ibenholt, K., Skjelvik, J. M., and Vennemo, H. (2010). "På vei til kvalitet?: Evaluering av $KS_1$ i transportsektoren." Vista Analyse Report.

Samset, K. (2008). Prosjekt i tidligfasen: Valg av konsept Tapir Akademisk forlag.

Samset, K., Andersen, B., and Austeng, K. (2013). "Mulighetsrommet: En studie om konseptutredninger og konseptvalg," Concept Report no. 34. Norway: Ex Ante Academic Publisher.

Samset, K. and Volden, G. H. (2013). "Investing for impact. Lessons with the Norwegian State project model and the first investment projects that have been subjected to external quality assurance," Concept Report no. 36. Norway: Ex Ante Academic Publisher.

Samset, K. and Volden, G. H. (2014): "Front end governance of major public projects: Lessons with a Norwegian Quality Assurance scheme," International Journal of Architecture, Engineering and Construction, 3(2): 110-19.

Samset, K., Volden, G. H., Olsson, N. and Kvalheim, E. V. (2015). "Styringsregimer for store offentlige prosjekter: En sammenliknende studie av prinsipper og praksis i seks land. [Governance schemes for major public investment projects: A comparative study of principles and practices in six countries]." Concept Report no. 46. Norway: Ex Ante Academic Publisher.

Samset, K., Volden, G. H., Welde, M., and Bull-Berg, H. (2014). "Mot sin hensikt: Perverse incentiver—om offentlige investeringsprosjekter som ikke forplikter," Concept Report no. 40. Norway: Ex Ante Academic Publisher.

Statens Vegvesen (Norwegian Public Roads Administration). (2012). Evaluering av KVU/$KS_1$. Færre og bedre KVU-er.

St. Meld. Nr. 14. (2011-2012). Vi bygger Norge: om utbygging av strømnettet.

Welde, M. (2014). Oppdaterte sluttkostnader: prosjekter som har vært underlagt $KS_2$ per mai 2014. Concept working paper.

Welde, M. (2015). Oppdaterte sluttkostnader. Prosjekter som har vært underlagt $KS_2$ per september 2015. Concept working paper.

Welde, M., Eliasson, J., Odeck, J., and Börjesson, M. (2013). "Planprosesser, beregningsverktøy og bruk av nytte-kostnadsanalyser i vegsektor: En sammenligning av praksis av Norge og Sverige," Concept Report no. 33. Norway: Ex Ante Academic Publisher.

Welde, M., Samset, K., Andersen, B., and Austeng, K. (2014). "Lav prising, store valg: En studie av underestimering av kostnader i prosjekters tidligfase. [Low estimates, high stakes: A study of underestimation of costs in projects' earliest phase]." Concept Report no. 39. Norway: Ex Ante Academic Publisher.

# 19 完美的巨型水坝:存在吗,考虑周全了吗

塞耶·斯卡德

## 19.1 引言

过去 60 年,河流流域、世界上一些最大的水坝和受水坝项目影响的人,已经成了笔者在非洲、中东和亚洲的实验室。先明确,本章并不是要说明如何通过更好的选址和环境流量(environmental flows),以及合适的环境、社会文化和健康影响研究(作为参与式备选方案评估过程的一部分),来提高巨型水坝(megadam)的效益和避免不利影响。

自 1956 年以来,笔者一直毕生致力于减少大型水坝(large dam)的破坏性影响,包括对河流流域生态系统,以及生活在这些生态系统中并依赖它们的居民和社群。尽管笔者和同事可以断言,我们的努力已经使许多受项目影响的人没有原本可能的那么贫困,事实也是如此,但迄今为止,笔者的主要成就还是带领一个研究小组终止了一个多功能重大项目,那就是博茨瓦纳(Botswana)政府的南部奥卡万戈(Okavango)综合水资源开发项目。博茨瓦纳政府于 1992 年 5 月下旬叫停了该项目,这正好在我们团队一次公开演讲中展示一份最终报告之前,该报告发起了一项流程,并最终促使奥卡万戈三角洲(Okavango Delta)于 2014 年被纳入世界遗产名录。

下文将解释为什么大型水坝对于未来是一种糟糕的,甚至是不可接受的投资。虽然在一章中涵盖一系列主题需要高度概括,但对于读者而言,至关重要的是理解每个水坝不仅仅有责任创造自己的历史,并且每段历史都会受到周围环境和国家/国际背景的影响。换句话说,大型水坝不是在真空中建造的。笔者会结合一个专门的案例故事来强调这一观点的重要性。

## 19.2 大型水坝的政治经济

大型水坝一直是全球政治经济的一个关键组成部分(不再发挥作用,但是依然占主导地位)。国际金融机构(International Financial Institutions, IFI)、世界贸易组织(World Trade Organization, WTO)、双边官方发展援助(Bilateral Official Development Assistance, BODA)、大多数民族国家、包含国际水文科学协会(International Hydrological Association, IHA)和世界水坝委员会(World Commission on Dams, WCD)在内的专业协会以及知名宏观经济学家一直对大型水坝十分青睐。所有这些机构和个人不仅都赞同将以消费为基础的国内生产总值(Gross Domestic Product, GDP)增长作为衡量经济增长的关键指标,而且还将对诸如自由流动河流

(free-flowing rivers)这种不可替代自然资本的消耗视为收入进行评估(Daly, 1994)。

2008年的《增长报告:持续增长和全面协调发展的战略》(*Growth Report: Strategies for Sustained Growth and Inclusive Development*)由诺贝尔经济学奖获得者迈克尔·斯宾塞(Michael Spence)担任主席,由世界银行增长与发展委员会出版。尽管该报告意识到"全球经济已超出了我们的管理能力"(Commission on Growth and Development, 2008: 203),但他们仍然主张大幅提高GDP增速。他们强调了13个经济体"在25年或更长的时间里,年均增长率已经达到7%或以上。以这样的扩张速度,一个经济体的规模几乎每十年就会翻一番。这份报告就是关于这种持续的高增长"。

笔者关于巨型水坝的结论与詹姆斯·斯科特(James C. Scott)在《国家的视角:那些试图改善人类状况的项目是如何失败的》(*Seeing Like A State: How Certain programs to Improve the Human Condition Have Failed*)一书中的分析结果一致。他在该书中指出,包括巨型水坝在内大规模的"由国家发起的社会工程"的灾难性例子涉及四个要素。首先是国家的"自然和社会行政秩序"。第二是一种高度现代主义的意识形态。斯科特认为这种意识形态"典型地体现了当前对国家GDP持续增长的重视,这种增长是以牺牲世界环境为代价的"。斯科特提出的第三个要素是独裁国家运用其权力实施计划的能力。第四个要素是一个软弱的公民社会。

笔者与斯科特观点不同的是,他的第三和第四要素可以适用于任何强大的国家。例如,如果涉及到巨型水坝,印度和美国也应该包括在内。印度最神圣的纳尔马达河(Narmada River)上的萨尔达尔萨罗瓦尔大坝(Sardar Sarovar Dam)就是一个重要的案例。密苏里河(Missouri River)上的巨型水坝则是美国破坏性项目的典型案例。在萨尔达尔萨罗瓦尔和密苏里河案例中(其他地方类似),斯科特所指的软弱的公民社会由包括土著社群在内的穷人主导。

与此相关的是,此类项目的支持者往往是重要的政治人物。埃及的纳塞尔(Nasser)将阿斯旺高坝(Aswan High Dam)与金字塔等同起来,而加纳的第一任总统则将沃尔特大坝(Volta Dam)视为加纳即将迎来工业化的象征,并发行了一张以他以水坝为背景的纪念邮票(David Brokensha, verbal communication)。印度总理尼赫鲁(Nehru)将巴克拉大坝(Bhakra Dam)与过去的印度教寺庙相提并论,并在多年后为萨尔达尔萨罗瓦尔大坝开工奠基。在美国,罗斯福(Roosevelt)总统积极推进成立了田纳西河流域管理局。近年来,曾担任印度首席部长的纳伦德拉·莫迪(Narendra Modi)最推崇萨尔达尔萨罗瓦尔大坝。尽管按照水坝之前的高度仍然有成千上万的人需要得到充分安置,但莫迪在出任印度总理的三周内,就敦促新政府批准修建闸门,以将水坝再加高17米(Report of the Central Fact Finding Team, 2015)。

## 19.3 经济及财务成本

由于经合组织(Organization for Economic Co-operation and Development, OECD)国家的大多数最佳地点都已经修建了水坝,水坝建设已经转移到中国、印度、巴西以及热带和亚热带地区的新兴工业化国家。在低收入国家,如东南亚和整个非洲大部分地区(过去通常无法偿还国际金融机构的贷款),出现了一种新的融资体系:由国际运作的私营或国有工程公司融资进行建设,项目建成后该公司获得所有权并进行经营,在25年或更长时间后将水坝移交给东道国。作为最大的而不是唯一的股东,该公司可以吸纳包括东道国在内的合作伙伴。

(1) 经济金融分析的缺陷：大坝并不具有成本效益

在笔者的整个职业生涯中，有人同意笔者的观点，认为大型水坝建成后的环境和社会成本过高，但是他们却坚持认为经济效益远远超过经济成本。在安萨尔(Ansar)，傅以斌(Flyvbjerg)，布齐尔(Budzier)和卢恩(Lunn)的《我们应该建造更多的大型水坝吗？水电重大工程开发的实际成本》(*Should we build more large dams? The actual cost of hydropower megaproject development*)一书出版后，这种观点毫无疑问地被驳倒了。

基于对1934年至2007年间在非洲、亚洲、欧洲、拉丁美洲和北美洲建造的245座大型水坝的统计分析，该书作者得出结论："即使不计入对人类社会和环境的负面影响，大型水坝的实际建设成本仍然太高，以至于无法产生正收益。"(2014：2)这种高昂的成本不仅与大型水坝在平均8.6年的漫长建设期内发生的意外问题和错误有关(这也是为什么大型水坝对于解决依赖时间的发展问题是个糟糕的选择)，而且还因为"实际成本比预计成本平均高出96%"，同时"耗时越长的项目会产生越大的费用超支：越大的项目花费的时间越长"。

此外，"有压倒性的证据表明，成本被系统性地偏向于低估"，这涉及两个互补的解释。首先，该书作者认为，根据相关心理学研究，相关的专家和非专业人士"对一项决策的进度、成本和收益系统性地、可预计地过于乐观"。其次，"欺骗(即项目发起人策略性地失实陈述)往往加剧了乐观的判断"。

(2) 当前大型水坝建设的建设-拥有-经营-转让(BOOT)模式

在世界自然保护联盟(International Union for Conservation and Nature，IUCN)和世界银行领导下的世界水坝委员会筹备之时，这两个策划方于1997年在位于瑞士格朗的世界自然保护联盟总部组织了一个研讨会。研讨会邀请了一个由38名参与者组成的"咨询小组"(35人出席)，他们代表主要参与方(除了受项目影响的河流流域居民)参加了关于大型水坝的辩论。为了给他们提供一些共同背景，研讨会上介绍了五篇概述性论文。

《大型水坝项目规划、设计、运营和建设的工程和经济》(*Engineering and economic aspects of planning, design, operation and construction of large dam projects*)这篇文章的主要作者是德国最大的工程咨询公司拉米耶国际公司水力和土地开发部门主管恩格尔贝特・奥德(Engelbertus Oud)。在这篇文章中，他与合著者特伦斯・穆尔・奥德(Terence G. Muir Oud)共同写道："私营部门融资的趋势将不可避免地导致人们对经济最优性的关注减少，而对财务可行性的关注更多。"(1997：23)此外，将会出现"最大限度地将与项目有关的间接成本外部化"和"将尽可能多的风险转嫁给其他方，尤其是政府"(p. 21)的情况。

(3) 政治偏见选择的缺陷：评估过程

修建巨型水坝的自由流动河流(通常是国家或国际的核心地带)，及其周边动植物和人类居民，都很少被列入概括宏观经济发展和大型水坝在该发展中作用的重要评估标准。

事实上，在笔者对大型水坝的研究中，笔者从未遇到过一个充分的备选方案评估过程——这里的"充分"是指为达到特定的目标而对多种方法的评估，修建水坝只是方法之一。更常见的情况是，修建大型水坝的决定已经由国家或省的政治领导人做出，方案评估只是选择筑坝地点。

全面的备选方案评估应在水资源开发决策流程启动时开始，并在选定的任何方案或项目的整个运作过程中持续进行。所有的利益相关者和各类相关人员都应参与进来。经济,财政和技术问题应辅之以对环境、体制和社会问题的平等考虑(Scudder, 2005)。

(4) 折现率过高

当涉及重大基础设施项目时,国际金融机构使用的折现率往往在10%~12%之间。这意味着,水坝竣工后十多年发生的环境的、河流流域社会的,以及大坝修复和退役的成本都被忽略了。就像欧洲和美国目前正在进行的三角洲和洪泛平原修复的成本一样。

事实上,正如奥德和穆尔(Oud & Muir, 1997)所说,"高折现率并不支持可持续发展,因为与项目相关的长期损害或成本被简单地折现掉了"。出于这个原因,他们更推崇每年0%~3%的折现率,正如"用于应对全球变暖的若干环境研究……"中所使用的。

(5) 紧急维修和退役费用

① 紧急修复:卡里巴水坝(Kariba Dam)

卡里巴水坝于1960年投入使用,至今仍是世界上最大的人工水库。水库的蓄水量是形成胡佛水坝(Hoover Dam)的美国米德湖(Lake Mead)的四倍。在2015年,工程师们担心,在128米高的卡里巴水坝底部,一个或多个闸门放水冲击出的跌水池可能会破坏水坝的地基。目前,跌水池已加深到90米。赞比西河管理局(Zambezi River Authority, ZRA)和著名的国际工程师一致认为,如果不对跌水池和泄洪闸进行重大修复,水坝可能会在两到三年内崩塌。卡里巴水坝的崩塌不仅可能使莫桑比克的卡布拉巴萨水坝(Cahora Bassa Dam)下游遭到破坏,而且还可能给赞比西河下游流域多达300万人带来生命危险。

由于水坝可能即将崩塌的说法于2014年开始流传,赞比亚和津巴布韦的赞比西河管理局请求国际金融机构和各国政府立即提供援助。在世界银行评估之后,三个国际组织和瑞典政府在2015年2月的签字仪式上同意提供2.7亿美元的赠款和贷款。算上赞比西河管理局的1 920万美元,这笔高昂的费用当然没有被包括在卡里巴水坝最初的成本效益分析中。

② 大坝的退役和拆除:葛莱恩斯峡谷大坝(Glines Canyon Dam)和艾尔华大坝(Elwha Dam)

在美国,已经有超过1 000座水坝被拆除(O'connor et al., 2015)。尽管这些水坝大部分都很小,但其中也包括迄今为止世界上最大的,估计也是最昂贵的水坝拆除项目。这涉及华盛顿州艾尔华河(Elwha River)上的两座水坝。一个是64米高的葛莱恩斯峡谷大坝,于2014年拆除;另一个是33米高的艾尔华大坝,于2012年拆除。两次拆除的总成本为3.51亿美元。

3.51亿美元不是一笔小数目,但以前的不利影响使下游居民付出了更大的代价,包括对渔业的破坏、受影响的美洲原住民丧失生计以及严重的侵蚀问题。由于艾尔华大坝下游的沉积物堆积,三角洲的海滩和沼泽已经受到严重侵蚀。受其影响最严重的是一个4.8千米长的沙咀,该沙咀由艾尔华河沉积物向东形成,它保护了洛杉矶港的港口。若在其外边缘用抛石来控制侵蚀是很昂贵的,陆军工兵部队"每年大约要花费100 000美元"(https://en.wikipedia.org/wiki/Elwha_Ecosystem_Restoration)。侵蚀也造成美洲原住民社群的保留地减少,但水坝给八种鲑鱼、两种鳟鱼和蛤床造成的不利影响要严重得多,这些鱼对美洲原住民的生计很重要。

幸运的是,关于水坝拆除后恢复过程的科学研究表明,河流流域的83%位于联邦政府的奥林匹克国家公园内，该公园已与美国垦务局（Bureau of Reclamation）和美洲原住民部落一起计划、管理和研究河流恢复。甚至在上游水坝被拆除之前，建坝前的生态系统的恢复就已经开始：

> 随着鱼类再次回到该流域为其提供养分，鸟类、虫子和哺乳动物正以鲑鱼卵和尸体为食……河流正在努力恢复自然流动，跌水池重建，原木堵塞和卵砾石的沙洲……植被再生长……都正在上演。以前湖泊的梯田河岸已经长满了桤木和棉白杨……（Mapes，2014）

因此，这加强了对美国其他地方水坝拆除的研究，“河流是具有复原力的，许多河流对水坝拆除反应迅速。多数河道在数月或数年而不是数十年内就能稳定下来，尤其是当水坝被迅速拆除时……快速的物理反应是河流系统固有的强大上游/下游耦合力所推动的”。（O'Connor et al.，2015）

（6）政府和项目当局的政治意愿以及预算和工作人员能力不足

这些缺陷在涉及社群重新安置时尤为突出。根据一项对50座水坝的统计分析，“在有充足数据的41个案例中，有27个（66%）严重缺乏计划能力”（Scudder，2012）。世界银行1994年的《世界银行回顾》（*Bankwide Review*）对所有涉及移民安置的世行援助项目进行了回顾，得出的结论是：“充足资金的及时可得性……可能是移民安置工作未能落实到位的唯一最有力的解释性操作变量。”（Section 6：11）至于政治意愿，《世界银行回顾》认为这是反复出现的缺陷。

（7）监测和评价（Monitoring and Evaluation，M&E）薄弱

世界水坝委员会最令人不安的发现之一是“缺乏对水坝影响的监测，以及完全没有对水坝的性能和影响进行适当的事后评价”（WCD，2000：184）。世界水坝委员会丰富的知识库表明，“从历史上看，大型水坝投产后很少进行全面的项目后评价。这基本适用于所有地区和国家。除了少数例外，水坝的物理、社会和环境影响很少或者完全没有受到监测，但这是此类评价的必要输入”（WCD，2000：226-7）。“如此庞大的投资一旦投入运作很长一段时间，就很少受到评估，这表明，强大的中央机构和捐助方几乎没有义务说明所产生的成本和效益。或许更关键的是，它标志着在现有设施的适应性管理和新水坝的设计和评估方面没有积极地从经验中学习”。

关于事后审计的问题，尽管阿西特·比斯瓦斯（Asit Biswas）（2006年斯德哥尔摩水奖得主）批评了世界水坝委员会和该委员会的决算报告，但他仍指出：“当前关于水坝的非生产性辩论之所以盛行的主要原因之一是，缺乏对大型水坝的物理、经济、社会和环境影响的客观而详尽的事后分析。”（Tortajada et al.，2012）

在笔者研究过的所有水坝中，一个更具体的M&E问题是项目开始前的标杆研究不足。标杆研究对于充分的方案评估过程和监测，以实现适应性管理和后评估都是非常必要的。在计划过程中进行项目前评价为时已晚，受项目影响的人们已经遭受了重大但未被记录的负面影响。例如，政府规定移民停止建造新房、扩展农田和（或）创办随后将被洪水淹没的新企业，以及（或）政府停止提供或升级那些为周围未受影响地区持续提供的服务（尤其是农业推广、医疗诊所和学校）。

（8）腐败

在笔者多年来花费时间最多、访问次数最多的十个项目中，至少有五个被发现了腐败，其中包括以下提到的三个。腐败情况上至国家领导人和工程公司高层，下至负责为受影响群体提供补偿和开发项目的地方官员。

在莱索托（Lesotho），几家知名公司被世界银行列入了黑名单，这些公司被发现在

竞争高地水利项目(Highlands Water Project)合同期间行贿。关于卡里巴水坝的重新安置,笔者和同事们记录了一些并不罕见的案例,即当地官员(例如酋长和首领)为了获取现金或其他个人利益,将高价值传统土地(customary land)(用于灌溉,旅游住宿等)分配给外人。

在印度古吉拉特邦(Gujarat)、中央邦(Madya Pradesh)和马哈拉施特拉邦(Maharastra)的萨尔达尔萨罗瓦尔大坝项目中,腐败现象更为广泛和多样化(其中马哈拉施特拉邦稍好些)。大部分腐败与居民的重新安置过程有关,官员向法院谎称他们已经完成了数千个家庭的重新安置需求,这样他们就可以进一步加高大坝(Report of the Central Fact Finding Team, 2015)。

## 19.4 生态和环境成本

(1) 自由流动河流、大型水坝和工程人员

> 自1950年以来,人类对水文环境的影响增加了9倍左右……这种影响只有一部分来自取水……大部分影响来自于人类通过建造和运营水坝、水库、堤坝和防洪堤对天然水流流态的操纵。(Postel and Richter, 2003)

最近,格里尔等人(Grill et al., 2015)在关于应对河流破碎化和流量调节的创新研究基础上,"发现长期大量建坝导致了全球大部分河流流域的大规模恶化,有时会产生严重甚至恶劣的影响"。同样是在2015年,美国垦务局前专员Beard在《死气沉沉的水坝》(*Deadbeat Dams*)一书中写道,"我们不仅应该拆除不必要的、破坏环境的水坝,以恢复我们的河流和溪流"(Beard, 2015: 63),而且还应该废除垦务局。

由于负责建坝的公司和出资政府的员工很少具备足够的监管知识,因此水坝相关的生态系统和环境负面影响增多了。尤其是同时负责建设和整体项目管理的工程师更是如此。在世界水坝委员会任职期间,笔者最亲密的同事是简・维尔特罗普(Jan Veltrop),他在退休前一直是哈扎(Harza)工程公司的总工程师和董事会成员。他是美国国家工程院院士,也是国际大坝委员会(International Commission on Large Dams)的名誉主席。为了对亚马逊河流域的图库鲁伊水坝(Tucurui Dam)进行为期数天的考察,研究环境和重新安置问题,我们还在委员会到达巴西之前安排了一起实地考察。笔者清楚地记得维尔特罗普(Veltrop)告诉我,在他37年的哈扎(Harza)工作生涯中,他的工程职责是如此之大,以至于当他参与诸如亚西雷塔(阿根廷)、塔尔贝拉(巴基斯坦)和二滩(中国)等大型水坝的建设时,他根本没有时间意识到,更不用说考虑相关的环境及社会文化的成本和问题了。

在笔者的职业生涯中,主管工程师和其他官员曾多次尝试——我得补充一下,但都没有成功——限制笔者作为顾问或咨询师的工作,比如限制笔者进入一些区域、要求项目官员陪同,并警告社群领导者确保社群成员对他们告诉笔者的事情保持谨慎。在最坏的情况下,少数负责人将移民视为"碍事的人",一名总工程师告诉我,他项目中的土著人需要"绝育(sterilization)"。

(2) 自由流动河流的评价和研究

最近的研究和改进的研究工具进一步指出了自由流动河流作为自然资本的价值。1997年,科斯坦萨(Costanza)等人在《自然》杂志上发表了《世界生态系统服务和自然资本的价值》(*The value of the world's ecosystem services and natural capital*)一文。对16个生物群落的17类生态系统服务的研究发现,以每公顷美元计算,效益最高的是河

口，其次是淡水沼泽和河流洪泛平原。然而，在关于开发的论述中，特别是在对巨型水坝和其他阻碍河流流动的基础设施进行方案评估和成本效益分析时，自由流动河流的功能和财务价值普遍被忽视。

格里尔等人（Grill et al.，2015）最近的研究正在引导人们对大型水坝如何对自由流动河流的生态和财务价值产生不利影响进行更详细和精确的分析。同样重要的还有遥感技术被越来越多地使用，这改善了对河流流域内环境变化（Petit et al.，2001）以及对河流流域内人类社群和生计的影响分布的评估（Richter et al.，2010）。

（3）洪泛区和河流恢复

恢复运动始于20世纪70年代，强调水坝产生的所谓"环境流量"，这主要是为了使某些鱼类受益。虽然笔者没有研究过环境流量概念的扩展，但在不知不觉中，笔者可能在1980年帮助开创了它的应用。笔者将"卡里巴水坝后方的水库水位降低的规律化，与下游洪水的模拟同步。如果执行得当，它将大大增加湖泊流域和下游居民的农作物、牲畜和鱼类产量。它还具有增加社会公平和减少环境影响的优点"（Scudder，1980）。

今天，恢复工作的范围已经扩大到包括拆除水坝、堤坝和其他阻碍自由流动河流的障碍物，以便根据对以前湿地和河岸森林覆盖物的日益了解，尽可能地恢复自然的洪水机制。虽然大部分研究和恢复都发生在欧洲和北美，但其他地方也有零星的例子。波斯特尔和里克特（Postel & Richter，2003）提供了一份河流恢复工作抽样调查，包括流量恢复类型和生态意图（表4.1），以及各种实例。理查兹和休斯（Richards & Hughes，2008）考虑了"欧洲的洪泛平原"，而休斯、莫斯和理查兹（Hughes，Moss & Richards，2009）则处理了"河岸和洪泛平原恢复的不确定性"，这两章都被包括在达尔比和西尔斯（Darby & Sears，2008）中。展望未来，恢复面临的主要问题将是产权问题、对稀缺水源的竞争以及资金问题。

（4）气候变化

意外事件往往会对需要长期施工的巨型水坝等大型项目产生不利影响，气候变化就是这类意外事件的一个很好例子。这类事件往往与环境有关（例如水坝引起的地震或其他原因地震）或与国家治理或政治经济的变化有关。在斯卡德（Scudder）和杰伊（Jay）对50座水坝的统计分析中，有足够数据的事件有44个，其中有一半以上的事件被列为重大事件（Scudder，2012）。

那些支持大型水坝的人常常忽略气候变化带来的日益增长的风险和确定性，因为诸如干旱和洪水等极端事件可遇见地会增加。根据埃宾杰（Ebinger）和维加拉（Vergara）（2011），"对水力发电的严重依赖造成了气候变化的极大脆弱性，这也是许多低收入和中等收入国家的共同特点"，水力发电的影响也被总结为"稳定能源的减少，变异性与不确定性的增加"。此外，"寿命长的基础设施，如水电站，一般不太能适应实际设施的变化，而寿命短的基础设施可以随着气候的变化而长期更换"。

干旱会减少水库灌溉和水电发电的可用水量。尽管我们需要慎重将特定的干旱归因于气候变化，但干旱已经在影响加州的发电能力。到2015年5月，支撑加州最大水库的沙斯塔大坝（Shasta Dam）的发电量已经减少了约三分之一，而该州其他水坝的发电量"由于水位较低，预计将低于正常水平的20%"（Xia，2015）。在加纳，干旱周期性地减少了阿可桑布沃尔特大坝的水力发电量，以至于1977年水力发电收入实际上低于渔业收入。预计气候变化也会影响水库的蒸发率，在鲍威尔湖（美国）、卡里巴以及纳塞尔（埃及）等大型水库中，蒸发率已经达到10%左右。

最近，为避免漫溢，一些水库突发放水造成水坝下游洪水严重泛滥。这也表明，由于气候变化，破坏性事件越来越频繁。1987 年、1989 年、1997 年、2001 年、2005 年和 2008 年，卡里巴和卡布拉巴萨水坝释放了巨大的下游洪水(Beilfuss，2012)。在尼日利亚，1999 年尼日尔河上的卡因吉大坝(Kainji Dam)的泄洪对下游造成了严重的破坏。而 2001 年海德加努鲁(Hadejia-Nguru)系统上，提加大坝(Tiga Dam)和查拉瓦大坝(Challawa Gorge Dam)泄洪淹没了下游 350 个社群和农田。在这一案例中，最初的报告提到有超过 100 人死亡(Scudder，2005：226)。

(5) 相关的环境退化：与自由流动河流或部分河流流域的破碎化有关的环境成本

① 直接上游地区

上游地区与水坝有关的道路有可能使流域向合法和非法的木材开采和采矿开放，从而增加水库淤积和污染的风险。在东南亚剩余的热带森林中，这种风险尤其大，在那里，当地和越境偷猎野生动物也仍然是一个主要问题。

② 水库流域、温室气体排放，沉积

越来越多的大型水坝建造已转向热带和亚热带地区，可以预期到，温室气体(特别是甲烷和二氧化碳)在水库建成之后会增加。尤其是在植被茂密、只部分清理相对较浅的流域，或者只清理珍贵的木材，而没有清除树叶、藤蔓和其他残骸的情况下，温室气体排放更甚，因为这些残骸的腐烂有利于温室气体的产生[详见 P. M. Fearnside 关于巴西亚马逊河的文章和世界水坝委员会关于巴西图库鲁伊水坝的文章《大坝与发展》(*Dams and Development*)]。尽管我们还需要进行更多的水坝建造前和建造后研究，但是因为没有水坝的自然栖息地也可能释放温室气体，因此“亚马逊的洪泛区热带森林可以从土壤中释放甲烷，并同时在树叶中吸收二氧化碳”(World Commission on Dams，2000：76)。

腐烂的植被通过细菌的作用也会产生甲基汞——一种烈性的中枢神经系统毒素。第一次遇到这种毒素是笔者和罗伯特·古德兰(Robert Goodland)同加拿大同事一起评估(并抵制)魁北克水电公司提出的在詹姆斯湾上修建格兰德巴莱讷大坝(Grande-Baleine Dam)时。在已建大坝的地方，那些食用处于食物链末端的肉食性鱼类的孕妇尤其面临着被该毒素危害的风险，因为甲基汞已在这些鱼类体内富集。

特别是在热带和亚热带地区，沿河森林边缘被淹没会对当地社群的生计产生不利影响。例如，在卡里巴水坝灌满后，格温贝汤加人失去了用于制造独木舟的木材、野生动物以及包括食用和药用植物在内的各种非木材森林产物。

最终，水库淤积(对大型水坝来说，平均每年 0.5%～1%)将降低每座大型水坝的效用。

③ 下游流量和渔业

大型水坝下无淤泥水体的侵蚀能力往往会掏蚀河岸，破坏河岸森林边缘，并掏蚀桥台和其他结构，从而使河流变宽。另外，通过规范大坝泄洪或修建堤坝和障碍物控制河水外流，使河流渠道化，对洪泛平原和高产能湿地产生了非常不利的影响。

在动物方面，下游渔业受到的不利影响尤其严重。根据世界水坝委员会的说法，“沉积物和营养物的堵塞、水流的重新规整以及自然洪水机制的消失都会对下游渔业产生严重的负面影响”(2000：84)。像温带鲑鱼这种在淡水中繁殖并在海洋中成熟后再返回同一河流繁殖的溯河鱼类，受到的不利影响尤其严重，在一些有水坝的河流系统中，这类鱼已经灭绝。

④ 对三角洲生态系统的不利影响

大型水坝对三角洲这一高产生态系统的重大影响“尚未被纳入水资源和能源开发方案评估过程，更具体地说，尚未被纳入大型水坝的可行性研究中”(Scudder，2005：

229）。水坝的各种影响基本上都是负面的。例如，当水坝的河水无法周期性地到达三角洲时，三角洲的形成进程就会暂停，又如在科罗拉多河、印度河和黄河就出现了这种情况。

在其他地方，三角洲的面积和地形发生了不可挽回的变化，今天的尼罗河三角洲（Nile Delta）就是这种情况。穆罕默德·卡萨斯（Mohammad Kassas）可能是第一个警告阿斯旺高坝在1967年建成后"使三角洲的形成进程停滞"（Kassas，1972：179）的科学家，"河岸正在以每年几米的惊人速度快速退缩"（186）。二十一年后，斯坦利（Stanley）和沃恩（Warne）（1993）写道：

> 尼罗河水流和沉积物排放的自然周期的变化产生了深刻的后果，包括：三角洲部分岸线的加速侵蚀（Smith and Abdel-Kader，1988；Frihy et al.，1991；Frihy，1992）；海洋入侵三角洲北部低洼平原地区（Stanley，1988；1990）；原本作为天然肥料并抵消土地沉降的洪水淤泥沉积的减少（Shalash，1982）；由于自然洪水不再冲刷地表蒸发沉积的盐分，耕地盐碱化加剧，（Shata and El Fayoumy，1970；Kasha，1983）；由于向海岸输送的营养物质减少，三角洲潟湖和靠海区域的鱼类数量急剧下降（Aleem，1972）；水葫芦（睡莲属）堵塞运河和水道。最后一种影响是通过蒸发而增加了水分损失，并助长了血吸虫病（Waterbury，1979）。

尼罗河三角洲人口稠密，同时也是埃及的农业中心地带，是全球受海平面上升威胁最大的三个三角洲之一（Climate Change，2007）。意识到物理屏障不能解决地中海入侵的诸多原因，在20世纪80年代末，埃及政府计划将首批100万三角洲居民"自愿"重新安置到高坝的纳塞尔湖流域（Adaptation Fund，2011：8；Government of Egypt，1988）。该计划以48 000名重新安置的努比亚人及其后裔为代价。努比亚人一直在向历届埃及政府主张其"返回"旧努比亚的权利（Scudder，2016：40-1）。

尼罗河三角洲是一个极端案例，就像美国密西西比三角洲（Mississippi Delta）的侵蚀一样。话虽如此，三角洲的侵蚀现已成为一个全球性问题。同样还有盐碱地入侵，这不仅影响到三角洲，而且由于上游的水坝消除了自然洪水机制，也影响到了像长江这种大型河流的下游。生物多样性的丧失是另一个重大代价。主要由于卡里巴水坝和卡布拉巴萨大坝的建设，"赞比西河三角洲（Zambezi Delta）——非洲东海岸最大和最有价值的三角洲——已经慢慢干涸"（Scudder，2005：230）。

当笔者于1996年飞越赞比西河三角洲时，生物学家布莱恩·戴维斯（Brian Davies）指出了红树林被破坏的程度。红树林是包括海洋鱼虾在内野生动物宝贵的繁殖和觅食区。贝弗斯（Beilfuss）及其同事们（2000）指出，稀树草原林地正在侵占开阔的三角洲洪泛区，这使偷猎者更容易进入，廷利（Tinley，1994）报告说，大型哺乳动物减少了至少95%。

## 19.5　水库流域社群安置方案

虽然水坝重新安置规划准则在最近有所改进，但笔者的同事约翰·盖伊（John Gay）和笔者在对50座大型水坝进行统计分析时，"没有发现实施结果随时间发生变化的明显证据"（Scudder，2012：52）。此外，世界银行（该机构在20世纪80年代开创了大型水坝重新安置和其他九项保障政策）的管理部门在本书撰写时，正在寻求其董事会的支持，以将保障规划和实施工作移交给其借款人——很少有借款人有能力、预算和政治意愿来实施这些政策。与此同时，国际水电协会（International Hydropower

Association，IHA）（其最有影响力的高级赞助商包括中国长江三峡集团公司和法国电力集团）通过其2010年的《水电可持续性评估规范》（*Hydropower Sustainability Assessment Protocol*），严重削弱了世界水坝委员会2000年的《良好实践指南》（*Guidelines for Good Practice*）。

（1）重新安置的结果

阿西特·比斯瓦斯（Asit Biswas）和罗伯特·古德兰（Robert Goodland）（世界银行集团前首席环境顾问）等不同背景的专家都认为，重新安置"是与大型水坝有关的最具争议的问题"（Scudder，2012：37）。迄今为止，与少数大型水坝相关的重新安置结果已经被充分研究。研究结果表明大多数移民在经济、社会和文化上的处境更差了。根据斯卡德（Scudder）和盖伊（Gay）的分析，在有充足信息的44个案例中，有36例（82%）表明大多数人的生活水平都在恶化，并在最近的项目中没有任何改善（Scudder，2012：46）。有5个案例（11%）恢复了生活水平，只有3个案例（7%）得到改善。

（2）水坝相关社群重新安置的规模

2000年，世界水坝委员会估计，有4 000万至8 000万人因修建水坝而被重新安置。估计数量的差异不仅说明了重新安置的规模，而且也说明了在水坝规划和实施过程中，准确计算重新安置者的数量在很大程度上被忽视了。

（3）评价和研究

虽然"模型"和"理论"这两个词很少被用于描述与水坝、公路、城市重建和其他开发项目有关重新安置过程的研究结果，但"用于进一步分析的框架（frameworks for further analysis）"这个词组更能准确地描述迄今为止的研究进展。即使是被研究最多的水坝重新安置，主要问题仍然是缺乏长期的研究来检验存在哪些假设和框架。同时，最好的办法是将现有的分析框架结合起来，但这是不够的。

2005年9月高级研究学院（School of Advanced Research）举办的"反思人类学在开发引起的流离失所和重新安置中的框架、方法论和角色"（Rethinking Frameworks, Methodologies and the Role of Anthropology in Development-Induced Displacement and Resettlement）高级研讨会对现有框架进行了最有用的分析（Oliver-Smith，2009）。有四个框架受到特别关注。第一个是"斯卡德（Scudder）的四阶段框架"（在伊丽莎白·科尔森（Elizabeth Colson）的支持下）。该框架用于解释出现在少数案例中成功的水坝重新安置过程（Scudderand Colson，1982）。

科尔内亚（Cernea，1997）对开发引起的重新安置失败更感兴趣，在20世纪90年代制定了他的"贫困化风险和重建"框架。唐宁（Downing）强调了与重新安置有关的人权问题（Downing，1996），而唐宁和加西亚·唐宁（Downing&Garcia-Downing，2009）则强调了重新安置如何迫使人们重新审视诸如"我们是谁？我们在哪里？"这样的重要文化问题。德·韦特（De Wet，2006）根据他自己对南非从种族隔离时期开始的强迫性社群重新安置的长期研究，得出结论说，重新安置所特有的许多复杂和不可预测的问题造成了一种复杂性，而这种复杂性并不适合科尔内亚（Cernea）的"贫困化风险和重建"框架所特有的那种理性方法。

德·韦特的关切很有意义，只是因为社会科学家还没有解释一个更基本的问题：社会文化系统到底是一个什么样的系统？受自然科学的影响，曾经有一段时间，人类学家认为社会文化系统是平衡系统，经济学家在提到传统社会时也是如此。科尔森（Colson）的研究和笔者正在进行的对卡里巴重新安置者的长期研究表明，有人可能会认为格温贝汤加人在重新定居之后，试图适应的过程中——在第二阶段——的反应就好像社会文化系统是一个平衡系统。但在第三阶段的发展过程中，他们的社会文化系统更应被解释为是一种开放式的应对系统。

在这四个框架中,只有第一个框架试图将这一进程分为四个阶段。在这个四阶段框架中,八个被分析项目的大多数重新安置者的下一代都保持或提高了其生活水平。

第一阶段涉及水坝规划过程,这个过程很少短于5年。在这一阶段,大多数人的生活水平预计会下降,因为政府在水坝规划和建造过程中不会提供额外的服务,而那些将被重新安置的人则被警告(或应该被警告),在他们搬迁之前不要建造新的房屋、创办新的企业或打理新的花园。

第二阶段涉及多层面的压力,这种压力是在社群实际搬迁后的几年时间里,非自愿重新安置的特点。笔者假设,在这段时间里,大多数重新安置者在努力恢复家庭自给自足的同时,还会坚持熟悉的生活。假设多层面的压力是因为至少在某些情况下,死亡率和发病率上升,重新安置者(特别是妇女)为失去的家园而悲伤,为未来担忧,并尽可能地坚持熟悉的环境,从而导致文化库存(cultural inventory)减少。

第三阶段是最有趣的阶段,因为在恢复了家庭自给自足并适应了新的生活环境(包括政府监督的增加)之后,大多数人开始像一个开放的社会文化系统一样运作。在家庭层面重新安置者开始使他们的生产系统多样化,教育他们的子女,并重建他们的社区。

第四阶段,也就是最后一个阶段,涉及到项目当局将制度和民生发展的责任移交给地方政府和重新安置者,他们的第二代经过发展,现在不仅已经具备了接任第一代领导权的能力,而且还具有为他们在政府服务中的份额而竞争的能力。对重新安置进程的分析往往到此为止,因为在一个社群持续的历史中分离和分析重新安置的影响变得越来越困难。

(4) 水坝重新安置者被纳入国家/国际政治经济:教育的重要性

因为大型水坝而被重新安置的人大多数是低收入的农村人口。水坝建在偏僻的地区(这种情况经常发生),大多数被重新安置的人可能是土著人,如纽约的金祖阿水坝(Kinzua Dam)和华盛顿州的大古力水坝(Grand Coulee Dam)。

通往坝址的道路往往是最先进入未来水库区的道路。由于迄今为止,一般来说,定居者更愿意在尽可能靠近以前家园的地方重建自己的社区,因此,在未来的定居区域中,他们会为计划定居点修建道路和小路,这同时也是为了清除灌木丛等其他目的。这种道路建设在项目区对外界开放方面发挥了重要作用,对接纳移民的水坝工人也十分重要,因为很少有重新安置者拥有必要的技能。

迄今为止的记录表明,这种开发带来的合并连大多数定居者以前的生活水平和生活质量都无法维持,主要原因有四点。

第一个原因是,水库泄洪使沿河两岸和支流三角洲最好的耕地、河岸边的树木、更有价值的非木材林业产品和宝贵的旱季牧草消失殆尽。

第二个原因是,在大多数情况下,必须与可能居住在潜在重新安置区的东道主人口分享剩下的生产力较低的内陆土壤。不管政府为重新安置社群划定的重新安置区在哪里,与东道主相关的问题一般都会涉及获得耕地的机会以及政治和宗教控制。特别是在耕地不足以容纳东道主人口和重新定居者下一代的情况下,可能会出现肢体冲突或诉讼。

第三个原因涉及移民,他们来到这里寻求与建造水坝和水库有关的新机会。如果是渔民,他们往往比定居者和东道主更有经验,而那些为度假住房、大陆和岛屿旅游度假区和狩猎区,以及经济作物灌溉寻找优质土地的移民,往往受过更好的教育,并拥有资本和政治关系。他们也更容易贿赂当地领导人,以便为他们的企业获得安置区的黄金区域。在斯卡德和杰伊对 50 个水坝重新安置结果的统计分析中，在 47 个案例中有 20 个(43%)提到重新安置者无法与移民竞争，而在 44 个案例中，有 14 个(32%)提到无法与东道主竞争和融合。

第四个原因除了阿斯旺高坝的重新安置项目外，没有一个水坝项目提供了足够的教育和培训，使以前偏远的重新安置者能够在国内具有竞争力。

然而，对于少数重新安置者来说，融入更广泛的政治经济可以有很大的好处，特别是在重新定居政策首次提供职业培训和中小学的情况下。因卡里巴水坝而提供的学校，致使在一个从前同质的、无阶层的社会中，出现了一个格温贝汤加人的精英阶层(Scudder and Colson, 1980)。

中学教育的价值将根据不同的国情而有所不同。至少它将使毕业生能够在重新安置地区的乡村学校和诊所工作，并成为地方领导人。在卡里巴案例中，首批 500 名学生在赞比亚独立时毕业，因此甚至需要中学毕业生来填补殖民地公务员或本需要更高教育背景的空缺职位。[拥有麻省理工学院博士学位的重新安置者姆维因达斯·西娅姆维扎(Mwiindace Siamwiza)后来成为赞比亚的顶尖科学家]。

规划者和水坝项目主管部门倾向于低估低收入重新安置者作为潜在创新者的潜力和他们受教育的能力。1956—1957 年，当笔者第一次住在马祖鲁的格温贝汤加小村庄时，那时卡里巴水坝正在下游 100 多公里处修建，只有 156 名居民住在没有窗户的圆形茅草屋里。1958 年重新安置后，在步行即可到达的两所新建小学接受教育的需求开始增加，也有越来越多的毕业生(包括慢慢增加的女生)报考数量不多的中学。

当上学的费用(特别是旅费、学费和食宿费)成为希望继续深造的第一批中学毕业生的主要问题时，笔者和笔者的妻子开始为所有被录取接受高等教育的马祖鲁学生支付学费。迄今为止，我们已经资助了四十多名男孩和女孩的学费，他们是 1956 年 156 名马祖鲁村民的子女或者孙辈。有些人已经从赞比亚大学毕业，或在海外接受了进一步的教育。其他人则在师范学院、农业和自然资源机构或短期职业培训课程中学习了三年制课程。

每个水坝重新安置项目都有教育的潜力。然而，即使在今天，规划得最好的水坝项目，也不是特别重视可负担的教育。而如果要把可行的重新安置过程传递给第二代重新安置者，就必须提供这种教育。

(5) 健康

与重新安置过程有关的健康问题主要有三类。

第一类是与生理和心理压力有关的死亡率和发病率增加的风险，这种压力据推测和大坝相关的非自愿社群重新安置紧密相关。除了因阿斯旺高坝而重新安置的埃及努比亚人和因卡里巴水坝而重新安置的格温贝汤加人外，与重新安置有关的较高死亡率的数据仍然很少。关于心理压力，科尔森的《重新安置的社会后果》(*The Social Consequences of Resettlement*)非常清楚地表明，妇女在搬迁期间和搬迁后遭受了尤其严重的心理压力。

第二类健康问题是由于重新安置过程中的规划和执行不到位造成的。最严重的是缺乏对未来搬迁者健康状况的适当基准研究，搬迁后提供的家庭供水不足，以及重新安置者挤在较大和较近的社区。鉴于那些重新安置者以前居住在自由流动河流旁边，供水情况尤其具有讽刺意味。即使在最好的情况下，每五户人家有一个井眼并配备水泵，水资源也经常干涸，也会出现由于维护不足、预算不足或缺乏备件，设备发生故障而无法修复的情况。拥挤现象与政府的政策有关，这些政策旨在将重新安置者集中在较大的社区（因此有可能出现可用于经济发展的土地不足的情况），以便提供更好的教育、面向发展的拓展服务和医疗设施，以及加强行政控制。

第三类健康问题是第一代和以后几代定居者所处的新的物质和社会环境中针对性的问题。在 60 年间收集的关于卡里巴重新安置的定性数据就是一个有用的例子。在卡里巴湖流域的津巴布韦一侧，一些被重新安置在悬崖下灌木丛的社区中爆发了隐秘的人类锥虫病流行病。在赞比亚一侧，最值得注意的是，在被重新安置在水坝下的几个村庄中，有五十六名妇女和儿童不明原因地死亡。可能的原因是食用了在不熟悉的环境中采集的有毒块茎作为晚餐佐料。

在被迁往邻近高原的 1 600 名格温贝汤加人中，前两年有 41 名儿童在三个月内死于痢疾。在被搬迁到水库附近的村庄里，疟疾和血吸虫病的发病率增加。村庄里拥挤程度的增加与痢疾发病率较高有关。自 20 世纪 80 年代以来，霍乱的发病率也较高，但霍乱以前在赞比亚农村地区是很少见的。另外，将 20 世纪 90 年代在整个格温贝河谷常见的由艾滋病毒/艾滋病造成的高死亡率与卡里巴水坝和重新安置联系起来也是不可靠的，因为在水坝建造之前，格温贝汤加人的男性劳动力迁移率很高。但是，1964 年后移民到水库捕鱼，可能是造成一些到鱼铺买鱼和出售当地产品的村妇感染艾滋病毒/艾滋病的原因。

## 19.6　下游社群的影响

现在，水坝建设已转向非洲、南亚、东南亚、东亚和拉丁美洲的新兴发展中国家，受水坝影响的下游社群和家庭的数量成倍增加。2010 年，里克特（Richter）等人利用遥感技术对生活在受影响河流 10 公里范围内的人口进行了估算，得出了一个保守的估计，即有 4.72 亿人因上游水坝而“可能受到……河道水流改变导致的对其生计产生的负面影响”。据世界水坝委员会估计，这一数字“超过了直接重新安置人数的 6 至 12 倍”（Richter，2010：16）。

人们经历可能不利影响的主要原因是，生计依赖于以前自由流动河流的自然洪水机制。在上述每个地区，生计在不同程度上依赖于：作为雨季农业补充的各种旱季粮食和经济作物的洪水消退农业；在腹地牧草和饲料稀少的旱季放牧；捕鱼以获取收入和主要的蛋白质来源；以及滨河产品和水产品的加工和贸易。除了常住居民外，依赖这些资源的人还包括在旱季从内陆地区迁移到河边牧场的牧民，以及季节性地在下游和上游地点之间转移的渔民。在某些情况下，如尼日利亚的巴科洛里大坝（Bakalori Dam）（Adams，1993）和加纳的沃尔特大坝（Hiltonand Kowu Tsi，1973），居民如此依赖自由流动河流，以致在大坝建造后，大量家庭不得不离开家园。

伊萨克曼斯（Isaacmans）在其《水坝、流离失所和开发的幻觉》（*Dams, Displacement, and the Delusion of Development*）一书中，详细描述了一座大型水坝——莫桑比克的卡布拉巴萨大坝——给数十万人带来的混乱。这一描述是为数不多的几个详细描述之一。

卡布拉巴萨大坝不仅永远地改变了赞比西河，而且还影响到生活在水域附近的每一个人的生活，无论男女、老少，还是农民、渔民。其后果有增无减，对 50 多万依靠河流为生的人来说是灾难性的……这样一来，水电项目从根本上改变了人们的生计策略，危及粮食安全，并改变了下游的居住模式（Isaacman，2013：135）。

## 19.7 移交

一旦政府有能力和预算，至少可以为受项目影响的社群维持一个成功的开发进程，项目主管部门就应尽快负责任地移交工作。最复杂的是将成功的重新安置进程进一步移交给被重新安置的社群。迄今为止，移交正在进行的规划、实施和监测责任是大型水坝中最不令人满意的相关结果之一，简单的原因就是政府和重新安置者还没有能力继续令人满意的重新安置进程时，就已经移交了。

造成这种不可接受局面的主要原因是，有关的工程公司以及政府往往认为，只要新建的水坝可以投入使用，项目就已经完成。这一结论也适用于国际金融机构。因此，世界银行在2011年出版了《更好地建设水坝：老挝人民民主共和国和南屯2号的故事》(*Doing a Dam Better: The Lao People's Democratic Republic and the Story of Nam Theun 2*)。而6年之后，这个项目未完成的重新安置实施进程仍在进行。

最好是在项目当局和政府在"特许权协议"或其他具有法律约束力的文件中共同签署知情要求的情况下进行移交工作。同样重要的是涉及融资和提高政府能力的，某种形式的利益分享，这可以促进责任进一步向被重新安置的社群移交。利益分享的成功例子包括：提供项目收入，如挪威向受影响社群提供的项目收入；成为项目的伙伴，如加拿大政府半国营企业与美洲原住社群之间的开创性项目；或获得他们自己的重大灌溉工程，如埃及的阿斯旺高坝项目。

## 19.8 结论

1956年，当伊丽莎白·科尔森(Elizabeth Colson)邀请我和她一起对57 000名格温贝汤加人进行为期一年的搬迁前(因为赞比西河上的卡里巴水坝而搬迁)研究时，笔者对非自愿重新安置或在自由流动河流上筑坝几乎一无所知。10年后，在经过对卡里巴水坝为期一年的重新研究，并对埃及阿斯旺高坝和尼日利亚卡因吉大坝进行了研究和咨询之后，笔者的经验更加丰富，笔者不仅得出结论认为，大型水坝为河流流域的综合开发提供了一个特殊的机会，而且笔者还在各种国际会议和后续出版物中强调了笔者的观点。

另外，笔者也变成了一个热心倡导者，倡导人们更多地关注与水坝建设有关的整个河流流域的环境和社会成本。虽然多年来笔者的热心与日俱增，但在1998年，笔者之所以被选为世界水坝委员会的委员，是因为笔者在环境和社会问题上的经验，以及笔者在水坝反对派和支持派之间明显保持中立。

事实上，笔者越来越反对建造水坝。但雅克·莱斯利(Jacques Leslie)在他的《深水》(*Deep Water*)(2005)中，把笔者描述为仍在寻找"完美水坝"的委员。莱斯利(Leslie)找到了这个悖论的答案，他在2014年8月的《纽约时报》的评论中写道："塞耶·斯卡德(Thayer Scudder)……已经改变了对水坝的看法……他得出的结论是，大型水坝不仅不值得花钱，而且目前正在建设的许多水坝'将带来灾难性的环境和社会经济后果'。"所以，笔者对本章标题——"完美的巨型水坝：存在吗？考虑周全了吗？"的回答是：不，完美的巨型水坝不存在！

## 致谢

伊丽莎白·科尔森(Elizabeth Colson)、德博拉·莫尔(Deborah Moore)、约翰·盖伊(John Gay)、皮特·博赫斯(Peter Bosshard)、雅克·莱斯利(Jacques Leslie)、桑德拉·波斯泰尔(Sandra Postel)和大卫·麦克道尔(David McDowell)对本章初稿提出了有益的意见。

## 参考文献

Adams, W. M. (1993). "Development's deaf ear: Downstream users and water releases from the Bakalori Dam, Nigeria," World Development, 21(9): 1405-16.

Adaptation Fund. (2011). Proposal for Egypt, 31 August.

Aleem, A. A. (1972). "Effect of river outflow management on marine life," Marine Biology, 15: 200.

Ansar, A., Flyvbjerg, B., Budzier, A., and Lunn, D. (2014). "Should we build more large dams? The actual cost of hydropower megaproject development," Energy Policy, March: 1-17, <http://dx. doi. org/io. 1016/j. enpol. 2013-10. 069>.

Beard, D. P. (2015). Deadbeat Dams: Why we Should Abolish the U. S. Bureau of Reclamation and Tear Down Glen Canyon Dam. Boulder, CO: Johnson Books.

Beilfuss, R. D. (2012). A Risky Climate for Southern African Hydro: Assessing Hydrological Risks and Consequences for Zambezi River Basin Dams. Berkeley, CA: International Rivers.

Beilfuss, R. D., Dutton, P., and Moore, D. (2000). "Land cover and land use changes in the Zambezi Delta," in J. Timberlake (ed.), Biodiversity of the Zambezi Basin Wetlands. Vol. III: Land Use Change and Human Impacts. Bulawayo: Biodiversity Foundation forAfrica and Harare/The Zambezi Society. Consultancy Report for IUCN ROSA.

Cernea, M. M (1997). "The risks and reconstruction model for resettling displaced populations," World Development, 25(10): 1569-88.

Climate Change. (2007). Impacts, Adaptation and Vulnerability. Assessment Report of the Intergovernmental Panel on Climate Change, <https://www. ipcc. ch/pdf/assessment-report/ar4/wg2/ar4-wg2-chapter6. paf>.

Colson, E. (1971). The Social Consequences of Resettlement: The Impact of the Kariba Resettlement on the Gwembe Tonga. Manchester: Manchester University Press, Institute for African Studies, University of Zambia.

Commission on Growth and Development. (2008). The Growth Report: Strategies for Sustained Growth and Inclusive Development. Washington, DC: World Bank.

Costanza, R., d'Arge, R., de Groot, R., et al. (1997). "The value of the world's ecosystem services and natural capital," Nature, 387:253-60.

Daly. Herman. (1994). "Farewell speech": 1-7, <http://www. whirledbank. org/ourwords/daly. html>.

Darby, S. and Sears, D. (eds.). (2008). River Restoration: Managing the Uncertainty in Restoring Physical Habitat. Chichester: Wiley.

De Wet, C. (2006). "Risk, complexity and local initiative in forced resettlement outcomes," in C. De Wet (ed.), Development-Induced Displacement: Problems, Policies and People. Oxford and New

York：Berghahn Books，pp. 180-202.

Downing. T. E. (1996). "Mitigating social impoverishment when people are involuntarily displaced." in C. McDowell (ed.), Understanding Impoverishment：The Consequences of Development-Induced Displacement. Oxford and New York：Berghahn Books，pp. 33-48.

Downing，T. E. and Garcia-Downing，C. (2009). "Routine and dissonant culture：A theory about the psycho-socio-cultural disruptions of involuntary displacement and ways to mitigate them without inflicting even more damage，" in A. Oliver-Smith (ed.)，Development and Dispossession：The Anthropology of Displacement and Resettlement. Santa Fe，CA：School for Advanced Research Press.

Ebinger，J. and Vergara，W (2011). Climate Impacts on Energy Systems：Key Issues for Energy Sector Adaptation. Washington，DC：World Bank. World Bank Energy Sector Management Assistant Program.

Frihy，O. E. (1992). "Sea-level rise and shoreline retreat of the Nile Delta promontories，Egypt，" Natural Hazards，5：65-81.

Frihy，O. E.，Fanos，A. M.，Khafagy，A. A.，and Komar，P. D. (1991). "Nearshore sediment transport patterns along the Nile Delta，Egypt，" Journal of Coastal Engineering，15：409-29.

Government of Egypt. (2010). Presidential Decree no. 476.

Grill，G.，Lehner，B.，Lumsdon，A. E.，et al. (2015). "An index-based framework for assessing patterns and trends in river fragmentation and flow regulation by global dams at multiplescales，" Environmental Research Letters，10 015001：1-29.

Hilton，T. E. and Kowu-Tsri，J. Y. (1973). "The impact of the Volta scheme of the Lower Volta floodplains，" Journal of Tropical Geography，30：29-37.

Hughes，F. M. R.，Moss. T.，and Richards，K. S. (2009). "Uncertainty in riparian and floodplain restoration，" in S. Darby and D. Sears (eds.)，River Restoration：Managing the Uncertainty in Restoring Physical Habitat. Chichester：Wiley，pp. 79-104.

Isaacman，A. F. and Isaacman，B. S. (2013). Dams，Displacement and the Delusion of Development：Cahora Bassa and Its Legacies in Mozambique，1965-2007. Athens. OH：Ohio University Press.

Kashaf，A. A. L (1983). "Salt-water intrusion in the Nile Delta，" Groundwater，21(2)：160-7.

Kassas，M. (1972). "Impact of river control schemes in the shoreline of the Nile Delta，" in M. T. Farvar and J. P. Milton (eds.)，The Careless Technology：Ecology and International Development. Garden City，NY：Natural History Press.

Leslie，J. (2005). Deep Water：The Epic Struggle Over Dams，Displaced People，and the Environment. New York：Farrar，Straus and Giroux.

Leslie，J. (2014). "Large dams just aren't worth the cost，" New York Times，Sunday Review Opinion，24 August.

Mapes，L. V. (2014). "Elwha runs free，" Seattle Times，17 August：A15.

O'Connor，J. E.，Duda，J. D.，and Grant，G. E. (2015). "1 000 dams down and counting，" Science，348(6234)：496-7.

Oud，E. and Muir，T. (1997). "Engineering and economic aspects of planning，design，construction and operation of large dam projects，" in Large Dams：Learning from the Past，Looking at the Future. Gland，Switzerland：IUCN-World Bank，pp. 17-39.

Petit，C.，Scudder，T.，and Lambin，E. (2001). "Quantifying processes of land-cover change by remote sensing：resettlement and rapid land-cover changes in south-eastern Zambia，" International Journal of Remote Sensing，22(17)：3435-56.

Porter, I. C. and Shivakmar, J. (eds.). (2011). Doing a Dam Better: The Lao People's Democratic Republic and the Story of Nam Theun 2. Washington, DC: World Bank.

Postel, S. and Richter, B. (2003). Rivers for Life: Managing Water for People and Nature. Washington, DC: Covelo; London: Island Press.

Report of the Central Fact Finding Team. (2015). "Drowning a valley: Destroying a civilization." 10 May.

Richards, K. and Hughes, F. M. R. (2008) "Floodplains in Europe: The case for restoration," in S. Darby and D. Sears, River Restoration: Managing the Uncertainty in Restoring Physical Habitat. Chichester: Wiley, pp. 16-44.

Richter, B. D., Postel, S., Ravenga, C., et al. (2010). "Lost in development's shadow: The downstream human consequences of dams," River Alternatives, 3(2): 14-42.

Scott, J. C. (1998). Seeing Like a State: How Certain Schemes to Improve the Human Comlition Have Failed. New Haven and London: Yale University Press.

Scudder, T. (1980). "River-basin development and local initiative in African savanna environments," in D. R. Harris (ed.), Human Ecology in Savanna Environments. London: Academic Press, pp. 383-405.

Scudder, T. (2005). The Future of Large Dams: Dealing with Social, Environmental, Institutional and Political Costs. Sterling, VA, and London: Earthscan.

Scudder, T. (2012). "Resettlement outcomes of large dams," in C. Tortajada, p. Altinbilek, and A. K. Biswas (eds.), Impacts of Large Dams: A Global Assessment. Berlin and Heidelberg: Springer, pp. 37-67.

Scudder, T. (2016). Aswan High Dam Resettlement of Egyptian Nubians. Springer Briefs on Case Studies of Sustainable Development. Singapore: Springer.

Scudder, T. and Colson. E. (1980). Secondary Education and the Formation of an Elite: The Impact of Education on Gwembe District, Zambia. London: Academic Press.

Scudder, T. and Colson, E. (1982). "From welfare to development: A conceptual framework for the analysis of dislocated people," in A. Hansen, A. and A. Oliver-Smith (eds.), Involuntary Migration and Resettlement. Boulder, CO: Westview Press, pp. 267-88.

Shalash, S. (1982). "Effects of sedimentation on the storage capacity of the High Aswan Dam reservoir," Hydrobiologia, 92: 623-39.

Shata, A. and El Fayoumy, I. (1970). "Remarks on the hydrogeology of the Nile Delta, UAR," in Hydrology of Deltas: Proceedings of the Bucharest Symposium, 1969, vol. 2, pp. 385-96.

Smith, S. E. and Abdel-Kadar, J. (1988). "Coastal erosion along the Egyptian delta," Journal of Coastal Research, 4: 245-55.

Stanley, D. J. (1988). "Subsist nct in the northeastern Nile Delta: Rapid rates, possible causes, and consequences," Science, 240: 497-500.

Stanley, D. J. (1990). "Recent subsidence and northeast tilting of the Nile Delta, Egypt," Marine Geology, 94: 147-54.

Stanley, D. J. and Warne, A. G. (1993). "Nile Delta: Recent geological evolution and human impact," Science, 260: 628-34.

TinJey, K. (1994). Description of Gorongosa-Marrameu Natural Resource Management Area, Section 2: Ecological Profile of the Region (Form, Content, Process). Harare: IUCN ROSA.

Tortajada, C., Altinbilek, D., and Biswas, A. K. (eds.) (2012). Impact of Large Dams: A Global assessment. Berlin and Heidelberg: Springer.

Waterbury, J. (1979). Hydropolitics of the Nile Valley. Syracuse, NY: Syracuse University Press.

World Bank. (1994). Resettlement and Development: The Bankwide Review of Projects Involving Involuntary Resettlement 1986-1993. Washington, DC: Environment Department, World Bank: Section 6:11.

World Commission On Dams. (2000). Dams and Development: A New Framework for Decision-Making. The Report of the World Commission on Dams. London: Earthscan.

Xia, R. (2015). "It's also a watt shortage: Lack of rain is cutting power production at California dams," Los Angeles Times, 17 May: B1 and B5.

# 第四篇　案　例

# 20 破解重大项目创新密码：来自波音 787 的案例

（本章的时效性仅代表 2013 年之前的观点）

维尔德·霍尔兹曼　亚伦·申哈尔　赵　耀　本杰明·梅拉梅德

## 20.1 引言

2011 年 9 月 26 日，波音（Boeing）公司公开宣布向全日空航空公司（All Nippon Airways）交付首架波音 787 梦想客机（Dreamliner）[1]。这一事件历经了一系列的意外延期，比原计划延后了近 40 个月。该项目的实际开发费用估计约为 400 亿美元，"远超出最初估计的两倍"（Mechanm，2011）。更麻烦的是，一年后一架飞机的锂电池出现故障，在起飞后着火，而另一架飞机则存在一些结构性问题。这些问题导致美国联邦航空管理局（Federal Aviation Administration，FAA）针对所有正在服役的梦想客机施行暂时停飞指令。

梦想客机是有史以来开发的最先进且飞行效率最高的商用飞机。然而，梦想客机的延迟交付和早期使用问题，对于一家被视为世界上最有经验的商用飞机领军企业而言非常棘手。波音的经验体现了许多重大项目中的典型问题，傅以斌（Flyvbjerg，2014）将其称为"超时、超支，反复不断"的"铁律"。通过数十年的研究，傅以斌对重大项目的绩效评估结果表明"管理此类项目的传统方式已达到一个'紧张点（tension point）'，即传统受到挑战的同时，变革正在出现"。

傅以斌试图更深入地理解重大项目。基于此背景，本章可贡献一份微薄之力。通过采用"由内而外（inside-out）"的方法，我们分析了波音公司关于梦想客机的内部经验，同时描述了一系列事件，并剖析了事件发生的原因。此外，我们进一步回顾性地提出了避免将来出现类似问题的可能方法。

波音 787 并非是国家或地方政府资助的公共基础设施项目。波音公司作为一家纯商业公司，致力于在快速、竞争激烈和动荡的商用飞行服务市场中提升其领军企业的战略地位。然而，梦想客机的最独特之处在于其尝试进行创新的程度。波音 787 集成了大量重要的新举措，包括新技术、新商业激励模式，以及为应对传统供应链构建的新组织环境。因此，基于创新理论和实践的最新进展，本章采用创新管理视角，以更好地理解这一重大项目的独特性。

我们的结论很简单。如若不能避免，波音的延误和其他问题也是可被最小化的。更重要的是，若针对项目的创新挑战和潜在困难进行预先的细致分析，则可能预料到随之而来的许多问题，以形成一个更切合实际的计划，从而可能已经避免了某些损失以及声誉受损。

## 20.2 波音 787 梦想客机重大项目

(1) 波音商用飞机的制造历史

1957 年,随着波音 707 飞机流水线的投入使用,波音公司开启了商用喷气式客机时代。紧接着开发了波音 727、波音 747 系列,以及后来的波音 737、波音 757 和波音 767,这一系列型号共同主导了民航市场近 60 年。最终,波音公司最成功的飞机——波音 777,于 1995 年问世,创立了飞机设计和制造的新标准。在构思梦想客机时,波音公司坚信这将迎来另一个巨大成功。然而,这一项目的开发过程从一开始就相当坎坷。

(2) 波音 787 的愿景

在 21 世纪初,波音公司关注的问题来自降低燃油成本的需要、实现可接受的噪声水平、点对点直飞的持续需求,以及堪比建造 21 世纪航空母舰所涉及的巨额融资成本。波音公司启动了梦想客机项目以响应这些需求,并作为一项先发制人的战略性举措以应对空客 380(Airbus 380)计划。

该项目于 2004 年 4 月获得批准,交付日期定于 2008 年中旬。此后不久,波音公司收到全日空航空公司(All Nippon Airways)的创纪录订单,随后又收到其他 55 家客户的额外订单,共收获 850 架未交付的飞机订单,销售额估价 1 400 亿美元。

(3) 梦想客机的创新挑战及带来的困难

梦想客机在许多方面都是革命性的飞机,包括物理特性、技术、管理风格、融资、建造、设计管理、质量控制、品保系统和组装过程。许多挑战被视为战略机遇,通过利用航空技术的新发展,来加快设计和开发周期。然而,波音公司仅提前采取了少许步骤来应对这些挑战。

(4) 技术创新

波音公司计划梦想客机能够以降低 20%的成本提供快速的长途运输。因此,新飞机由轻质复合材料制成,该材料占到飞机重量的 50%(体积的 80%)(Teresko, 2007; Ye et al., 2005; Slayton and Spinardi, 2015)。然而,这项技术对如此大的机身部分设计,提出了一些新的结构性挑战,导致飞行试验阶段出现了样机故障,从而增加了项目成本,延误了计划进度(Holmes, 2006)。

梦想客机设计运用"电传操纵(fly-by-wire)"技术,通过电力而非机械传动进行信号控制。这些创新技术在商用飞机设计中同样是新颖的,由于接线、安装和集成过程的时间延长,导致了更久的延迟(Ye et al., 2005; Holmes, 2006)。

(5) 商业模式创新

为了加速设计过程,波音公司决定以前所未有的比例将设计、建造、制造和生产外包给由 700 个当地和国外供应商组成的全球供应链网络(Pritchard & MacPherson, 2004; MacPherson & Pritchard, 2005)。这一决策将传统供应链转变为"开发链(development chain)",使得分包商可在早期介入,不仅需要执行制造和组装工作,还需要进行设计和开发工作(Tang et al., 2009)。

除了庞大的外包计划之外,波音公司还引入了一种新的激励模式,即"面向性能的建造模式"(*Build-to-Performance*)。该模式创建了新的风险和收益分担合同,其中由供应商预先承担一次性研发投入,拥有其设计工作的知识产权,并从未来的飞机销售额中获取收益分成。表 20.1 总结了波音 787 面向性能的建造模式。

**表 20.1　波音 787 的"面向性能的建造模式"**

| 范围 | 合同安排/责任 |
|---|---|
| 系统架构设计 | 波音公司作为主要承包商 |
| 细节部分设计 | 各供应商 |
| 接口设计 | 波音公司定义接口；各供应商提供详细设计，由波音公司负责审核。 |
| 选择和管理下级供应商 | 一级供应商 |
| 知识产权 | 由供应商享有 |
| 一次性研发投入 | 供应商可用来自波音 787 的收益以支付摊销成本 |
| 对供应商的付款时间 | 当波音 787 通过认证并交付给客户时 |

通过"面向性能的建造模式"，供应商成为共担风险和共享回报的战略合作伙伴，由此与该项目及其结果有着长期利益关系(Sodhi et al.，2012)。然而，这要求每个分包商集成自己的子系统，并将预组装的子系统运送至波音公司直接运营的中央集成站点(Turner，2013)。遗憾的是，许多分包商不能满足所需的质量要求、交货进度以及相应的文件要求。

## 20.3　梦想客机的开发历史

(1) 比较项目活动事件与原计划

按照原计划，所有组件应在 2007 年 6 月完成并交付使用。首次飞行计划于 2007 年 8 月进行，首批交付于 2008 年 5 月完成。根据这一计划，2007 年 7 月 8 日举行首架波音 787 的首发仪式(Norrisand Wagner，2009)。然而，该飞机的主要系统尚未安装完成，许多部分仅用了临时的非航空紧固件进行连接(Trimble，2007)。这是一系列延迟中的第一次，此次延误发生于首次试飞之前，已比原计划晚了近一年半(Cohan，2009；Kotha and Srikanth，2013)。表 20.2 展示了详细的事件顺序。

**表 20.2　波音 787 梦想客机的主要事件顺序**

| 年份 | 月份 | 事　件 |
|---|---|---|
| 2002 年 | 12 月 | 为响应航空公司关于提高燃油效率而非额外提速的号召，波音公司放弃"音速巡航机(Sonic Cruiser)"的理念。许多"音速巡航机"的复合材料、航空电子设备、发动机技术将重现于波音 787 飞机 |
| 2003 年 | 12 月 | 美国华盛顿州埃弗里特(Everett)被选为第一家组装工厂 |
| 2004 年 | 4 月 | 波音公司董事会正式批准波音 787 梦想客机计划 |
| | 7 月 | 收到全日空航空公司 50 架飞机订单 |
| 2005 年 | 9 月 | 完成波音 787 飞机的主要特征设计，详细设计发送给波音公司的全球合作伙伴 |
| | 12 月 | 至 2005 年年底，共收到 288 份订单 |

（续表）

| 年份 | 月份 | 事　件 |
|---|---|---|
| 2007 年 | 6 月 | 在由不同供应商制造的机头—驾驶舱部分和机身部分之间的连接处发现 0.3 英寸的间隙。工程师通过断开和重新连接内部零件的方式进行了修复 |
| | 7 月 | 第一架组装好的波音 787 飞机在埃弗里特工厂诞生，但外人不知，这其实只是一个空壳 |
| | 9 月 | 第一次延误：3 个月，原因是缺少紧固件和软件不完备 |
| | 10 月 | 第二次延误：首次交付延误 6 个月和试飞延误 3 个月，原因是全球合作伙伴的相应工作尚未完成，以及飞行控制系统最后定稿的延误。波音 787 项目负责人迈克·贝尔（Mike Bair）被帕特·沙纳罕（Pat Shanahan）取代 |
| | 12 月 | 至 2007 年年底共收到 346 份订单 |
| 2008 年 | 1 月 | 第三次延误：试飞延误 3 个月，原因是不知名的供应商，以及埃弗里特工厂的组装速度减慢 |
| | 4 月 | 第四次延误：再次试飞延误 6 个月，首次交付时间比原计划晚了 15 个月，原由是供应商尚未完成的工作中持续存在问题 |
| | 9 月 | 波音公司出现了第二次机械操作工人罢工，历时 57 天。波音公司苦苦挣扎一个月之久，才使得生产恢复正常 |
| | 11 月 | 新闻披露了一个新的、令人尴尬的严重问题：埃弗里特工厂中正在安装的 5 架测试飞机的紧固件约有 3%安装不正确，必须拆除并重新安装。 |
| | 12 月 | 第五次延误：6 个月；沙纳罕（Shanahan）负责商用飞机项目，斯科特·斯科特·范切尔（Scott Fancher）负责波音 787 项目的日常运营。至 2008 年年底，已有 900 多份订单 |
| 2009 年 | 1～2 月 | 中东租赁公司 LCAL 和俄罗斯航空公司 S7 集团取消了 37 份订单 |
| | 6 月 | 第六次延误：试飞被无限期推迟。原因是机翼—机体连接处存在结构缺陷<br>澳洲航空公司（Qantas）取消了 15 份订单<br>波音公司损失了 25 亿美元，因为前三架飞机无法销售，仅适合飞行测试 |
| | 7 月 | 波音公司宣布以约 10 亿美元的价格收购其合作伙伴沃特（Vought），并获得在南卡罗莱纳州（Charleston）的波音 787 后机身装配工厂。 |
| | 10 月 | 另外 10 份订单被取消，波音公司的总订单数减少至 840 份<br>波音公司与机械师工会进行密集会谈，以失败告终。波音公司宣布南卡罗莱纳州为第二个 787 客机的总装厂 |
| | 11 月 | 波音公司机械师完成了机翼—机体连接处的固定，工程师重复进行机翼压力测试，同时梦想客机飞行获批 |
| 2010 年 | 8 月 | 第七次延误：波音公司将首架飞机的交付推迟 3 个月，原因是发动机故障和可用性问题 |
| | 11 月 | 测试时出现机上失火，波音公司停止梦想客机试飞 |
| | 12 月 | 第八次延误：波音公司无限期延迟交付，尚未给出具体交付日期 |
| 2011 年 | 9 月 | 第一架飞机已经交付，总共延迟 40 个月 |
| 2013 年 | 1 月 | 由于电池问题，美国联邦航空管理局（FAA）下令停飞所有服役的波音 787 飞机 |

（2）开发难度

梦想客机中使用的复合材料新技术要求重新设计机身及其紧固件，并对错误的安装进行重组，这些造成了大量延误和成本超支（McInnes，2008）。例如，改变机身设计需要在筒装交接示范后调整各部分之间的接合点；外侧机翼的强化需要改进机翼设计，却导致最大起飞重量增加了8吨（Domke，2008）。同样，各种组件如隔框、卡箍、托架、地板梁以及套筒紧固件等的供应不足，进一步增加了延期期限。其中，高度专业化的紧固件交付延误了60周（Lunsfor and Glader，2007）。此外，一些连接钛结构与碳纤维的紧固件由于安装不正确，也增加了延迟（Gates，2008）。最后，由于供应商未能达到预期，这些工作的主要部分转回到了波音公司的总装线（FAL），这又导致了至少15个月的额外延迟，大量未预料的“巡回工作（traveled work）”在总装线间来回反复。

（3）波音公司对意外延误和挑战的响应

梦想客机重大项目中的挑战包括重新设计的需求、零部件短缺、紧固件的错误安装、软件开发难度甚至工会罢工，这些都要求波音公司采取纠偏措施以“止血”，使项目重回正轨。

2008年12月在波音公司的埃弗里特工厂建立了生产运营中心，以应对一些意外挑战并处理相关数据。这一新中心的任务是“监控波音公司供应商的全球生产，快速解决问题并保持项目推进”（James，2009），旨在促进与三个级别的供应商之间更好的协调和沟通。该中心拥有28种不同语言的翻译官，并雇佣了机械工程师、采购代理商、供应商管理人员、全球物流专家以及来自公司质量小组的众多控制人员。

波音公司重新定义了测试程序，便于运送至下一个装配商之前，将梦想客机的组件和模块尽快在原制造商工厂进行测试。这些测试的重新安排使得波音公司能够在生产过程中及时发现缺陷并解决问题，从而避免返工和节约成本。

波音公司最难以信赖的供应商结果是沃特，其负责飞机整个机身结构的23%。为了更好地控制沃特的工作，波音公司决定以5.8亿美元的价格收购沃特在南卡罗莱纳州的全部梦想客机业务（Kotha an Srikanth，2013）。

（4）分析波音787项目的创新挑战

目前适用的关于创新管理及其与复杂项目管理相关的理论和框架，为梦想客机事件的发生提供了一定见解。但这些理论关联性尚不成熟，因为除少数研究，多数研究通常关注小规模产品创新，如尔特菲尔德（Altfeld，2010）；比登巴赫（Biedenbach）和穆勒（Müller）（2012）；博世-雷克维尔德等（Boch-Rekveldt et al.，2011）；戴维斯等（Davies et al.，2009）；戴维斯（Davies）和麦肯齐（Mackenzie）（2014）；申哈尔（Shenhar）和德维尔（Dvir）（2007）；伽罗迪等（Geraldi et al.，2011）；伦弗尔（Lenfle）和米德勒（Midler）（2009）；和皮奇等（Pich et al.，2002）。

（5）高度创新的重大项目中的权变理论

源于20世纪60年代的结构性权变理论建议，为了取得成功，组织应与其所处的环境相匹配（Burns and Stalker，1961；Drazin and Van de Ven，1985；Pennings，1992；Thompson，1967；Galbraith，1982；Burgelman，1983）。项目可被视为“组织内部的临时性组织”，这一观点被意识到只是时间问题（Lundin and Soderholm，1995）。由此可将权变理论应用于项目中（Pich et al.，2002；Turner and Cochrane，1993；Shenhar，

2001）。这些观点的本质在于“没有一种最佳的方法（*there is no one best way*）”，和“不能一刀切（*one size does not fit all*）”（Henderson and Clark，1990；Eisenhardt and Tabrizi，1995；Balachandra and Friar，1997；Souder and Song，1997；Shenhar and Dvir，2007；Sauser et al.，2009）。

在针对高度复杂项目的研究中，权变理论可与复杂性理论相结合。例如，伽罗迪等（Geraldi et al.，2011）提出了复杂性的整体类型学划分（umbrella typology），包括结构、不确定性、动态性、速度和社会政治五个不同维度。豪厄尔等（Howell et al.，2010）提出不确定性是项目权变理论（PCT）中最常见的研究主题，其次是复杂性、项目授权、关键性和紧迫性，而博世-雷克维尔德等（Boch-Rekveldt et al.，2011）指出通过引入关于复杂性的技术、组织和环境（TOE）框架，可以论证导致项目复杂性的要素。

（6）梦想客机有多创新

梦想客机重大项目中权变方法的应用表明，通过适当的管理手段可以缓解或避免一些难题。波音公司错误地认为波音 777 的既有成功方法可以传承到波音 787 项目中。为了在创纪录的时间内完成这一重大项目，从对高效飞机的预期需求中获利，波音公司采用了以往所熟悉的管理实践方法。然而，波音 787 遭遇了一系列在任何早期项目中从未经历过的新挑战。无法及时应对这些挑战似乎是项目延误和成本超支的主要原因。

波音公司面临的第一个主要新挑战是在机身结构中使用复合材料替代传统铝制机身的新技术。这项新技术使得波音公司低估了飞机获批飞行之前，管理项目不确定性所需的投入与时间。当最初样机在地面测试中失败时，波音公司须在其原计划中增加更多的设计—建造—测试周期，由此延长了开发进度并增加了成本。新的电子控制和电传操纵技术只是增大了挑战而已。

不同于传统实践的第二项创新是，波音公司决定将大量设计和开发工作外包给全球数十家分包商。其目的在于节约成本和加快开发力度。然而，波音公司再次低估了实施如此广泛外包计划的难度。许多分包商缺乏这一艰巨任务所需的最先进设计经验，且波音公司没有建立合适的供应商培训以及协调控制流程，同时也没有制定协调这一复杂网络所需的政策和指南方针。因此，许多供应商未能完成任务，给波音公司增加了更多额外工作。

（7）创新钻石模型分析

为了分析梦想客机重大项目的创新挑战，我们使用创新钻石（*Diamond of Innovation*）模型，该模型为每个案例提供了项目分类和最佳的适配管理方法框架（Shenhar and Dvir，2007）。基于包括至少四个维度的通用集对项目进行分类，即新颖性（*novelty*）、技术（*technology*）、复杂性（*complexity*）和速度（*pace*），其中每个维度包含四个可能的类别。在每个维度中选择一个类别即可得到一个独特的钻石图形，以用于项目分类。一旦选择好分类后，该模型即指明了其独特影响，并推荐一个相应的项目管理方式。创新钻石模型如图 20.1 所示，其维度和对项目的影响如表 20.3 所示。

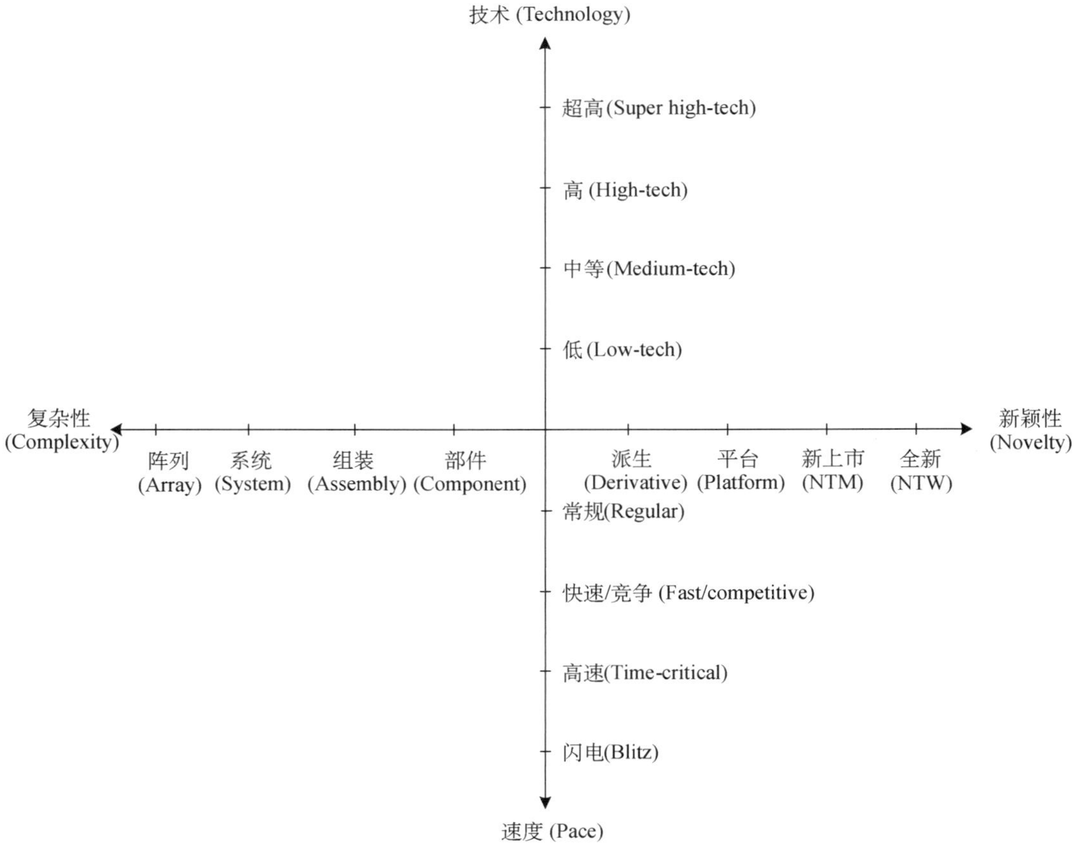


**图 20.1　创新钻石模型**

**表 20.3　创新钻石模型的定义、维度和项目类型**

| | |
|---|---|
| **新颖性**　市场创新：产品对市场、用户和客户的新颖程度。新颖性水平会影响与市场相关的活动，以及定义和明确要求所需的时间和精力（较高的新颖性会延迟要求的明确时间） | 现有产品的派生（Derivative）改进（如 MP3 播放器中的新颜色选项；软件程序中增加搜索功能）<br>现有生产线上的新生代平台（Platform）（如新的汽车模型；新的商用飞机）<br>新上市（New-to-the-Market）的产品，使产品从一个市场适应另一个市场（如第一台个人计算机；面向消费者的微波炉）<br>全新（New-to-the-world）的产品（如第一个便签纸） |
| **技术**　技术创新：使用新技术的程度。这会影响产品设计、开发、测试和必要的技能（更高的技术水平需要更多的设计周期，并导致较晚的方案确定） | 低科技（Low-tech）：未使用新技术（如房屋、城市街道）<br>中等科技（Medium-tech）：使用部分新技术（如汽车、电器）<br>高科技（High-tech）：全部或大部分使用新的已有技术（如卫星、战斗机）<br>超高科技（Super high-tech）：关键技术是全新的［如第一个阿波罗（Apollo）登月计划］ |
| **复杂性**　系统创新水平：表现为产品或组织的复杂性。复杂程度影响着有效管理项目所需的正式程度和协调性 | 部件/材料（Component/Materia）：较大项目或材料中分散的组件<br>执行单一功能的组装（Assembly）子系统（如 CD 播放器，无线电话）<br>多功能子系统的系统（System）集合（如飞机、汽车、计算机）<br>具有共同任务的阵列（Array）式分布的系统集合（如城市轨道公共交通系统、空中交通管制和互联网） |

（续表）

| | |
|---|---|
| **速度** 创新的紧迫性：时间有多重要？这影响着项目管理团队的时间管理和自主权 | 非关键的*常规*（*Regular*）延迟（如社区中心）<br>*快速竞争*（*Fast-competitive*）：上市的时间对企业而言很重要（如卫星广播、等离子电视）<br>*高速*（*Time-critical*）：完成时间是成功的关键机会[如火星（Mars）任务；Y2K]<br>*闪电式*（*Blitz*）危机项目：有必要立即解决[如阿波罗（Apollo）13 号；911（September 11）] |

（8）梦想客机的新颖性、技术、复杂性和速度

创新钻石模型表明梦想客机重大项目分类如下：

① 新颖性。基于客户的视角，梦想客机是波音公司既有商用飞机系列的另一代产品，因此被视为平台（Platform）。但是，对于公司的分包商而言（可被视为"用户"），面向性能的建造模式形成了未知的经验。这使得新颖性要达到新上市（New-to-the-Market）产品水平，意味着新的商业模式需要试点测试和迭代模型修正，直至形成可被充分理解的最终版本。

② 技术。梦想客机利用了一些创新的、最新开发的技术。复合材料技术在商用飞机行业中是相对较新的技术，并且在如何设计与集成到诸如波音 787 这一大型机体方面尚无经验。此外，波音公司首次将电子控制的相关技术[即电传操纵（fly-by-wire）]用于商用飞机。这些新技术的创新性使得梦想客机属于技术维度的高科技（High-Tech）创新类别。这些新技术需要更多的时间、试验、设计—建造—测试周期和样机制造。

③ 复杂性。一个典型的飞机开发项目可被视为一个系统，因为其子系统是由几个功能区域构成或由分包商生产，进而在单一站点集成。然而，外包给全球数百个分包商的大量设计和开发工作，需要在工作程序及文档方面进行大量的协调并设立明确的规则。如此空前的复杂性使得梦想客机的复杂性从系统级提升至阵列（array）级。更高的复杂性要求创新的、更发达的组织结构。

④ 速度。梦想客机是一个快速竞争（fast competitive）的项目，旨在使飞机在创纪录的时间内能够推向市场，进而获益于对环保型飞机的持续需求，这一飞机可降低机体的维修需要。

基于这些发现，梦想客机的分类是平台/新上市（platform/new-to-the market）、高科技、阵列级）和快速竞争的产品。这一特定分类需要特殊的管理风格。然而，关于梦想客机实际管理风格的细致分析表明，波音公司采用的是不同于新颖性、技术性和复杂性特征的管理方式。相应地，管理新颖性所选择的实际做法仅是针对引入下一代产品的平台，而尚未考虑新商业激励模式的新上市产品特点。类似地，梦想客机项目的技术管理方法更接近于中等科技的方法，而非所需的高科技水平，同时为复杂性管理所选择的方法是针对系统级别并非阵列级。图 20.2 描述了所需的管理方式（粗线钻石）和实际采用的对应方式（虚线钻石）之间的差异。该阴影区域代表管理缺口（Management Shortfall），这一概念由傅以斌提出，用于描述所需管理方式和实际管理方式之间的差异。

创新钻石模型可能不是分析梦想客机面临挑战的唯一方法。下面将列出可进一步使用的其他理论框架（如 Pich et al.，2002；Geraldi et al.，2011）。

（9）项目学习类别

皮奇等人（Pich et al.，2002）基于项目团队预先可用的信息程度来表征项目，提出

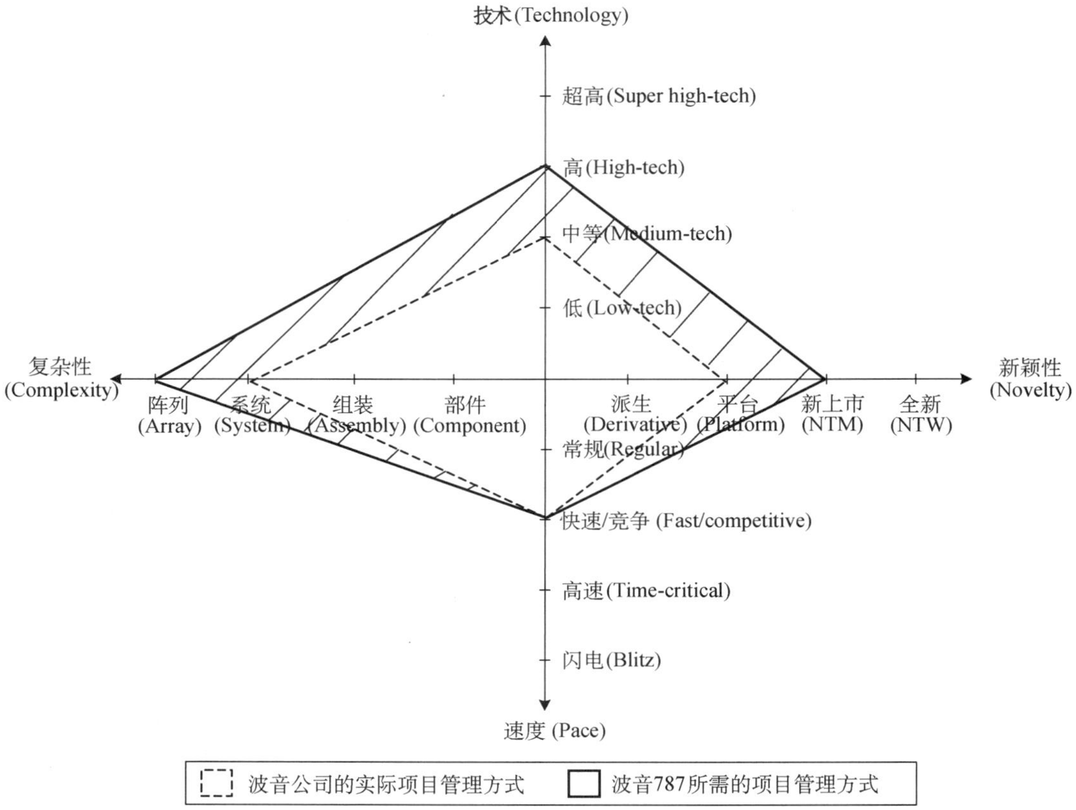


**图 20.2　梦想客机的创新钻石模型**

了三种项目类型所需的不同项目管理策略，如下所列：

- 操作型(instructionist)的项目是一种可获得计划所需大量信息，且项目团队对要实施的“最佳政策”有较好理解的项目。该项目通常涉及到针对常见方法的优化，如关键路径和风险管理。
- 选择型(selectionist)的项目没有足够的信息以确定最佳策略。因此，团队面临较高的不确定性，无法准确预测行动结果。此类项目鼓励团队通过规划并同时执行多个试验和样机制造，以展开探索而非利用现有知识，直至择优出性能最佳的解决方案。
- 学习型(learning)的项目容易受到不可预见事件的影响，这些事件可能会影响到项目的进程。在这种环境之下，整个项目的详细计划几乎没有助益。因为不可预见事件可能会改变进程，且需要反复的重新调整。

在波音 787 项目中，复合材料的新技术要求进行全面的不确定性分析，并需要足够的时间进行测试和重新设计。与之类似，大量的设计外包和新的商业模式需要更慢的适应速度。波音公司似乎基于假定的低不确定性水平，即活动、时间和成本本质上是可预测的，不会发生意外，从而采用了指令型策略。实际上，该项目应采取选择型的管理方式，以确保足够的资源进行重复设计、密集的样机制造，以及对分包商进行全面的培训和认证。

(10) 复杂类型学

伽罗迪等人(Geraldi et al.，2011)识别了项目复杂性的五个维度，包括结构复杂性、不确定性、动态性、进度和社会政治复杂性。

① 结构复杂性涉及大量不同的相互依赖的要素,并受要素规模、多样性和相互依存性的影响。

② 不确定性表示决策可用的信息量与所需信息量之间的差距。不确定性与风险具有内在关联(Turner and Cochrane, 1993)。

③ 动态性是指诸如目标或规范等因素的变化。团队没有很好地沟通或吸收这些变化易导致混乱、返工或低效。

④ 进度与项目的临时性相关,表现为时间目标的紧迫性和重要性。

⑤ 与社会政治复杂性相关的问题,包括利益相关者管理,承诺缺失,利益相关者或团队成员之间的不睦关系,语言、文化和学科知识之间的差异等。

伽罗迪等人(2011)指出复杂性各维度通常是相互依存的。这一相互依赖关系在梦想客机中尤为明显。相比于最初目的,使项目重回正轨所需的大量变更增加了动态性程度。这也引发了开发期领导层的一些变化。

最终,波音公司决定将设计外包给大型分包商网络,同时使用新的面向性能的建造激励模式,导致了高水平的社会政治复杂性。回想起来,该项目应该为这些复杂性做好准备,需要加强分包商培训,接着进行严格的指导、审查和管控。

## 20.4 讨论

(1) 已做的和能做的工作

波音公司似乎低估了采用重大技术创新和其他创新的相应管理结果。梦想客机的不成熟技术需要更多的时间、测试和设计—建造—测试周期,以及样机制造。波音公司未能将这些额外的步骤纳入原计划,导致了样机测试失败,随后被迫进行反复的重新设计。如若波音公司预先考虑了这些不确定性,并考虑了上述所有附加流程,最终将节约部分成本。

通过将数量空前的设计与开发工作外包给数百个分包商,波音公司显著提高了项目的复杂程度。复杂性的增加需要另一种不同的组织结构和新的管理流程,包括结构性变化。由于缺乏对供应商的教育、培训和认证,波音公司与全球许多分包商间的合作是无效的。

根据面向性能的建造模式的风险和利益共担合同,供应商的延迟交付会立即关联到下游供应商,对项目造成严重后果。相反,如果供应商交付速度快且质量好,则对他人有利,但这会增加供应商的成本。因此,一旦供应商意识到如果减少(或增加)工作量,可能不会损失(或获益)更多,当某些合作伙伴落后于其他合作伙伴时,随之而来的是不可避免的"巡回工作"。关键链理论(Critical link theory)得出,最糟糕的延迟会传递形成整体延迟,最终造成测试和交付的大量延迟。面向性能生产模式下的系统集成可能需要更长时间和更多的迭代。

对于波音公司和其合作伙伴而言,新商业模式和相应激励模式的实施需要额外的关注和更长的学习和测试时间,才能更好地理解该模式内在的复杂性。

(2) 备选方案的情景模拟

回想起来,如果实施有针对性的计划和管理,梦想客机项目显然将产生更好的结果。基于上述讨论,在已识别的创新挑战与管理方法相契合的情况下,我们提出了一种备选方案及相关活动的设想,如表 20.4 所示。

表 20.4 梦想客机项目实际事件与所提备选方案的比较

| 年份 | 实际事件 | 提出的模拟备选方案 |
|---|---|---|
| 2003 年 | 项目获批 | 项目获批 |
| 2004 年 | 项目启动；第一次交付日期计划于 2008 年 | 项目启动，第一次交付日期计划于 2009 年 |
| 2005 年 | 最终配置选择 | 评估潜在的项目挑战、不确定性、复杂性，及对计划和其资源配置的影响 |
| 2006 年 | 子系统设计启动 | 最终配置选择；<br>制定周密的政策和控制指南，进行详细的子系统设计，准备供应商选择标准和培训项目 |
| 2007 年 | 在驾驶舱和机身之间发现缝隙；<br>公布首延误；<br>增加额外的重新设计；供应商的危机导致工作被撤回 | 大量的分包商培训和认证<br>开展三个计划设计周期；结束与供应商间的工作；<br>开展大量的集成与样机试验 |
| 2008 年 | 积压订单达 900 笔 | |
| 2009 年 | 其他计划外的重新设计周期 | 第一次交付；此计划更切合实际，只比原定日期延长了 18 个月 |
| 2010 年 | 宣布第八次延期；无限期延迟；<br>取消了 50 份订单 | |
| 2011 年 | 首次交付比原计划晚了 40 个月 | |

备选方案表明原计划是不现实的。一个综合创新、不确定性和复杂性方面的更为切合实际的计划，虽比原计划进度安排更长，但仍比实际进度要短得多，能够大约节省 18 个月的时间和 40%的成本。

针对梦想客机项目"由内而外(inside-out)"的研究，给了我们深刻的教训，可从航空航天领域拓展至更广泛的领域。梦想客机项目在许多方面是独特的。为了维持波音公司的领军地位，公司采取了大胆的战略方式来开展技术和商业模式方面的创新。尽管这些决策在战略上是合理的，但这些决策的执行还远远不够。波音公司执着于过去的成功，却低估了创新对其所执行战略的影响。

尽管如此，梦想客机作为艰巨的重大项目，其采取了新颖但从未尝试过的战略，并产生了重要的教训，可对未来的航空航天项目和其他项目大有裨益。在随后的评论中，我们提供了一些关于航空航天行业的直观教训，以及对未来的重大项目更广泛的启示。最后，我们列出了涉及大规模创新项目的潜在陷阱，以及如何规避这些陷阱。

## 20.5 梦想客机对航空航天的教训启示

梦想客机的技术创新具有高度新颖性，需要具备较原计划更高要求的专业知识、时间分配和其他资源。评估和管理此类创新技术而构建的框架与标准，将有助于更准确地估计完成时间和设计周期数量、所需的样机制造和测试程度。因此，需要对技术水平展开预先了解，以提前应对这些挑战。

与之类似，基于组织视角，梦想客机的必要开发投入比波音公司以前的项目要复杂得多。这一教训表明，相比单一外包制造，大量的设计和开发外包工作需要合适的支持与协调系统基础架构。基于战略视角，波音公司还没有全面准备好管理"面向性能的建造模式"的创新商业模式。这一商业模式创新需要系统、周密的程序，以控制战略外包、供应商选择、合同签订、监督、测试和质量控制。此外，开放式的沟通和对供应商流程开展有计划的监控，可以减少巡回工作，有助于及早发现问题。最后，需要一种不同的风险收益分摊合同，可为供应商提供中期收益激励，便于促进供应商更好更快地工作，同时可根据延误和不必要的应完成工作量，对滞后供应商进行惩罚。

创新显然是经济增长的主要驱动力之一，这也是一项高风险的事情，常以令人失望的结果或失败告终。梦想客机的难题无疑是由于该项目的高度创新性，以及未能及早应对这种创新性。然而，就像许多重大项目一样，梦想客机还在航空航天业中从未有过的规模和时间线方面具有高度的复杂性。实际上，由于涉及大量的组件和技术、多组织的参与以及广泛分散的团队，当今许多重大项目都具有相当大的复杂性。

那这些问题会导致什么后果呢？也许波音787的经验提供了“破解重大项目密码”的关键。当涉及创新时，挑战变得更大，会引发更高的风险，这通常需要在开发项目期间调整特定的管理流程。但是，重大项目创新管理仍未得到充分理解，目前有待进一步研究。

## 20.6　“破解密码”：适应挑战

傅以斌(2014)对“希望在前方(light at the end of the tunnel)”的期望可通过所讨论的教训以部分地实现。前述的波音公司的备选方案表明，存在一种更好的重大项目管理方式。如果公司及早意识到梦想客机所承担的挑战程度较以往项目要高得多，即可采用不同的流程、组织设计和额外的资源配置。既然如此，挑战源于高水平的不确定性、技术、结构和商业模式。但是挑战也可能来自其他方面，例如政治、环境和经济风险方面的原因。

那么，重大项目中的挑战具体是什么呢？它与创新有何关系？为了回答上述问题，让我们回到创新的意义。创新意味着成功地将创意推向市场。当市场以更快的技术步伐运转，且变得更加苛刻、竞争激烈且复杂时，显然需要更多更好的创意才能成功进入市场。同样，对重大项目的需求会随着每一个重大创举、政治抱负、或新技术的出现而增长，但是，进入市场的新创意只能通过项目或程序来进行试验。前述讨论表明，重大项目的创新需求比以往任何时候都要高，除非公司摆脱“照常管理(management as usual)”的沿袭，否则重大项目成本将持续上升，超支额也会不断增长。

在梦想客机案例中，通过将创新钻石模式作为分析重大项目创新挑战的可能性框架，阐述了管理项目的“适应性方法(adaptive approach)”。运用创新钻石维度对项目进行分类可以对每个维度进行特定决策。

我们可能正处于项目与重大项目项目管理的新时代，这个时代承认“不存在一种模式适用于所有项目(one size does not fit all projects)”，以及每个项目都有其独特的挑战与难题(Shenhar, 2001)。尽管以往经验可提供指导，但可能使项目失败的始终是“未知(*unknown*)”。接受这一事实可能是重大项目成功计划中的第一步。开发一种管理项目的“适应性方法(adaptive approach)”是关键的下一步，这种方法能通过避免超支和失望的恶性循环来“破解密码”。当然，这要求观念上的重大改变以及对新技术、框架和工具的广泛开发。尽管我们还未达到这种程度，但本章节的作者相信这是可能实现的。

由于尚无综合的管理体系可作为如何规划和管理任意重大项目的指南，因此我们运用自身见解撰写本章，为大型且具挑战性的重大项目中未来领导者和决策者们提供一系列指导和建议。

## 20.7 如何在未来项目中规避创新挑战陷阱

(1) “过去的成绩并不能保证日后的成功(Past performance does not guarantee future success)”。这句著名的格言正适用于创新。尽管经验很重要,但从过去成功中获得的过度自信有时可能是不利的。已知的未知,尤其是未知的未知,可能是使项目陷入困境的潜在陷阱。

(2) 请不要认为谨慎的风险管理就足矣。波音公司非常熟悉传统的风险管理。在梦想客机案例中,这还远远不够。显然还需要分析,甚至认知到所涉及的创新挑战的重要性。传统的风险管理本质上是评估“什么可能出错(what could go wrong)”,但正如我们已经看到的,评估创新程度意味着要估计“需要多长时间恢复正常(how long will it take it to get right)”。在梦想客机的规划阶段,显然缺少了这一部分。

(3) 不可急于执行。研究表明:最成功和伟大的项目在开始之前需要花费较长时间,先对项目进行全面定义,识别潜在困难,再为特定项目选择合适的方法,并获得各方的充分承诺(Dvirand Shenhar, 2011)。

(4) 仔细分析以往经验。评估自身所有能力,并列出以往所熟悉的和所作所为。在启动新项目时,先仔细确定所有必需的活动,然后区分需要新技能或实践的熟悉和非熟悉的部分,后者可称之为创新组(*innovation group*)。

(5) 一个众所周知的经典工具叫做“工作分解结构(Work Breakdown Structure)”,通过树形结构定义所有项目活动。使用该工具时须仔细评估新项目中所需的所有操作和活动。我们知道,即使最具创新性的项目也可运用以往熟悉的要素,而非对于企业来说全新的元素。由此要区分所有创新活动并区别对待(Orhof et al., 2013)。

(6) 使用框架分析新的和未知的部分。将未知部分视为“长周期项目”,并在实际需要之前将其完成。现实可能需要建造几个小型样机以设计、建造和试验未知元素。根据创新水平和预期的不确定性,我们应该确定每个新部件可能需要的周期数。

(7) 即使是最仔细的计划也可能无法预先确定所有预先需要的活动。在某些情况下,之后我们可能会发现需要将以前无法预期的活动增加到原计划中。由此,原始工作分解结构可能需要更新,以反映新识别的工作模块。这些“未知的未知(unkown-unkowns)”需要依靠未被分配的资源储备(请参阅下一条)。

(8) 为“未知的未知(unkown-unkowns)”准备足够的备用资源。请记住,传统和经典的规划周期通常由财务主管批准,并一般需要我们预先计划所有事情。然而,在充满创新和高度复杂项目的不确定性世界中,这根本是不可能的。因此,要根据创新和挑战水平的评估,准备充足的应急资源,必要时可以利用这些资源。

(9) 为财务主管提供便利,如果项目管理者和团队没有使用所有应急资源,还可对他们给予激励。首先,当他们使用所有资源时,不应对其进行惩罚;其次,应该对其留下未使用的应急资源进行奖励。将这一闲置视为应对未知挑战的“保险(insurance)”,并准备好在挑战发生时容许一定程度的超支。

总之,有效管理重大项目中的创新挑战是有可能的。这要求对每个创新部分进行仔细评估,预期适当的管理启示,并预留足够的备用资源以应对未知数。

## 20.8 结论

值得称赞的是,波音公司最后“弄对了(got it right)”。梦想客机项目从开发到制造，最终实现了其预期的经济效益。凭借其服务和需求的良好纪录，梦想客机似乎将成为最成功的飞机，航空公司和整个航空航天业普遍都在使用波音 787，为旅客带来欢乐，并为波音公司赢得自豪。最重要的是，这在经济上也是成功的，将在未来许多年内创造可持续的收入和利润，最终成为被人们所铭记的成功故事。然而，我们不应忘记其首次延迟亮相的教训。这应该为即将到来的重大项目创新敲响警钟，并有望帮助未来项目规避类似的陷阱。

## 注释

1. 目前文章的原稿未获得波音公司的资助，也没有正式递交给该公司。它只代表作者们的观点。

## 参考文献


Altfeld, H. H. (2010). Commercial Aircraft Projects: Managing the Development of Highly Complex Products. Farnham: Ashgate.

Balachandra, R. and Friar, J. H. (1997). "Factors for success in R&D project and new product innovation: A contextual framework," IEEE Transactions on Engineering Management, 44: 276-87.

Biedenbach, T. and Müller, R. (2012). "Absorptive, innovative, and adaptive capabilities and their impact on project and project portfolio performance," International Journal of Project Management, 30(5): 621-35.

Bosch-Rekveldt, M., Jongkind, Y., Mooi, H., Bakker, H., and Verbraeck, A. (2011). "Grasping project complexity in large engineering projects: The TOE (Technical, Organizational, and Environmental) framework," International Journal of Project Management, 29(6): 728-39.

Burgelman, R. A. (1983). "A process model of internal corporate venturing in the diversified major firm," Administrative Science Quarterly, 28: 223-44.

Burns, T. and Stalker, G. (1961). The Management of Innovation. London: Tavistock.

Cohan, P. (2009). "Boeing's 787 Dreamliner faces another nightmare engineering delay." Daily Finance, 13 November 2009, <http://www.aol.com/article/2009/11/13/boeings - 787-dreamliner-faces-another-nightmareengineering-dela/19236308/? gen=1>.

Davies, A., Gann, D., and Douglas, T. (2009). "Innovation in megaprojects: Systems integration at London Heathrow Terminal 5," California Management Review, 51(2): 105-26.

Davies, A. and Mackenzie, I. (2014). "Project complexity and systems integration: Constructing the London 2012 Olympics and Paralympics Games," International Journal of Project Management, 32(5): 773-90.

Domke, B. (2008). Boeing 787 Lessons Learnt. EIXDI: Ref. PR0813399 (Issue 2), <http://www.planebusiness.com/buzz/airbus2.pdf>.

Drazin, R. and Van de Ven, A. H. (1985). "Alternatives forms of fit in contingency theory," Administrative Science Quarterly, 30: 514-39.

Dvir, D. and Shenhar, A. (2011). "What great projects have in common," MIT Sloan Management Review, 52(3): 19-21.

Eisenhardt, K. M. and Tabrizi, B. N. (1995). "Accelerating adaptive processes: Product innovation in the global computer industry," Administrative Science Quarterly, 40: 84-110.

Flyvbjerg, B. (2014). "What you should know about megaprojects and why: An overview." Project Management Journal, 45(2): 6-19.

Galbraith, J. R. (1982). "Designing the innovating organization," Organizational Dynamics, Winter: 5-25.

Gates, D. (2008). "Boeing 787 fastener problems caused by Boeing engineers," The Seattle Times, 1 December.

Geraldi, J., Maylor, H., and Williams, T. (2011). "Now, let's make it really complex (complicated): A systematic review of the complexities of projects," International Journal of Operations and Production Management, 31(9): 966-90.

Henderson, R. M. and Clark, K. B. (1990). "Architectural innovation: The reconfiguration of existing product technologies and the failure of established firms," Administrative Science Quarterly, 35: 9-30.

Holmes, S. (2006). "The 787 encounters turbulence: Technical glitches and manufacturing woes could delay Boeing's breakthrough," Business Week, 19 June: 38-40.

Howell, D., Windahl, C., and Seidel, R. (2010). "A project contingency framework based on uncertainty and its consequences," International Journal of Project Management, 28(3): 256-64.

James, A. (2009). "Boeing's 787 production is mission-controlled, SeattlePi, 30 April, <http://www.seattlepi.com/business/405751_boeing29.html>.

Kock, A., Heising, W., and Gemünden, H. G. (2014). "How ideation portfolio management influences front-end success," Journal of Product Innovation Management, 32(4): 539-55.

Kotha, S. and Srikanth, K. (2013). "Managing a global partnership model: Lessons from the Boeing 787 'Dreamliner' program," Global Strategy Journal, 3(1): 41-66.

Lenfle, M. and Midler, C. (2009). "The launch of innovative product related services: Lessons from automotive telematics," Research Policy, 38 (1): 156-69.

Lundin, R. A. and Söderholm, A. (1995). "A theory of the temporary organization," Scandinavian Journal of Management, 11(4): 437-55.

Lunsford, J. L. and Glader, P. (2007). "Boeing's nuts-and-bolts problem: Shortage of fasteners tests ability to finish Dreamliner," Wall Street Journal, 19 June.

MacPherson, A. D. and Pritchard, D. J. (2005). "Boeing's diffusion of commercial aircraft design and manufacturing technology to Japan: Surrendering the US aircraft industry for foreign financial support," Canada-United States Trade Center Occasional Paper No. 30. Buffalo: State University of New York.

Mecham, M. (2011). "787: the century's first jet to fly; 787's impact will likely be remembered long after its tardiness is forgotten," Aviation Week and Space Technology, 26 September.

Orhof, O., Shenhar, A., and Dori, D. (2013). "A model-based approach to unifying disparate project management tools for project classification and customized management," in Proceedings of the 2013 INCOSE-IS Annual Conference, June 2013, Philadelphia.

Pennings, J. M. (1992). "Structural contingency theory: A reappraisal," Research in Organizational Behavior, 14: 267-309.

Pich, M. T., Loch, C. H., and De Meyer, A. (2002). "On uncertainty, ambiguity and complexity in project management," Management Science, 48(8): 1008-23.

Pritchard, D. J. and MacPherson, A. D. (2004). "Industrial subsidies and politics of World Trade: The case of the Boeing 7e7," The Industrial Geographer, 1(2): 57-73.

Sauser, B. S., Reilly, R. R., and Shenhar, A. J. (2009). "Why projects fail? How contingency theory can provide new insights: A comparative analysis of NASA's Mars Climate Orbiter loss," International Journal of Project Management, 27(7): 665-79.

Slayton, R., and Spinardi, G. (2015). "Radical innovation in scaling up: Boeing's Dreamliner and the challenge of socio-technical transitions," Technovation, 47: 47-58.

Sodhi, M. S. and Tang, C. S. (2012). Managing Supply Chain Risk, vol. 172. New York: Springer.

Souder, W. E. and Song, X. M. (1997). "Contingent product design and marketing strategies influencing new product success and failure in US and Japanese electronics firms," Journal of Product Innovation Management, 14: 21-34.

Shenhar, A. J. (2001) "One size does not fit all projects: Exploring classical contingency domains," Management Science, 47(3): 379-414.

Shenhar, A. J., and Dvir, D. (2007). Reinventing Project Management: The Diamond Approach to Successful Growth and Innovation. Boston: Harvard Business Press.

Tang, C. S., Zimmerman, J. D., Nelson, M. S., and James, I. (2009). "Managing new product development and supply chain risks: The Boeing 787 case," Supply Chain Forum: An International Journal, 10(1): 74-86.

Teresko, J. (2007). "The Boeing 787: A matter of materials. Special Report: anatomy of a supply chain," Industry Week, < http://www. industryweek. com/forward/emailref? path = node/12343>.

Turner, E. (2013). The Birth of The 787 Dreamliner. Kansas, MO: andrews McMeel Publishing.

Thompson, J. D. (1967). Organizations in Action. New York: McGraw-Hill.

Trimble, S. (2007). "Boeing 787 first flight suffers two-month delay." Flight International, 10 September 2007, <http://www. flightglobal. com/news/articles/boeing-787-first-flight-suffers-two-month-delay-216664/>.

Turner, E. (2013). The Birth of The 787 Dreamliner. Kansas, MO: andrews McMeel Publishing.

Turner, J. R. and Cochrane, R. A. (1993). "Goals-and-methods matrix: Coping with projects with ill defined goals and/or methods of achieving them," International Journal of Project Management, 11(2): 93-102.

Ye, L., Lu, Y., Su, Z., and Meng, G. (2005). "Functionalized composite structures for new generation airframes: A review," Composites Science and Technology, 65: 1436-46.

# 21 系统集成的力量：来自伦敦 2012 项目的经验

安德鲁·戴维斯

## 21.1 引言

重大项目是旨在设计、生产和集成复杂产品、系统和服务的大型临时组织与流程，通常耗资 10 亿美元以上（Flyvbjerg，2014），涵盖石油和天然气平台、机场、高速公路、医院、新一代飞机和重大体育赛事。学者们已经识别了造成重大项目如此具有挑战性和难以管理的一些原因，包括其规模、紧迫性、不确定性、制度结构以及多个公共和私人利益相关者的参与（Morris and Hough，1987；Miller and Lessard，2001；Altshuler and Luberoff，2003；Flyvbjerg et al.，2003；Van Marrewijk，2007；Van Marrewijk et al.，2008；Scott et al.，2011；Merrow，2011；Sanderson，2012；Flyvbjerg，2014）。

在以上及其他研究中，重大项目常常被描述为复杂的，但没有定义或明确什么导致了其复杂性（例如 Van Marrewijk et al.，2008）。直到最近（Davies et al.，2009；Davies and Mackenzie，2014；Bradyand Davies，2014），应对复杂性的挑战在重大项目研究中仍然被忽略。这是令人诧异的，因为重大项目由于其复杂性而需要特殊水平的技术和管理能力。多项研究表明，项目组织通过开发系统集成能力来应对复杂性（Prencipe et al.，2003；Hobday et al.，2005；Shenharand Dvir，2007）。系统集成方指的是负责将组成部分集成到完整系统中，定义界面并管理各个部分之间的相互依赖关系，以及协调每个项目中所涉及的承包商网络组织。系统集成技术和流程最初是为复杂武器和太空探索项目的设计和集成而开发的（Morris，1994；2013；Johnson，1997；2003；Hughes，1998；2004），如今已广泛用于管理横跨军事和民用经济领域的各类重大项目。

本章呈现了 2012 年伦敦奥运会和残奥会（以下简称伦敦 2012 项目）的建设案例。用于交付伦敦 2012 的系统集成方法解决了与该重大项目相关的两个复杂性层级：总承包商（prime contractor）[①]被委派管理作为独立项目（例如奥林匹克体育馆和场地自行车馆）的每个单独系统，业主及其交付合作伙伴共同完成集成整个系统集合并与多个利益相关者互动的任务。

① 译者注：在该项目中也曾使用过 principal contractor，在本章中均采用了 prime contractor，中文译为总承包商。此外，prime contractor 通常是指和业主直接签订总包合同的承包商，而 general contractor 则聚焦施工任务，通常雇佣分包进行分包管理，在一般项目上，二者可能是同一家承包商，但大型项目上，则可能是不同承包商。

## 21.2 背景文献

多项研究提供了项目复杂性的定义并识别了其应对的一些管理挑战(Shenhar, 1993; Shenhar and Dvir, 1996; Hobday, 1998; Gholz, 2003)。他们认为,可以将项目概念化为一个系统,因为项目组织结构反映了系统所产生的复杂性(Williams, 1999; Shenhar, 1993;1996; Shenhar, 2001; Shenhar and Dvir, 2007)。每个项目的产品或成果都涉及许多相互联系的部分、构件、子系统和完整系统。项目成果通常包括物理制品(例如硬件和软件)和无形服务(例如物流,维护和运营)。日益增加的复杂性要求更加精心设计的组织和正式流程,来应对集成多个部分,管理子项目之间的界面,以及处理众多相互依赖关系的挑战(Shenhar and Dvir, 2007)。

根据这种方法,我们提出重大项目涉及两个最高层级的复杂性(参见表 21.1)。首先,一些重大项目产生的单独系统由具有多种功能的部分组成,这些部分共同满足特定的运行要求,例如开发空客 A380 或国家空中交通管制计算机系统。在"系统项目(system project)"中,单个组织(业主或总承包商)通常会建立一个核心项目或项目群办公室,来协调包括内部职能部门和外部分包商的大型网络的技术工作。其次,更复杂的重大项目会产生一个大型系统集合,每个系统都有自己的特定目的,这些系统可以一起实现共同的目标,例如连接欧洲隧道铁路系统或中国香港国际机场。在"系统的系统(system of systems)"或"阵列项目(array project)"中,大型临时组织(独立项目组织、合资企业或独立公司)负责发包和协调众多独立项目(专用于交付特定系统),这些项目形成阵列,处理财务、法律和政治问题。

**表 21.1 重大项目的复杂性层级**

| | 系统 | 系统的系统 |
|---|---|---|
| 定义 | 集成各种部分和子系统,在整个系统或平台中共同执行多种功能,来满足特定的运行要求 | 集成具有特定目的的分散且大批平台和系统,来实现共同的目标 |
| 项目复杂性 | 系统、平台 | 系统的系统、阵列 |
| 举例 | 飞机、武器系统、通信网络或单个建筑施工工程 | 机场、城市开发、公共交通系统、欧洲海底隧道或导弹防御系统 |

系统集成最早出现于 20 世纪五六十年代,用于应对武器系统项目(例如 Atlas, Titan 和 Polaris 弹道导弹)和阿波罗登月任务中设计和集成所涉及的复杂性(Sayles and Chandler, 1971; Sapolsky, 1972; 2003; Morris, 1994; Hughes, 1998; 2004; Gholz, 2003),现在已在许多公共和私营部门中使用(Prencipe et al., 2003)。系统集成可以由业主机构或总承包商在内部进行,也可以分包给一个专业公司。这种组织了解部分如何整合到整个系统中。尽管系统集成方很少生产单独的部分,但其必须"培养内部能力……比任何合约方都更了解总的工作量"(Sayles and Chandler, 1971: 319)。系统集成方协调涉及设计、生产、集成、测试、调试和整个运营系统移交的大型合约方网络。它管理子项目之间的界面,通过单独的合同与零部件供应商打交道,并负责实现进度、成本和质量绩效的目标。系统集成方依靠正式的合同,共享协作目标和其他具有说服力的形式,来鼓励相关各方识别并解决将组成部分连接在一起时可能出现的意外

问题。

除了少数例外(Gholz, 2003),有关系统集成的研究主要集中在单独系统上(Hobday et al., 2005),一些学者声称,更复杂的"系统的系统"项目"所涉及的集成问题要少得多"(Shenhar and Dvir, 2007:109)。在作者和同事最近的研究基础上,本章通过对一个大型阵列项目,即伦敦2012项目建设,进行深入案例研究,来确定系统集成是如何完成的,从而挑战以上假设(Mackenzie and Davies, 2011; Davies and Mackenzie, 2014)。

## 21.3 研究目标与方法

进行单个案例研究提供了一种理论上可靠的方法来研究组织变革的流程和情境(Pettigrew, 1990)。只要审慎选择,可以使用单个案例对事物的运行方式进行归纳,其结论可能对大规模样本也是适当的和有效的。我们想探讨负责交付重大项目的组织如何应对复杂性。当我们在2010年12月开始研究时,我们将伦敦2012项目视为一个关键案例(Flyvbjerg, 2006),它使我们能够深入理解集成大型系统集合的重大项目所开发和应用的行动流程和架构。将奥运会建设归为最复杂的项目类型(系统的系统/阵列),并研究了其架构和流程,这些架构和流程用于集成整个系统和每个单独系统以及协调它们之间相互依赖关系。

然而,自项目结束以来,有证据显示伦敦2012项目正被作为一种新的交付模式,其经验教训应被运用于英国其他公共采购重大项目中(Armitt, 2013; Royal Academy of Engineering, 2014)。这表明该项目正在成为一个范式案例(pargadigmatic case)(Flyvbjerg, 2006),因该项目为如何在其他重大项目中进行系统集成提供了示范。

访谈分两个阶段,以探讨如何在项目不同复杂程度下执行系统集成任务。有关所用方法的更完整说明可见戴维斯和麦肯齐(Davies&Mackenzie, 2014)。通过与受访者的合作,我们确定了两个主要层级:系统的系统(项目群层级)和单独系统合同(项目层级)。

在访谈的第一阶段,我们关注于管理整个项目群的组织架构和流程。访谈对象包括奥运会交付管理局(Olympic Delivery Authority, ODA,该项目群的业主)和CLM(美国西图公司,Laing O'Rourke和Mace组成的临时合资企业,特别作为ODA的"交付合作伙伴")。访谈的重点是ODA和CLM如何作为系统集成方一起工作,来监督、协调和集成整个项目群中的每个项目。

在访谈的第二阶段,我们将重点转移到由关键受访者确定的五个特定项目上,以处理阵列中不同系统的复杂性,这五个特定项目是:奥林匹克体育馆、场地自行车馆、水上运动中心、运动员村、国际广播中心/媒体新闻中心和大部分临时建筑(篮球馆、手球馆和伊顿庄园)。我们与ODA项目发起人和CLM项目经理进行了访谈,同时也访谈了相关总承包商项目总监,以进一步补充完善。访谈着重于各个项目适应整个项目群的方式,以及如何裁剪以满足每个系统的特定需求和环境。

## 21.4 研究设定:伦敦2012项目建设

伦敦在2005年7月6日获得了2012年奥运会和残奥会的举办权。为伦敦创造长久遗产的承诺是中标关键,并影响了设计与建设场馆以及连接基础设施的方式。作为临时业主和公共部门机构,ODA 成立于 2006 年,以监督奥林匹克公园基础设施、场馆、奥运村和交通系统的设计和建设。它负责将奥运会场馆移交给伦敦奥运会和残奥会组委会(London Organizing Committee of the Olympic Games and Paralympic Games, LOCOG),即负责举办奥运会的私营部门机构。

(1) 项目生命周期

伦敦奥运会项目群的进度、计划和日程安排被“不可更改的截止日期(immovable deadline)”所决定。因为奥运会比赛必须在 2012 年 7 月 27 日举行,该项目时间紧迫。ODA 认识到,既然无法调整施工交付日期,就需要有切合实际的预算和安全备用金来应对项目的风险和不确定性。但是,2005 年随投标文件提交的 42 亿英镑原始预算严重低估了建设和举办奥运会的成本。最终预算于 2007 年 3 月在议会宣布。最终预算定为 93 亿英镑,包括 12 亿英镑的备用金。ODA 的建设预算为 81 亿英镑。CLM 战略规划团队为该项目群的详细范围、预算、进度、风险和界面建立了基线定义,于 2007 年 11 月发布了 500 页的“黄皮书”。该文档经过修订并于 2009 年 11 月发布为“蓝皮书”,来说明自原始文本发布以来发生的众多范围变更。

基准文件成为建设期间安排进度和监控施工预算支出的主要参考点。项目生命周期分为六个阶段:

第一年(2006—2007 年):这一阶段将占地 600 英亩(约 2.4 平方千米)的斯特拉特福德(Stratford)场地移交给了 ODA。

第二年(至 2008 年北京奥运会):“拆除、挖掘和设计”阶段,为“大建设(big build)”阶段做好了准备。

第三年(至 2009 年 7 月 27 日):“大建设”(地基)阶段,为奥林匹克公园基础设施和场馆建设做好了准备。

第四年(至 2010 年 7 月 27 日):“大建设”阶段(结构)。

第五年(至 2011 年 7 月 27 日):“大建设”阶段(完成)。

第六年(到 2012 年):这一阶段是奥运会测试准备的一年。

奥林匹克公园的规划许可于 2007 年 10 月获得,并于 2008 年 5 月开始建设。建设计划分为四个年度阶段,每年发布里程碑。提前建设大多数场馆给项目群带来了一些意外事件。年度阶段被转换为各个系统更具体的目标和里程碑,明确规定了每个项目在总体项目群进度表中的期望进展。在线发布的截止日期可受到公众审查,这为避免进度延误提供了附加刺激。

(2) 项目组织

该建设项目群涵盖超过 70 个项目(由总承包商规划、批准和管理),包括 14 个临时和永久性建筑物、20 公里的道路、26 座桥梁、13 千米的隧道、80 公顷的园区用地和新的公共设施基础设施。主要场馆项目聚集在奥林匹克公园(奥林匹克体育馆、水上运动中心、场地自行车馆、国际广播中心/媒体新闻中心和运动员村),其中许多都体量巨大、成本高昂,并且十分复杂。相关工作人员数量可在一定程度上说明项目规模,在 2011 年 3 月底的施工高峰期,有 1.2 万人工作在奥林匹克公园和奥运村项目上。表 21.2 总结了我们所研究的永久性和临时性场馆。

奥运会的建设分为许多单独项目,并被作为一个项目群进行管理。项目群是指组织通过协调各种相互关联的项目来实现战略、愿景或既定目标的管理方法(Maylor et al., 2006; Pellegrinelli et al., 2011)。虽然我们将伦敦 2012 称为一个项目,但“项目群”一词专门用于指代建立用于管理相互关联项目的流程。我们使用术语“系统项目”(system project)来指定整个阵列中的特定项目,例如奥林匹克体育馆项目和场地自

**表 21.2 奥林匹克公园内的主要系统**

| 主要系统 | 总承包商 | 合同套件 | 关键特征 |
|---|---|---|---|
| 永久性结构 | | | |
| 奥林匹克体育馆 | 麦卡尔平(McAlpine) | 新工程合同目标成本(NEC3 C选项) | 可容纳8万人的体育馆建设于2011年3月安全、按时且在预算内完成 |
| 水上运动中心 | 鲍佛贝蒂公司(Balfour Beatty) | 目标成本(NEC3 C选项) | 这座标志性建筑于2011年7月竣工，设有两个游泳池，由建筑师扎哈·哈迪德设计，带有两个临时"侧翼"，可在奥运会期间提供17 500人的容量，并在之后保留2 500的容量 |
| 场地自行车馆 | 国际钢铁集团(ISG) | 目标成本(NEC3 C选项) | 车道建设于2011年2月完成 |
| 运动员村 | 联盛集团(Lend Lease) | 从CM模式①变为CM模式和D&B模式的混合体(固定价格NEC A选项) | 于2011年12月竣工，为17 000名运动员和官员提供住宿，并在之后保留2 818套崭新住房 |
| 国际广播中心和主要新闻中心 | 嘉利安公司(Carillion) | D&B合同(固定价格NEC A选项) | 该场馆于2011年7月完工，在奥运会期间为2万名导播和记者提供支持 |
| 大型临时性结构 | | | |
| 伊顿庄园 | 曼瑟尔建筑服务公司(Mansell Construction Services) | 管理工作包策略(Managed Packaged Strategy) | 水上运动训练场馆，在奥运会期间设有三个奥林匹克规格的临时游泳池。残奥会期间拆除并改造，举办轮椅网球。奥运会结束后，改成多功能体育中心 |
| 篮球馆 | CLM | 管理工作包策略 | 可容纳12 000人的场馆建设于2011年6月完成。奥运会后拆除，并在其他英国国内和海外赛事中重复使用 |
| 水球馆 | CLM | 管理工作包策略 | 建成5 000人容量的临时场馆。部分拆除，并在英国其他地方重复使用 |

行车馆项目。每个总承包商负责管理自己的分包商。本节其余部分深入分析为建设伦敦奥运会而建立的架构和流程。

(3) 项目成果

2012年伦敦奥运会的建设于2011年7月按时完成，距2012年7月27日奥运会开幕还有13个月，这提供了足够的时间来测试场馆并利用测试反馈为奥运会做准备。尽管最终成本68亿英镑(2011年)在分配给建设的81亿英镑之内，但与招标文件中的原始基准相比，该项目仍大大超出了预算。

许多情境因素塑造了该项目群，例如项目的重视程度，急于成功的压力，以及2008年的经济危机，这些都要求采用新的方法进行融资和风险分配。正如ODA主席约翰·阿米特(John Armitt)爵士所强调，"奥运会项目是你能够想象的最高调的项目"(Kortekaas, 2012)，促使该项目群总体进展的一个重要因素是所谓的奥林匹克效应

① CM模式，即Construction Management模式，指的是由业主委托一家CM单位承担项目管理工作，该CM单位以承包商身份进行施工管理，使工程项目实现有条件的"边设计边施工"。

(Mackenzie and Davies, 2011)。人们有一种渴望,不是为了避免近期公共项目的糟糕绩效,例如温布利足球场馆的严重预算超支和进度延误,而是奥运会是世界上最为知名的体育赛事这一事实,这形成了一种普遍态度,即这是"一生一次的机会,因此你不想搞砸,因为如果这样做,很显然行业里每个人都看得见。这足以是一个激励因素"。(CLM 访谈)

## 21.5 研究发现

本节确定了如何开展系统集成来建设奥运会场馆和基础设施。我们的发现表明,在分层结构中安排集成架构和流程,用来匹配项目的整体复杂性(请参见表 21.3)。在伦敦 2012 项目中,集成"系统的系统"的任务由业主和交付合作伙伴共同执行。ODA 履行业主的角色,确定了项目群目标,与交付合作伙伴紧密合作来规划项目群,根据这些目标监控进度,并在整个系统与其外部环境之间提供了单一界面。CLM 被任命为该项目群的交付合作伙伴,以及项目群与单独项目进行交互的集成方。参与伦敦 2012 项目的总承包商负责按照时间、成本、质量和其他战略目标集成和交付每个系统项目(例如场馆和基础设施),并辅助协调与相邻系统的界面。

**表 21.3 伦敦 2012 项目的系统集成**

| 复杂程度 | 任务 | 组织 | 伦敦 2012 项目的示例 |
|---|---|---|---|
| 系统的系统(阵列项目和外部环境) | 管理多个利益相关者所涉及的更广泛任务,以及内部重点在于监督整个项目群的总体进度 | 业主 | 公共部门业主机构(250 名员工)管理与发起人的界面,定义范围和预算,并与交付合作伙伴进行协调。<br>负责管理"向上"到各种外部利益相关者(国际、国家和地方级别),单一政府界面,并最小化"噪声"来保护 CLM 免受外部干预。<br>ODA-CLM 在规划期间共同驻扎一地来组建团队和调整目标 |
| 系统的系统(相关系统项目的项目群) | 在内部协调一组相互关联的系统项目集成的管理任务,重点是管理项目群 | 交付合作伙伴 | 私营部门交付合作伙伴(600 名员工)管理该项目群、总承包商以及与 ODA 的沟通。<br>整合了西图公司(CH2MHill),LOR 和 Mace 的专业能力和互补资产。<br>与 ODA 签订专业服务合同来提供"最高技能" |
| 单独系统(系统项目) | 集成单一系统项目的技术任务 | 总承包商 | 在特定系统(例如体育馆和屋顶结构)方面具有能力和既有经验的承包商。<br>与总承包商针对不同项目的复杂性量身定制整套合同(从风险分担到固定价格)。<br>在施工期间,CLM 与总承包商和 ODA 代表共同驻扎在现场,形成集成项目团队 |

在"系统的系统"层级上,建立了一套架构和流程,以了解整个系统,管理与多个利益相关者的外部界面,协调整个项目群的进度,以及帮助管理单独系统项目(请参见图 21.1)。

组织架构:业主和交付合作伙伴。

在赢得奥运会举办权之后,ODA 面临挑战,即要在一个大城市的人口稠密区中集成涉及多个利益相关者的大规模复杂"系统的系统"。奥林匹克公园必须在一个受限的

**图 21.1　伦敦 2012 年奥运会：项目群、项目和系统**

场地上建设并按固定期限交付使用，该场馆涉及多个系统，随着建设更多场馆，这些系统之间的联系更加紧密。同时，ODA 必须衔接许多与项目群相关的利益相关者和机构利益，例如参与制定项目群和确定其成果的政府、地方当局、铁路管理局以及地方社区团体。

作为负责交付项目群的业主，ODA 本来可以负责整个系统集成，但是很快意识到，在吸引具有管理这种富有挑战的项目群所必备的经验、技能和知识的人员时，将面临重重困难。ODA 考虑过任命一个大型总承包商（例如贝希特尔（Bechtel））来进行项目群管理，同时任命多个承包商来进行项目管理，但是经过一番考虑之后，决定建立一个新的合资机构，因为需要"一张白纸"来应对交付施工项目群所涉及的复杂性，并且预料到总承包商可能不愿改变、不愿探索替代方案或放弃其既定惯例。ODA 的首席执行官大卫 · 希金斯（David Higgins）坚信，交付合作伙伴应具备管理项目群和各个系统项目之间的界面所需的广泛系统集成能力。

CLM 被选为该项目群的首选国际联合体和交付合作伙伴，因为它将三家具有成功交付大型复杂项目和项目群业绩的公司聚集在一起（Hone et al.，2011：7）。这个特殊目的实体（special-purpose vehicle）中的每个合作伙伴都带来了独特的能力、经验和互补资产。美国的西图公司具有担任项目群管理角色的不俗业绩记录，并具有整合复杂项目（包括以前的奥运会建设项目）各个组成部分的能力。莱恩 · 奥罗克公司（Laing O'Rourke）和麦斯公司（Mace）作为重要承包商成功合作完成了耗资 43 亿英镑的希思罗机场 5 号航站楼，这是近年来英国最大最复杂的项目之一。Laing O'Rourke 具有强大的施工能力，而 Mace 因其在项目管理方面的专业知识而闻名。伊恩 · 加洛韦（Ian Galloway）（从贝希特尔（Bechtel）招募来领导 CLM）是唯一的 CLM 直接雇员，其他所有 CLM 的员工均通过合同隶属于母公司。通过任命 CLM，ODA 可以利用三家大型公司中的技能和专长来管理项目的不同阶段。在高峰期，CLM 雇用了大约 600 名员工。如果包括 250 名 ODA 员工，则整个项目群管理费用约为项目群支出的 10%。

横跨整个项目群的系统集成任务由 ODA 和 CLM 分担。ODA 专注于通过在整个项目和与约 750 个利益相关者经常冲突的利益之间建立了一个单一的界面来处理"向上"问题，这些利益相关者包括伦敦市长、体育协会、LOCOG、大伦敦管理局、五个伦敦区、国际奥委会和英国奥委会。CLM 负责让 ODA 完全了解按进度衡量的项目进展情况，在整个项目群中进行"向下"管理，并充当项目经理与每个重要建设项目的总承包商合作。

一个"分层结构"被创建来管理整个项目群中不同层级的系统集成。正如一名经理所解释的：

> 确保你具有集成管理的能力。集成规模是非常巨大的。这关乎管理和统筹，以及扩展所有不同的层级。因此，你具有我们要处理整个项目群的那个层级。因此，这实际上与你如何架构有关（即关于结构化和你将如何交付）（CLM 访谈）。

ODA 及其保险团队参加了媒体和议会质询，获得了财政支持，并就任何重大提议的范围变更寻求了政府的批准。在 ODA 的领导下，交付合作伙伴和总承包商由该项目群的时间和成本目标驱动，但他们也期望实现作为六个优先主题发布的一些辅助目标，例如可持续性、遗产、健康与安全。ODA 为每个主题发布了一项战略,包括在整个项目群中实施具体目标和原则,下发给从 CLM 到总承包商及其他参与方。

这种任务划分使 ODA 可以对项目群进行监督和保证,并给予了 CLM 管理项目群和项目所需的自主权。ODA 充当缓冲角色,保护其交付合作伙伴免受外部利益相关者对系统的"干扰",这些"干扰"可能会使集成更加困难。CLM 担任 ODA 的"咨询顾问",达成各种里程碑和目标可以获得奖励。这种双重结构在 ODA 与 CLM 之间,以及 CLM 与总承包商之间(例如,运动员村项目中 CLM 和 Lend Lease 之间)建立了明确一致的目标。

ODA 和 CLM 必须在场馆规划、设计、建造和移交给 LOCOG 的流程中,找到一种按照虚拟集成组织进行协同和开放工作的方式。两个组织之间的关系随着时间的推移进行了调整,来应对不断变化的需求和项目群的不同阶段。整个项目群期间举行的联合评审会议有助于调整组织模型、能力和资源(Hone et al., 2011: 7)。

在 ODA 和 CLM 首次成立的启动规划阶段,他们驻扎在现场以外一起建立业主和交付合作伙伴之间的团队,并调整其战略目标、流程和文化。CLM 总监成为 ODA 执行管理团队的成员。举行联合团队活动和社交活动有助于建立基于信任和开放的关系。当项目群从规划转向设计与建造时,ODA 和 CLM 将不再驻扎在同一地点。ODA 核心团队继续在金丝雀码头的规划总部工作,而 CLM 团队搬到了斯特拉特福德的各个施工现场办公室。当 CLM 与每个总承包商共处一地时,核心组织联系转移到系统的 CLM 和承包商层级。核心 ODA 机构和 CLM 团队在地域上的分离反映了新的任务划分。ODA 担当了业主和项目发起人的角色,而 CLM 致力于实现总体项目群成果,并确保每个项目都按照既定目标交付。

## 21.6 集成流程:项目群管理

ODA 和 CLM 共同协调多个系统的集成,最大程度地减少意外的交互,并灵活响应解决可能阻碍每个单独项目和整个项目群推进的问题。这些在一开始就可以强力固化的因素,被该项目群的截止日期、资金限制、工程场地的物理要求以及系统容量所推动。精心准备的规划、进度计划和截止日期可以指导交付合作伙伴和总承包商的绩效,并有助于提前预测风险并在发生风险时予以缓解。设计项目群管理流程旨在确保在项目部分中执行的任务是可预测的,并且与在其他部分工作的组织所执行的任务相互衔接。处理事先无法预见的突发事件、界面问题和正在发生的情况,取决于所涉及的协作组织灵活、快速响应的能力。正如一名经理所说:

> 我总是告诉我的同事,任何人都可以管理稳定的状态。但当出现问题时,则关乎我们如何通过合同、商业和合作的方式,共同解决问题。(CLM 访谈)

ODA 建立了一套监督和保证流程,来确保每个项目在预算、进度和绩效的进展方面均提供详细、定期和准确的信息。此流程有助于增加意外问题、界面定义不明确或规范更改的可见性。每月报告使用预警"交通灯"跟踪系统信息识别问题的重要性,提供信息衡量进度,预测成本以及进度、范围或预算的变化。项目群团队在月度会议上确定标记为红色或琥珀色的问题,但只在项目层面进行处理。当发现紧急问题时,项目团队将估算解决这些问题所需的额外成本和时间。建立保证流程来避免与变更带来的相关进度延误。涉及 ODA 和 CLM 的每月趋势评估使高级经理可以识别在较低层级可能不明显的趋势。

CLM 担任业主的项目群和项目经理，负责管理每份单独的合同，管理变更控制流程，并确保每个总承包商都能实现其目标并与项目群保持同步。正如一名受访者所解释，主要挑战是建立一种架构来管理集成流程的复杂性：

> 如果你单独考虑奥林匹克公园的部分，那么可能没有什么很复杂。如果将它们放在一起，那就是复杂性所在。这确实意味着我们必须将大量的时间和精力集中在集成上。（CLM 访谈）

在项目群生命周期中，需要管理集成的不同阶段，包括设计、施工和运营移交。采用信息技术和软件工具（例如 Project Wise 和项目文件管理系统）可以协调集成的每个阶段。在设计阶段，CLM 必须管理相邻项目之间的相互依赖关系。“设计界面进度（Design Interface Schedule）”系统显示一个设计变更如何在一个部分（例如一个场馆）影响该项目群的其他部分。在施工阶段，CLM 试图通过将系统管理划分为相对独立的“纵向”建筑物（永久和临时场馆）和相互连接的“横向”基础设施（公共设施、道路和桥梁），来简化集成流程。在运营移交阶段，CLM“将所有部分整合在一起，来确保其运行正常”（CLM 访谈）。

构建高度结构化的变更控制流程以发现、报告和记录阻碍进度的问题，提供有关集成问题以及系统绩效不佳或被忽视部分的重要信息，并实施必要的变更来确保项目群保持正常运行。总承包商提出的任何重大变更都必须得到 ODA 的批准。每个月底，项目团队都会向 ODA 首席执行官主持的“变更控制委员会”报告所有变更。在项目群的早期，一个会议室中可以有多达 45 人讨论月度报告。随着项目群接近尾声，逐渐减少到只有六人。这种变更控制流程“使事情迅速浮出水面，因此你可以发现并解决问题”（ODA 访谈）。

处理不可预见的问题取决于合约方之间的紧密合作和“高度注重行动的组织文化”（Hone et al.，2011：8）：

> 我认为这确实是一种动力，拥有足够的人员，优秀的人员，他们的态度是真正的态度，可以快速评估和决策的态度，这样能够看到问题，进行讨论，做出决定并继续推进。（ODA 访谈）

ODA 和 CLM“希望通过信念和共识来工作，但要从优势出发”（ODA 访谈）。利用研讨会和非正式会议就问题和解决方案达成共识，有助于随着时间的推移实现并保持 ODA 和 CLM 的紧密联系。

在单独系统层级，每个项目都作为一个独立的组织和流程进行管理，并与整个阵列中的其他系统明确定义了界面（图 21.1）。

① 组织架构：总承包商

每个单独系统项目（例如场地自行车馆和奥林匹克体育馆）的集成都是由伦敦 2012 项目的总承包商独立规划和管理的。ODA 与总承包商签订了多种风险分担和固定价格合同，来解决每个项目的特定要求、挑战和复杂性。这套合同旨在支持明确定义的程序，建立 ODA、CLM 和总承包商之间的协作关系，来应对每个项目内部和各个项目之间不可预测的、定义不清的界面，以及不断变化的条件。单个场馆的合同由 ODA 控制，并由 CLM 管理。当中标项目群与负责单独系统的总承包商达成协议后，项目交付才得以最终确定，包括工作分解结构、进度表、里程碑和风险分配。

总承包商被鼓励利用自己独特的系统集成能力和之前的经验来创建针对特定场馆和基础设施要求的解决方案：

> 我们在决定如何实现 ODA 设定的目标方面自由度很大。我们行事的风格因所处境况略有不同,这很大程度上取决于场馆特性、项目群问题以及供应商等等。(总承包商访谈)

总承包商被期望找到自己的方式来实现其项目的单个目标和进度,并实施 ODA 的优先主题,例如健康与安全。通过任命总承包商和分包商联盟来降低风险,他们在以前的项目中共同工作时已经尝试并验证了所要求的能力。

单独系统项目在很大程度上对应于单个场馆,例如场地自行车馆或整个基础设施系统的一部分(例如公共设施)。从标志性的拥有独特屋顶设计的水上运动中心,到用于建设运动员村和临时场馆的相对标准化、模块化并可重复使用的系统,这些项目的复杂程度不一。例如,在运动员村,项目团队做到了"一件事做 3 000 次";而在水上运动中心,标准化的机会很少,团队做到了"一次做 3 000 件事"(Stimpson, 2011)。最复杂的项目(水上运动中心、场地自行车馆和奥林匹克体育馆)是采用风险分担合同(带有奖惩的目标价格)采购的,来促进协作和灵活性,暴露问题并面对已知风险,应对意外情况,并探索改善绩效的机会。

每个项目都有自己的备用金,并激励承包商在商定的目标成本范围内交付项目。基于简化设计和标准化可重复使用部件的场馆项目(例如国际广播中心/媒体新闻中心),使用更传统的固定价格设计—建造(D&B)合同来采购。运动员村的采购策略最终结合了 CM 模式和 D&B 模式。鉴于临时场馆(篮球馆、水球馆和伊顿庄园)的特殊要求,对习惯于建设场馆但不拆除的常规承包商的吸引力较小,"管理工作包"(managed package)就显得很适用。CLM 担任临时场馆的总承包商和项目经理,并且将工作打包为工程、施工、模块化建筑、临时座位和装修的清单,交给一系列签订框架协议的承包商。

② 集成流程:项目管理

将单独系统项目集成到整个阵列中的流程必须认真管理。必须保持总承包商的独立性和自主权,同时鼓励针对与邻近场馆和公共基础设施的相互依赖关系所需的合作和响应能力。一名总承包商员工解释说:

> 我们的工程现场是一座孤岛,但仍然存在很多界面。比如说,对于 CLM 和承包商来说,桥梁合同确实很棘手。因为我们在桥的一端有一些尴尬的界面,这个合同对我们来说真的很棘手。我们确实有一名员工在桥梁的界面问题上工作了一年,并与 CLM 设计经理界面紧密。因此,在某些方面我们连接紧密,同时外部技术审核团队各司其职。这方面我们界面紧密交错。(总承包商访谈)

处理这样的相互依赖关系不能仅靠一个组织。它需要所有合作方的不断互动和渗透。ODA 和 CLM 任命代表与总承包商在现场密切合作,成为在同一地点一起工作的集成项目团队的一分子。ODA 执行官(项目发起人)和 CLM 执行官(项目经理)的搭班配对贯穿所有系统项目(以及一些较小的项目)。ODA 项目发起人负责定义项目目标,确保项目商业计划获得批准,并管理利益相关者。ODA 发起人与 CLM 交付合作伙伴经理合作,后者负责与总承包商合作,按照项目群目标交付项目。

CLM 建立了标准化的流程、报告程序和文档编制工具,用来协调各个系统项目之间的相互依赖关系。建筑物的纵向采购在每个系统项目周围创建了缓冲区,这有助于定义和限制与其他系统和基础设施的界面数量。正如一名经理所说,"因此,你将一个圆柱体放在上面,说圆柱体内的所有东西都属于总承包商(PC)",然而"所有基础设施都是水平采购的"(CLM 访谈)。每个承包商都专注于其设计和集成特定系统的任务,因为“在场馆中，他们有自己的区域，因此如果你愿意，你可以让承包商成为孤岛的国王，尽管其中很多并不是岛”(CLM 访谈)。这些岛屿周围的奥林匹克公园分为四个区域，工程师和经理团队负责了解：

> 如何将园区的每个区域集成在一起……使园区正常运转的所有集成流程……但是接着你坐在一边，面对庞大的一整套部分，它会成为一个庞大的集成问题。(CLM 访谈)

在受约束的工程现场上同时发生并依次实施如此多的系统项目时，从头到尾最频繁发生的情况和问题都与“集成”有关(Hansford, 2010)。系统之间的相互依赖关系是：

> 输入的复杂性，以及对这些输入之间的相互关系的复杂性和理解。一个承包商的输入就是另一个承包商的输出。这是一种系统方法。(CLM 访谈)

尽管努力限制交互次数并最大程度地减少界面问题，所有系统还是相互关联的，并且诸如基础设施工程之类的某些项目都与园区的其他部分存在界面。ODA 和 CLM 建立了一个集成流程，将园区作为一个完整的系统进行管理，在特定时间存在 15～20 个承包商之间的工作界面。CLM 建立了一个“项目群集成”小组，并组织了“集成委员会”，来识别一个场馆或连接基础设施(例如水和能源供应)的延误或变化如何影响其他部分。CLM 集成小组最初是一个核心组织，负责进行监控和了解所有部分如何组合在一起。随着伦敦 2012 项目趋于完工，该小组以分散的方式开展工作，随施工进度在单个项目层面解决问题。

尽管伦敦 2012 项目强调了使用已经尝试并验证的流程和技术的重要性，但如果有很大的机会改善绩效，仍鼓励每个单独系统项目创新和调整流程。长期在同一地点工作的项目团队密切合作，促进了人们的共同理解、信任和开放，以便他们尽早发现出现的问题并共同努力寻找创新的解决方案：

> 管理行动非常关乎我们如何决策，决定对的或错的。听起来可能很简单，但是我们正在处理的复杂性却变化很大。因此，效果很好。它正被越来越多人看到。(CLM 访谈)

两个例子有助于说明系统项目参与方如何共同识别问题，调整计划并灵活地应对新机会和突发情况。

首先，负责场地自行车馆的总承包商 ISG 确定了通过将屋顶设计从钢制屋顶改为“电缆网”屋顶来降低成本并节省时间的机会。经过一番考虑后，CLM 同意对原始设计进行重大更改，包括承担在最终确定设计之前购买 13 500 米电缆的风险。ODA 给予了评估提案的时间，并最终接受了变更，即使它加剧了短时间内的进度压力。为了将风险转移给总承包商，ISG 的合同从带有奖惩的目标价格更改为固定价格。电缆网屋顶的建造仅用了九个星期，而不是钢屋顶方案预计的 6 个月。

其次，由于 2008 年末的经济衰退，不再有私人资金可用于赞助运动员村。ODA 转向公共资金的决定引发了对设计的重新评估，并鼓励总承包商和 CLM 制定更低成本的计划。例如，在原始计划中，运动员村本来是由私营部门建设，并租借给 LOCOG 用于奥运会。ODA 通过使用备用金和在项目群里其他节余来资助运动员村的建设，并在奥运会后通过出售房地产开发来回收资金，解决了这一问题。ODA 重新谈判了联盛(Lend Lease)的合同，并且大多数建筑都使用总价合同、D&B 合同与总承包商进行采购。

## 21.7 讨论

我们对伦敦 2012 项目的研究确定了系统集成的分层结构，这与该重大项目相关的两种复杂程度相对应。在多系统层级，集成任务由业主和交付合作伙伴共同执行。戴维斯（Davies）和麦肯齐（Mackenzie）（2014）引入了“元系统集成”（meta systems integration）一词来描述此任务，因为它取决于主持、审视和充分理解整个系统集合的能力，来根据整体系统目标的利益做出取舍和决策。在单系统层级，项目被分解为大量的单独系统项目。在每个系统项目中，只有一个总承包商协调和整合其分包商的技术工作。

尽管集成单个系统主要是一项技术工程挑战（Shenhar and Dvir, 2007），但我们的研究表明，处理“系统的系统”需要更广泛的战略能力和技能，来管理整个项目群和受项目影响的多个利益相关者。在我们的案例中，业主主要负责根据项目目标监控总体进度，并处理法律、政治和财务问题。它处理系统和外部环境之间的所有外部界面。最大的挑战之一是，一个重大项目跨越众多组织之间的界限，包括发起人、外部利益相关者和具有强烈独立性、动机和优先事项的承包商。因此，在系统开发和交付的外部环境中，多个利益相关者之间存在意见分歧和利益冲突，系统集成任务受到强烈影响。在伦敦 2012 项目中，业主通过建立缓冲区来隔离交付合作伙伴和承包商，使其免受不断的范围变化以及来自外部各方频繁且可能具有破坏性的干预而产生的“噪声”影响。

而业主关注的焦点是“向上”和与外部利益相关者的“向外”，交付合作伙伴管理“向下”和横跨整个相关系统项目的项目群。交付合作伙伴代表了业主的利益，并负责协调整个项目群，实现项目的战略重点，以及处理每个系统项目之间的相互依赖关系。

一种“紧密—松散”管理形式被建立来管理项目群和其中的单个项目（Mackenzie and Davies, 2011; Davies and Mackenzie, 2014）。尽管交付合作伙伴建立了一致且标准化的流程，并明确定义了预算和进度，来确保总体项目群的正常进行，灵活的合同安排仍然鼓励总承包商寻找他们自己的路线来实现特定的项目目标，并根据每个系统的需求和复杂性来定制设计流程。每个总承包商被鼓励利用其独特的能力，与可信赖的合作伙伴和分包商合作，并制定特定的项目执行策略。交付合作伙伴和业主代表与总承包商一起加入位于同一地点的集成项目团队，来协调与相邻或受影响系统界面，并确保每个系统项目的进度与项目群的全系统目标保持一致。

正如对阿波罗太空计划的早期研究所认识，“在复杂项目中，管理者学会了预料意外的事情，即今天看起来良好，明天可能会陷入重重麻烦之中”（Sayles and Chandler, 1971:311-12）。将系统部分稳定到给定位置的精心设计流程和进度，可能必须解锁，来引入变化并适应意外情况。在伦敦 2012 项目案例中，业主制定了预算和应急方案来应对可能的风险和机遇。计划提前于截止日期会创建一个临时缓冲区，来防止整体进度因表现不佳的系统而受阻。ODA 和 CLM 建立了集成流程，并与总承包商合作来发现并解决界面问题。业主还管理了高度结构化的变更控制流程，在改善绩效的机会出现时推动创新。

那么，我们可以从伦敦 2012 项目案例研究中学到哪些适用于其他重大项目的通用原则呢？正如对复杂项目的早期研究所认识，没有“神奇的管理系统疗法”（Sapolsky, 1972: 253），也没有“单一可预测的管理策略”（Sayler and Chandler, 1971:317）。但是很明显，负责交付重大项目的组织必须开发系统集成架构和流程，来匹配系统所产生的复杂性。然而，如何在系统集成方面建立能力面临许多选择。可以由大业主、经验丰富的总承包商，或临时建立并在项目完成时解散的合资交付合作伙伴来开发。重大项目的规模和复杂性不断增加(Flyvjberg, 2014)，很少有组织(业主或总承包商)拥有内部能力来解决系统集成的方方面面问题。在英国，业主和交付合作伙伴为伦敦2012项目创建的双重结构正变得越来越普遍，并且作为集成复杂重大项目的一种可能的模式，正在全球范围内受到越来越多的关注。例如，这种方法的一种形式正用于英国耗资148亿英镑的连接伦敦东西的高容量郊区铁路项目(Crossrail)，进行项目群管理。

我们的研究成果仅限于公共所有权下的临时业主机构的单个案例，显然需要进行更多的研究来了解如何为其他组织(包括永久业主或重复业主)以及在不同形式的公共和私有所有权下交付重大项目建立系统集成能力。例如，英国机场管理局，负责希思罗机场5号航站楼项目的私人业主机构，采用内部建立系统集成能力的策略，因为其作为重复业主，有很强的动力去开发能够用于后续重大项目的能力(Davies et al., 2009)。

## 21.8 结论

本章首先表明负责交付重大项目的组织必须以某种方式反映系统产生的复杂性。我们的研究强调了开发广泛系统集成能力来管理最复杂类型系统重大项目的重要性。除了设计和集成单个系统所需的技术和管理能力之外(Shenhar and Dvir, 2007)，我们确定了系统整合的广泛作用，表现在管理项目群内多个系统之间，以及整个系统与构思、开发和交付该系统的外部环境之间的界面中。伦敦2012项目创建了分层结构。整个系统的每个层级由单个类型的组织进行集成：总承包商负责每个系统，交付合作伙伴协调项目群中相互关联的项目，业主确定整个项目目标、监控项目进度并管理受项目影响的众多利益相关方。尽管由于持续时间长和所需资源而难以进行，未来的重大项目研究仍然可以从比较研究中受益，来探索我们对于复杂性和系统集成经验的一些初步命题。

## 参考文献

Altshuler, A. and Luberoff, D. (2003). Mega-Projects: The Changing Politics of Urban Public Investment. Washington, DC: The Brookings Institution.

Armitt, J. (2013). The Armitt Review: An Independent Review of Long Term Infrastructure Planning Commissioned for Labour's Policy Review. London: Labour Party.

Brady, T. and Davies, A. (2014). "Managing structural and dynamic complexity: A tale of two projects," Project Management Journal, 45(2): 21-38.

Davies, A., Gann, D., and Douglas, T. (2009). "Innovation in megaprojects: Systems integration at Heathrow Terminal 5," California Management Review, 51(2): 101-25.

Davies, A. and Mackenzie, I. (2014). "Project complexity and systems integration: Constructing the London 2012 Olympics, and Paralympics Games," International Journal of Project Management, 32: 773-90.

Flyvbjerg, B. (2006), Five misunderstandings about case-study research," Qualitative Inquiry, 12 (2): 219-45.

Flyvbjerg, B. (2014). "What you should know about megaprojects and why: An overview," Project Management Journal, 45(2): 6-19.

Flyvbjerg, B., Bruzelius, N., and Rothengatter, W. (2003). Megaprojects and Risk: An Anatomy of Ambition. Cambridge: Cambridge University Press.

Gholz, E. (2003). "Systems integration in the US Defense Industry," in A. Prencipe, A. Davies, and M. Hobday, The Business of Systems Integration. Oxford: Oxford University Press, pp. 279-332.

Hansford, M. (2010). "Race to the finish," New Civil Engineer, 22-29 July.

Hobday, M. (1998). "Product complexity, innovation and industrial organization," Research Policy, 26: 689-710.

Hobday, M., Davies, A., and Prencipe, A. (2005). "Systems integration: A core capability of the modern corporation," Industrial and Corporate Change, 14:1109-43.

Hone, D., Higgins, D., Galloway, I., and Kintrea, K. (2011). "Delivering London 2012: Organization and programme," Proceedings of the ICE: Civil Engineering, 164(5): 5-12.

Hughes, T. P. (1998). Rescuing Prometheus. New York: Pantheon Books.

Hughes, T. P. (2004). Human-Built world: How to Think about Technology and Culture. Chicago: University of Chicago Press.

Johnson, S. B. (1997). "Three approaches to big technology: Operations research, systems engineering and project management," Technology and Culture, 38(4): 891-919.

Johnson, S. B. (2003). "Systems integration and the social solution of technical problems in complex systems," in A. Prencipe, A. Davies, and M. Hobday (2003). The Business of Systems Integration. Oxford: Oxford University Press, pp. 35-55.

Kortekaas, V. (2012). "Olympics contractors build on experience," Financial Times, 15 February.

Mackenzie, I. and Davies, A. (2011). "Lessons learned from the London 2012 Games construction project," London Olympics Learning Legacy, ODA 2011/269, <http://www.london2012.com/learninglegacy>.

Maylor, H., Brady, T. B., Cooke-Davies, T., and Hodgson, D. (2006). "From projectification to programmification," International Journal of Project Management, 24: 663-72.

Merrow, E. W. (2011). Industrial Megaprojects: Concepts, Strategies, and Practices for Success. Hoboken, NJ: Wiley.

Miller, R. and Lessard, D. R. (2000). The Strategic Management of Large Engineering Projects: Shaping Institutions, Risks, and Governance. Cambridge, MA: MIT Press.

Morris, P. W. G. and Hough, G. H. (1987). The Anatomy of Major Projects: A Study of the Reality of Project Management. Chichester: Wiley.

Morris, P. W. G. (1994). The Management of Projects. London: Thomas Telford.

Morris, P. W. G. (2013). Reconstructing Project Management. Chichester: Wiley-Blackwell.

Pellegrinelli, S., Partington, D., and Geraldi, J. A. (2011). "Program management: An emerging opportunity for research and scholarship," in P. W. G. Morris, J. K. Pinto, and J. Soderlund, J. (eds.), The Oxford Handbook of Project Management. Oxford: Oxford University Press, ch. 10.

Pettigrew, A. (1990). "Longitudinal field research on change: Theory and practice," Organization Science, 1(3): 267-92.

Prencipe, A., Davies, A., and Hobday, M. (2003). The Business of Systems Integration. Oxford: Oxford University Press.

Royal Academy of Engineering. (2014). "Public projects and procurement in the UK: Sharing experiences and changing practice".

Sanderson, J. (2012). "Risk, uncertainty and governance in megaprojects: A critical discussion of alternative explanations," International Journal of Project Management, 30: 432-43.

Sapolsky, H. M. (1972). The Polaris System Development: Bureaucratic and Programmatic Success in Government. Cambridge, MA: Harvard University Press.

Sapolsky, H. M. (2003). "Inventing systems integration," in A. Prencipe, A. Davies, and M. Hobday (2003). The Business of Systems Integration. Oxford: Oxford University Press, pp. 15-34.

Sayles, L. R. and Chandler, M. K. (1971). Managing Large Systems: Organizations for the Future, New Brunswick, NJ: Transaction Publications.

Scott, W R., Levitt, R. E., and Orr, R. J. (2011). Global Projects: Institutional and Political Challenges. Cambridge: Cambridge University Press.

Shenhar, A. J. (1993). "From low-to high-tech project management," R&D Management, 23(3): 199-214.

Shenhar, A. J. (2001). "One size does not fit all projects: Exploring classical contingency domains," Management Science, 47(3): 394-414.

Shenhar, A. J. and Dvir, D. (1996). "Toward a typological theory of project management," Research Policy, 25: 607-32.

Shenhar, A. J. and Dvir, D. (2007). Reinventing Project Management: The Diamond Approach to Successful Growth and Innovation. Boston: Harvard Business School Press.

Stimpson, J. (2011). "Vital venues delivered to order," New Civil Engineer, Major Project Report: Delivering the UK Games, February.

Van Marrewijk, A. (2007). "Managing project culture: The case of Environ megaproject," International Journal of Project Management, 25: 290-9.

Van Marrewijk, A., Clegg, S. R., Pitsis, T., and Veensnrijk, M. (2008). Managing public-private megaprojects: Paradoxes, complexity and project design," International Journal of Project Management, 26: 591-600.

Williams, T. M. (1999). "The need for new paradigms of complex projects," Journal of Project Management, 17(5): 269-73.

# 22 全球化背景下城市地标性重大项目：重访毕尔巴鄂

杰拉多·德尔·塞罗·桑塔玛利亚

## 22.1 引言

在城市全球化过程中，城市地标性重大项目（iconic urban megaprojects，IUMPs）的规划和建设已经成为城市和地区精英们的一个标准政策选项。地方和区域增长"机器"中的政治家、商业领袖等人通过投资和促进城市地标性重大项目（IUMPs）建设实现他们的个人和职业抱负，希望通过这种方式提高所在城市的全球地位，同时为其经济发展增添活力。全球许多城市精英深受所谓的毕尔巴鄂效应影响——他们认为，西班牙北部城市、巴斯克自治区首府毕尔巴鄂的"灰姑娘式转变（Cinderella transformation）"是借助于毕尔巴鄂古根海姆博物馆（Guggenheim Museum Bilbao）实现的。在关于建筑屈从于资本主义商业目标的主流语境中，一直反复地错把古根海姆博物馆描述为毕尔巴鄂从工业中心到地区服务中心彻底且成功转型的"催化剂"。然而，想要理解全球许多城市精英们所秉持、强化和传播的"地标性建筑可以重振城市经济"这一观念，关键不在于 IUMPs 的财务可行性和经济影响，而是 IUMPs 推动城市形象改变的能力（del Cerro Santamaria，2007）。由于全球城市精英们都在积极寻求在他们的城市建设一个弗兰克·盖里·古根海姆博物馆（Frank Gehry Guggenheim），毕尔巴鄂古根海姆博物馆实际上强化了 IUMPs 商品化、商业化和可复制性能力的相关争论。聚焦毕尔巴鄂案例，本章展现了地标性建筑在当代全球化背景下城市化进程中如何扮演了重要角色，以及如何使城市精英们膨胀的欲望屈服于 IUMPs 能实现的期望和面临的不满。

## 22.2 工业重镇向区域服务中心转变

过去四十年全球资本主义发展的特点是城市治理从管理主义向企业主义的转变（Harvey，1989），以及普遍认为城市是全球关系和交流网络中的节点。在残酷的全球化背景下，政治和商业精英们开始期待通过与全球经济建立联系来改善城市和地区的经济表现。因此，在过去 30 年来，城市和区域规划方案的重点聚焦城市再生和复兴政策的实施，以提高城市的全球知名度并吸引游客和投资。位于西班牙北部的毕尔巴鄂市也不例外。在 20 世纪七八十年代，毕尔巴鄂经历了剧烈的经济转型——最初通过全球性工业改革。这种方式导致该地区在十年间消失了接近 40%的工业就业岗位。在这种创伤性开发（traumatic development）后，毕尔巴鄂开始了自己的复兴计划，试图把这座城市变成有能力迎接21世纪挑战的现代化、有竞争力的大都市。毕尔巴鄂的复兴计划采用了欧洲其他已复苏城市常用的策略，复兴项目提出：

① 将滨水的市中心阿班迪奥巴拉(Abandoibarra)地区改造成一个贸易、商业和文化中心(epicenter)(包括1997年建成的古根海姆博物馆)；

② 提升港口和机场运输能力；

③ 新建一个地铁系统；

④ 新建公路线、铁路线，一个新的市中心，和一个新的综合交通换乘枢纽站；

⑤ 新建一个会议中心；

⑥ 新建一个科技园，其中包括欧洲软件研究院(European Software Institute)总部。

这个规划方案有五个突出的关键点。第一，这是一个由国家主导的复兴项目，资金几乎完全源于巴斯克自治区和西班牙机构，预估20亿美元的预算占了1996年巴斯克地区GDP的相当大一部分。而且，这项大都市区域重要投资涉及巴斯克地区5.7%的土地面积，以及涵盖近一半的居住人口。第二，由于规模巨大，这一复兴项目是一个跨越20年的长期计划。大部分(尽管不是全部)基础设施项目在2015年完成。第三，此规划将当地经济多样化作为明确的追求目标。通过将生产和消费导向的战略相结合，这一项目旨在吸引来自不同经济领域不同规模企业的投资，从高科技钢铁产业、创新性造船业到会展业和旅游业。第四，重点放在了城市的国际化，这在实践中意味着要促进对外贸易并吸引文化旅游业。第五，大部分起着地标性作用的新建筑和其他设施没有委托当地建筑师，而是委托给那些在国际建筑专业领域具有很高地位的“明星建筑师”，包括圣地亚哥·卡拉特拉瓦(Santiago Calatrava)、诺曼·福斯特(Norman Foster)、罗伯特·A·M·斯特恩(Robert A. M. Stern)、弗兰克·盖里、西萨·佩里(Cesar Pelli)、拉斐尔·莫内欧(Rafael Moneo)和阿尔瓦罗·西扎(Alvaro Siza)。

复兴计划的核心是阿班迪奥巴拉地区。这是毕尔巴鄂市中心的一个老的滨河工业区，将在计划中成为新的中央商务区(CBD)和城市地标性地段。而对“超级港”(the Super Port)的扩建，除了能从内维隆河(Nervión River)转运海运集装箱以外，还能为阿班迪奥巴拉地区腾出更多的空间，以容纳一些新的地标建筑。这些新的地标包括：

① 诺曼·福斯特的新地铁系统(1995)；

② 弗兰克·盖里的古根海姆博物馆(1997)；

③ 圣地亚哥·卡拉特拉瓦的祖比祖里(Zubizuri)大桥(1997)；

④ 比艾尔·曼德若拉(Javier Manterola)的尤斯卡尔杜那(Euskalduna，下同)桥(1997)；

⑤ 索里亚诺(F. Soriano)和帕拉西奥斯(D. Palacios)的尤斯卡尔杜那会议中心(1999)；

⑥ 胡安·弗朗西斯科巴斯(Juan Francisco Paz’)的海事博物馆(2001)；

⑦ 里卡多·列戈瑞达(Ricardo Legorreta)的米利亚(Meliá，下同)毕尔巴鄂酒店(2003)；

⑧ 罗伯特·A·M·斯特恩的祖比亚特(Zubiarte，下同)购物中心(2004)；

⑨ 矶崎新(Arata Isozaki)的矶崎门(Isozakigate)(2008)；

⑩ 拉斐尔·莫内欧的德乌斯塔乌大学(University of Deusto，下同)图书馆(2010)；

⑪ 阿尔瓦罗·西扎的巴斯克公立大学(Basque Public University)礼堂(2010)；

⑫ 西萨·佩里的伊维尔德罗拉公司(Iberdrola)办公大楼(2011)；

⑬ 纽约巴尔莫里建筑事务所(Balmori Associates)的巴斯克(Euskadi)广场(2011)；

⑭ 扎哈·哈迪德建筑师事务所（Zaha Hadid Architects）的佐佐塔雷(Zorrotzaure)桥(2017年仍在建)。

阿班迪奥巴拉地区最具视角冲击力也最成功的项目就是毕尔巴鄂古根海姆博物馆。然而荒谬的是，博物馆最初并未包含在复兴项目中。据彼得·霍尔(Peter Hall, 2001)，古根海姆博物馆象征着毕尔巴鄂的历史性转变，同时也标志着这一城市"在世界意识地图上"彻底的形象蜕变。古根海姆博物馆项目被广泛认为是一项成功的事业，它使毕尔巴鄂跻身于世界建筑先锋城市之林。作为典型城市标志的毕尔巴鄂古根海姆博物馆也带来了一些有趣的问题，例如地标性建筑和IUMPs在城市复兴中的作用，文化和旅游对城市经济的意义，以及本地和地区政府为其市民带来实质上经济发展的能力。

## 22.3 古根海姆博物馆：毕尔巴鄂的全球性冒险

对于巴斯克地区的官员来说，设立一个全球风险投资项目是古根海姆项目最强烈吸引人的特点之一。整个古根海姆博物馆作为一个全球扩张项目由前古根海姆基金会主任托马斯·克伦斯(Thomas Krens)执行。对于巴斯克谈判代表而言，这是个外资项目。巴斯克官员将自己视为一个主权国家处理国际事务的代表。巴斯克人必须说服克伦斯，除了全部投资将来自当地资金外，在巴斯克地区投资是个好机会。一致的利益和他们关于这类项目持有的相似观点在协议的签署中起到了很大的作用。作为筹资人和策划者的克伦斯与毕尔巴鄂市之间是一种间接关系。艺术家盖里第一时间就爱上了这个城市"难以置信的坚韧"："我被绿色山谷中冷酷的工业风格所吸引"(Gehry, 2001)。盖里的确设法实现了巴斯克人对于具有巨大市场潜力的地标性建筑的渴望，同时也让克伦斯建造一个类似于14、15世纪沙特尔大教堂(Chartres Cathedral)的愿望变成了现实(Jodidio, 2001)。他的作品是被建筑评论家乔瓦尼尼描述为"在国家逐渐衰落和城市的重要性逐步提升的欧洲，杰出的建筑将有助于定义统一的欧洲文化啄序(pecking order)[1]"的其中一件(Giovannini, 2001)。这位评论家在一篇发表于2001年题为《毕尔巴鄂效应》(*The Bilbao Effect*)的文章中勾勒了一幅"由世界级的建筑提供动力"的城市在全球经济中渐渐崛起的图景：

> 锈带城市，西班牙的匹兹堡，需要一个可以媲美埃菲尔铁塔和悉尼歌剧院的明信片形象，以彰显其作为统一的欧洲和全球化经济棋盘中重要玩家的崛起。它需要一座丰碑。一座建筑和1.1亿美元的投资之后，如今的毕尔巴鄂，作为一座世界性城市，已经是一个有力的竞争者，以至于世界上许多二、三线城市都给盖里的办公室打电话，希望能复制毕尔巴鄂这一"灰姑娘式转变"。(Giovannini, 2001)

## 22.4 弗兰克·盖里的建筑

乔瓦尼尼有关城邦的出现对民族国家会构成损害的中心论点，在被提出14年后仍然只是一种推测。不过，他有关建筑在重塑城市形象中重要性的评论仍不失中肯。毕尔巴鄂古根海姆博物馆在全球范围内取得的迅速且持久的成功，首先是一个建筑地标的成功，而这也是使古根海姆博物馆成为毕尔巴鄂市象征和吸引力源泉的关键。那么，是哪些因素决定了弗兰克·盖里的设计在1997年及之后得到了几近众口一词的称赞？

① 译者注：啄序（Pecking order），啄食顺序的简称，指群居动物通过争斗获取优先权和较高地位等级的自然现象。

人们发现了一些能够回答这个问题的建筑和非建筑因素。

在与建筑相关的因素中，我们不得不考虑建筑师盖里在建筑行业的崇高地位，尤其是他为毕尔巴鄂设计的绝对独创性。美国著名建筑理论家安东尼·维德勒（Anthony Vidler），曼哈顿著名的库珀科学与艺术发展联盟（Cooper Union for the Advancement of Science and Art）的前任院长和教授，评价盖里的设计"不同于盖提式的僵硬古板，是一种令人耳目一新的非传统设计"（Vidler, 2002）。尽管盖里在为毕尔巴鄂设计时已经是声名显赫的建筑师，但位于巴斯克首府的古根海姆博物馆无疑使他成为真正享誉全球的建筑师。

在非建筑因素中，人们必须考虑克伦斯关于全球博物馆特许经营的新奇想法。此外，一方是久负盛名却陷入财务困境的美国文化基金会，另一方是以政治冲突和恐怖主义著称的衰落城市，所以在美国观察家们和其他局外人眼里，两方之间达成的协议是一个超常规的协议：

> 从新闻报道的角度来看，毕尔巴鄂发生的故事是具有新闻价值的好故事。被一座非凡建筑的报道吸引到毕尔巴鄂的记者们发现了许多其他具有叙事性趣味的元素：穷困潦倒但试图东山再起的城市、动荡的政治局势、一座跨国博物馆……（Raouén, 2001）

因此，整个项目具备了吸引媒体注意力的潜质，但自毕尔巴鄂博物馆于 1997 年开放以来，正是盖里的设计吸引了数百万人来到毕尔巴鄂。盖里自己谈到了巴斯克人的愿望：

> 他们的愿望非常明确，他们想要一座悉尼歌剧院，通过这个建筑把人们带到毕尔巴鄂，并使毕尔巴鄂出名（put the place on the map）。我尝试着去这样做了。（Gehry, 2010）

2005 年，西德尼·波拉克（Sydney Pollack）导演了纪录片《建筑大师盖里速写》（Sketches of Frank Gehry），评论家米尔德丽德·弗里德曼（Mildred Friedman）在该片中告诉西德尼·波拉克：

> 盖里对最初着手时产生的所有想法进行了研究，并一直深入下去。我认为在这段艺术史中，没有一座建筑能与之相提并论。（Friedman, 2010）

前古根海姆基金会的托马斯·克伦斯认为：

> 毕尔巴鄂是弗兰克·盖里的分水岭。凭借毕尔巴鄂古根海姆博物馆的开放，他从一名有趣的建筑师了蜕变成了一名卓越的建筑师。（Krens, 2010）

可以说，弗兰克·盖里知道如何在视觉上和空间上为博物馆传递一个新纪元。正如著名建筑历史学家维多利亚·纽豪斯（Victoria Newhouse）在她名为《迈向新博物馆》（*Toward a New Museum*, 1998）的书中有关毕尔巴鄂古根海姆博物馆的一章里讨论的那样，博物馆不再是"古董柜"，而是"文化主题公园"。同样，评论家杰恩·默克尔（Jayne Merkel）也解释了这些博物馆的新功能：

> 如今许多博物馆建筑本身就是为了令人震撼……博物馆不再仅仅是宝库[……]它们凭借自身成为参观者的目标…今天的博物馆不仅仅用于保存；它们招待顾客、提供食物、出售商品、举办聚会和展览。（Merkel, 2002）

评论家马丁·波普（Martin Pops）认为，在美学上为博物馆创立这一新纪元并产生非凡影响的方法之一是让建筑呈现出一个流动的过程，而非程式化的过程：

1985 年，盖里自问：“怎样才能让一座建筑看起来像是在进行中呢?”当然，字面上的意思是“未完工”，就像盖里“尚未完工”的这座建筑一样，建筑外部的一部分被包裹着，它的内部结构暴露着。另一种说法是引入一个自然过程的隐喻……他为古根海姆博物馆设计了金属花……盖里设计的曲线或许看起来像是个人的发明，但按照美国建筑评论家查尔斯·詹克斯(Charles Jencks)的说法，它们“肯定来自大自然，很像混沌理论和突变理论的产物。”(Pops，2000)

另一个能够解释毕尔巴鄂博物馆建筑具有吸引力的因素，用兼具美学和实践术语的话来说，是建筑师融入当地和全球语境的能力。正如朱迪思·贝尔(Judith Bell)所说：

通过他在毕尔巴鄂设计的建筑，这种曾经看起来很独特的设计语言有了一种崭新和普世的意义[…]这个由钛金属和玻璃精心制作的起伏空间给人以流动和令人眩目的视觉冲击[…]建筑不仅仅是在特定时刻与即时环境进行的对话或是谈论，还是在展望未来及事物未来的形貌。(Bell，1998)

有人认为，这座建筑对城市的感知响应源于盖里对那段毕尔巴鄂工业化历史的欣赏，通过这座船型建筑，唤醒了相似的一段历史。艺术评论家保罗·戈德伯格(Paul Goldberger)明确指出：

盖里的天才之处在于，他创造的建筑看似随心所欲和荒谬无理，但实际上却能对周围环境和使用者需求做出深刻的回应。(Goldberger，1997)

而盖里自己表达他此番创作的城市背景：

一条河，一座大桥。一个建在沿河的高处却还停留在 19 世纪的城市。城市被绿色的山谷环绕着，一切都让人觉得很惬意。我被这座大桥和这座城市的活力迷住了，这座城市在交通、能源等方面都充满了生机……我有如此多的元素要处理：如何与一座 19 世纪的城市建立联系，如何将人们引导到河边，如何与这座大桥相衔接，如何应对巴斯克地区的文化、兴趣和历史渊源。(Gehry，2010)

全世界的媒体通常从建筑师的视角来讲述这个博物馆的建造过程，暗中隐喻该建筑的成功完全归功于盖里的设计。然而，还可以从巴斯克地区的视角来看，即考虑遵循盖里设计方案的博物馆实际建造过程。直到盖里使用 CATIA 软件(一种最初专为航空航天工业开发的专业软件包)进行三维设计展示，巴斯克方面才确定设计是可以实现的，并且确认他们能够建造这一建筑。

尽管建设任务的复杂性超出预期，但它也成为一个受欢迎的挑战。对于有着“金属文化”……以及作为“对自己的工作感到自豪的承包商”的巴斯克地区来说，这一任务成为一个敢于应对的挑战。(Stein，1997)

复杂的建造过程不需要来自美国或其它地方的专业知识；一家巴斯克的工程建筑公司完成了它，使用巴斯克本地的资金、工程师、建筑师和建筑工人，这家建筑公司名为 IDOM。IDOM 在设计阶段参与每六周举行一次的项目会议。IDOM 设计了作为建筑骨架的钢制外壳。他们还做了一个必要的创造性决策——改造了一台石磨机，使其能在起伏的金属表面工作。对此，盖里自己也谦虚地承认说：

我认为真正的奇迹不是在于建筑的设计，因为我可能有一些天赋等；而奇迹在

于它的建造。但我不认为人们能够真正意识到这座建筑为施工领域所带来的变革。(Gehry, 1997)

牛津大学教授傅以斌(Bent Flyvbjerg)对比了毕尔巴鄂古根海姆博物馆和悉尼歌剧院之间的项目效率(Flyvbjerg, 2005)。根据傅以斌的比较,毕尔巴鄂项目非常成功,因为弗兰克·盖里确保了他自己所说的"艺术家组织"在施工期间占主导地位,目标是防止政治和商业利益干扰设计,"尽可能地去实现原始设计图纸的成果"。相反,艺术家组织这一模式并没有在悉尼得到落实,政治和商业利益几乎从一开始就控制了建设过程。傅以斌解释道:

> 通过"艺术家组织"模式的实施、准确的预算和成本控制及先进计算技术的应用,毕尔巴鄂获得了一座集艺术博物馆、建筑艺术品、商业机构和巴斯克地区急需的发展平台于一身的建筑,这一建筑同时也成为各地优秀建筑、优秀城市和区域规划爱好者们的灵感源泉。而悉尼在所有方面的做法都与毕尔巴鄂背道而驰,最终得到了一座不适合歌剧的歌剧院。悉尼歌剧院的设计者乌松(Utzon)完成的建筑外形部分无疑与毕尔巴鄂的博物馆一样具有地标性,悉尼港的贝壳使澳大利亚在世界地图上独一无二。但考虑到所付出的代价——20 世纪毋庸置疑的建筑大师职业生涯和全部作品的毁灭——悉尼的教训让我们知道什么是不该做的。(Flyvbjerg, 2005)



## 22.5 毕尔巴鄂的"古根海姆效应"

毕尔巴鄂当地报纸《西班牙邮报》(*El Correo*)在 1997 年博物馆建成后的头两天进行了一项民意调查,结果显示毕尔巴鄂公众对博物馆的反应十分热烈。"令人惊讶的""宏伟的""有影响力的""昂贵的"是当地游客用来描述这座建筑时最常见的形容词(El Correo, 1997)。开幕当天,4 502 人排着队进入博物馆。一名参观者说:"你需要具备开放的心态才能理解某些展出的艺术品。"另一些人则认为花 700 比塞塔(约合 5 美元)去参观博物馆及其艺术收藏品较为昂贵。博物馆工作人员会不断提醒参观的游客在欣赏画作时要保持适当的距离,这一点让一些习惯于参加艺术展览的游客感到有些不适。时至今日,排长队等候入场仍然是古根海姆博物馆的一道风景。

外来游客对这座建筑的评价似乎比当地人更积极。民意调查显示,97%的巴斯克居民和 100%的外国游客对盖里的建筑持积极态度。然而其中只有 54%的巴斯克受访者和 78%的外国游客认为博物馆里的艺术品"有趣"。大多数受访者表示会再次造访(El Correo, 1997)。尽管许多民众很赞赏博物馆的建筑设计并认可其塑造城市正面形象的潜力,但他们还是对展品艺术价值和博物馆成本提出了质疑。从另一个角度来说,无论个人品位如何,或对博物馆展品的是否激烈赞赏,这座建筑仍然拥有着几乎能在刹那间令游客着迷的影响力,正如本作者在 1997 年与之后的到访中的体验一样。人们很愿意在博物馆外面四处走走,欣赏这件宏伟的雕塑作品。一旦进入博物馆中,游客关注的重点就落到了"充满跳跃空间的建筑结构"上(Jencks, 1997)——各种意想不到的形状和体量以令人惊叹的、复杂的、看起来似乎是"混乱的"方式拼接在一起,组成了这座建筑独特的室内空间和廊道。

评论家考夫曼(J. E. Kaufman)谈及古根海姆博物馆是否可能取得成功时说:

> 毕尔巴鄂古根海姆博物馆会成功吗? 1992 年,一项研究预测博物馆的年收入

将为 1 400 万美元，其中约一半来自私人藏品。预计年参观人数将超过 50 万人次，约一半来自本地区，其余来自西班牙国内和世界其他地方。研究估计博物馆每年将会带来接近 3 500 万美元经济增量，产生 400 万美元的税收。批评人士怀疑这些预测的真实性，理由包括该地区艺术资源和观众资源匮乏、西班牙缺乏私人支持的条件，以及城市匮乏的旅游业吸引力。最近，古根海姆博物馆系统将其收藏的 20 世纪艺术品的一部分作为样品送到毕尔巴鄂的展览场场馆（古根海姆基金会方面为两场展览收取了各 100 万美元），据统计两场展览总共只吸引了 10 万名参观者，或许预示了前路艰难。但巴斯克人寄希望于盖里的杰作和久负盛名的古根海姆的名字能吸引大众。除了当时悬而未决的在奥地利古根海姆博物馆的提案以外，在 1994 年签订的管理合同中包含了排他性条款，即古根海姆基金会方面未经巴斯克方面同意，不能在欧洲其他地方开设类似博物馆。(Kaufman，1997)

考夫曼的疑虑是有道理的。在关于 IUMPs 的文献中，大多数评论家都认为地标性重大项目可以有效地改变城市形象，但通常在经济上欠缺可行性。一项普遍的观点是，毕尔巴鄂的古根海姆博物馆是上述观点的反例。然而，对数据的探查揭示了更为复杂的图景。咨询公司毕马威会计师事务所（KPMG Peat Marwick）1999 年的一项研究显示，在 1997 年 10 月至 2002 年 10 月间，共有 5 383 062 人参观了毕尔巴鄂古根海姆博物馆，其中 83%（4 467 941 人）是专门去毕尔巴鄂参观博物馆，或延长逗留时间以参观博物馆。在这五年期间，游客们大约消费了 5.56 亿美元，其中 35%消费在了餐馆、酒吧和自助餐厅，26%消费在了当地商店，23%消费在了酒店，大约 6%消费在了交通上。该研究估计参观古根海姆博物馆的游客们为巴斯克地区经济带来了 4.45 亿美元经济增量，直接或间接创造或维持了约 4 000 个工作岗位，并为巴斯克地区财政部门带来了约 8 400 万美元的增值税、公司税和所得税（KPMG Peat Marwick，1999）。

巴斯克研究人员比阿特丽斯·普拉萨（Beatriz Plaza）推算了古根海姆博物馆对巴斯克地区旅游业的影响力（Plaza，2000）。她强调，在古根海姆博物馆建成之前，毕尔巴鄂就有旅游业。1996 年，休闲旅游占游客总数的 8%，商务旅游占 60%。普拉萨试图计算自 1997 年开馆以来，博物馆给旅游业带来了多少额外的收入。她认为巴斯克地区的旅游业增长：

可能是诸多因素作用的结果，包括全球旅游业的增长、有利的行业景气周期、充满活力的毕尔巴鄂国际博览中心、圣塞巴斯蒂安（San Sebastian）不断增强的吸引力（之前巴斯克地区的主要休闲旅游目的地），甚至包括西班牙民族分裂组织“埃塔（ETA）”在 1998 年 9 月的宣布停火，及至 1999 年 12 月停火结束。我们必须清晰界定毕尔巴鄂古根海姆博物馆效应。(Plaza，2000)

普拉萨的研究成果与毕马威相反，并提供了截然不同的数据。毕马威认为，博物馆在 1998 年 6 月和 7 月吸引了 97 525 名游客，而普拉萨测算的数字仅为 35 655 人，是毕马威估计值的三分之一。根据普拉萨的研究，古根海姆博物馆因素能够解释 1997—2002 年期间的 1 069 650 名游客的到访原因，而非咨询机构估计的 4 317 190 人。普拉萨的研究还显示，从 1997—2002 年，顶级豪华酒店的入住率大大高于其他酒店（85%&46%）。她将这些数据解读为：一部分城市游客增长源于商务旅行游客的贡献，而非古根海姆博物馆的参观游客（Plaza，2000）。虽然她的数据并不能为这一解读提供决定性证据，但毕尔巴鄂酒店业增长并非始于古根海姆博物馆的观点是准确的。

2014 年的数据显示了近期毕尔巴鄂古根海姆博物馆对当地经济的贡献。当年的游客总数为 1 011 363 人，其中 2/3 来自西班牙以外。最低的参观人数是 2002 年的

851 628 人，考虑到美国“911”恐怖袭击事件的负面影响，这一数字还是不错的。参观人数最多的年份是 1998 年，共有 1 307 200 人(表 22.1)。据博物馆官方估计，2014 年其对当地经济的影响约为 3.3 亿美元，包括零售、酒店、休闲、交通和餐饮。古根海姆博物馆为巴斯克地区财政部门创造了大约 5 000 万美元的税收，直接和间接创造或维持了 6 375 个工作岗位(一个可能偏乐观的估计数字)。游客们的花费中，2 850 万美元(占总额的 8.6%)用于博物馆内消费(包括门票、导游参观、商店和特殊活动)，2.55 亿美元(68%)用于住宿和餐饮，4 600 万美元(14%)用于零售购物，4 400 万美元(13%)用于休闲，1 550 万美元(5%)用于交通(GMB，2014)。这些数字虽然很不错，但这些仅占毕尔巴鄂大都市(Metro Bilbao)GDP 的 0.85%(2014 年毕尔巴鄂大都市 GDP 约为 385 亿美元)，约占当年毕尔巴鄂城区 GDP 的 2.2%(当年毕尔巴鄂城区 GDP 约为 150 亿美元)(GMM，2014)。总而言之，古根海姆博物馆，尽管是个积极的补充，但对城市经济的贡献并不大。

**表 22.1　1992—2015 年巴斯克自治区和比斯开省(Biscay)GDP 增长情况，以及古根海姆博物馆、比斯开省和巴斯克自治区的游客情况统计**

| 年份 | 巴斯克自治区GDP 增长率[1] | 比斯开省GDP 增长率[2] | 巴斯克自治区游客数[3] | 比斯开省游客数[4] | 古根海姆博物馆游客数[5] | | | 地标性建筑的开放 |
|---|---|---|---|---|---|---|---|---|
| | | | | | 总计 | 西班牙国内[6] | 国外 | |
| 1992 | 6.4 | 7.0 | 858 173 | 316 199 | N/A | N/A | N/A | |
| 1993 | 3.4 | 3.5 | 862 410 | 296 354 | N/A | N/A | N/A | |
| 1994 | 7.3 | 6.9 | 968 551 | 323 211 | N/A | N/A | N/A | |
| 1995 | 8.3 | 7.4 | 101 8011 | 331 484 | N/A | N/A | N/A | |
| 1996 | 6.9 | 6.3 | 105 4322 | 355 279 | N/A | N/A | N/A | |
| 1997 | 7.2 | 6.8 | 1 129 720 | 391 703 | 259 234 | 89% | 11% | 古根海姆博物馆 |
| 1998 | 9.1 | 8.4 | 1 439 724 | 570 298 | 1 307 200 | 73% | 27% | |
| 1999 | 8.3 | 8.8 | 1 536 064 | 609 158 | 1 060 000 | 55% | 45% | 尤斯卡尔杜那会议中心 |
| 2000 | 8.0 | 8.3 | 1 515 621 | 590 677 | 975 000 | 54% | 46% | |
| 2001 | 5.3 | 5.4 | 1 432 869 | 553 071 | 930 000 | 52% | 48% | 海洋博物馆 |
| 2002 | 5.0 | 5.7 | 1 559 804 | 609 448 | 851 628 | 46% | 54% | |
| 2003 | 6.2 | 7.2 | 1 638 420 | 650 564 | 874 807 | 41% | 59% | |
| 2004 | 7.8 | 7.7 | 1 809 254 | 770 998 | 909 144 | 37% | 63% | 祖比亚特购物中心 |
| 2005 | 7 | 7.9 | 1 887 260 | 843 102 | 965 082 | 40% | 60% | |
| 2006 | 7.1 | 6.6 | 2 076 958 | 971 239 | 1 008 774 | 40% | 60% | |
| 2007 | 6.7 | 6.9 | 2 164 130 | 1 036 225 | 1 002 963 | 33% | 67% | |
| 2008 | 1.8 | 2.4 | 2 088 183 | 1 002 484 | 951 369 | 34% | 66% | |
| 2009 | −5.4 | −4.4 | 2 059 911 | 987 238 | 905 048 | 40% | 60% | |

（续表）

| 年份 | 巴斯克自治区GDP增长率[1] | 比斯开省GDP增长率[2] | 巴斯克自治区游客数[3] | 比斯开省游客数[4] | 古根海姆博物馆游客数[5] | | | 地标性建筑的开放 |
|---|---|---|---|---|---|---|---|---|
| | | | | | 总计 | 西班牙国内[6] | 国外 | |
| 2010 | 1.9 | 2.8 | 2 314 552 | 1 098 041 | 956 417 | 38% | 62% | 德乌斯塔乌图书馆，巴斯克公立大学 |
| 2011 | 0.4 | −0.2 | 2 420 997 | 1 179 323 | 962 358 | 38% | 62% | 伊维尔德罗拉大厦，巴斯克广场 |
| 2012 | −2.0 | −2.1 | 2 420 107 | 1 174 627 | 1 014 104 | 36% | 64% | |
| 2013 | −1.1 | −1 | 2 368 080 | 1 145 054 | 931 015 | 35% | 65% | |
| 2014 | 1.9 | 1.9 | 2 424 832 | 1 140 832 | 1 011 363 | 36% | 64% | |
| 2015 | 2.45[7] | 2.35[7] | N/A | N/A | 914 500[8] | 35% | 65% | |

[1]与前一年同比。（数据来源：Eustat）
[2]与前一年同比。（数据来源：Eustat）
[3]酒店入住人数。（数据来源：Eustat）
[4]酒店入住人数。（数据来源：Eustat）
[5]总人数。（数据来源：古根海姆博物馆。）
[6]包括巴斯克自治区。
[7]统计截至2015年6月30日。
[8]统计截至2015年10月15日。

与其他地方的类似文化机构相比，古根海姆博物馆在财务方面表现良好。在开业后的头几年中，毕尔巴鄂古根海姆博物馆自筹资金达总投资的75%，来自巴斯克政府的1亿美元初期投资也得以很快收回。然而，从更宏观的情境来看，很难看到许多人所宣称的经济“奇迹”。国际资本在当地仅有如下表现：一家公司在阿班迪奥巴拉修建了祖比亚特购物中心，喜来登连锁在同一地区修建了一间酒店的，这间酒店在几年后因为利润不佳被转手给了一家叫米利亚的西班牙公司。每年的游客数量稳定在100万左右，成为地标的古根海姆博物馆强大吸引力也对巴斯克自治区其他设施客户数量的增加产生了影响。然而，巴斯克地区旅游业的增长与GDP的变化之间并没有明确的相关性（表22.1）。

了解博物馆附加的正外部性也需要调查博物馆对改变巴斯克自治区和毕尔巴鄂的形象的作用（博物馆带来的免费全球媒体曝光为巴斯克政府节省了一大笔钱）。虽然这些后续影响很难被直接度量，然而即使在古根海姆博物馆开放18年后（博物馆1997年开放），其影响仍是显而易见的。藉由新博物馆的媒体影响力，巴斯克官员们将毕尔巴鄂描绘成一个拥有着眼于未来且不拘泥于文化领域创新理念的有竞争力的大都市，并致力于将其打造成一个全球会展中心。博物馆实时的、全球性的媒体影响力使毕尔巴鄂在世界版图上占据了一席之地。在过去的18年中，源源不断的展会代表、游客、美食家、记者等人士来到这座城市，稳步促进着这一巴斯克自治区首府国际形象的积极变化。

## 22.6 世界的"毕尔巴鄂效应"

持续的媒体关注使博物馆和毕尔巴鄂市与多个全球话语(global discourses)紧密相连:

> 毕尔巴鄂复兴计划的物质过程使流动空间清晰可见,因为它们记录了向新的经济模式的转变,同时也记录了支撑这一转变的基础设施建设过程,正是对这些事件的新闻报道使毕尔巴鄂处于国际意识流动之中(an international flow of consciousness)。(Raouen, 2001)

毕尔巴鄂效应超越论述范畴,进入了物质世界,因为世界各地的官员们相信,只要建造一座古根海姆博物馆,就有可能产生类似于毕尔巴鄂的地方性嬗变。古根海姆基金会本身得以公开地将自己宣传为一个全球性的艺术组织,并对21世纪的博物馆有着全新和成功的愿景。2002年,基金会在一个名为"全球古根海姆:典藏扩充后的精选展(The Global Guggenheim: Selections from the Extended Collection)"的展中宣传了这个全球扩张项目:

> 通过在纽约、威尼斯、毕尔巴鄂、柏林和拉斯维加斯等地建立博物馆,古根海姆基金会开始定义"全球博物馆"的概念……"延伸收藏(extended collection)"的概念是在博物馆早期历史和后续发展基础上的逻辑进化……从一开始……古根海姆博物馆就一直很重视将触达范围延伸超越本地观众,以便与更广泛的公众分享其藏品……在克伦斯的指导下,毕尔巴鄂古根海姆博物馆于1997年开放并广受赞誉。之后,纽约的博物馆也从这一令人惊叹的建筑舞台中获益匪浅,得以借助毕尔巴鄂古根海姆博物馆这个平台将其藏品和特别展览带给欧洲的新观众……通过建立全球联盟,古根海姆重新界定了传统博物馆获取藏品和藏品所有权的界限……这种方式催生出了一种前沿的特展模式,通过将时尚、设计和多媒体与非西方艺术融入与标准的传统现代主义风格重要作品的对话,从而为当代博物馆这一概念注入了新的活力。(Alsdorf, 2002)

在毕尔巴鄂古根海姆博物馆之后,克伦斯在博物馆经营管理上采取了明确而有力的全球扩张战略,评论家保罗·克列布尼科夫(Paul Klebnikov)对此的解释是:

> 1988年,42岁的克伦斯刚来到古根海姆博物馆时,博物馆里仅拥有位于曼哈顿第五大道著名的弗兰克·劳埃德·芮特(Frank Lloyd Wright)螺旋形雕塑,还有威尼斯的一件小的辅助藏品。如今,古根海姆在纽约艺术时尚街区苏荷区拥有一个分支机构,在柏林有一间画廊,在西班牙毕尔巴鄂有一座大获成功的新博物馆。位于内华达州拉斯维加斯还有两家古根海姆博物馆正在建设中[2002年已经开业,2003年再次关闭]。拟建于威尼斯的一座更大的博物馆已获批准。巴西的两家博物馆也正在进行可行性研究——它们分别位于里约热内卢和巴西东北部某个城市。因为与俄罗斯历史悠久的冬宫建立了全球战略伙伴关系,在圣彼得堡的宫殿广场建造一座古根海姆博物馆也成为可能。现在,克伦斯又获得了纽约市长鲁道夫·朱利安尼(Rudolph Giuliani)的批准,在布鲁克林大桥以南的曼哈顿下城建造一座7亿美元的大型博物馆[该计划在2001年9月11日之后被放弃]……克伦斯列举了他希望建立古根海姆博物馆的地方:"在南美(包括巴西)、东亚、南亚、中东和非洲各设立的两三家分馆。"(Klebnikov, 2001)

许多城市政府带着明确的规划方案联系古根海姆基金会，即使是能够进入第二阶段的沟通交流的少数城市——里约热内卢、维尔纽斯（Vilnius）、萨尔茨堡（Salzburg）、瓜达拉哈拉（Guadalajara）和台中——也没能通过协商达成协议。基金会计划在曼哈顿下城的滨水区建一座大型的古根海姆博物馆，并且聘请了弗兰克・盖里担任建筑师。2001 年，他基本完整的设计在第五大道博物馆展出，但 21 世纪初的经济衰退和 2001 年 9 月 11 日的恐怖袭击打乱了这一计划，并促使所有纽约的建设计划都必须再度考虑。作为古根海姆博物馆"前哨站"的两座博物馆分别开设在柏林（1997—2012）和拉斯维加斯（2001—2008），但它们均不能算是很成功，最终不得不关闭。阿布扎比和赫尔辛基两座博物馆是成功的竞争者。阿布扎比的古根海姆博物馆（由弗兰克・盖里设计）经过几次延期后，预计将于 2017 年开放，赫尔辛基的古根海姆项目在 2015 年 6 月的一次国际竞赛后公布了其获奖设计。以沙特阿拉伯（麦加）、澳大利亚（珀斯）、阿尔巴尼亚（地拉那）和巴西（贝洛哈里桑塔 Belo Horizonte）的博物馆为中心的新文化中心计划已经完成或接近完成。

用来解释那些能够影响盖里建筑能否成功因素的毕尔巴鄂效应难以被证实。例如，毕尔巴鄂博物馆的成功被归因于过去 15 年来美国博物馆新建、扩建和革新的浪潮。评论家威尔逊（L. A. Wilson）认为毕尔巴鄂博物馆"是激活并促成西班牙北部经济繁荣的原因"（Wilson，2001），其他城市也打算效仿。她引用了建筑评论家和《建筑实录》（Architectural Record）的主编罗伯特・艾薇（Robert A. Ivy）的评论："盖里的毕尔巴鄂古根海姆博物馆融合了文化、经济和政治利益，让所有人意识到城市景观中如此耀眼夺目的建筑是可以实现的。"（Ivy，2001）位于巴斯克自治区首府的古根海姆博物馆建筑也被认为是一个新时代的开端，在这个时代里，博物馆建筑本身被认为是不朽的雕塑作品，甚至有潜力成为机构作品集中最重要的作品。美国各地都发展出博物馆扩张计划，包括纽约（盖里的新古根海姆博物馆和雷姆・库哈斯（Rem Koolhaas）的惠特尼博物馆分馆）、费城（安藤忠雄的费城艺术博物馆）、哈特福特（康涅狄格州）、波士顿、贝尔维尤（华盛顿州）、旧金山、丹佛、圣路易斯、密尔沃基、辛辛那提、萨凡纳、堪萨斯城、亚特兰大、奥斯汀和夏洛特（北卡罗来纳州）。引用丹佛市长的预言，由建筑大师丹尼尔・里伯斯金（Daniel Liebeskind）打造的这座由金属包裹、多面几何形体构成的设计作品（2006 年开放）将"使我们成为世界一流的旅游目的地城市"（Webb，2001）——一个仍未实现的愿望。

以下两个例子可以说明全球范围内博物馆所受到的关注。2002 年，中国台湾台中市邀请托马斯・克伦斯考虑将该市作为未来古根海姆博物馆的选址地，鉴于该博物馆在东京、香港和新加坡等其他亚洲城市的尝试均告失败。台中市市长经常将该市与毕尔巴鄂相提并论，并希望通过建设古根海姆博物馆促进本地经济振兴。当地媒体提及克伦斯的评论：由于小城市往往愿意投入更多的激励手段和资源，因此经常有更大机会赢得大项目。相反大城市资金和规划总是已经敲定，愿意投入的并不多。然而，这位古根海姆基金会负责人也说过，类似于新博物馆的大项目"需要克服数量夸张的与艺术无关的障碍，包括足够的资金支持"（Krens，2002）。一组当地官员、学者和建筑师为克伦斯准备了一份详尽的提案，但克伦斯始终未表态。跟踪报道克伦斯行踪的新闻媒体非常失望地注意到"克伦斯跳过了与台中市议员们及台北建筑师们的规划会议，而选择参观了台北故宫博物院"（Habecker，2002）。

位于墨尔本西南大约几英里处的澳大利亚维多利亚州首府吉朗市（Geelong）也参与了古根海姆博物馆的竞标。可以预见的是，虽然还没有设计初稿，但这座尚未开建的博物馆预期的潜在影响将堪比悉尼歌剧院。一名当地的记者说："尽管批评的声音不绝于耳,但今晚发布的一项初步可行性研究表明,吉朗市在追求建设一座古根海姆博物馆的梦想上是认真的”(Bunworth, 2002)。他采访了古根海姆项目竞标委员会主席,那名负责人声称他的灵感来自毕尔巴鄂这一“曾经被认为是没落的、没有复兴希望的锈带城市”(Cousins, 2002)。这篇报道还收集了一些为竞标付出过努力的当地重要人士。这一众人,包括教授和学者,相信古根海姆博物馆将是“一笔能够让吉朗市一鸣惊人的大生意”。皇家墨尔本理工大学的一名教授认为,这座城市应该“建造著名建筑师的设计作品,举办大型展览,穿梭其间仿若周游世界,并吸引更多的人光临(get people through the doors)”(van Schiak, 2002)。他承认,毕尔巴鄂与吉朗有所不同:“在毕尔巴鄂一个小时的飞行半径范围内居住着数百万人,在几个小时的飞行半径范围内有超过 1 亿人。单纯从旅游的角度来说,毕尔巴鄂也会是旅游线路上不错的选择”(van Schiak, 2002)。然而他们仍然信心十足,声称“他们几乎没可能会输给对手,除非对方愿意带来 2 亿美元,然后说‘给你,拿走吧’”(Cousins, 2002)。2002 年 9 月,当地政府批准了一项扩展的可行性研究计划,吉朗的竞争力看起来似乎更强了(Bunworth, 2002)。不过在 13 年后的今天,对吉朗的古根海姆项目仍未落地这件事,也无需太惊讶。

毕尔巴鄂效应在学术界已是老生常谈了。这一效应有时被用于阐释更大的哲学观点。曾任曼哈顿库珀科学与艺术发展联盟(Th Cooper Union for the Advancement of Science and Art in Manhattan)教授的美国著名建筑师彼得·艾森曼(Peter Eisenman),采用毕尔巴鄂效应佐证自己的美学观点。艾森曼认为,在被媒体媒介化的当代社会,人们已经忘记了如何体验和欣赏当下:“‘毕尔巴鄂效应’提醒我们,建筑有潜力唤起人们一些原始的反射(unchoreographed responses),这些反射可以重新衔接思维、体感与视觉,这是建筑传统上扮演的角色”(Eisenman, 1999)。他宣称,建筑师们应该着眼于在设计中捕捉“时刻的能量(energy of the moment)”:“建筑的风格和所在地并不重要。重要的是存在一些我们现在还能生活的时刻,这些时刻可以通过文学,通过艺术,通过电影也可以通过建筑进行承载”(Eisenman, 1999)。

## 22.7 毕尔巴鄂效应减退了

> 事实是,毕尔巴鄂效应在很大程度上是一个神话。弗兰克·盖里的博物馆并没有改变这座城市。它仅仅是作为数十年的城市更新的句号。华而不实的,甚至是辉煌的建筑很难凭借设计层面上的价值就为社区注入活力,吸引人群或是现金流入[……]遗憾的是,如同城市一样,博物馆仍在虚掷财富以博虚名。至今如是。(Kimmelman, 2012)

位于内蒙古的新鄂尔多斯艺术博物馆由北京著名的 MAD 建筑设计公司设计,外观精美,毫不意外地证明了仅仅建造一座了不起的博物馆不足以导向城市成功。鄂尔多斯市发展迅速,相对富裕,是由于石油和天然气的发现。博物馆则因为缺乏藏品和优质策展计划,如预想中一样缺少访客。

阿布扎比古根海姆博物馆计划于 2017 年开放,其规模将是毕尔巴鄂博物馆的两倍,是纽约弗兰克·劳埃德·芮特古根海姆博物馆的 12 倍。卡罗尔·沃格尔(Carol Vogel)在《纽约时报》撰文,称盖里的这件设计为“巨大的石膏积木和半透明的蓝色圆锥体的优雅翻滚”(Vogel, 2014)。2015 年 6 月,赫尔辛基古根海姆博物馆国际建筑设计竞赛结果揭晓,来自巴黎的 Moreau Kusunoki 建筑师事务所脱颖而出。然而上述两个项目在实际开工建设之前,就已经受到了严厉的批评;批评主要来自以下三个方面:

①在城市复兴中,地标性建筑不再具有视觉话语霸权;②古根海姆实施的特许经营模式意味着地方官员在展览日程、预算和投资等重大事项上没有自主权;③在全球艺术模式下,本土文化特质往往被无视。此外,这些项目对环境的影响也不容忽视。阿布扎比项目还存在工人权利和劳动条件方面的争议。尽管批评之声越来越多,只要芬兰和阿拉伯联合酋长国新建的古根海姆博物馆影响力能达到毕尔巴鄂博物馆的一半,正反双方关于"毕尔巴鄂效应"的辩论仍将如火如荼地进行下去。

毕尔巴鄂效应也遭到众多建筑师和艺术鉴赏家的批评和质疑。《芝加哥论坛报》的评论家布莱尔·卡明(Blair Kamin)指出,"明星建筑师"的崛起提出了一系列有关全球化对最终本地化(ultimately local)艺术影响的问题(Kamin, 2002):

> 应该把世界上所有的伟大建筑都交给15名或20名明星建筑师吗?如果每个城市都有盖里、库哈斯、卡拉特拉瓦设计的建筑意味着什么?这些建筑的支持者是否仅仅是选用出名的设计商品,而不愿冒真正的艺术风险?在众多拥有不同文化的地区以及需要实现的多样化职能面前,明星设计师仅调整自己的风格就能回应每种需求吗?(Kamin, 2002)

这位评论家将这股潮流的起点定位在1976年休斯顿潘佐尔广场(Pennzoil Place),当地俗称"牛奶卡通(the milk cartoons)"。他指出,这一时尚在20世纪80年代传到了芝加哥等其他城市,当时建筑师们被认为有责任:

> 设计吸引眼球的作品以提高建筑物市场价值[……],明星建筑师们或许可以做到,前提是他们愿意深入观察[一座城市],并根据这座城市的特质和经济状况调整设计作品。(Kamin, 2002)

建筑评论家威托德·里布金斯基(Witold Rybczynski)质疑那些委托明星建筑师建造新博物馆的城市,在刺激游客数量上是否能成为下一个毕尔巴鄂。他指出,1996年由弗兰克·盖里为保罗·艾伦(Paul Allen)设计的西雅图音乐体验博物馆在开馆18个月后,参观人数减少了三分之一,同期参观当地艺术博物馆的人数则增加了三分之一以上。盖里的这座博物馆由彩色的半球体组成,据说是从电吉他、摇滚音乐博物馆和摇滚明星吉米·汉卓克(Jimi Hendrix)中得到的灵感。尽管外观如此特别,音乐体验博物馆并不成功。最近,这座建筑的一部分还被改造成了科幻博物馆。里布金斯基对公开设计竞赛是否能激励建筑师设计出更好的作品表示怀疑。他认为设计竞赛过程中激烈的竞争氛围会催生出炫技而非审慎。这种氛围中,浮夸直白往往比精致细腻更有利。(Rybczynski, 2002)。

> 普利策艺术基金会[位于圣路易斯,由日本建筑师安藤忠雄设计,于2001年开放,其发起人将其定义为"非博物馆"]是一座小型建筑,并非定位于吸引大量公众。然而很不错的是,它可被视为终结毕尔巴鄂效应的一个信号,或至少为建筑提供了一种新选项。建筑的主要目的不应该是娱乐、挑逗或震撼观众。在第三个具有旋转钛金属和碰撞棱镜特点的建筑出现之后,毕尔巴鄂效应就开始减退了。勒·柯布西耶(Le Corbusier)明白这一点,因此他没有在其它建筑中重复朗香教堂(Ronchamp)的雕塑效果。一次就够了……让人"惊叹"的因素可能会让游客和记者兴奋不已,但它不是建立永恒价值的坚实基础。(Rybczynski, 2002)

最近,里布金斯基认为"毕尔巴鄂效应也许应该被称为毕尔巴鄂异常",因为"建筑的设计、形象和公众之间的地标性化学反应结果相当罕见,而且有些神秘"(Rybczynski, 2008)。

例如，赫尔佐格和德梅隆(Herzog & de Meuron)设计的北京奥林匹克体育场非常巧妙，但与其复杂的工程设计无关，建筑物取得地标性国际地位的原因是其"鸟巢"形状的外观。"鸟巢"这一昵称并非得名于设计师，而是源于大众形象的戏称。编织状钢制外部围合结构看上去既象征着中国的古老传统，又象征着中国的现代化进程。然而，每一座"鸟巢"一样的成功建筑都建立在无数失败之上，失败品虽然代价高昂，却不能激发公众的想象力。失败的地标不会消失，但这正是问题所在。由于毕尔巴鄂效应错误地传递了非传统建筑是成为地标的先决条件的观念，业主们因此鼓励他们的建筑师们去竭尽全力设计出不寻常、令人惊诧甚至令人震惊的建筑。然而，冲击终将不可避免地消退，100 年后，大多数曾雄心勃勃的地标性建筑将沦为一种类似于主题公园和拉斯维加斯大道的结合体。(Rybczynski, 2008)

尽管毕尔巴鄂古根海姆博物馆成为了媒体的宠儿，但毕尔巴鄂效应在大多数地方被证明是难以复制的，即使对弗兰克・盖里本人也是如此。另一方面，一些建筑地标，如盖里的麻省理工学院斯塔塔中心(MIT Stata Center)，没有追求毕尔巴鄂效应，却取得了良好的成果；在这栋建筑里工作的大多数 MIT 的科学家都称赞其好玩且别出心裁(Campbell, 2007)。库柏联盟学院(Cooper Union)校友丹尼尔・里伯斯金包含锯齿状边缘、棱角和复杂几何图形的设计(是丹佛艺术博物馆、多伦多皇家安大略博物馆和哥本哈根丹麦犹太博物馆的延伸)并没有如同柏林犹太博物馆一样，给他带来广泛赞誉——说明引人注目的设计对建筑的成功、影响力和游客吸引力来说，并不是必须的。坂茂(Shigeru Ban)或安藤忠雄的许多作品都获得了高度赞赏并成为建筑典范，是令人震撼的地标性建筑的完美反例。

2017 年，考虑到盖里备受期待的阿布扎比古根海姆和香港庞大的西九龙文娱艺术区(West Kowloon Cultural District, WKCD)仍是近年来最引人注目的文化重大项目，有关地标性建筑的争论仍未有定论。根据雷姆・库哈斯发表的一份相当夸张的声明，WKCD 是一个规模宏大、雄心勃勃的项目，它可能会"定义 21 世纪公共领域的本质(public realm)"(Koolhaas, 2013)。WKCD 从规划到建设阶段均受到严厉批评。虽然项目并不包含古根海姆博物馆，但 WKCD 复制了所有 IUMPs 可能引起的争议，包括成本超支、负面环境影响、贵族化风险、文化工程自上而下的缺陷、对当地文化特质的忽视和经济上成功的不确定性(del Cerro Santamaria et al., 2013)。对于寄希望于地标性建筑立竿见影地拯救其经济低迷的城市，上述这些外部效应都不是好兆头。



## 22.8 结论

城市重大项目(UMPs)通常依靠地标性建筑来获得成功。在制定标准城市发展策略以获得全球知名度、吸引游客和投资时，IUMPs 往往发挥着核心作用。毕尔巴鄂古根海姆博物馆被广泛认为是通过地标性建筑进行形象重建的成功案例，然而，分析重点聚焦于经济和文化影响时，则呈现出光明与阴影共存。毕尔巴鄂古根海姆博物馆以其地标性的建筑风格以及当地的周边环境、经济和政治条件，在世界范围内立即引起了游客、艺术界、建筑专业人士、记者和受过教育的公众的兴趣，并方兴未艾。但博物馆远远没有成为复兴的导火索和原动力，人们也只能以观后效。目前，它还没有在巴斯克市产生大量和实质的外国投资，也没有对就业市场产生显著的积极影响。

古根海姆博物馆开放后，毕尔巴鄂的经济表现大体上遵循了经济周期的起伏规律，这清楚地表明了城市和IUMPs在多种社会经济活动尺度上的嵌入性,以及地标建筑在解释城市经济变化方面的乏力。假设毕尔巴鄂古根海姆博物馆的星光开始暗淡,游客不再大量涌入,巴斯克市的经济也不会出现显著衰退,因为博物馆仅能解释毕尔巴鄂经济总量的2.2%。城市有复杂的形态,仅仅依靠一座引人注目的建筑,即使由全世界范围内的专家和媒体参与规划设计,通常也不能从根本上改变城市的命运。

此外,全世界的城市领导者、管理者和企业家应该记住,并不是毕尔巴鄂当地政府,而是巴斯克自治区政府用自有的大量资源和完全的资金使用自主权支持了处于经济困境中的古根海姆基金会。此外,并不是每一个城市都有条件"名声大噪"——尤其是那些远离主要路线、人流和商业流,仅仅只是在规模上堪比毕尔巴鄂的二、三线城市。毕尔巴鄂所属的西班牙是世界三大旅游目的地之一,这是博物馆吸引游客的一个重要因素。西班牙每年接待约6 500万游客,其中约250万会游览巴斯克自治区,约100万会参观毕尔巴鄂古根海姆博物馆。

弗兰克·盖里的建筑在视觉上的吸引力和媒体上的成功增强了古根海姆基金会的影响力。而在毕尔巴鄂之后,合作谈判只在具有明显的地域优势和经济优势的地方进行。这些优势在大的一线城市更常见,但一线城市由于已经很出名,所以对古根海姆博物馆不太感兴趣。该基金会也有失败案例,即使达成了协议,就像在阿布扎比和赫尔辛基所做的,每年光临这些城市的游客人数是否能够抹平与大都市地区人口数量的差异依然无法确定,就像毕尔巴鄂的情况一样。制度背景、具体的政策工具和基于地域的社会动态催生了不同的IUMPs发展模式,并有助于解释IUMPs成功或失败的程度。

可以肯定的是,城市不应指望仅通过实施流行的城市政策和运用全球媒体话语就能复制毕尔巴鄂的成功。每个城市都有自己的历史和发展区域,以及影响当地决策过程的特定政治结构。世界各地的城市和地区都在一定程度上遵循着各自特定的发展逻辑。每个城市都有其特质,这些特质有助于解释其为什么会衰落,因此每个城市都需要本地化的重建策略。由于迅速且不经批判地采用了从中心到边缘的政策话语,世界各地城市的复兴政策工具箱都不可避免地采用一些标准元素,例如IUMPs。然而,若期望仅采取这样的策略就能复制一个城市的成功,那么结果往往会让人失望。

总的来说,在古根海姆博物馆之后,毕尔巴鄂在世界舞台上的地位已经发生了不可逆转的变化,古根海姆博物馆毫不含糊地展示了IUMPs在全球化时代改变城市形象的力量。此外,毕尔巴鄂古根海姆博物馆对全球媒体的影响是一个转折点,它极大地促进了有关IUMPs在大规模重建计划中商品化、商业化和可复制性的讨论。因此,在后毕尔巴鄂时代,城市精英们对IUMPs的兴趣急剧增加,他们屈从于其可能带来的希望或不满,而这成为理解当代全球化背景下的城市化布局中不同优先发展方向的关键之一。在这种背景下,全球化城市中基于IUMPs的循证研究、管理和治理之间的协同效应传统上被忽略了,而这理应成为城市和区域决策者优先考虑和解决的领域。

## 参考文献


Alsdorf B. (2002). "The Global Guggenheim: Selections from the Extended Collection," <https://www.guggenheim.org/exhibition/the-global-guggenheim-selections-from-the-extended-collection>.

Bell, J. (1998). "architecture with a twist," *The World and I*, July.

Bunworth, M. (2002). "Geelong dreams of a Guggenheim gallery," ABC Online, 22 April, <http://www.abc.net.au/7.30/content/2002/s537640.htm>.

Campbell, R. (2007), "Does Gehry's Stata Center really work?" *Bloomberg Business*, 19 June,

<http://www. bloomberg. com/bw/stories/2007-06-19/does-gehrys-stata-center-really-work-businessweek-business-news-stock-market-and-financial-advice>.

Cousins, J. (2002). "Geelong dreams of a Guggenheim gallery," ABC Online, 22 April, quoted in N. Bunworth, <http://www. abc. net. au/7. 30/content/2002/s537640. htm>.

del Cerro Santamaria, G. (2007) . *Bilbao: Basque Pathways to Globalization*. London: Elsevier.

del Cerro Santamaria, G. et al. (ed. ). (2013). *Urban Megaprojects: A Worldwide View*. London: Emerald.

Eisenman, P. (1999). Quoted by Diane Manuel in Stanford News Service, October, <http://news. stanford. edu/pr *I* 99/991006preslec. html>.

El Correo. (1997). Guggenheim Museo Bilbao, November, < http://servicios. elcorreo. com/guggenheim/museo/mu. htm>.

Flyvbjerg, B. (2005). "Design by deception: The politics of megaproject approval," *Harvard Design Magazine*, no. 22, Spring/Summer, pp. 50-9.

Friedmann, M. (2010). Quoted in M. Tyrnauer, "Architecture in the age of Gehry," *Vanity Fair*, <http://www. vanityfair. com/culture/2010/08/architecture-survey-201008>.

Gehry, F. (1997). Quoted in C. Caicoya, "From project to construction," *Arquitectura Viva* 55: VII-VIII.

Gehry, F. (2001). Quoted in J. Zulaika, "Tough beauty: Bilbao as ruin, architecture and allegory," J. R. Resina (ed. ), Iberian Cities. New York and London: Routledge.

Gehry. E (2010). Quoted in M. Tyrnauer. "Architecture in the age of Gehry," *Vanity Fair*, <http://www. vanityfair. com/culture/2010/08/architecture-survey-201008>.

Giovannini J. (2001). "The Bilbao effect," *Red Herring*, 12 February, <http://georgemaciunas. com/exhibitions/fluxus-as-architecture-2/fluxhousefluxcity-prefabricatedmodular-building-system/fluxhouse-fluxcities/articles/red-herring-magazine-the-bilbao-effect-by-joseph-giovannini/>.

GMB (Guggenheim Museum Bilbao). (2014). *Estudio del Impacto Económico generado por la actividad del Museo Guggenheim Bilbao*, internal report.

GMM (Global Metro Monitor). (2014). Brookings Institution, < http://www. brookings. edu/research/reports2/2015/01/22-global-metro-monitor>.

Goldberger, P. (1997). "The politics of building," *The New Yorker*, 13 October, 73 (31): 48-53.

Habecker, W (2002). "Museum official says Taichung has long way to go," *Taipei 'Times*, 6 June, <http://www. taipeitimes. com/News/biz/archives/2002/06/06/0 000139235>.

*Hall*, P. (2001). "Global city-regions in the twenty-first century," in A. Scott (ed. ), *Global City Regions: Trends Theory*, *Policy*. Oxford: Oxford University Press.

Harvey, D. (1989). "From managerialism to entrepreneurialism: The transformation in urban governance in late capitalism," *Geografiska Annaler*, B 71: 3-17.

Ivy, R. (2001). Quoted in A, Wilson Lloyd (2001), "Architecture for art's sake," *Atlantic Monthly* 287:85-8.

Jencks, C. (1997). *The Architecture of the jumping Universe: A Polemic: How Complexity Science is Changing Architecture and Culture*. New York: Academy Press.

Jodidio, P. (2001). "Un nouvel imperialisme?" *Connaisance des Arts*, 545: 7.

Kamin, B. (2002). "How stellar are 'starchitects'?" Chicago *Tribune*, 27 January, <http://articles. chicagotribune. com/2002-01-27/news/0201270415 _ 1 _ new-dorm-starchitects-newyork-city-designer>.

Klebnikov, A. (2001). Museums Inc. *Forbes*, 8 January.

Kimmelman, M. (2012). "Why is this museum shaped like a tub?" *The New York Times*, Art and Design Section, 23 December, < http://www. nytimes. com/2012/12/24/arts/design/amsterdams-new-stedelijk-museum. html? _r=o>.

Koolhaas, R. (2013). Quoted in E. Dunham-Jones, "The irrational exuberance of Rem Koolhaas," *Places journal*, April, <https://placesjournal.org/article/the-irrational-exuberance-of-remkoolhaas/>.

KPMG Peat Marwick. (1998). *Estudio de impacto economico del Museo Guggenheim Bilbao*, report.

Krens, T. (2002). Quoted in W. Habecker (2002), "Museum official says Taichung has long way to go," *Taipei Times*, 6 June.

Krens, T. (2010). Quoted in M. Tyrnauer, "Architecture in the age of Gehry," *Vanity Fair*.

Merkel, J. (2002). "The museum as artifact," *The Wilson Quarterly*, 26(1): 66-79.

Newhouse, V. (1998). *Towards a New Museum*. New York: Monacelli Press.

Plaza, B. (2000). "Evaluating the influence of a large cultural artifact in the attraction of tourism: The Guggenheim Museum Bilbao case," *Urban Affairs Review*, 36(2): 264-74.

Pops, M. (2000). "Gehry's Guggenheim in Bilbao," *Salmagundi*, 124/125: 17-49.

Raouen, M. (2001). "Reflections on the space of flows: The Guggenheim Museum Bilbao," *journal of Arts Management, Law and Society*, 30(4): 283-300.

Rybczynski, W. (2002). "The Bilbao effect," *Atlantic Monthly*, 290(2): 138-42.

Rybczynski, W. (2008). "When buildings try too hard," *Wall Street Journal*, 22 November, <http://www.wsj.com/articles/SB122731149503149341>.

Stein, K. (1997). "Guggenheim Museum Bilbao," *Architectural Record*, October: 77-8.

van Schiak, L. (2002). Quoted in M. Bunworth (2002), "Geelong dreams of a Guggenheim gallery," ABC Online, 22. April.

Vidler, A. (2002). Dean and Professor of Architecture, The Cooper Union for the Advancement of Science and Art, New York. Personal communication, October.

Vogel, C. (2014). "A new art capital, finding its own voice: Inside Frank Gehry's Guggenheim Abu Dhabi, *The New York Times*, 4 December, <http://www.nytimes.com/2014/12/07/arts/design/inside-frank-gehrys-guggenheim-abu-dhabi.html? _r=o>.

Webb, W (2001). Quoted in A. Wilson Lloyd, "Architecture for art's sake," *Atlantic Monthly*, 287: 85-8.

# 23 公共服务的私人提供：澳大利亚高速公路案例

黛米·钟

## 23.1 背景：PPP 采购方式

公私合作伙伴关系模式（Public-Private Partnerships，PPPs）[1] 已日益成为部署私人提供公共服务的一种流行采购方法。在此模式下，私营部门提供了基于基础设施的服务，而这些服务历来都被视为是政府的责任（BroadBent and Laughlin，2004：4）。与其他形式的私人提供（如外包和私有化）不同，在伙伴关系（partnership）概念下，项目风险和回报是共享的，且私营部门在财务安排中的参与度更高（Hodge，2005）。PPP 模式中的伙伴关系是通过特许经营权合同建立起来的，该合同允许一个商业组织在约定期限内对一项资产进行设计、建设、融资和运营；因此，这种关系也被称为 DBFOs[2]（Design，Build，Finance，and Operate）模式。其主要原理是促使风险转移给最有能力管理该风险的一方（Partnership Victoria，2000；HM Treasury，2006；WWG，2006）。

在 DBFO 框架下，私营部门按合约提供捆绑式的产品，这包括两个要素，即资产的创造和全生命周期的资产管理（WWG，2006：8）。而另一边，公共部门按预先确定的支付水平购买服务（而非资产），且只有当服务达到所要求的标准时才能进行支付（Debande，2002：359）。这种支付机制与产品规范（output specification）中列举的要求及风险评估结果相关联（Akbiyikli et al.，2006:72），并纳入了针对糟糕绩效的惩罚条款（English and Baxter，2008）。这种支付结构的目的在于激励私营部门实现物有所值（Value For Money，VFM）。由于成本的回收和未来收益都依赖于资产所提供的适当的优质服务，因此 PPPs 鼓励私营部门按成本建造所需的资产，并使用高效的技术（Debande，2002：360）。此外，只有当资产建设完成、服务全面投入使用后，私人运营商才能获得收益，因此也激励了私人联合体尽快完成建设内容。有证据表明，与传统采购模式下的合同相比，PPP 合同机制更好地促进了资产创造与持续管理的一体化（NAO，2003）。

私营部门在全生命周期资产管理（即捆绑式产品的第二个要素）中所扮演的角色，在社会型和经济型两种基础设施项目间有所不同。社会型基础设施项目（如医院、学校和监狱等）的资金通常来自州政府收入（English and Guthrie，2003：503），由政府承担需求风险（NSW Treasury，2007：1）。服务购买的支付款项包括对私营部门所提供设施的政府补贴（English，2005a），以及直接为服务付费所产生的收入流（English，2006）。

在高速公路等经济型基础设施项目中，市场风险通常由私营部门承担，其资金来源于用户付费（English and Guthrie，2003：503），而非统一资金[3]。在这些资金密集型项目中，资产的创造很可能占主导地位。在DBFO道路项目中，当建设完成后，相关服务——如计价模式、道路维护、路灯保养——的提供就是较次要的部分了（Walker and Walker，2005）。公共部门的参与仅限于监督合同的遵守情况，以及对所提供服务（VAGO，2007）或其他合同内容（如融资）（Debande，2002：36）的变更进行重新协商。作为交换，私人运营商与政府协商，获得一段时期的特许经营权，以保证私人股本获得商定的回报率（Arndt，1998；English，2005b；Glaister et al.，2000）。除了财务支持外，政府还可以通过收费模式中的一些固有变量——如特许权期限、收费上调方案、交通需求管理措施等——行使管控权，为私人投资提供直接和间接的财务回报（Chung，2009）。

在一些案例中，经济型PPP模式会以不同的形式为私营部门投资者带来巨大的财务和非财务价值，包括①政府借款担保或者政府贷款，②向驾驶者收费的权利，③特许经营期及计价标准变更协商权，④与政府协商改变现有交通安排——如封路或新建匝道以向DBFO道路进行交通分流——或者影响未来基础设施规划的权利。近期的发展表明，这些特许权也以不同的形式为政府带来了巨大的财务价值，例如在悉尼$M_2$高速公路（Sydney's $M_2$）和墨尔本城市连接高速公路（Melbourne CityLink，MCL）项目中，政府收取特许权费；在悉尼穿城隧道（Sydney's Cross City Tunnel，CCT）和莱恩湾隧道（Lane Cove Tunnel）项目中①，政府能预先收取商业对价费（Business Consideration Fees，BCF）②；而且在悉尼穿城隧道项目中，政府的净成本为零；在墨尔本东部连接高速公路（Melbourne EastLink，MEL）项目中，政府不用为新建道路部分路段的所有权持续提供资金（VAGO，2005：191，193）。

高速公路一直是澳大利亚最活跃的经济型PPP市场之一。经过多年的发展，高速公路PPP项目已经进入为公共部门带来更大收益的阶段。布朗（Brown，2005：437）简明扼要地阐述了澳大利亚私营高速公路市场的发展现状：

早期收费公路协议的结构似乎是向私营部门倾斜的，存在"重大不利事件（material adverse events，MAE）③"条款，并且可以大大延迟向政府支付租金。在最近的案例中，私营部门承担了更多的交通量下行风险，而政府则获得了超额的通行费收入。

新南威尔士（New South Wales）是澳大利亚的一个州，无论在数量上还是在涉及的财务金额上，该州都表现出对高速公路PPP模式的强烈偏好。这类项目包括悉尼港口隧道（Sydney Harbour Tunnel，SHT）、东部高速公路（Eastern Distributor，ED）、Hills $M_2$高速公路（$M_2$）、$M_4$高速公路（$M_4$）、$M_5$西南高速公路（$M_5$）、Westlink $M_7$高速公路（$M_7$）、穿城隧道（CCT）以及莱恩湾隧道。澳大利亚其他州开发的项目包括昆士兰州南北地下道路（North-South Bypass Tunnel，NSBT）、墨尔本城市连接高速公路（MCL）、墨尔本东部连接高速公路以及维多利亚州的半岛连接高速公路（Peninsula Link）。

自澳大利亚第一条私营高速公路SHT建成通车已经有二十多年的时间了。然而，至今仍缺乏对道路交通部门PPPs模式的全面评估。本章评估了风险分配的基本原理（即将风险转移给最有能力管理的一方）在多大程度上促进了通过私人提供实现物有所

① 译者注：原文如此，应是Lane Cove Tunnel。

② 译者注："对价"（consideration）是指一方为换取另一方做某事的承诺而向另一方支付的金钱代价或得到该种承诺的代价。指当事人一方在获得某种权利、利益、好处、或利润时，必须给付对方相应所承担的容忍、损害、损失或责任的代价。

③ 译者注：一般把MAE定义为"任何在合理预期（reasonably expected）下已经或将要对目标公司业绩、财政状况、运营情况等方面造成重大不利影响的事件"。

值(VFM),旨在填补这一空白。

## 23.2 DBFO 收费公路的风险分配及绩效:案例研究

早期的 DBFO 高速公路项目并未将风险转移给特许经营商。在 SHT 和 $M_2$ 项目等一些早期实践中,私营部门的确是不承担任何投资风险的。在最近的项目中,所提供的担保规模已经大幅减小。然而,保护私营部门免受需求下行风险和保障私人股本回报的隐性承诺仍然存在。

在许多案例中,设计和建设的风险已经转移给了私营部门(Mills, 1991; VAGO, 1996a; Arndt, 1998; NAO, 2003)。特别是那些建设成本占比最大(同运维相比)的公路项目,它们实现了最大程度的物有所值(Debande, 2002)。然而,剩余风险该由谁承担的模糊性使得责任界限难以划分。PPPs 模式还在公共问责、治理和声誉方面产生了一系列新的风险。本节剩余部分将进行一些案例研究,以分析 DBFO 高速公路风险分担行为的演变过程。下表总结了这些案例的合同和融资细节(表 23.1)。

(1) 悉尼港口隧道(Sydney Harbour Tunnel)(合同于 1987 年签订)

该合同是由新南威尔士州(NSW)主干道部(Department of Main Roads, DMR)和悉尼港口隧道建设公司(Sydney Harbour Tunnel Company, SHTC)共同签订的。项目标准之一是隧道的融资、建设和运营必须以"在固定期限内租赁公共财产的私人投资"形式进行(NSWAGO, 1994: 250)。

该项目的主要融资工具是 DMR 提供的 2.23 亿澳元的无息贷款(the Net Bridge Revenue Loan)(NSWAGO, 2003: 217)和 SHTC 公司向市场发行的 4.97 亿澳元的 30 年期通货膨胀指数化债券(inflation-indexed bonds, IIS)①(NSWAGO, 1994: 263)。据估计,州贷款的利息损失至少为 11.5 亿澳元(按 1994 年美元汇率计)(NSWAGO, 1994: 251)。道路交通局(Roads & Transport Authority, RTA)的贷款于 2022 年到期偿还,并从属于 SHTC 的其他债务(NSWAGO, 2003: 217)。通行费收入的持续下降和运营费用的不断增加严重制约了 SHTC 偿还贷款的能力。在不考虑隧道实际使用情况的前提下,DMR 以 350 万澳元的价格承销了这些债券的未偿还本金(NSWAGO, 1994: 251; Arndt, 1998: 22)。截至 2006 年 6 月 30 日,该承销负债的净现值估计为 3.45 亿澳元(NSWAGO, 2006b: 128)。

大多数 DBFO 项目都将建设成本超支的风险转移了,但悉尼港口隧道项目(SHT)是一个例外。悉尼港口大桥(Sydney Harbour Bridge)和隧道的全部通行费收入都用于支持隧道建设(Mills, 1991: 282)。隧道开通可能出现的延误并不会推迟 SHTC 公司的收益,因为不管隧道是否准时通车,该公司都会以 1992 年 10 月 10 日这一固定日期为担保开始收益(SHTA, 1987: Schedule 5)。新南威尔士州政府不仅分担了建设成本,还向 SHTC 公司的收入流[4] 提供了担保。一旦实际通行费收入低于预期水平,政府就有责任注入专项保证金(The Ensured Revenue Stream, ERS)来补足这部分款项,因为州政府已经同意支付,以此"确保运营商能履行与隧道运营有关的财政义务,并支付为设计、建造及运营隧道而借入款项的本金和利息"(SHTA, 1987: Schedule 5)。由于通行费收入和 SHTC 公司产生的运营费用差距越来越大,州政府当局在 2004—2007 年四年间支付的担保金总额达到了 1.767 亿澳元(票面金额)(NSWAGO, 2007)。

① 译者注:通货膨胀指数化债券(IIS),即债券本金和利息的到期支付根据既定的通胀指数变化情况调整的债券。

表 23.1 新威尔士州和维多利亚州 DBFO 高速公路对比

| 新南威尔士州(NSW) | | | | | | | | 维多利亚州(Victoria) | |
|---|---|---|---|---|---|---|---|---|---|
| 悉尼港口隧道(SHT) | M4 高速公路(两个部分) | M5 高速公路(两个阶段) | Hills M2 高速公路(M2) | 东部高速公路 M1(ED) | 穿城隧道(CCT) | 西部城市高速公路 M7(M7) | 莱恩湾隧道(LCT) | 墨尔本城市连接高速公路(MCL) | 墨尔本东部城市连接高速公路(MEL) |
| 实际通车日期 | | | | | | | | | |
| 1992.09 | 1992.05.15 | 1992.08<br>1994.09 | 1997.05 | 1999.12 | 2005.08 | 2005.12 | 2007.03 | 1999.08 | 2008.06.29 |
| 计划通车日期 | | | | | | | | | |
| 1992.10 | 1993.02.15 | 1995.02.28<br>1994.09 | 1997.12.30 | 2 000.08.18 | 2005.10.18 | 2006.08.13 | 2007.05.10 | 2 000.07 | 2008.11 |
| 预计交接日期 | | | | | | | | | |
| 2022.09 | 2010.02 | 2023.09 | 2042.05 | 2048.07 | 2035.12 | 2037.02 | 2037.01 | 2034.01 | 2043.12 |
| 特许经营期 | | | | | | | | | |
| 30 年 | 20 年 | 31 年 | 36 45 年 | 48 年 | 30 年 | 30 年 | 30 年 | 25~54 年 | 35 年 |
| 资本费用(澳元)[a] | | | | | | | | | |
| 8.83 亿 | 2.48 亿 | 3.82 亿 | 6.16 亿 | 6.84 亿 | 6.8 亿 | 22.3 亿 | 16.85 亿 | 21 亿 | 38 亿 |
| 由(一)/向(+)政府支付的预付款(澳元) | | | | | | | | | |
| +2.23 亿(州政府贷款)+350 万 | 0 | 0 | −6 650 万(资本金) | +1 020 万[b] | +9 680 万+gst[①] (RDF+BCF) | +1.93 亿+gst (RDF+BCF)[c] | +7 900 万+gst (RDF+BCF) | 0 | +1 500 万(补偿州政府在投标期和财务结算期之间的利率变动);+2 000 万(价值 3.18 亿澳元的政府土地和工程的土地许可证和高速公路租赁) |

① 译者注:澳洲 GST 是指澳洲的商品及服务税 (Good and Services Tax),企业在澳洲销售货物,提供服务或相关活动时才需缴纳,GST 税率一般为销售额的 10%。

（续表）

| 新南威尔士州（NSW） | | | | | | | | 维多利亚州（Victoria） | |
|---|---|---|---|---|---|---|---|---|---|
| 悉尼港口隧道（SHT） | M4 高速公路（两个部分） | M5 高速公路（两个阶段） | Hills M2 高速公路（M2） | 东部高速公路 M1（ED） | 穿城隧道（CCT） | 西部城市高速公路 M7（M7） | 莱恩湾隧道（LCT） | 墨尔本城市连接高速公路（MCL） | 墨尔本东部城市连接高速公路（MEL） |
| 由（一）/向（＋）政府机构的财务支持 | | | | | | | | | |
| -ERS 补足的收入 | ＋土地租赁：预付 4 660 万澳元[d] | ＋2 200 万澳元土地贷款[d]；8 500 万澳元现金贷款；1 000 万澳元工程款 | ＋土地租金（基础＋奖励）；2.15 亿澳元（见上文） | ＋2 500 万美元＋土地租金（1 澳元基础性费用＋每年 1 500 万澳元的 BCF）[e] | ＋土地租金（1 澳元基础性费用＋奖励） | ＋土地租金（1 澳元基础性费用＋奖励） | ＋土地租金（1 澳元基础性费用＋奖励） | －2.66 亿澳元＋特许经营权年费分三期收取＋奖励性租金[f] | ＋在实际收入大于预计收入的相关时期，应支付的奖励性租金[g] |
| 年日均流量实际值（辆）[h] | | | | | | | | | |
| 88 000，截至 2011 年 | 115 000，截至 2009 年第四季度 | 121 000，截至 2014 年第二季度 | 107 000，截至 2014 年第二季度 | 52 000，截至 2014 年第二季度 | 33 000，截至 2014 年第二季度 | 154 000，截至 2014 年第二季度 | 76 000，截至 2014 年第二季度 | 791 000，截至 2014 年第二季度 | 194 000，截至 2011 年第三季度 |
| | | | | | 87 088 | | 104 800 | | 300 000 |
| 现行收费标准（全车次，截至 2016 年 1 月） | | | | | | | | | |
| 工作日高峰时段 4 澳元，非高峰时段 3 澳元所有类型的车辆；仅限向南车辆 | 自 2010 年 2 月将特许权交还给州政府后，实行免费政策 | 轿车 4.49 澳元，卡车 12.07 澳元；双向执行 | 道路全长内轿车 6.61 澳元，卡车 19.83 澳元 | 轿车 6.68 澳元，卡车 13.36 澳元；仅限向北车辆 | 隧道全长内轿车 5.31 澳元，卡车 10.62 澳元；SJYC 出口：轿车 2.50 澳元，卡车 5.01 澳元；双向执行 | 按行驶距离收费，轿车 38.73 澳分/km，上限为 7.75 澳元；卡车 81.74 澳分/km，上限为 16.35 澳元；单程；双向执行 | 道路全长内：轿车 3.17 澳元，卡车 8.11 澳元；军队（Military）路段出口匝道：轿车 1.59 澳元，卡车 4.05 澳元；双向执行 | 按行驶距离收费，轿车上限为 8.57 澳元；卡车上限为 11.42 澳元；单程；双向执行 | 按行驶距离收费，周末和公共假日打折；轿车上限为 5.59 澳元；卡车上限为 15.74 澳元；单程；双向执行 |

（续表）

| 新南威尔士州（NSW） | | | | | | | | 维多利亚州（Victoria） | |
|---|---|---|---|---|---|---|---|---|---|
| 悉尼港口隧道（SHT） | M4 高速公路（两个部分） | M5 高速公路（两个阶段） | Hills M2 高速公路（M2） | 东部高速公路 M1（ED） | 穿城隧道（CCT） | 西部城市高速公路 M7（M7） | 莱恩湾隧道（LCT） | 墨尔本城市连接高速公路（MCL） | 墨尔本东部城市连接高速公路（MEL） |
| 私人联合体合作伙伴（主要股权持有人） | | | | | | | | | |
| 胜斐尔（Transfield）控股有限公司，熊谷组（Kumagai Gumi Corporation） | SWR 私人合作伙伴，麦格理基础设施公司（Macquarie Infrastructure，MIG） | MIG，M5 股份有限公司，Cogent Nominees 有限公司 | 2005 年 6 月起，运城（Transurban）公司；此前为阿比集团（Abigroup）、小林（Obayashi）公司 | MIG；之前是澳大利亚信托基金，莱顿（Leighton）高速公路投资公司 | 2007 年 6 月起，荷兰银行，莱顿控股；之前是长江基建（CKI），比尔芬格伯格建筑集团，SAS 托管公司（STC），澳大利亚 J. P. 摩根控股 | MIG，运城公司，ABI 集团，莱顿控股 | 2004 年 7 月起，CKI 和李嘉诚基金会；之前是荷兰银行澳大利亚分行 | 胜斐尔控股有限公司，小林，运城公司 | 麦格理银行（融资方），泰斯（Thiess）和约翰·霍兰德（John Holland）（施工方），皇家社会伊比利亚建筑电气股份有限公司（de Construcciones Electricas SA）（SICE）（收费系统和道路设备一体化供应商），胜斐尔服务（Transfield Services）澳大利亚有限公司（运营和维护商） |
| 运营商 | | | | | | | | | |
| 悉尼港口隧道公司（SHT） | SWR 运营商（SWR operations） | 互联道路（Interlink Roads）控股有限公司 | 托洛斯特（Tollaust）公司分包给 Hills 高速公路公司 | 机场高速公路有限公司（AML） | CCM 公司分包给博尔德斯通·霍恩布鲁克（Baulderstone Hornlbrok） | 西遇（Westlink）高速公路公司 | LCT 公司分包给胜斐尔服务 | 运城公司 | ConnectEast 运营商 |

[a] 各项目资金费用详细情况如下：

SHT：6.83 亿澳元（1986 年价格），包括 5.54 亿澳元建设成本（NSWAGO，1994；NSWIIG，2005）。

M4：包括西段缺失的连接线：梅斯山（Mays Hill）-前景（Prospect）和东段延线，以及帕拉马塔河（Parramatta）以东的詹姆斯·鲁斯路（James Ruse Drive）和银水路（Silverwater Road）。2.46 亿澳元（1988 年价格），其中包括两个路段的 1.1 亿澳元的建设费用，其余价值包括利息、维护费和税费（NSWAGO，1994）。

M5：包括第一阶段（Beverly Hills-Moorebank）和第二阶段（Moorebank-Prestons）。3.82 亿澳元（1991 年价格），由两部分组成：(i) M5 主干线支出 3.17 亿澳元：2 200 万澳元土地征用费由 RTA 支付，2.95 亿建设费用，由互联道路（CBA 贷款 2.5 亿澳元）和 RTA（贷款 3 500 万澳元和建设款 1 000 万澳元）出资；(ii) M5 西部延线：6 500 万澳元的建设费用，由 RTA 贷款（5 000 万澳元）和 Interlink（CBA 贷款 1 500 万澳元）出资；RTA 向 Interlink 提供的贷款从属于互联道路的其他债务，在项目期限结束前不需要偿还（NSWAGO，1994）。

M2:6.16 亿澳元(1994 年价格),其中包括设计和建造费用(3.69 亿澳元),项目建立费用(2 600 万澳元),日常开支(600 万澳元),给投资者的分红(4 700 万澳元),包括利息在内的净项目融资成本(3 300 万澳元),偿债准备金(1 500 万澳元),所有资金都来自私人债务和股权;另外还有 RTA 支付的 1.2 亿澳元土地购置费(Hills, 1994; NSWAGO, 1995)。

ED:6.84 亿澳元(1997 年价格),包括融资、开发、设计、建造、安装及试运营费用(NSWAGO, 1997)。

CCT:6.8 亿澳元(名义价格),包括开发、设计、建造、安装及试运营费用(NSWAGO, 2004)。

M7:22.3 亿澳元(名义价格),代表了是项目的总成本,包括道路连接工程费用和融资成本,道路设计和建设的成本为 15.4 亿澳元(Westlink M7, 2005)。

LCT:16.848 亿澳元(1999 年价格),包括开发、设计、建造、安装及试运营的费用,资金来自 5.428 亿澳元的股权投资和 11.42 亿澳元的债务融资;项目估计成本为 8.15 亿澳元(JSCCT, 2006c)。

MCL:21 亿澳元(1996 年价格),包括运城公司提供的 18 亿澳元,用于支付项目的设计、融资、建设和运营费用,以及州政府提供的 2.66 亿澳元的财务费用,用于支付相关的工程,包括购置房产、拓宽从莫兰(Moreland)路到卜拉(Bulla)路的泰勒马林高速公路,以及实施某些商定的交通管理措施(VAGO, 1996a)。

MEL:38 亿澳元,(2005 年价格),其中包括 15 亿澳元的项目设计和建设的固定合同价格;其余价值包括资本和财务成本(VAGO, 2005: 194)。

[b]私人运营商支付的 1 020 万澳元包括两笔特许经营权费的现金支付:1998 年 2 月支付了 220 万澳元;2000 年 8 月支付了 800 万澳元。

[c]联邦政府为 M7 高速公路项目出资了 3.56 亿澳元(NSWAGO, 2006b)。

[d]4 660 万澳元的土地租约(即修建高速公路的为期 17 年的土地租金)由 SWR 公司分两期支付:在开始日期或之前支付了 22 094 340.11 澳元;然后在 1991 年 5 月 31 日支付了 24 521 348.11 澳元(NSWAGO, 1994, p. 357)。RTA 的土地贷款已于 1997 年由互联道路公司偿还。这两笔款项被视为特许经营期剩余租约的预付款。在 RTA 的账目中,它们被记为负债——"未赚取的收入",并每年进行摊销(RTA, 2007: 142)。请注意,这些土地租赁的性质与后来的项目不同。M4 和 M5 的土地租赁是指建造高速公路的土地所收取的租金。其后的项目中的地租是特许经营商为收费权和为自身利益保留收费权而支付的价格。

[e]RTA 的财务支持:包括 500 万澳元,用于转移从公布中标的私营机构到财务结算之间的利率变动风险,包括私营机构发行指数化债券的相关风险;以及 2 000 万澳元的建设成本,用于补偿 AML 在原项目方案中增加的修改,其中一半是为了确保悉尼艺术馆景观天幕的建设。高达 65%的地租可以以承兑汇票的形式进行,只有在每年获得 10%的税后实际权益回报后才能赎回。

[f]2.66 亿澳元,其中 1.07 亿澳元用于购置土地,1 000 万澳元被运城公司用来根据国家工程协议(the State Works Agreement)建造一条独立的应急隧道;还有政府资助的工程相关的费用(VAGO, 1996b)。三期特许经营权年费每半年支付一次:前 25 年为 9 560 万澳元,第 26~34 年为 4 520 万澳元,其余年份为 100 万澳元。如果每年累计实际/通货膨胀后的股权回报率低于 10%,且任何财政年度赎回的承兑汇票总金额超过上一财政年度可分配现金流的 30%,则全部以无息承兑汇票形式支付(VAGO, 2002;23);当私人股权税后实际回报率高于预计回报率时,相关时期应支付奖励性租金(Cityljnk, 1995)。

[g]特许经营商 ConnectEast 没有义务为高速公路的经营权向州政府支付特许费。作为对特许权的回报,ConnectEast 运营商将建造两段新的公路[一条 2 公里长的灵伍德(Ringwood)加强型绕道和一条 4.75 公里长的丹德农(Dandenong)新绕道],这些公路是不收费的,并在施工完成后免费移交给维多利亚州政(VAGO, 2005: 193)。

[h]数据来源:http://charting transport.com/2012/03/03/traffic-volumes-on-australian-toll-roads/

来源:CityLink(1995); Eastlink (2004); JSCCT (2006a, 2006b); NSWIIG (2005); Hodge (2005); NSWAGO (various years); RTA (Contract Summary various year); RTA (2007); SHTA (1987); VAGO(1996a, 1996b, 2005); Westlink M7(2005)。

政府担保的一个不利效应就是它抵消了将资产建设和运维一揽子打包的收益。特许权公司缺乏在建设后阶段有效履行义务的动力,因为运维风险(如道路状况、故障清楚缓慢)并不会威胁到SHTC的现金流——其收益是独立于隧道通行费收入的。基于绩效的支付机制的缺失促使该公司最大程度地缩减维护隧道的支出(Mills, 1991: 287)。

新南威尔士州政府提供的融资方案被国际投资者认为有着"异乎寻常的吸引力"(Tiong, 1995)。该项目期望能够达到每年15.75%的实际内部收益率(IRR)(NSWAGO, 1994: 263)。私人股本投资者只承担了700万澳元的费用,相当于该项目总资产的1%(Mills, 1991)。政府承保债券的期限比澳大利亚资本市场通常的10～20年期限还要长(Tiong, 1995: 187);同时,私人投资者的零风险通胀指数收益率高达6.8%(NSWAGO, 1994: 263),这一估计值并不包括州政府为支付私营部门向澳大利亚税务局(Australian Taxation Office, ATO)缴纳的税费而承担的债务。2003年,州政府的账单中又增加了一笔2 400万澳元的债务(NSWAGO, 2003:2009)。这笔债务涵盖了SHTC公司过去和未来的税款,这笔税款是因DMR未能就SHTC的折旧扣除额与ATO协商一致而产生的。

在一项"特别的"调查中,州审计署发现整个合同都是为了实现一个隐蔽的战略目标(NSWAGO, 1994)。在合同谈判阶段,各州政府会受到贷款委员会设置的"全球借款限额"的制约[5]。SHTC这一私人企业实际上成为该项目的融资工具,DMR能够通过它从其资产负债表中消除明显的"过度借贷"风险:

这些融资措施同避免贷款委员会限制的目的是一致的,同时也表明政府当局不希望这些措施为国会议员和公众所知,因为最终风险由当局承担(NSWAGO, 1994: 293)。

从SHT项目中得到的教训似乎对后来的建设发展产生了一些影响。之后的DBFO高速公路项目,如$M_2$和ED高速公路项目,都设置了与交通量风险相称的财务奖励。

(2) 悉尼$M_2$高速公路(合同于1994年签订)

$M_2$高速公路在澳大利亚私营高速公路市场上开创了先河。该合同要求特许权公司支付土地租金[6],以换取征收通行费的权利。租金数额反映了市场所认为的该权利的价值,在1995年时估计为110万澳元(NSWAGO, 1995: 13)。这一价值能否实现值得怀疑,因为缔约双方商定,现金支付从2028年开始(NSWAGO, 1995: 86);如果在整个特许经营期间,私人股本回报都没有达到商定的最低限值,那么这项支付可能根本不会开始。

$M_2$项目有几个对私营部门有利的特征,如延迟租金支付以确保高风险投资的安全回报、免费使用RTA拥有的土地、获得RTA针对未来任何成本增加的补偿、以及免除州土地税等。但是当收入低于预期时,私人运营商无权向州政府追索,因此与SHT项目相比,该项目还略有改善。

Hills高速公路有限公司(Hills)[7] 最终获选,理由是该公司是唯一一个提出承担该项目"不需要RTA的任何直接财务支持或承保"的(NSWAGO, 1995: 49)。对Hills提供的宽松条款也是为了确保这一点能够实现。该项目的特许经营期为45年,特许期满后,高速公路的所有权将无偿移交给政府。如果私人投资者能获得每年16.5%的税后收益,那么该期限也可以提前至36年(NSWAGO, 1995: 22)。在财务结算时,私人股本的税前现金回报率预计为每年18.5%,而RTA仅能获得6%[8] 的回报(NSWAGO,

1995：12)。

Hills公司应支付的租金价值相当于8.874亿澳元(按名义美元计算；见NSWAGO，1995：86)。在该项目实现每年12.25%的实际税后回报率之前，Hills公司有权选择以现金或无息期票(promissory notes)支付租金，这些期票从属于该项目的所有其他债务。在此之前，RTA无权以任何期票进行现金支付。尽管Hills不要求RTA的财务支持，但实际上政府已经为项目分担了1.2亿澳元的土地征用费和6 650万澳元的项目预付资本金(NSWAGO，1995：49；Walker and Walker，2000：218；NSWIIG，2005：见附录2)。因延误而损失的现金收入给该州纳税人又增添了一笔2 840万澳元的账单[由新南威尔士州审计署(NSW Auditor-General's Office，NSWAGO)评估的净现值；见NSWAGO，1995：86]，使得政府出资总额达到了2.15亿澳元。

为了使私人股本和向RTA支付的租金有希望获得高额回报，Hills公司的融资模式不得不建立在一些风险假设之上。其交通量预测远高于环境影响评价报告书(EISs)中确定的最大流量。而且Hills假设通行费估计为2.00澳元，而EISs中为0.70澳元(NSWAGO，1995：12)。这些假设意味着高市场风险，并且获得要求的回报率的可能性降低。显然，承担市场风险的成本将从高昂的通行费用中获得，这就等于将风险转嫁给了驾驶者。

尽管预期收益率过于乐观，但一条有趣的信息显示，基本案例模型(Base Case Model)中预测的实际税后收益率绝不会超过11.78%(NSWAGO，2000)。合同文件还表明，Hills期望政府在1998—2025年间以RTA期票的形式出资4.086亿澳元(Walkerand Walker，2000：217)。在明知从$M_2$项目中获得现金收益的可能性几乎为零的情况下，RTA还是签订了合同。Hills公司的收入来源是通行费。糟糕的交通量表现意味着政府根本没有能力去兑换这些期票。2004年，日均交通量实际为72 944辆(NSWIIG，2005)，勉强达到基本案例模型预测值(85 094辆)的85%(NSWAGO，2000)[9]。截至2007年6月30日，这些期票的净现值达到了426.7万澳元(RTA，2007：129)。Hills似乎应支付给RTA一笔奖励性租金，但具体在什么情况下能实现并不清楚。

风险分配是不对称的。尽管协议已经充分考虑了Hills公司成本抬高的风险，并且也寻求到政府相应的让步，但并没有规定双方共享上行收益(NSWAGO，1995：36)。1999年，Hills对$M_2$项目的债务机制进行了重组，使得更多的资金可用于早期的股权分配(NSWAGO，2000)，但并没有就提前以现金偿还期票进行重新协商。在对Hills有利的情况下，也缺乏为政府提供更好回报的协商，这样RTA必须补偿Hills未来在州和联邦税、市政费和水费方面的任何增长(NSWAGO，1995：66)。该项目表面上看是Hills公司承担了所有的交通量下行风险[10]，但州政府也不太可能逃避这部分风险，因为交通需求是土地租金的重要组成部分。大部分运维风险由RTA承担，Hills只承担了重大维修的风险(NSWAGO，1995：44)。Hills从两个方面防范了网络风险(NSWAGO，1995：41)。一方面是通过提高通行费标准来抬高预期的风险调整后回报率，因此私人所有权下的驾驶者通行费要高于公共所有权下的收费。另一方面是在重大不利事件(MAE)制度下寻求恢复，即如果政府修改悉尼西北地区公共交通网络的行为对Hills收取通行费的能力产生不利影响，那么州政府必须偿还Hills所欠的所有债务，并对股权投资者的名义收益承担经济补偿责任(NSWAGO，1995：67)。这些合同条件和“对政府无追索权”的论调使政府在财务方面面临着巨大的潜在风险。

这样一来,新南威尔士州市民在该项目上的唯一好处就是西北地区交通状况的改善。有鉴于此,霍奇(Hodge)形容新南威尔士州政府"很容易为了完成引人注目的基础设施项目而做出糟糕的商业交易"(Hodge, 2005: 323)。在最近连接 $M_2$ 高速公路和莱恩湾隧道(LCT)的道路工程完成后,交通流量改善带来的更大价值开始显现。这两条连接城市的 DBFO 高速公路使政府向实现悉尼的综合道路网更近了一步。然而,很难得出结论说,这种好处已经超过了该州公民所面临的风险。

(3) 墨尔本城市连接高速公路(Melbourne CityLink)(合同于 1995 年签订)

墨尔本城市连接高速公路(MCL)是维多利亚州第一条私营高速公路。在没有进行经济可行性和财务评估的情况下,该项目于 1995 年启动,Transfield 控股有限公司(Transfield Holdings Pty Ltd)和大林组株式会社(Obayashi Corporation)组成的 Transurban 联合体成功中标,与维多利亚州共同开发价值 21 亿澳元的 MCL 项目。该项目涉及墨尔本三条主要高速公路——泰勒马林(Tullamarine)、西门(West Gate)以及莫纳什(Monash)高速公路的扩建和连接。这条私营高速公路连接了墨尔本机场、主要港口设施、以及城市东南部和西部的工业中心,并途径中央商务区(VAGO, 2007)。作为项目开发的载体,CityLink 公司就此成立。

根据合约,Transurban 公司将拥有 MCL 34 年的运营权。特许经营期最早可在 25 年零 6 个月后终止,也可以延长,以保证 Transurban 能够获得 17.5%的税后实际收益率(VAGO, 1996a)。通行费的设定是为了使收入最大化(Lay and Daley, 2002)。作为降低 Transurban 公司交通量风险的一个条件,维多利亚州同意实施一定的交通管制措施,包括对 MCL 附近的已有道路网进行具体改造[即"交通管理措施协议"(Agreed Traffic Management Measures)]。Transurban 公司的交通流量和收入预测都是建立在这些措施会被实施的假设之上,因此任何一项措施的取消都会导致在 MAE 制度下的重新谈判(VAGO, 1996b)。政府必须确保未来的交通政策不会危及 MCL 在墨尔本交通运输网中的核心地位(VAGO, 1996a)。这个条件限制了维多利亚州政府重建路网的灵活性。这一点在 Transurban 公司正在提出的 3 700 万澳元的 MAE 索赔中得以体现,该私人运营商声称达克兰地区(部分 MCL 建在该地区)的开发导致了收入损失(Hodge and Bowman, 2004; Brown, 2005)。

特许经营权契约赋予了 CityLink 公司设计、建造、试运营、运营、维护、维修和收取使用该设施的费用的权利,并以 1.418 亿澳元的特许经营费作为交换。这笔款项必须分三期支付(见附录 A,表 23.1)。支付方式具有高度的灵活性。

首先,可以通过向国家发行无息特许经营权票据(concession notes)的方式来解除支付特许经营费的义务(CityLink, 1995)。特许权票据必须在特许期末赎回。如果项目能给私人股本带来每年 10%的税后实际回报率,那么在不影响 CityLink 偿还优先债务能力的前提下,该期票可以提前赎回(CityLink, 1995)。布朗(Brown, 2003)估计这一延期支付方案价值 7.8 亿澳元,而且该方案极大提高了私人股本的回报率。

其次,在 2005—2006 年,为了汇拢资金以升级改造连接 MCL 的两条公共道路,维多利亚州政府曾两次与 Transurban 公司达成特许权票据回购协议。2005 年 6 月,维州路局(VicRoads)和 Transurban 公司同意以 1.51 亿澳元现金兑换一些面值 3.053 亿澳元的特许权票据(VAGO, 2007: 24)。所得款项用于资助泰勒马林和科尔德(Calder)公路交汇处的升级改造,并作为道路工程相关的额外收入,包括支付给维州路局的 1 100 万澳元预付款。2006 年 5 月,维州路局与 Transurban 公司进一步达成协议,兑现其在特许经营权票据中的剩余权益(面值 28.84 亿澳元;见 VAGO, 2007: 25),

并将收益用于西门和莫纳什高速公路升级改造所需的部分资金。作为该协议的一部分，Transurban公司还同意升级位于高速公路走廊中间地带的MCL南线路段，预计成本为1.66亿澳元。道路工程产生的额外收益由维州路局和Transurban公司共享(VAGO，2007)。

维州路局对两项兑现交易的决定是有道理的，因为这两项交易将最大限度地降低特许经营权票据的价值随时间推移而减少的风险。其所带来的收益也得到了维多利亚州审计署(Victorian Auditor-General's Office，VAGO)的认可(VAGO，2007：26)。然而，由于政府没有进行比较研究和风险评估记录，关于兑现方案是否是两个升级项目的最佳资金选择，VAGO也无法下定论。

虽然大量商业风险已经转移给了Transurban公司，但超出政府和私营部门控制范围的其他风险仍由Transurban公司和高速公路的用户共同承担(VAGO，1996a)。这就出现了公共治理风险。在方案提议之初，MCL就因DBFO高速公路替代两条现存的免费高速公路这一问题而饱受争议(Lay and Daley，2002)。肯尼特(Kennett)政府行使其法律权力，通过颁布《墨尔本城市连接法案协议》(Agreement of the Melbourne City Link Act)，"强行通过"了这一公路项目(Hodge，2005：320)。协议规定，为确保私人联合体的收益率，可将特许经营期延长至54年，但协议中并没有单独的保护消费者的条款(Hodge，2005)。

尽管如此，MCL已经成为澳大利亚PPP模式收费公路项目的一个里程碑。它是该国第一条完全电子化收费的公路，它还让越来越多的人接受，收费机制可用于交通拥堵管理，并有可能更广泛地实行道路收费。以自动收费系统和多样化收费方案取代收费站，以更有效地管理交通拥堵，这种做法已推广到后来的高速公路发展中，包括M7和MEL高速公路。尽管MCL项目是存在争议的，但就实现交通目标和为社会所接受方面而言，该项目是成功的(Lay and Daley，2002)。

(4) 悉尼穿城隧道(Cross City Tunnel)(合同于2002年签订)

穿城隧道(CCT)本身就有其独特之处，因为它本质上是城市规划者们"强制性"的城市设计方案，旨在减少城市街道交通流量和提升威廉街(William Street)沿线的市容市貌。

起初，CCT的设计定位是一条从国王十字隧道(Kings Cross Tunnel)西侧进入的短隧道，位于澳大利亚博物馆的地下。但很快，项目目标就变成了改善威廉街及周边区域的一条长隧道。随后，私人投标人Baulderstone公司[中标的私人联合体CrossCity Motorway(CCM)的成员之一]提交了一份经修订的、不符合要求的投标书，其中包括将入口延伸到国王十字隧道的东侧，并增加一条额外的车道以连接海港大桥。这一理念将项目变成了一条更长、成本更高的隧道。政府不得不两次取消收费上限，以为额外工程提供资金(NSWAGO，2006a)。第一次是调整收费上调公式(原本收费变动是与消费者物价指数(CPI)上涨挂钩的)，这对收费产生了影响——截至2018年，通行费已经比原计划上涨了35%。第二次是允许CCM将基本通行费提高15澳分(重型车辆增加30澳分)。这两次收费调整综合导致了隧道通车时的通行费增加高达51澳分(NSWAGO，2006a：6)。附录B(见表23.2)总结了这两次调整对收费的影响。

2002年，CCM公司赢得了DBFO合同，这不仅是因为它的设计提供了更好的城市解决方案，还因为它迎合了政府当时的政策，即这些项目必须在不增加政府净成本的情况下建设。CCM向RTA提供了最高额度的预付款，而其他竞标者则要求RTA付款(NSWAGO，2006a：24)。为了显示其有能力更快获得更多收益，并提供预付款

表 23.2 通行费变化（同项目原计划相比）

| 收费组成 | 项目原计划 | 变化后 | 变化原因 |
|---|---|---|---|
| 收费上调公式 | 消费物价指数(CPI)调整后的收费上涨 | 2011 年 12 月开通[a]：4%和 CPI 间的较高者；2012 年 1 月—2017 年 12 月[a]：3%和 CPI 间的较高者；2017 年 12 月之后[a,b]：CPI 和 0%间的较高者 | 以避免 RTA 在补充 EIS 和相关的附加标准条件后支付额外的 7 500 万澳元费用 |
| 基本收费标准 | 轿车：主隧道 2.5 澳元；SJYC[c] 出口段 1.1 澳元<br>重载车辆：主隧道 5 澳元；SJYC[c] 出口段 2.2 澳元 | 轿车：主隧道 2.65 澳元；SJYC 出口段 1.25 澳元<br>重载车辆：主隧道 5.3 澳元；SJYC 出口段 2.5 澳元 | 允许为 CCM 公司进行的由 RTA 确定的 3 500 万澳元额外工程的回报 |

[a]季度性调整；实际上，价格调整要超过 4%。如果 CPI 视为是年度指标的话，则 2005 年 12 月 31 日通行费用为 3.45 澳元，而非 3.56 澳元。
[b] CPI 为负值的季度，通行费保持同一水准；直到 CPI 为正值，再进行调整。
[c]即 Sir John Young Crescent。
来源：NSWAGO，2006a；JSCCT，2006a。

(JSCCCT，2006b：81)，CCM 模拟出异常乐观的交通量预测值，该值超过了其竞争对手和 RTA 估计的交通最高容量(NSWAGO，2006a：5)。CCM 不顾 RTA 的建议，坚持使用这些数据，因为它认为隧道越长，效益越好，从而能吸引更多的交通流量。

RTA 和 CCM 公司之间两次达成的取消收费上限的协议，通过将项目的财务风险转嫁给驾驶者，保证了政府的净成本为零。公众对高额通行费和相关道路封闭的强烈抵制导致了低客流量，CCT 因此在通车一年后，于 2006 年 12 月被接管。2007 年，该隧道以 7 亿澳元的价格被卖给了另一个私人联合体。当时，隧道的实际客流量还不到 CCM 公司预测值的三分之一(Clegg and Poljak，2007)。出于同样原因，2014 年 6 月 26 日，该隧道被再一次以 4.75 亿澳元的价格转让给了 Transurban 公司。对高额通行费和道路变更的抵制，都反映了公众对 CCT 项目的强烈反对。

政府认为，客流风险和因此带来的收入风险都被分配出去了，2006 年长江基建公司(CKI)(CCT 项目的股权持有人)持有的 CCT 股份的大幅贬值(1.02 亿澳元)正反映了这一点(JSCCCT，2006a：67)。但政府当时并没有意识到，选择一个没有经验的运营商的风险将损害政府声誉，并扭曲 PPP 政策框架。这最终导致政府放弃了对该项目的支持。政府和 CCM 公司剑拔弩张，媒体的大量曝光致使双方都名誉扫地。政府投入大量的公共资源，进行了多次议会调查，并完成了一份独立报告[即《里士满报告》(Richmond Report)]，旨在重新评估 PPP 政策框架的优势。

CCT 项目的“惨败”引发了对于道路基础设施融资的新的关注，这类基础设施的目的不只是简单的交通任务。如果道路基础设施是为了未来的城市设计规划，而其中很大一部分收益并不是由驾驶者获得，那么“用户付费”原则是否应该扩展到为该基础设施提供资金还是值得商榷的。

## 23.3 结论

经过二十多年的发展，私人提供的道路基础设施已经逐步演变成一种更加风险平衡的方式。但是从纳税人的角度来看，整体的实践经验常常并不理想，因此到目前为止，对于DBFO道路是否能为公众带来真正的VFM还是令人怀疑的。

在以上案例研究中，风险分配和相关支付和定价机制的制定都是为了实现具体的政治目标，以及为私人运营商带来最大收益。将资产创造和全生命周期资产管理捆绑在一起的理念，并未能实现在全生命周期内为纳税人节约成本，从而使VFM最大化的期望结果。目前激励性付款机制的水平还不足以激励私营部门承担风险。这是因为财务机制的设计并没有考虑最佳的风险分配，而是迎合了合同各方的利益。与私营部门共担成本和风险的理念，已经通过将风险和成本转嫁给驾驶者和社会公众被“合理化”了。私人提供的方式为政府带来了“战略灵活性”，以逃避议会和公众的监督(NSWAGO，1994：292-3；Hodge，2005)。

正如以上案例所揭示的，错误的交通量预测在各个项目中和时间段都很常见。据其他地方记载，交通量预测实际是为了证明出于政治原因而选择的方案是合理的(Wachs，1990)。交通量预测是公私双方为了获得合同和实现公共部门机构的战略目标而做出的努力。大量证据表明，预测结果被捏造，不是为了显示最可能的结果，而是为了满足政治意图(Flyvbjerg et al.，2006)或者为了获得市场融资而欺骗投资者(Flyvbjerg et al.，2005)，甚至二者兼而有之。这些都转化成了为社会和私人股本投资者带来的糟糕的VFM，他们在这些重大工程中都遭受到价值损失。当CCT项目的特许经营权被出售给另一个私人联合体时，原来的投资者仅回收了他们最初投资份额的20%(Clegg and Poljack，2007)。

承担责任的公共机构希望这些合同达到的目标，可能扭曲了对交通流量预测的评估。私营部门向公共部门提出最低成本交易的能力，与项目方案所依据的交通预测有密切关系。例如，在悉尼$M_2$高速公路中，向政府无追索权这一考虑要优于其他所有标准(NSWAGO，1995：49)。在一些案例中，私营企业会为了赢得特许经营权，在预测交通量增长时过于乐观，而对私营企业激励不足的招标过程会进一步加剧致使这种错误交通量预测的影响。CCT项目的招标邀请了所有投标者对开发成本或商业对价费(BCF)进行投标(JSCCCT，2006b：73)。这被认为是“对高客流量的投标提供了不正当的激励”(NSWAGO，2006a：61)。典型的事后解决方案就是通过延长特许经营期或允许取消收费上限，将交通流量风险转回公共部门。

DBFO高速公路组成了一个完整的网络拼图。它们的范围往往超越了简单的道路解决方案。近期实践表明，DBFO高速公路模式不仅是“用户付费”原则下解决交通拥堵问题的有效工具，还可以作为城市规划问题的解决方案。重要的是，政府要了解与其项目目标相关的风险，从而能够与私营部门达成适当、公平的风险分配协议。从这个程度来看，现有的风险转移措施显然是不够的。一个可持续的DBFO制度需要一种积极主动的风险管理模式，坚持合理的风险分配，而不是转移风险。



## 注释

1. 在NSW-WWG 2006的采购政策中，PPPs也被称为私人融资项目(Private Finance Projects，PFPs)。它早期在英国被称为私人融资活动(Private Finance Initiative，PFI)。在此章节中，这两个词是可以互换的，但PFIs专指在英国开展的项目。
2. 各国使用的术语不尽相同。在英国，交通运输领域的DBFO模式包括了特许期末所有权的转让(Glaister et al.，2000)，而澳大利亚的类似安排被称为BOOT(Debande，2002：380)。
3. 英国的影子收费计划是一个例外，在该计划中，私人运营商直接由国家公路局进行补偿。
4. 在合同谈判阶段，各方都很清楚，用户收费不足以支付隧道的成本。因此，主干道部(DMR)同意向

SHTC公司提供专项保证金(ERS)以应对 SHTC 的所有风险,并为 SHTC 提供财务回报,而不论实际收费水平或隧道的实际用户情况如何。

5. 读者可参阅沃克(Walker and Walker, 2000),了解"全球贷款限额"的完整历史。
6. "*rent*"一词不应被误解为租用高速公路行驶的土地的费用;它是为征收通行费的权利而支付的。为了避免混淆,本章在讨论收费权的支付/价值时,使用了 RTA 采用的术语,并称之为"land rent"或"rent";而"land lease"是指向政府租赁土地的付款。
7. 2005 年,运城(Transurban)公司收购了大山公司(Hills),如今是 $M_2$ 高速公路的拥有者和运营者。
8. 6%的回报率没有考虑到 RTA 提供的土地价值(NSWAGO, 1995: 88),否则一定会进一步降低 RTA 的收益。
9. 自莱恩湾隧道通车后,乘客量似乎有所改善。附录 A 中所提供的年度日均实际流量(AADT)是由新股权获得者(Transurban 公司)提供的最新数据。数据表明年日均流量实际值已经超过了原始预测值(90, 200)。目前还不清楚这是否会引发承兑汇票的现金赎回。
10. 当 1995 年的审计报告断言 RTA 是交通风险的共同承担者时,RTA 对这一断言提出异议,并辩称大山(Hills)公司已确认其作为唯一承担者的地位,该公司发布的项目说明书证明了这一点:"该公司承担着交通量和收入低于预期的风险"(NSWAGO, 1995: 19)。

# 参考文献


Akbiyikli, R., Eaton, D., and Turner, A(2006). "Project finance and the private finance initiative (PFI)". *Journal of Structured Finance*, 12(2):67-75.

Arndt, R. H. (1998). "Risk allocation in the Melbourne CityLink Project" *Journal of Project Finance*, 4(3): 11-24.

BroadBent, J. and Laughlin, R. (2004). "PPPs: Nature, development and unanswered questions," *Australian Accounting Review*, 14(2):4-10.

Brown, C. (2003). "Transurban City Link: Hindsight view" *Fincance and Treasury Professional*, August: 18-20.

Brown, C. (2005). "Financing transport infrastructure: For whom the road tolls," *Australian Economic Review*, 38(4): 431-8.

Chung, D. (2009). "Private provision of road infrastructure: Unveiling the inconvenient truth in New South Wales, Australia". *Road and Transport Research* 18(1): 68-85.

CityLink (1995). Agreement for the Melbourne City Link (Act No. 107/1995). Victorian Government.

Clegg, B. and Poljak, V. (2007). "Sold: $700m Cross City Tunnel." *Australian Financial Review, Wednesday*, Sydney, 20 June, pp. 1, 52.

Debande, O. (2002). "Private financing of transport infrastructure," *Journal of Transport Economics and Policy*, 36(3): 355-87.

EastLink (2004). *Mitcham-Frankston Freeway: Concession Deed*. Victorian Government.

English, L. (2005a). "Using Public Private Partnerships to achieve value for money in the deliveryof healthcare in Australia," *International Journal of Public Policy*, 1(1-2): 91-121.

English, L. (2005b). "Evaluation and monitoring of Public Private Partnerships," *Submission to the Legislative Assembly Public Accounts Committee Inquiry into Public Private Partnerships*, Sydney, Sub. No. 4.

English, L. (2006). "Public Private Partnerships in Australia: An overview of their nature, purpose, incidence and oversight," *University of new South Wales Law Journal*, 29(3): 250-62.

English, L. and Baxter. (2008). "Using contracts to govern hybrid public-private partnerships: A case study of Austrlian prisons," *AFAANZ/IAAER Conference*, Sydney. Australia. 6 - 8 July 2008.

English, L. and Guthrie, J. (2003). "Driving privately financed projects in Australia: What makes them tick?" *Accounting, Auditing and Accountability Journal*, 16(3): 493-511.

Flyvbjerg, B., Holm, M. S., and Buhl, S. L. (2005). "How (in)accurate are demand forecasts in public works projects? The case of transportation," *Journal of the American Planning Association*, 71(2): 131-46.

Flyvbjerg, B., Holm, M. S., and Buhl, S. L. (2006). "Inaccuracy in traffic forecasts," *Transport Reviews*, 26(1): 1-24.

Glaister, S., Scanlon, R., and Travers, T. (2000). "Getting Public Private Partnerships going in transport," *Public Policy and Administration*, 15(4): 49-70.

HM Treasury(2006). PFI: *Strengthening Long-Term Partnerships*. London: HM Treasury.

Hodge, G. (2005). "Public-private partnerships: The Australasian experience with physical infrastructure", in G. Hodge and C. Greve (eds.), *The Challenge of Public-Private Partnerships: Learning from International Experience*. Cheltenham: Edward Elgar, pp. 305-31.

Hodge, G. and Bowman, D. M. (2004). "PPP contractual issues: Big promises and unfinished business," in A. Ghobadian, O. R. Gallear, and N. V. Howard (eds.), *Public-Private Partnerships: Policy and Experience*. Houndmills: Palgrave Macmillan, pp. 201-18.

JSCCCT (Joint Select Committee on the Cross City Tunnel). (2006a). *Cross City Tunnel and Public Private Partnerships: Second Report*. Parliament of New South Wales.

JSCCCT (Joint Select Committee on the Cross City Tunnel). (2006b). *Cross City Tunnel: First Report*. Parliament of New South Wales.

JSCCCT (Joint Select Committee on the Cross City Tunnel). (2006c). *Third Report: Lane Cove Tunnel*. Parliament of New South Wale.

Lay, M. G. and Daley, K. F. (2002). "The Melbourne CityLink proect," *Transport Policy*, 9(3): 261-7.

Mills, G. (1991). "Commercial funding of transport infrastructure," *Journal of Transport Economics and Policy*, 25(3): 279-98.

NAO (National Audit Office). (2003). *PFI: Construction Performance*. London Report by the Comptroller and Auditor General, HC 371, Session 2002-03.

NSWAGO (New South Wales Auditor-General's Office). (1994). *Private Participation in the Provision of Public Infrastructure: The Roads and Traffic Authority*: New South Wales Government, Sydney Report No. 13.

NSWAGO (New South Wales Auditor-General's Office). (1995). *Private performance Audit Report: The Roads and Traffic Authority*: New South Wales Government, Sydney Report No. 13.

NSWAGO (New South Wales Auditor-General's Office). (2000). *Review of M2 Motorway Documentation (Reported in Auditor-General's Report to Parliament 2000, Volume 3)*. The Audit Office of New South Wales, Sydney.

NSWAGO (New South Wales Auditor-General's Office). (2003). *Roads and Traffic Authority of New South Wales (Reported in Volumes of the Auditor-General's 2003 Report to Parliament)*. The Audit Office of New South Wales, Sydney, pp. 209-18.

NSWAGO (New South Wales Auditor-General's Office). (2006a). *Performance Audit: The Cross City Tunnel Project*. The Audit Office of New South Wales, Sydney.

NSWAGO (New South Wales Auditor-General's Office). (2006b). *Roads and Traffic Authority of New South Wales (Reported in Volume 4 of the Auditor-General's 2006 Report to Parliament)*. The Audit Officeof New South Wales, Sydney, pp. 121-9.

NSWAGO (New South Wales Auditor-General's Office). (2007). *Roads and Traffic Authority of New South Wales, Sydney (Auditor-General's Report to Parliament 2007 Volume 6)*. The

Audit Office of New South Wales, Sydney, pp. 69-74.

NSWIIG (New South Wales Infrastructure Implementation Group). (2005). *Review of Future Provision of Motorways in NSW*. The Premier's Department, Sydney.

NSW Treasury(2007). *State Infrastructure Strategy: New South Wales 2006-07 to 2015-16*. Office of Financial Management, Sydney.

Partnerships Victoria. (2000). Department of Treasury and Finance Victoria, Austnilia.

RTA. (2007). *RTA Annual Report 2007*. Roads and Traffic Authority.

SHTA. (1987). *Sydney Harbour Tunnel (Private Joint Venture) Act 1987*. New South Wales Government.

Tiong, R. L. K. (1995). "Rjsks and gurantees in BOT tender," *Journal of Construction Engineering and Management*, 121(2): 183-8.

VAGO (Victorian Auditor-General's Office). (1996a). *Report of the Auditor-General on the Statement of Financial Operations, 1995-96*. Victorian Auditor-General'sOffice.

VAGO (Victorian Auditor-General's Office). (1996b). *Report on MiniSterial Portfolios, May 1996*. Victorian Auditor-General's Office.

VAGO (Victorian Auditor-General's Office). (2005). *Auditor-General's Report: Results of 30 June 2005, Financial Statement and Other Audits, Report No. 2005:17*. Victorian Government.

VAGO (Victorian Auditor-General's Office). (2007). *Funding and Delivery of Two Freeway Upgrade Projects, PP No 69, Session 2006-07*. Victorian Government.

VicRoads. (2006). *Environmental Management Guidelines*. Roads Corporation, Victorian Government.

Wachs, M. (1990). Ethics and advocacy in forecasting for public policy," *Business Professional Ethics Journal*, 9(1/2): 141-57.

Walker, B. (2005). "5 things that Auditors-General should be doing about PPPs," Dissent, 18: 50-3.

Walker, B. and Walker, B. (2000). *Privatisation Sell Off or Sell Out? The Australian Experience*. Sydney, NSW: ABC Books.

West, M. (2008). "Roads to nowhere," *Sydney Morning Herald*, 16 July. <http://business. smh. com. au/business/roads-to-nowhere-20080716-3fna. html? page=fullpage#con>.

Westlink $M_7$(2005). *Surmmaryof First Deed of Variation*.

WWG. (2006). *Working with Government: Guidelines for Privately Financed Projects*. New South Wales Government.

23 公共服务的私人提供:澳大利亚高速公路案例

# 24

# 作为政治符号的重大项目:南非豪登高铁

贾尼斯·范德韦斯特伊森

## 24.1 引言

重大活动(Mega-events),如奥运会、世界杯或世博会等,是短期且令人瞩目的,且与高水平的旅游和其他经济影响相关。城市和基础设施建设的支持者们很快就把重大活动作为长期经济发展和创造就业机会的战略。然而,考虑到所涉及的巨大成本、对基础设施的要求和对政治稳定的需要,重大活动通常是在发达的工业社会中举办。但是,最近新兴工业化经济体也在寻求主办大型活动,并随之启动大规模的新基础设施项目。

尽管关于城市发展和重大活动的文献非常丰富,但还没有文献明确地将重大活动和交通系统作为一种重大项目(megaproject)联系在一起。可能是因为前往或离开活动举办地是临时性的,所以交通在旅游目的地管理的文献中处于相对边缘的地位。然而,旅行(travel)的影响"集中在时间上,并有可能对目的地地区造成重大的短期问题,例如交通拥堵和环境污染"(Robbins et al., 2007: 303)。

重大项目是有形(physical)、昂贵且公共的,它涉及结构构筑、设备安装和/或通常部分或全部由公共资金支持的场地开发(Althshuler and Luberoff, 2003: 2)。除了交通项目,其他例子还包括发电厂、水利项目、信息技术和航空航天项目。事实上,重大项目可以分为四种类型:基础设施类(如水坝、港口和铁路)、开采类(如矿产、石油和天然气)、生产类(如战斗机等大型军事设备、化工厂和制造园区)和消费类(如旅游设施、商场和主题公园)。在过去的二十年里,重大项目的数量呈爆炸式增长,尤其是在发展中国家(表现明显)。据美林证券(Merrill Lynch)估计,2009 年至 2012 年间,新兴市场每年基础设施投入可达 2.25 万亿美元(Kardes et al., 2013: 906)。随着政治经济方面批判性文献的出现,重大项目在经济成本、环境影响和公众支持方面的可持续性正受到越来越多的审议(scrutinized)。就像讨论大型活动的适应性及其长期影响一样,批判家们经常感慨于重大项目导致的预算超支、高估长期就业机会、低估环境影响程度及限制公众咨询过程等问题(Flyvberg et al., 2003)。在南非,豪登高铁(Gautrain)已成为一个特别有趣的重大项目案例研究,该项目最初与南非申办 2010 年世界杯足球赛密切相关。为了说明这些相似之处,本章重点关注三个方面:第一,公众咨询和特殊利益集团(special interest groups)的作用;第二,成本和客运量预测问题;第三,经常围绕重大项目的无形的、"神话(mythical)"类的讨论。在本章中,"神话"仅指符号、形象和隐喻等成为象征性过程产物的方式,形象作为"一组未明确说明的假设(模糊化替代方案)的代表(proxy),在想象力演习场等级排序中(in rank order on the drill ground of the imagination)会毫不谦恭地夸奖他们自己。"(Boulding, 1956)①这三个方面都很重要，因为重大项目的反对者和支持者对其必要性争论的焦点都集中于此。恰恰是由于涉及巨额成本，重大项目本质上是政治问题，因为它们通常会提出相当大的财政要求，从而引发关于成本和收益的争论。然而，正如本章将说明的那样，支持者和反对者之间的话语竞争不仅基于物质主张，同样也基于重大交通项目作为身份符号(identity signifiers)的象征作用。在发展中国家背景下，这些往往与身份地位的投射有关。因此，支持者们试图将豪登高铁的建成与成功举办2010年世界杯——南非作为"新兴大国"角色的另一个身份符号——联系起来，也就并非巧合了。

## 24.2 交通：政治经济背景

截至2011年，有1 220万人生活在豪登省，这一南非最小但也是人口最密集的地区拥有南非总人口的25%，创造了该国近34%的GDP，占整个非洲大陆GDP的10%。在非洲，南非是每千人汽车保有量最多的国家(其次是尼日利亚和利比里亚)，每五个南非人中就有一个拥有汽车。在全球范围内，南非排名第86位(仅次于约旦)，而豪登省的汽车保有量占全国近40%(2014年非洲人均汽车保有量)。随着约翰内斯堡(Joharnnesburg)-茨瓦内[Tshwane，又名比勒陀利亚(Pretoria)]走廊上的汽车流量每年增长7%，以及地方性拥堵和经常性的交通瘫痪，豪登高铁项目的主要目的是"吸引汽车用户使用公共交通方式出行；这是南非此前无法做到的，(并且)需要一种快速、舒适、安全、可靠和可预测的替代方案"(Van der Merwe, 2002: 23)。

在一个公共交通状况极差的国家，获得和拥有机动车不仅意味着更大的便利性，更代表了身份和无与伦比的、向上流动的社会地位。拥有汽车是南非生活中根深蒂固的文化组成部分：个人交通支出远超过2 000亿兰特——约占GDP的15%。相比之下，美国——世界上机动化程度最高的国家之一——将大约13%的GDP用于汽车(Mostert, 2005: 1)。事实上，拥有汽车的观念是如此根深蒂固，以至于单纯的步行行为都会引发人们的焦虑。从历史上看，南非的作家们：

> 感叹无法以不显眼、安全且方便的方式在约翰内斯堡的街道上漫步。看起来，这些见解(想法)源自坦桑尼(Tant Sannie)早些时候在《非洲农场的故事》(*The Story of an African Farm*)一书中的阐述，即"步行的人是小偷、骗子、杀人犯、罗马的牧师、诱惑者(seducers)。"奥利弗·施莱纳(Olive Schreiner)是最早强调步行在白人想象中定位的人之一：在南非的背景下，步行是一种引发忧虑且值得怀疑的行为，它把我们与19世纪那些成群结队走上街头的欧洲人区分开来。(Moonsamy, 2014)

交通仍然是种族隔离造成的社会分层过程中最持久的特征之一。对于穷人和工人阶级来说，公共交通——当然与发达国家相比——不仅资源不足且不可靠，而且与拥有私家车的中产阶级相比，它所占的收入比重更大。因此，小巴—出租车(minibus-taxi)行业应运而生，并在历史上不断发展以应对公共交通的严重不足。正如穆萨米(Moonsamy, 2014)所说：

> 小巴-出租车行业因其自身被排斥的历史而变得更加坚挺；在种族隔离期间，

① 译者注：肯尼思·博尔丁(1910—1993)，英国经济学家，著有《和平经济学》《经济学的重建》等书。本章引用的《形象》一书是他于1956年用11天完成的口述书。书中认为，一个象征性形象是各种规则和结构组成的错综复杂的粗略概括或标志。

它试图为没有公共交通工具的黑人公民提供非正式的公共交通工具。可以说，它就是一个处于边缘地带的交通系统——也是一个反抗的象征。今天，出租车的（发展）速度可以与豪登高铁相媲美，它仍然作为一种大胆的自我宣告而存在，仍然抵制法律和正规化的尝试①。

因此，当一项耗资数十亿兰特的公共交通项目——其预算超过全国交通预算（包括所有形式的交通）——被宣布时，引发争议也就不足为奇了。

豪登高铁作为一个重大项目引起的争论，也需要结合交通基础设施对南非在全球政治经济地位的重要性来进行（探讨）。鉴于南非难以追求基于"灵活"劳动力的低工资、大规模制造的发展道路，而关键部门大规模的基本技能缺陷又阻碍了采用相对高效率、高工资、高附加值路径的发展策略，因此，一种可行的方案，也是更重要的计划（project），是将南非尤其是约翰内斯堡发展为非洲运输、物流、电信和相关服务业的关键中心。

## 24.3 豪登高铁网络

2000 年 2 月，豪登省前省长姆巴齐马·希洛瓦（Mbhazima Shilowa）宣布建立连接比勒陀利亚、约翰内斯堡和奥利弗·雷金纳德·坦博国际机场（OR Tambo International Airport，以下简称坦博机场）的快速铁路系统。作为豪登省政府蓝智（Blue IQ）计划②支持下的十项空间发展计划（spatial development initiatives, SDI）之一（Rogeron, 2004），该网络由两条线路组成：一条连接约翰内斯堡和比勒陀利亚，另一条连接桑顿（Sandton）和坦博机场，在比勒陀利亚站和约翰内斯堡公园站设有两个主站，在哈特菲尔德（Hatfield）、森图里昂（Centurion）、米德兰（Midrand）、马尔伯勒（Marlboro）、桑顿（Sandton）、罗斯班克（Rosebank）和肯普顿公园（Kempton Park，也称 Rholdesfield）设有七个车站。列车最高时速为每小时 160 公里，通勤者只需 35 分钟即可从比勒陀利亚抵达约翰内斯堡，并可在 15 分钟内从桑顿抵达坦博机场。马尔伯勒到坦博机场的路段长 13 公里，共设三个车站。2012 年 6 月 7 日，随着罗斯班克和约翰内斯堡公园站之间最后一段的开通，这条全长 80 公里、拥有 10 个车站、11 公里的隧道和 7.5 公里的桥梁的路线全线完工。2008 年 5 月底，隧道就已经完成了三分之一以上。这个重大项目被吹捧为创造了超过 83 000 个直接和间接的工作岗位，并且"有可能将全省的国内生产总值（GDP）增长率进一步提高 0.6%～0.9%"（Van der Merwe, 2002: 23）。

政府和社会资本合作模式（PPP）的重要性被大力吹捧为豪登高铁项目成功的核心。该项目的公共资金有三个来源：豪登省预算、省政府申请的中央政府贷款以及国家财政部通过国家交通部提供的有条件拨款。邦贝拉公司（Bombela）作为私营部门投资财团将投资约 39 亿兰特作为基本建设成本（capital cost）。2005 年 7 月中标的联合体由加拿大的庞巴迪交通集团（Borbardier Transportation）、法国布依格公共交通集团（Bouygeus Travaux Publics），以及南非的 Murray & Roberts、RATP 国际、SPG 集团、Loliwe 铁路承包/快轨公司、标准银行、兰德商业银行和 ABSA 银行等组成。

① 译者注：南非的小巴出租车行业始于 20 世纪 70 年代末，由于其廉价且便捷，被认为是穷人的最佳出行方案。1994 年以来，南非政府出台了一系列政策致力于使该行业正规化，但由于其复杂的历史背景一直未得到好的效果。

② 译者注：Blue IQ 计划，是 21 世纪初期豪登省政府提出的旨在促进基础设施建设的大型投资计划，涉及旅游、技术、交通和高附加值制造业等领域，大部分项目主要位于约翰内斯堡。

在国会听证会上，政府宣称“私人贷款机构往往在其资金用于项目时能发挥强有力监督作用，相比政府，他们能够更有效地监督资金的使用。事实上，私人贷款机构有一个他们不允许违反的偿债率”（Transport Portfolio Committee, 2005a: 7）。在豪登高铁的案例中，关于PPP的反讽吸引力进一步支持了西米蒂奇（Siemiatycki, 2005a: 71）的观察结果：

> PPP模式似乎具有一种“崇高（ennobling）”品质，适合用来描述并颂扬不同股东之间的合作，以此作为取得任何一方都无法独自取得成就的手段。在这种描述中，私营部门是团队的重要组成部分，愿意与公共部门并肩作战，并承担一定程度的风险以交付基础设施。

邦贝拉公司负责该项目的建设和运营工作（运营期至少需十五年），而豪登省政府则负责在未达到客流量预测且首选投标人“未获得最低要求的总收入”的情况下弥补亏空，尽管省政府对将承担的费用事先做出了限制（Transport Portfolio Committee, 2005a: 7）。在2011年至2012年期间，豪登省道路和交通部（Department of Roads and Transport）拨款2.59亿兰特用来支付了客流量担保，但在项目的规划阶段，交通部副部长杰里米·克罗宁（Jeremy Cronin）表示没有讨论过确切的数字：“我们从未被告知他们的担保水平……当然，我们多次提出过这个问题。”（Thomas, 2013b: 148）2013年5月，豪登高铁管理局（GMA）宣布，由于客流量增长，政府支付给邦贝拉公司的客流量补贴从2012年的每月8 000万～8 500万兰特下降至2013年的每月7 000万～7 500万兰特（Venter, 2013a）。

## 24.4 公共咨询和特殊利益集团

比较研究表明，重大项目的支持者通常会在决策过程的最后阶段进行公众咨询，在实质性项目规范最终确定之后，项目的批准已成为既成事实（Siemiatycki, 2005b）。在南非，直到财政部长于2005年10月末在议会宣布豪登高铁是一个国家级项目后，才安排议会听证会。而内阁定于2005年12月上旬就该项目做出决定，这意味着交通委员会（Transport Portfolio Committee, TPC）在剩下的议会会议中只有两周的时间来审查该项目，也就是说“议会将在几个小时内评估（如果项目进行的话）有史以来最大的预算拨款”，其中“相当大的数额用于公共交通项目”（Transport Portfolio Committee, 2005b）。在结束审议时，交通委员会带着对项目的忧虑提出了18个值得关注的问题，并警告说：

> 如果真正的、能够克服第一和第二经济体之间鸿沟的连通性确实被证明是可能的，那么它肯定会提高该项目的社会价值。在没有更多可用信息的情况下，我们无法评估项目修改后的前景，但我们担心在这方面的仓促尝试可能只会导致表面上的翻新（retro-fit），而不会真正解决现有的交通挑战问题（Transport Portfolio Committee, 2005b）。

由于穷人不太可能享受到高速列车的服务，因此南非工会大会（Cosatu）对豪登高铁的需求性（desirability）提出质疑，并呼吁暂停该项目，直到开发出综合交通系统方案为止。他们还威胁说，如果与政府的谈判陷入僵局，将举行罢工来反对该项目（Chibba, 2006）。豪登高铁项目引起了公众强烈的兴趣和反应，这从以下事实可以看出——根据支持者的说法，已经举行了近147次环境评估调查和会议，包括一些受影响的居民要求修改路线的法律行动(Donaldson, 2006)。然而,这些过程似乎耗费了太多时间,以至于项目的工期安排(timeframes)受到了抨击——该项目与2010世界杯的联系使得工期计划更有可能成为灾难。豪登高铁的首席执行官杰克·范德梅尔韦(Jack van der Merwe)在议会提交的文件中强调,南非有"道德和法律义务"在2006年之前开始建造该项目,并暗示如果豪登高铁不能按时完工,南非有可能失去世界杯主办权。然而,在他作证的过程中,交通委员会确定南非(申办世界杯)的投标书没有提及豪登高铁项目(Transport Portfolio Committee, 2005b)。随后,豪登高铁的支持者明确主张将该项目与2010年世界杯脱钩(delink),并指出建造豪登高铁的决定早在1997年就提出了,而且它主要是为豪登省通勤者服务,而非足球锦标赛(*Africa Research Bulletin*, 2006/07)。

人们普遍认为重大项目是由特定利益集团所兜售的,比较分析发现,轨道交通项目特别容易出现这种过程。轨道交通项目往往强调其所谓的"溢出(spillover)"效应以获得支持,例如,以往被忽视的城市周边地区通过市中心/中央商务区(CBD)获得经济复苏,建筑公司、建筑和交通工会、环保主义者、穷人的拥护者,以及其他许多将轨道交通视为克服发展和便利性挑战的途径的人,都支持轨道交通项目(Altshuler and Luberoff, 2003: 217)。因此,支持者们喜欢将铁路项目作为一种公共产品来展示,以增强大众吸引力。由于豪登高铁经常被反对者批评为"精英项目",在建设启动时,交通部长杰夫·拉德贝(Jeff Radebe)煞费苦心地指出,"这不是什么精英公共交通,而是创建一个大众交通服务系统,以满足工人和商人、公务员和学者、购物者和休闲者的需求,让他们安全、可靠和经济地抵达他们想去的地方"(Radebe, 2006)。

豪登高铁被视为中产阶级的项目,关于内阁成员在其投资财团中拥有股权的指控几乎让南非公众对该项目丧失好感。据《周日时报》报道,内政部前部长恩卡库拉(Nosiviwe Mapisa Nqakula)、教育部长娜莱迪·潘多尔(Naledi Pandor)、前卫生部副部长马德拉拉·劳特利奇(Nozizwe Madlala-Routledge)和前议长巴莱卡·姆贝特(Baleka Mbete)都通过各种股权从豪登高铁项目中受益(Sunday Times, 2006)。虽然恩卡库拉(Mapisa-Nqakula)承认参加了2005年12月批准该项目的内阁会议,但她"当时并不知道她拥有股份的Dyambu控股公司是豪登财团的成员"(Sunday Times, 2006)。潘多(Pandor)重申,她只是其中一家投标公司的普通成员,在公司内部没有决策权,并且在进入政府之前很久获得"极小股份(minute ownership)"的(Mail & Guardian, 2006)。然而,相关部长和其他政府领导人以及前总统姆贝基(Mbeki)本人立即驳回了这些指控,这似乎已经阻止了反对党民主联盟要求审计署长对豪登高铁展开调查的要求。不过,这一事件表明,豪登高铁项目——与许多其他重大项目一样——仍然很容易受到以下问题的影响:如何明确区分(或分离)公共利益与私人利益,以及如何看待"政府作为项目发起人和利益问题监护者的双重角色"(Siemiatycki, 2005b:262)。鉴于这些动态性问题(dynamics),成本和预测成为辩论的重要组成部分。

## 24.5 成本和预测

交通基础设施的预算——作为一项规则——往往低估了成本。在这类项目的一个最大样本量研究中,傅以斌(Flyvbjerg)等人比较了20个国家的258个项目的统计成本,发现与公路和跨海大桥(桥梁和隧道)相比,铁路的平均成本上涨最高,达到45%,"高铁以平均52%的成本上涨位居榜首,其次是城市铁路上涨45%,传统铁路上涨30%"(Flyvberg et al., 2003: 80)。此外,从地理角度来看,发展中国家项目的成本上升幅度远高于欧洲或北美，他们警告说“证据表明，对于政策制定者、决策者以及投资者、银行家、媒体和公众来说，对建设成本的任何估计都应持保留态度，尤其是对于铁路项目和跨海大桥”（Flyvberg et al.，2003：80）。

成本是豪登高铁重大项目中最具争议的一个方面。2004 年至 2005 年，所有公共交通模式的国家预算总额为 46.7 亿兰特。相比之下，仅豪登高铁这一个项目的预算就从 2001 年的 70 亿兰特增加到 2002 年的 120 亿兰特，2005 年 10 月更是达到了 200 亿～250 亿兰特（这些数字是指预期的总预算估计额）。而南非已有的城市客运铁路服务，即地铁（Metrorail），仍然迫切需要更换。2007 年，姆贝基（Mbeki）总统才在国情咨文中提出将对该国老化和破旧的客运列车进行资本重组做出巨大努力。据南非铁路通勤公司（SARCC）首席执行官勒基·蒙塔纳（Lucky Montana）先生说，4 600 辆客车中只有 3 600 辆处于工作状态，其平均车龄为 40 年，且技术可以追溯到 1956 年，存在着过度拥挤和大面积晚点等巨大问题。虽然豪登高铁管理局（Gautrain Management Agency，GMA）重申 252 亿兰特的总成本是“固定价格、固定范围和固定期限的合同”，但 2008 年初的通胀压力意味着“消费价格指数（CPIX）每上升一个百分点，建筑成本将每年增加约 2.5 亿兰特”（Khuyzwayo，2008）。到 2013 年，一些人认为成本已攀升至超过 300 亿兰特，尽管 2008 年交通投资委员会主席杰里米·克罗宁（Jeremy Cronin）曾对成本“悄无声息地（quietly and below the radar）”攀升至 350 亿兰特表示遗憾，而国会议员“被告知，书面上的绝对上限值是 200 亿兰特”（Louw，2014）。同时，2012/13 年度省预算将基础设施支出从之前预算的 360 亿兰特削减至 300 亿兰特，豪登省财政部门的一名代表证实，豪登高铁项目是其他基础设施项目资金预算减少的原因之一（Thomas，2013a：86）。

豪登高铁的可持续性取决于乘客数据。乘坐的人越多，高铁的价格就越便宜。然而，怀疑论者和支持者经常提出不同的数字。豪登高铁管理局预计初始的单程日乘客量为 45 000 人，到 2010 年将增长至 120 000 人，而日均 70 000 人的数据就可以被认为是“远远超过了引入新铁路服务的国际标准”（Del Mistro Roodt，2001：3）。事实上，如果达到每天 70 000 名乘客，那么茨瓦内和约翰内斯堡之间 $N_1$ 高速路上的私家车将减少约 20%（Del Mastro，2002：22）。然而，2001 年做出的乘客预测数据为早高峰 12 400 人，2016 年增加到 23 000 人（Brocklebank et al.，2001）。莫斯塔特（Mostert）和德尔·米斯特罗（Del Mistro）在 2005 年和 2006 年做出的客流量预测都为日均 20 000 人（Mostert，2005）。2011 年 8 月底，交通部长在国民议会提供的数据表明，2010 年 6 月到 2011 年 6 月，每月使用豪登高铁的平均乘客人数为 235 163 人。然而，对于实际数字并没有达成普遍的共识，媒体的报道在每个工作日客运量 39 000 至 40 000 人次和 45 000 至 47 000 人次之间变化（Batwell，2013；Burmeister，2012）。据报道，到 2013 年 3 月，工作日的乘客量已增加到约 48 000 人次，“基本稳定在每天 14 000 至 16 000 名乘客的水平上”。然而，邦贝拉公司的发言人表示，需求的增加“在高峰期给高铁运输系统带来了严重压力，需求已经接近特许经营期第十年的预测水平”（Venter，2013b）。使运营复杂化的是不对称的乘客模式，从比勒陀利亚到约翰内斯堡的早高峰非常繁忙，反之则少得多，而且中午的需求也很低。此外，据报道，截至 2014 年，由于豪登省电子收费系统投入运营的相关成本增加，工作日的平均客流量增加到 52 400 名火车用户和 21 000 名公共汽车用户（Venter，2014）。就人口统计学而言，2012 年的一项调查显示，乘客中大约 35%是黑人，12% 为亚洲人，45%为白人，8%为“其他有色人种”，女性乘客占大多数。最大的乘客群体（占 35%）属于 35～49 岁年龄段，而大约 20%的乘客小于 24 岁（Most Gautrain Passengers Women，2012）。

豪登高铁的管理层还声称，从环境角度来看，火车与其他交通工具相比具有明显的环境优势。2002 年环境影响评估（Environmental Impact Assessment，EIA）得出的结论是，“由于豪登高铁线路穿过一个已经基本城市化的地区，大多数已确定的影响与社会经济环境有关，对生物物理（biophysical）环境的潜在影响相对较少”（Thomas，2013a：82）。GMA 强调，由于道路车辆的减少，该省的空气污染减少，碳排放有了降低的可能：“……预计豪登高铁将减少约 70 吨的二氧化碳排放。”然而，正如托马斯（Thomas，2013a：83）指出的那样，这一评估没有考虑到的是，为了向豪登高铁提供电力，发电站的排放量仍会增加。鉴于南非高度依赖煤炭发电站，这将是一个特别的问题。事实上，EIA 得出的结论是：“在对比计算排放量的总体增加（发电站）和减少（来自区域车辆数量减少）之后，仍无法观察到总体排放量的净增加或减少数值。”（Thomas，2013a：83）

阻碍铁路网运营的一个具体环境问题是约翰内斯堡公园站和 $E_2$ 路段之间的隧道进水，以及罗斯班克站和马尔伯勒站入口之间的路段。对于 GMA 与政府之间长期存在的问题——2011 年将公园站和罗斯班克路段的开放时间推迟了近四个月——仲裁庭于 2013 年 11 月作出了有利于省政府的裁决，命令邦贝拉公司实施补救工作以阻止水流入约翰内斯堡公园站和 $E_2$ 站之间的隧道。此外，还发现罗斯班克站和马尔伯勒站之间的路段没有按照合同规范建造。然而，进水的程度并没有以任何方式影响列车运行（Venter，2015）。

到 2012 年，豪登高铁管理层声称项目为南非人创造了 33 100 个工作岗位，其中 86%是历史上的弱势群体，59%是青年（工作周期超过 54 个月），10%是女性，0.6%是残障人士（Van der Merwe et al.，2012：651）。2007 年推出的妇女培训项目让 121 名女性参与了学习和指导课程，而庞巴迪公司的另一项技能发展举措是在德比（英国）组装豪登高铁的列车，17 名南非庞巴迪员工被派去那里从事首批 15 节车厢的组装工作。其余 81 节车厢在南非的一家镜像工厂（mirror plant）组装，以确保实现更高程度的技能转移。然而，需要牢记的是，组装列车所需的大部分零件都不是本地制造的，需要从国外进口（Thomas，2013a：82）。与乘客数量一样，关于究竟创造了多少就业机会的估计也不尽相同。庞巴迪财团声称，截至 2009 年 5 月底，总共创造了 92 900 个直接、间接和引导的工作岗位，豪登省地方政府部长马赫兰古（Qedani Dorothy Mahlangu）在 2009 年 3 月宣布创造了大约 11 700 个工作岗位。然而，这些工作中的绝大多数只是施工期间的临时工作，而运营和管理豪登高铁所需的永久职位仅 2 700 个（Thomas，2013a：81）。

尽管如此，正如傅以斌等人所提醒的：

> 成本低估和费用升级似乎是有意为之的，并且是项目发起人和预测者权术游戏的一部分，目的是使项目启动。成本低估被战略性地使用，以使项目看起来比实际的成本低，从而获得决策者对项目建设的批准。这种行为很好地解释了为什么随着时间、空间和项目类型的变化，成本增加的现象却如此一致。（Flyvberg et al.，2003：84）

总而言之，预测交通重大项目的准确乘客数据与预测举办重大活动对一个国家的国内生产总值（GDP）的影响一样复杂且难以捉摸。这两种情况下的风险问题仍然存在。然而，重大项目在一个关键方面不同于重大活动：即关于替代方案的辩论。就豪登高铁而言，这场辩论围绕着高速公交车（high-speed buses）的使用展开。

## 24.6 “火车是性感的，公交车不是”

与许多其他交通重大项目一样，关于豪登高铁可行性的争论也在以下两种主张间展开：是对公交网络加大投资以实现系统性提升，还是赞成大规模对基于轨道的快速交通系统加大投资。例如，德尔·米斯特罗(Del Mistro)和鲁特(Roodt)提出了一个高质量的基于公交车的系统，沿着高速公路的中间隔离带设置公共交通专线，在线路的末端设置终点站，高峰期的最低运营频率为5分钟一班，非高峰期为15分钟(Del Mistro and Roodt, 2001: 5)。然而，本·斯科曼(Ben Schoeman)高速公路长度不到豪登高铁路线总长度的一半，问题出在受到交叉路口和其他障碍影响的高度拥堵的路段。克服这些障碍的成本很高，“甚至可以与建设豪登高铁的成本相提并论”，而且很难像通过高铁那样直接连接车站(Van der Merwe, 2002: 23)。然而，就建设成本而言，豪登高铁的成本要高很多，估计每名乘客的成本为 7.764 5 兰特，而公共汽车服务的每名乘客为6 560兰特。因此，豪登高铁的成本实际上是公路替代方案的三倍。然而，另一个好处是，高速铁路的能源消耗可能比公共汽车服务少大约5%，并且铁路具有更大的承载能力(Del Mistro, 2008: 22-3)。一些交通领域的专家还认为，乘坐公交车走公交专用道的旅客从比勒陀利亚到约翰内斯堡可能需要69分钟，而乘坐豪登高铁虽然需要60分钟，但成本要低得多。其他专家也对豪登高铁缺乏与省内现有交通系统(包括地铁、公共汽车和小型出租车)的整合感到遗憾。正如交通学者沃恩·莫斯特(Vaughan Mostert)所说：

> 豪登省或南非任何地方都没有整体的交通系统。正规的公共交通是分散的，在线路覆盖和班车频次上均不足，而且未能与城市扩张同步发展。没有统一的票务、日程安排、营销或品牌建设，不同的运营商根据不同的规则提供不同的服务。用户并不认为正规的公共交通是一个统一的产品体系。(Thomas, 2013a: 88)

然而，这一趋势的例外是豪登省的雷亚·瓦亚(Rea Vaya)快速公交(BRT)系统和开普敦的MyCiTi公交网络，两者都连接了城市的富裕区和欠富裕区，而且比快速铁路网络便宜得多，对旅行者来说也更加实惠。不过正如托马斯(Thomas, 2013a: 88)所说，BRT是在豪登高铁已经成为既成事实(*fait accompli*)后设计和实施的，在此期间，“规划者在建造豪登高铁之前没有进行商议和辩论，而是将其作为一个独立的项目来建造，没有考虑如何与其他交通方式，如BRT系统相结合”(Thomas, 2013a: 88)。不过，豪登高铁拥有自己的公交网络，接送通勤者往返于高铁站。尽管运营方邦贝拉公司希望这些豪华巴士每天运送14 000至15 000名乘客，但实际上只有30%的高铁乘客使用了巴士系统。尽管邦贝拉公司的一名发言人指出，30%的比例“高于其他类似系统的全球平均水平”，但一些媒体报道对巴士在没有任何乘客的情况依然运行表示遗憾，特别是在9点至15点的非高峰时段(Burmeister, 2012)。在2011年到2012年间，豪登高铁的巴士司机因交通津贴问题进行了一系列的罢工，这意味着巴士服务在不同场合下完全停止，并没有给公众带来很大信心，而且邦贝拉公司自己也承认可能导致了10%的乘客人数下降(Burmeister, 2012)。

然而，除了这些成本效益计算之外，要理解为什么铁路比公共汽车服务具有更大的吸引力，还需要深入“神话”领域以及与不同交通方式相关的形象。重大项目尤其是交通网络的意义不仅局限于有形商品，关于公共交通的辩论也不仅仅是功利性的，正如西米蒂奇(Siemiatycki, 2005b)所说：

> 当我们对现代性和进步的概念认知被一种强调科学、理性和技术的纠正力量的范式所驱动时，重大项目呈现出一种超越其有形利益的可能性意象(imagery of possibility)。相反，它们创造了一种希望的元叙事(metanarrative)，反映了一种乐观态度，即"大爆炸"式的方案可能能够解决我们这个时代一些最紧迫的问题。

事实上，越来越多的文献表明，铁路项目的推广在很大程度上依赖于象征意象(symbolic imagery)来获得公众的认可(Richmond, 1998)。因为正是通过有形和无形因素的结合，构建了令人向往的形象，"公共交通的推广融合了功能与形式，成为大众流动性和大众/流行文化的交汇点"(Siemiatycki, 2006: 278)。将重大基础设施项目与重大活动在话语上联系起来，使项目倡导者能够引入国家认同的概念，强调实现全球化压力所要求的"竞争力"要求的必要性。简而言之，身份问题和作为"标志物(signifiers)"的重大项目似乎是一系列无形的、近乎神话般因素的一部分。豪登高铁项目的发起人试图将南非世界杯足球赛举办权描述为依赖于高铁网络的建设，这清楚地证明了上述的动态要素。同样，2008 年 7 月 8 日，在德比市收到交付给豪登省省长姆巴齐马・希洛瓦(Mbhazima Shilowa)的第一批四节车厢时说，豪登高铁"即将成为南非国家的骄傲"(Gautrain Ready to Bear the Pride of the Nation, 2008)。随着豪登高铁隧道掘进机的投入使用，该省省长按照传统给这种机器命名，并将其命名为 Imbokodo，以纪念 1956 年 8 月 9 日游行到比勒陀利亚联合大楼的妇女，她们高呼"你打击一个女人，就等于撞到一块石头"(Wathinta abafazi, wathinta imbokodo)[①](Shilowa, 2007)。2009 年 2 月 3 日，豪登省省长保罗・马沙蒂尔(Paul Mashatile)在与 150 来自政府和媒体的客人首次乘坐豪登高铁时指出："我们的黄金列车现在终于回到了它的归属地。尽管豪登高铁现实中的家在豪登省，但她真正的家在所有南非人的心中。"在瓢泼大雨中，省长认为潮湿的天气是个好兆头，就像一场下雨的非洲婚礼，并评论说"我们真的很有福气"(African Blessing, 2009)。

基础设施对全球化进程的象征意义不应该被低估。事实上，与消费和生产一样，基础设施是"伟大的空间缩小器(space-shrinker)，权力、财富和地位越来越属于那些知道如何缩小空间，或者知道如何从空间缩小中受益的人"(Flyvberg et al., 2003: 77)。里士满(Richmond, 1998: 13)恰如其分地将高速列车描述为"钢轨上的技术性符号"，一旦它们也强烈地充满了国家认同的表征，其他无法以同样的势头抓住公众想象力的交通替代方案就会被淘汰。在对围绕洛杉矶采用轨道交通系统的政治环境进行的精彩研究中，里士满证明了"神话"(myth)的强大作用，以及它如何通过象征性过程的构建促使决策者采用高铁而不是公共汽车服务。尽管前者不太适合南加州人口和经济活动的低密度和广泛分布，但是这"在无数出发地和目的地之间产生了分散和复杂的交通需求模式"(Richmond, 1998: 4)。例如，有些受访者指出，铁路"是一种你可以与之相关的东西。我不知道有多少人对在高速公路上行驶的公共汽车感到非常兴奋"(Richmond, 1998: 15)。即使决策者遇到了支持公共汽车比铁路更具有适用性的分析研究，这些研究也会被拒绝。如果速度和复杂的形象在成熟的工业民主国家中令人信服，那么对于南非或印度等发展中国家有抱负的经济体来说，它们就更具吸引力了。例如，新德里地铁在新德里发展成为一座高科技、规划合理、有竞争力的城市过程中起到了促进作用；这一愿景本身在很大程度上借鉴了世界各地城市的经验和想象。(Siemiatycki, 2006: 285)。同样，在南非，豪登高铁首席执行官杰克・范德梅尔韦(Jack van der Merwe)不

① 译者注：指 1956 年由反种族隔离组织南非妇女联合会发起的女性游行，旨在抗议当时政府出台的黑人妇女通行证的相关法律。

仅将其描述为“性感的”，而且认为豪登高铁以“一种新的活力——一条连接非洲与世界的金线（a golden thread），为人们带来了工作机会，也为工作带来了适合的人”（Van der Merwe，2008）。同样，在2009年2月，范德梅尔韦（Van der Merwe）指出了火车车头的重要性：“它给人以速度的感觉。我们知道这列火车必须被‘认为’是最快的。这真的是一种非洲之美，我认为我们应该为之自豪。”豪登省交通运输部部长伊格内修斯·雅各布斯（Ignatius Jacobs）将豪登高铁的首次旅行描述为一场“胜利”和“车轮上的梦想”（Mail& Guardian，2009）。

豪登高铁与2010年世界杯的筹备工作密切相关，与非洲最大、最繁忙的国际机场的联系也非常突出，这些都是南非国家营销能力的外部表现。速度、连通性以及最重要的现代性的概念发挥着高度战略性的话语权，不仅表现在促进城市发展方面，也是南非作为非洲大陆一部分的证明，因为它是通往全球经济和全球化进程所能带来的辉煌门户。高度现代性是贯穿这些描述的永恒主题（*leitmotiv*）。从19世纪30年代到第一次世界大战期间，在西欧和北美发生的与工业革命相关的科学和技术进步，具有强烈的国家发展概念，尽管作为一种信念，它被广泛政治意识形态所共享（Scott，1998：88）。由规划师、工程师、技术专家、建筑师、科学家和高级行政管理人员中的先锋派（*avant-garde*）推动：

> 高度现代主义的重点几乎完全是着眼于未来。尽管任何一个致力于进步的意识形态都必然会在未来处于领先地位，但高度现代主义（high-modernism）将这一点发挥得淋漓尽致。过去是障碍，是必须超越的历史；现在是启动更美好未来计划的平台。高度现代主义的话语和那些接受它的国家公开声明的一个关键特征是，严重依赖于面向彻底变革未来的英雄式视觉形象……未来是已知且可实现的程度越大——这种观点是为进步的信仰所鼓励的——利益因不确定性而被打折扣的程度就越小。实际效果是，让大多数高度现代主义者相信，更美好未来的确定性证明了实现这一目标所需的许多短期牺牲是合理的。（Scott，1998：95）

普里查德（Pritchard）和杜·普莱斯司（Du Plessis）（2010：63）在对有关豪登高铁为2010年FIFA世界杯做好准备的博客文章进行分析时，逐字引用了以下博客文章：

> 我们现在拥有一个值得骄傲的世界级公共交通系统。
>
> 不管我们的小游戏如何，豪登高铁是生活在约翰内斯堡-比勒陀利亚-米德兰沿线上每个人的必备项目——我相信每个人都应该体验它，即使是短途旅行……每个人都需要感受、嗅闻、触摸甚至住在高铁上，就算只坐一站地……这是一件令人难以置信的事情，它让我为自己是一名南非人而感到自豪，而且更重要的是，我是一个约翰内斯堡人！
>
> 我们屏住了呼吸，我们都为能够分享豪登高铁的梦想而感到无比自豪。
>
> 多么美妙的体验……这个基础设施确保了我们有潜力成为世界级城市！

在许多方面，豪登高铁象征性地展示了全球化和技术实力所引发的进步，并在标志着南非的崛起，尤其是豪登省在世界经济的半边缘地区的崛起方面发挥了重要作用。豪登高铁的支持者喜欢将其与发达国家的其他火车网络进行比较。在2006年9月28日豪登高铁的启动仪式上，姆巴齐马·希洛瓦（Mbhazima Shilowa，2006）指出，将有一项专门面向于本地和国际乘客的服务。

> 与伦敦和斯德哥尔摩的情况一样，桑顿站提供分散式的登机设施。机票价格将包括往返桑顿的高铁票，乘客可以在桑顿站托运行李。也就是说，一张机票就可

以从伦敦到桑顿或从桑顿到开普敦。在铁路连接城市和国际机场已成为普遍做法的当下，机场连通服务(airport connection service)将使豪登省与世界许多主要城市接轨。

同样引人注目的是，豪登高铁的管理层在2014年援引伦敦地铁(而不是南部的另一个新兴城市)作为比较示例来证明其获得的客运量补贴是合理的：

> 想象一下，仅仅因为收入无法支付其运营成本而关闭伦敦地铁。伦敦将在数小时内陷入停顿，其经济也将如此，此后不久，整个相关区域的经济也将陷入停顿。相反，伦敦地铁是区域经济的重要推动力。它本身并不是一个利润中心，任何一个有思想的人都不会期望它成为利润中心。然而，每个人都希望它必须以高效且具有成本效益的方式运行。这同样适用于豪登高铁。(Braithwaite, 2015)

## 24.7 结论

鉴于重大项目特别是交通项目的巨大成本及其对公共财政的影响，这类项目本质上是政治事务。然而，重大交通项目的政治经济学显示，物质和意识形态层面都决定了支持者和反对者对重大项目需求的争论领域。在豪登高铁案例中，关于物质层面的争议主要集中在成本-效益上。在这方面，公共客流量数据成为争论的重要焦点。反对者认为，如果没有政府背景的客流量补贴，预测的客流量根本不足以维持项目；而支持者则认为，随着时间的推移，这些数据会增加，或者产生不同的预测数据。反对者主张提供更好的公共汽车服务，而支持者则认为火车可以处理更大的客流量。反对者强调成本的低估，而支持者则主张创造就业机会。在这些辩论中，公众咨询的程度以及这些过程所促进的包容性程度是重大项目建设政治的一个组成部分。虽然这些物质的考虑很重要，但与身份、形象和象征意义有关的无形问题似乎也很重要，这些可以用来解释为什么国家和企业精英决定着手进行如此大规模的基础设施项目。在南非的案例中，豪登高铁似乎被其支持者视为身份的象征。因此，约翰内斯堡——“就像伦敦和斯德哥尔摩一样”——也有高速机场连接，毕竟这比拥有机场巴士服务要性感得多。此外，作为非洲第一个高铁项目的营销工具，豪登高铁将南非打造成了区域甚至大陆交通基础设施的枢纽。因此，考虑到这些物质和思想方面的因素，尽管人们对豪登高铁的财务可持续性仍然存在担忧，但有报告表明，高铁网络可能会在不久的将来进行扩展。正在考虑的可能扩展包括连通现有的公园站和西门站，连通罗兹菲尔德站(Rhodesfiel)和博克斯堡站(Boksburg)，从索韦托的纳莱迪(Naledi in Soweto)到马梅洛迪(Mamelodi)的快速铁路连接，以及从现有的桑顿站到兰德堡的连接(Venter, 2014)。



## 参考文献


African Blessing as Gautrain Makes Sleek Debut. (2009). *Mail and Guardian Online*, <http://www.mg.co.za/article/2009-02-03-african-blessing-as-gautrain-makes-sleek-debut>.

*Africa Research Bulletin*. (2006/07). December 2006 and January 2007.

Altshuler, A. and Luberoff, D. (2003). *Mega-Projects: The Chaning Politics of Urban Public Investment*. Washington, DC, and Cambridge, MA: Brookings Institution Press and Lincoln Institute of Land Policy.

Batwell, J. (2013). "South Africa's Gautrain missing ridership targets," *International Railway Journal*,

February 28, <http://www.railjournal.com/index.php/africa/south-africas-gautrain-missing-ridership-targets.html>.

Bouldin, K. E. (1956). *The Image, Knowledge and Life in Society*. Ann Arbor: University of Michigan Press.

Braithwaite, E. (2014). "n defence of the Gautrain," *Business Day*, 20 July, <http://www.bdlive.co.za/opinion/2014/07/20/in-defence-of-the-gautrain>.

Brocklebank, P., Burnett, S. L., Ras, N., and Van der Walt, G. (2001). "Gautrain: Demand and revenue forecast" (unpublished paper).

Burmeister B., (2012). "Gautrain ghost buses," <http://www.focusontransport.co.za/index.php/regulars/focus-on-bus-and-coach/bus-and-coach/1169-gautrain-ghost-buses.html>.

Cars per Capita in Africa: Which Country has the Most Cars on the Road? (2014). *Be Forward*, <http://blog.beforward.jp/regional-topics/africa/cars-capita-africa-country-cars-road.html>.

Chibba, R. (2006). "Cosatu rails against the Gautrain," *Mail and Guardian Online*, 30 March, <http://mg.co.za/article/2006-03-30-cosatu-rails-against-gautrain/>.

Del Mistro, R. (2002). "Taking a spin on the Gautrain," *Civil Engineering: Magazine of the South African Institute of Civil Engineers*, 10: 22-6.

Del Mistro, R. (2008). "Rapid rail project in Gauteng," presentation slides, South African Cities Network Seminar on Public Transport, University of Cape Town.

Del Mistro R. and Roodt, L. (2001). "Alternative-based public transport between Johannesburg and Pretoria," (unpublished paper).

Donaldson, R. (2006). "Mass rapid rail development in South Africa's metropolitan core," *Land Use Policy*, 23: 344-52.

Flyvbjerg, B., Bruzelius, N., and Rothengatter, W. (2003). *Megaprojects and Risk: An Anatomy of Ambition*. Cambridge: Cambridge University Press.

Flyvbjerg, B., Mette K., Skamris H., and Buhl S. L. (2003). "How common and how large are cost overruns in transport infrastructure projects?" *Transport Reviews*, 23: 71-88.

Gautrain Ready to Bear the Pride of the Nation. (2008). 8 July, <http://www.gautrain.co.za/index.php?pid=1693&ct=1&fid=7&click=o>.

Kardes, I., Ozturk, A., Cavusgil, T., and Cavusgil, E. (2013). "Managing global megaprojects: Complexity and risk management," *International Business Review*, 22: 905-17.

Khuzwayo, W. (2008). "Gautrain denies rocketing costs," Business Report, 20 March, <http://www.busrep.co.za/general/print_article.php?fArticleld=4314292&fSectionld=5>.

Louw, L. (2014). "Gautrain trundles over needs of the poor," *Business Day*, 28 May, <http://www.bdlive.co.za/opinion/columnists/2014/05/28/gautrain-trundles-over-needs-of-the-poor>.

Mail & Guardian (2009). 3 July.

Mbeki: Stereotyping Behind Gautrain Saga (2006) Mail & Guardian, 8 December.

Moonsamy, N. (2014). "Efficient public transport still eludes working class citizens," *Business Day*, 8 September, <http://www.bdlive.co.za/opinion/2014/09/08/efficient-public-transport-still-eludes-working-class-citizens>.

Mostert, V. (2005). "Commentary on South African public transport policy, with emphasis on the Gautrain scheme," written Submission to Transport Portfolio Committee, Parliament, May 2005, <http://www.pmg.org.za/docs/2005/051116commentary.htm>.

Most Gautrain Passengers Women. (2012), <http://www.iol.co.za/news/south-africa/gauteng/most-gautrain-passengers-women-survey-1.1269801#VOXnvuaUfts>.

No Guarantee Gautrain will be Ready for 2010. (2006). *Mail & Guardian*, 11 October.

Pritchard M. and Du Plessis C. (2010). "An exploratory analysis of citizen journalists as editorial gatewatchers: A case study of Gautrain blog posts vis-a-vis completion for the 2010 FIFA Soccer


24 作为政治符号的重大项目：南非豪登高铁

World Cup," *Communicare*, 29: 48-68.

Radebe, J. (2006). "Address at the launch of construction of Gautrain rapid rail link," Marlboro, 26 September, <http://www. gov. za/j-radebe-launch-construction-gautrain-rapid-rail-link>.

Richmond, J. E. D. (1998). "The mythical conception of rail transit in Los Angeles," *Journal of Architectural and Planning Research*, 15: 294-320.

Robbins, D., Dickinson, J., and Calver, S., (2007). "Planning transport for special events: A conceptual framework and future agenda for research," *International Journal of Tourism Research*, 9:303-11.

Rogerson, C. M. (2004). "From spatial development initiative to Blue IQ: Subnational economic planning in Gauteng," *Urban Forum*, 15:74-101.

Scott, J. C. (1998). *Seeing Like a State: How Certain Schemes to Improve the Human Condition Have Failed*. Binghampton, NY: Yale University Press.

Shilowa, M. (2006). "Speech by Gauteng Premier Mbhazima Shilowa at the launch of the Gautrain Project," 28 September, <http://www. gov. za/m-shilowa-launch-construction-gautrain-rapid-rail-link>.

Shilowa, M. (2007). "Speech by Gauteng Premier Mbhazima Shilowa at the commissioning of the Gautrain tunnel boring machine," 13 December, <http://www. gautrain. co. za/index. php? pid=1524&ct=1&fid=7&click=4>.

Siemiatycki, M. (2005a). "The making of a mega-project in the neo-liberal city: The case of mass rapid transit infrastructure investment in Vancouver, Canada," *City*, 9:67-83.

Siemiatycki, M. (2005b). "Reviews: Risky business," *City*, 9:261-3.

Siemiatycki, M. (2006). "Message in a metro: Building urban rail infrastructure and image in Delhi, India," *International Journal of Urban and Regional Research*, 30:277-92.

*Sunday Times*. (2006). "Serious concerns over Gautrain's feasibility," 26 November.

Thomas, D. P. (2013a). "The Gautrain project in South Africa: A cautionary tale," *Journal of Contemporary African Studies*, 31: 77-94.

Thomas, D. P. (2013b). "Bombardier and the Gautrain project in South Africa: The political economy of Canadian investment in a rapid rail megaproject," *Studies in Political Economy*, 91: 137-57.

Transport Portfolio Committee (TPC). (2005a). "Gautrain Project: briefing," 8 November, <https://pmg. org. za/committee-meeting/5883/>.

Transport Portfolio Committee (TPC). (2006b). "Report of the Transport Portfolio Committee on Public Hearings on the proposed Gautrain Project," 16 November, <https://pmg. org. za/committee-meeting/5943/>.

Van der Merwe, C., van der Merwe, E., Van Zyl, O., and Negota, G. (2012). "Gautrain: successful implementation of socio-economic development objectives," *Abstracts of the 31st Southern African Transport Conference*, 9-12 July, <http://repository. up. ac. za/bitstream/handle/2263/20416/VanderMerwe_Gautrain%282012%29. pdf? sequence=3>.

Van der Merwe, J. (2002). "Taking the spin off Gautrain and putting issues in perspective," *Civil Engineering: Magazine of the South African Institute of Civil Engineers*, 10: 23-6.

Van der Merwe, J. (2008). "Gautrain: Acceptance of first trains,"<http://www. gautrain. co. za/contents/train_acceptance/J%2ovd%2oMerwe. doc>.

Venter, I. (2013a). "Gauteng route extensions wider review as ridership ramps up," *Engineering News*, 24 May, <http://www. engineeringnews. co. za/print-version/gautrain-2013-05-24>.

Venter, I. (2013b). "Gautrain 2012 ridership up 60%, placing 'severe strain' on capacity," *Engineering News*, 9 April, <http://www. engineeringnews. co. za/article/gautrain-2012-ridership-up-60-placing-severe-strain-on-capacity-2013-04-09/>.

Venter, I. (2014). "Gautrain ridership rises as e-tolls go live," *Engineering News*, <http://www.engineeringnews.co.za/print-version/gautrain-2014-01-17>.

Venter, I. (2015). "Solutions still to be considered for Gautrain tunnel water-ingress problem," *Engineering News*, 30 January, <http:///www.engineeringnews.co.za/article/gautrain-2015-01-30>.

# 25 大坝开发：从特洛伊木马到潘多拉盒子

罗丹特·阿勒斯　玛格丽特·茨瓦特文　卡伦·贝克尔

## 25.1　引言

比以往规模更为恢弘的大坝建设正卷土重来。截至 2014 年，全球共有 626 座超过 1 MW 的水利发电大坝正在建设，并有 3 071 座大坝正在规划（Zarfl et al.，2014）。支持者们认为大坝具有发电、防洪、扩大土地灌溉面积和改善饮用水供应的重要作用。然而，世界大坝委员会（World Commission on Dams，WCD）的报告《大坝与发展（Damsand Development）》（WCD，2000）曾指出，以上优势为大坝带来的收益往往分配不均，而且产生的社会及环境成本极高，其他相关研究也支持了这个观点。事实上，大坝项目常常通过那些难以实现的预测来证明其合理性。世界银行的评估师贝桑特·琼斯（Besant Jones）称之为“普遍的乐观主义预测”（Usher，1997：61），这种乐观主义是重大项目的普遍特征。同时，过分依赖对未来收益的乐观估计，外部化并低估环境及社会-文化成本，也总导致高风险错误规划（Ansar et al.，2014；Flyvbjerg et al.，2003；Goldsmith and Hildyard，1984；Khagram，2003；Klingensmith，2007；Priemus et al.，2008；Usher，1997；WCD，2000）。此外，重大项目——如大坝——通常也会面临由巨额投资引发的委托代理及寻租等问题（Flyvberg，2014）。

45 000 座于 20 世纪建造的大坝[1] 彻底改变了世界上的河流，对社会生态也产生了巨大而深远的影响[2]。令人失望的绩效以及越来越多的反对声，使 20 世纪末的大坝开发进程有所放缓。尽管这些担忧还没有消失，但大型水利基础设施建设又被重新提上议程并占据了重要地位（Zarfle et al.，2014；Pomeranz，2009；IRN，2014）。在世界大坝委员会（WCD，2000）报告发布后的 5 年里，至少有 35 座超过 150 米的特大型大坝和 300 座超过 60 米的大坝开工建设（ICOLD，2006）。截至 2010 年，非洲共有 19 座大坝正在建设中（IRN，2010）。规模最大、造价最高（投资约 800 亿美元）（Cole et al.，2014），或许是最有争议的大坝综合提议——刚果民主共和国大因加（Grand Inga）大坝——于 2013 年获得世界银行批准，但被推迟到 2017 年开工建设。而如今，不但大坝建设的禁令被取消，建设规模甚至比之前还要庞大。中国、巴西、印度、老挝、埃塞俄比亚、卢旺达、莫桑比克、土耳其和刚果民主共和国等国都正在或计划修建大坝。这些国家的政府发起了“发展的权利”论述，为了防洪、发电、脱盐及其综合作用的发挥而推动大坝建设（Hirsch，2010；Islar，2012；Öktem，2002）。

随着人们对气候变化认识的加深，全球对替代性非化石能源的呼声增强，以及水力发电被视为绿色能源的重要来源之一，大坝愈发受到欢迎（Ahlers et al.，2015；

Imhofand Lanza, 2010)。例如,国际水电协会认为水力发电的运营效率和灵活性使其成为所有清洁能源方案中成本最小的一种,而且“独一无二的特性使它处于未来清洁能源系统的核心”(IHA, 2014:1)。大坝的“绿色”也被国际金融机构(International Finance Institutions)和机构投资者们用于积极支持大型水利基础设施开发计划。当然,这也是受其预期投资回报率7%~20%所驱动,基础设施已经成为金融化过程中愈发重要的资产类别(Ahlers and Merme, 2016; Hildyard, 2012; Merme et al., 2014)。此外,水电项目还为急需大量外汇的经济体提供了机会。总之,支持者认为水力发电项目能够直接利用自然河流中的潜在能量,从而提供电力、减少温室气体排放、吸引外汇,并实现区域的可持续发展。

当前大型基础设施建设蓬勃发展,大坝项目的规模越来越大、造价也越来越高,然而却没有系统的实证证据表明大坝如何影响贫穷、环境和生活(Duflo and Pande, 2007)。同时人们也普遍缺乏对大坝累积影响的全面了解(Lehner et al., 2011; Vörösmarty et al., 2010; Fletcher, 2010)。对于大坝潜在收益是否超过所产生的社会成本和环境成本的了解很少(Ansar et al., 2014)。特别是在当前气候变化引发全球环境不确定性增强的情况下,对于如何最准确地预测、评估和看待这些影响的巨大分歧,现有证据仍让人忧虑(WCD, 2000; Cole et al., 2014)。评估方法是“情景依赖”和“概念依赖”的,不同的空间和时间假设会带来截然不同的结论。除此之外,那些大型水利基础设施成本和风险的承担者通常并不是最终的受益人,这使大坝“是否修建”以及“在哪里修建”的问题很难获得共识。实际上,在大坝的开发进程中,评估及测量过程本身也成了争议的一部分。

除了提到气候变化和绿色能源外,支持者对当代大坝的解释还采用了与20世纪类似的理由:将大坝视作发展的先决条件,以及粮食、水和安全能源的最佳供应途径(Usher, 1997; Bakker, 1999; WCD, 2000)。然而,本章表明,对于大坝开发而言,21世纪与20世纪是截然不同的情景。因为公共部门、社会资本和非政府部门之间的界限变得越来越模糊,如今越来越多样化的组织参与大坝项目中,它们的利益各不相同,有时甚至相互矛盾。此外,气候变化的不确定性使大坝开发变得更加复杂。在气候不断变化的情景下,参与者数量的激增及其相互之间的模糊关系使得评估大坝成本、收益和风险变得越来越困难,且备受争议。这不仅使大坝治理的透明度和民主问题变得复杂,还使该问题的解决变得极其紧迫。

为了探索为何大坝开发有本质上的政治属性,我们使用列斐伏尔(Lefebvre)关于“空间生产(production of space)”的分析框架来定义大坝,即大坝不仅作为空间中的实体存在着,更是空间战略的主体,以及存在持续动态斗争的场所。这些斗争通过技术、推论(discursive)和制度的综合手段发生,也包括对于“开发”性质与目的的意见分歧。自然、科技和社会交叉构成的概念为这一理论提供了基础,进而将大坝设计和开发问题从无可争议的自然、生物或技术领域——只面向少数专家群体——转移到经常随不同情景而变化的社会和政治领域。这打开了讨论相关问题的大门,拓宽了专业领域的范畴,进而也促使人们开始重新思考大型水利基础设施在多大程度上能够得到更好的监管和控制(Zwarteveen, 2015)。

本章首先基于列斐伏尔的理论详细阐述了大坝在塑造特定地理环境中所发挥的作用,然后将20世纪的大坝比作“特洛伊木马”,特别是以阿斯旺高坝(Aswan High Dam)为例,解释了为什么带来经济发展的大坝是政治和意识形态空间战略的载体。而21世纪的大坝开发则更应该被比作“潘多拉盒子”,以湄公河大坝为例,揭示了大坝复杂的资金流动,以及寻求多样化目标的公私行动者的交互网络。最后,总结了当代大坝的开发格局以及民主治理启示。

## 25.2 筑坝是“空间生产”

大坝承载着多重意义。它们展示了如何征服不羁的“自然”，展示了如何利用“闲置”的资源来推进文明，也展示了工程建设的伟大成就和技术的无限可能，它们是国家发展道路上的里程碑。正如坎拉特(Cullather, 2002: 521)所言：“对于尼赫鲁(Nehru)、查希尔・沙阿(Zahir Shah)以及今天的中国，大坝巨大的白墙就像是可以投影未来的展示屏。”大坝规模恢弘，令人印象深刻的视觉冲击使其成为极好的威望项目，也使其象征着权力，并创造着代表进步、繁荣和强大的国家形象(Kaika, 2006; Swyngedouw, 1999)。从被构想出来的那一刻起，大坝就开始了一系列社会性和生物物理性的重构，而由此带来的诸多变化都是难以完全预测和控制的。

为了理解大坝引发的变化，我们借鉴了亨利・列斐伏尔(Henri Lefebvre, 1991)关于“空间生产”的研究成果。列斐伏尔试图揭示并提出城市设计背后的意识形态和政治形态问题，详细阐明了它是如何始终扎根于历史、始终充满矛盾并在日常生活中饱受争议的(Goonewardena et al., 2008)。基于列斐伏尔的观点，我们认为大型水利基础设施是特定社会-空间关系产生和转变的产物，是通过对立的空间战略之间持续的、充满冲突的互动形成的(Brenner and Elden, 2009:367)。由于没有在本体层面将生物物理系统与社会系统、技术系统相割裂，列斐伏尔的理论与其他重要的环境学者产生了共鸣，这些环境学者重新思考了社会与自然的关系，不再把社会和自然分别视为两个不同的现象或领域，而是已经长期相互包含的关系。因此，这一理论提出了需要考虑水、人和基础设施的相互作用，并假设它们存在以及确实“是”因为相互依存而存在(Haraway, 1991; Moore, 2011)，这就使“常规”理论与实践中被割裂理解的“域”崩塌了(Swyngedouw, 1999: 318)。水资源学者还提出了诸如“水场景(waterscapes)”(Swyngedouw, 1999; Baviskar, 2007)、“水-社会网络”(Bakker, 2010)或“水-社会循环”(Lintonand Budds, 2014)等术语来表达一种观点：河流或地下水的流动轨迹，以及由此引发的洪水或干旱，不是自然过程，而是特定历史和水资源开采或“开发”的结果。大坝则通过改变社会性和生态性流动，以及再造社会秩序(制度、政治、经济和文化)，在重塑地理环境的过程中发挥了核心作用(Harvey, 1996; Meehan, 2013; Scott, 1998)。

通过质疑“自然-文化”(或“技术-社会”)的分歧，这些本体论甚至也质疑了科学知识产生的基础。将大坝概念化为有争议的空间生产，揭开了从未知或客观视角发现并了解大坝的神秘面纱。哈拉维(Haraway, 1991)将其称为“上帝的把戏”，即承诺超越所有限制和责任的虚假愿景。这对于思考并组织大坝治理，或者从制度上规范及遏制大坝对环境、社会的影响都具有重要意义。例如，评估这种影响的责任和权力不能简单地委托给科学专家，因为基于自然-社会(或科学-政治)相割裂的科学客观性准则并不适用。由于评估大坝的社会及环境影响是情境和概念依赖的，且使用了标量(scalar)和时间(temporal)假设的函数，因此专家的评估也就不可能是完全独立的。

大坝的影响，无论是积极的还是消极的，都远远超出了它们被建造时在社会、政治、或生物地球物理学等方面的时空影响。早在大坝施工和投入使用之前，人们就需要对其进行构思和规划、设计基础设施、申请融资并采购物料、确保政治支持，同时与受众进行协商。大坝是社会、经济或政治层面的特定利益相关者对特定目的和坝址的构想。这个“坝址”不是一个没有人类活动、没有价值、没有意义的荒芜空间，而是人们在其间生活、鱼儿在其下游弋、鸟儿在其上翱翔、江河在其中流淌的流域。在施工阶段，设计水工构筑物的科学家和工程师们已经在他们的脑海中和图纸上重新设计了这些景观：流动的水体被构想为用于水力发电或者农作物生产灌溉的巨大潜能。通过他们的构想和设计，河流被重新定义为“若不加以利用就会被浪费的潜在闲置资源”。

这种生物物理性的重塑伴随着制度层面的重构，通常需要将用水权和对水系的决策权从地方组织转移到流域、国家，或者地区范围内的新组织。随着居民、道路、建筑物、动植物被迁移或淹没，之前毫无关联的区域成了设想中制度构念的一部分，被称为流域。因此，地理环境（或水环境）承担了不同的目的，因而具有了不同的意义。当然，它们依然继承了过去的制度及物质遗产，两者都以或多或少可见的物质或社会表现形式，以及思想或价值观的形式存在着（Kogan，2013）。这种水环境的重大改造所带来的利益、价值、权力和责任的重构，并不会在完工后就停止或稳定下来，而是通常伴随着大坝运营决策的政治活动而持续下去。大坝的运营往往会成为持续协商和谈判的游戏场，关乎谁的需求得到承认和满足、土地和水的权利，以及赖以生存的竞争性资源，这不仅仅是一个技术问题，也不仅仅是一个中立的数学方程或模型。

大坝项目的共同点是那些最直接受到影响的人对大坝运行决策的影响反而最弱，这通常是因为他们在大坝的设计和施工阶段就具有相对较少的决策权和话语权。最初的设计往往是选择一种或几种用水方式，大坝建设就是将这些选择变为现实，具有持续且不断自我强化式反复迭代的向最初决策者赋予利益的功能。由于大坝规模庞大且缺乏灵活性，在其运营过程中吸纳新的利益主体的可能性或适应利益动态平衡的自由度受到了很大程度的限制。当大坝的运行效用达到极限时，这些构筑物还将面临退役问题。尤其考虑到许多20世纪所建大坝的寿命，这一问题变得更加紧迫。退役成本通常被排除在绝大多数——如果不是全部——大坝的初始成本收益分析之外，而且这些构筑物的使用寿命往往比预期要短得多[3]。一些大坝在干旱的河床上失去了所有可能的效用，而另一些大坝则汇集着可能有毒或有害的水流及沉积物。因此，大坝退役所带来的破坏性作用可能与其最初建造时不相上下。

我们将大型水利基础设施概念化为持续而动态空间生产过程中的活动主体。在此过程中，社会实践、价值与生物物理学的物质性相互作用，促使了承载着历史结晶的、新的地理环境出现。承载着为了期望的实践、理想和价值而展开的斗争，其结果必然时时处处存在着争议。列斐伏尔强调空间的物质维度、精神维度和社会维度之间的关系，或者借用他的论述，即感知的、构想的和生命的地理环境之间的关系。这公然挑战了结构主义者“空间生产仅仅是（投资）设计的一部分”的观点，同时有力否定了实证主义者认为“空间生产只是单纯‘自然’重组”的观点。列斐伏尔认为，正是在日常实践和经验的异质性中产生了“生命空间”，其中资本以矛盾而有争议的方式不断扩张。因此，“生命空间”并非构想空间的线性结果，这也是其无法被准确预测的原因之一。大坝具体化了三者的关系和辩证本质，因为它们由大坝的构想和建造产生并嵌入其中，同时以矛盾的方式影响着社会政治网络和社会经济网络。大坝驱动了资本、知识和地缘政治网络，也成为空间中重大地理环境转变的枢纽，不仅跨越了农村和城市地理环境，而且还将它们紧密地联系在一起。

## 25.3　20世纪的大坝建设：特洛伊木马

20世纪见证了大坝建设的爆炸式增长。在19世纪和20世纪初，大坝主要由私人开发；到20世纪20年代中期，这种情况迅速改变，苏联和美国都开始投入大量公共资金用于大坝建设。尤其是在第二次世界大战后的，大坝项目数量激增，主要是由于来自亚洲大坝建设数量上升、后殖民主义项目增加、以及战后寻求投资机会的过剩军事资金。图 25.1 显示了 20 世纪大坝的数量增长情况。20 世纪 50 年代，埃及时任总统纳赛尔(Nasser)把大坝称为“服务生者的金字塔”[4]，印度前任总理尼赫鲁(Nehru)则称之为“当代印度的神庙”[5]。这两个国家当时都处于后殖民时代国家建设的中期，因此很容易将大坝视为具有时代特征的现代化典型代表，即渴望控制自然，相信科技可以解决社会弊病，视西方社会为文明的唯一形象并加以模仿，并将单一民族国家视为优越的国家形式(Cullather, 2002; Klingensmith, 2007)。大坝被寄希望解决很多问题，“从某种意义上说，一个国家没有大坝就不可能有发展，因为大坝和发展本就是相同话语体系下的一部分”(Baghel and Nüsser, 2010: 241)。

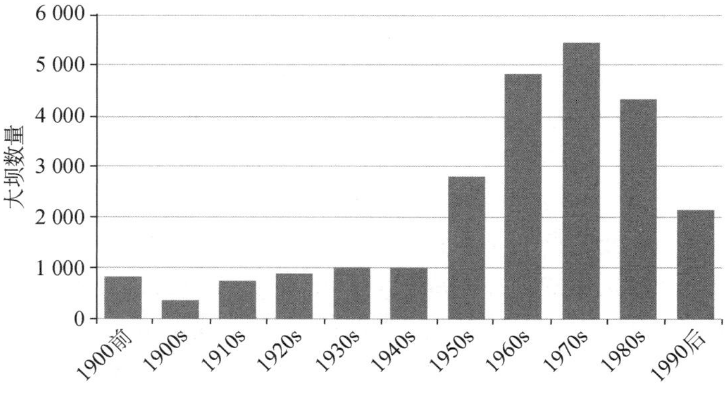


**图 25.1　20 世纪每 10 年大坝建设数量**
(数据来源：WCD, 2000)

进一步回顾 20 世纪大坝建设的历史轨迹可以发现，大坝建设的变革动力不仅展示并加强了现代主义和后殖民时代的力量，而且还受到冷战时期地缘政治操纵以及全球市场和区域政治的重大影响(Ahlers et al., 2014; Tucker, 2010)。大坝建设对巨额资金的需求使其成为积累和吸收剩余资本的重要载体，大卫・哈维(David Harvey)称其为资本的时空焦点。因此，二战后和 20 世纪 70 年代大坝项目数量的激增在很大程度上是由于它吸收了美国积累的“战争美元”和产油国在西方银行大量“闲置”的“石油美元”。这些巨额资金的投资往往需要国家政府的深入参与，在 20 世纪主要被投资到公共项目或相应的援助性产业中。在 20 世纪七八十年代，当发达国家大坝建设明显放缓甚至完全停止时，大多数的经合组织(OECD)国家都将大坝建设“打包”作为对外援助项目[6]。这意味着，它们不仅附带了一系列条件，而且为日益过剩的国内大坝建设产业开辟了新的海外市场(Usher, 1997)。因此，大坝促进了过剩资本的吸收、援助产业的扩张，以及南半球国家债务的上升。

这一时期大坝开发的特点是基于工程师驾驭自然资源以促进文明与发展的能力，将地理环境视为如不加以利用就被浪费的巨大资源令人由衷称赞。提出的地理环境重塑方案伴随着生产(再生产)和消费关系的重大转变以更好地与资本积累和政治控制目标相一致。这个平衡且精妙连贯的过程强行忽略并进而重塑了既有社会文化差异。大坝被用于塑造和展示新生或者新组建国家的统一性和现代性，同时使体制的权威合法化并加以巩固(Klingensmith, 2007; Swyngedouw, 2007; Westerman, 2011)。因此，这些大型水工构筑物是影响深远的国家或国际政治项目的内在组成部分，旨在集中以及调整对水资源的控制，并以此为基础推进特定的社会秩序。“在这一过程中，日常生活中具有象征意义的丰富性和创造性自主权逐渐消失，取而代之的是通过有计划的空间生产将一种技术理性的同质化和碎片化映射到现实中”(Wilson, 2011: 997-8)。总而言之，大坝作为发展的工具非常像“特洛伊木马”，远不只是具象化的蓄水工具。

埃及阿斯旺高坝(Aswan High Dam)是20世纪大坝开发的典型案例。其清晰的计划目标是实现从漫灌向常年灌溉的转变，并在这个过程中将农业生产关系从小农式体制转变为以业主-租户为基础的生产关系，该项目于1970年完工。崭新的水利设施、扩大的灌溉面积和提升的种植密度(通过控制洪涝以延长种植期实现)，伴随着土地和水的私人财产权建立，形成了有产阶级和依赖工资的无产阶级(Smit, 2019; Tignor, 1966)。这个项目清晰的表现为对“自然”的控制与对进步和特定社会秩序的憧憬相伴随的空间项目。正如克罗默(Cromer)在1908年指出(Tvedt, 2004:29)：“当人们控制了尼罗河从湖泊到海洋的全部水域时，人们——这里指英国人——才能自豪地说已经把大自然的恩赐转变为最大可能的优势。”1922年埃及独立以后，对此大坝进行了彻底改造，以更好地服务于埃及脱离英国后的自治，而当时英国仍然控制着尼罗河上游的苏丹和白尼罗河上游区域。有了可以容纳尼罗河两年流量的水库，尼罗河上游的蓄水项目就变得过时了。现在，大坝象征着殖民地时代的逝去，同时作为一个里程碑，标志着埃及取得了对尼罗河的控制权(Mitchell, 2002)。

埃及国内的政治斗争、因粮价上涨而爆发的起义，以及英国因巴勒斯坦的战争而实施的苏伊士运河军事化引发了一连串事件，最终导致了埃及君主被军事革命指挥委员会取代。随着崭新而更为恢弘的阿斯旺大坝愿景被提出，委员会实施了土地改革和产业国有化政策。上游国家对英帝国主义抗争的地缘政治背景以及冷战加剧，促使英国和美国对纳赛尔(Nasser)总统提出资助阿斯旺大坝项目的请求作出积极回应，因为这会使英美可以确保其在该地区的影响力。然而，尽管纳赛尔[7]同意了世界银行设定的条件，但美国最终还是退出并表示“埃及当前应首先实施比阿斯旺大坝规模更小的项目”(Borzutzky and Berger, 2010: 84)。作为回应，纳赛尔将苏伊士运河国有化并利用其收入修建大坝(Little, 1965)，同时向来自苏联的资本和工程师们敞开了大门。在与苏丹新军事政权签署协议后，启动了阿斯旺大坝建设。

通过建立一个抵御洪水、防止干旱和抵抗上游干扰的缓冲区，阿斯旺大坝实现了埃及政府的诉求。同时它也改变并规制了河流的流量(图25.2)，为政府提供了控制尼罗河的有效手段。然而，水涝和盐碱化成了三角洲的主要困扰，并且水力发电设施仅以未达标准的水平为化肥产业提供能源。由此产生的债务问题却使埃及陷入了严重的金融危机。

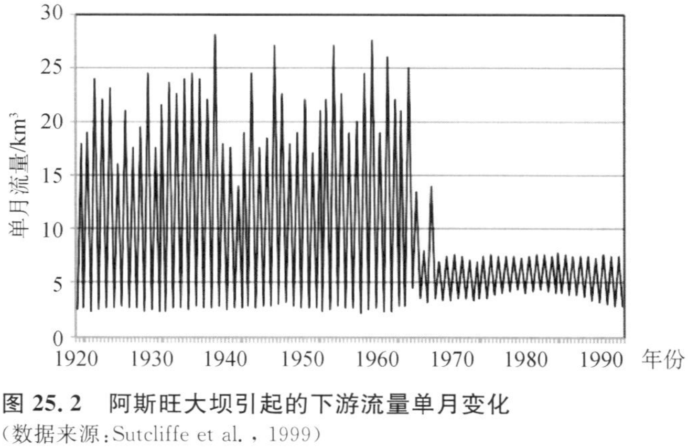


**图 25.2　阿斯旺大坝引起的下游流量单月变化**

(数据来源：Sutcliffe et al., 1999)

总之,阿斯旺大坝被一系列空间战略驱动,以实现土地和水利的秩序重构[8],有利于促进创造一个科学、政治和意识形态的特定地理环境概念。通过集中管理灌溉系统,将改变农业生产社会关系的土地权利和水资源权利国有化和同质化,以及为工业与消费生产能源,来扩大国家空间并推进资本主义生产关系[9],是 20 世纪大坝项目的核心特点。这个案例展示了阿斯旺大坝如何实现对地理环境(生物物理层面和社会层面)的预期控制(Warner, 2013),同时通过单一民族国家作为统治特权的形式对这种控制进行展示和赋权[10]。作为政治经济关系的可见物质表现,阿斯旺大坝清晰地揭示了影响深远的现代地理工程:驯服难以驾驭的自然和民众,建立特定的社会组织,并使新的社会生产关系合法化。这一案例也表明驾驭地理环境并没有那么容易,而且被嵌入地理历史条件中的技术将会创造出新的并在一定程度上不可预测的形态。

## 25.4　21 世纪的大坝建设:潘多拉盒子

当前关于大坝建设的形势与 20 世纪大不相同,这主要是因为金融化和全球化从结构上改变了社会和地球生物物理之间的关系[11],同时,技术的发展进一步压缩了空间和时间(Harvey, 1996; Smith, 2006)。大坝建设过程中,公共和私人参与者之间的界限愈发模糊,新的金融化进程,以及日益加剧的全球局势不稳定性和不确定性,使大坝的治理比以往任何时期都更加紧迫和艰难。本节以老挝南屯 2 号大坝(Nam Theun 2)为例来说明这些问题。

南屯 2 号电力公司参与开发湄公河流域最大支流的大坝项目,其装机容量为 1 070 MW。该项目不仅以"大坝开发史上最复杂的公私合营"项目著称(Wong, 2010),而且因世界银行和老挝政府在发展目标方面的合作而广受赞誉(Baird et al., 2015),该项目于 2010 年竣工并获得亚太地区最佳融资建设项目奖(Merme et al., 2014)。电力公司与电力设施公司在购电协议中确定了该项目发电量的 95%提供给泰国,其余 5%用于老挝国内消费。

自 2011 年以来,南屯 2 号电力公司由三方共同所有:法国国际电力集团(Electricite de France)、老挝国有控股公司(Laotian State Enterprise)和泰国公共发电公司(Thai Electricity Generating Public Company)。27 个缔约方共同为 14.5 亿美元的项目提供资金,其债务股本比约为 7∶3(Ward, 2010)。梅尔姆等人(Merme et al., 2014:23)表示,当股权投资方认购电力公司股份,并且有足够的股权得到担保时,债务融资者就会出借或者担保必要的剩余资金。股权投资方通过抵押、信贷、拨款等方式为股权方案提供融资,而金融机构,如开发银行和私营商业银行等,通过贷款和担保的方式为债务方案提供融资和支持。图 25.3 展示了大坝项目建设过程的资金流动。老挝政府放宽了劳动法规,并提供了投资激励措施以吸引国际资本,如大幅度的免税政策,以及设立材料、设备和日用品的特殊进口税率等(Merme et al., 2014)。来自公共部门的投资虽然有限,却是商业投资者需求的必要保障,以及多边开发银行(Multilateral Development Banks)、出口信贷机构(Export Credit Angencies)提供担保的必要条件。根据建设-拥有-运营-移交(Build-Own-Operate-Transfer)协议,联合控股的南屯 2 号电力公司公司取得了大坝开发、融资、建设 25 年的特许经营权。

政府和南屯 2 号电力公司的权利及义务在特许经营协议中有明确的规定,电力公司掌控所有关于大坝项目水资源管理的决策权。除了最低放水量的义务和限制外,电力公司还拥有对南屯河及其他几条河流的水资源专有权。尽管该联合体是公私合营形式,但完整的特许经营协议是保密的。转让的具体细节,如大坝的运营成本、负债或水

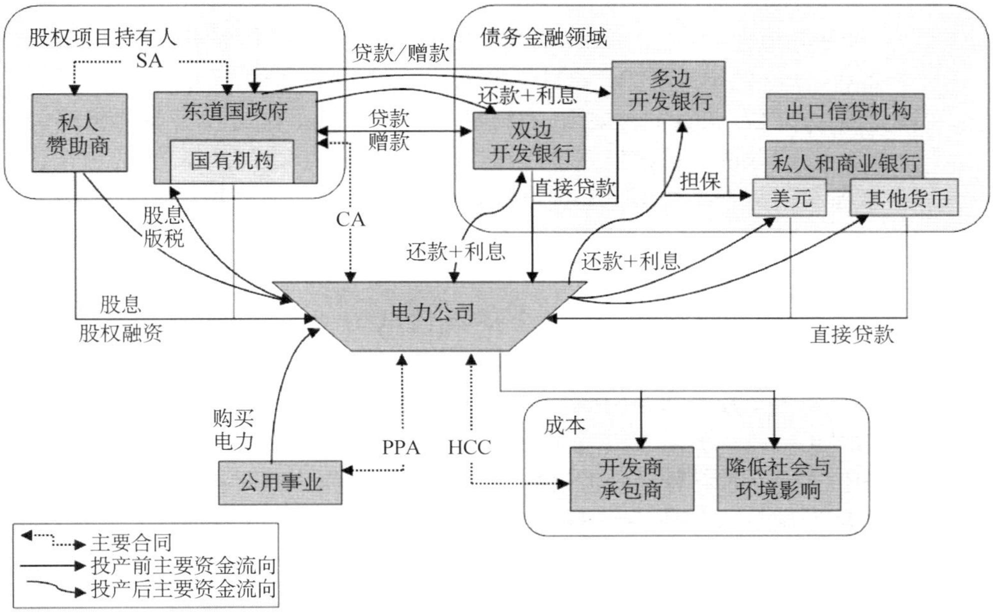


**图 25.3　大坝项目中的资金流动**
(来源:Merme et al., 2014)

资源管理的优先级等都不受公众监督,进而妨碍了公众问责制(Probe International, 2004)。虽然潜在的社会与环境影响,以及相应的缓解、补偿和恢复措施都已经确定[12],但马修斯(Matthews, 2012)和国际研究网(International Research Network, IRN)(2010)还是报道了一系列的违规行为。贝尔德等人(Baird et al., 2015)的研究表明,特许经营协议并没有强制投资者为下游社群支付缓解和补偿的全部费用,而且仅认为一次性开发干预和最低限度的补偿就足以弥补长期的持续影响。除此之外,联合体特许经营期只有 25 年,这意味着老挝政府被迫独自承担大坝的长期负面影响,包括渔业损失、不稳定的洪水,以及对社会经济和生态系统机制造成的整体破坏(Smits, 2012; WCD, 2000; Wong, 2010)。

即使可能,也很难迫使大坝投资方和开发商对其行为负责,他们也没有义务与公众共享相关信息。根据国内外商法,所有合同及相关文件都是保密的,只有合同相关方才能充分接触到这些资料。因此,无法获取赞助人(核心资产所有者和贷款者)和私人债权人(非洲经委会、银行和其他金融机构贷款人)的股权投资信息。能够向公众公开的只有公用事业主体通过贷款和赠款参与大坝建设的相关文件,以及与公共债权人参与有关的文件。

南屯 2 号大坝项目说明了过去十年在全球范围中,大型水坝是如何从越来越多的社会资本——而非公共部门——获得融资的(Briscoe, 1999; Hildyard, 2012; Hirsch, 2010; Middleton, 2009; Molle et al., 2009; Schultz, 2002)。20 世纪 80 年代以来,新自由主义改革旨在通过公司化、商业化和私有化的方式在能源领域创造竞争市场。新的全球金融中心已经发展起来,如上海、新加坡、吉隆坡和圣保罗,区域经济也得到了发展和巩固,如东盟(ASEAN)和南美共同市场(MERCOSUR)。再加上过去十年持续的(区域性)经济增长,使南半球国家如今处于为大坝项目提供共同融资的更有利地位,通过获取所需的资金投资私有市场促进了大坝的单边开发。2013 年,投资额约 350 亿美元的水力发电项目已经投入生产(Frankfurt School-UNEP Centre, 2014)。

25 大坝开发:从特洛伊木马到潘多拉盒子

在湄公河流域，价值 7.6 亿美元的南屯 2 号大坝和 38 亿美元的沙耶武里(Xayaburi)大坝完全都是从区域商业银行和出口信贷机构获得融资的(Middleton，2009；BankTrack，2013；Matthews，2012)。梅尔姆等人(Merme et al.，2014)指出，与通过减税、放宽贸易规则、履约带来的潜在高收益与投资条件相比，这种做法涉及的风险是有限的。债权投资不仅履约时间相对较短，而且风险主要由东道国承担，世行和亚行等国际金融机构也会提供政治风险保障。开发商更青睐私人投资者，因为其附带的义务更少，相比之下，公共资金或多边资金(Matthews，2012)常常提出需要承担协调社会关系和减轻环境影响的责任。最后，大型基础设施项目的复杂性为开发多种金融工具提供了无限可能，而这甚至比电力生产本身更有意义(Hildyard，2012；Lapavitsas，2013)。

南屯 2 号大坝案例诠释了当代大坝建设的发展动态，以及它们参与金融化的过程。对可再生能源的需求以及为满足这些需求设立的目标创造了投资机会。越来越多的金融机构正在搜寻像水资源这样的战略性产业作为其掌控下剩余资本的投资目标[13]。投资哪个项目，利用何种金融工具，在很大程度上取决于获取资源的地理位置和地缘政治关系。大型基础设施加速私有化和金融化趋势已经使大坝的规划、建设、产权和运营从公共领域转移到了私人领域。因此削弱了国际金融机构、多边开发银行、捐助群体及其保障制度和环境健康与安全标准的中心作用。而且，尽管设立了大量国际标准以确保一系列的安全措施，但该系统远不能保证万无一失，而且因缺乏透明度而削弱了外部问责机制，进而很容易被规避(Hildyard，2012；Matthews，2012；Merme et al.，2014；Middleton，2009；Wright，2012)[14]。更加紧密的公私合营以及激增的利益相关者规模表明治理扩散是 21 世纪筑坝联盟的典型特征。这导致了一种局面：在任何特定的时间点或地点，没有人监督或理解全局。虽然敏捷而快速的资金流动和产品网络可以快速产生巨大的时空影响，但其不透明性和碎片化有力地削弱了民主决策和问责机制的可能。该问题的产生有三个原因。首先，金融资本利益不是一定需要——或者自动——与粮食安全、水资源获取及生态系统完整性的优先级相一致。其次，管理大坝并控制其影响的决策机构在时间和空间上是脱节的。第三，巨额投资会在很长一段时间内绑架国家预算，使得公共部门的注意力从公共关切转向私人收益。

这就产生了关于大坝治理和民主方面的紧迫问题。例如，在极少公众参与决策制定而仅处于依附状态下，公共部门对这些决策影响当地民生安全和环境可持续性的控制程度如何？当私人资本方依法享有保密权利时，如何从制度上规范公共问责机制的有效形成？在下面的内容中，我们试图针对这些问题提出一些可能的答案。



## 25.5 结论

本章阐述了 20 世纪的大坝是如何被比作“特洛伊木马”的，作为经济发展的合法机制，同时作为政治和意识形态空间战略载体，通过驯服不可预测的水流来重塑地理环境是拓展国家空间和推进资本主义生产关系项目的一部分。因此，20 世纪的大坝建设以彻底重新定义并分配土地和水资源权益的方式，重构了社会，进而促进了难以驾驭的原住民“文明化”和“制度化”进程。正是由于大坝体现并进一步建立了一种政治与经济力量的集中，能够将地理环境重新定义为同质而连贯的(Lefebvre，1991：352)。因此，无论在地理学还是其他学科，反对的声音都是碎片化的。

20 世纪大坝开发的推动者相对较容易确定，包括国内或国际公共治理组织和金融机构，它们将大坝视为其权力的物质载体。尽管正是由于这些权力的存在而难以发起挑战，但是大坝的开发主体是显而易见的，并且通常属于或者有关于单一民族国家。相反，追踪和找到为当今大坝项目的责任主体则不像以往那么容易，因为它们不再属于国家机构，也就不再受制于某种会被更广泛公众问责的机制。事实上，当今的大坝建设更应被比作“潘多拉盒子”：它们由多方主体共同参与，社会资本方和金融机构承担着越来越多的融资、建设和运营责任，它们较少受到公共合法性问题的阻碍。另外，公共机构也在这个过程中提供了支持，而并未发挥规范的监管作用，这就对监管和问责带来了新的挑战。

由此可见，“特洛伊木马”明显在地缘政治空间战略中起着至关重要的作用，而“潘多拉盒子”代表了更为复杂的空间战略集合，这种复杂战略将资本积累与金融投机的隐藏动机和通过发展经济创造繁荣以及通过使用绿色能源缓解气候变化影响的公开宣言结合在一起。伴随着技术的飞速发展，新自由主义化已经切实地改变了大坝开发机制以及监管与控制制度化的可能性。金融化、气候变化、不确定性、社会资本及准社会资本的激增，以及公共部门与社会资本权责模糊等因素共同塑造了一个更为复杂、不透明而又碎片化的治理环境。可以确定的是，大坝开发的治理环境已经远不如之前公开，其原因是为保护私人资本竞争力而提供的制度空间。同时，这些规模空前且主要用于发电的大坝面对着一个比以往任何时候都更加紧密联系的国际社会。这些联系促进了不民主的金融化进程，进而导致了不均衡发展。但是，这也带来了巨大的潜力，即利用这些联系的速度和灵活性建立新的竞争网络，以打破不民主和不均衡发展的桎梏。

维护公平且可持续的水电开发以及大坝治理关键在于创造性地、战略性地发掘这种潜力，以推进新的大坝治理实践，包括透明性和问责的机制等方面。这需要在承受和关注大坝影响的主体间有效地组织多尺度联盟。这也需要在文字和数字表达两个方面提高大坝的可理解性，以便人们可以更为广泛地传播和讨论大坝的影响，并使那些养老金都被投到项目中的人了解情况。在这里，由于大坝造成的“社会-自然动力学”的复杂性和不可预测性使得直截了当的预测或评估无法进行，所以分享和融合不同来源的信息并开发跨学科的知识是至关重要的。设想与现实在时空上的巨大差异，以及大坝开发受益者与直接影响承担者的割裂，使大坝开发陷入非常恶劣的局面。

列斐伏尔建立的关于大坝和相关基础设施发展计划的分析框架为深入地、跨学科地思考上述问题提供了机会。选择坝址、明确谁愿意提供资金并出于何种目的、确定大坝的使用目的、明晰谁会从中受益（或承担成本），都需要进行详细而全面的情景分析。这样的案例研究至关重要，因为历史经验表明大坝建设是高风险、高成本的项目，其成本收益分配也不均衡、不公平。然而，同样重要的是，我们认为进行空间战略分析——如空间概念的生命、感知和构想三重维度——可以有效地补充对特定大坝项目复杂性及政治情景的分析。

相比于为遏制环境方面的消极影响而制定“好大坝”的客观标准，我们更愿意呼吁在实现“大坝民主”方面投入更多的努力：开发并普及针对大坝长期和短期内成本与收益全面分析的专业知识。除非能够有效地组织公共问责，并且民间社会团体有制定和阐述地理环境规划备选方案的政治可能性，否则大坝建设应该被暂停。大坝开发不能再继续作为短期利益收割者的专有权利，而让其他人蒙受当前和未来的损失。这是实现急需的替代选择的唯一途径，这个选择更灵活且不那么昂贵，虽然可能不会产生引人注目的好处，但是更现实、更可靠、更快、负面影响更小，而且成本也可能更低。

大坝建设责任和权力日益分散并全球性扩展，再加上普遍缺乏可公开获得的可靠信息，使人们很难明确地识别出大坝建设和融资的责任主体。这也使得追究任何人对大坝负面社会生态影响的责任（或从制度上规范责任）成为一项挑战。依靠越来越复杂的“客观”信息和参与性协议来保证大坝的可持续性和社会效益，只能部分弥补这一民主空白。

本章呼吁采取新的方式来理解针对大坝的“异议”。在某种程度上，这可以被看作是异议的制度性组织（或渠道），通过这个渠道公民社会团体可以在更加公平的竞争环境下协商大坝的成本和收益分配。这种异议应该被视为大坝决策过程中常规的、有价值的、且至关重要的一部分。因此，我们呼吁一个更为深远的治理变革，而不仅仅（必要但不充分）是建立全球通行的“好大坝”的客观标准。虽然这种标准是有用的，但我们认为投入更多努力去创造大坝民主迫在眉睫——这一理念基于认同大坝建设将永远受到争议的观点，并暗示有必要在其跨尺度、跨管辖区域的融资和开发过程中施以良好的治理策略。大坝项目需要在文字和数字方面双管齐下以提高其透明度，这在未来会带来更加公平和可持续的成果。

## 致谢

本章的大部分内容是与伊内克·克莱曼斯（Ineke Kleemans）就 20 世纪大坝开发、与文森特·梅尔姆（Vincent Merme）就湄公河大坝和金融化、与伊内克·克莱曼斯（Ineke Kleemans）和赫尔曼·斯密特（Hermen Smit）就阿斯旺大坝进行讨论与分析的成果。

## 注释

1. 关于“大”的定义有一些分歧。我们遵循来自国际大坝委员会关于“大坝”的定义。波夫（Poff）和哈特（Hart）（2002）概述了这种分类存在问题的原因。
2. 关注这个命题的主要文献包括：费恩赛德（Fearnside，2005）；休伯（Huber）和乔希（Joshi）（2015）；莱纳（Lehner et al.，2011）；梅尔姆（Merme et al.，2014）；尼尔森（Nilsson et al.，2005）；奥福苏·门萨（Obosu-Mensah 1996）；奥克特姆（Öktem，2002）；肖沃斯（Showers，2009）；世界自然基金会（WWF，2003）；世界自然基金会（WWF，2013）。
3. 水资源的开发潜能现在常被用作建造更多大坝的论据，然而若考虑基础设施退役问题，其发电潜能则会下降的比预期更快、更大，正如珀梅兰兹（Pomeranz，2009：208）讽刺地指出喜马拉雅地区的大坝项目就面临类似的问题。
4. 详见法希姆（Fahim，1981：233）
5. 详见克林根史密斯（Klingensmith，2007）著作中第 254 页关于尼赫鲁（Nehru，1964）及第 263 页印度教徒（The Hindu，1957）的相关内容。
6. 在乌瑟尔（Usher，1997）撰写该文时，经济合作与发展组织包括原始成员国：奥地利、比利时、加拿大、丹麦、法国、德国、希腊、冰岛、爱尔兰、意大利、卢森堡、荷兰、挪威、葡萄牙、西班牙、瑞典、瑞士、土耳其、英国和美国，以及随后加入的成员国：日本（1964）、芬兰（1969）、澳大利亚（1971）、新西兰（1973）、墨西哥（1994）、捷克共和国（1995）、匈牙利（1996）、波兰（1996）和韩国（1996）。
7. 在 1955 年秋，埃及最初拒绝了苏联的提议，因为当时与美国及世界银行的谈判已进入白热化阶段（Biswasand Tortajada，2004）。
8. 斯威格杜瓦（Swyngedouw，1999）详细地展示了在西班牙佛朗哥水利规划中如何将大坝应用在类似的空间战略。另一个例子是弗兰克·韦斯特曼（Frank Westerman）的著作——《灵魂工程师》（2011），书中描述了作者在苏联大学从事水利工程研究与教学经历。
9. 例如，引入土地及水资源的流转制度，并以市场作为为主要的交易平台，实现农业的工业化生产。
10. 这一过程并不简单，埃及阿斯旺大坝项目具有历史特殊性，且同样备受争议。阿富汗的情况也是如此（Ahlers et al.，2014），其政府就大坝开发问题同美国和苏联进行谈判，并试图借此将多民族的区域整合为一个统一的国家。

11. 例如,从基因层面改变生物体的技术可能性、生物质燃料技术的发展、以及剩余公共空间(如森林、海洋、土地、水资源权益等)的"圈地运动"及商品化等方面的发展和变化。
12. 如环境评估和管理规划、移民安置计划、社会环境管理和运营计划。
13. 2015 年 4 月世界水务理事会/经合组织的报告认为,水务部门应充分利用银行、养老基金、保险公司和主权财富基金所持有的数万亿美元资金。
14. 例如:赤道原则(the Equator Principles)、水电可持续性评估论坛议定书、联合国颁布的负责任的投资准则、世界大坝委员会标准、国际金融公司绩效标准和 WB 保障政策。

## 参考文献


Ahlers, R., Brandimarte, L., Kleemans, I., and Sadat, S. (2014). "Ambitious development on fragile foundations: Criticalities of current large dam construction in Afghanistan," *Geoforum*, 54: 49-58.

Ahlers, R., Budds, J., Joshi, D., Merme V., and Zwarteveen, M. (2015). "Framing hydropower as green energy: Assessing drivers risks and tensions in the Eastern Himalayas," *Earth Systems Dynamics*, 6: 195-204.

Ahlers, R. and Merme, V., (2016). "Financialisation, water governance, and uneven development," *Wires Water*, 3(6): 766-774.

Ansar, A., Flyvbjerg, B., Budzier, A., and Lunn, D. (2014). "Should we build more large dams? The actual costs of hydropower megaproject development," *Energy Policy*, 69: 43-56.

Baghel, R. and Nüsser, M. (2010). "Discussing large dams in Asia after the World Commission on Dams: Is a political ecology approach the way forward?" *Water Alternatives*, 3(2): 231-48.

Baird, I., Shoemaker, B., and Manorom, K. (2015). "The people and their river, the World Bank and its Dam: Revisiting the Xe Bang Fai River in Laos," *Development and Change*, 46(5): 1080-105.

Bakker, K. (1999). "The politics of hydropower: Developing the Mekong," *Political Geography*, 18: 209-32.

Bakker, K. (2010). *Privatizing Water: Governance Failure and the World's Water Crisis*. Ithaca, NY: Cornell University Press.

BankTrack. (2013). *Dodgy Deal: Xayaburi Dam Project*, <http://www. banktrack. org/manage/ajax/ems_dodgydeals/createPDF/xayaburi_-dam_project>.

Baviskar, A. (ed.) (2007). *Waterscapes: The Cultural Politics of a Natural Resource*. Delhi: Permanent Black.

Biswas, A. (2004). "Dams: cornucopia or disaster?" *International Journal of Water Resources Development*, 20(1): 3-14.

Biswas, A. K. and Tortajada, C. (2004). *Hydropolitics and Impacts of the High Aswan Dam*. Cairo: Advisory Panel Project on Water Management, Ministry of Water Resources and Irrigation.

Borzutzky, S. and Berger, D. (2010). "Dammed if you do and dammed if you don't: The Eisenhower Administration and the Aswan Dam," *Middle East Journal*, 64(1): 84-102.

Brenner, N. and Elden, S. (2009). "Henri Lefebvre on state, space, territory," *International Political Sociology*, 3: 353-77.

Briscoe, J. (1999). "The financing of hydropower, irrigation and water supply infrastructure in developing countries," *International Journal of Water Resources Developmet*, 15(4): 459-91.

Briscoe, J. (2010). "Overreach and response: The politics of the WCD and its aftermath," *Water Alternatives*, 3(2): 399-415.

Cole, M. A., Elliot, R., and Strobl, E. (2014) "Climate change, hydro-dependency, and the African dam boom," *World Development* 60: 84.

Cullather, N. (2002). "Damming Afghanistan: Modernization in a buffer state," *Journal of American History*, 89(2): 512-37.

Duflo, E. and Pande, R. (2007). "Dams," *Quarterly Journal of Economics*, 122(2): 601-46.

Escobar, A. (1995). *Encountering Development: The Making and Unmaking of the Third World*. Princeton: Princeton University Press.

Fahim, H. M. (1981). *Dams, People, and Development: The Aswan High Dam Case*. New York: Pergamon Press.

Fearnside, P. M. (2005). "Do hydroelectric dams mitigate global warming? The case of Brazil's Curuá-Una Dam," *Mitigation and Adaptation Strategies for Global Change*, 10(4): 675-91.

Fletcher, R. (2010), "When environmental issues coincide: Climate change and the shifting political ecology of hydroelectric power," *Peace Conflict Review*, 5: 1-15.

Flyvbjerg, B., Bruzelius, N., and Rothengatter, W. (2003). *Megaprojects and Risk: An Anatomy of Ambition*. Cambridge: Cambridge University Press.

Flyvbjerg, B. (2014). "What you should know about megaprojects and why: An overview," *Project Management Journal*, 45: 6-19.

Frankfurt School-UNEP Centre/BNEF (2014). *Global Trends in Renewable Energy Investment: Key Finding*. Frankfurt School of Finance and Management gGmbH, <http: //fs-unep-centre. org/publications/gtr-2014>.

Goldsmith, E. and Hildyard, N. (1984). "The politics of damming," *Ecologist*, 14(5-6): 221-31.

Goonewardena, K., Kipfer, S., Milgrom, R., and Schmid, C. (2008). *Space, Difference, Everyday Life: Reading Henri Lefebvre*. New York and London: Routledge.

Haraway D. (1991). *Simians, Cyborgs and Womem: The Reinvention ofNature*. New York: Routledge.

Harvey, D. (1982). *The Limits to Capital*. London and New York: Verso.

Harvey, D. (1996). *Justice, Nature and the Geography of Difference*. Cambridge and Oxford: Blackwell.

Hildyard, N. (2012) *More than Bricks and Mortar. Infrastructure-as-Asset-Class: Financing Development or Developing Finance? A Critical Look at Private Equity Infrastructure Funds*. Dorset: The Corner House.

Hirsch, P. (2010). "The changing political dynamics of dam building on the Mekong." *Water Alternatives*, 3(2): 312-23.

Huber, A. and Joshi, D. (2015). "Hydropower, anti-politics, and the opening of new political spaces in the Eastern Himalayas," *World development*, 76(c):13-25. <http://econpapers. repec. org/article/eeewdevel/>.

International Committee on Large Dams (ICOLD) (2006). *The Role of Dams in the XXI Century*, <http://www. hydrocoop. org/publications/Role_of_Dams_new. pdf>.

International Hydropower Association. (2014). "Response of the International Hydropower Association to the publication *Should we Build more Large Dams? The Actual Costs of Hydropower Megaproject Development*, by Atif Ansar, Bent Flyvbjerg, Alexander Budzier, Daniel Lunn,<www. hydropower. org>.

Imhof, A. and Lanza, G. R. (2010). "Greenwashing hydropower," *World Watch*, 23(1): 8-14.

International Rivers Network. (2014). *World Rivers Review*, June, <http: //www. internationalrivers. org/node/8328>.

International Rivers Network. (2010). *African Dams Briefing*, <http: //www. internationalrivers. org/files/attached-files/afrdamsbriefingjune2010. pdf>.

Islar, M. (2012). "Privatised hydropower development in Turkey: A case of water grabbing?" *Water*

*Alternatives*, 5(2): 376-91.

Jessop, B. (2006). "Spatial fixes, temporal fixes, and spatio-temporal fixes," in N. Castree and D. Gregory(eds.), *David Harvey: A Critical Reader*. Oxford: Blackwell, pp. 142-66.

Kaika, M. (2006). "Dams as symbols of modernization: The urbanization of nature between geographical imagination and materiality," *Annals of the Association of American Geographers*, 96(2): 276-301.

Khagram, S. (2003). Neither temples nor tombs: A global analysis of large dams. *Environment*, 45(4): 28-37.

Khagram, S. (2004). *Dams and Development: Transnational Struggles for Water and Power*. Ithaca, NY: Cornell University Press.

Klingensmith, D. (2007). "*One Valley and a Thousand*" *Dams, Nationalism and Development*. New Delhi: Oxford University Press.

Kogan, G. (2013). *The socio-environmental history of the floods in São Paulo 1887 - 1930*. Unpublished MSc thesis. Delft: UNESCO-IHE, <https://cosmopista.files.wordpress.com/2014/11/thesis_gabrielkogan.pdf>.

Lapavitsas, C. (2013). *Profiting Without Producing: How Finance Exploits Us All*. London: Verso.

Ledec, G. and Quintero, J. D. (2003). "Good dams and bad dams: Environmental criteria for site selection of hydroelectric projects," *Sustainable Development Worrking Paper No. 16*. Washington, DC: The World Bank, Latin America and Caribbean Region Environmentally and Socially Sustainable Development Department(LCSES).

Lefebvre, H. (1976) *The Survival of Capitalism*. London: Allison and Busby.

Lefebvre, H. (1991). *The Production of Space*. Oxford: Blackwell.

Lehner, B., Liermann, C., Revenga, C., Vörösmarty, C., Fekete, B., Crouzet, P., Döll, P., Endejan, M., Frenken, K., Magome, J., Nilsson, C. D., Robertson, J., Rödel, R., Sindorf, K., and Wisser, D. (2011). "High-resolution mapping of the world's reservoirs and dams for sustainable riverflow management," *Frontiers in the Ecology and Environment*, 9(9): 494-502, <doi:10.1890/100125>.

Linton, J. and Budds, J. (2014). "The hydrosocial cycle: Defining and mobilizing a relational-dialectical approach to water," *Geoforum*, 57: 170-80.

Little, T. (1965). *High Dam at Aswan The Subjugation of the Nile*. New York: John Day.

Matthews, N. (2012). "Water grabbing in the Mekong Basin: An analysis of the winners and losers of Thailand's hydropower development in Lao PDR," *Water Alternatives*, 5(2): 392-411.

McCully. P. (1996). *Silenced Rivers: The Ecology and Politics of Large Dams*. London: Zed Books.

Meehan, K. (2013). "Tool-power: Water infrastructure as wellsprings of state power,"*Geoforum*, 57: 215-24.

Merme, V., Ahlers, R., and Gupta, J. (2014). "Private equity, public affair: Hydropower financing in the Mekong Basin," *Global Environment Change*, 24: 20-9.

Middleton, C. (2009). *Thailand's Commercial Bank's Role in Financing Dams in Laos and the Case for Sustainable Banking*, <http://www.banktrack.org/manage/ems_files/download/thailand_s_commercial_banks_role_in_financing_dams_in_laos_and_the_case_for_sustainable_banking>.

Mitchell, T. (2002). *Rule of Experts: Egypt, Technopolitics, Modernity*. Berkeley: University of California Press.

Moore, J. W. (2011). "Transcending the metabolic rift: A theory of crises in the capitalist world-ecology," *Journal of Peasant Studies*, 38(1): 1-46.

Molle, F., Foran, T., and Käkönen, M. (2009). "Old and new hydropower players in the Mekong region: Agendas and strategies," in F. Molle, T. Foran, and M. Käkönen (eds.), *Contested Waterscapesin the Mekong Region: Hydropower, Livelihoods, and Governance*. London: Earthscan, pp. 23-45.

Nilsson, C., Reidy, C. A., Mats Dynesius, M., and Revenga C. (2005). "Fragmentation and flow regulation of the world's large river systems," *Science*, 308(5720): 405-8.

Obosu-Mensah, K. (1996). *Ghana's Volta Resettlement Scheme: The Long-Term Consequences of Post-Colonial State Planning*. San Francisco: International ScholarsPublications.

Öktem, K. (2002). "When dams are built on shaky grounds: Policy choice and social performance of hydro-project based development in Turkey," *Erdkunde*, 56(3): 310-25.

Poff, N. L. and Hart, D. D. (2002). "How dams vary and why it matters for the emerging science of dam removal," *Bioscience*, 52: 659-738.

Pomeranz, K. (2009). "The great Himalayan watershed. Agrarian crisis, mega-dams and the environment," *New Left Review*, 58: 5-39.

Priemus, H., Flyvbjerg, B., and Wee, B. (2008). *Decision-Making on Mega-Projecs: Cost-Benefit Analysis, Planning and Innovation*. Chletenham: Edward Elgar.

Probe International. (2004). *Ten Reasons Why the World Bank Should Not Finance the Nam Theun 2 Power Company in Lao PDR*, <http://journal.probeinternational.org/?s=Ten+reasons+why+the+World+Bank+should+not+finance+the+Nam+Theun+2+power+company+in+Lao+PDR>.

Schmid, C. (2008). "Henri Lefebvre's theory of the production of space: Towards a three-dimensional dialectic," in K. Goonewardena (ed.), *Space, Difference, Everyday Life: Reading Henri Lefebvre*. New York and London: Routledge, pp. 27-45.

Scott, J. C. (1998). *Seeing. Like a State: How Certain Schemes to Improve the Human Conditionhave Failed*. New Haven, and London: Yale University Press.

Scudder, T. (2005). *The Future of Large Dams: Dealing with Social, Environmental, Institutional and Political Costs*. London: Earthscan.

Schultz, B. (2002). "Role of dams in irrigation, drainage and flood control," *International Journal of Water Resources Development*, 18(1): 147-62.

Showers, K. B. (2009). "Congo River's Grand Inga hydroelectricity scheme: Linking environmental history, policy and impact," *Water History*, 1(1): 31-58.

Smit, H., (2019). "Materializing water security — two hundred years of modern hydraulic development on the Nile," *Making Water Security*, pp. 25-55.

Smith, N, (2006). "Nature as accumulation strategy," in L. Panitch and C. Leys (eds.), *Socialist Register 2007: Coming to Terms with Nature*. Monmouth: Merlin Press.

Smits, M. (2012). "Hydropower and the green economy in Laos: Sustainable developments?" unpublished paper presented at the *Coference on Planning for the Future: Decision Making on Energy Policy*, Kuala Lumpur, Malaysia.

Sutcliffe, J. V., and Parks, Y. P. (1999). *The hydrology of the Nile*. IAHS Special Publication no. 5.

Swyngedouw, E. (1999). "Modernity and hybridity: Nature, regeneracionismo, and the production of the Spanish waterscape, 1890-1930," *Annals of the Association of American Geographers*. 89(3): 443-65.

Swyngedouw, E. (2007). "Technonatural revolutions: The scalar politics of Franco's hydro-social dream of Spain, 1939-1975," *Transactions of the Institute of British Geographers*, 32(1): 9-28.

Tignor, R., (1966). *Modernization and British Colonial Rule in Egypt 1882-1914*. Princeton. NJ: Princeton University Press.

Tvedt, T. (2004). *The River Nile in the Age of the British: Political Ecology and the Quest for Economic Power*. Cairo: American University in Cairo Press.

Tucker, R. P. (2010). "Containing communism by impounding rivers: American strategic interests and the global spread of high dams in the early Cold War," in J. R. McNeill and C. R. Unger (eds.), *Environmental Histories of the Cold War*. Washington, DC; New York; Cambridge: Cambridge University Press.

Usher, A. D. (ed.). (1997). *Dams as Aid: A Political Anatomy of Nordic Development Thinking*. London: Taylor & Francis.

Vörösmarty, C. J., McIntyre, P. B., Gessner, M. O., et al. (2010). "Global threats to human water security and river biodiversity," *Nature*, 467: 555-61.

Ward, M. (2010). *The Main Report of the Private Sector Investment project*, <http://www.gtriplec.co.nz/assets/Uploads/papers/psi_final_of_main_report_full_version-31_may.pdf>.

Warner, J. (2013). "The Toshka mirage in the Egyptian desert: River diversion as political diversion," *Environmental Science and Policy*, 30: 102-12.

Westerman, F. (2011). *Engineers of the Soul*. New York: Overlook Press.

Wilson, J. (2011). "Notes on the rural city: Henri Lefebvre and the transformation of everyday life in Chiapas, Mexico," *Environment and Planning D: Society and Space*, 29: 993-1009.

Wong, S. M. T. (2010). *Making the Mekong: Nature, Region, Postcoloniality*, PhD dissertation, Department of Geography, Ohio State University.

World Commission on Dams. (2000). *Dams and Development: A New famework for Decision-making*. London: Earthscan.

Wright, C. (2012). "Global banks, the environmnent, and human rights: The impact of the equator principles on lending policies and practices," *Global Environmental Politics*, 12(1): 56-77.

WWC/OECD. "Water: fit to finance? Catalyzing national growth through investment in water security," *Report of the High Level Panel on Financing Infrastructure for a Water-secure World*, April. Marseille: World Water Council.

WWF (2003). *Dam right! WWF's dam inititaive; An investor's guide to dams*, <http://awsassets.panda.org/downloads/investorsguidedams.pdf>.

WWF (2013). *The seven sins of dam building*. WWF International-Freshwater Programme and WWF-Germany, <http://awsassets.panda.org/downloads/wwf_seven_sins_of_dam_building.pdf>.

Zarfl, C., Lumsdon, A. E., Berlekamp, J., Tydecks, L., and Tockner, K. (2014). "A global boom in hydropower dam construction," *Aquatic Sciences*, <doi:10.1007/sooo27-014-0377-0>.

Zwarteveen, M. (2015). "Regulating water, ordering society," Inaugural Lecture, University of Amsterdam, <https://www.unesco-ihe.org/sites/default/files/oratie_margreet_zwarteveen.pdf>.

# 26 制度情境的适应性：中国重大项目治理经验

李永奎　胡　毅　韩一龙

## 26.1　引言

过去几十年，中国的基础设施投资热潮和重大项目建设规模全球瞩目，中国建造改变了中国的面貌[1]。规模如此之大，项目如此之多，前所未有，没有哪个国家像中国这样以巨型项目的方式被定义[2]。中国长期而庞大的重大项目市场为探索重大项目复杂问题及解决方案提供了一个特定样本。

"集中力量办大事"一直被认为是中国应对各项重大挑战的制度优势，也是实现高效率的特殊模式。由于重大项目投资规模巨大、影响范围广、资源需求大、技术挑战高，往往成为这一模式应用的主要领域，使得重大项目成为中国经济建设、自主创新和人才培养的主战场。但是，围绕中国重大项目的治理经验，有几个核心问题需要回答：中国重大项目治理的基本模式是如何形成的？是否是一成不变的？其基本特征是什么？如何适应重大项目的复杂多样性与动态环境？以及未来应关注哪些方面的挑战？等等。

最近几年，中国重大项目管理越来越受到学术领域的关注，主要源于中国重大项目的实践成就以及理论需求的"紧张点"现象。一方面，长期以来，中国在项目管理领域大多引入欧美的相关理论或知识体系，如《项目管理知识体系指南》(PMBOK)等，解决了诸多共性问题，但同时也显现出了不适应性，尤其是制度情境所引发的组织管理实践与理论解释之间的"紧张点"，逐渐引起了重视；另一方面，中国大规模的重大项目实践为经验总结提供了丰富样本，具备理论生成的天然基础，因此有学者呼吁要从国外理论引进的"照着讲"向"接着讲"转变(盛昭瀚等，2019)，从而构建源于中国情境又具有普遍解释力或广泛适用性的重大项目管理理论。这一观点和组织理论发展的趋势相一致，斯科特(Scott)和杰拉尔德(Gerald)(2015)认为，组织理论的发展未来需要注意制度和情境的差异性，关注组织架构和过程在当地情境下和更大背景中的嵌入以及时空差异对组织的影响问题。

重大项目规模巨大、战略性高，与社会、经济、环境甚至政治紧密相关，是一个开放的社会经济系统，涉及历史、环境、制度、政策、价值观以及更广泛的结构框架和组织场域(Organization field)[3]，甚至是一个政治符号，因此不可避免地受到国情、制度和文化的强烈影响(李永奎等，2018)。重大项目的决策、计划、管理和协调过程是多行为者矛盾利益互动的过程，组织间和组织内部都具有复杂关系，形成了特定的组织场域和复杂的社会经济子系统，而这种组织场域的形成(或重构)、固化和同形就构成了治理模式的生成基础(李永奎等，2018)。作为一种以多元行动者或利益相关者紧密互动、本地组织深度嵌入的特定组织场域，和一般项目相比，重大项目显然受到其所在制度体系更深刻、更强烈的影响，具有情境依赖性和路径依赖性。

新制度主义认为，组织是一个开放的系统，受环境的深刻影响，而这个环境从某种程度上来说是历史社会建设不断沉淀的结果(Clegg，1981)。组织行为选择往往会由制度环境中的制度、规范、文化认知等要素决定，组织由制度所塑造；在制度环境中，组织被认为根植于社会与政治环境之中，其结构与实践反映了环境的规则与惯例(Scott，2013)。从而，重大项目突出的社会嵌入性使得制度理论成为研究和解释重大项目关键问题的新视角(乐云等，2018)，为项目项目治理提供了规制性、规范性和文化认知性的理论支持(Henisz et al.，2012)，并强调了制度差异对重大项目治理的重要影响，从而推动和形成了治理模式的多元化。概括而言，重大项目情境包括宏观、中观和微观三个层次的不同方面(Li et al.，2019；李永奎等，2019)。宏观情境主要是外部制度情境，通常可以用 PESTLE(Political，Economic，Sociological，Technological，Legal and Environmental)框架进行分析，即包括政治、经济、社会、技术、法律和环境等诸多方面(Burt et al.，2006)，是外部客观环境，往往对重大项目治理模式具有根本性影响，决定了组织治理的基本属性和顶层设计，是不同国家重大项目治理模式的关键差异所在。中观情境主要是介于内外和外部的界面环境，包括重大项目的融资模式、治理机制、项目战略、重要关联组织及利益相关者、项目类型、项目交付模式以及项目目标压力等要素，这是重大项目组织系统内部和外部的关键界面，直接决定了治理机制的具体设定。微观情境主要是内部环境，包括组织内部的规模、架构、参建单位、项目组织文化、组织能力、领导力以及管理方法与工具等要素，是在宏观和中观情境下的组织治理细节设定，具有较大的可设计性和可控性，往往有成熟的经验和惯例可以遵循，但也会遇到本地组织的嵌入挑战，使得组织治理显现出异质要素复杂性特征。

另外，重大项目被视为一类典型的复杂巨系统、复杂适应性系统或系统之系统(SoS)，其管理的根本挑战还是该系统的复杂性，因此对重大项目系统的复杂性认知和驾驭能力也就成了重大项目治理体系构建和治理能力提升的关键。显然，复杂性给重大项目治理带来了巨大挑战。由于重大项目的战略意义，其失败的代价是巨大的，甚至是灾难性的，这就要求重大项目要在“可控”的系统边界、系统阈值或系统方向内运行，避免无序导致“失控”，因此创新治理机制是必要的。但是，重大项目治理从来不是单一治理模式，也不是静态治理机制，是多元化的、动态适应性的，是一种特定情境下的混合式治理，以应对重大项目的复杂性。这其中，情境是触发和形成重大治理多元化的基础变量。从这个意义上出发，系统考察中国重大项目的治理经验是必要的，这一研究有助于丰富不同制度情境下的重大项目治理知识和理论体系的形成。

## 26.2　研究方法和案例选择

重大项目管理具有典型的实践特征，其理论往往诞生于“实践智慧”，因此基于案例的研究已经成为重大项目管理理论研究的重要方法(李永奎等，2019)。不过，由于重大项目的复杂性，单个案例的研究虽有意义，但基于多个案例的深入研究能使结论更具稳健性，研究的内容更丰富，研究的结论也更能适应更宽泛的项目情境。因此，为了进一步提高结论的稳健性，本章采用多案例方法，充分保证理论形成的过程“扎根”于实证性数据，并和管理情境充分结合，以全面反映中国重大项目的治理经验。

自 2010 年本章作者研究团队深度参加上海世博会建设以来，不同程度地参与了广西南宁高铁站基础设施、上海徐汇西岸传媒港、港珠澳大桥等多个重大项目建设的咨询或研究，具有亲身体验及一手数据；同时系统开展了新中国成立以来的长江三峡、青藏铁路、京沪高铁、西气东输等数十个重大项目案例研究，形成了重大项目案例研究和数据中心，具有丰富的文档资料及二手数据，为开展中国情境下的重大项目治理模式的形成和演化提供了多案例基础。本章所选择的案例在中国重大项目历史中具有时间、地域和项目类型的典型代表性，具体如表 26.1 所示，这些案例“景点”形成了中国重大项目治理的“全景”（盛昭瀚等，2020），并有助于系统形成中国情境下重大项目治理的经验。

**表 26.1　典型案例及数据来源**

| | 项目名称 | 项目类型 | 总投资额 | 时间跨度 | 地区跨度 | 数据来源 |
|---|---|---|---|---|---|---|
| 1 | 156 项重点项目 | 工矿业 | 187.8 亿元 | 1950—1960 年 | 全国 | 文献 |
| 2 | 西南三线建设一期 | 工业 | 不详 | 1964—1972 年 | 西南地区 | 文献 |
| 3 | 青藏铁路 | 基础设施（铁路） | 258 亿元 | 1958—2006 年 | 东起西宁市，西至格尔木市 | 文档及文献 |
| 4 | 上海宝钢建设 | 工业 | 300 亿元 | 1978—1991 年 | 位于上海市 | 文档及文献 |
| 5 | 鲁布革水电站 | 基础设施（水利） | 23.2 亿元 | 1982—1990 年 | 位于云南省 | 文档及文献 |
| 6 | 长江三峡 | 能源 | 1 800 亿元 | 1986—2009 年 | 从重庆市到湖北省宜昌市 | 文档、文献及调研 |
| 7 | 西气东输 | 能源 | 3 000 亿元 | 2002—2007 年 | 西起轮南，东至上海，覆盖中原、华东、长江三角洲地区 | 文档及文献 |
| 8 | 南水北调 | 基础设施（水利） | 已累计达 2 541 亿元 | 2002 年— | 将长江流域水资源分东、中、西三线抽调至华北与淮海平原和西北地区 | 文档、文献及调研 |
| 9 | 洋山深水港 | 基础设施（港口） | 已累计达 700 亿元 | 2002 年— | 位于杭州湾口外嵊泗崎岖列岛，港区面积 25 万平方公里 | 文档、文献及参与 |
| 10 | 苏通大桥 | 基础设施（桥梁） | 64.5 亿元 | 2003—2008 年 | 跨越长江，连接苏州（常熟）和南通两座城市 | 文档及文献 |
| 11 | 北京奥运会场馆建设 | 重大事件（建筑） | 130 亿元 | 2003—2008 年 | 位于北京市等 | 文档及文献 |
| 12 | 广州亚运会场馆建设 | 重大事件（建筑） | 72.48 亿元 | 2005—2010 年 | 位于广州市，新建场馆 15 个，改扩建 63 个等 | 文档及文献 |
| 13 | 虹桥交通枢纽 | 基础设施（综合） | 474 亿元 | 2006—2009 年 | 位于上海市西部，面积 26 平方公里 | 文档、文献及参与 |
| 14 | 上海世博会建设 | 重大事件（综合） | 286 亿元 | 2006—2010 年 | 位于上海市，规划用地范围 5.28 平方公里 | 文档、文献及参与 |
| 15 | 川气东输 | 能源 | 626.76 亿元 | 2007—2010 年 | 西起四川普光气田，东到上海市 | 文档及文献 |
| 16 | 京沪高铁 | 基础设施（铁路） | 2 209 亿元 | 2008—2011 年 | 从北京市到上海市 | 文档、文献及调研 |
| 17 | 南宁高铁站基础设施配套 | 基础设施（交通） | 138.27 亿元 | 2013—2016 年 | 位于南宁市，总建筑面积达 26.75 万平方米 | 文档、文献及参与 |
| 18 | 港珠澳大桥 | 基础设施（桥梁） | 约 1 100 亿元 | 2010—2017 年 | 连接香港大屿山、澳门半岛和广东省珠海市 | 文档、文献及调研 |

注：总投资额均为当年数据。

## 26.3　制度情境变迁

国家治理体系是一个国家历史传承、文化传统、经济社会发展的基础上长期发展、渐进改进、内生性演化的结果。1949 年以来，中国国家治理体系既有基本稳定的体制法制机制，也在不断改革、创新和发展，总体上可分为三个阶段：计划经济下的总体控制阶段（1949—1978 年）、计划经济和市场经济混合的放权改革阶段（1978—2013 年）和体制深化改革下的治理现代化发展阶段（2013 年至今）（徐法寅，2019；何显明，2019）。在国家治理体系变迁影响下，中国重大项目制度变迁的基本进程也大致分为三大阶段。

（1）第一阶段：1949—1978 年

1949 年新中国成立以后，在当时特定国际国内环境下，权力高度集中，国家加强了对社会的总体控制。通过国有化和集体化，市场组织被改造和重组为行政化的公共功能单位，实现了国家对物质生产和分配的高度集中控制。政党组织与行政系统强化了国家组织的监控和举国体制下的资源动员能力，为国家总体控制提供了组织基础。

在这一时期，由于外部政治因素、自身技术体系和工业体系的结构性缺陷和能力限制，中国 156 项工业和国防重大项目建设主要以原苏联模式为蓝本建立的政府主导资本化的建设模式，利用“集中力量办大事”的计划管理办法保障“计划体制的工业革命”。此后以“三线”建设为代表的重大国防、工业和交通基本建设等，基本都采用中央政府直接主持、中央财政拨款、举全国之力进行的国家集中开发和管理体制，并一直持续到 20 世纪 70 年代末。总体来说，新中国成立后的 30 年，由于基础工业和设施需求紧迫而当时财力、物力又极度贫乏，重大项目主要通过集权化的计划经济体制将人、财、物集中于国家经济急需的重要领域，例如军事和重工业等，并通过行政方式（甚至军事化方式）进行直接管理和控制。这一时期形成的“集中力量办大事”经验，以及有效利用制度优势和政府力量的“指挥部”模式对中国重大项目治理设计产生了长远而深刻的影响，成为中国重大项目治理模式形成的“原点”和“源初环境”。但同时，这种治理方式也带来了铺张浪费、决策风险和效率低下，如 156 项工业项目部分选址不合理、基建浪费和三门峡水库决策失误[4]（陈夕，2020；盛昭瀚等，2020），以及“三线”建设过程中的规模决策失误、片面追求进度、不严格遵循基本建设规律、计划经济的资源配置效率低下和政治运动的影响等（段娟，2012；李彩花，2011）。

（2）第二阶段：1978—2013 年

1978 年十一届三中全会拉开了中国改革开放的序幕，这给中国的国家治理体系产生了深刻影响，其基本特征是国家开始建立社会主义市场经济体系，进行了渐进性放权改革，政府职能从管制型向监管型和服务型转变，市场力量和社会力量加速发展，以发挥市场在调动和配置资源的作用，提高效率，增强了国家治理结构的弹性和适应性。

在这一阶段，中国在重大项目领域开始了一系列关于投资体制和基本建设管理体制的改革，并取得了显著成效。而实践表明，单纯的依靠计划经济和行政手段虽然取得了局部成绩，但项目管理整体绩效较差，引发了投资浪费、质量和安全等问题。虽然政府在重大项目中仍然具有不可替代的地位，但引入企业主体作为项目法人，以及通过招投标、合同、政府和社会资本合作等市场手段调动社会资源，提升投资管理水平，成为这一时期重大项目管理体制改革的关键方向。同时，为了提升重大项目的推进效率和责任监管力度,指挥部模式得到了延续,并建立了重大项目稽查制和审计制等新的制度体系。同时,一些典型重大项目的成功实践也催化了项目治理改革进程。例如,1982 年鲁布革水电项目引进世界银行贷款,采用了国际化理念进行重大项目实施,取得了巨大成功,给中国项目管理体制改革带来了深远影响[5];三峡项目的决策和实施也走出了一条更加科学的道路(盛昭瀚等,2020)。总体来说,改革开放后的 30 余年,中国重大项目开始探索由政府直接投资和管理转变为投资主体多元化和实施主体市场化的新模式,制度体系建设逐步完善,政府和市场的关系发生了一些新的变化。在更大程度上发挥市场在项目资源中的配置作用,平衡政府和市场的角色和关系,成为这一时期重大项目管理制度改革探索的主要方面,奠定了中国重大项目治理体系和治理能力基础,推动了重大项目建设的高速发展。北京奥运会、上海世博会、西气东输、京沪高铁等各领域大规模重大项目在这一时期完成实施,中国重大项目治理进入多元化阶段。

(3) 第三阶段:2013 年至今

2013 年党的"十八大"召开,中国开始推进国家治理体系和治理能力的现代化,着力实现经济从高速增长阶段向高质量发展阶段转变,以应对国际局势、人民需求、区域发展、城乡发展、生态环境等方面的挑战和矛盾。在这一改革进程中,构建协同型和开放型治理结构、多元主体的合作治理与民主、法制和制度体系的完善等都是提升中国国家治理的可持续和宏观效率的内在诉求。

在这一阶段,经济体制改革是全面深化改革的重点,核心问题仍然是处理好政府和市场的关系,使"市场在资源配置中起决定性作用"和"更好发挥政府作用"。2014 年发布的《国务院关于创新重点领域投融资机制鼓励社会投资的指导意见》、2016 年发布的《中共中央国务院关于深化投融资体制改革的意见》及 2017 年发布的《国务院办公厅关于促进建筑业持续健康发展的意见》等,推动了供给侧结构性改革、PPP 以及项目总承包和全过程咨询项目建设组织模式的完善,市场机制起到越来越重要的作用。而通过简政放权,政府在重大项目中的角色也在发生新的变化。企业在统筹项目策划、实施和运营市场化运作方面的重要性进一步提升,政府的主要职能逐步向宏观管理、重要决策、顶层协调和制度建设等角色转变。例如,港珠澳大桥在没有采用传统行政性质较强的指挥部模式下,创造性构建了专责小组、三地联合工作委员会、管理局和专家小组的治理模式,成功解决了跨境制度差异下重大项目治理问题(朱永灵等,2019)。而随着"一带一路"倡议的提出,中国重大项目治理更需要与国际规则融合,创新治理体系,提升国际项目治理能力。

宏观层面的制度情境变迁深刻影响了中国重大项目治理模式的形成和演化路径,既形成了独特的制度情境、"源初环境"和"初始敏感"现象,也形成了路径依赖和制度惯性,中国重大项目治理无法脱离中国制度情境而单独存在。从长周期考察来看,中国重大项目治理模式的演化既有外部制度情境的影响,包括主动适应和被动适应,也有关键项目和关键问题的"触发"影响,例如鲁布革水电项目影响等,不同历史时期的制度变迁如图 26.1 所示。因此,中国重大项目外部制度变迁是政治经济体制改革、行业变革、典型项目与重大事件、技术发展和管理创新等共同作用的结果(乐云等,2018)。

## 26.4 治理框架及其情境适应性

(1)"政府—市场"二元作用下的多层治理框架

重大项目治理模式作为一种特定场域的制度安排,它的形成、演化和再造,内生于

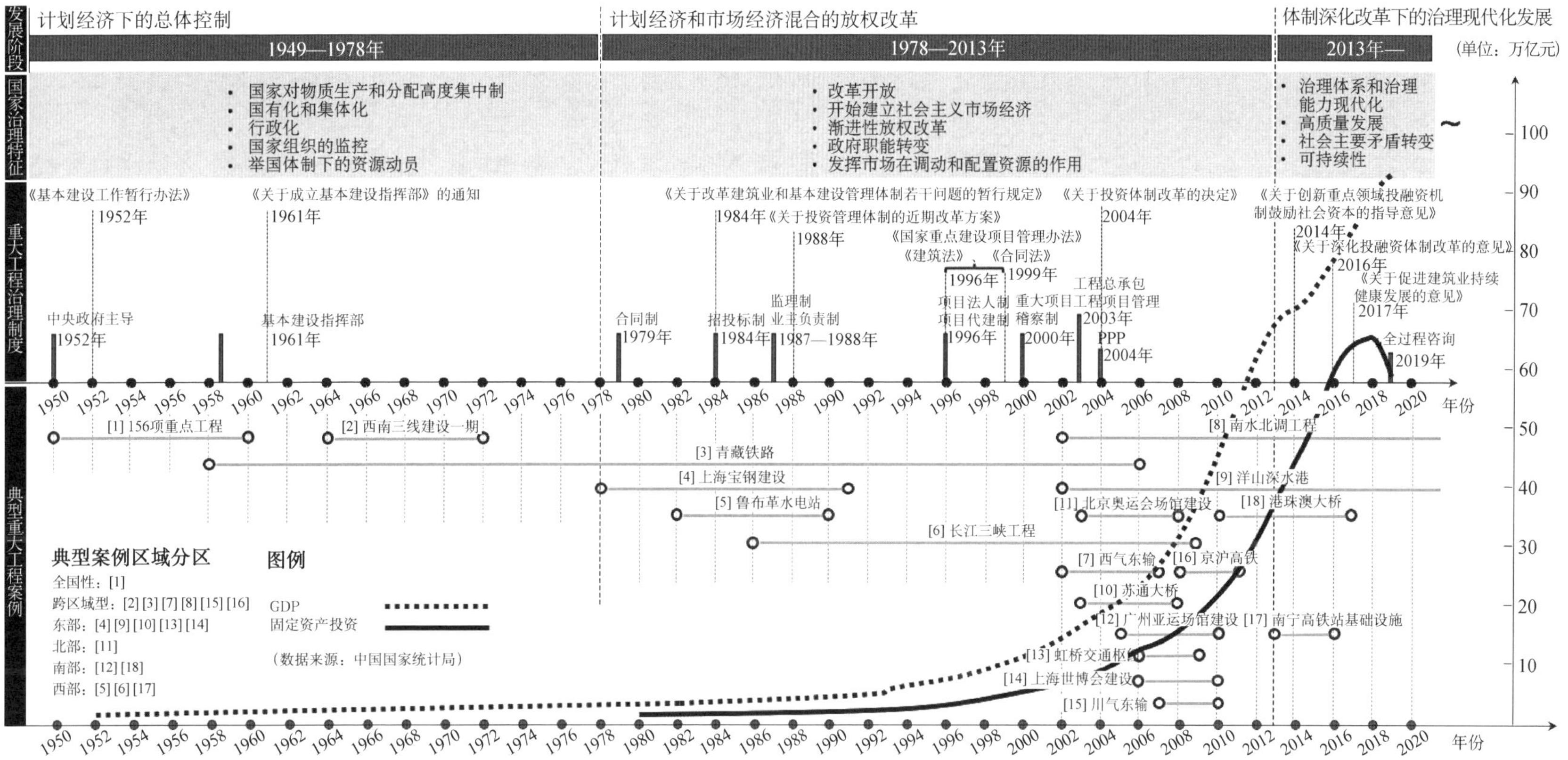


图 26.1　中国重大项目治理的制度变迁及典型项目案例



26 制度情境的适应性：中国重大项目治理经验

其所处的外部政治、经济、社会和文化制度环境。由于重大项目的特殊性战略地位,“政府—市场”二元作用几乎是一个普遍现象。在重大项目治理中,政府的主要作用体现在:①决策者,如重大项目方案的决策;②发起者,如项目发起人或公私合作参与者;③组织者,如重要资源的整合;④协调者,如关键界面的冲突协调;⑤监管者,如法律法规的执行监督;⑥控制者,如重大偏差的纠正等。这些作用在不同国家、不同地区或不同项目上具有不同体现,形成了重大项目中政府作用的多样性机制。尽管政府在多个案例中体现其“优势”,并发挥了重要作用,但政府的过度参与、集中控制或行政手段的过度使用总体上还是低效的,市场机制被视为是实现资源配置效益最大化和效率最优化的重要手段。不过,同样的,只靠“隐藏之手”,重大项目也会陷入“公地悲剧”,如环境保护、社会公平和可持续发展等问题,也没有证据证明企业能完美地解决重大项目所面临的“低绩效悖论”。因此,政府作用和市场作用不是简单的“二选一”问题,否则重大项目的责任和绩效会“在两把椅子之间落下”(Flyvbjerg et al., 2003)。

但与国外相比,中国重大项目治理模式的“政府—市场”二元作用也具有自身的特殊性,这与中国政治经济体制、制度情境和发展阶段是分不开的。由于重大项目战略意义大、复杂性较高,在一个地区、一段时间内市场资源能力可能不足,“集中力量办大事”在相当长时间仍然具有较大制度“红利”和广阔作用空间,这里的“集中力量”就是借助政府和市场的双重力量整合关键资源。例如新中国成立初期的156项项目和三线建设、改革开放以后的上海宝钢、三峡和青藏铁路以及近期的北京奥运会、高速铁路、港珠澳大桥、航天项目等,甚至包括新冠疫情应对系统项目等,都体现了这种制度体系的独特性。

经过长期实践和不断发展,中国重大项目组织模式逐渐形成了政府治理和市场治理下的多层动态机制。在政府治理范畴,多采用垂直行政治理手段,属于政府式委托代理;在市场治理层面,多采用水平市场治理手段,是一个合同委托式代理,治理方式则采用交易治理方式,包括合同治理和关系治理的双重方式(李永奎等,2019)。但同时,介于政府和市场之间则形成了特殊边界组织,如“准政府”的指挥部、特定国有企业、事业法人、项目机构以及各种体制或形式的混合。边界组织所处的环境是两个治理系统的“过渡区”和交界面,是“政府—市场”二元作用碰撞最强烈、交互最频繁的区域(乐云等,2019)。这就要求边界组织的设计需要适应重大项目的具体情境,并保持足够的弹性和灵活性。图26.2为中国重大项目多层治理框架及其构成变迁过程。

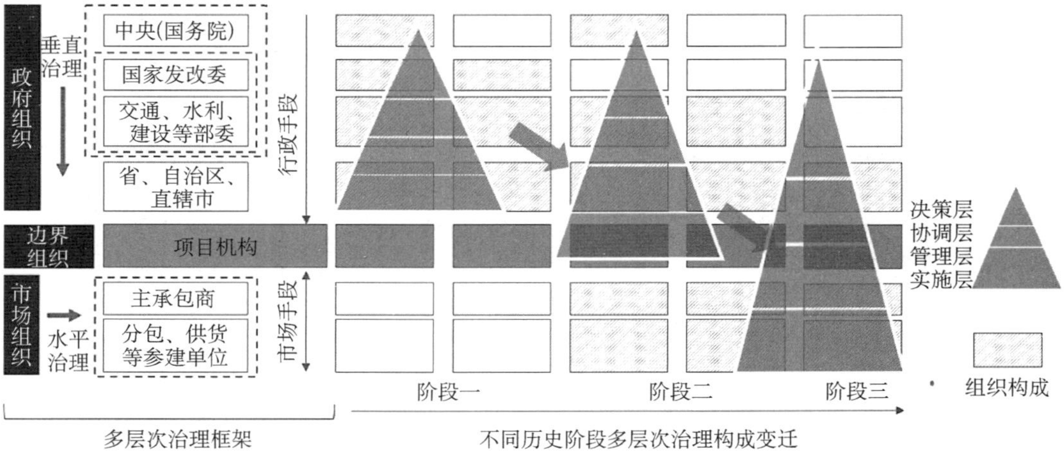


图 26.2　中国重大项目多层治理框架及构成变迁

但是，由于中国重大项目情境的多样性以及治理模式的路径依赖性，上述多层治理模式的变迁不是线性的，也不是完全替代性的，呈现多样化并存状态。随着国家治理体系和治理能力的变化，以及地区和行业发展不平衡性的制约，重大项目多层治理框架也呈现多样化特征，不同地区、不同项目、不同阶段和不同治理功能的治理框架呈现不同的多层次特征。

（2）治理的多样化及情境适应性

随着中国政治经济体制改革的持续推行，以及重大项目需求规模巨大，地方政府拥有更多的自主权力和财政资源，重大项目的类型、数量、规模和治理模式也呈现多元化特征。进一步观察和研究发现，由于中国重大项目的项目类型多样、行业分布多样、发展历史多样、模式成熟度多样等特征，也导致了重大项目治理模式的多样性，但主导模式的形成和选择仍然具有一定的规律性。这种规律特征涉及重大项目组织场域的形成与重构，模式的形成、构建与生成以及模式的情境适应性演化等。

依据新制度主义理论（Scott，2013），组织模式的构建和生成途径包含模仿性同形、规范性同形和专业性同形等，组织同形、制度规范和最佳案例示范效应，使得不同项目领域具有不同的主导模式。例如，一段时期内，中国高铁建设采用了标准化的指挥部模式体现了规范性和专业性同形结果，大型国际机场建设指挥部的相互借鉴体现了模仿性和专业性同形结果。多样化的生成路径，再加上外部制度情境和环境的复杂性，以及决策者和组织设计者不断吸收国内外最佳实践，使得组织模式不断进行适应性演化，从而形成了多种维度的治理模式（李永奎等，2018）。例如政府投资项目代建制和 PPP 模式的推行推动了政府和企业合作治理模式的适应性调整。

不仅治理的多层次框架在不断变化，中国重大项目治理的核心构成组织形态也体现出不断变化，并呈多元化特征。以治理的核心组织——项目机构为例，指挥部是中国重大项目广泛采用的一种模式，也是诞生于中国特定情境下的组织方式，具有“准政府”特征，在资源调配、基于民族价值观的项目文化树立、公共利益协调等都产生了积极作用（Zhai et al.，2017），但同时也出现了过度依赖行政手段、缺乏问责制、项目腐败等问题，因此具有一定争议性。为了扬长避短，重大项目指挥部的定位、构成和运作也在不断变化并根据具体情境进行适应性调整，一些项目采用了混合组织模式。几个典型项目的项目机构及与顶层组织的治理结构如图 26.3 所示。需要说明的是，这些典型项目的顶层治理机构也随着国家治理体系的改革在不断变化。例如，2018 年 3 月，根据第十三届全国人民代表大会第一次会议批准的国务院机构改革方案，将国务院南水北调项目建设委员会和国务院三峡工程建设委会并入水利部，国务院不再保留原有机构。至此，国务院也不再设立单独的重大项目建设委员会，如目前开工建设的川藏铁路由中国国家铁路集团有限公司负责实施，内设川藏铁路项目建设总指挥部（领导小组）办公室，这也是国家铁路集团设立的唯一以项目名字命名的内设机构，集团下属川藏铁路有限公司，中央政府则未成立专门组织。这也印证了图 26.2 的治理变迁趋势。

这种政府与市场二元作用的多层治理模式成为中国重大项目的主导机制，并随着外部情境和项目情境发展为多种不同的具体表现形式。同时，虽然中央政府对具体管理和实施控制力度在弱化，但这一机制也“下沉”至地方政府或大型国有企业，以发挥政府不可替代的顶层治理作用。之所以有这种变化，一方面因为中国组织实施重大项目的经验越来越丰富，管理能力越来越强，设计、施工等专业化社会资源越来越多，无须中央政府牵头组织与协调全国范围内的项目资源；另一方面也和中国国家治理体系改革有关，越来越多的项目由地方政府或大型国有企业发起并组织实施，中央政府只负责总

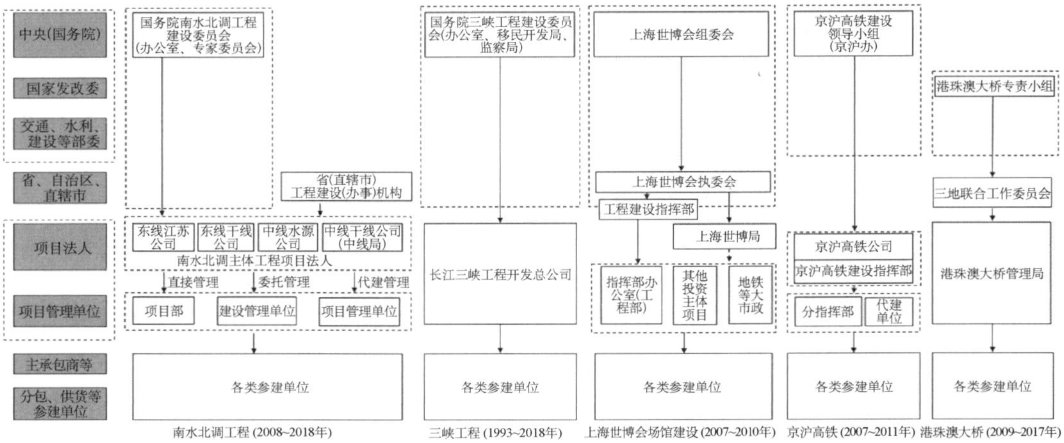


**图 26.3　典型重大项目顶层治理结构的多元化**

体规划、宏观决策和制度管控。不过，从长周期案例考察看，即使是地方政府，也越来越减少重大项目治理中的“具体”事务性管理，而将重心放重点问题决策和顶层协调问题上，并通过政府组建的领导小组具体实施；企业（主要是国有企业）及其组建的项目机构或指挥部承担了实施层面的项目治理和项目管理任务。图 26.4 为不同时期上海机场项目治理结构的演化。从中可以看出：浦东机场一期建设地方政府介入较深，以机场建设领导小组和机场建设指挥部方式为主进行协调，机场建设指挥部为项目法人，由市政府批准组建；浦东机场二期由于协调范围减少，政府介入也相应变弱，以机场建设指挥部和机场（集团）共同运作为主，但指挥部仍由市政府批准组建；在虹桥交通枢纽建设阶段，由于协调内容复杂，虹桥机场扩建及配套项目由市政府组建的虹桥交通枢纽项目建设指挥部、上海机场（集团）组建的机场指挥部和上海机场（集团）共同运作，以上两个阶段的机场建设指挥部的总指挥均来源于政府高级官员；2015 年以后，上海机场建设项目治理主要由上海机场（集团）及其组建的机场建设指挥部共同运作，地方政府介入减少，

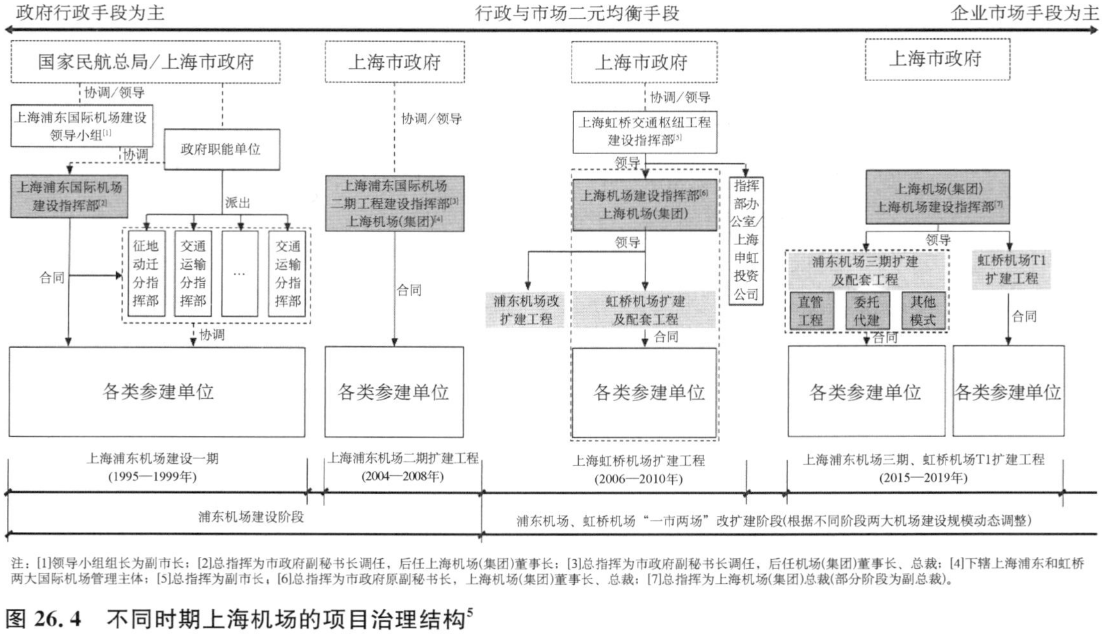


注：[1]领导小组组长为副市长；[2]总指挥为市政府副秘书长调任，后任上海机场(集团)董事长；[3]总指挥为市政府副秘书长调任，后任机场(集团)董事长、总裁；[4]下辖上海浦东和虹桥两大国际机场管理主体；[5]总指挥为副市长；[6]总指挥为市政府原副秘书长，上海机场(集团)董事长、总裁；[7]总指挥为上海机场(集团)总裁(部分阶段为副总裁)。

**图 26.4　不同时期上海机场的项目治理结构**[5]

机场建设指挥部的总指挥不再由政府高级官员担任，而是源于大型国有企业高级管理人员，机场建设主要由企业通过市场手段进行组织，治理层级减少，子项目交付模式也逐渐多元化。

从总体上看，随着中国政治经济体制改革、投资主体多元化以及重大项目的不同战略性、不同项目类型和地区经济发达差异性，中国重大项目治理模式呈现多元化，这有助于适应中国重大项目的复杂性情境。但同时，由于中国重大项目治理模式形成和演化具有路径依赖性，以及受国家治理体系和模仿性同形、规范性同形和专业性同形等制度文化影响，重大项目治理模式的演化和多样性模式的形成又具有一定的规律性。

(3) 治理能力的复合性及情境适应性

重大项目在不同程度上涉及战略问题、跨域协调、外部利益相关者协调、移民和拆迁、环境保护、投融资问题以及不同参建单位的协调等复杂问题，这必然要求组织具有复杂的功能和结构，从而形成重大项目的治理能力(Governability)。治理能力是在面对社会和自然的多样性、复杂性和动态性时，能够导致治理活动以及对治理活动进行组织和实施的能力，是社会实体或社会系统的总体治理能力(Jan Kooiman，2016)。新制度主义认为，组织被视为在政府、构成组织场域的系列组织、组织的现行策略和结构三个背景下运行(Powell，Dimaggio，1991)。因此，针对重大项目这一开放的复杂巨系统，单一能力无法应对，治理能力也必然呈现复合性。

重大项目多层治理框架既是治理结构的多层次化，也是治理能力复合性的一种表现。在图 26.2 中的多层框架中，决策层、协调层、管理层和实施层分别发挥不同的功能，并通过协商、协调、协同和协作互动，共同形成复合性治理能力，以应对重大项目不同层次的问题和挑战，同时也和不同层次的组织能力相适应，以避免能力(供给)与挑战(需求)不匹配而产生的不可治理性(Ungovernability)现象。例如，南水北调和三峡水利枢纽，涉及全国范围内的关键决策问题只能由中央政府组建的专门建设委员会决定，而上海虹桥交通枢纽相关重要问题则可由上海市地方政府组建的指挥部决定；港珠澳大桥建设中的顶层协调由香港特区、广东省和澳门特区组成的三地委负责，具体协调与管理由港珠澳大桥管理局负责，而上海世博会建设的顶层协调则由上海市地方政府组建的项目建设指挥部负责，具体协调与管理由指挥部办公室负责。这种垂直复合能力特征与重大项目不同层级问题的解决需求是匹配的，不同层级的上下互动机制又保证了垂直复合能力的系统整体性和协调性，也有助于应对重大项目的制度情境复杂性(Hu et al.，2018)，大大提高了整体治理能力和治理效能，也是中国重大项目治理制度特征的集中体现。

如果说治理职能和任务层级的不同决定了重大项目需要垂直复合治理能力，那么动态的环境变化则要求重大项目需要多性能复合治理能力。依据系统科学和复杂性适应性理论，为了应对外部环境的复杂性，组织需要具备面向变化的被动稳定能力和主动应变能力，即具备一种包括刚性、鲁棒性、柔性和韧性在内的复合性能(李永奎等，2018)。通过多案例考察发现，面对不同项目情境，重大项目组织利用市场和政府二元手段，制定权变和适应性策略，来应对和管理重大项目的复杂性。尽管不同项目采用的组织模式和组织构成呈现多样性，但通过多性能复合治理能力来适应外部环境的挑战是其共性。表 26.2 为中国重大项目多性能复合治理能力及案例情境的适应性策略。

表 26.2 中国重大项目多性能复合治理能力及案例情境的适应性策略

| 性能 | 特点 | 适应情境 | 典型案例 | | | |
|---|---|---|---|---|---|---|
| | | | 港珠澳大桥 | 上海世博会 | 三峡水利枢纽 | 京沪高铁 |
| 刚性 | 利用现有惯例、经验、模式和资源等即可良好的适应现有稳定环境 | 外部环境稳定，有成熟的惯例和经验进行参照 | 如常规施工管理与项目管理能力 | 如世博村和租赁馆的建设管理能力 | 如配套设施的建设管理能力 | 如具体标段的施工管理能力 |
| 鲁棒性 | 在动态环境中无需改变其结构就能获取满足要求的组织性能 | 外部可能存在突发事件，且事件影响和破坏性大，需要提高能力冗余度 | 如采用“专家小组＋国际顾问＋联合体＋科研”方式解决技术挑战性 | 如采用指挥部及总体项目管理顾问模式 | 如成立国务院三峡项目建设委员会及中国三峡总公司的管理体制 | 如成立京沪高铁建设总指挥部及京沪高铁公司 |
| 柔性 | 组织应对动态变化环境的一种有意识的适应能力 | 外部环境多变，组织需要作出适度反应，实现系统功能低成本快速调整，从而适应新的环境 | 如港珠澳大桥管理局事业单位法人的设立 | 如项目建设指挥部的成立及内部职能部门的动态调整 | 如采用分项招标、分项管理方案应对规模的宏大性 | 如成立京沪高铁建设总指挥部、分指挥部及委托代建 |
| 韧性 | 在遭受扰动时能吸收干扰和充足，并仍能保持基本相同的功能结构、特性和反馈的能力 | 外部环境多变，突发事件多，未知事件所带来的影响大，难以预防或预防成本大 | 如采用伙伴关系、自主创新和整合全球资源的管理理念 | 如执委会、指挥部和大型国企的协同作用 | 领导小组＋国际顾问＋联合体 | 如中国铁路物资总公司整合全系统资源，发挥资源调配和仓储和物流优势 |

## 26.5 全生命周期治理挑战及适应性演化治理

(1) 重大项目全生命周期治理的挑战

重大项目之所以是引人瞩目的连续历史的一部分，是一场“空间独立的伟大战役”(Flyvbjerg et al., 2003)，主要根源于重大项目对政治、经济和社会发展与自然环境的深刻影响，以及这种影响的长期性和不确定性。重大项目从决策到实施短则几年，长则十余年甚至上百年，其运营周期更长，短则几十年、上百年，长则几百年，甚至可能达到数百年。一些规模特别巨大的重大项目是一项系统性社会项目，其调动的社会资源远非一般项目能比，遇到的风险也是巨大的，因此全生命周期治理也面临前所未有的挑战，特别是体现在决策质量、情境演化和能力适应性等三个方面。

第一，项目实施过程高效决策与全生命周期决策质量的挑战。由于重大项目所遇问题的挑战性和不确定性，其全生命周期内一直存在决策风险问题。针对一些重大决策，决策主体需在一个相对较短时间内作出一个在相当长时间内都要能够保证其功能始终稳健的决策方案，并能有效应对这个相当长的时间内项目环境因为深度不确定性形成各种可能的复杂情景及情景的演化(盛昭瀚等，2020)，这绝非易事。更为挑战的是，重大项目全生命周期内所遇到的决策问题涉及广泛，如三峡项目，既有“上与不上”

和“快上缓上”等决定性问题，也有坝址选择和蓄水位高低等关键技术方案问题，还有生态保护、综合效益和移民方案等社会环境可持续发展问题，以及建设与运营管理的体制机制问题等，并在不同阶段体现出极大的差异性，决策主体不同，所需要的决策能力也不同。另外，由于不确定性和现实条件对决策的深刻影响，不管采用何种所谓“科学合理”的决策机制，重大项目决策都是站在特定时间点和决策信息无法完备情况下进行的决策，因此难以保证决策“理论上的”高质量，这就引发了如何确保决策质量在深度不确定性情境下的鲁棒性挑战，而这一挑战一直伴随着所决策方案的完全实施结束，即决策质量的全生命周期适应性挑战。例如，港珠澳大桥深埋沉管隧道技术方案的决策，需要在方案实施过程中不断根据实际情况进行调整，对产生的新问题进行快速高质量决策，并一直到该项工作完成为止。

第二，项目阶段差异性与情境演化适应性挑战。重大项目的长生命周期性决定了项目治理情境可能存在巨大差异。例如港珠澳大桥从提议、建设到运营至今已经跨越40余年，而长江三峡项目更是横跨上百年之久，即使只是建设阶段，这两个项目也都长达15年左右。在各方面都快速发展的中国，重大项目长生命周期范围内的外部情境会发生剧烈变化，尤其是“五年计划”战略下国家治理体系和治理能力的变化，以及中国重大项目设计、施工和重大项目装备等资源能力等各方面条件的变化，都会推动重大项目治理外部环境产生变化，从而给治理机制设计和调整带来决定性影响。另外，在大多数情况下，从当前情境到新情境的变迁也是一个连续过程，也就是情境本身也有形成、稳定和逐步消失的生命周期过程。如何判断甚至预测外部情境所处的生命周期阶段，并进行快速主动适应性调整，是重大项目治理的情境适应性挑战。例如从决策期、建设期到运营期的变化，外部宏观情境和项目中微观情境都会有巨大差异，如何超前部署、提前介入和一体化管理，是中国重大项目全生命周期治理的一大挑战，同时也具有全球普遍性。

第三，全生命周期治理能力的适应性演化挑战。重大项目全生命周期治理环境及治理要素的非线性动力学、锁定效应、级联效应和有限的预测能力都极大地挑战了组织治理能力的适应性。尽管重大项目组织设计者力图构建一个复合的治理能力，但这些能力如何动态组合以应对情境变化，仍然是一大挑战。演化治理理论（Evolutionary Governance Theory，EGT）认为，治理是一个极其动态的概念，任何试图干涉治理的人必须首先彻底理解情境，并构建适应性、集成性和预期性特征以反应集体行动的战略和制度治理模型（Van Assche et al.，2013），以避免不可治理现象的发生。另外，由于治理情境和目标在不断演化，治理配置的结构和构成在不断变化，重大项目的治理能力也在不断发生演化，从而引起相对治理能力的不适应性和不充分性。但是，由于决策者或组织设计者判断能力的客观和主观限制，以及组织资源的有限性，组织治理能力可能滞后于情境需求，进而形成适应性挑战。

（2）重大项目全生命周期适应性演化治理

重大项目所有的治理要素，包括行动者、制度、知识、主题、组织等，以及它们之间的关系都是动态演化和共演化的，并呈现路径依赖、互依赖和目标依赖性（Van Assche，et al.，2013）。重大项目全生命周期适应性演化治理包括情境和目标的演化、治理配置的演化以及演化路径和治理技术的演化。根据对上海市世博会和广西南宁高铁站的案例总结，这种适应性演化治理对重大项目项目绩效产生了积极效果（Li et al.，2018；Li et al.，2019）。

在项目情境和目标演化方面，不同生命周期具有较大的差异性。以上海世博会为例，在申办阶段，如何获得主办权是该阶段的核心目标；获得主办权后，目标变成了如何实现“成功、精彩、难忘”的申办承诺；世博会结束后，如何继承世博会遗产，将世博园区开发成上海市城市建设的示范区域，是新成立世博开发公司的目标。依据 PESTLE 分析框架，在政治方面，虽然世博会各个阶段都得到了政府的支持，但不同阶段具有显著差异，呈现出从国家主导，到地方政府主导再到企业主导的逐渐过渡特征，政治的支持力度在降低；在经济方面，世博申办、筹办和举办阶段，获得了政府财政的大力支持，而后世博开发则完全采用企业的市场化运作机制，企业的财政压力较大；在技术方面，筹办阶段面临了巨大的短时间高强度场馆和基础设施建设的压力，运营阶段则在安全和应急管理技术方面具有较大挑战；法规方面，申办、筹办和举办阶段受到政策层面的大力支持，但后世博开发则缺乏这种支持；在环境方面，筹办阶段和后期开发的调整则更大一些(Li et al.，2018)。

在治理配置的结构、构成及演化方面，为了应对不同生命周期阶段的目标挑战，形成复合性治理能力，需要进行不断调整。以上海世博会为例，治理架构从申办阶段的主要由政府主导(国家和上海市两级)，到筹办和申办阶段的三级架构，再到后世博开发阶段的两级架构，总体上采用了多层治理架构和垂直集成方式，这能够有效应对项目环境的动态性和项目的复杂性；在治理功能方面，国家政府主要偏向总体领导、重大事项决策(如法律制定、顶层人事任命等)以及全国及国际范围的协调，地方政府层面主要是涉及中观层面的决策、部署和领导，准政府的临时性机构(世博局和项目建设指挥部)具体负责筹备、组织、运作和协调，企业层面则负责具体操作事务的执行和职能性任务(Li et al.，2018)。

在演化路径和治理技术的演化方面，各阶段目标具有一定的依赖性和冲突性，政策、制度和文化等都需要因应进行调整，但由于重大项目都具有各自的特殊性，因此缺乏成熟的治理方法，需要多样化治理工具集。仍以上海世博会为例，由于首次组织如此大规模活动，上海市甚至全国都没有成熟经验，因此一些正式和非正式的治理技术和控制工具得以使用，正式技术包括制度化、专业化、信息化、多级计划等，非正式技术包括项目文化、立功竞赛、减少权力风险的自我控制等。例如，制度体系是上海世博会治理的重要保证，这些制度在世博的筹办和举办过程中不断形成、固化和更新，世博会《注册报告》以及超过 150 项各类制度和程序，保证了世博会的建设与运营的效率和规范性(Li et al.，2018)。

## 26.6 治理体系和治理能力的潜在挑战

(1) 高质量发展所带来的挑战

尽管过去几十年中国重大项目取得了辉煌成就，但从总体上看，重大项目的整体绩效还需要进一步改善，和全球重大项目管理绩效相比并没有显著优势，治理体系还不健全，治理能力还不成熟，尚未形成可复制、可全球借鉴的系统性经验。随着中国进入到高质量发展阶段，过去追求规模的粗放式发展模式难以为继，无法简单复制过去的经验来推动未来的重大项目实施，中国重大项目治理体系和治理能力迎来了新的高质量挑战。

首先是从过去追求单一或片面的目标转向系统性目标的综合平衡。中国重大项目长期以来以进度及质量安全为关键目标，这有力推动了中国重大项目的快速发展，也有其客观必要性。但随着外部情境的变化，应对全球气候变化、可持续发展、区域协调发展、生态文明、绿色环保、资源的高效利用、碳中和等日益成为社会经济发展的必然诉求，重大项目治理也需要强调更多目标的综合平衡。其次，重大项目往往是社会性项目,需要强调社会责任,包括以人民为中心、社会公平、透明机制、合乎道德的行为、问责制体系构建、反腐败等,高质量发展必然要求高质量的社会责任治理体系的构建。再次是如何形成应对重大风险和重大挑战的韧性治理体系和治理能力。例如,此次新冠肺炎疫情及全球新格局变化给重大项目带来了全面影响,供应链及生产组织遇到了前所未有的挑战,如何应对此类挑战成为未来重大项目治理必须要考虑的重要问题。因此,平衡系统性多元目标、适应外部新的发展诉求与管控重大风险,是中国重大项目治理体系和治理能力建设必须面对的关键挑战。

(2) 投资与治理结构优化所带来的挑战

从中国重大项目治理的长期发展趋势看,过去以政府为主导的投资和治理机制逐渐退出主导模式,投资结构越来越多元化,政府、市场和社会关系日趋均衡化,但新的治理体系和治理能力尚未形成。如何处理新趋势下政府、市场和社会的三重关系是中国重大治理新体系和治理能力的构建关键内容。

首先是投资结构的多元化引发了治理情境的多样性和复杂性,治理体系和治理能力需要更丰富的工具箱。从中国的中长期发展规划看,重大项目投资既要合理增长,也要优化供给结构,并突出体现在补短板、协调城乡区域发展、扩大战略性新兴产业投资等方面。这使得中国重大项目涉及的领域将更多、范围将更广,治理的挑战性也将更大。其次是 PPP 模式下的新型治理结构的形成。过去一段时间,形成市场主导的多元化投资机制一直是投资结构优化的改革方向,因此 PPP 模式得到了蓬勃发展。但是,由于适应 PPP 的政府与市场的新型二元关系尚未形成,因此暴露出很多问题,如何提高政府宏观治理效能,激发市场活力,形成适应中国制度情境的新型 PPP 治理体系和治理能力,是政府与市场关系处理的关键挑战。再次是公众与社会关系的处理。公众参与不仅是重大项目治理民主性的体现,也是治理科学性的保证(Xie et al., 2019)。由于重大项目系统影响范围日益广泛,也越来越关注“人”的诉求,中国也提出了“以人为中心”的发展要求,公众、媒体、非政府组织等多元利益相关者的关系治理成为中国重大项目治理体系和治理能力建设的关键内容,也是中国现有制度体系改革的重要挑战。

(3) 新兴信息技术和产业变革所带来的挑战

5G、人工智能、大数据、物联网、区块链等新兴技术引发了各行各业的深度变革,影响程度之深超过了以往任何时候。越来越多的企业或项目尝试使用新兴技术来改变重大项目的低绩效状态,智能建造和数字化项目管理被视为应对重大项目复杂性挑战的重要趋势。劳动力等外部条件的变化,新技术应用及制造业经验的借鉴,也迫使重大项目的生产方式和交付系统进行突破性变革,装配式和工业化成为一种重要尝试。可以说,新兴技术、生产模式和产业变革既给重大项目治理体系和治理能力构建提出了全新挑战,也带来了新的变革机遇。

首先是如何借助新兴技术来提高重大项目的智慧治理能力,尤其是复杂性问题的预测和决策能力、多要素集成控制能力、基于数字化平台的跨时空沟通协同能力,从而延展重大项目治理的跨度、幅度和深度,提高重大项目的全生命周期治理效能。其次是新兴技术带来了重大项目要素构成的变化,新型基础设施(“新基建”)成为未来的发展重点,包括重大信息基础设施、融合基础设施和创新基础设施等,如数据中心算力基础设施、智慧交通和重大科技基础设施项目。和传统基础设施相比,这些重大项目体现出新的特点,如技术挑战性和风险性、企业投资和运作主导、投资回报的长期性和不确定性等,如何进行高效治理成为新的挑战。再次是装配式和工业化等生产模式和产业变革引发治理体系和治理生态系统的再造。这种生态系统的破坏和重组引起了重大项目价值链、供应链和产业链（“三链”）的重塑，也引发了治理体系和治理能力的挑战。从更大范围和更长远的发展趋势看，新兴信息技术应用和生产模式与产业变革是个行业生态系统的再造问题，也必然引起治理体系的深刻变革，从而对治理能力提出了全新要求，这也是全球性挑战。

（4）新型国际化和全球治理体系变化所带来的挑战

百年未有之大变局是中国对全球新形势的重大论断，当前全球治理体系面临重塑挑战，也是未来要面临的新常态。在此背景下，中国提出了构建“以国内大循环为主体、国内国际双循环相互促进”的新发展格局，积极参与全球经济治理体系改革，以形成更高水平的对外开放体制。由于重大项目的凸显性影响，这种新的变化给重大项目治理体系和治理能力提升带来了制度性变革挑战，尤其对中国参与的“一带一路”等重大全球项目带来了全面性影响。

首先，不管是“在中国”的重大项目，还是中国企业参与的海外重大项目，“三链”体系都将受到深刻影响，如何构建国际国内双循环下共商、共建、共享的韧性“三链”体系，成为新型全球化背景下创新治理机制形成的关键挑战。其次，制度复杂性将成为新的压力。全球治理体系的变化将使得制度冲突问题更加凸显，如何进行战略、规划、机制对接，以及实现政策、规则和标准的联通，实现更高水平的对外开放和全球合作，将成为中国重大项目全球竞争力提升的关键挑战。再次，提升国际竞争力将成为战略性需求，包括高端规划设计及咨询能力、全球治理体系重塑的参与能力、供应链治理能力、风险防范能力、全生命周期管理能力、核心技术自主控制能力以及企业外交能力等。提升全球重大项目治理体系和治理能力的现代化水平，是中国由重大项目大国迈向重大项目强国的关键挑战。

## 26.7 结论

中国过去在重大项目领域取得了全球瞩目的成就，未来相当长时间还会受到普遍关注；但同时，中国的体制和制度体系及其变迁成为中国重大项目治理的独特情境，这是区别于其他国家重大项目治理机制的关键变量。中国重大项目治理机制是如何形成和演化的，有哪些可借鉴的经验，未来将面临哪些挑战，这些都是中国重大项目治理模式研究的关键问题，也是本章研究的核心主题。

本章从重大项目治理的制度、情境与复杂性理论出发，通过大范围、长周期和多案例的系统研究，对中国重大项目制度情境 70 余年的变迁过程进行了考察，总结了中国重大项目治理模式形成和演化的外部制度情境影响机理，这是形成和塑造中国重大项目治理模式的根本原因，也是宏观治理问题。在此逻辑下，基于实践案例的研究，总结了“政府—市场”二元作用下中国重大项目的多层治理框架，分析了此框架下多样化治理模式、复合性治理能力形成的必然性、演化性和情境适应性特征，这是应对中国重大项目复杂性挑战的关键策略，也是中观治理问题。然后，从全生命周期视角分析了中国重大项目治理所面临的挑战，以及各治理要素的适应性演化应对机制，以避免重大项目的目标失控，这是治理的微观问题。以上宏观、中观和微观三个方面共同构成了中国重大项目治理的基本经验。但是，不管是外部环境，还是重大项目本身，都在加速变化，中国重大项目治理也面临着新趋势和新挑战。为此，本章最后从高质量发展、投资与治理结构优化、新兴技术和生产模式变革、新型国际化和全球治理体系变化等四个方面进行了剖析，也反映了中国重大项目治理即将出现的新变化。

中国重大项目治理的经验总结是重要的。一方面,中国重大项目规模全球首屈一指,对中国社会经济建设作用重大,这些经验是否具有“可借鉴性”或“可复制性”,需要进行深入研究和系统性分析。显然,这些经验并非仅受政治体制的单一影响,中国重大项目所面临的挑战具有普遍性特征,这些治理经验既有制度情境依赖性,也有实践不断探索的创新性,这种实践智慧具有可参考性;另一方面,中国重大项目也面临诸多问题和挑战,并没有摆脱低绩效的重大项目全球性悖论现象,一些根本性挑战仍然没有找到破解“密码”,也没有发现持续成功交付的“钥匙”。因此,如何总结经验、吸取教训,是实现未来中国重大项目高质量发展的基础性工作,也能为全球重大项目治理带来有价值的启发。

## 注释

1. 中国国家主席习近平在2019年发表新年贺词中说,“这一年,中国制造、中国创造、中国建造共同发力,继续改变着中国的面貌。”
2. 傅以斌在2018年出版的《巨型项目:雄心与风险》的“中文版序”中认为:“我们目前正在经历由中国引领的有史以来最大的投资建设热潮。巨型项目的规模如此之大,此类项目从未如此之多,也从未有一个国家像中国这样以巨型项目的方式进行国家建设,并且程度如此之高。——没有哪个国家像中国这样以巨型项目的方式被定义”。
3. 按照迪马吉奥(DiMaggio)和鲍威尔(Powell)(1983)的观点,组织场域是指包括关键供应商、原材料与产品购买商、规制机构以及其他提供类似服务与产品的组织等聚合在一起所构成的一种被认可的制度生活领域。
4. 根据盛昭瀚等人(2020)总结认为,“当时在三门峡决策治理过程中,多主体利益均衡等基本原则的缺失和单一的自上而下的行政权力运作方式对三门峡项目决策治理科学性与民主性的确造成了明显的伤害”,“三门峡项目建成后,黄河流域的水土日益恶化,1972年开始黄河开始出现了断流,下游河水所剩无几,之后平均每年断流100多天”。
5. 中国建筑业协会在纪念国务院推广鲁布革项目管理经验30周年文集《鲁布革冲击与中国项目项目管理》进行了系统总结。
6. 根据1999年出版的《浦东国际机场建设——项目管理》(吴祥明主编)、2011年出版的《虹桥综合交通枢纽——项目建设和管理创新研究与实践》(上海虹桥综合交通枢纽项目建设指挥部主编)、2019年出版的《上海机场建设综合管理》(戴晓坚主编)绘制。感谢同济大学建设管理与房地产系唐可为博士的修改和完善。

## 致谢

感谢国家社科基金“一带一路”建设研究重大专项(19VDL001)以及国家社科基金重大项目(18ZDA043)的资助支持。

## 参考文献

Burt G., Wright G., Bradfield R., Cairns G., & Van Der Heijden K. (2006). “The role of scenario planning in exploring the environment in view of the limitations of PEST and its derivatives”. *International Studies of Management & Organization*, 36(3): 50-76.

Clegg S. (1981). “Organization and control”. *Administrative Science Quarterly*, 26(4): 545-562.

DiMaggio P. J., & Powell W. W. (1983). “The iron cage revisited: Institutional isomorphism and collective rationality in organizational fields". *American Sociological Review*, 48(2): 147-160.

Flyvbjerg B., Nils B., & Werner R. (2003). "*Megaprojects and risk: An anatomy of ambition*". Cambridge University Press, Cambridge, UK.

Henisz W. J., Raymond E. L., & W. Richard S. (2012). "Toward a unified theory of project governance: economic, sociological and psychological supports for relational contracting". *Engineering Project Organization Journal*, 2(1-2): 37-55.

Hu Y., Le Y., Gao X., Li Y., & Liu M. (2018). "Grasping institutional complexity in infrastructure mega-projects through the multi-level governance system: A case study of the Hong Kong-Zhuhai-Macao Bridge construction". *Frontiers of Engineering Management*, 5(1): 52-63.

Kooiman J. (2016). "*Interactive governance and governability. Critical Reflections on Interactive Governance.*" Edward Elgar Publishing, Cheltenham, UK.

Li Y., Lu Y., Cui Q., & Han Y. (2019). "Organizational behavior in megaprojects: Integrative review and directions for future research". *Journal of Management in Engineering*, 35(4): 04019009.

Li Y., Lu Y., Ma L., & Kwak Y. H. (2018). "Evolutionary governance for mega-event projects (MEPs): a case study of the world expo 2010 in China". *Project Management Journal*, 49(1): 57-78.

Li Y., Han Y., Luo M., & Zhang Y. (2019). "Impact of megaproject governance on project performance: Dynamic governance of the Nanning transportation hub in China". *Journal of Management in Engineering*, 35(3): 05019002.

Powell W. W., Paul J. D., eds. (2012). "*The new institutionalism in organizational analysis*". University of Chicago press, Chicago, USA.

Scott W. R. (2013). "*Institutions and organizations: Ideas, interests, and identities*". Sage publications, Thousand Oaks, USA.

Scott W. R., & Gerald F. D. (2015). "*Organizations and organizing: Rational, natural and open systems perspectives*". Routledge, London, UK.

Van Assche K., Raoul B., & Martijn D. (2013). "*Evolutionary governance theory: An introduction*". Springer Science & Business Media, Berlin, Germany.

Xie L., Hu Y., Zhang B., Xia B., Skitmore M., & Gao X. (2019). "Accountability effects of public participation practice in Chinese public projects: Partial least squares (PLS) path analysis". *Journal of Management in Engineering*, 35(6): 05019008.

Zhai Z., Ahola T., Le Y., & Xie J. (2017). "Governmental governance of megaprojects: The case of EXPO 2010 Shanghai". *Project Management Journal*, 48(1): 37-50.

陈夕.(2020).奠基:苏联援华156项项目始末[M].北京:天地出版社.

段娟.(2012)."近20年来三线建设及其相关问题研究述评".当代中国史研究,19(6):100-109.

何显明.(2019)."70年来中国现代国家治理体系的建构及演进逻辑"[J].浙江学刊,2019(05):4-13.

乐云,胡毅,李永奎,等.(2018)."重大项目组织模式与组织行为"[M].北京:科学出版社.

李彩华.(2011)."三线建设研究述评".社会科学战线,10:98-102.

李永奎,乐云,张艳,等.(2018)."'政府-市场'二元作用下的我国重大项目组织模式:基于实践的理论构建"[J].系统管理学报,27(1):147-156.

乐云,李永奎,胡毅,何清华.(2019)."'政府-市场'二元作用下我国重大项目组织模式及基本演进规律"[J].管理世界,35(4):17-27.

盛昭瀚,薛小龙,安实.(2019)."构建中国特色重大项目管理理论体系与话语体系"[J].管理世界,35(4):2-16.

盛昭瀚,刘慧敏,燕雪,等.(2020)."重大项目决策'中国之治'的现代化道路——我国重大项目决策治理 70 年"[J]. 管理世界，36(10)：170-203.
徐法寅. "新中国 70 年国家治理体系变迁的逻辑及前景"[J]. 学海，(06)：15-21.(2019).
朱永灵，盛昭瀚，张劲文，等.(2019)."港珠澳大桥项目决策理论与实务"[M]. 北京：人民交通出版社.

# 27 参考组别预测法在香港重大道路工程中的应用①

傅以斌　韩志强　霍颖壎

参考组别预测法(Reference Class Forecasting，RCF)是一种在基础设施项目和项目群(projects and programmes)中去除乐观主义偏好和策略性虚报的方法。2012 年，受中国香港特别行政区政府发展局(Development Bureau)的委托，我们进行了参考组别预测法在香港的可行性研究——这也是亚太地区的首次。这项研究将 25 个道路工程的预测成本和工期与它们的实际情况进行了对比。通过对比分析建立并验证了项目开发各阶段预测准确性的统计分布，并用 863 个类似项目样本进行了基准评估。研究有助于理解如何通过减少早期估算偏差、准确考量决策者风险偏好来改进预测，并通过平衡和控制项目预算超支和使用不足，来监管公共资金分配。

## 27.1 引言

公共基础设施投资历来被视为刺激经济增长的关键政策。据卡尔德隆等人(Calderon et al.，2011)估计，基础设施投资增加 10%能够带来长期经济产出 1%～5%的增长。

麦肯锡全球研究院(Mckinsey Global Institute)最近的一份报告(Dobbs et al.，2013)认为，延缓基础设施投资会扼杀增长和复苏。该报告还估计，目前基础设施存量平均占一个国家国内生产总值(GDP)的 70%(中国 76%)，这表明基础设施支出需要随各国 GDP 目标的增长而增长。就中国而言，预计到 2013—2030 年，GDP 增长转化为对基础设施的投资需求将从 GDP 的 6.4%增加到 8.5%。

经济合作与发展组织(Organization for Economic Co-operation and Development，OECD)和国际交通论坛(International Transport Forum，ITF)的一项历史分析(OECD/ITF，2013)表明，在 2008—2011 年的经济衰退期，西欧、北美国家和澳大利亚尽管在减少维护开支，但是都曾通过道路基础设施投资来刺激经济增长。然而，傅以斌等人(2003)的研究已经表明，资本投资项目经常出现成本超支和竣工延期的情况，他们随后的研究也质疑了重大基础设施项目的积极贡献(Flyvbjerg et al.，2003)。

(1) 参考组别预测方法

参考组别预测法是通过参照以往类似情况及其结果来预测未来的一种方法。它根

① 原文为“Referen ceclass forecasting for Hong Kong' major roadworks project”，发表于 Civil Engineering 2016 年 169 卷 CE6 期。
译者注：Reference class forecasting——中国香港特别行政区将其翻译为“参考组别预测法”，该方法近年来在香港特区工程实践中进行了广泛应用。

据与预测对象同属一个组别的类似行动实际产生的结果来预测对象可能产生的结果。该方法基于丹尼尔·卡尼曼（Daniel Kahneman）和阿莫斯·特维斯基（AmosTversky）提出的理论。这一理论成果还为丹尼尔·卡尼曼（Daniel Kahneman）赢得了诺贝尔经济学奖。

丹尼尔·卡尼曼和阿莫斯·特维斯基（1977）发现，由于过度自信和对结果的分布式信息考虑不足，人类的判断通常是乐观的。因此，人们往往低估行动的成本、完成需要的时间以及风险，而高估这些行动的益处。这样的错误是由行为者采取一种"内部视角（inside view）"造成的——他们不关注已经完成了的其他类似行动的实际结果，而只关注他们计划实施的行动本身。

丹尼尔·卡尼曼和阿莫斯·特维斯基（1977）的结论是，忽略分布式信息，仅将关注点放在单点估计上，可能是发生预测错误的主要原因。基于此，他们建议预测人员"因此应该尽一切努力界定预测问题，以便于利用所有可用的分布信息"。换句话说，预测不应局限于最有可能的估算结果，而应呈现全部可能的情形。

虽然更新的方法，如蒙特卡洛模拟，试图呈现各种各样的情形，但是这些模拟仍然是从内部视角得到的结果，因此容易造成低估。丹尼尔·卡尼曼和阿莫斯·特维斯基（1977）进一步提出，使用类似于预测对象的、以往行动的分布信息，可以被称为是一种"外部视角（outside view）"。参考组别预测法就是一种将向外视角用于计划开展行动的方法。

参考组别预测法应用于具体项目时包含以下三步：

① 识别以往类似项目作为参考组别；

② 为参考组别建立概率分布并作为预测参数；

③ 将具体项目与参考组别的分布情况作比较，以预测此项目最有可能的结果。

参考组别预测法的主要优势在于它用数据代替了假设——比如假设的不良事件和估计的不确定性。应该注意的是，参考组别预测法假设一个项目的绩效不会比过去类似项目更好或更差。在这个假设基础上，才可以对参考组别的预测进行调整。然而，应该强调的是，调整可能会重新将假设的偏差引入预测，而且调整只能在有确凿证据表明该项目确实比过去同类项目表现更好或更差时才能进行。

（2）参考组别预测法用于大型项目的成本和其他预测

2004年以来，英国交通部（UK Department for Transport）一直在使用参考组别预测法来实施英国财政部（UK Treasury）的《绿皮书补充指南：乐观主义偏差》（*Green Book Supplementary Guidance: Optimism Bias*）（HM Treasury，2013）。随后参考组别预测法被用于英国所有重大交通基础设施项目和项目群，以及交通部门之外其他部门的各类项目和项目群，包括公私合作（PPP）的政府审查、英国学校房产更新、英国医疗系统设备采购、捷豹路虎（Jaguar Land Rover）的周转计划。

参考组别预测法已经在全球得到应用。2005年，美国规划协会（American Planning Association）正式认可了参考组别预测法。美国项目管理协会（Project Management Institute）在其项目成本估算标准中也纳入了"外部视角"概念应用。与英国一样，丹麦也规定大型铁路和公路项目必须使用参考组别预测法。此外，瑞典、瑞士、挪威、荷兰、南非和澳大利亚等国政府在个体项目中也采用了该方法。

参考组别预测法在美国政府审计局（Government Accountability Office）加州高铁商务案例评估中起了至关重要作用，目前还应用于欧洲最大的市政工程项目——Crossrail和High Speed Two（HS2）项目。

丹尼尔·卡尼曼称由傅以斌和科威（Cowi，2004）开发的参考组别预测法是"对如何通过改进方法提升预测精确性的唯一最重要建议"（Kahneman，2011：p. 251）。

(3) 使用参考组别预测法的优势

英国使用参考组别预测法超过 10 年了,经验表明应用该方法后,许多项目被取消了。而应用参考组别预测法后实施的项目,与那些没有消除偏好的项目相比,成本超支情况有所减少。2012 年 12 月,英国交通部一名官员评论道:“我们现在凭经验可以知道,项目成本能够很好地控制,和实际交付相比,项目评估中的乐观主义偏差太高。”

在与使用过参考组别预测法的项目经理讨论该方法价值时,笔者了解到该方法的优势在项目的后半期变得尤为明显。当项目预算资金和意外准备预算(contingencies)都用尽时(在没有使用参考组别预测法的项目中很常见),项目经理将大部分时间花在重新谈判项目业务范围、筹集更多资金、降低未完工程成本以及应对媒体对项目管理不善的批评上。通常,这些都发生在项目实施的后半期。

然而,来自项目经理的坊间反馈表明,对意外事件无偏差度(un-biased level)的项目能使项目经理专注于真正重要的工作:完成项目。

## 27.2 亚太地区的第一个参考组别预测法研究

2010 年年底,参考组别预测法首次引入香港。2012 年 9 月,发展局委托进行了一项研究(2012),以路政署的重大道路工程作为一个试点参考组别,探讨在香港使用参考组别预测法的可行性。

这项研究检索了 25 个已完项目的成本和竣工时间信息,并进行了统计处理,从而建立了一个道路工程项目成本和竣工时间预测的参考组别(图 27.1)。这是亚太地区首次开展此类研究。

**图 27.1 对 25 个已完成香港道路工程的成本和竣工时间信息进行检索和分析**

(1) 香港公共工程项目开发程序

包括道路工程在内的所有公共工程项目都根据既定的政府程序进行开发。根据香港特别行政区政府印发的《土木工程项目管理指南》(*Project Administration Handbook for Civil Engineering Works*)(2014)中的第二章,或其更早的版本,公共工程项目在施工前要经过不同开发类别的审查。

① C 类:是指基于发展局工务处批准的项目定义和技术可行性报告,已经被广泛接受的项目。

② B 类:是指有内部预留资源,但尚未提交立法会财务委员会批准,且除施工前勘

察和设计工作外，不得产生其他开支的项目。

③ A 类：是指招标邀请和施工推进的所有方面都已经准备好，并具备已获财务委员会批准项目概算的项目。

当一个项目进入这些类别时，有关工务部门编制的成本估算将被纳入政府的资金工务计划(capital works programme)。自然，一个 A 类项目与一个 C 类项目相比，其成本估算与实际成本之间的差距要小很多，因为当项目从 C 类到 B 类，再到 A 类时，已经明确了项目的更多细节。

(2) 成本预测的现行做法和参考组别预测法的潜在用途

当编制每个类别阶段的项目成本估算时，工务部门将根据最新项目计划的数量和最适当的费率编制基本估算。

自 1993 年年中以来，对项目不可预见性事件的评估遵循“风险分析估算(estimating using risk analysis)”的标准程序，由当时政府秘书处下的一个重要部门——工务科(WorksBranch, 1993)盖技术圆形图章签发。在这个过程中，项目官员根据类似项目经验和知识，识别和量化项目风险点。所有风险值的总和作为意外准备预算值增加到项目的基本估算中，成为纳入资金工务计划中的项目估算。同样的流程也应用于项目升级为 C 类、B 类和 A 类状态。

风险分析估算本质上是一个自下而上的过程，基于项目官员的“内部视角”来决定某一项目的风险值。相比之下，参考组别预测法提供了一个由数据驱动的“外部视角”，来评估某个项目的风险值。首先，参考组别预测法会建立一个项目风险暴露的完整分布信息。

其次，参考组别预测法会基于决策者的风险偏好，为基础估算变成项目估算提供一个上调系数(uplift factor)。这被视作一个自上而下的过程，因为与决策者可接受的预算超支风险相对应的上调系数是由固定价格之间的比较统计得到的——即项目最终成本的时间价值与过去类似项目参考组别的基础估算之间的比较，因此，它是一个“外部视角”。

风险分析估算法和参考组别预测法都是基于无风险基准估算的定量风险分析方法。参考组别预测法以一个“外部视角”来仔细审查采用风险分析结果的“内部视角”估算。决策者随后可以根据他们的风险偏好来安排意外准备预算的分配。

## 27.3 研究过程

本章数据收集的第一步是确定一批最终成本结算超过 1 亿港元(约 9 百万英镑)的过往项目——这个大型项目的界定标准是与路政署讨论后确定的。在对结果的统计有效性与收集项目档案数据的工作量之间进行权衡后，本章的目标是收集 25 个项目数据。

本章收集了 25 个近期完工且成本超过 1 亿港元的项目数据。这些数据包括每个项目的范围和进度表，升级为 C 类、B 类和 A 类项目阶段的基本预算和意外准备预算以及最终成本。所有这些项目都是 1993—2011 年期间完工的重大道路工程项目。最早升级为 C 类项目的时间是 1986 年。

所采用的数据收集方法是为了确保路政署承担项目的代表性。有人可能认为，如果绩效不佳的项目没有记录其计划和进度报告，那么档案记录的可用性可能会影响研究对项目绩效的发现。这在之前也有人指出，例如在国际基准过程中，研究结果是偏保守的。

（1）项目数据的检索和调整

我们把不同类别阶段检索到的数据与各自项目的详细分类数据进行了交叉验证核对，比如在同一类别阶段项目估算与基本估算加上意外准备预算的一致性。

25 个项目中，收集到了 23 个 C 类、22 个 B 类和 20 个 A 类项目阶段的成本和工期估算数据。根据香港政府发布的公共工程价格平减指数（price deflators），将所有预算和最终结算成本调整至同期水平。

对于无法检索到实际支出记录的项目，我们会假定其由统计确定支出情况（见表 27.1）。分配情况的假定通常是将年支出成本转换为固定成本，即消除通货膨胀的影响［例如，参见培根和比桑特的例子（Bacon and Besant-Jones，1996）］。比如，一个为期 3 年的项目在第 1 年支出成本占总结算成本的 17%，第 2 年支出成本 65%，第 3 年支出 18%。一个为期 5 年的项目在第 1 年支出 6%，第 2 年 22%，第 3 年 43%，以此类推。

**表 27.1　支出概况**

| 项目年限 | 支出概况（第 $x$ 年支出占项目总支出的百分比） | | | | | | | | | |
|---|---|---|---|---|---|---|---|---|---|---|
| | 第 1 年 | 第 2 年 | 第 3 年 | 第 4 年 | 第 5 年 | 第 6 年 | 第 7 年 | 第 8 年 | 第 9 年 | 第 10 年 |
| 1 | 100% | | | | | | | | | |
| 2 | 49% | 51% | | | | | | | | |
| 3 | 17% | 65% | 18% | | | | | | | |
| 4 | 9% | 40% | 42% | 10% | | | | | | |
| 5 | 6% | 22% | 43% | 23% | 6% | | | | | |
| 6 | 4% | 13% | 32% | 33% | 14% | 5% | | | | |
| 7 | 3% | 8% | 21% | 32% | 23% | 9% | 4% | | | |
| 8 | 3% | 4% | 10% | 20% | 25% | 20% | 11% | 7% | | |
| 9 | 3% | 4% | 10% | 20% | 25% | 20% | 11% | 4% | 3% | |
| 10 | 2% | 3% | 7% | 14% | 21% | 22% | 15% | 8% | 4% | 3% |

对调整后数据的分析结果表明，不同估算年份的预测精度具有统计上的显著改善（与图 27.2 相比）。这种预测准确性的提高与基本成本的更真实估算有关，这反映在增加的真实单位成本估算中。随着时间推移，分析还证实了 1993 年中引入风险分析评估后，成本估计准确性发生了变化。从 1993 年之前到 1993 年之后的变化如图 27.2 所示，即使数据样本很小，这个变化在统计学上也具有近乎显著的意义。为了确保建立的参考组别与当前的规划实践相关，1993 年之前开始的项目，即使用风险分析进行了估算，也被排除在参考组别之外。

成本超支定义为实际成本减去预算成本除以预算成本，并以百分比表示。成本超支根据固定价格计算。进度超时是项目实际完工时间与预计完工时间之差除以预计完工时间。

预计完工时间是指一个项目从升为 C 类起到计划完成日期的持续时间，而实际完工时间是从项目升为 C 类起到实际完成日期的持续时间。在筛选项目文件时，本章同时检索了项目的完成时间数据，获取了 22 个 C 类项目、23 个 B 类项目和 25 个 A 类项目的完成时间数据。

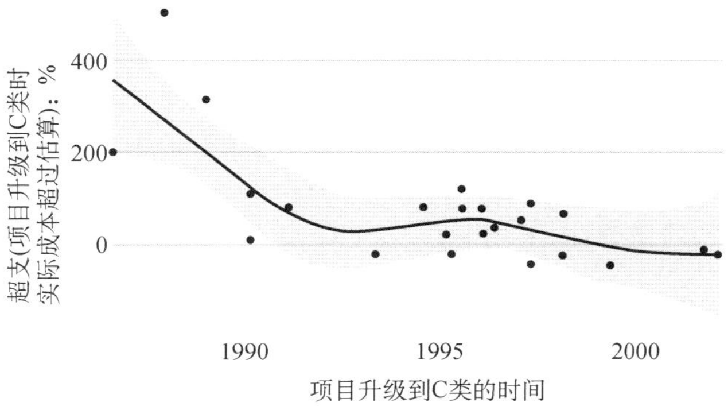


**图 27.2　项目升级到 C 类时成本超支情况(增加拟合趋势线和 95%置信区间)**

(2) 参考组别增加值曲线的形成

利用所有有效成本和时间数据，在项目升为 C 类、B 类和 A 类时，确定了参考组别的成本和完成时间估计值的增加值(uplifts)。

首先，计算出在决策点的成本超支和完成时间超期。其次，增加值 $Q$ 由 $Q(p)=inf\{x: p\leqslant PR(X\leqslant x)\}$来确定，其中 $x$ 为超出值，$p$ 为成本超支的概率，$X$ 是一个 $x$ 的给定值。

换言之，对 0 到 1 之间的所有概率，建立的最大超出值没有超过历史数据。因此，增加值与蒙特卡洛模拟得出的风险曝光水平相当，蒙特卡洛模拟通常运用于定量风险评估，并通过检查分布的分位数确定风险曝光水平。

每个类别阶段的成本或完成时间增加值用类似于图 27.3 和图 27.4 的曲线表示。图上的拟合曲线，即平滑的局部回归，分别表示项目升为 C 类时成本和完成时间的增加值。

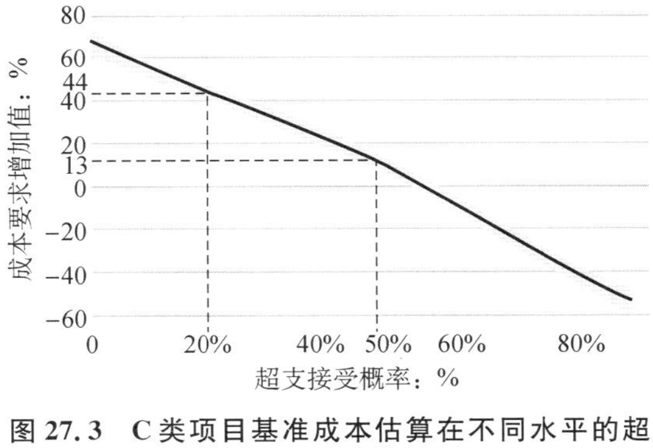


**图 27.3　C 类项目基准成本估算在不同水平的超支接受概率下对应的成本增加值(加上 Loess 平滑度和 95%置信区间)**

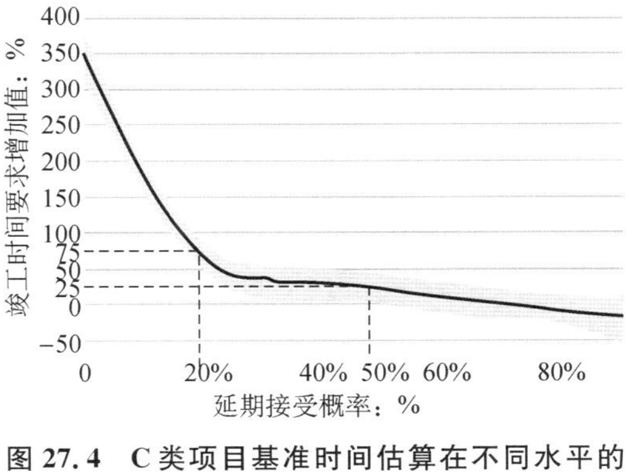


**图 27.4　C 类项目基准时间估算在不同水平的超时接受概率下对应的时间增加值(加上 Loess 平滑度和 95%置信区间)**

上图中突出显示了项目业主通常愿意承担的风险水平所对应的两个增加值。在大型投资组合中，一个项目的成本超支可以被其他项目低于预估的成本支出抵消，大多数机构接受在增加意外准备预算后成本超支的可能性为 50%。也就是说，他们的目标是使修订后预算有 50%的确定性(P50①，用于投资组合管理)。当预测单个项目或对预算有很大潜在影响的项目时，机构通常会接受较小的超支风险，如仅 20%，并且因此会选

① 译者注：Px — the whole range of exceedance probabilities 超越概率

择具有更高确定性的项目，如有 80%的确定性(P80，用于单个项目管理)。

以图 27.3 为例，在成本增加 44%的情况下，超支的接受概率为 20%，而在成本增加 13%的情况下，超支的接受概率为 50%。这些增加值基于定量估计，即以固定港元计算的基准成本，不包括使用风险分析估算期间所有增加的意外准备预算和通货膨胀。

(3) 参考组别的验证

为了测试参考组别的稳健性，采用"留一法(leave-one-out)"[①]进行验证。验证分为三个步骤。

步骤 1:从数据集中删除一个项目。

步骤 2:基于剩余项目创建一个参考组别。

步骤 3:检查提出的增加值是否提供了一个足够大的风险包络(risk envelope)，以用于被排除的项目。

为数据集中的下一个项目重复步骤 1～3。

表 27.2 显示了对 18 个项目使用 C 类基准成本增加值数据的验证结果。首先，将编号为 6736 的项目从数据集中移除。其次，用剩余的 17 个项目创建了一个参考组别。这个参考组别显示一个 18%的 P50 增加值，和一个 46%的 P80 增加值。第三，编号为 6736 项目的实际成本绩效为−47%，这意味着 P50 和 P80 包络都能为项目提供充足的意外准备预算水平。

**表 27.2 "留一法"验证 C 类项目基准成本估算增加值**

| 项目编号 | P50 增加值 | P80 增加值 | 实际成本绩效 | P50 是否可能避免超支 | P80 是否可能避免超支 |
|---|---|---|---|---|---|
| 6736 | +18% | +46% | −47% | √ | √ |
| 6757 | +14% | +41% | +47% | × | × |
| 6365 | +14% | +46% | +32% | × | √ |
| 6553 | +14% | +41% | +62% | × | × |
| 6580 | +18% | +46% | −37% | √ | √ |
| 6718 | +18% | +46% | −33% | √ | √ |
| 6731 | +18% | +46% | −32% | √ | √ |
| 6759 | +18% | +46% | −7% | √ | √ |
| 6384 | +14% | +41% | +52% | × | × |
| 642 | +18% | +46% | +14% | √ | √ |
| 6577 | +18% | +46% | +1% | √ | √ |
| 6706 | +18% | +46% | −52% | √ | √ |
| 6541 | +14% | +41% | +68% | × | × |
| 6721 | +14% | +44% | +43% | × | √ |
| 6323 | +14% | +46% | +29% | × | √ |
| 6694 | +14% | +46% | +31% | × | √ |
| 6695 | +18% | +46% | +1% | √ | √ |
| 6645 | +14% | +46% | +18% | × | √ |

① 译者注：一种交叉验证方法，就是把一个大的数据集分为 $k$ 个小数据集，其中 $k-1$ 个作为训练集，剩下的一个作为测试集，然后选择下一个作为测试集，剩下的 $k-1$ 个作为训练集，以此类推。

该表显示，18 个参考组别中有 9 个项目的 P50 增加值足以防止成本超支。换言之，为了验证参考组别，每个项目将根据其他项目的参考组别给出的增加值来降低风险。这些验证项目中，有 50%的项目实际成本超支可能超过预测增加值，这证实了这个参考组别的 P50 增加值对应 50%的超支接收概率。

同样，18 个参考组别有 14 个项目的 P80 增加值将提供了足够的意外准备预算，以防止成本超支。这意味着在 78%的案例中，风险考虑范围足够大。这表明 P80 增加值对应 22%的超时接收概率，与 20%的目标风险水平接近。

这些结果表明参考组别是稳健的，因为如果样本中有任何项目目前正处于规划中，参考组别能够通过采用增加值来防止成本超支。

## 27.4　研究效果

（1）增加值用于成本和完成时间预测

根据图 27.3 和图 27.4 中 C 类的增加值曲线以及 B 类和 A 类的相应曲线，表 27.3 总结了在接受 50%超支可能性（P50）和接受 20%超支可能性（P80）两种情况下，项目升级到各类阶段成本和完工时间的参考组别预测结果。

**表 27.3　基准参考组别预测增加值概要**

| | 确定性水平 | 要求增加值(required uplifts) | | |
|---|---|---|---|---|
| | | C 类 | B 类 | A 类 |
| 基准成本增加值 | P50 | +13% | +7% | −1% |
| | P80 | +44% | +34% | +14% |
| 计划成本增加值 | P50 | +26% | +22% | +8% |
| | P80 | +75% | +53% | +26% |

[a]估计预算总额，不包括通货膨胀和自下而上的不可预见费。

[b]计量时间从估算之日到项目竣工之日。

参考组别预测显示，项目估算的不确定性随时间在不断减小。在升级到 C 类时，成本的 P80 增加值应为 44%，完成时间为 75%；随着升级到 B 类，由于预测不确定性的减小，增加值减少，成本部分应为 34%，完成时间为 53%。当项目升级到 A 类时，合适的增加值为成本 14%、完成时间 26%。

结果还表明，一旦一个项目升级到 A 类，中位预算是相当准确的：P50 成本上升为 −1%。这表明 A 类的中位数（P50）项目估算值与最终成本趋于匹配。

（2）国际基准

我们将可获得的香港道路工程项目的成本超支和进度拖延情况与牛津大学研究人员建立和维护的国际基准作了比较。这个基准数据库涵盖 34 个国家的 863 个道路项目。基准数据库的基线设在决策时建立，有时也被称为“绿灯决定（green light decision）”。与香港项目计划者的讨论明确了升级到 C 类即为决定建设项目，因为升级到 C 类的项目很少会被取消。

如表 27.4 所示，香港的道路工程过去平均超支 11%，低于国际基准（平均超支 20%）。然而，使用非参数测试，这个差异在统计学上并不显著。此外，在香港，超支情况发生的频率相较略低：10 个香港道路工程项目中有 7 个项目出现超支，而基准数据库中 10 个项目中有 9 个项目出现超支（非参数测试，$p=0.006$ 达到统计学显著）。这表明香港数据存在对成本超支趋向的偏差，即成本超支可能性高于预算节省可能性。

**表 27.4　香港高速公路数据的国际基准**

| | 国际基准 | C 类项目估算 | B 类项目估算 | A 类项目估算 |
|---|---|---|---|---|
| 平均成本超支 | +20% | +11% | +6% | −1% |
| 成本超支比例 | 9/10 | 7/10[c] | 7/10 | 5/10 |
| 成本超支标准偏差 | 30% | 38% | 34% | 24% |
| 平均进度延迟 | +38% | +58%[a] | +30% | +18% |
| 进度延迟比例 | 6/10 | 8/10[b] | 8/10 | 9/10 |
| 进度延迟标准偏差 | 85% | 103% | 39% | 29% |
| 平均周期(年) | 5.5 | | 8.9[d] | |

[a]$p \leqslant 0.1$；[b]$p \leqslant 0.05$；[c]$p \leqslant 0.01$；[d]$p \leqslant 0.001$。
注：只有 C 类项目估算可与国际基准直接比较。

然而，这个偏差比国际基准要小。此外，随着估算逐渐向施工阶段进展，这种偏差会减少；A 类项目的估算，成本超支的可能性与成本低于预算的可能性一样大。但是，香港高速公路项目的成本超支标准差为 38%，超过 30%的国际基准。换句话说，香港高速公路项目在成本超支方面表现出更大的差异性。

当与基准相比时，延期情况表现出不同的特征。香港道路工程项目的平均完工时间超时 58%，而国际基准为 38%（非参数测试无统计学意义，$p=0.089$）。在统计上非常显著的是，香港的完工超时频率（10 个项目中有 8 个项目）也高于国际基准（10 个项目中有 6 个项目，$p=0.048$）。这表明在用时估算方面偏向于低估，即延误发生，而且，与成本估算不同的是，这种估算偏差不会随着接近施工开始而减小。最后，香港的完工时间逾期变异性(variability)（103%）高于国际基准（85%）。

此外，与 5.5 年的基准相比，香港道路工程项目的平均持续时间为 8.9 年，在统计上显著较长（非参数测试，$p<0.001$）。图 27.5 概述了研究项目在不同阶段所花费的时间。结果表明有超过一半的项目时间花在实际开工前，这说明在过去 20 年内，项目设计和规划、公众参与等所需的准备时间较长。

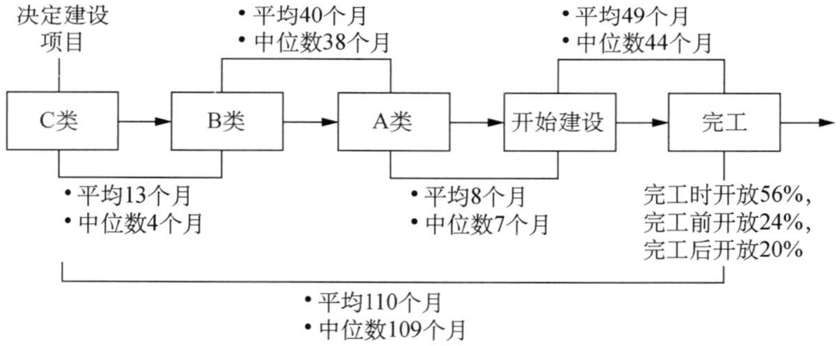


**图 27.5　项目工期概况**

最后，这些数字表明，对成本超支和完工时间超时的估计从早期到接近施工阶段都有所改善。平均成本超支从升级到 C 类时的+11%下降到升级到 A 类时的−1%。同样的，成本超支的频率从 70%降低到 50%。随着时间的推移，平均完工超时也从升级到 C 类时的+58%改善到升级到 A 类时的+18%。换句话说，数据显示估算的准确性随着项目进展而提高。

### 27.4.3 通过投资组合管理使用增加值和消减值(mitigation)的负面后果

在本章中，参考群组预测法显示了对某一项目风险发生可能性完整分布的最无偏见估算。对于决策者的给定风险偏好，这个分布建议通过自上而下的增加值来调整自下而上的估算。最基本的行动是将增加值作为一种意外准备预算分配给项目，也就是说增加项目的预算和时间。然而，这个方法有两个问题。

首先，帕金森(Parkinson, 1958)假设，如果给项目经理很大的意外准备空间，它们很可能都会被用尽。这个现象在公共部门资本投资项目中有充分记录。然而，这项研究没有发现强有力的证据表明香港的道路工程项目也有这样的情况，样本中有一半项目在升级到C类时成本支出低于预算。这也意味着并非所有的意外准备开支(这部分是排除在预算以外的)在香港的项目中都会被用完。这个不寻常的特征可能归因于香港项目管理中的特殊文化差异，值得进一步研究。

其次，正如在其他地方所观察到的，例如刘和内皮尔(Napier)(2010)，资金分配的低效率源于提供了后来没有被花费的意外准备预算。总成本估算(基础成本加意外准备预算)基准也在此样本的C类和B类成本估算中发现了悲观偏见的证据。

因此，需要更智慧地管理意外准备预算，而不是简单增加到项目估算中，以(a)避免意外准备预算被随意使用；(b)避免资金分配效率低下。投资组合管理及由此对项目资金的多层次管理，能够改善预算分配，同时严格控制预算外开支的支取。

例如，一个分层意外准备预算方案可以使用参考群组预测法来定义合同、项目以及组合意外准备预算。在这样的治理体制下，合同管理人员可以获得小型意外准备预算的应急授权，例如10%，大致相当于P50～P55。项目经理可以获得另外10%的意外准备预算应急授权，大致达到P60，在组合水平上，再加上20%的意外准备预算授权，以应对最高P80的总风险发生可能性。这样多层次的意外准备预算管理办法可以确保项目预算不会膨胀，同时设有意外准备预算以备预料外情况的发生。

## 27.5 获得的经验

本章在获取和核实项目数据方面付出了很大的努力。如果相关数据是用于应用参考群组预测法的方式进行记录，则可以省去这些工作。作为研究的一部分，我们开发了一套标准估算表(proforma)，以便轻松记录和检索未来项目中与维护、更新和应用参考群组相关的所有成本和完成时间数据。我们对有关项目官员进行了培训，以便将数据记录到标准估算表中，并在适当的时间间隔内更新参考群组的增加值曲线。

本章为如何规划项目，以及在前期过程中提高单个方案的成熟度都提供了有价值的见解。这项研究还表明，在信息稀缺和不确定情况下，早期估算的确定可以采用保守偏差参考群组预测法来消除偏见，以防止成本超支和完工时间延迟，否则会有乐观估计。

此外，本章显示，中国香港有足够的数据，这些数据可为项目经理、部门和政策制定者创造增值的洞察力。最后，这项研究强调，尽管参考群组预测法本身是一种消除项目估算偏差的有效方法，但通过将概率思维整合到项目激励计划和投资组合管理机制中，该方法可以进一步改进。

## 27.6 结论

各国基于提高长期经济增长的考虑进行公共基础设施投资。然而，资本投资项目经常出现成本超支和完成时间延期的情况。参考群组预测法通过比对以往类似项目的“外部视角”，采用自上而下方法解决超支和逾期问题。给基线成本和完成时间估算加以适当的增加值，可以计算出符合确定性可接受水平的项目估算。该方法已经在欧洲得到了广泛和成功的应用，获得了几个国家的认可，并首次应用于亚太地区。

本章利用25个中国香港已完道路工程项目的相关数据，为不同开发类别阶段的项目参考组别建立了增加值曲线。这些数据可用来确定项目估算，包括在适当确定性水平上的意外准备预算。

将数据与相当于C类阶段基线成本的国际基准进行比较，中国香港在成本预测方面平均表现较好。对于竣工时间的预测，研究发现通常有超过一半的项目时间花在实际开工前，即施工前阶段。

本章还认为，目前根据逐个项目提供意外准备预算的规定可能分配效率低下。如果以项目组合的方式形成意外准备预算池，可以更灵活地使用意外准备资金从而更有效率。

本章为估算和预测实践做出了重要的贡献。研究形成了三个方面的成果：如何通过早期的项目估算消除偏差；如何以数据驱动的方式假设意外事件，并明确考虑决策者的风险偏好；如何监管公共资金；即如何通过同时管理项目和投资组合层面的意外事件，来平衡项目成本超支和预算使用不足。

本章还提出了一个检验参考群组预测法稳健性的方法，并首次提供了来自亚太地区的数据，从而有助于对参考群组预测及类似方法的讨论。

## 致谢

感谢香港发展局和路政署对这篇论文发表的许可。感谢亚历山大·布德泽尔(Alexander Budzier)对本文内容做出的重大贡献。

## 参考文献

Ansar A, Flyvbjerg B, Budzier A, Lunn D. (2014). Should we build more large dams? The actual costs of hydropower megaproject development. Energy Policy 69: 43-56.

Bacon R W, Besant-Jones J E. (1996). Estimating Construction Costs and Schedules: Experience with Power Generation Projects in Developing Countries. The World Bank, Washington, DC, USA, World Bank technical paper no. WTP 325.

Calderon C, Serven L, Moral-Benito E. (2011). Is Infrastructure Capital Productive? A Dynamic Heterogeneous Approach. The World Bank, Washington, DC, USA.

Development Bureau. (2012). Agreement No. CE 11/2012 (CE): Implementation of Reference Class Forecasting to Large-scale Public Works Projects in Hong Kong — Establishment of a Reference Class for Major Highways Projects — Feasibility Study. Government of the Hong Kong SAR, Hong Kong, PR China.

Dobbs R, Pohl H, Lin D, et al. (2013). Infrastructure Productivity: How to Save $1 Trillion a Year. McKinsey Global Institute, Seoul, South Korea.

Flyvbjerg B, Bruzelius N, Rothengatter W. (2003). Megaprojects and Risk. Cambridge University Press, Cambridge, UK.

Flyvbjerg B, Cowi. (2004). Procedures for Dealing with Optimism Bias in Transport Planning. UK Department of Transport, London, UK.

Government of the Hong Kong SAR. (2014). Project Administration Handbook for Civil Engineering Works. Government of the Hong Kong SAR, Hong Kong, PR China.

HM Treasury (Her Majesty's Treasury). (2013). Green Book Supplementary Guidance: Optimism Bias. HM Treasury, London, UK. Kahneman D. (2011). Thinking, Fast and Slow. Macmillan, New York, NY, USA.

Kahneman D, Tversky A. (1977). Intuitive Prediction: Biases and Corrective Procedures. Decisions and Designs Inc. , McLean, VA, USA.

Liu L, Napier Z. (2010). The accuracy of risk-based cost estimation for water infrastructure projects: preliminary evidence from Australian projects. Construction Management and Economics 28(1): 89-100.

OECD/ITF (Organization for Economic Co-operation and Development/International Transport Forum). (2013). Spending on Transport Infrastructure 1995-2011: Trends, Policies, Data. International Transport Forum, Paris, France.

Parkinson C N. (1958). Parkinson's Law: The Pursuit of Progress. John Murray, London, UK.

Works Branch. (1993). Technical Circular No. 22/93 — Estimating Using Risk Analysis. Government Secretariat, Hong Kong.